Brasil

Ediciones Gaesa

Esta guía ha sido elaborada por:

GUÍAS AZULES DE ESPAÑA

Texto — **LUIS MAZARRASA MOWINCKEL**
MANUEL MONREAL IGLESIA

Fotografía — Archivo Guías Azules de España realizadas por Luis Mazarrasa y Manuel Monreal

Maquetación — Fernando Gamero

Cartografía — Víctor Seguí
Fernando Gamero
Fernando de Oyarbide

Antonio Maura, 18. 28014 MADRID
www.guiazuldeltrotamundos.es
Correo electrónico: gaesa@guiasazules.e.telefonica.net

ISBN: 978-84-16137-17-6
Depósito Legal: M-11335-2014

INTRODUCCIÓN

Brasil es el país más grande de Suramérica y uno de los mayores del mundo. Posee, en la Amazonia, la mayor selva tropical del mundo, la mayor biodiversidad y el río más caudaloso del planeta, el Amazonas, padre de todos los ríos. Su costa atlántica mide más de ocho mil kilómetros y está formada por playas de ensueño frente a islas vírgenes.

Pero, a pesar de la inmensidad de su territorio, la gran mayoría de los brasileños vive en ciudades, muchas de las cuales son hermosísimas a causa de su enclave natural, como la fabulosa Río de Janeiro; albergan un gran patrimonio histórico por sus edificios coloniales, como Ouro Preto, Salvador, Olinda o São Luís, o muestran varios de los mejores edificios de arquitectura contemporánea, caso de Brasilia.

Aparte de sus maravillas naturales y urbanas, de un viaje a Brasil siempre quedará el maravilloso recuerdo que brindan sus gentes. Descendientes de inmigrantes europeos, árabes y de Extremo Oriente, mezclados con los de los esclavos negros –traídos de África en los siglos más ignominiosos del tráfico humano– y con los pocos supervivientes de las tribus indígenas, de este mestizaje ha surgido un pueblo único en el planeta, por su alegría, optimismo y cordialidad.

Brasil hoy ofrece al viajero muchísimos de los alicientes típicos de un país en vías de desarrollo: rincones naturales sin profanar, gentes amables, apasionadas, naturales y extrovertidas, colorismo, folclore y carnavales, y buena comida y bebida muy baratas... y casi todas las ventajas de un país avanzado: fenomenales medios de transporte, buenos hoteles y restaurantes y una sofisticada cultura manifestada en la música, cine y literatura autóctonos.

En estos últimos años Brasil ha cobrado un auge económico como país emergente y superpotencia mundial. La clase media ha aumentado mucho y la pobreza ha disminuido. Sin embargo, mala noticia para los viajeros, los precios han aumentado en paralelo o más, y ciudades como Río de Janeiro pueden resultar más caras que España.

Organizador del Mundial de Fútbol 2014 y de los Juegos Olímpicos de 2016 en Río, Brasil está de moda.

Probablemente, nunca habréis escuchado a alguien decir que no le gusta Brasil. Es un país que enamora a todo viajero que allí recale. Uníos a la lista.

ANTES DEL VIAJE

CÓMO IR

EN AVIÓN

DESDE ESPAÑA

Desde España, al menos las compañías Iberia, Air Europa, TAM, LAN Chile y Aerolíneas Argentinas vuelan directamente a Río de Janeiro y São Paulo y también Salvador de Bahía, y algún chárter lo hace directamente a la ciudad de Natal, en el nordeste del país, o Belo Horizonte, al sur. Además, un buen número de aerolíneas europeas vuelan a ambas ciudades desde Madrid y Barcelona haciendo escala en Londres, Ámsterdam, París, Francfort, etcétera.

IBERIA. Velázquez 130, Madrid y Paseo de Gracia 30, Barcelona, además de tener oficinas en todas las ciudades españolas. Tel de información y reservas: 902 400 500. www.iberia.com Las líneas aéreas españolas vuelan a Río de Janeiro, Natal, São Paulo y varias otras ciudades brasileñas desde Madrid y Barcelona todos los días. Durante la temporada alta –diciembre, enero, Semana Santa y el verano–, el billete es mucho más caro.

AIR EUROPA. ☎ 902 401 501. www.aireuropa.com Vuelos entre España y Salvador de Bahía.

TAM. Aeropuerto de Barajas, Madrid. ☎ 902 112 424. www.tam.com.br Esta compañía brasileña vuela casi todos los días de Madrid y otras ciudades españolas, con escala, a Río o São Paulo.

AEROLÍNEAS ARGENTINAS. El teléfono de información y reservas es el 900 955 747 www.aerolineas.com.ar Las líneas aéreas argentinas vuelan a Río de Janeiro, Porto Alegre, São Paulo y otras ciudades, con escala en Buenos Aires.

LAN CHILE. ☎ 902 112 424. www.lan.com Las líneas aéreas chilenas vuelan desde España a varias ciudades de Brasil –Florianópolis, Río, Salvador de Bahía, etc–, vía Santiago de Chile, pero el vuelo es bastante largo y los precios más elevados que con otras compañías.

BRITISH AIRWAYS. ☎ 902 11 13 33. www.britishairways.com La compañía británica vuela desde España –vía Londres– a Brasil.

KLM. ☎ 902 222 747. www.klm.es Las líneas aéreas holandesas vuelan vía Ámsterdam.

ADQUIRIR LOS BILLETES. Los billetes deben adquirirse en las propias webs de las compañías o en los portales de billetes en internet.

DESDE OTROS PAÍSES LATINOAMERICANOS

Por supuesto, desde todos los países de Latinoamérica hay vuelos directos a las principales ciudades de Brasil. Aerolíneas Argentinas, Pluna, LAN Chile, Aeroperú, Cubana de Aviación, Lloyd Aéreo Boliviano, etcétera, tienen vuelos generalmente diarios al menos a Río de Janeiro y São Paulo.

EN VIAJE ORGANIZADO

Hay varios mayoristas que organizan viajes a Brasil desde España. Esta manera de viajar nos da todo hecho y no hay que preocuparse de buscar un hotel ni por la manera de visitar un monumento.

Sin embargo, para los que quieran ahorrarse dinero o les guste viajar de modo independiente, Brasil no ofrece grandes problemas y sólo requiere un poco de sentido común y observar algunas precauciones. Además, el turista tiene bastantes facilidades por parte de la gente, que le ayudará en todo lo posible, y una buena guía le ayudará a encontrar siempre un hotel o un restaurante asequible.

Para recorrer el país hay autobuses que conectan con bastante frecuencia las principales ciudades, aunque para largas distancias habrá que tomar algún que otro avión, pues los recorridos en autobús pueden durar hasta cuarenta y ocho horas.

Algunos turoperadores con circuitos por Brasil son:

NOBEL TOURS. ☎ 902 130 902 www.nobel-tours.com Organiza un buen número de circuitos por Brasil y lo más práctico es visitar su página web, donde están todos muy bien especificados. Para contratar estos paquetes se debe hacer en una agencia de viajes que trabaje con Nobel.

CATAI TOURS. O'Donnel 43, Madrid. www.catai.es Los puntos de salida son Barcelona y Madrid.

AÑOS LUZ. San Bernardo 97-99, 28015 Madrid; Ronda de Sant Pere 26, 08010 Barcelona; Berastegi 4 Bajo Izq, 48001 Bilbao; Imagen 6 4º, 41003 Sevilla. www.aluz.com

VIAJES ORIXÀ. Gaztambide 31, 28015 Madrid. ☎ 91 550 01 86, madrid@orixa.com Aragó 227, 08007 Barcelona. ☎ 93 487 00 22; orixa@orixa.com www.orixa.com Esta agencia de aventura suele programar viajes de unos veinte días por Brasil para los meses de verano.

CLUB MARCO POLO. ☎ 902 101 200; Plaza Nueva, 10 – 1º, 48005 Bilbao, ☎ 944 169 016; Plaza Mayor, 1 – 2º 28012 Madrid, ☎ 91 364 11 46; Via Laietana, 59 – 4º 2ª 08003 Barcelona, ☎ 93 412 25 50. www.clubmarcopolo.es

TREKKING Y AVENTURA. Ventura Rodríguez 15, 28008 Madrid. ☎ 91 522 86 81 y 93 545 92 79. www.trekkingyaventura.com

AMBAR. Toledo 73, 28005 Madrid, ☎ 91 364 59 12 y en Barcelona, **Kananga,** Cendra 30, 08001 Bcna. ☎ 93 268 77 95. www.pasaporte3.com Estas dos agencias de viajes y aventura asociadas incluyen Brasil en sus programas.

VIAJES A NATAL. En los últimos años esta ciudad del Nordeste se ha puesto de moda entre muchos viajeros españoles, que acuden en viajes organizados –que incluyen el vuelo chárter, el alojamiento y con opciones de las actividades– en un cómodo vuelo directo desde Madrid. No son vuelos regulares, por lo que es necesario informarse siempre en las agencias especializadas, para concretar las fechas y condiciones.

DESCUENTOS

Las tarifas de los vuelos varían según la temporada. Sea alta o baja, podéis conseguir descuentos si compráis el billete con veinte días de antelación a la fecha en que pensáis volar. Estos vuelos suelen exigir una estancia no menor a siete días y llevar cerrado el vuelo de regreso. También hay ofertas interesantes que incluyen vuelo y estancia en el país que salen muy económicas. Se pueden encontrar en anuncios en los periódicos, agencias de viajes o en las páginas web de las diferentes compañías.

DESDE EL RESTO DEL MUNDO

Desde el continente asiático enlazan con Brasil por vía aérea **All Nippon Airways**, **Japan Airlines**, **Korean Air** y **Malaysia Airlines**.

Desde África, **South Africa Airways** tiene un vuelo de no muy larga duración (mirad un mapa y comprobad que ambos países no están tan lejos entre sí).

Y, por último, desde Australia, **Quantas Airways** también vuela a Brasil.

BONOS PARA VUELOS INTERNOS, EL AIR PASS. Para viajar por Brasil las compañías GOL y TAM ofrecen un servicio de cupones con los que tenéis la posibilidad de hacer un mínimo de cuatro vuelos internos (alrededor de 600 dólares). El de cinco vuelos cuesta unos 780 dólares. El *Brazilian Air Pass* sólo puede comprarse fuera de Brasil, y debe ir acompañado de un billete de ida y vuelta a este país con una compañía con la que tengan acuerdos, por ejemplo, Iberia en el caso de España. Así es que si pensáis recorrer Brasil en avión, encargadlo en vuestra agencia. Tendréis que estar seguros del recorrido y de las fechas para que os lo puedan gestionar, y tened en cuenta que cada cambio en fechas o trayecto una vez en Brasil puede costar unos ochenta euros.

EL VIAJE POR TIERRA

EN AUTOBÚS. Los trenes de pasajeros no llegan desde hace años a Brasil, por lo que si estáis en algún país limítrofe podéis venir nada más que en autobús o en vuestro propio vehículo.

Desde **Argentina**, la capital Buenos Aires está comunicada con Río de Janeiro por un cómodo autobús que hace el camino en cuarenta y ocho horas y con paradas en las principales localidades situadas entre ambas: Florianópolis, Porto Alegre, Curitiba, São Paulo, etcétera. Además, se puede cruzar desde Puerto Iguazú a Foz do Iguaçu, junto a las cataratas más bellas del planeta, y a Uruguaiana por el Paso de los Libres, algo mas al sur.

Desde **Santiago de Chile**, el autobús tarda la friolera de sesenta y dos horas en llegar a Río de Janeiro, treinta y seis a Porto Alegre y más de cincuenta a São Paulo y Curitiba.

La capital de **Paraguay**, Asunción, cuenta con un servicio de autobuses que lleva a los viajeros a Río de Janeiro en unas treinta horas, en dieciocho a Curitiba y en veinte a São Paulo, pero la frontera más transitada es la utilizada por miles de brasileños que cada día van a comprar artículos libres de impuestos a Ciudad del Este desde Foz do Iguaçu.

Desde Montevideo, **Uruguay**, el autobús recorre la distancia a Río de Janeiro en casi cuarenta horas, en veinte a Florianópolis y en casi cuarenta a São Paulo. Pero hay varios pasos fronterizos entre ambos países: entre Chuy y Chuí; Río Branco y Jaguarão; Isidoro Noblia y Aceguá; Rivera y Santana do Livramento; Artogas y Quaraí, y Bella Unión y Bara do Quaraí.

Desde **Bolivia** hay numerosos pasos fronterizos abiertos para pasar a Brasil pero, dado que algunos son utilizados por los traficantes de cocaína y contrabandistas, hay que cruzar siempre por los seguros e informarse en lo posible de la situación antes de llegar a la zona. El paso más frecuentado por los viajeros es el de Quijarro a Corumbá, un buen acceso para ir al Pantanal –además, el tren entre La Paz y Quijarro es una de los trayectos más hermosos en Bolivia–; desde San Matías se puede tomar un autobús que en cuatro horas y media nos lleva hasta la localidad de Cáceres, en el Estado de Mato Grosso. Una vez aquí tenéis varios autobuses hacia localidades más importantes de Brasil. Desde Guajará se puede cruzar a Mirim, en Rondônia, y, por último, desde Cobija se pasa, con ciertas precauciones –es un paso favorito entre los narcos–, a Brasiléia, en Acre.

Desde **Colombia** la única frontera terrestre abierta es la que permite el paso entre Leticia y Tabatinga, pero tened en cuenta que a Leticia sólo se puede llegar en avión y para partir de Tabatinga no tenéis más opciones que el barco por el Amazonas, o el avión, hacia Manaos.

Desde **Venezuela** una buena carretera comunica Caracas y el centro del país con la localidad sureña de Santa Elena de Uairén y la brasileña de Pacaraíma, desde donde la ruta continúa hasta Boa Vista y Manaos. Además, varias ciudades importantes de la costa venezolana tienen servicios de autobús hacia la región amazónica de Brasil.

Perú, a pesar de compartir con Brasil una extensa línea fronteriza, sólo mantiene un paso terrestre abierto y muy poco práctico, al sureste de la Cuenca Amazónica. Así y todo, se puede ir hasta el pueblo de Iñapari en un largo trayecto en autobús desde Puerto Maldonado. Desde Iñapari hay que cruzar el río Acre y se llega a la localidad brasileña de Assis, desde donde todavía hay tres o cuatro horas de mala carretera hasta Brasiléia, en Acre.

Desde **Guayana Francesa** se puede cruzar por tierra a la provincia norteña de Amapá. Tened en cuenta que desde Oiapoque, en la frontera y a 532 kilómetros de Macapá, hay un viaje de unas trece horas que en época de lluvias –entre enero y junio– es fácil que se cancele frecuentemente, ya que sólo los últimos 140 kilómetros están debidamente asfaltados.

EN BARCO

EN BARCO FLUVIAL. Hay varias posibilidades, bastante excitantes, la verdad, de llegar a Brasil navegando un río. Desde **Bolivia** se puede descender el río Mamoré de Trinidad a Guajará Mirim, en un periplo de cinco días.

Desde Iquitos, en **Perú**, hay un ferry regular de pasajeros que surca el Amazonas –aunque los brasileños no llaman así al río hasta que no se une con el Río Negro cerca de Manaos– hasta Tabatinga, en la frontera brasileña y desde donde se puede continuar por río hasta Manaos, o en avión.

EN TRASATLÁNTICO. Resulta lento y más caro que el avión, pero si soñáis con viajar por mar, como los multimillonarios de principios del siglo pasado, todavía podéis satisfacer vuestros deseos. Hace falta tiempo y dinero. Las compañías navieras suprimieron las líneas regulares entre Europa y Suramérica a partir de 1974; sólo algunas mantienen un crucero o dos por año que tocan el puerto de Río de Janeiro o el de Salvador de Bahía. Lo mejor es que os informéis en una agencia de viajes especializada en cruceros, pues no suelen organizarse de forma regular ni a fechas fijas del año.

DIRECCIONES ÚTILES EN ESPAÑA

OFICINA DE TURISMO DE BRASIL. Almagro 28, 2ª planta, 28010 Madrid. ☎ 91 702 06 35. www.brasil.es

EMBAJADA DE BRASIL. Fernando El Santo 6, 28010 Madrid. ☎ 91 700 46 50.

CUÁNDO IR

En realidad, cualquier época del año es buena para ir a Brasil, país que, debido a su situación en el Trópico, la mayor parte de su territorio no experimenta grandes cambios de temperaturas y sólo el sur sufre variaciones sustanciales que, en todo caso, nunca desaconsejan el viaje a causa del frío, la lluvia o, incluso, el excesivo calor.

El **invierno** coincide con nuestro verano, de junio a agosto, y si queréis disfrutar de calor en la playa, no es el momento de ir a las situadas en los estados al sur de Río de Janeiro: Rio Grande do Sul, Santa Catarina, Paraná o São Paulo, pues las temperaturas pueden descender hasta los 13°. Sin embargo, seguiréis disfrutando de temperaturas ideales para ir a la playa en toda la franja que se extiende desde el norte de Río de Janeiro hasta Belém. Incluso en la misma ciudad de Río podréis bañaros muchos días.

El **verano** se extiende entre diciembre y febrero, y para los viajeros supone que es la temporada alta en los lugares más turísticos, sobre todo en los costeros, por lo que se pueden encontrar dificultades para el alojamiento y, desde luego, precios más altos que en algunos enclaves suben hasta el 30%. En Navidad y durante el Carnaval, en febrero, los precios se disparan y hasta triplican en los lugares más representativos, así que no es el mejor momento para ir a Río, Bahía, Búzios, Ilha Grande, etcétera, si no se tiene una reserva de hotel. Ahora bien, hay que decir que el verano es la época con más fiestas y cachondeo en las calles, las vacaciones escolares duran desde mediados de diciembre hasta el final del Carnaval. Es también una buena época para ir al Nordeste, ya que aunque la temperatura apenas varíe, la brisa y el descenso de la humedad durante estos meses hacen más agradable la estancia.

QUÉ LLEVAR

Si viajáis a Río de Janeiro o al sur entre diciembre y marzo, que es la época más calurosa, llevad prendas ligeras y a poder ser de algodón. Evitad los colores oscuros. Nunca está de más incluir un pantalón largo y alguna camiseta de manga larga para defenderse de los mosquitos o del aire acondicionado de algunos locales. Éste suele ser el causante del mayor número de trastornos de salud. A veces provoca resfriados, dolores de garganta y otro tipo de molestias para las que no se va preparado por ser un país tropical.

Si viajáis entre abril y noviembre, bastará que añadáis alguna prenda ligera de punto en el sur, pero nada de eso si vais al resto del país. No os olvidéis de incluir en el equipaje una crema bronceadora de fuerte protección, repelente de insectos y, si lleváis máquina de fotos, unos cuantos rollos. Todo este material resulta más caro que en España.

REQUISITOS DE ENTRADA

Los ciudadanos españoles pueden viajar a Brasil con el pasaporte en regla –con seis meses de validez por delante–, sin necesidad de obtener previamente un visado. En los últimos tiempos suele haber crisis diplomáticas que afectan a viajeros españoles, a los que les niega la entrada al país, en represalia por los cientos de brasileños que tampoco pudieron entrar en España al sospecharse que venían a trabajar sin papeles.

Así, desde entonces es conveniente contar con un billete de vuelta, una reserva de hotel o una carta o fax de invitación de un particular y con un mínimo de 80 euros diarios, requisitos que pueden exigirse a la entrada, dependiendo del mosqueo que tengan las autoridades brasileñas por el trato que reciban sus nacionales al llegar a España.

A la llegada a un aeropuerto internacional o a una frontera terrestre es preciso rellenar un formulario que os permitirá permanecer tres meses en el país. Esta tarjeta se deberá guardar con sumo cuidado, ya que os la solicitarán al regreso. Por vuestro interés, no la perdáis, ya que os exponéis a comprobar en persona la "eficacia" de la policía aduanera en lo que ellos entienden por estricto cumplimiento del deber.

AMPLIACIÓN DEL VISADO. Si os interesa permanecer más tiempo, lo deberéis comunicar a la Policía Federal quince días antes de que se acabe el plazo y casi siempre os renovarán el permiso de estancia sin ninguna pega por otros tres meses. La estancia no se puede prolongar durante más tiempo, a no ser que crucéis cualquiera de las numerosas fronteras que tiene Brasil con los países vecinos, y volváis a entrar.

ADUANAS

El único problema que podéis tener al cruzar la aduana de Brasil es si lleváis alimentos de origen animal, plantas o semillas, en cuyo caso hay que declararlo. Podréis llevar, sin pagar impuesto alguno, hasta dos litros de licor y dos cartones de cigarrillos.

A la salida, la policía suele poner un gran celo en evitar el paso de drogas, por lo que son frecuentes los registros en los aeropuertos con la consiguiente molestia e incertidumbre, más cuando se sabe lo bien que queda mostrar en televisión algún extranjero culpable de los males endémicos del país.

LA SALUD

A pesar de su situación en el Trópico, los riesgos para el viajero en Brasil son considerablemente inferiores a los que pueden acecharle en países de la misma latitud en continentes como África.

Las principales precauciones contra enfermedades serias hay que tomarlas respecto de la **malaria** si se va a recorrer la Cuenca Amazónica, el **dengue** –hay frecuentes brotes epidémicos por todo el país y a principios del 2008 hubo uno bastante grave en el Estado de Río de Janeiro–, la **fiebre amarilla** y las infecciones bacterianas causadas por el **agua no potable.** En teoría el agua corriente de las ciudades está clorada, por lo que no parece probable enfermar seriamente si se consume, pero sí puede ocasionar trastornos estomacales leves, por lo que nuestro primer consejo es que la toméis siempre embotellada, y que tengáis precaución con el hielo que os pongan en las bebidas de los puestos callejeros. Intentad comprobar que sea hielo de bolsa, no en bloques grandes.

Sin embargo, no parece que haya que tomar las precauciones típicas en los países tropicales referentes a evitar las ensaladas o las verduras crudas en general. El nivel de higiene en los alimentos de los restaurantes o en los chiringuitos de la playa es más que aceptable.

El calor bochornoso y la alta humedad son dos de los factores que más influyen en la salud de los visitantes, debido sobre todo a que puede originar cierto nerviosismo y ansiedad o, por el contrario, apatía.

DIARREA. La mayoría de los viajeros que enferma en Brasil sufre diarreas generalmente de poca importancia y que se pasan en cuanto se someten un par de días a una dieta de arroz blanco, té y yogur, aunque tampoco es un trastorno común, ya que ya hemos dicho que el nivel de higiene en los alimentos y en el agua en el país es correcto. En caso de persistencia, medicaos con algún antibiótico que os haya recomendado un médico antes de salir, y en casos graves: con fiebre, fuertes retortijones que duran varios días o aparición de sangre o mucosidad en las heces, acudid inmediatamente a un consultorio médico o preguntad en el hotel por un médico. En las principales ciudades las clínicas privadas tienen un nivel de asistencia equiparable a las de Europa.

MALARIA. La malaria, causada por un parásito transmitido por el mosquito anofeles, es la principal amenaza de enfermedad tropical en la Cuenca Amazónica, donde puede darse en algunas zonas rurales o islas. Allí hay que tomar la profilaxis antipalúdica o protegernos con repelente anti-mosquitos y llevando desde el atardecer las extremidades cubiertas por la ropa.

La malaria es endémica en varias regiones selváticas de Suramérica, donde causa miles de muertes cada año. De hecho, es la enfermedad infecciosa que más víctimas causa en el mundo. Tomad el tratamiento preventivo que os receten en vuestro consultorio del Insalud y usad en las noches líquidos repelentes de mosquitos y procurad llevar mangas y pantalones largos cuando estéis en zonas rurales donde exista la infección. Así os protegeréis también contra otras enfermedades provocadas por la picadura de insectos.

El tratamiento profiláctico no evita que los parásitos entren en la sangre, pero los mata en cuanto empiezan a desarrollarse, por lo que reduce muchísimo el riesgo de enfermar, y todavía disminuye más la gravedad de la infección, si ésta se manifiesta.

TIFUS. Ahora bien, si se ha comido alimentos crudos o moluscos en malas condiciones hay riesgo de infecciones bacterianas y parasitarias de importancia, como amebas, gardia o tifus. Así, la vacuna contra el tifus –dos tomas en pastillas– es bastante eficiente. Para reconocer la gardiasis y la amebiasis hay que hacerse un análisis de heces y seguir luego el tratamiento antibiótico recetado.

DENGUE. Está causado por un virus transmitido también por los mosquitos, pero, al contrario que la malaria, éstos actúan sobre todo de día para contagiarlo. En los últimos años ha habido varias epidemias de dengue por todo Brasil, incluido Río de Janeiro y las ciudades costeras del sur, y las autoridades sanitarias se encontraban en el momento de redacción de esta guía en plena campaña de prevención, que supone tomar medidas para evitar el agua estancada, donde se generan los parásitos, y otras profilaxis. Así, en los tres primeros meses del 2008 hubo una grave epidemia en el Estado de Río de Janeiro que afectó a más de dos mil personas y causó casi cincuenta muertos.

Todos los tipos de dengue pueden ser mortales, aunque no todos son igual de peligrosos, y no existe vacuna. Afortunadamente, el dengue hemorrágico, la variedad más letal, no es una infección común en Brasil y en el último brote de Río sólo se dieron dos casos. Si estáis en la zona en época de dengue, evitad las picaduras de mosquito, también de día, con repelentes y mangas largas. Si sospecháis que podéis estar infectados, lo primero que hay que hacerse es un análisis y luego seguir el tratamiento que nos receten.

HEPATITIS. La hepatitis A, muy común en Brasil, puede adquirirse en los alimentos manipulados con las manos sucias o al beber agua contaminada. La vacuna –en una primera toma y otra entre seis meses y un año más tarde– es efectiva prácticamente al 100% en este caso. En cuanto a la hepatitis B, también se combate de modo óptimo con la vacuna, tres inyecciones en un período de varios meses. Se contagia por vía intravenosa o, más difícil, por vía sexual. Tened en cuenta que para que la vacuna sea efectiva tenéis que recibir al menos dos dosis en el plazo de un mes.

El modo de transmisión de la hepatitis C es todavía un misterio, pero se sospecha que es más parecido al de la B que al contagio de la A. Por desgracia, no hay vacuna contra esta seria infección del hígado, y lo mismo decimos de la E.

TÉTANOS. El tétanos es una enfermedad que todo viajero debe prevenir, pues tiene consecuencias fatales y su profilaxis es bien sencilla:

una vacuna que hay que repetir al cabo de un año y luego al cabo de cinco o diez.

SARNA. Esta infección de muy leves consecuencias, aunque muy molestas, está presente en la ropa de cama de muchos hoteles baratos de los países en vías de desarrollo, por lo que si vais a utilizarlos, llevaos unas sábanas cosidas o un saco. En todo caso, las camas de incluso los hoteles más baratos de Brasil suelen estar limpias, por lo que es muy poco probable contraer sarna.

Si así todo os infectáis, es importante reconocer en seguida la enfermedad, pues en la mayoría de los casos se confunde con picaduras de insectos o con una alergia. Pero los síntomas definitivos son: unas pequeñas ronchitas que pican mucho sobre todo de noche, que cambian de lugar en pocas horas y que típicamente algunas se sitúan en las articulaciones y en las marcas que dejan en el cuerpo el cinturón o los elásticos de calcetines y calzoncillos. Si se deja pasar un tiempo, pronto aparecen granitos entre los dedos y luego por toda la piel. En cuanto os deis cuenta del problema, tomad una ducha, lavaos bien y aplicaos luego una loción de Yacutín –o de un líquido que compréis en una farmacia– por todo el cuerpo desde el empeine hasta el cuello (no os toquéis los ojos, boca ni nariz con la mano impregnada) y poneos ropa limpia y que hayáis planchado muy bien por dentro, para eliminar con mayor seguridad los huevos que estos ácaros dejan en los tejidos. Igualmente, debéis usar ropa de cama limpia. Si tomáis estas medidas estaréis curados en una o dos aplicaciones, pero tened cuidado de no reinfectaros al usar camisas, calzoncillos o calcetines que no hayáis desinfectado como hemos indicado.

LAS SERPIENTES. Respecto a las picaduras de serpientes, hay que decir que no es un problema que afecte comúnmente al viajero, aunque en las selvas y bosques de Brasil zona viven algunas de las más venenosas. Parece fácil evitarlas si caminamos bien calzados por zonas rurales, ya sean boscosas, rocosas o selváticas, y también debemos procurar no introducir las manos en matojos o debajo de piedras sin precauciones. En el caso de que se produzca una picadura, no queda más remedio que hacerse un torniquete y acudir a toda mecha a un consultorio médico.

RABIA. Un riesgo para la salud que no es tan raro que afecte a los viajeros en Brasil es la mordedura de un animal que pueda contagiar la rabia, como los perros, gatos, monos, murciélagos, zorros y otros cánidos. Si os muerde uno de estos bichos deberéis ir rápido a un hospital, donde os inyectarán una antirrábica. Y hacedlo rápidamente. La rabia es una enfermedad terrible que no perdona, pero totalmente curable si se aplica el suero en un tiempo prudente.

ENFERMEDADES DE TRANSMISIÓN SEXUAL. Brasil tiene una alta tasa de población infectada con el virus del VIH, que causa el SIDA si no se toma medicación, además de que existen otras muchas enfermedades de transmisión sexual de bastante prevalencia, por lo que es esencial utilizar preservativos si se mantienen relaciones íntimas. En Río de Janeiro, Manos, Salvador de Bahía o Belém está muy extendida la prostitución, sobre todo en las grandes zonas turísticas, pero también es cierto que la mayoría de las prostitutas y prostitutos utilizan el preservativo.

En el 2003 el Gobierno comenzó a facilitar de forma gratuita los cócteles de medicamentos que frenan la enfermedad en los individuos infectados.

INSOLACIÓN. Tened cuidado en las horas en las que el sol pega más para evitar los nocivos efectos de una sobreexposición a sus rayos. Protegeos bien con cremas, gorros y gafas oscuras, para evitar quemaduras y deshidrataciones, sobre todo en las playas, pero utilizad un gorro para pasear por la ciudad igualmente. Las quemaduras solares son una de las causas más comunes por la que los extranjeros acuden a un hospital en las localidades playeras de Brasil.

BILARZIOSIS. La esquistosomiasis o bilarziosis es una infección bacteriana poco presente en Brasil, pero así y todo existente en lechos de aguas dulces en el interior, pero no en el río Amazonas, precisamente. La enfermedad, pues, puede adquirirse al bañarse en ríos, lagos y, sobre todo, presas contaminadas por diminutas larvas que se introducen en el cuerpo humano a través de la piel. Nunca hay que bañarse en estos lugares sin informarse antes de su condición, pues es una enfermedad bastante seria.

FIEBRE AMARILLA. La fiebre amarilla está causada por un virus transmitido por los mosquitos. Si vais a viajar a la zona selvática del Amazonas es muy recomendable que os vacunéis antes de salir de España y que llevéis con vosotros la cartilla amarilla con el sello de la vacuna. El pinchazo no provoca reacciones y la protección está garantizada por un período de diez años.

SEGUROS DE VIAJE

Varias compañías con sede en España ofrecen coberturas de seguro de robo, asistencia médica o repatriación en caso de enfermedad o accidente grave por tarifas muy baratas, que hacen que merezca la pena subscribirse a sus pólizas, ya que el tratamiento médico en una clínica privada de Brasil puede ser bastante costoso. Algunas son:

MONDIAL ASSISTANCE. ☎ 902 202 440, www.mondial-assistance.es

EUROPE ASSISTANCE. ☎ 902 179 971, www.europe-assistance.es

EMERGENCIAS

MÉDICOS Y HOSPITALES DE URGENCIAS. Insistimos en que en caso de problemas de salud lo mejor es acudir a una clínica o consulta de médico privados, para lo que os convendría tener vuestro seguro. Pero en caso de emergencia casi siempre os tratarán adecuadamente en un hospital público, para desviaros luego a una clínica privada, por lo que una vez más insistimos en la conveniencia de tener un seguro de viaje.

FARMACIAS

En todas las localidades de Brasil hay un buen surtido de farmacias, con personal muy competente y que suele saber reconocer en seguida la molestia que estamos sufriendo. Y muchas de las farmacias están abiertas las 24 horas del día.

SEGURIDAD

Desgraciadamente, Brasil es un país bastante inseguro, aunque si se toman unas precauciones fundamentales –que empiezan por el modo de desplazarse desde el aeropuerto o la estación de autobuses– es muy improbable que se sufra algún percance.

Si leéis las estadísticas de crímenes, comprobaréis que ciudades como Río de Janeiro, São Paulo, Belém o Salvador de Bahía se hallan entre las urbes más peligrosas del mundo, junto con Bogotá o Johanesburgo, y por encima de Los Ángeles, Chicago o San Diego, pero la inmensa mayoría de estos delitos se da en las zonas marginales, en *favelas* y sus alrededores, y muchos afectan a bandas de delincuentes que luchan entre sí por el control de los negocios sucios.

La primera recomendación básica es que no caminéis con vuestro equipaje por la calle ni en los alrededores de la Rodoviária o Estación de Autobuses de noche, así que si llegáis a una ciudad en autobús, pillad un taxi prepagado en una de las oficinas de la Rodoviária hasta vuestro hotel. Los autobuses de los aeropuertos son totalmente seguros.

En segundo lugar, una vez ya instalados, no llevéis encima más que el dinero suficiente para pasar el día y vuestro pasaporte, pues es obligatorio tener una identificación encima por si lo requiere la policía. Dejad el reloj y vuestro dinero en la caja fuerte de recepción o dentro de vuestro equipaje, cerrado con llave, en la habitación.

Durante el día podéis caminar sin problemas por todas las zonas turísticas, pero evitad ir a los centros urbanos en fines de semana y festivos y después de las 19.00 horas, si son exclusivamente zonas de trabajo, ya que es entonces cuando se hallan semidesiertos, y todos los oficinistas lo han dejado– y podéis moveros en autobús. Los metros de Río de Janeiro y São Paulo son seguros y excelentes.

Por la noche lo mejor es desplazaros en taxi. Comprobaréis que una vez que lleguéis a vuestros destinos: un restaurante, un bar en zona de marcha, una discoteca, etcétera, el lugar no ofrece peligros.

En la playa no llevéis más que unas bermudas, camiseta, el traje de baño, toalla y algo de dinero para tomar algo. Sobre todo en las playas de Río de Janeiro, aunque estéis con más gente que os vigile la ropa cuando os bañéis, abundan los descuideros que trabajan con gran habilidad para llevarse las pertenencias del turista. El truco más empleado es acercarse con alguna disculpa (para pedir fuego o la hora, por ejemplo) y un compinche se hace con la bolsa o mochila del turista distraído por el primero de ellos.

En caso de sufrir un atraco a mano armada, por supuesto no os hagáis los valientes; si tenéis la malísima e improbable fortuna de veros en esa situación, entregad tranquilamente el poco dinero que llevéis encima.

Es muy mala idea pasearse con una cámara de fotos o de vídeo a la vista de todos. Llevadlo siempre oculto en una bolsa de plástico, por ejemplo, que nunca da sensación de llevar nada valioso, y guardadlo siempre nada más tomar la instantánea.

Por la noche podéis pasear por las zonas más concurridas de las ciudades, pero evitad las zonas más oscuras y desiertas. Muchas de las prostitutas que se acercan a los turistas son también carteristas.

Hay que aclarar que en los pueblos el nivel de seguridad es mucho mayor que en las ciudades. Comprobaréis que en lugares como Paratí, Canoa Quebrada, Búzios, Ilha Grande, Morro de São Paulo y, en general, en los sitios pequeños no hay peligro alguno ni de noche.

Se han dado casos de policías que intentan extorsionar a turistas y que con alguna disculpa pretenden a altas horas de la noche llevarlos a comisaría. Como a nadie le apetece subirse en un coche con tres policías siniestros, si la cosa se pone muy insistente y desagradable, lo mejor es preguntar con cierta sutileza si no se puede pagar una "multa" para que te dejen en paz, que con mala suerte suele ascender a cien dólares o su equivalente en reales. En ese caso no hay más remedio que pasar por el aro, pero intentad retener algún dato de la patrulla y al día siguiente denunciadlo ante la Policía Turística.

Tened en cuenta que todos estos casos que contamos son los más extremos que han sufrido algunos turistas, no es lo habitual ni tiene por qué pasaros, pero si observáis estas recomendaciones os sentiréis mucho más seguros y en un par de días recorreréis las ciudades de Brasil con la misma tranquilidad que lo haríais en Madrid, Barcelona o Sevilla, salvo que de noche iréis casi siempre en taxi.

Los ligones debéis tener cuidado con la *Cinderella* o Cenicienta. Se trata de una pastilla narcótica que algunas mujeres introducen disimuladamente en la copa del turista con el que están ligando, para dormirle y despojarle en la habitación de todo objeto de valor, además de la cartera. Es una artimaña que se da con cierta frecuencia en los grandes centros turísticos y en los ambientes de prostitución, así que nunca dejéis vuestra copa a solas en esas circunstancias, lleváosla hasta para ir al baño mientras no conozcáis lo suficiente a vuestro ligue y os inspire confianza.

LAS DROGAS

Las penas por posesión, y no digamos tráfico, de drogas duras o blandas, incluida la ubicua marihuana, son bastante fuertes y las condiciones de los presidios brasileños se cuentan entre las peores del mundo. Acordaos de esos reportajes de televisión en los que se ven las cárceles de Brasil tomadas por las mafias y sometidas a una brutal violencia, con motines que causan decenas de muertes, así que no hagáis tonterías y, las pequeñas, hacedlas con mucho disimulo.

Los que vengáis de Perú o Bolivia deshaceos de vuestras hojas de coca para mascar, legales en esos dos países, pero que provocan una gran paranoia entre la policía de Brasil y son causa de varias detenciones de mochileros cuando cruzan estas fronteras.

VIAJERAS SOLAS

Las viajeras que recorran Brasil sin compañía experimentarán un acoso sexual muchísimo menos molesto que en otros países suramericanos. A pesar de que Brasil también es un país sexista y machista, la mayor liberalidad hacia el sexo que existe aquí y –hay que reconocerlo– la belleza y *sex appeal* de tantísimas brasileñas en todo el país, no juegan a favor de una represión que los *machos* tengan que expresarla de forma agresiva con las chicas occidentales, excepto en algunas zonas del remoto norte u oeste.

Quizá os sorprenda los primeros días el continuo coqueteo que se da entre ambos sexos en las circunstancias más rutinarias: al pagar en una tienda, al sacar un billete de autobús, en el banco, en la agencia de viajes, etcétera. Pero no deja de ser otra cualidad agradable de este maravilloso país. En la mayoría de los casos no significa nada más allá que eso, un poco de flirteo, y casi nunca se expresa en términos groseros ni que puedan resultar incómodos. Es una costumbre más de este Brasil alucinante.

Así y todo, una mujer viajando sola por el mundo siempre debe tomar unas precauciones que seguramente vuestro sentido común os dictará.

VIAJEROS HOMOSEXUALES

Aunque Brasil sea un país machista en general, los homosexuales no sufren una particular represión y, cada vez más, o bien se les tolera abiertamente o se les ignora y deja hacer. Además, existe una gran tradición de travestidos, que abundan en muchos lugares turísticos sin que creen mucha inquietud entre la población heterosexual.

En todos los grandes núcleos urbanos ya hay un buen número de bares de copas y discotecas con mayoría de clientela *gay* y nosotros hemos visto en un pueblo tan tradicional como Olinda un bar donde la mayoría de los clientes son parejas de lesbianas sin actitud alguna de disimulo, por lo que parece que Brasil se está modernizando también en estos aspectos a pasos agigantados.

TELÉFONOS DE EMERGENCIAS

Para llamar a estos teléfonos podéis hacerlo desde cualquier cabina y no necesitáis tarjeta ni introducir monedas.

POLICÍA. 190.

AMBULANCIAS. 192.

DOCUMENTACIÓN ÚTIL

CARNÉ DE ESTUDIANTE. El Carné de Estudiante internacional expedido por la ISTC apenas es útil en Brasil, donde sólo se obtiene con ello pequeñísimos descuentos en la entrada de algún museo, nada que compense el trámite de sacarlo en España.

CARNÉ DE ALBERGUISTA. En cambio, el carné de socio de la Red Internacional de Albergues Juveniles (Hostelling International) sí es necesario si vais a utilizar dichos albergues en Brasil, ya que se obtienen descuentos de hasta el 50% y se permite una estancia de mayor duración a los poseedores del documento. Lo podéis obtener en las **Oficinas de Turismo e Intercambio de Jóvenes Estudiantes (TIVE)**, Fernando El Católico 88, Madrid 28015. ☎ 91 543 74 12, con delegaciones en toda España, o en la **Red Española de Albergues Juveniles**, en esta misma dirección y teléfono.

También se puede conseguir en las asociaciones de albergues de las comunidades autónomas y en los propios albergues españoles o brasileños. La sede central de la **Federaçao Brasileira dos Albergues da Juventude** está en Río de Janeiro, en Rua General Dionisio 63, Botafogo. ☎ 22 86 03 03; www.hostel.org.br

CARNÉ INTERNACIONAL DE CONDUCIR. Si se pretende conducir un coche o una moto en Brasil es mejor disponer de un permiso internacional, aunque la mayor parte de las veces la Policía de Brasil no lo pida. Se obtiene en las oficinas que el Automóvil Club, el Race, u otras grandes aseguradores tienen en cada provincia española. De todas maneras, en la mayoría de los sitios turísticos no suelen comprobar este requisito, sobre todo si se alquila una motocicleta.

Real Automóvil Club de España (☎ 902 40 45 45; www.race.es), con sucursales en cada provincia.

CERTIFICADO DE VACUNACIÓN. La cartilla amarilla en la que se apuntan las vacunaciones no se exige a no ser que vayamos a viajar a la zona amazónica, o se viaje desde Ecuador, Bolivia, Guayana Francesa, Perú, Colombia, Venezuela o cualquier país africano donde la fiebre amarilla es endémica.

LOS COSTES

Hay que advertir que con el continuado crecimiento de la economía de Brasil –hoy el país más caro de América Latina–, que ha equilibrado su balanza de pagos y ha satisfecho su deuda externa, ya no es un destino barato, aunque todavía, excepto Río de Janeiro, la ciudad brasileña más cara, viajar por el resto del país resulta más económico que en España.

Sin embargo, la elección de Brasil como sede del Mundial de Fútbol 2014 y la de Río como sede de los JJ OO de 2016 han subido mucho los precios, tanto que en Río ha habido disturbios por la continua inflación.

En Río de Janeiro los precios son ya más elevados que los de Madrid o Barcelona, excepto a la hora de yantar. Y así, en la ciudad carioca no se suele encontrar una habitación individual cómoda por menos de 60 euros. Aunque el resto del país es otra cosa, afortunadamente para los bolsillos.

Fuera de Río sí encontraréis habitaciones dobles decentes por menos de cuarenta euros. En cuanto al transporte interno, los autobuses no son baratos y los vuelos interiores, si no tenéis el Air Pass, tampoco.

El capítulo de la comida puede salir algo más económico, sobre todo gracias a la cantidad de *lanchonetes* que hay casi en cada esquina, donde se puede tomar un plato sencillo económico, pero si vais a un restaurante, es sólo ligeramente más barato que en España.

Respecto del transporte urbano, de día podéis ir tranquilamente en autobuses o en el Metro donde lo hay, y el billete cuesta cerca de un euro, pero los taxis que pilléis por la noche os darán un buen mordisco a la cartera.

PRESUPUESTO

ALOJAMIENTO

En esta guía se han establecido los siguientes baremos para la clasificación de los hoteles por el precio en una habitación doble:

BACKPACKERS: Albergues y pensiones muy económicos.
BARATOS: menos de 150 reales (50 euros).
MEDIOS: entre 150 y 300 reales (50 y 100 euros).
CAROS: entre 300 y 600 reales (100 y 200 euros).
LUJO: entre 600 y 900 reales (200 y 300 euros).
ESPECIALES: Más de 900 reales (300 euros).

RESTAURANTES

Los restaurantes citados en esta guía han sido clasificados según el precio de una comida para una persona con una cerveza:

BARATOS: menos de 25 reales (10 euros).
MEDIOS: entre 25 y 50 reales (10 y 20 euros).
CAROS: entre 50 y 100 reales (20 y 40 euros).
LUJO: entre 100 y 200 reales (40 y 80 euros).
ESPECIALES: más de 200 reales (80 euros).

INFORMACIÓN GENERAL

EL PAÍS

NOMBRE OFICIAL. República do Brasil.
SUPERFICIE. 8.511.965 km².
CAPITAL. Brasilia.
POBLACIÓN. 201 millones.
RELIGIÓN. Catolicismo en su gran mayoría, con presencia de cultos afrobrasileños y evangélicos.
RÉGIMEN POLÍTICO. República Federal.
PRESIDENTA. Dilma Rousseff.
IDIOMA. La lengua oficial es el portugués.
MONEDA. El real.
ESPERANZA DE VIDA. 73 años.
TASA DE ALFABETIZACIÓN. 90%.

LAS REGIONES

El país puede dividirse en cinco grandes zonas, cada una con su propia identidad y que incluyen a su vez varios estados. Estas regiones naturales son:

EL SURESTE. Formada por los estados de **Rio de Janeiro, São Paulo, Espírito Santo** y **Minas Gerais**, es la zona más desarrollada del país y la puerta de entrada para la mayor parte del turismo extranjero que llega a Brasil. Todos sus estados se abren a la costa Atlántica, salvo Minas Gerais, que queda completamente en el interior. Tres de sus ciudades constituyen los principales núcleos industriales: Río de Janeiro, São Paulo y Belo Horizonte. En sus 924.935 kilómetros cuadrados viven alrededor del 45% de los habitantes de Brasil.

EL NORDESTE. Es la región más variada de Brasil. En su millón y medio de kilómetros cuadrados se pasa de la selva amazónica, en el Estado de Maranhão, al reseco *sertão* y de la zona de pastos denominada *agreste*, a otra más rica que se llama *mata* (que significa selva, aunque ya no queda nada de ella), para llegar finalmente a la costa, donde se concentra la mayor parte de los casi cincuenta millones de personas que la habitan.

Está integrada por los Estados de **Bahia, Sergipe, Alagoas, Pernambuco, Paraíba, Rio Grande do Norte, Ceará, Maranhão** y **Piauí**, más el archipiélago **Fernando de Noronha,** a 350 kilómetros de la costa. Todas las capitales, excepto Teresina, están situadas en la costa. Este litoral fue el primer asentamiento de los colonos portugueses, que lo explotaron primero extrayendo el *pau brasil* y luego la caña de azúcar. A estos puertos llegaron los primeros barcos procedentes de África repletos de esclavos negros cuyo destino eran los campos de caña. Sus descendientes se quedaron a vivir en la costa y hoy en día representan el mayor porcentaje de población negra de todo el país, distribuida entre Salvador, São Luis y Recife.

La riqueza litoral fue muy codiciada por los holandeses, que en el siglo XVII conquistaron gran parte de los 3.500 kilómetros de costa y la dominaron durante veinte años.

A la rica franja costera, que no se extiende más allá de los cien kilómetros hacia el interior del país, le sucede el *agreste*, donde la vegetación es más pobre, aunque todavía son terrenos cultivables y de cría de ganado. El *sertão* es el castigo de la región. Estas tierras desérticas, llenas de arbustos espinosos, ocupan la tercera parte de la zona, y la dureza de vida la ha dejado casi despoblada. En los ciclos de sequía absoluta que suele sufrir cada diez años aproximadamente, la población se ve obligada a emigrar hacia las ciudades costeras hasta que pasa la sequía y pueden volver a sus tierras. En todo el país se les conoce como los *flagelados*. La mortandad infantil es la más alta de Brasil y las tasas de analfabetismo también.

El Nordeste tiene mucho que mostrar en cuestión de cultura, tradiciones, arte colonial, música y folclore. En estas tierras conviven influencias africanas, portuguesas, holandesas y francesas. Desde el punto de vista turístico, es una de las regiones más interesantes.

EL NORTE. La región Norte está dominada por la Cuenca del Amazonas, que se extiende por los **estados de Rondônia, Acre, Amazonas, Pará, Amapá** y **Roraima**. Representa el 42% del territorio brasileño y está habitado por el 8% de la población total del país. Hay quien ha denominado a la Amazonia como el *Gran desierto verde*, por la pobreza de sus tierras una vez cultivadas durante dos o tres años. Otros opinan que aquí está el futuro del país. Si es así, la cuestión es qué precio va a costar la obtención de las riquezas ocultas de su subsuelo.

El **Amazonas** recibe su nombre de los setenta poblados habitados por mujeres guerreras que encontró Francisco de Orellana en su incursión por la selva. Él las comparó con las amazonas de la mitología griega y así quedó registrado este río-mar que llega a medir hasta once kilómetros de ancho. Desde su nacimiento en los Andes y su paso por Venezuela, Colombia, Ecuador, Perú, Bolivia y el propio Brasil, recibe otros nombres: en el primer tramo brasileño se llama Solimões y a partir de su unión con el río Negro, en las cercanías de Manaus, se le conoce como Amazonas. El Amazonas tiene una longitud de 6.577 kilómetros, de los cuales 3.615 se encuentran en territorio brasileño. Con sus 1.100 afluentes, es el primer río del mundo en cuanto a caudal. Aporta el 20% de la producción mundial de agua dulce. En su desembocadura, el Amazonas tiñe con su color terroso al mar en una extensión que llega a más de doscientos kilómetros de la costa. El río ha sido la principal vía de comunicación de esta impresionante selva hasta hace poco tiempo. Por él han entrado –y siguen haciéndolo todavía– grandes cargueros con materiales de construcción traídos desde Europa. Y por él salió la producción de látex para la fabricación del caucho durante el breve *boom* que se registró a finales del siglo XIX. También han salido miles de toneladas de maderas preciosas que ahora se transportan en camiones por las grandes carreteras. La construcción de estas vías ha sido muy conflictiva por su impacto medioambiental. Hay una que parte de Belém y llega a Brasília, Cuiá, Porto Velho y Acre. La polémica Transamazónica discurre paralela al río, unos doscientos kilómetros más al sur y comunica la zona Atlántica con Perú y Bolivia.

Desgraciadamente, estas obras han contribuido a la deforestación de la Amazonia. Si a este proceso se le añade la introducción de multinacionales explotadoras de madera, no hay que ser muy alarmistas para ver que la vida de esta región está en peligro y con ella, el abastecimiento del oxígeno que necesita la Tierra, pues estas selvas producen el 50% de ello.

La continua búsqueda de nuevas riquezas en el subsuelo: oro, petróleo, uranio, cobre, níquel, etcétera, provoca la tala masiva de árboles que implica el desplazamiento de las tribus indias.

La FUNAI (Fundación Nacional India) calcula que apenas quedan 100.000 indios en la selva. De las 270 tribus registradas a principios del siglo XX, ya no quedan más que 180 y algunas con muy pocos supervivientes.

Los *yanomami* son probablemente el ejemplo más conocido como tribu en peligro de extinción, gracias a la campaña mundial emprendida por personajes populares, como el cantante Sting. Este grupo étnico estaba formado por unas 10.000 personas. Con la invasión incontrolada de buscadores de oro que se produjo a mediados de los ochenta, han muerto unos 2.000 *yanomamis* en cinco años.

Los indígenas no están inmunizados contra las enfermedades que introducen los blancos en su hábitat. A veces un simple catarro es el causante de su muerte. Otro caso menos conocido es el de los *poturu*, una comunidad compuesta ahora por apenas 130 personas, que fue diezmada en 1982 por la llegada de un grupo de misioneros protestantes procedentes de los Estados Unidos. En 1989 la FUNAI decidió expulsar a los religiosos para que los pocos *poturus* que quedaban pudieran sobrevivir.

También están en peligro de extinción muchos animales y vegetales. Se calcula que en la Amazonia –la zona de mayor biodiversidad del planeta– viven más de 15.000 especies animales y otras tantas especies vegetales.

Algunos brasileños consideran que tienen derecho a salir del llamado Tercer Mundo y que ningún país desarrollado puede acusarles de estar esquilmando el planeta, teniendo en cuenta que los países denunciantes han conseguido el progreso gracias al sometimiento de otros pueblos. Este fue el debate central de la Cumbre Mundial del Medio Ambiente que se celebró en Río de Janeiro en 1992 y la conclusión más aplastante a la que se ha llegado es que el futuro de la Tierra depende de todos los países, del llamado mundo desarrollado y del tercer mundo.

Si vais a viajar por esta apasionante región, deberéis tener en cuenta que el clima es muy caluroso y húmedo. La temperatura llega a los 40 °C con una humedad relativa no menor al 80%, lo cual provoca el sudor constante. Apenas hay diferencias de temperaturas entre la estación seca –de junio a octubre– y la lluviosa, de enero a junio. La lluvia no hace más que humedecer aún más el ambiente sin refrescarlo. Durante estos meses los mosquitos son particularmente molestos. Deberéis llevar algún producto repelente.

Recordad que hay que ponerse la vacuna de la fiebre amarilla y tomar unas pastillas contra la malaria. Este tratamiento debe iniciarse una semana antes de entrar en contacto con esta zona y lo tendréis que continuar hasta un mes después de abandonarla. Tened presente que siguen declarándose casos de tifus y a veces de cólera y que deberéis tomar precauciones: no bebáis agua de fuentes o arroyos, ni siquiera del grifo, aunque veáis que la gente lo hace. Es preferible llevar siempre una botella de agua mineral para cuando ataque la sed. Tampoco aceptéis hielo en las bebidas y nunca comáis la fruta sin pelar o las verduras crudas.

En la Amazonia existen tres usos horarios: la parte oriental que llega hasta Belém se guía por el mismo horario que en la costa Atlántica. En la zona central, incluida Manaus, hay que atrasar el reloj una hora y en la occidental, dos.

No creáis que es fácil adentrarse en la selva hasta donde viven las tribus indias. Para esto se necesita un permiso especial que otorga el FUNAI y no lo facilita a simples turistas. En cualquiera de las ciudades os ofrecerán visitar poblados indios que en realidad pertenecen a *caboclos*, campesinos indígenas que hace tiempo entraron en contacto con la civilización. Los niños conocen el valor de los dólares y os los pedirán a cambio de dejarse sacar una foto.

EL CENTRO-OESTE. La región del Centro-Oeste ocupa una extensión de 1.879.455 kilómetros cuadrados, lo que equivale al 22% de todo el territorio brasileño. La integran el **Distrito Federal de Brasilia** y los **estados de Goiás, Mato Grosso** y **Mato Grosso do Sul**. En esta extensa zona apenas vive el 3% de la población.

Muchas de sus riquezas están aún sin explotar, ya que hasta 1960 –año en que se construyeron la ciudad de Brasília y las dos autopistas que la han unido al resto del país– el Centro-Oeste estuvo de espaldas al desarrollo. En la actualidad sus mayores riquezas están basadas en los policultivos y en la ganadería.

Desde el punto de vista ecológico, posee una de las mayores reservas de vida animal del mundo: el Pantanal. Éste y la desconcertante Brasília son los dos focos mayores de atracción turística.

EL SUR. Esta región es, junto al Sureste, la más rica de Brasil y también la más pequeña. Sus 577.723 kilómetros cuadrados ocupan algo menos que la península Ibérica. Está formada por los **estados de Paraná**, **Santa Catarina** y **Rio Grande do Sul**, todos ellos costeros. Por su parte occidental son fronterizos con Paraguay, Argentina y Uruguay.

Es una región muy bien comunicada por carretera con el resto del país, la más transitada es la paralela a la costa. Desde las tres capitales salen autobuses para la mayoría de las ciudades brasileñas. Hay quien en el Sur ve más similitudes con Europa o incluso los Estados Unidos que con el país al que pertenece. No en vano los numerosos inmigrantes procedentes sobre todo de Italia, Alemania y Polonia, le han ido imprimiendo un carácter muy particular que no se refleja tanto en las ciudades como en el campo. Ellos introdujeron cultivos de zonas templadas, como la vid y los árboles frutales, en explotaciones pequeñas y medianas que las hicieron rentables en poco tiempo. Más recientemente, la colonia japonesa introdujo el cultivo de la soja que se ha convertido en uno de los productos más representativos de la región, junto con el café.

Pero no es sólo una zona agrícola. El Sur también produce excelente ganado vacuno. Si vais a Rio Grande do Sul veréis a los gauchos, muy similares a los argentinos en su forma de vida y vestimenta.

Otro elemento diferenciador de esta región con respecto al resto del país es el reparto más equilibrado de las riquezas: se nota que hay una clase media dominante, apenas se ven pobres y los ricos son menos numerosos. El clima también es diferente aquí: en el Sur conocen el invierno, incluso ven nevar de vez en cuando en las montañas de Santa Catarina. Si vais a viajar entre mayo y octubre, tened en cuenta que es la época más fría y que deberéis llevar ropa de invierno.

Desde el punto de vista turístico, lo más visitado es la costa y las famosas cataratas de Iguaçu o Iguazú, que se encuentran en el Estado de Paraná, en la frontera con Paraguay y Argentina.

GEOGRAFÍA

Si observáis un mapa de Suramérica, veréis que la mitad del espacio está ocupada por Brasil. Es un país inmenso, un país-continente. Sus 8.511.965 km^2 son el equivalente a catorce veces España, lo que le convierte en el quinto país más grande del mundo, después de Rusia, Canadá, China y Estados Unidos.

Brasil tiene fronteras con todos los países suramericanos, a excepción de Chile y Ecuador. Por el este limita con el Océano Atlántico, que le regala 7.408 kilómetros de costa y bellísimas playas.

La mayor parte de las tierras del país está a una altura sobre el nivel del mar inferior a los 200 metros y los picos más altos no sobrepasan los 3.000 metros.

Su orografía origina grandes **cuencas**. La mayor es la del Amazonas, con una superficie que se extiende en su parte más ancha hasta los 1.300 kilómetros y sólo cien en la parte más estrecha, y su extensión supone el 36% de la total del país.

El río Amazonas, que nace en Perú –y que en Brasil se llama Solimões hasta que se une con el Río Negro, en Manaos–, tiene una longitud de 6.275 kilómetros, de los que algo menos de la mitad discurren en Brasil hasta su desembocadura en el Atlántico, en las proximidades de Belém. Con sus 1.100 afluentes supone el 20% del agua dulce de todo el planeta. En la cuenca del Amazonas, haciendo frontera con Venezuela, se eleva la montaña más alta de Brasil, el Pico da Neblina, con 3.014 metros.

La cuenca del Paraná recibe el agua de los ríos secundarios Tietê, Ivaí, Paranapanema, Iguaçu, Ivinhema, Pardo, Paranaíba y Grande. La unión del Paraná con el río Iguaçu forma las cataratas de Iguaçu, consideradas las más grandes del mundo. Forman frontera con Argentina y Paraguay.

La cuenca oriental se enriquece con los ríos Paraíba do Sul, Doce, Jequitinhonha y Contas. La del São Francisco, con el Cuiabá; la del Nordeste acoge a los ríos Paranaíba, Jaguaribe y Bebevibe; la del Sureste, al Ribeira de Iguape, al Irajaí y al Jacuí.

Finalmente, está la cuenca del Uruguay, cuyo río forma frontera con Argentina.

El interior de Brasil está ocupado en su mayor parte por una meseta conocida como **Planalto**, que abarca una parte de casi todos los estados y está surcada por varios ríos de importancia en dirección al Atlántico. Tiene una altitud media de 500 metros y las mayores elevaciones se dan en el Estado de Minas Gerais, donde los picos rozan los 3.000 metros de altitud.

La **costa**, con casi 7.500 kilómetros sobre el Océano Atlántico, se halla encajonada entre el mar y las montañas, de tal modo que en algunas playas los *morros* o colinas descienden dulcemente hasta la arena o el agua, como el Pan de Azúcar en Río. El litoral brasileño es, junto con la Amazonia, la zona que más turistas atrae, gracias a sus fabulosas playas, kilométricas y desiertas y limpias en su mayor parte.

EL CLIMA

En Brasil se dan varios tipos de climas subtropicales entre la zona ecuatorial, al norte, y la situada en el Trópico de Capricornio, al sur. La temperatura media anual supera los 22º, excepto en el sur, donde la media se estima en 18º. No existen la primavera ni el otoño. En conjunto, hay una estación lluviosa que coincide con el verano, de octubre a marzo, ya que al ser un país austral, las estaciones son inversas a las de Europa. La estación seca es en invierno, entre los meses de abril a septiembre. En el sur, en las montañas de los estados de Santa Catarina y Rio Grande do Sul, puede llegar a nevar y helar en alguna ocasión.

Lo que quiere decir todo esto es que cualquier época del año es buena para visitar Brasil (ver Cuándo ir), ya que en la mayor parte del país se da una temperatura calurosa, pero no excesiva durante todo el año.

En cuanto a las lluvias, suelen ser superiores a los 2.000 milímetros anuales en la cuenca amazónica. Por otro lado, en el nordestino Sertão, no conocen la lluvia desde hace años.

POBLACIÓN

En estas tierras descubiertas por los portugueses, conviven multitud de razas mezcladas, *misturadas*, que han dado origen a una cultura que, como ha dicho Jorge Amado, uno de los mayores escritores brasileños, "*emborracha a quien se sumerge en ella*". Un 70% de sus 201 millones de habitantes está formado por personas menores de 30 años. Estas cifras corroboran la imagen que se tiene de este pueblo alegre y optimista, aunque a veces viva en condiciones que rozan la miseria.

La mitad de la población está constituida por blancos de origen europeo, un 10% son negros y menos de un 2% indios. El resto está formado por una infinita variedad de mulatos y mestizos. El 75% de la población vive en ciudades y la esperanza de vida para un brasileño medio se calcula en 73 años.

DIVISIÓN ADMINISTRATIVA

Brasil está dividido en cinco grandes regiones que forman 26 Estados y el distrito federal de Brasilia, su capital. Al contrario de lo que ocurre en otros países, el **Sur** es la zona más rica, junto con el Sureste. Está integrado por los estados de Paraná, Santa Catarina y Río Grande do Sul. Es la única región que conoce la nieve en contadas ocasiones.

El **Sureste** representa la puerta de entrada para los extranjeros. Aquí se concentra la mayor parte de la población: son los estados de Río de Janeiro, São Paulo, Espírito Santo y Minas Gerais. Este último ha producido más oro y piedras preciosas que ninguna otra zona del mundo.

La región **Centro-oeste** está ocupada por Mato Grosso, Mato Grosso do Sul, Goiás y el distrito federal de Brasilia, que fue construido en este enclave para descentralizar la costa y revitalizar la región. Esta región ocupa el 22% de toda la República.

El **Nordeste** lo integran los Estados de Bahia, Sergipe, Alagoas, Pernambuco, Paraíba, Rio Grande do Norte, Ceará, Maranhão, Piauí y la isla de Fernando de Noronha. En esta región empezó la colonización de Brasil y tuvo gran importancia durante el ciclo de la caña de azúcar. Precisamente para trabajar en la zafra fueron introducidos en el país millones de esclavos procedentes de África.

Finalmente, la región **Norte** está ocupada por la selva amazónica, que es la mayor del mundo y representa el 42% del territorio brasileño. Está constituida por los estados de Amazonas, Pará, Acre, Rondônia, Roraima y Amapá y es la región menos poblada de Brasil.

FAUNA

Brasil es país con mayor riqueza de biodiversidad del mundo y en sus bosques, selvas, ríos, costas y pantanos se cuentan más de quinientas especies diferentes de mamíferos, más de 450 de reptiles, más de tres mil de peces de agua dulce, más de 1.500 de aves, más de quinientas de anfibios y puede que hasta quince millones de insectos.

La fauna más característica de Brasil vive sobre todo en la región del Amazonas, donde pueden encontrarse hasta setenta y cinco especies de monos, algunas bastante raras, como el mono araña negro, el mono-ardilla o el aullador, mientras que el raro mono araña lanudo vive en el bosque tropical atlántico.

Entre los mamíferos hay que contar también a los tapires, perezosos, armadillos, cérvidos y osos hormigueros. El jaguar es el felino más representativo de Brasil y vive sobre todo en el Amazonas, el Pantanal, Chapada Diamantina y en otras reservas naturales. También habitan en Brasil los pumas y otros tipos de gatos salvajes, como el ocelote. El coatí, pariente del mapache, es otro mamífero característico de Suramérica.

Entre los mamíferos acuáticos destacan los que viven en el río Amazonas, como el delfín del Amazonas –de color rosado–, el alucinante manatí, cuya variedad común o antillano está en serio peligro de extinción. En las costas pueden verse hasta siete especies diferentes de ballenas, sobre todo entre junio y septiembre, y el archipiélago de Fernando de Noronha es un buen lugar para observar el delfín marino.

Los reptiles tienen sus principales representantes en Brasil en las serpiente, tortugas y saurios. Entre las primeras, ¿quién no ha oído hablar de la anaconda, que puede superar los diez metros de longitud y pesar más de cien kilogramos y que no es venenosa? Tampoco son venenosas la boa *constrictor* y la boa esmeralda, menos peligrosa que su prima constrictor. Entre las serpientes venenosas, en las selvas de Brasil se puede contar las víboras, corales, cascabel...

Las costas brasileñas son hábitat de cinco especies de tortugas marinas, todas protegidas, y hay algún tipo de tortuga de río.

Además, en los ríos y pantanos –sobre todo en el Pantanal– viven cinco especies diferentes de caimanes o yacarés.

En cuanto a las aves, Brasil es el paraíso del ornitólogo, con numerosas especies de águilas, halcones, gavilanes, tucanes, loros, papagayos, guacamayos, etcétera, y la más grande es el ñandu, que puede medir hasta un metro y medio de altura.

Por último, sólo en la Amazonia se cuentan más de dos mil especies de peces y unas 250 en el Pantanal. El pez más famoso en Brasil es probablemente la piraña y el mayor, el pirarucú, que llega a sobrepasar los cien kilos de peso y los tres metros de longitud. Vive en la Amazonia.

VEGETACIÓN

Ya hemos dicho que Brasil es el país con mayor biodiversidad del planeta, y es hábitat de mas de 55.000 especies de plantas diferentes.

El territorio consta de cinco ecosistemas y en cada uno se dan diferentes especies de árboles, flores y plantas: la selva tropical amazónica, bosque tropical atlántico, el pantanal, la *caatinga* del interior y el *cerrado* o sabana.

La selva tropical de Brasil es la mayor del mundo y con mayor biodiversidad (alberga el 20% de las plantas del planeta). Ocupa casi el 40% del país, es decir, la Amazonia y parte del Mato Grosso y Maranhão, y entre sus árboles se dan los que producen ricas maderas, como la caoba, y que son culpables involuntarios de la terrible deforestación que sufre, mientras que entre las plantas acuáticas destaca la *victoria regia*.

El bosque tropical atlántico ocupaba todo el litoral sureste del país –con una anchura máxima de 800 kilómetros-cuando llegaron los portugueses, hace algo más de quinientos años. Entonces tenía una superficie de un millón de kilómetros cuadrados, de los que hoy apenas queda un 7%, pero que aún cobijan una enorme biodiversidad. Entre sus árboles hay que citar el cedro, el jacarandá o el palo brasil. Casi 6.000 kilómetros cuadrados de bosque atlántico se encuentran desde 1999 protegidos como Patrimonio de la Humanidad por la Unesco.

La caatinga supone algo más del 10% del territorio de Brasil y se extiende en el interior, en el Nordeste y en Minas Gerais. Es una zona seca cuyas principales plantas son los cactus y los arbustos.

El cerrado se halla en la meseta interior del territorio y ocupa dos millones de kilómetros cuadrados entre el sur de Minas Gerais y Maranhão y el Mato Grosso. Es un ecosistema fundamentalmente característico de la sabana, con pequeños grupos de árboles, entre ellos, palmeras.

Por fin, **el pantanal**, como su nombre indica, es una zona pantanosa, la mayor del planeta sin que linde con el mar. Ocupa 140.000 kilómetros cuadrados en los estados de Mato Grosso y Mato Grosso do Sul. Es una zona increíblemente rica en abundancia de aves, con 650 especies diferentes –muchas de ellas, acuáticas, claro–, y reptiles; de hecho, es la zona con mayor cantidad de fauna de todo el continente americano. La vegetación es, pues, la propia de las zonas cenagosas: manglares y juncos.

ZONAS PROTEGIDAS. Desde 1990, la presión internacional sobre el Gobierno brasileño, al que amenaza con suspender los programas de ayuda económica, ha logrado la declaración de zona protegida de amplias zonas del país, en total 300.000 kilómetros cuadrados, o un 5% del territorio. Pero en todo caso, y a tenor de lo que dicen las más serias organizaciones conservacionistas del Globo, es insuficiente, dado la terrible deforestación que han sufrido los bosques vírgenes de Brasil, en especial la Amazonia. Y hay que tener en cuenta que la supervivencia de la Amazonia es vital para todo el planeta. Es el pulmón del mundo, la zona de mayor producción de oxígeno, reservorio, sólo en el río Amazonas del 20% de agua dulce del planeta, y la mayor reserva de, por ejemplo, productos vegetales que serán base de las medicinas del futuro.

La destrucción de la Amazonia empezó a tomar graves proporciones en 1970, cuando la dictadura brasileña de entonces empezó a aplicar el Plano de Integração Nacional, que entre otras grandes obras trazó la carretera Transamazónica y comercializó la madera de enormes extensiones de bosque.

Las zonas protegidas, pues, son unas trescientas y se dividen, según su grado de protección, en parques nacionales, reservas, parques naturales y otras denominaciones. Muchas poseen cierta infraestructura para viajeros, con alojamientos y guías, mientras que otras están desarrollando en estos momentos su potencial enfocado al turismo ecológico, por lo que siempre hay que informarse en las ciudades más próximas de la situación.

En el sureste destacan los parques nacionales de Floresta da Tijuca, Parque Serra da Bocaina, Itatiaia y el Serra dos Órgãos, en el Estado de Río de Janeiro, e Iporanga, en el de São Paulo. Son zonas protegidas en las que la vegetación es la propia del bosque atlántico.

En Minas Gerais, el parque nacional da Serra do Cipó es importante por su variedad de flores.

En el sur el parque más importante y turístico es, desde luego, el que alberga las cataratas de Iguazú, en la frontera con Argentina y Paraguay, mientras que en el Estado do Rio Grande do Sul se hallan el parque nacional de Aparados da Serra y el Serra Geral, ambos con cañones alucinantes por su profundidad.

En el interior del país, el parque nacional da Chapada dos Veadeiros, al norte de Brasilia, es un buen lugar para divisar fauna autóctona y poco común, o inexistente, fuera de Brasil, además de ser un paraje precioso, con varias cascadas, que también abundan en el parque da Chapada dos Guimarães.

En el norte, es increíble que en la enorme Amazonia todavía sólo haya posibilidades de visitar los entornos de Manaos y Santarem, aunque quizá ello contribuya a proteger este hábitat tan amenazado. La Reserva Mamirauá, al oeste de Manaos, y la Xixuaú-Xipariná al norte de la capital del Amazonas, son dos zonas protegidas que pueden visitarse y cuentan con guías y cierta infraestructura, al igual que el parque nacional do Jaú, al noroeste de dicha ciudad. En el Estado de Rondônia merece la pena visitar el valle de Guaporé, y en Mato Grosso, la Alta Floresta.

El nordeste ofrece muchísimas posibilidades, algunas de ellas en su bellísimo litoral de playas con dunas enormes, o en islas como el salvaje y hermosísimo archipiélago Fernando de Noronha, en pleno Atlántico a 350 kilómetros de Natal y el parque Marino de Abrolhos, a ochenta kilómetros de la costa bahiana. El Estado de Bahía cuenta con una gran riqueza de entornos medioambientales. El parque nacional Monte Pascoal, en la costa sur, alberga bosque tropical atlántico y manglares, además de preciosos acantilados. En Maranhão, el parque nacional dos Lençois Maranhenses, en la costa, muestra un ecosistema formado por ciénagas, manglares y dunas.

HISTORIA

LA PREHISTORIA. Las pruebas que evidencien presencia humana más antigua en Brasil halladas por los arqueólogos son una serie de pinturas rupestres en las cercanías de Monte Alegre, a unos setecientos kilómetros de la desembocadura del Amazonas, y que podrían datar de hace doce mil años.

En Lagoa Santa, en lo que hoy es el Estado de Minas Gerais, se han hallado restos humanos que parecen pertenecer a un período contemporáneo al de las pinturas de Monte Alegre.

Pero aparte de restos de utensilios de caza, pesca, de una rudimentaria agricultura y algunas armas, o las urnas funerarias encontradas en la Ilha de Marajó y que se debieron elaborar entre el 400 y el 1350 después de Cristo, pocos testimonios han hallado los arqueólogos que nos revelen la presencia de las culturas que se desarrollaron aquí antes de la llegada de los portugueses. Como sucede con la gran mayoría de las civilizaciones precolombinas –exceptuando las grandes culturas sedentarias de México, Ecuador o Perú–, los primeros brasileños no implantaron un sistema político centralizado ni construyeron asentamientos importantes con otro material que no fuera la madera o el bambú, por lo que pocas trazas tenemos de ellos hasta la llegada de los europeos.

LA LLEGADA DE LOS PORTUGUESES. El navegante portugués Pedro Alvares Cabral fue el primer europeo en poner pie en tierras brasileñas y se estima que entonces vivían en el país unos cinco o seis millones de indígenas. Alvares Cabral tocó tierra en Brasil el 22 de abril de 1500. Los vientos y corrientes condujeron a su navío hasta el actual Porto Seguro, situado entre los estados de Bahía y Río, cuando en realidad lo que buscaba el navegante era una vía marítima para las Indias.

El país recién descubierto fue llamado Tierra de Santa Cruz. Estaba habitado por unas tribus de indios pacíficos, que al principio no opusieron resistencia a la colonización. Los lusitanos tardarían muchos años en percatarse de que estas tierras estaban llenas de posibilidades que les iban a proporcionar grandes riquezas, ya que entonces estaban más concentrados en sus conquistas africanas y asiáticas, de las que obtenían ricas especias y marfil.

Dos años más tarde los navegantes portugueses Gaspar de Lemos y André Gonçalves vieron por primera vez la bahía de Guanabara, en cuyas orillas se asienta que hoy la ciudad de Río de Janeiro. Era el 1 de enero de 1502 y llamaron a aquellas tierras habitadas por los indios *tamoio Río de Enero.*

Al principio los portugueses utilizaron su nueva colonia para deportar a criminales, judíos y herejes condenados por la Inquisición. Con el tiempo se darían cuenta de las inmensas posibilidades del país, comenzarían a explotarlo y de esta forma fueron sucediéndose los ciclos productivos. Con ellos iban a resurgir las distintas regiones hasta entonces no descubiertas económicamente.

EL PAU-BRASIL Y EL AZÚCAR. El primer ciclo fue la explotación del *pau-brasil*, un tipo de madera procedente de un árbol que abundaba en la costa, el *Caesalpina echinata*, que producía tintes y pinturas muy apreciados en la industria textil de la época. Es de este vocablo precisamente de donde nació el nombre del país. Poco a poco los árboles más cercanos a la costa fueron talados y cada vez resultaba menos rentable la extracción del *pau-brasil.* En 1534 el rey João III, temeroso ante la amenaza de invasiones extranjeras, dividió la costa en doce capitanías que repartió entre un grupo de hidalgos portugueses. Cuatro de estas capitanías no llegaron a habitarse, y sólo dos resultaron rentables: Pernambuco y São Vicente.

INVASIONES EXTRANJERAS. Y es que, si los portugueses fueron lentos en intuir las posibilidades de Brasil, los franceses estaban al quite. En 1555, Nicolás de Villegaignon, vicealmirante de Bretaña, se adentró en la bahía de Guanabara (Río de Janeiro) con la intención de apoderarse de estas tierras en favor del rey de Francia, Enrique II. La expedición estaba formada por 600 reclusos de París y Rouen. Villegaignon había conseguido aliarse a los indios *tamoios*, que le ayudaron a construir una fortaleza. Mientras tanto, los jesuitas advirtieron al gobernador de Brasil, Mem de Sá, que vivía en Bahía de Todos los Santos, de la presencia francesa y del riesgo que corría la Corona al tener a esta colonia tan estratégicamente situada.

La regenta de Portugal, Catalina de Austria, dio la orden de acabar con los franceses y envió la escuadra de Bartolomeu de Vasconcelos para luchar contra ellos. La empresa no fue fácil: los *tamoios* apoyaban a los galos y las batallas se sucedieron durante dos años. Por fin, Mem de Sá destruyó la flota francesa y dejó claro que seguían siendo los portugueses los dueños de las tierras conquistadas. Mucho después, en 1710, los franceses volvieron a intentar fundar otra colonia en Río de Janeiro. La flota de Jean-François Duclerc fue recibida a cañonazos en la bahía de Guanabara, por lo que desembarcó en Angra dos Reis, pero no pudo continuar con sus propósitos porque murió apuñalado en su propia cama.

Los galos no se resignaban a quedarse sin un territorio propio. En 1583 intentaron dominar Paraíba sin éxito y en 1597 atacaron Cabedelo, próximo a la actual João Pessoa. Por fin, en 1612, Daniel de la Touche de la Ravardière consiguió fundar la Francia Equinoccial en Maranhão. A su capital le pusieron el nombre de São Luis, en honor del rey de Francia, y permanecieron allí hasta que los españoles, durante los ochenta años que Portugal perteneció a la España de Felipe II, los derrotaron en 1615.

Los holandeses habían comerciado con Brasil pero cuando Portugal quedó anexionado a España, se interrumpió este intercambio. Crearon la Compañía Holandesa de las Indias Occidentales y llegaron a Brasil siguiendo el dulce olor del azúcar. Una gran expedición tomó Bahía en 1624, pero sólo la pudieron conservar por un año. Los portugueses la volvieron a conquistar. En 1627 protagonizaron otras dos intentonas más que fueron repelidas. Ocho años más tarde, Mauricio de Nassau se hizo con la ciudad de Olinda, en el Estado de Pernambuco.

Eran momentos bajos para la Corona portuguesa, que se encontraba bajo la dominación española, y los holandeses supieron aprovechar la oportunidad.

Los franceses, cuando fueron expulsados de Río, también intentaron conquistar esta plaza, pero no tuvieron éxito, al igual que los británicos. Entonces Holanda envió 3.000 hombres a borde de 56 buques hacia Recife. El gobernador de Pernambuco, Mathias de Alburquerque, trató de detenerlos pero tuvo que rendirse.

Los holandeses incendiaron Olinda y construyeron otra ciudad muy cerca, la actual Recife, capital del Estado, desde donde llegaron a dominar 2.000 kilómetros de costa durante dos décadas. Maurice de Nassau llevó pintores, arquitectos, geógrafos y naturalistas y consiguió un gran progreso para la zona. Sin embargo, sus sucesores no lo hicieron tan bien y pronto tuvieron que enfrentarse en varias batallas a un ejército formado por negros e indios y apoyado por los comerciantes de Pernambuco, hasta que en 1654 firmaron un tratado de paz y abandonaron el país.

LA ESCLAVITUD. Los colonizadores portugueses no descubrieron las posibilidades de cultivar la caña de azúcar hasta finales del siglo XVI. Los terrenos de cultivo fueron instalándose en las desembocaduras de los ríos con objeto de que el transporte de mercancía hacia Europa resultara más fácil. Así se inició el ciclo del azúcar, con el que se desarrollaron los estados de Bahia, Pernambuco y Rio. Brasil se convirtió en poco tiempo en el primer productor mundial. Para recolectar la caña serían trasladados a la fuerza millones de esclavos africanos durante toda la colonización portuguesa.

Los indios, que habían sido obligados a trabajar en los campos, no soportaban las duras tareas y morían o huían a la desesperada. A principios del siglo XVII cada año llegaban 1.500 esclavos procedentes de África. Se calcula que tres millones y medio de africanos fueron embarcados con destino a Brasil. Muchos morían en el viaje y otros lo hacían a los pocos años de trabajar duramente en las plantaciones, víctimas de los malos tratos o de enfermedades introducidas por los blancos: tifus, tuberculosis, viruela, gripe y hasta los simples catarros.

En el siglo XVII surgió la figura de los *bandeirantes*, grupos de colonos que se dedicaban a capturar indios y esclavos huidos. Muchos de ellos eran mestizos, de madre india y padre portugués, y se les temía por su brutalidad. En 1694 salió una expedición de Taubaté, población cercana a São Paulo, para capturar esclavos entre los indios cataguases que vivían en el actual Estado de Minas Gerais. Parece ser que un mulato llamado Duarte Lopes, que participaba en esta expedición, fue el primero en descubrir oro en Ouro Preto mientras lavaba su plato en el río Tripuí. Éste sería el comienzo del siguiente ciclo, el del oro y los diamantes. El Estado de Minas Gerais se convertiría en el nuevo El Dorado.

LA FIEBRE DEL ORO. El oro encontrado por Duarte Lopes era oscuro y fue llamado *ouro preto* (oro negro). En 1696 fueron enviadas las primeras cantidades del metal precioso hacia Portugal. La fiebre del oro llegó a estos territorios, donde todos los aventureros y buscadores quedaban cegados por su brillo. Parece ser que, como nadie quería cultivar la tierra, llegó un momento en que hubo tal escasez de alimentos que la gente moría de hambre con los bolsillos llenos de oro.

El cultivo de la caña ya no era un objetivo prioritario, ahora tenía mucho más valor el oro. En 1715 fue prohibido por ley el uso de los esclavos para el cultivo de la caña: sólo se debían utilizar para la extracción de oro. La sed de riqueza de la Casa Real portuguesa era insaciable y en 1719 quedó estipulado que un quinto de todo el metal obtenido en Brasil tenía que enviarse a Portugal como impuestos, al mismo tiempo que se establecía la obligatoriedad de llevar todo el oro a las casas de fundición situadas en los pueblos auríferos. En estas casas, el oro se pesaba, se fundía en barras y una quinta parte se enviaba a Portugal.

LOS INCONFIDENTES. Con el hallazgo del oro en Minas Gerais, Portugal estableció fuertes impuestos a los brasileños sobre sus posesiones, entre las que se incluían los esclavos, el ganado, la *cachaça* y el vino, además de la citada quinta parte de toda cantidad de oro extraída en territorio brasileño.

Estos impuestos –decía la ley– iban a aplicarse durante diez años para destinarlos a la reconstrucción de la ciudad de Lisboa, muy dañada por el terremoto de 1755. Pero pasaron sesenta años y la sangría de impuestos aún continuaba. En estos pueblos auríferos, sobre todo en Ouro Preto –entonces llamada Vilha Rica–, se coció el primer brote independentista, que acaeció en 1788.

Cuando las minas se agotaron, cesó la emigración hacia esta región. En 1710 Minas Gerais tenía una población de 30.000 habitantes y a finales de siglo contaba con 500.000. Muchos de los que no se habían enriquecido con las minas se quedaron para dedicarse a la ganadería. Otros se trasladaron a Río y nuevamente la costa recobró el protagonismo perdido durante los años del oro.

Los ecos independentistas cobraban forma en el Nuevo Mundo y en 1788 un grupo de vecinos de Ouro Preto, en el Estado de Minas Gerais, se levantó contra Portugal y su reina, doña María I. El grupo se denominó *Os Inconfidentes* y estaba dirigido por Joaquim José da Silva Xavier, conocido por *Tiradentes* por su oficio de sacamuelas. La conspiración fracasó por la denuncia de Joaquim Silvério dos Reis. *Os Inconfidentes* fueron encarcelados, doce de ellos condenados a muerte y el resto, deportados a diversas colonias portuguesas en África. Estaba previsto que *Tiradentes*, como cabecilla del grupo, fuera el primero en ser ejecutado. Los portugueses reflexionaron mejor, comprendieron que la medida podía encender un espíritu independentista mayor entre el pueblo y decidieron conmutarles la pena capital por la deportación y la confiscación de sus bienes. Por desgracia, el mensajero que traía la orden de conmutación llegó demasiado tarde. Tiradentes fue salvajemente ejecutado y sus restos descuartizados, expuestos al público en plena plaza. Los otros once condenados corrieron mejor suerte, pero murieron en el exilio.

LA INDEPENDENCIA. En 1807 los ejércitos de Napoleón invadieron Portugal y el rey Juan VI se trasladó con la familia real y toda su corte a Brasil. El monarca vino acompañado por 15.000 personas y todos los navíos en los que viajaron estuvieron protegidos por la Armada Británica.

Una vez que Napoleón abandonó la península Ibérica en 1815, el rey, enamorado de Brasil, se resistió a regresar a Lisboa y proclamó a Río de Janeiro capital del reino de Portugal y Brasil, siendo el primer monarca europeo que establecía su corte y capital en las colonias. Por fin, a causa de las presiones recibidas, Juan VI volvió en 1821 a Portugal y dejó en Río a su hijo Pedro como príncipe regente.

El 7 de septiembre de 1822 al grito de *Independência ou morte* (Independencia o muerte), el príncipe proclamó la independencia de Brasil y poco después fue proclamado emperador bajo el nombre de Pedro I. Varios escándalos concernientes a su vida privada se sucedieron uno tras otro y después de nueve años de desatinos se vio en la obligación de retirarse.

El príncipe heredero Pedro II era un niño y no podía suceder a su padre en el trono, por lo que no fueron fáciles los años que siguieron: el país estuvo gobernado por una débil regencia triple y tuvo que soportar varias guerras civiles. Cuando tuvo edad suficiente para gobernar, Pedro II trajo la tranquilidad al país. Se alió con Argentina y Uruguay y ganó una guerra de territorios contra el vecino Paraguay. Durante los cincuenta años de su mandato se forjó una nación que había estado anclada en el pasado, dominada por la relación de amo-esclavo. Este periodo fue una edad dorada para Brasil, el monarca ilustrado ordenó que se hicieran realidad en el país todos los adelantos posibles que estaban transformando Europa.

EL CAFÉ. A mediados del siglo XIX el cultivo del café supuso un gran despegue económico, una actividad que todavía proporciona una de las mayores fuentes de ingresos al país. La tierra roja del Estado de São Paulo era muy adecuada para que creciera el grano y allí se trasladaron los magnates para vigilar sus terrenos convertidos en cafetales. A finales del siglo XIX el estado de São Paulo era el primer productor de café del mundo. La exportación iba en aumento gracias a la construcción de los primeros ferrocarriles.

LA ABOLICIÓN DE LA ESCLAVITUD Y LA REPÚBLICA. El 13 de mayo de 1888, con la ley Aurea, Brasil obtuvo el dudoso privilegio de ser el último país del mundo en abolir la esclavitud. Merced de ello los terratenientes tuvieron que buscar mano de obra barata en el extranjero, sobre todo en Italia y Japón. Estos movimientos migratorios contribuyeron al rápido crecimiento del Estado... y a la caída del Imperio Brasileño.

En 1889 Pedro II abdicó en favor de la República. Se trató, en realidad, de un golpe militar respaldado por los terratenientes del café que se habían visto despojados de su mano de obra gratuita sin el pago de compensaciones.

El emperador destronado se exilió en Francia, donde murió dos años más tarde.

Durante casi un lustro el país fue gobernado por un grupo de militares que se mantuvo en el poder incluso después de celebradas las elecciones.

Con el fin de la Primera Gran Guerra, la crisis económica mundial repercutió también en Brasil, y resultaba casi imposible colocar la producción cafetera. En 1929 los excedentes fueron utilizados como combustible para las locomotoras.

EL CAUCHO. A finales del siglo XIX el caucho llevó el progreso a la zona norte. El *hevea brasiliensis* crecía espontáneamente en la selva amazónica y de su savia se podía extraer el látex. Charles Goodyear dio con el proceso de vulcanización y la demanda de este producto aumentó, pero cuando, en 1888, Dunlop patentó el neumático, explotó la fiebre del caucho. Empresarios ingleses, alemanes y franceses se trasladaron a Manaus y Belém para explotar la selva. El trabajo era duro, nadie quería adentrarse en estos terrenos llenos de peligros, así es que nació otro tipo de esclavitud, la de los *seringueiros* (sangradores de heveas).

Muchos de ellos eran hombres blancos que habían contraído deudas y querían saldarlas. Los empresarios las compraban a cambio del trabajo en la selva que, en la mayoría de los casos duraba hasta su muerte. Los que no eran víctimas de la malaria morían a manos de las tribus indias o debilitados por la falta de alimentos. Este trabajo ingrato reportó inmensas fortunas y Manaus se convirtió en una gran ciudad que estrenó el primer tranvía eléctrico de Latinoamérica. Tanto en esta ciudad como en Belém se construyeron palacios con materiales traídos de Europa y se levantó el teatro de la ópera. En 1910 se habían exportado 38.000 toneladas de látex, pero cinco años más tarde se produjo el *crack*.

Mientras corrían la euforia y el champán, el ciudadano británico Henry Wickham, afincado en Santarém, había conseguido sacar clandestinamente del país unas semillas del *hevea brasiliense*, las congeló en el jardín botánico de Kew (Gran Bretaña) y se sembraron en la Península Malaya, entonces colonia británica. En 1915 las colonias británicas de Asia llegaron a producir 100.000 toneladas que se vendieron a un precio mucho más barato.

La competencia fue feroz. Los precios bajaron tanto que ya no compensaba continuar con este negocio. El ciclo había terminado y más de un *seringueiro* habría bendecido a Wickham. No así los empresarios, que se vieron obligados a regresar a sus países de origen.

GETÚLIO VARGAS. La Alianza Liberal estaba formada por militares nacionalistas y el apoyo de un grupo de burgueses de Rio Grande do Sul y de Minas Gerais. Este partido político se oponía al poder gubernamental, hasta entonces en manos de militares y ricos hacendados del café. El golpe de estado que dieron los miembros de Alianza Liberal, tras su derrota en las elecciones de 1930, colocó a Getúlio Vargas en la presidencia y no la dejó hasta que se suicidó, en 1954.

Vargas fue astuto, supo jugar varios papeles y se ganó el apoyo del pueblo. Prohibió los partidos políticos, implantó la censura en la prensa y se dejó inspirar por las políticas de Mussolini y el dictador luso, Salazar. Sin embargo, cuando estalló la Segunda Guerra Mundial, se colocó junto a los aliados, cuando lo coherente hubiera sido aliarse con los alemanes, dada su trayectoria política. También fue el primer gobernante que introdujo mejoras para los trabajadores: estableció el salario mínimo por primera vez y creó los sindicatos de afiliación obligatoria, como lo hiciera Mussolini. Vargas se ganó el apoyo del pueblo y en 1951 fue elegido y respaldado, pues, democráticamente.

Pero Vargas, o su Gobierno, se vieron inmersos en la corrupción. En 1954 un militar que acompañaba al periodista crítico con el poder, Carlos Lacerda, murió en un atentado dirigido contra éste, y se demostró que el acto había sido organizado por el jefe de la guardia de Vargas. Con el escándalo, los militares obligaron a Vargas a dimitir y este respondió pegándose un tiro en la cabeza.

KUBITSCHEK. Tras el suicidio de Vargas, en 1956 fue elegido presidente Juscelino Kubitschek, padre de la actual Bras lia y de otros audaces planes, carreteras y centrales hidroeléctricas. Durante los cinco años de su mandato, la producción industrial se incrementó en un 80%, pero también la inflación y el endeudamiento del país.

En 1960 el presidente Kubitschek trasladó la capital de Río a la nueva ciudad de Brasilia, en un afortunado proyecto de descongestionar la urbe de funcionarios gubernamentales

En 1961 el gobernador de São Paulo, Janio Quadros, ganó a las elecciones a la presidencia con un amplísimo respaldo popular que se acercó al 50% de los votos. Pero a los seis meses en el cargo dimitió por la presión de los militares fascistas presionados por Estados Unidos, que no veían bien a un gobernante en su patio trasero que se atrevía a condecorar públicamente al Che Guevara.

LAS DICTADURAS MILITARES. João Goular, vicepresidente, asumió la presidencia de Brasil, pero su talante democrático y socialista irritó a Estados Unidos, que ya estaba inmerso en el pleno respaldo a las dictaduras fascistas de América Latina y el derrocamiento de regímenes democráticos, y alentó a los militares brasileños a dar un golpe de estado.

Así, en 1964 el mariscal Castelo Branco tomó el poder fue nombrado presidente y con él comenzó la era de los militares. El telegrama de felicitación y respaldo al golpe fascista del presidente estadounidense Lyndon Johnson fue uno de los primeros en llegar a la sede de la siniestra dictadura naciente.

Políticos, intelectuales y artistas abandonaron el país, unos expulsados y otros voluntariamente, para evitar males mayores. Fueron casi veinte años sin partidos políticos ni libertad de expresión y, aunque la dictadura fue más blanda que en Chile o Argentina, se practicaron asesinatos y torturas, sobre todo durante los años 1968 y 1969. En esta época, los estudiantes y la Iglesia, que en principio había apoyado a los militares, empezaron a poner en práctica la Teoría de la Liberación y encabezaron movimientos en contra de la injusticia social. También los obreros convocaron numerosas huelgas, las más sonadas, en São Paulo.

Todo ello obligó al gobierno a emprender un proceso de apertura, y el general João Baptista Figueiredo fue el último militar presidente.

EL RETORNO DE LA DEMOCRACIA. En 1985 se celebraron por fin elecciones libres y resultó elegido presidente Tancredo Neves, un político carismático muy querido por el pueblo que no llegó a jurar su cargo porque cayó gravemente enfermo y murió un día antes de asumir la presidencia. Le sucedió el vicepresidente, José Sarney, que había apoyado a los militares hasta 1984. De hecho, estas elecciones aseguraban, por un sistema de colegios electorales, la victoria de un candidato al gusto de los militares.

Durante el gobierno de Sarney el país se vio desvastado por una creciente corrupción e inflación. La deuda externa creció una barbaridad y la pobreza aumentó hasta límites intolerables.

EL ESCÁNDALO COLLOR DE MELLO. En 1988 el país estrenó la Constitución hoy vigente, por la que los votantes pueden elegir directamente a su presidente y que garantiza el respeto a los derechos humanos. Así se ganó por fin esta batalla que se venía librando desde hacía años para evitar el triunfo de un candidato escogido por los militares.

En las elecciones presidenciales de diciembre de 1989 resultó ganador Fernando Collor de Mello, un joven político que prometió gobernar con austeridad y terminar con la corrupción. Las promesas duraron poco y el "cazador de marajás" –como él se autodenominaba– terminó cayendo en la tentación de la que quería liberar al país. Asesorado por Paulo César Farias, movió miles de millones de cruzéiros del erario público sin dejar las cuentas claras de la dirección hacia la que había ido a parar ese dinero.

En septiembre de 1992 el Senado lo destituyó por considerar que había abusado de su cargo de forma corrupta. Lo inhabilitó políticamente hasta el año 2001 y éste ha sido el primer juicio político por corrupción que se ha registrado en toda la historia de América Latina. Collor se vio obligado a dimitir al poco tiempo, aunque habló de presentarse a las próximas elecciones porque se consideraba inocente de todas las acusaciones. Había estado treinta meses en el cargo y dejaba tras de sí dos records políticos: era el presidente más joven de Brasil y el primero en ser destituido por el Parlamento. Hasta esta fecha, todas las defenestraciones de presidentes habían sido obra de un golpe militar. Su cargo fue ocupado por el vicepresidente Itamar Franco.

Con Collor de Mello cayeron numerosos diputados y ministros, acusados de haber cometido fraude fiscal. El escándalo puso en juego el sistema político brasileño, que demostró su fortaleza y capacidad para resolver la crisis abierta por un presidente indigno. Hoy, Collor de Mello vive en Estados Unidos, aunque parece que quiso volver al país cuando terminó su periodo de inhabilitación.

Después de varios gobiernos nada positivos, en 1994 ganó las elecciones a la presidencia Fernando Henrique Cardoso (conocido como FHC) al derrotar al candidato izquierdista y favorito, Luiz Inácio Lula da Silva, Lula.

Cardoso intervino con fuertes medidas en la economía del país, con el objetivo de controlar la inflación y buscar alianzas con otras naciones para incentivar las inversiones. El Mercosul –mercado libre de los países del Cono Sur– empezó a funcionar y las relaciones comerciales con Estados Unidos se revitalizaron, pero la crisis económica estalló y el real ya no pudo mantener más tiempo la absurda paridad con el dólar, por lo que sufrió la primera devaluación, y la corrupción volvió de nuevo a ahogar cualquier tipo de esperanza en el progreso.

Además, la violencia en las ciudades también alcanzó unas cotas hasta situarse entre las peores del mundo, sobre todo en lugares como Río de Janeiro, São Paulo, Salvador de Bahia, Belém, etcétera.

BRASIL HOY. La primera década del siglo XXI fue decisiva para Brasil. La llegada a la presidencia del país, después de varios intentos, de Luiz Inácio Lula da Silva a finales del 2002 y la repetición de su victoria en las elecciones del 2006 supusieron la llegada de una esperanza. Lula parece que fue el primer gobernante honrado del país en toda su historia y, para muchos, el que empezó a conducir a Brasil a un destino largamente esperado, para que deje de ser el país del futuro y lo sea del presente.

En 2010 llegó a la presidencia Dilma Roussef.

POLÍTICA

Brasil es una república presidencialista, es decir, el presidente tiene el poder ejecutivo. Como se ha señalado, desde 1988 se elige directamente por los votantes para un periodo de cinco años. El 21 de abril de 1993 el Gobierno convocó un referéndum para preguntar a sus más de 90 millones de electores si optaban por permanecer como república o querían la vuelta de una monarquía parlamentaria. Un total de 45 millones se abstuvo, un 10% se inclinó por la restauración de la monarquía y otro 68'9% optó por la república. De entre esta segunda opción, el 58% quiso seguir viviendo en una república presidencialista y el 28'9% prefirió la fórmula de república parlamentaria.

La autoridad legislativa reside en el Congreso bicameral. El número de diputados no es fijo, debido al sistema proporcional por el que son elegidos cada cuatro años, pero ronda en torno a los quinientos.

El Senado está compuesto por 72 miembros elegidos para ocho años, tres miembros por cada Estado. Las elecciones por sufragio universal son obligatorias.

Los principales partidos son: el Partido de los Trabajadores (PT, el de Lula), el Partido del Movimiento Democrático Brasileño (PMBD), Partido de la Reconstrucción Nacional (PRN), Partido del Frente Liberal (PFL), Partido Democrático Social (PDS), Partido Socialdemócrata Brasileño (PSDB), Partido Laborista Brasileño (PTB) Partido Popular Social (PPS), Partido Liberal (PL), Partido Democrático Laborista (PDT) y Partido Demócrata Cristiano (PDC).

ECONOMÍA

Por una vez (y sin que sirva de precedente para cualquier escrito sobre viajes), el manido tópico de que Brasil es un país de fuertes contrastes es válido, al menos en cuanto a su economía y nivel de vida se refiere.

Los recursos de Brasil parecen ingentes. Su economía está entre las diez más grandes del mundo y, desde luego es la mayor de Suramérica, con un PIB (en el 2012) de 2.310 billones de dólares.

En los últimos años el país vive un clima de bonanza económica, gracias, sobre todo, al increíble volumen de sus exportaciones.

Sin embargo, mientras las industrias del sur, especialmente las químicas, automovilística o del acero de São Paulo se hallan entre las más avanzadas del mundo, en el interior de regiones como el Nordeste los agricultores pasan calamidades, y no digamos los Sin Tierra. Se calcula que el 21,4% de los brasileños vive bajo el umbral de la pobreza. El 10% de la población ingresa la mitad de la renta total del país.

La población activa es de unos 105,7 millones de personas, de los que el 71% está empleado en el sector de servicios, el 15,7% en la agricultura y el 13,3% restante, en la industria. En el 2012 el país tuvo un crecimiento económico del 0,9%, en contraste con el 7,5% del 2010, y una inflación del 5,4%.

La deuda exterior brasileña ha superado los 438.900 millones de dólares a principios del 2013 y el país ocupa un puesto bastante bajo en el rango mundial por su producto nacional bruto per cápita, con 11.700 dólares por año.

La **agricultura** desempeña en la economía brasileña un papel importante. Es el primer país productor de café, banana y mandioca; el primer exportador de azúcar y zumos naturales y el tercero en exportaciones de carne vacuna.

A pesar de las crisis económicas y del agotamiento de los suelos de los cafetales, el café sigue siendo la principal producción agrícola. La gran propiedad, la *fazenda,* es todavía la forma de propiedad habitual, aunque también han ido surgiendo pequeños propietarios que han parcelado grandes propiedades. Así y todo, todavía el 1% de los terratenientes detenta el 50% del suelo cultivable.

Brasil es el segundo productor mundial de naranjas y soja, el tercero de cacao y maíz y el cuarto de tabaco. También es un buen productor de algodón. Las regiones con una mayor producción agrícola son el sur y el sureste, ya que tienen la ventaja, con respecto a otras zonas del país, de estar situadas junto a los puertos de exportación.

En **ganadería** Brasil es el segundo productor de vacuno en el planeta. Posee razas criollas y otras que son el fruto del cruce con cebúes indios. El valle de São Francisco, las sabanas de Mato Grosso y el Pantanal son zonas de ganadería extensiva. En Minas Gerais se crían vacas lecheras que producen excelentes quesos y en Rio Grande do Sul convive el ganado vacuno y el lanar.

La **industria** se concentra en las zonas Sur y Sudeste. Este 18% del territorio nacional produce el 90% de la actividad total nacional y comparte su espacio con la agricultura. São Paulo y Río son los dos centros industriales que han aglutinado a otros barrios y ciudades. Al iniciarse el despegue industrial, en São Paulo se hizo popular el trío ABC, compuesto por Santo André, São Bernardo do Campo y São Caetano do Sul, hoy ampliamente desbordados. La metrópoli industrial ha crecido mucho más, al igual que la de Río y Belo Horizonte. Primero fueron industrias relacionadas con los bienes de consumo, luego las textiles derivadas del algodón y más tarde las relacionadas con los automóviles, así como las industrias eléctricas o radioeléctricas, armamentísticas y las químicas ligeras.

La Sudene (Superintendência do Desenvolvimiento do Nordeste) se creó para paliar el desequilibrio de las regiones y en la actualidad sigue luchando para relanzar el Nordeste del país. Gracias a su intervención, con financiaciones e incentivos fiscales, se han creado barrios industriales junto a Recife, Fortaleza, Salvador y João Pessoa. La SUDAM, órgano semejante para la planificación de la Amazonia, también creó junto a Manaus, Santarém y Belém, industrias textiles, serrerías y algunas otras pequeñas fábricas dedicadas al ramo de la alimentación. A pesar de estos esfuerzos, el Sur y Sureste han seguido creciendo industrialmente gracias al gran mercado consumidor, la existencia de buenos puertos y transportes y por su abundancia de mano de obra cualificada.

Brasil importó bienes en el 2012 por un valor de 223.200 millones de dólares, mientras que sus exportaciones rozaron un valor de unos 242.600 millones de dólares y se dirigieron, por este orden, a Estados Unidos, Argentina, China, Países Bajos y Alemania.

POBLACIÓN

Brasil tiene una población de unos 201 millones de habitantes y es el sexto país más poblado del mundo.

Entre sus gentes predominan, sobre todo en el sur del país, los individuos de raza caucásica (blancos), que suponen un 55% de la población total y son descendientes en su mayor parte de portugueses, españoles, alemanes, italianos y polacos.

También hay una notable presencia de gente de origen africano (el 6%), pero mucho mayor de mezclas de éstos con blancos (mulatos), que constituyen el 38% de la población. Otros porcentajes mucho más pequeños son los de individuos de origen japonés e indígenas, también mezclados con blancos o negros. También se pueden ver descendientes de inmigrantes de Oriente Medio, sobre todo de Líbano y Siria.

CULTURA

Brasil tiene una cultura propia, robusta y única, que se ha nutrido de las aportaciones de sus inmigrantes europeos, colonizadores portugueses, esclavos africanos e indígenas. En la segunda mitad del siglo XX su música –que es la principal aportación de Brasil a la cultura universal– recibió los influjos del jazz de Estados Unidos, que se mezcló con los ritmos de la samba de Río de Janeiro, ciudad que, con Salvador de Bahía, es el principal foco cultural de Brasil.

MÚSICA. Ha sido en la música donde los brasileños, sobre todo los cariocas, han alcanzado su mayor expresión artística. La música popular de Río, y por extensión, de todo Brasil, ha bebido de las melodías portuguesas, los ritmos africanos y los sonidos indios. Los europeos introdujeron la guitarra y otros instrumentos de cuerda, así como el sentido tonal armónico y la música litúrgica practicada en las iglesias católicas. Los esclavos aportaron su sentido del ritmo y algunos instrumentos de percusión traídos de África, como la *matraca*, la *cuica* o el *recoreco*, con los que acompañaban sus danzas. La influencia de los indios, aunque parece de menor importancia, se deja ver en las imitaciones de los sonidos de la naturaleza que tanto se utilizan en la música popular.

Hasta principios del XIX apenas se tienen noticias musicales del país. Es a partir del momento en que el rey João VI decide trasladar su Corte a Río de Janeiro cuando se empieza a saber algo de estas actividades.

Carlos Gomes es el primer compositor con prestigio internacional, autor de varias óperas. Pero hay otros autores clásicos que buscaron su inspiración en el folclore nacional, como Leopoldo Míguez, Henrique Oswald, Alberto Nepomuceno, Alexandre Levy, Ernesto Nazaret, Francisco Brega, Joaquim Barroso Neto, Luciano Gallet, Frutuoso Vianna, Heckel Tabares y Brasilio Itiberé, entre otros. El compositor clásico más internacional es Heitor Villa-Lobos, que en su extensa obra dejó patentes sus orígenes brasileños.

Samba y *bossa nova* son las dos expresiones culturales de Río de Janeiro. Durante la década de 1929 a 1939, Noel Rosa y, sobre todo, Carmen Miranda, conquistaron Europa con sus novedosos ritmos de samba. Este estilo había nacido unos años antes en los barrios pobres de Río y se popularizó rápidamente por su uso reiterado en el Carnaval, fiesta en la que al parecer se bailó la samba por primera vez en 1917. La samba tiene unas indudables raíces africanas, en especial de los ritmos de la percusión de Angola.

En décadas posteriores, en Río nació un nuevo estilo de samba, llamado *pagode* y cuyo intérprete más popular sea probablemente Zeca Pagodinho, aún en activo.

También en esta ciudad surgió el *choro* (lloro, lamento), un estilo más intimista y menos conocido, que tiene algunas similitudes con el tango argentino y cuya máxima figura es Paulinho da Viola.

Después de la Segunda Guerra Mundial, el jazz norteamericano ejerció su influencia en la música de Río, al fin y al cabo se trataba de lejanas resonancias africanas reinventadas en otro continente. Todos estos ingredientes mezclados con los boleros caribeños dieron origen en los años cincuenta a la *bossa nova,* una música tildada en sus comienzos, y de modo peyorativo, de elitista y demasiado intelectual. En el 2008 la *bossa nova* cumplió sus cincuenta años de existencia. A estos ritmos muy elaborados, repletos de disonancias extrañamente armónicas se apuntó toda una generación de músicos cariocas, como Baden Powell, João Gilberto, Antonio Carlos Jobim (1927-1994) y el poeta Vinicius de Moraes (1913-1980).

Jobim es uno de los grandes compositores brasileños. Nació en el barrio de Tijuca y junto con Moraes –que siempre prefirió ser recordado como poeta– creó composiciones bellísimas que han dado la vuelta al mundo. Ambos son los padres de *Eu sei que vou te amar, Se todos fossem iguais a você* o la celebérrima *Garota de Ipanema.* Se cree que la *Chica de Ipanema* está entre las diez canciones más interpretadas de todos los tiempos. Vinicius y Jobim compusieron la canción en el bar Veloso de la calle Montenegro, en el barrio de Ipanema. Ahora el local se llama Garota de Ipanema y la calle, Vinicius de Moraes. Se inspiraron en Heloisa Eneida, una chica de ojos verdes, cabello largo, piel dorada y andares felinos. Era 1962 y la playa de Ipanema no la conocían más que los cariocas.

Los primeros discos de Stan Getz con João Gilberto o el *jazzman* norteamericano Charlie Byrd –grabados en 1963 en Estados Unidos– interpretando temas de Jobim tan famosos como la propia *Garota de Ipanema, Desafinado* o *Corcovado*, están considerados la expresión más perfecta de la *bossa nova*.

En los años sesenta surgió un grupo de músicos comprometidos, como Chico Buarque, nacido en 1944 en el barrio carioca de Vila Isabel; Caetano Veloso, nacido en Bahía en 1942, al igual que Gilberto Gil; Gal Costa, Milton Nascimento, nacido en Río, aunque se crió cerca de Belo Horizonte, o Rita Lee y Geraldo Vandré, entre los más conocidos. El movimiento fue conocido como *tropicalismo* y algunos de sus músicos, obligados por la dictadura militar, tuvieron que componer fuera de su país hasta que pudieron regresar.

En el panorama de la música popular hay muchos autores, como Jorge Ben –ahora Jorge Ben Jor–, Sergio Mendes o Roberto Carlos, que llevan casi cuarenta años triunfando con este estilo. Jorge Ben es compositor o intérprete de algunas de las sambas más famosas en España, con títulos como *País Tropical, Fío Maravilha, Qué pena*, etcétera. En el 2003 el popular músico Carlinhos Brown, Marisa y Arnaldo Antunes crearon el grupo Tribalistas, que sólo editó un Cd que obtuvo muchísimo éxito en toda Latinoamérica y en España.

Dentro del rock, el género musical menos brasileño que se da en el país, Gabriel O Pensador es uno de los autores más populares.

Otros géneros menos conocidos son el *baião*, original de Bahía, que se parece a los *blues* de Norteamérica; el *bumba-meu-boi* es mucho más vivo y se cultiva en Maranhão; el *forró*, el *maracatú*, el *frevo* y el *repentismo* son propios del Nordeste; el cadencioso *carimbó* proviene del norte, del Estado de Pará.

Así, aunque son estilos mucho menos conocidos fuera de Brasil, en casi todas las regiones del país ha surgido en la segunda mitad del siglo XX un tipo de música diferenciada.

El ritmo más popular en estos momentos en el Nordeste es el *forró*, con representantes como Luiz Gonzaga, el Trío Nordestino –de Recife– o los archifamosos Falamansa, a pesar de que sólo cuentan con un nordestino en sus filas y el resto son de São Paulo.

También propios de Recife y Olinda son los acelerados ritmos del *frevo,* con cantantes como Elba Ramalho, y el *Mangue Beat*, con muchas influencias de *hip hop* y sicodelia y grupos que han arrasado como Chico Science (que murió en accidente de carretera en 1997) con Naçao Zumbi.

En Maranhão, además del *bumba-meu-boi* ha triunfado el reggae brasileño, con un grupo magnífico llamado Tribo de Jah; incluso Gilberto Gil ha hecho incursiones en este estilo musical jamaicano, con su precioso *Vamos fugir*.

En Bahia hay un estilo musical que entra sólo, el *Axé*, maravilloso y con su principal intérprete en Daniela Mercury y otros con mucho éxito ahora como Margareth y el grupo Chiclete com Banana.

Un disco que ha obtenido las mejores críticas en el 2003, y que se ha vendido incluso en España, es el del grupo *Tribalistas,* formado por Carlinhos Brown, Arnaldo Antunes y Marisa Monte.

Por último, el *sertanejo* es la música *country* del Sertão, con cantantes que casi siempre se unen en dúos con portadas en CD's de lo más cursilonas y nombres como Leandro e Leonardo.

CINE. El primer largometraje de factura brasileña es obra de Francisco Santos y se titula *El crimen de Banhaos* (1913). Se trata de la reconstrucción de un asesinato que ocurrió en la realidad. En esta primera etapa de cine mudo destacaron también Antonio Leal Capellaro, con su *O Guaraní*; José Medina, autor de *El castigo de Dios,* y Luis de Barroso, que fue director y actor. Su película más famosa es *Vivo o morto*.

En la década anterior a la Segunda Guerra Mundial, Brasil producía una media de diez largometrajes por año. Huberto Mauro fue uno de los cineastas que sonaron fuera de las fronteras, con películas como *En la primavera de la vida, Fuego bajo la ceniza, Sangre minera, El descubrimiento de Brasil* o *La fábula de mis amores.* En la posguerra la producción cinematográfica descendió a un largometraje por año. El presidente Getúlio Vargas lanzó una ley proteccionista para favorecer al Séptimo Arte, pero no se obtuvieron grandes resultados.

Unos años antes, Alberto Cavalcanti, cineasta formado en Europa, había vuelto a São Paulo, donde fundó la productora Veracruz que iba a dar salida a los proyectos de los antecesores del movimiento conocido como *Cinema Novo brasileño. O Cangaceiro*, de Lima Barreto, es uno de estos primeros títulos. En Cannes (1953) obtuvo el premio a la mejor película de aventuras y abrió puertas a otros cineastas. Cavalcanti produjo también *Caiçara*, de Adolfo Celi; *Terra e sempre terra*, de Tom Payne, y numerosos documentales. Después, regresaría a Europa.

Entre 1958 y 1962, varios cineastas formados en la Universidad empezaron a crear obras inquietantes que rápidamente traspasaron las fronteras. En ellas reflejaron, como nadie lo había hecho hasta entonces, la realidad de los problemas de Brasil, alejados de todos los tópicos de país alegre y tropical. Glauber Rocha, considerado como uno de los padres de este movimiento, lo explicó así en un artículo titulado *Cultura del hambre, cultura de la violencia*: "Nuestra originalidad es nuestra hambre, que es también nuestra mayor miseria, pues si es sentida no es comprendida. No obstante, nosotros sabemos que su eliminación depende sólo de una cultura del hambre que al mirar sus estructuras las sobrepase cualitativamente, y la verdadera manifestación cultural del hambre es la violencia".

Pero la primera película brasileña que realmente trascendió las fronteras del país de un modo espectacular fue *Orfeo Negro* (1958), de Marcel Camus y que supuso una ventana al exterior de la *bossa nova*.

Los éxitos en Europa se sucedían unos a otros: Anselmo Duarte, con *O pagador de promessas*, obtuvo la Palma de Oro en el Festival de Cannes (1962). Rui Guerra consiguió el Oso de Plata en el Festival de Berlín (1964) con *Os fuzis*. Este mismo año se presentó en Cannes *Vidas secas*, de Nelson Pereira dos Santos, que obtuvo gran éxito. Glauber Rocha saltó a Europa con filmes como *Deus e o diablo na terra del sol*, *Terra en transe* y *O dragão de maldade contra o santo guerrero*. Esta última consiguió el premio a la mejor dirección en el Festival de Cannes (1969).

Pedro de Andrade obtuvo el Cóndor de Oro en el Festival de Mar del Plata con *Macunaíma* (1970) y Arnaldo Jabor, el Oso de Plata de Berlín (1973) por *Toda nudez sera castigada*.

La dictadura militar dispersó a los cineastas y la censura condujo al cine hacia una lenta agonía. Veinte años después, toda una generación sedienta de contar cosas surgió en São Paulo. Estos jóvenes habían tenido buenos maestros y retomaron fácilmente el hilo de aquella forma de narrar con imágenes. Se podía hablar de un *cinema novisimo*: André Klotzel, con *A marvada carne*; Suzana Amaral y la tristísima *A hora da estrela*; Murillo Salles con *Nunca fomos tão felizes*; Sergio Amon y su valiente *Aqueles dois* o Hermano Penna, con la personal adaptación de João Ubaldo Ribeiro, *Sargento Getulio*, son algunos ejemplos de toda una resurrección del Séptimo Arte en este país.

Años más tarde, en 1981, la película *Pixote, la ley del más débil*, de Héctor Babenco y que narra las desventuras de un *menino da rua* en Río, ganó el premio al mejor filme del Festival de Cannes.

En los últimos años, una de las películas más taquilleras ha sido *Guerra de Canudos*, basada en la epopeya de António Conselheiro y dirigida por Sergio Rezende.

El cine producido en Río de Janeiro también vivió su época dorada con el *Cinema Novo* en los años sesenta, aunque ha experimentado un renacimiento en los últimos años con títulos que han triunfado en casi todo el mundo, como *Estación Central de Brasil* (1998), de Walter Salles y con buena parte de la acción en la Rodoviária de la ciudad. El filme *Cidade de Deus* (2002) reconstruye el ambiente violento de una de las *favelas* más violentas de Río, y también ha gozado de un reconocimiento internacional.

También es de Walter Salles el filme *Diarios de motocicleta*, de 2004 y triunfadora del Festival Sundance de Cine Independiente en La Habana, que narra el viaje de varios meses por Suramérica del Ché Guevara a lomos de una moto en 1952 y acompañado de su amigo Alberto Granados.

Anteriormente, el filme *Gabriela* (1983), del director carioca Bruno Barreto, con Marcello Mastroianni y la actriz brasileña Sonia Braga, está ambientado en Ilheus y basado en la novela de Jorge Amado, pero parte de la película se rodó en Paratí, el pueblo colonial al sur del Estado de Río, y allí puede visitarse el hotel donde se alojaron las estrellas y ver sus fotografías.

LITERATURA. Los primeros escritores que forman parte de la historia literaria de Brasil son de la época colonial y están unidos a Portugal y España. El jesuita canario José de Anchieta es uno de los pioneros. Es el autor de una gramática en tupi-guaraní, escrita en 1595. Otro jesuita, el padre Antonio Vieira, que pasó gran parte de su vida en Brasil, figura como uno de los grandes de la literatura portuguesa del siglo XVII.

Benito Teixeira Pinto describió por primera vez el ambiente del país y sus características en un poema épico y Manuel de Moraes confeccionó el primer diccionario de las lenguas de Brasil.

Con la fundación de la Universidad de Bahia se formó un grupo de intelectuales al que perteneció Gregorio Mattos, considerado como el primer poeta de Brasil. En el mismo círculo se movía Nuño Marqués Perira, de quien dicen algunos autores que escribió la primera novela brasileña, titulada *Compendio narrativo del peregrino de América*.

En el siglo XVIII sobresalió otro grupo de escritores vecinos de Minas Gerais que reaccionó frente al barroco academicista imperante: José de Santa Rita, autor de la epopeya *Caramuru*, en la que narra las aventuras de un colono portugués; José Basilio Gama, que narró en *El Uruguay* las luchas por el poder entre portugueses y españoles y entre las tribus rivales de indios, y Tomás Antonio Gonzaga, que completa el grupo. Este último tomó parte en la conspiración contra la Corona de *Os Inconfidentes* y fue deportado durante diez años a Mozambique. Sus poemas más conocidos son los que compuso para su novia Marília a quien después del destierro nunca volvió a ver. *Marília de Dirceu* fue publicada en Lisboa en 1792, el mismo año de su partida forzosa hacia África.

En la época independentista destacaron autores como António Pereira de Sousa y José Bonifacio de Andrada. El Romanticismo dejó su huella en Antonio Gonçalves Dias, poeta, indianista y autor de varios poemas de amor recogidos en *Poesías americanas*. La novela romántica está representada por José de Alencar, que escribió *Guaraní*, y Manuel Antonio de Almeida, autor de *Memorias de un sargento de milicias*, donde se adelantó al Naturalismo.

El Parnasianismo fue el movimiento que sustituyó al Romanticismo. Su poeta más importante fue Olavo Bilac, autor de *Poesías*. De la corriente simbolista participaron, entre otros, João de Cruz y Souza, Mario Pederneiras y José Pereira de Graça Aranha.

En el siglo XIX Manoel de Macedo retrató la sociedad carioca de la misma época en novelas como *Un paseo por la ciudad de Río de Janeiro* o *Memorias de la calle de Ouvidor.*

Joaquim Maria Machado de Assis (1839-1908) es quizá el escritor brasileño más grande de todos los tiempos. Era hijo de un esclavo liberado y desarrolló la mayor parte de su carrera periodística y literaria en Río. Entre sus mejores obras destacan *Memorias póstumas de Blas Cubas* y *Don Casmurro.*

Entre 1930 y 1940 surgió una generación que se volcó en el *sertão*. Es el equivalente a la "novela de la tierra hispánica". Poco a poco los autores fueron cediendo terreno hacia obras más urbanas y psicológicas, pero siempre preocupados por narrar la lucha del hombre por la supervivencia. Destaca José Lins do Rego con un ciclo de seis novelas sobre la caña de azúcar. *Cangaceiros* es su novela más conocida.

Un trío de escritores, sin salirse del compromiso político, llevaron sus acciones hacia ambientes más urbanos: Rachel de Queiroz, Garciliano Ramos y Jorge Amado. De los tres, Jorge Amado (1912-2001), eterno candidao al Nobel, fue el que más proyección internacional ha conseguido. Sus obras han sido traducidas a idiomas tan remotos como el albanés o el lituano. *Cacao* fue su primera novela. Afiliado al Partido Comunista, estuvo encarcelado y más tarde se exilió en Argentina hasta que pudo regresar nuevamente a Bahia. Esta ciudad le ha inspirado gran parte de sus novelas. Entre las más conocidas: *Sudor, Os subterrãneos da libertade, O pais do carnaval, Doña Flor y sus dos maridos* y *Gabriela, cravo e canela.*

En la segunda mitad del siglo XX destacan nombres como las hermanas de origen ucraniano Clarice y Elisa Lispector. La primera, fallecida en 1977, escribió *La pasión según G.H.* y *La hora da estela*. La editorial Edhasa ha publicado en España *Agua viva, La manzana en la oscuridad* y *Cerca del corazón salvaje,* de esta autora.

Otros nombres contemporáneos son Nelson Rodrigues, Manuel Bandeira, Nélida Piñón, hija de inmigrantes gallegos y con varios premios literarios en su haber por obras como *La dulce canción de Cayetana* o *La república de los sueños*, publicada en España por Alfaguara.

En las últimas generaciones se puede hablar de una narrativa renovadora y experimental, con Guimarães Rosa a la cabeza y su trilogía titulada *Corpo de baile* y su *Grandes Sertão*. João Ubaldo Ribeiro, Mario de Andrade y José Mauro de Vasconcelos, entre otros, también han destacado en la novela contemporánea.

Por otro lado, el famoso autor de *best-sellers* Paulo Coelho, padre de éxitos mundiales como *El peregrino de Compostela* o *El alquimista*, vive en Río de Janeiro, pero no se ha inspirado hasta el momento en esta ciudad a la hora de plasmar su arte.

Y, ya hemos hablado de él en el apartado de la *bossa nova*, el gran Vinicius de Moraes (1913-1980) es uno de los grandes poetas del siglo XX. Nacido en Río, además de poeta fue cantante y diplomático. En 1933 publicó su primera obra poética, *Caminho para a distancia*. En 1956 compuso, junto con Jobim, la *Garota de Ipanema*, tema que le daría más fama en todo el mundo que cualquier otro libro de poemas.

Pero sus versos por sí solos, que han cantado músicos tan célebres como Toquinho –autor, por su lado, de maravillas como *Aquarela*–, Chico Buarque, Edu Lobo o Baden Powell, constituyen la obra de un pedazo de artista.

ARQUITECTURA. En la época colonial se instalaron en el país una serie de hermandades que fueron las impulsoras de toda la arquitectura barroca religiosa. Las ciudades más interesantes, desde el punto de vista de la arquitectura colonial son Salvador de Bahia, Ouro Preto, Olinda, São Luís, Paratí, Sabará y Congonhas do Campo. En el capítulo correspondiente a cada una de ellas encontraréis detalles sobre las iglesias más importantes construidas en los siglos XVII y XVIII.

Desgraciadamente, en las ciudades grandes han desaparecido muchas muestras de la arquitectura colonial civil y en su lugar se han levantado edificios más altos y mucho menos estéticos. En nombre del progreso se han cometido muchas atrocidades. Políticos, urbanistas y hombres de negocios no han demostrado tener la mínima sensibilidad estética. Sólo ahora, y nunca es tarde, algunos municipios han iniciado planes de reconstrucción para salvar una parte de la historia del país. Es el caso de Salvador de Bahia y su gran programa de recuperación del Pelourinho, el mayor conjunto de arquitectura colonial brasileño.

En la segunda mitad del siglo XX Brasil atraviesa por una época realmente dorada para la arquitectura contemporánea. Los representantes de más peso en la arquitectura y urbanismo del siglo XX son Lucio Costa y Oscar Niemeyer –fallecido en 2012– , ambos influidos por la estética de Le Corbusier. Son los padres de la ciudad de Brasília. Costa es el autor de los planos y Niemeyer, el responsable de la mayor parte de los edificios oficiales (ver el capítulo de Brasília). También estos dos grandes maestros de la construcción se vieron obligados a continuar sus carreras en el extranjero cuando llegó la dictadura militar. Ambos han dejado infinidad de discípulos, algunos de ellos imparten clases en la Facultad de Arquitectura de Brasília, una de las más prestigiosas del país.

Entre los edificios más sobresalientes de arquitectura contemporánea se cuentan la Catedral Metropolitana de Brasília –también la de Río–, diversos edificios ministeriales y plazas de Brasília, el conjunto de edificios del Memorial de América Latina en São Paulo, obra también de Niemeyer, y hasta el edificio Petrobras de Río.

PINTURA Y ESCULTURA. Las primeras obras pictóricas y tallas de valor artístico en Brasil las plasmaron los frailes y esclavos liberados en los conventos e iglesias de las ciudades. Ambos artes alcanzaron su cenit durante el siglo XVIII, con el desarrollo del barroco colonial. Antônio Francisco Lisboa, *Aleijadinho,* que vivió durante casi todo ese siglo, es el gran escultor de la historia brasileña y dejó su obra sobre todo en Minas Gerais.

Posteriormente, los pintores franceses Jean Baptiste Debret y Nicolas Taunay impulsaron sobremanera este arte en Río de Janeiro, con sus enseñanzas en la Academia de Bellas Artes fundada por João VI. Ambos artistas, además, se inspiraron en los paisajes de Río en muchos de sus cuadros.

Con el auge del impresionismo en Europa, sus influencias se hacen notar en pintores brasileños como Eliseu d'Angelo Visconti, pero la pintura no destacará apenas a lo largo del siglo XX hasta sus últimos años, cuando surgen nombres contemporáneos, como Cândido Portinari (1903-1962) o Alfredo Volpi.

RELIGIÓN

El 80% de los brasileños pertenece a la religión católica, pero también hay otras religiones arraigadas. El protestantismo se introdujo cuando Brasil pertenecía a Portugal. Los presbiterianos llegaron en 1859, seguidos de los metodistas, que lo hicieron en 1870, y los baptistas en 1871. A lo largo del siglo XX se han instalado distintas sectas y grupos evangélicos, entre ellos los más numerosos son: Asamblea de Dios, Iglesia Evangélica Luterana, Convención Bautista Brasileña y la Iglesia Metodista.

Sin embargo, el último fenómeno religioso en Río lo constituyen las misas multitudinarias católicas del Padre Marcelinho, que incluso ha grabado varios discos de música religiosa de éxito.

No hay que olvidarse de los espiritistas que practican sus creencias, a veces mezcladas con ritos del catolicismo. Estas prácticas, traídas por los esclavos africanos, fueron prohibidas hace tiempo pero los negros nunca las abandonaron. Es sobre todo en Bahía donde estos cultos están más arraigados, pero también en Río se han conservado estas ceremonias, que se han denominado *macumba, candomblé* y *xango,* y se manifiestan durante importantes festivales que se celebran sobre todo a finales de cada año, el mismo día de Nochevieja. Muchos de los santos católicos y la Virgen tienen sus equivalentes en este culto y se denominan *orixás*.

EL CARNAVAL

Para muchos brasileños, el año se divide en antes del Carnaval y después del Carnaval. El de Río es el más famoso del mundo. En realidad sólo dura cuatro días pero cunden como doce meses. Casi todas las ciudades lo celebran de una forma u otra. En los últimos años ha cobrado gran fuerza el carnaval de Salvador de Bahía y el de Olinda-Recife.

Los preparativos suelen empezar hacia octubre y ya en Navidad comienzan los ensayos en las escuelas de samba. Quince días antes ya es la *folia*, que en las canciones siempre la hacen rimar con *alegria* y con *magia*. Los fines de semana salen las orquestas y los grupos bailando por la calle, estrenando nuevas canciones de letras ingenuas y pegadizas.

Después viene la *loucura* y, cuando todo ha pasado, la resaca de varios días. El carnaval llega a todas las clases sociales y cada quien lo celebra a su modo, aunque los desfiles más espectaculares se suceden en el Sambódromo de Río. Hay quien se gasta millones en estos cuatro días y hay quien se divierte sin gastarse un real.

Los hoteles suelen aumentar mucho sus tarifas y en Río, Olinda, Recife, Salvador de Bahía y otras localidades con buenos carnavales es muy difícil encontrar habitación si no se ha reservado con bastante antelación. También los vuelos suelen estar completos desde unos cuantos meses antes. Algunas tiendas abren el lunes y el martes por la mañana. Los bancos y las oficinas permanecen cerrados los cuatro días. La falta de personal en los aeropuertos a veces provoca la suspensión de unos algunos vuelos y la Administración queda prácticamente paralizada durante estas fechas.

Generalmente se celebra en el mes de febrero y a veces a principios de marzo, las fechas varían en función del calendario religioso, siempre coincidiendo con el sábado, domingo, lunes y martes anteriores a la Cuaresma.

EL IDIOMA

El portugués de Brasil es parecidísimo al español y nada más llegar comprobaréis que entendéis todo lo que veis escrito: periódicos, letreros en la calle o en los lugares públicos, etcétera... para desencantaros en seguida, cuando veáis que al principio no entendéis casi nada de lo que os dicen.

Y ello es debido a que la pronunciación es muy diferente y el idioma suena con una cadencia muy poco similar a la del italiano, por ejemplo, que es mucho más comprensible.

Sin embargo, los brasileños os entenderán casi todo lo que decís, pues para ellos la pronunciación española es bastante más fácil. Pero así y todo, el portugués hablado en Brasil es más fácil de entender que el practicado en Portugal; es más abierto.

Pero, no os desaniméis, con un buen libro de conversación y practicando continuamente con los brasileños, lo cual no ofrece problema pues a ellos les encanta charlar con extranjeros, en pocos días habréis mejorado mucho en el conocimiento de este bello idioma. Un buen libro de conversación es el de la Folha de São Paulo, que encontraréis en las buenas librerías, o mejor aún, adquirid alguno en España antes de partir.

En el capítulo siguiente de esta guía hemos insertado una guía de conversación en portugués.

DÍAS FESTIVOS

Además del Carnaval que, como se ha señalado en el apartado correspondiente, se celebra en fechas variables, en Brasil se dan los siguientes días festivos:

1 DE ENERO: día de Año Nuevo.

6 DE ENERO: Epifanía.

VIERNES SANTO Y DÍA DE PASCUA: en marzo o abril, según el calendario religioso.

21 DE ABRIL: fiesta en honor del héroe nacional Tiradentes.

1° DE MAYO: Día del Trabajo.

CORPUS CHRISTI: un jueves variable del mes de junio.

7 DE SEPTIEMBRE: Día de la Independencia.

12 DE OCTUBRE: Nuestra Señora Aparecida.

2 DE NOVIEMBRE: Día de Difuntos.

15 DE NOVIEMBRE: Proclamación de la República.

25 DE DICIEMBRE: Navidad.

INFORMACIÓN PRÁCTICA

DIRECCIONES ÚTILES EN ESPAÑA

OFICINA DE TURISMO DE BRASIL. Almagro 28, 2ª planta, 28010 Madrid. ☎ 91 702 06 35. www.brasil.es

EMBAJADA DE BRASIL. Fernando El Santo 6, 28010 Madrid. ☎ 91 700 46 50.

DIRECCIONES ÚTILES EN BRASIL

OFICINAS DE TURISMO

No hay que esperar gran cosa de las oficinas de Turismo de las diferentes localidades de Brasil, aunque en muchas os facilitarán al menos un buen mapa de la ciudad e información y reservas de alojamiento.

La sede central de Turismo de Brasil está en la capital, Brasilia, pero la verdad es que funciona más que nada como un ministerio y facilitan muy poca información a los turistas.

En Río ciudad lo mejor es dirigirse a Riotur (ver Direcciones Útiles), donde un personal muy amable os dará un buen mapa de la ciudad e información sobre los eventos culturales del momento, aunque también podéis conseguirlo en la delegación del Aeropuerto Internacional.

Sin embargo, no merece la pena acudir a la Oficina del Estado de Río, pues no tienen nada, aparte de un mapa y escasa información sobre hoteles y restaurantes de alguna localidad.

En el capítulo dedicado a cada localidad del país facilitamos la dirección de su Oficina de Turismo.

EMBAJADA Y CONSULADOS ESPAÑOLES

EMBAJADA DE ESPAÑA. Av. das Nações, Q. 811, Lt. 44. 70429-900 Brasilia, D.F. ☎ (61) 370 11 600; emb.brasilia@maec.es

CONSULADO EN PORTO ALEGRE. Rua Carlos Gómes 222. ☎ 33 21 19 01. cog.portoalegre@maec.es

CONSULADO EN RÍO DE JANEIRO. Lauro Müller 116. ☎ 25 43 32 00. cog.riodejaneiro@maec.es

CONSULADO EN SALVADOR DE BAHÍA. Rua Marechal Floriano 21. ☎ 3336 90 55; cog.salavadorbahia@maec.es

CONSULADO EN SÃO PAULO. Av. Brasil 948. ☎ 30 87 26 00. cog.saopaulo@maec.es

EL DINERO

MONEDA. Después de muchos cambios de denominación en los últimos años, la moneda oficial del país actualmente es el **real** (plural *reais*), dividido en céntimos y con un cambio oficial que en el 2014 determinaba una tasa de 3,2 reales por un euro.

Hay billetes de un real, dos, cinco, diez, veinte, cincuenta y cien, aunque estos últimos son poco frecuentes, y monedas de un centavo, cinco, diez, veinticinco y cincuenta centavos y de un real.

Los billetes son fáciles de diferenciar, ya que tienen distinto color según su valor: el de 1 real es verde, el de 2 es azul claro, el de 5 reales es púrpura, el de diez es rojo, el de 20, amarillo; el de 50, marrón, y el de cien reales es azul.

Todas las monedas tenían antes el mismo color y unas dimensiones muy similares, por lo que a veces parecían todas iguales, pero en los últimos años se han introducido unas monedas parecidas a las de nuestros euros.

EL CAMBIO. El euro se acepta sin problemas como moneda de cambio en todas las casas de cambio, agencias y en los bancos que cambian divisas. Sin embargo, cuando lleguéis a un aeropuerto internacional, cambiad lo mínimo posible –para el autobús o taxi y la cena de la primera noche– en las casas de cambio de la terminal de llegadas, pues ofrecen una tasa desfavorable.

En los principales barrios de las ciudades y localidades turísticas encontraréis un gran número de casas de cambio y agencias de viaje que disponen además de un servicio de cambio para moneda extranjera. Estos lugares son mucho más interesantes que los bancos, especialmente Banco do Brasil, cuyas comisiones en algunos momentos hace que resulte muy desventajoso.

Hay numerosas empresas en cuyos escaparates figura escrito *Câmbio, Viagens e Turismo,* que os cambiarán los euros a *reais*.

Ya hemos dicho que los bancos que cambian divisas ofrecen una tasa más desventajosa, y ya no digamos los hoteles, que tienen un cambio penoso para el viajero.

Algo que os llamará la atención cuando entréis en algún banco, sobre todo en Río de Janeiro ciudad, son las medidas de seguridad, que tal vez os parezcan exageradas. Siempre hay cuatro o cinco guardas, en algunos casos protegidos dentro del propio edificio detrás de unas garitas de metal. En algunos bancos estas medidas de seguridad provocan una mayor lentitud, ya que todos los clientes deben de pasar por un detector de metales después de haber dejado las llaves, cámara y otros objetos, lo que obliga a guardar una larga cola.

CHEQUES DE VIAJE. Los cheques de viaje pueden cambiarse en la mayoría de las casas de cambio, aunque esta modalidad suele obtener –al contrario que el efectivo– mejor tasa en los bancos, excepto el de Brasil. En todo caso, antes de cambiar un cheque de viaje, comprobad la tasa de cambio en un par de casas y de bancos, y enteraos de si os van a cobrar comisión.

TARJETAS DE CRÉDITO. Las principales tarjetas que se usan en España: Visa, MasterCard, American Express, etcétera, se aceptan sin problemas en hoteles, restaurantes y tiendas de cierto nivel de todo Brasil.

En general, no hay que dejar que la tarjeta desaparezca de vuestra vista cuando se va a hacer un pago. Pero esto es así en cualquier país del mundo, y no expresamente en Brasil. En los últimos años muchos viajeros han visto llegar a su cargo cifras astronómicas por compras que no habían hecho, como consecuencia de un despiste a la hora de entregar la tarjeta, que desaparece por unos minutos y se pasa varias veces por las *bacaladeras*. Después, no tienen más que presentar las facturas con una firma falsificada y cargarlas a esa tarjeta que sólo ha desaparecido durante unos instantes de vuestras manos. Desgraciadamente estos casos son frecuentes y pueden ocurrir en establecimientos de aspecto respetable. Se supone que estos riesgos están cubiertos por las empresas emisoras de las tarjetas, que suelen asumir estas facturas, pero pueden pasar meses hasta que recuperéis vuestro dinero.

CAJEROS AUTOMÁTICOS. Las tarjetas Visa son las más aceptadas en los cajeros automáticos de Brasil para retirar efectivo. Casi todas las sucursales del Banco do Brasil disponen de cajeros donde los viajeros pueden obtener reales, así como algunas del HSBC.

QUÉ ROPA Y EQUIPAJE LLEVAR

Si viajáis al sur –lo que incluye Río de Janeiro– entre diciembre y marzo, que es la época más calurosa, llevad prendas ligeras y a poder ser de algodón. Evitad los colores oscuros. Nunca está de más incluir un pantalón largo y alguna camiseta de manga larga para defenderse de los mosquitos o del aire acondicionado de algunos locales. Éste suele ser el causante del mayor número de trastornos de salud. A veces provoca resfriados, dolores de garganta y otro tipo de molestias para las que no se va preparado por ser un país tropical.

Si viajáis entre abril y noviembre, bastará que añadáis alguna prenda ligera de punto. No os olvidéis de incluir en el equipaje una crema bronceadora de fuerte protección, repelente de insectos y si lleváis máquina de fotos, vuestras tarjetas digitales. Todo este material resulta más caro que en España.

El resto del país es caluroso hasta en pleno invierno.

CORRIENTE ELÉCTRICA

La electricidad funciona en Brasil a 125 voltios, pero muchos negocios, en especial hoteles, también disponen de corriente a 220 voltios. Si pensáis llevar pequeños electrodomésticos, como secadores de pelo, maquinillas de afeitar o planchas, tened en cuenta este detalle.

CORREOS

Hay oficinas de correos, *correios,* en todos los pueblos. Las ciudades suelen tener una oficina central y en cada barrio otras más pequeñas. Aquí deberéis comprar los sellos. Para enviar tarjetas postales es aconsejable que las introduzcáis en un sobre. De lo contrario, algunas no llegarán nunca. Por lo general suele haber puestos ambulantes de papelería a la entrada de las oficinas.

TELÉFONOS

Los *orelhãos* (reciben este nombre por su forma de oreja) son teléfonos públicos instalados en las calles de todas las localidades de Brasil. Prácticamente ya todos funcionan con tarjetas que se pueden comprar en quioscos, puestos callejeros y, algo más económicas, en las oficinas de la Telefónica.

LLAMADAS INTERURBANAS. Si queréis hacer una llamada interurbana es mejor acudir a cualquiera de los *postos telefónicos* que funcionan en todo el país, pues desde las cabinas es un poco complicado, ya que primero tenéis que ver por qué operador estáis funcionando y marcar el código correspondiente, que se inserta entre el 0 y los siguientes números del código de cada ciudad, en el caso de llamadas interurbanas. El código de Río, por ejemplo, es el 021. Así para llamar a Río desde otra ciudad de Brasil debéis marcar el 0 + código del operador + 21 + el número del abonado.

En algunos *postos telefónicos* es posible utilizar las tarjetas, mientras que en la gran mayoría os facilitarán una llave, que al introducirla en el teléfono quedará libre la línea y podréis hacer hasta tres llamadas.

LLAMADAS INTERNACIONALES. Para hablar con otro país, deberéis marcar el código internacional (00) a continuación el prefijo del país (para España es el 34) y el de la provincia (en el caso de España ya no existe) y por último, el número del abonado.

ESPAÑA DIRECTO. Para llamar a España a cobro revertido, marcad el número 0800 890 34 11, que es gratuito, y conectaréis con una operadora española que os pedirá los datos necesarios. Este servicio funciona impecablemente.

CIBERCAFÉS

En los apartados de Direcciones útiles de algunas ciudades facilitamos las direcciones de diferentes lugares donde podéis conectaros a la red. Los precios suelen variar susceptiblemente entre un cibercafé y otro, y de un año a otro, así que echad un vistazo a dos o tres antes de utilizarlos.

PRENSA

Una buena idea para aprender más portugués es leer los periódicos. *O Globo, Folha de São Paulo* y *Jornal do Brasil* son los dos tres periódicos principales, mientras que *O Povo* es el más leído entre los diarios *populares.*

Entre las revistas semanales, *Veja* facilita una buena información sobre las actividades y la oferta de ocio en las ciudades.

TELEVISIÓN

La televisión parece ser otro deporte nacional en Brasil y, desgraciadamente, la gente parece estar tan enganchada al aparato como en España y se tragan el mismo tipo de basura que en nuestro país.

Hay un buen montón de canales públicos y privados y en los grandes hoteles tienen televisión por cable, para ver sobre todo los partidos de fútbol de las ligas extranjeras.

Una particularidad de Brasil son las telenovelas, dramones que también han llegado ya a España y que parecen interminables, con capítulos diarios. En muchas *pousadas* comprobaréis que el recepcionista está enganchado toda la tarde desde su mostrador a una telenovela que se emite en el aparato del vestíbulo.

DIFERENCIAS HORARIAS

Durante el invierno español hay cuatro horas de diferencia con casi todo Brasil, que va atrasado en el horario respecto a España. Así, cuando en la mayor parte de Brasil son las 8.00 h, en España son las 12.00 horas. En primavera y el verano español, la diferencia es de cinco horas, pero como el cambio de horario no se lleva a cabo al mismo tiempo en los dos países, hay aproximadamente un mes en primavera (marzo) y otro mes y medio en otoño (octubre-mitad de noviembre) en que la diferencia es de cuatro horas.

La Amazonia central, Brasilia y el Nordeste se rigen con otro horario, hay que atrasar una hora los relojes con respecto al resto del país, y en el Estado de Acre, el más occidental, dos horas.

LAVANDERÍA

Las lavanderías suelen ser rápidas y baratas, y entregan la ropa planchada. Pero también lavan a lo bestia y la verdad es que te repasan la ropa de algodón de tal forma que cuando la recoges, parece que las camisetas han envejecido unos cuantos años, por lo que os recomendamos que llevéis en vuestro viaje ropa que no tengáis en mucho aprecio.

Una opción más segura, pero mucho más cara, es entregar la ropa sucia al servicio de lavandería de un hotel caro.

ACTIVIDADES

EN LA PLAYA. La playa y los paseos pedestres que la bordean es el lugar más popular y apropiado para la práctica de deportes en las ciudades costeras.

Así, en los paseos marítimos veréis a cantidad de gente haciendo *jogging* o marcha, mientras que algunos cuentan con carriles-bici muy concurridos. En las propias playas suele haber aparatos de gimnasia: anillos, barras, etcétera, donde los brasileños esculpen cada día sus cuerpos alucinantes, mientras que en la arena hay varias canchas improvisadas, con porterías y redes, donde siempre hay equipos jugando al fútbol, el voleibol o ese deporte tan brasileño, el *futevolei*, que se juega con dos equipos de tres miembros y combina ambos deportes principales.

SURFING. Los estados del sur, especialmente Santa Catarina, cuentan con playas y olas ideales para la práctica del surf. Igualmente el Estado de Río tiene algunos lugares favoritos para los surfistas, como Saquarema.

En las playas se puede alquilar una tabla, pero los auténticos surfistas harían bien en comprarse una. Son de muy buena calidad y muy baratas.

SENDERISMO. Brasil cuenta con muchísimos lugares para la práctica de este deporte, empezando por la misma ciudad de Río de Janeiro, donde la cercanía al centro del precioso parque nacional de Floresta da Tijuca se lo pone muy fácil a los amantes del senderismo. Pero cada parque nacional o reserva protegida del país es apto para el senderismo. Lo mejor es contactar en cada localidad con alguna asociación de excursionismo, para recabar información y consejos.

MONTAÑISMO. La ciudad de Río es el principal centro para los escaladores en todo el país, pues tiene 350 lugares para escalar distribuidos en un radio de poco más de media hora en coche desde el puro centro de la ciudad.

Otros centros de escalada son los parques nacionales de Serra dos Órgãos y Caparó.

La época ideal para la práctica del montañismo es entre abril y octubre, cuando las temperaturas son más moderadas y los bosques soportan una menor humedad.

Para hacer montañismo en Brasil es imprescindible ponerse en contacto con algún club para información y asesoramiento

EL ALOJAMIENTO

En Brasil hay una gran variedad de tipos de alojamiento. Excepto en Río, Búzios o Brasília, donde es difícil encontrar alojamiento barato, en casi todo el resto del país dormir puede salir económico, a excepción de los días de Carnaval y Navidad en ciertas localidades costeras o carnavaleras, cuando suele resultar casi imposible encontrar alguna cama si no se ha reservado con antelación y los precios pueden hasta triplicarse.

En los hoteles un *quarto* es una habitación con baño compartido, mientras que un *apartamento* tiene baño propio. Los cuartos con cama de matrimonio son *casals* y no suelen tener precios diferentes que los *duplos*, con dos camas.

Hay numerosos hoteles de todas las categorías, pensiones, moteles, albergues juveniles y algún cámping, distribuidos sobre todo en las zonas turísticas. En casi todos los alojamientos el desayuno está incluido en el precio de la habitación.

ALBERGUES JUVENILES. Los *albergues da juventude* (FBAJ) pertenecientes a la Asociación Internacional (HI) cuentan con una cincuentena de establecimientos en Brasil, además de que también abundan los albergues independientes de esta organización.

Cada albergue tiene sus propias normas pero la mayoría de los Internacionales coincide en algunos puntos: no limitan la edad del alberguista (sólo algunos no aceptan niños menores de 10 años), permiten una estancia máxima de siete noches pero si no hay problema de espacio, os dejarán permanecer otra semana más. Los que no dispongan de carné de alberguista pueden pagar hasta el doble y su estancia se limita a una noche (también esta norma se puede negociar). Los dormitorios y baños suelen ser compartidos, sobrios y limpios.

Con el carné internacional de alberguista (IYHF), que lo gestionan en las Oficinas de Turismo e Intercambio de Jóvenes Estudiantes (TIVE), con delegaciones en toda España, os harán el descuento mencionado. Lo puede sacar cualquier persona, sin límite de edad. El carné familiar es más económico si pensáis viajar en familia (la lista de albergues la tenéis en el apartado Alojamiento). Lo podéis obtener en las Oficinas de Turismo e Intercambio de Jóvenes Estudiantes (TIVE), Fernando El Católico 88, Madrid 28015. ☎ 91 543 74 12, con delegaciones en toda España, o en la Red Española de Albergues Juveniles, en esta misma dirección y teléfono.

También se puede conseguir en las asociaciones de albergues de las comunidades autónomas y en los propios albergues españoles. Tampoco se requiere ser estudiante. La sede central de la Federaçao Brasileira dos Albergues da Juventude está en Río de Janeiro, en Rua da Assembléia 10, Centro. ☎ 25 31 10 85; www.hostel.org.br

LOS DORMITORIOS. Son residencias muy económicas que suelen estar cerca de las estaciones de autobuses o *rodoviárias* de las ciudades. Podéis recurrir sólo en caso de auténtica necesidad, por ejemplo si vuestro autobús sale a una hora intempestiva o si estáis sin un duro. En circunstancias normales, pasad de ellos porque no suelen reunir todas las garantías de higiene ni seguridad deseadas.

LOS MOTELES. Están concebidos para parejas, se pagan por horas y generalmente suelen estar situados en las afueras de las ciudades y de las principales localidades de los diferentes estados. Si en alguna ocasión os quedáis tirados en la carretera, os pueden sacar del apuro. No son caros y os aceptarán gustosos por una noche. Los reconoceréis por las llamativas luces de neón con que se anuncian.

LOS CAMPINGS. El cámping es relativamente reciente en el país, ya que los brasileños no tienen tradición de acampar, aunque poco a poco van descubriendo placer en esta actividad. Hay un buen número de ellos en la costa, cerca de las playas y de las ciudades. Por lo general las instalaciones son simples, aunque los hay mejor equipados. Si decidís cargar con la tienda de campaña, es aconsejable que alquiléis un coche para desplazaros porque no todos los campings están bien comunicados.

Tendréis que prestar atención constante al dinero, los cheques, las tarjetas de crédito, pasaportes y otros objetos de valor porque no siempre hay cajas de seguridad. Para más información, contactad con el **Camping Clube do Brasil:** Rua Senador Dantas 75. Piso 29. Rio de Janeiro. ☎ 22 10 31 71. www.campingclub.com.br y www.webcamping.com.br

LAS PENSOES. Suelen ser casas de huéspedes económicas. La mayoría de ellas no está registrada como tal. Suelen ser más recomendables las de los pueblos pequeños, donde cualquier vecino podrá informaros. En ocasiones se os acercará alguien para ofreceros este tipo de alojamiento, sobre todo en las estaciones de autobuses. Siempre podéis ver la habitación y decidir si la aceptáis.

LAS POUSADAS. La gama de este tipo de alojamientos es realmente amplia, ya que pueden estar al nivel de un hotel de tres y cuatro estrellas, sobre todo en lugares turísticos, o acercarse más a una *pensão*.

LOS HOTELES. Embratur es el organismo oficial que se encarga de clasificar los hoteles, de una a cinco estrellas, en todo el país. Hace unos años, dicho organismo comenzó una encuesta, que aún continúa, para clasificar cada hotel dentro del grupo que realmente le pertenece ya que hasta ese momento, las prestaciones de la mayoría no coincidía con la categoría concedida, pues ésta había sido otorgada basándose en aspectos tales como las dimensiones de la habitación, la anchura de los ascensores y otros detalles burocráticos. También ocurría lo contrario, es decir, que un hotelito acogedor y confortable luciera una o dos estrellas, cuando merecería llevar tres o más.

Cuando pidáis una habitación tened en cuenta que un *apartamento* es una habitación con baño individual y un *quarto* es una habitación sin baño.

El agua caliente de las duchas en la mayor parte de los hoteles baratos suele proceder del *chuvéiro*. Es decir, un artilugio eléctrico conectado a la alcachofa de la ducha que hace que el agua salga caliente. También es muy probable que ya no funcione debido al desgaste y antigüedad.

Si pagáis los hoteles en vuestra agencia de viajes os saldrá más económico que si reserváis la misma habitación allí. La pega es que las agencias sólo trabajan con hoteles de cuatro y cinco estrellas. De todas formas, consultadlo. A veces, los descuentos que hacen a los mayoristas os pueden permitir disfrutar de un hotel de cinco estrellas por el precio que allí vais a pagar por uno de tres. En algunos tienen tarifas especiales de fin de semana.

Casi todos los hoteles cobran un 10% de la tarifa en concepto de servicio. Otros sólo lo insinúan y dicen que ese *plus* es voluntario. En estos casos es conveniente dejar una propina.

El *café da manhã,* el desayuno, suele estar incluido en el precio, al igual que en las *pousadas*, y, por norma general, consiste en un copioso desayuno, con fruta, zumos, café o chocolate, bollería, algunos fiambres y queso. En los grandes hoteles preparan bufés.

Como hemos dicho al principio, Embratur comenzó hace tiempo a recalificar los hoteles, pero la calificación definitiva aún va para largo, por lo que en las relaciones oficiales los hoteles aparecen sin su categoría oficial. Por ese motivo, a la hora de buscar un hotel mirad las prestaciones y comparad precios, es la única forma de elegir. Tened presente que el aire acondicionado es vital, sobre todo si viajáis en verano.

LA GASTRONOMÍA

La gastronomía brasileña ha recibido la influencia de tres cocinas diferentes: la indígena, la portuguesa y la africana. Cada uno de estos pueblos incorporó sus productos y hábitos y el ejemplo más claro de esa simbiosis es el plato nacional, la *feijoada*. Hoy en día, la *feijoada* sólo se prepara los sábados en algunos hogares y en la mayoría de los restaurantes. Las calorías que contiene eran necesarias para los esclavos, quienes en origen disfrutaban de este plato. Está compuesto de frijoles negros, carne de cerdo (antiguamente se le añadían todas las partes del animal que no gustaban a los amos: las orejas, la lengua, el rabo...), tocino, zanahorias, tomate y ajo. Este cocido varía de ingredientes según las regiones y el presupuesto de cada familia, aunque básicamente permanecen las judías negras y la carne. Para ligar la salsa suelen servir un plato de harina de mandioca que cada comensal le añade a su plato.

Desde el punto de vista gastronómico, todas las regiones tienen algo en común: sus enormes raciones, la presencia del arroz, que sustituye a nuestro habitual pan, y el hábito de freír demasiado, tanto el pescado como la carne. Así, los platos de la Amazonia abundan en pescado de agua dulce, el *pirarucu* y el *jaraquí* son dos de los más frecuentes. En Bahía utilizan el oloroso aceite de *dendé* para cocinar pescados, mariscos y carne. Especialidades de esta región como el *bobo de camarão* y otras sopas con salsa de coco se encuentran en muchos restaurantes de todo el país.

La cocina *mineira* está basada en la carne de cerdo y algunas verduras, como la *couve*, una especie de espinacas muy sabrosas. En el Nordeste, concretamente en el Sertão, se comen tubérculos y carne seca. La carne asada o churrasco es el plato fuerte del sur, aunque la costumbre se ha extendido a muchas otras zonas de Brasil, en las que ya hay *churrascarias* en las que sirven excelentes raciones a la brasa.

La repostería en general es deliciosa. Está basada en las mejores materias primas: azúcar, coco y una gran variedad de frutas con las que se preparan dulces y compotas.

LA FRUTA. Seguramente no haría falta decir que Brasil es uno de los países con mayor variedad de frutas tropicales del mundo. La oferta es enorme y la probaréis, sobre todo, en los desayunos. En los grandes hoteles tendréis bufés que incluyen papaya, mango, melón, naranja, mandarina, piña, etcétera, mientras que en las modestas *pousadas* siempre os pondrán al menos papaya y melón.

En el apartado próximo dedicado a los zumos naturales describimos las principales frutas que tomaréis en Brasil.

LAS BEBIDAS

EL CAFÉ. Brasil es uno de los principales países productores de café y es lógico que ésta sea una de las bebidas nacionales: los brasileños toman café en sus hogares a cualquier hora y en las grandes ciudades se encuentra buen café expreso en muchos locales. Os ofrecerán un *cafezinho* en cuanto lleguéis a una casa o incluso en algunas tiendas o casas de cambio. Lo sirven en tacitas diminutas, suele ser flojo y por lo general dulce.

Hasta no hace mucho, sólo podía tomarse en los restaurantes, pero afortunadamente cada día se están abriendo más locales donde se sirve un buen café. Se trata de locales modernos donde incluso ya disponen de cafeteras express italianas.

ZUMOS NATURALES. Brasil es probablemente el país que sirve los mejores zumos naturales del mundo. La variadísima y deliciosa fruta de Brasil tiene su reflejo en estos preciosos puestos de zumos o cafeterías, con los productos más exóticos expuestos, listos para exprimirse. La inmensa variedad de frutas que se cultivan en Brasil os hará rechazar las cotidianas naranjas para probar otros sabores más exóticos y misteriosos. Es importante que os aprendáis sus nombres:

Abacate: aguacate.

Abacaxi: piña.

Acerola: una fruta con aspecto y ligero sabor a cereza, muy apreciada por su alto contenido de vitamina C. Óptima para el desayuno.

Açaí: muy popular, tomadlo sólo si no vais a comer después, ya que llena mucho. Tiene aspecto de chocolate denso, pero un sabor más ácido.

Ameixa: ciruela.

Betarraba: remolacha.

Buriti: con cierto sabor a melocotón y que se toma más en combinación con licores.

Cacau: se extrae de la pulpa de la vaina de la planta del cacao, pero su sabor no se parece en nada al chocolate.

Caja: similar al sabor de la pera.

Cajú: anacardo.

Carambola: la *starfruit* que los trotamundos quizá hayáis probado en el Sureste Asiático.

Cenoura: zanahoria.

Cupuaçu: con un sabor extraño, y se toma más con leche y azúcar.

Genipapo: también bastante extraño, suele gustar más en combinación con algún licor.

Goiaba: guayaba.

Graviola: riquísimo, a base de chirimoya.

Laranja: naranja.

Limão: deliciosos zumos de lima o limón.

Maça: manzana.

Mamão: papaya.

Manga: mango.

Maracujá: conocida en España como fruta de la pasión.

Melancia: sandía.

Melão: melón.

Morango: fresa.

Pera: pera.

Pêssego: melocotón.

Sapotí: de un sabor indefinible, al menos para nosotros. No es nuestro favorito.

Tamarindo: ácido y muy rico.

Tangerina: mandarina.

Uva: uva.

Hay quioscos de zumos por todas partes. Si se os termina el repertorio, probad los *sucos* combinados. Si en lugar de añadirle agua pedís que le agreguen leche, tomaréis una *vitamina*. También es muy refrescante el agua de coco bien *gelada*. Con una gran habilidad y a golpe de machete, abren los cocos por su parte superior, por la que introducen una paja. Después de acabar el agua, podéis pedir que os abran del todo el coco para saborear su carne tierna.

REFRESCOS. Los refrescos (*refrigerantes*) que encontraréis son prácticamente los mismos que en España, salvo el *guaraná*, bebida elaborada a partir de una fruta amazónica del mismo nombre. Suele venir en latas de 300 cc y en botellas de varias capacidades. Recuerda al zumo de manzana y es una bebida refrescante muy apetecible. Las marcas más frecuentes, entre otras, son Real (de las mejores), Tuchaua (de la zona de Amazonas), Magistral, Brahma (no está mal) y Antárctica (la última en llegar al mercado).

En general, entre un refresco o un zumo natural inclinaos por la opción más sabrosa y saludable, es decir, sin ninguna duda la segunda.

LA CERVEZA. La *cerveja* se consume en grandes cantidades y, eso sí, bien fría. Por lo general se sirve en lata o en botella, en este caso tienen una capacidad de 600 cc y se suelen servir dentro de una especie de termo de plástico para conservar el frío. Dos marcas muy populares, y que se reparten el mercado de Brasil, son *Antárctica* y *Brahma*

La cerveza de barril, *chopp*, es muy popular sobre todo en la ciudad de Río, donde veréis bares o restaurantes llamados, por ejemplo, Sindicato do Chopp. Sin embargo, esta cerveza de barril todavía no se ha implantado en todas las localidades de Brasil.

EL VINO. Aunque en el sur del país ya han comenzado a elaborarse algunos blancos y tintos más que aceptables, en los principales restaurantes encontraréis sobre todo caldos importados, especialmente de Chile y Argentina, y en menor medida de Europa. De todas formas, resulta caro.

AGUARDIENTES Y LICORES. En la mayor parte de restaurantes y bares elegantes de Brasil, la oferta se basa en las bebidas de importación (whisky y similares) y en los cócteles. Sin embargo, hay que decir que la bebida fuerte nacional por excelencia es la *cachaça*, un aguardiente de caña que se toma solo o combinado con otras frutas y que se emplea para preparar la popular *caipirinha*, en una sabia combinación con hielo picado, azúcar morena y lima exprimida. Sin duda, uno de los mejores inventos de coctelería brasileña y que ha dado la vuelta al mundo. Cuando pidáis alguna, decid que la queréis de *cachaça*. En algunos locales utilizan el vodka o el ron y en ese caso se les llama *caipirosca* o *caipiríssima*.

DÓNDE COMER

LANCHONETES. Son bares, la mayoría de ellos sin mesas ni taburetes, donde podréis saciar el hambre y la sed por poco dinero. La cocina es sencilla, a base de sandwichs (*sanduiches*), empanadas de jamón y queso, pastel de carne, pollo frito y otras variantes de pastas y fritos a los que llaman *salgados*. Por lo general sirven *sucos* (zumos) y también bebidas alcohólicas. Antes de nada deberéis acercaros a la caja y pagar lo que vais a consumir. Esta es la norma. Después, con la cuenta en la mano, deberéis hacer el pedido al camarero. El sistema viene muy bien para practicar el idioma.

PADARIAS. Muy similares a los *lanchonetes*. En origen eran panaderías que servían comidas ligeras. Las grandes cadenas de hamburgueserías están instaladas por todo el país, os pueden ayudar a salir del paso. Tampoco faltan las *pizzarias*, en las que sirven pizzas hechas a base de una pasta fina y ligera por regla general.

COMIDA Á QUILO. Otra solución barata es la que ofrecen este tipo de locales. Una especie de autoservicio donde no se cobra según el tipo de comida elegida, sino según su peso.

Una vez descontados los gramos de la bandeja y el plato, la balanza marcará la cantidad que deberéis abonar. Cada día más numerosos, ya los encontraréis en todas las localidades de Brasil. La variedad consiste en uno o dos platos de carne además del consabido *peixe* rebozado, varias ensaladas, algún plato de pasta y arroz o *feijão*. Además, ahora está muy de moda en algunos de estos establecimientos añadir en el bufé un delicioso y abundante *sushi* japonés.

CHURRASCARIAS. Son restaurantes especializados en la magnífica carne asada a la brasa del sur de Brasil. En origen se pagaba un precio fijo y se podía comer cuanta carne le cabía a uno en el cuerpo. Ahora, algunos de estos establecimientos han optado por establecer cartas con precios distintos. Las auténticas *churrascarias* no han desaparecido, para regocijo de carnívoros.

Dentro de esta oferta tenéis el popular ***rodízio***, que no es más que un bufé libre de carne que permite por un precio fijo degustar una serie de entrantes (ensaladas, maíz, arroz...) y luego diversos tipos de carne a voluntad y que van sirviendo los camareros al ritmo que se les marque. Algo que no debéis olvidar es que en este tipo de bufé las bebidas se cobran aparte.

COCINA INTERNACIONAL. En las ciudades más importantes, sobre todo del sur, están representadas en diversos restaurantes muchas de las mejores cocinas del mundo. São Paulo es la capital gastronómica de Brasil, con restaurantes magníficos y de todas las cocinas del mundo: española, árabe, china, japonesa, italiana, alemana, francesa, tailandesa, etcétera.

SERVICIO Y PROPINAS. No os pongáis nerviosos si tardan en serviros. El ritmo de los camareros suele ser pausado y el de los cocineros también. Relajaos y procurad contagiaros de esa calma. En muchos restaurantes sirven un aperitivo (a veces no preguntan si se desea o no), parece que es un detalle de la casa pero luego lo cargan en la cuenta. Lo llaman *couvert*, suelen estar compuestos de rabanitos, huevos de codorniz cocidos, pan con mantequilla o encurtidos: aceitunas, zanahorias, pepinillos, que os pueden ayudar a distraer el hambre durante la espera. Si no los queréis, los podéis rechazar. En la cuenta suelen añadir un 10% por el servicio, por lo que no os sintáis obligados a dejar propina. Otra advertencia: las raciones son descomunales, suficientes para dos personas.

Las *porçoes* son más razonables. Generalmente suelen estar incluidas entre los *tiragostos* o aperitivos, que os pueden servir de almuerzo o cena.

COMPRAS

La variada artesanía y las piedras preciosas y semipreciosas son las compras que más merecen la pena en Brasil. Cada región de Brasil tiene su artesanía propia. Quizá la más llamativa sea la del Amazonas, por ser menos vista. Encontraréis cestería, tallas de madera, collares hechos con semillas, arcos y flechas...

Típicos de Bahía y Fortaleza, cientos de bordados y encajes hechos a mano o con bolillos: blusas, manteles, colchas y puntillas. El cuero es más barato en Bahía, aunque lo hallaréis en Río con facilidad. También encontraréis por todas partes hamacas y cerámica. Si tenéis maña conseguiréis que os rebajen algo los precios. Aunque el regateo no es oficial como en otros países, a veces da resultados.

JOYAS Y PIEDRAS PRECIOSAS. Si disponéis de dinero, las joyas o las piedras preciosas sueltas pueden ser una buena adquisición. Tened en cuenta que a la hora de valorarlas se analiza la pureza, el peso, el color (cuanto más oscura más cara) y la talla. Hay unas cuantas firmas que proporcionan el certificado de autenticidad de las piedras. La casa *Stern*, con joyerías instaladas en todo el mundo, es de confianza. Su central está en Río de Janeiro, donde podréis visitar sus talleres.

Las piedras que más abundan en las joyerías son:

Amatistas: son de las más asequibles. Su color es violeta y cuanto más oscuro, más valiosa es la piedra. Pertenece a la familia de los cuarzos y es una de las gemas más antiguas. La leyenda dice que si lleváis una en cualquier parte del cuerpo os mantendrá sobrios, por mucho alcohol que toméis.

Topacios: pueden ser de color miel o azul claro. Estos últimos se parecen a las aguamarinas, aunque son mucho más baratos.

Ópalos: hay unas doce variedades y han estado consideradas como piedras misteriosas.

Citrinas: su color varía del amarillo dorado (procedentes de Bahía) al marrón rojizo (de Río Grande). Es el símbolo de la amistad y dicen que evita pesadillas a quien las lleva.

Turmalinas: pueden ser rojas (reciben el nombre de rubelitas por su parecido con los rubíes), amarillas, azules, rosas o cualquiera de las gamas del verde. Las más valiosas son las de color verde similar al de las esmeraldas. Dicen que con ellas viene la inspiración y ayudan a ser leal.

Aguamarinas: son miembros de la familia de los berilos, como la esmeralda. Su color va del azul verdemar al azul oscuro. Los griegos y romanos las llevaban en sus viajes como amuletos. Dicen que evita el mareo.

Esmeraldas: las más valiosas son las de color verde aterciopelado. Por lo general suelen tener vetas, no existen esmeraldas puras. Eran las piedras preferidas de Catalina La Grande, Nerón y Cleopatra.

Diamantes: son las piedras más cotizadas. Su brillo transparente ha llevado a cometer locuras. El más grande que se ha encontrado en Brasil es uno de 476 quilates que recibió el nombre del presidente Getúlio Vargas.

ANTIGÜEDADES. Los suplementos dominicales de los principales periódicos de Brasil informan de las subastas que se celebran, llamadas *leiloes.* Además de varias tiendas de antigüedades distribuidas por los barrios más elegantes de la ciudad, los sábados se celebran mercados de antigüedades en Centro.

LIBROS. En algunas de las mejores librerías de las capitales encontraréis libros en español y también abundan los establecimientos con libros de segunda mano.

ROPA. Tanto para la ropa de calle como la deportiva, la mejor opción la constituyen los centros comerciales. Quizá no sean los más económicos, pero la diferencia de precio os compensará por el tiempo que os ahorráis al no tener que estar buscando una prenda por toda la ciudad.

TRANSPORTES

EN AVIÓN. Si vuestra intención es recorrer varias regiones de Brasil distantes entre sí, lo mejor es que os saquéis un Air Pass en España, que como hemos explicado en el capítulo *Antes del Viaje*, es un bono para un mínimo de cuatro vuelos internos (unos 610 dólares), porque las distancias son tan inmensas que se necesitarían varios meses para conocer el país en autobús o en coche.

El Air Pass de cinco vuelos cuesta (en el 2014) unos 780 dólares, más unos cien por cada vuelo adicional, en un plazo máximo de veintiún días. Ya hemos dicho que en España lo facilita TAM, pero se puede adquirir junto con el billete de ida y vuelta de una compañía con la que tengan acuerdos, por ejemplo, Iberia en el caso de España.

Los billetes de avión son caros en Brasil, con precios similares a los de Europa, y cuando hagáis una reserva intentad que sea en el avión que haga el trayecto más directo, ya que muchos recorridos se dirían los de un autobús, haciendo escalas en hasta cuatro o cinco localidades intermedias.

Siempre conviene sacar los billetes con cierta antelación, y mucho más en épocas de vacaciones, Navidad, y especialmente si se va a volar durante los días del Carnaval.

Las principales líneas aéreas de Brasil son:

TAM. www.tam.com.br

GOL. www.voegol.com.br

Además de éstas, hay varias líneas regionales.

EN AUTOBÚS. Hay muchas compañías de autobuses, *ônibus*, que recorren el país, y circulan por todo Brasil, excepto en la Cuenca Amazónica, aunque la carretera de Manaos a Boa Vista es correcta. Si disponéis de tiempo os resultará interesante hacer varios trayectos largos en autobús, para observar el paisaje y ver el cambio en los cultivos y la vegetación, algo que desde el avión no es posible.

Todas las grandes ciudades tienen una *rodoviária* o estación de la que parten autobuses para casi todo el país. Suelen ser bastante confortables, nada que ver con los viejos autobuses escolares norteamericanos utilizados en algunos de los países vecinos. Generalmente en recorridos largos van parando cada dos o tres horas junto a restaurantes de carretera donde se puede comer o beber algo.

Los precios de los billetes de autobús son mucho más baratos que en España, en general es un modo muy económico de recorrer el país.

SACAR LOS BILLETES. Algunos trayectos suelen estar muy concurridos, por lo que es preferible comprar el billete con un día de antelación. En general, salvo excepciones, basta con ir a la estación de autobuses para adquirirlo, y se suelen conseguir, si no se trata de época de vacaciones, para la fecha deseada. Además, sacándolo con antelación se puede elegir el sitio: adelante, ventana, pasillo, etcétera. Si la rodoviária está alejada del centro, podéis intentar sacar el billete en una agencia de viajes. En las rodoviárias se hallan las ventanillas de las diferentes compañías y sobre las mismas se pueden ver escritos los destinos.

CLASES. Hay tres clases de autobús. El *comum,* el *executivo* y el *leito.* El primero es el más utilizado y el más económico. Es suficientemente cómodo y correcto para trayectos no demasiado largos y suele llevar baño.

El *executivo* es más cómodo, con asientos reclinables, hace menos paradas y cuesta un 25% más que el *comum.*

Si el viaje va a durar 24 horas o más, os aconsejamos que optéis por un autobús con *leito*, con asientos-cama, servicio de bocadillos y bebidas y aire acondicionado. Cuestan el doble que el *comum*, pero merecen la pena.

EN COCHE. La red de carreteras se ha desarrollado en las zonas más pobladas del país. Es muy completa en el sur, sureste y en toda la franja costera. Están bien asfaltadas y no presentan mayores problemas. El resto del país está enlazado por la Brasilia-Belém, la polémica Transamazónica, y la Cuiabá-Santarém. Las carreteras de los estados de Mato Grosso y Amazonia suelen sufrir cortes a causa de las inundaciones y los derrumbes ocurridos durante la temporada de lluvias, entre los meses de diciembre y marzo. A veces los cortes pueden durar varias semanas, y desde Manaos apenas se puede viajar en dirección sur –ya que la carretera que tanto quebradero de cabeza supuso construir está en condiciones penosas–, pero el viaje hacia Venezuela, vía Boa Vista, es totalmente posible.

Ahora bien, dicho esto hay que advertir de la alta mortalidad que suponen los accidentes de tráfico en las carreteras en Brasil, con unas cifras que se acercan a los ochenta mil muertos anuales. Abundan los conductores imprudentes y casi nadie respeta los límites de velocidad.

ALQUILER DE COCHES. Ya hemos dicho que si pensáis alquilar un coche en Brasil, os hagáis en España antes de salir con un carné internacional. Una vez allí, el precio ronda los cuarenta euros diarios –unos cincuenta con aire acondicionado– sin límite de kilometraje. La gasolina cuesta más barata que en España. Es muy aconsejable que contratéis los seguros y os leáis muy bien las pólizas.

EN BARCO. El barco fluvial se utiliza fundamentalmente en la Cuenca Amazónica y en el Pantanal. Belém, Manaus (o Manaos en español) y Santarém tienen *hidroviárias* de las que salen barcos que cubren las conexiones entre estas ciudades navegando por el Amazonas.

Algunos barcos llegan río arriba hasta Iquitos, en Perú. El viaje es lento pero apasionante. Los billetes pueden ser sencillos, con derecho a una hamaca en cubierta, o con opción a un camarote. La ventaja de los primeros es que durante la noche podréis disfrutar de la brisa, tendréis la oportunidad de relacionaros con personas del país y os saldrá más económico, pero tendréis que estar siempre atentos a vuestro equipaje.

En un camarote podréis tener más intimidad pero lo más seguro es que acabaréis perdiéndola al tener que abrir la puerta para no sofocaros de calor.

El trayecto en barco entre Belém y Manaus dura cinco días y tres entre Belém y Santarém.

EN TREN. El transporte de pasajeros por vía férrea prácticamente ha desaparecido en Brasil, al igual que en Argentina. Sin embargo, todavía son recomendables dos viajes en tren, que ofrecen pasajes preciosos. Se trata del trayecto entre Curitiba y Paranaguá y el que va desde Belo Horizonte a Vitória.

EN AUTOESTOP. La verdad es que Brasil no es un país seguro para hacer autoestop y nosotros no recomendamos esta forma de viajar aquí. Además, es muy difícil que os lleven, excepto en la zona del Pantanal, donde hay cierta costumbre a ver autoestopistas locales.

TRANSPORTES URBANOS

METRO. Solamente las ciudades de Río de Janeiro, São Paulo, Recife, Porto Alegre y Belo Horizonte cuentan con una red de Metro, mientras que estaba prevista la inauguración del de Salvador de Bahía para este 2014.

Los metros de Río y São Paulo son excelentes, y el segundo, además, amplísimo, pues lleva a todas partes. Y son un medio de transporte muy seguro en dos urbes muy inseguras.

El de Recife tiene muy poca aplicación práctica para los viajeros, ya que apenas recorre el centro histórico o llega a las playas.

Los billetes cuestan el mismo precio que en los autobuses. Los metros son rápidos, seguros y limpios, aunque tienen la desventaja de que no cubren todo el núcleo urbano. A primera vista no se observan medidas de seguridad, pero tiene que haber un fuerte sistema de vigilancia porque no se cuela un solo mendigo o niño sin hogar en las estaciones, trenes o andenes.

AUTOBÚS. El autobús es el medio más económico de transporte y cubre todas las áreas urbanas. Generalmente van marcados con un número y en la parte delantera suele ir indicado el recorrido que hace. Llevan un cobrador, que en algunas ciudades está situado en la parte posterior del autobús y en otras en la delantera. Justo frente a él suele haber un torniquete, para evitar que la gente deje de pagar. Los rateros saben que ese es el momento en que sus posibles víctimas están más distraídas, pendientes de hacer girar el torno, de entregar el dinero y esperar el cambio si no han entregado el importe justo. Desconfiad de quien os ceda el paso y se queda detrás, puede daros un disgusto. Hay quien os aconsejará que no toméis ningún autobús urbano porque son peligrosos. Lo cierto es que si se va prevenido, no tiene por qué asustaros.

TAXI. Más baratos que en España, excepto en lugares como Brasilia y Río, donde tienen el mismo precio, los taxis pueden ser una buena opción siempre que el taxista acceda a poner en marcha el taxímetro, a lo que está obligado.

En los aeropuertos y *rodoviárias* suele haber un servicio de taxis con un despacho donde figuran expuestas al público las tarifas de los recorridos según las zonas. De esta forma tendréis la seguridad de que el taxista irá por la ruta más directa, además en esos lugares siempre existe la opción del taxi prepagado, es decir, se paga en la oficina y al taxista se le entrega el recibo con el destino escrito. Todos los taxis llevan taxímetro, pero a veces los conductores tienen una rara habilidad para hacer saltar los números al arrancar el coche o simplemente cambiar de marcha. Los sábados, domingos, a partir de las diez de la noche y durante todo el mes de diciembre se aplica una tarifa especial, y encima del taxímetro figura el número 2. No significa que la tarifa es el doble, como algunos suelen hacer creer. Estas tarifas están recogidas en una hojilla que llevan consigo. Antes de pagar, comprobadla. A veces, si os ven con pinta de turistas, intentarán abusar. También hay taxistas encantadores, conversadores y muy honrados a los que les gusta hacer de guía mientras conducen. Cuando os encontréis con uno de ellos se os olvidarán los malos rollos que os hayan podido pasar con otros colegas suyos.

Por nuestra parte, os aconsejamos que ante el gran número existente de taxis, preguntéis a varios cuánto os va a costar la carrera y no dejéis de regatear el precio. Es muy probable que lleguéis a un acuerdo. Es más, a veces el mismo taxista de una cooperativa que os ha llevado desde el aeropuerto se ofrecerá para hacer el viaje de regreso por una tarifa inferior.

ALQUILER DE COCHES. Realmente no es la opción que recomendamos para moverse por la ciudad si no se conoce bien, debido al caos de tráfico y al diferente modo de conducir de los brasileños, que son unos de los conductores más *agresivos* del mundo, especialmente cariocas y paulistas. Basta echar un vistazo a las carreras que se pegan los autobuses urbanos. Los precios para alquilar un vehículo sin chófer oscilan entre los 30 y los ochenta euros diarios, así que consultad primero con los diferentes teléfonos que facilitamos en las Direcciones útiles y elegid según las tarifas.

También podéis alquilar un coche con conductor (*motorista*), lo cual encarecerá el servicio. Antes de firmar el contrato, leed con detenimiento hasta la letra pequeña para que sepáis hasta dónde os cubre el seguro. Por lo general, las compañías internacionales son más caras que las nacionales. Localiza es una empresa que funciona en todo el país y es de garantía. Encontraréis las direcciones y teléfonos de ésta y otras empresas en el apartado de Direcciones útiles de cada ciudad.

Se requiere para conducir un coche alquilado tener al menos 25 años y una licencia internacional de conducción que debéis obtener en España antes de salir. Informaos de los trámites necesarios en el RACE (☎ 902 120 441; www.race.net).

GUÍA PRÁCTICA DE CONVERSACIÓN

El portugués hablado en Brasil tiene muchas similitudes con el español. Comprobaréis que entendéis todo lo que veis escrito: periódicos (*jornais*), letreros en la calle, libros (*livros*), etcétera, pero también que los primeros días no comprenderéis casi nada de lo que os dicen, ni la radio ni televisión. Ello se debe a que la pronunciación del portugués es muy diferente de la española, al contrario de lo que ocurre, por ejemplo, con otro idioma latino, el italiano.

En cambio, sí notaréis que casi todo el mundo os entiende si no habláis rápido, ya que los brasileños comprenden bien el español, en general.

Pero no os desaniméis, si os ayudáis de algún libro de conversación que encontréis en una buena librería de Río de Janeiro, o en una especializada en España antes de partir, notaréis que cada vez vais entendiendo más y, sobre todo, que podréis preguntar o pedir todo lo que necesitéis (direcciones, restaurantes, paradas de autobús, hoteles, tipo de habitación, etcétera), en correcto portugués.

VOCABULARIO BÁSICO EN LA CALLE PARA EMPEZAR	
Hay unas cuantas palabras clave para funcionar por la calle:	
¿Dónde?	Onde?
¿Dónde queda, está?	Onde fica?
La parada de autobús	O ponto do ônibus.
La estación de Metro	A estaçao do Metro.
¿Por favor, dónde está la estación de autobuses?	Por favor, onde fica a rodoviária?
Coger	Pegar.
Hombre	Home.
Mujer	Mulher.
Chico	Rapaz.
Chica	Garota.
La calle	A rua.
Colina o monte que separa los barrios de la ciudad	Morro.
Barrio	Bairro.
Plaza	Praça.
Calle	Rua.
El Museo	O Museu.
Mi hotel	Meu hotel.
Los hoteles	Os hotéis.
La playa	A praia.
Una tienda	Uma loja (pronúnciese *loya*).

La librería	A livraría.
La iglesia	A igreja.
¿Puedo?	Posso?
Sí	Sim.
No	Não (pronúnciese nasal, que es lo que indica siempre esta tilde que parece un bigote).
Gracias	Obrigado (Obrigada si las da una mujer).
Hola	Ola.
Adios	Tchau.
Hasta luego	Até logo.
Por favor	Por favor.
De nada	De nada.
Perdone	Desculpa.
No comprendo	Não entendo.
El baño	O banheiro (pronúnciese *baniéiro*, ya que nh se pronuncia *ni).*
Rápido	Rápido (pronúnciese *gápido*).
Depacio	Devagar.

PRONUNCIACIÓN

El portugués mantiene unas cuantas diferencias con el español en cuanto a pronunciación, que vamos a resaltar.

Las tildes ´ y ^ significan simplemente que hay que poner la entonación sobre la vocal que lleva este acento. Comprobaréis que muchas palabras idénticas en pronunciación que en español no llevan tilde –muchas graves que terminan en vocal, n ó s, por ejemplo–, sí lo hacen en portugués.

La tilde que parece un bigote sobre la a y la o: **ã**, **õ**, indica que hay que pronunciar esta vocal de un modo nasal. La encontraréis en palabras como *não* (no), *pão* (pan), *cartão* (tarjeta, de crédito, postal, de teléfonos...), *ancião-a* (viejo-vieja), *amanhã* (mañana), *balcão* (balcón), *cão* (perro)... etcétera.

Las **consonantes** que se pronuncian diferente que en español son:

C: cuando va seguida de una vocal débil "e" o "i", siempre se pronuncia como sh o equis suave. Ejemplo: *você* (tú, usted): "voshé"; *cenoura* (zanahoria): "shenoura"; *ciências:* "shiénshias".

Ç: la cé con cedilla se pronuncia como una equis suave o una sh.

R: nunca se pronuncia –excepto en los estados al sur de Río– en la forma al modo español como Ramón, río, ratón, etcétera, sino como si fuera una "g" o una "j". Así que la primera sorpresa que os llevaréis es que los cariocas llaman a su ciudad *Gío*, además de decir *Jápido, Gemoto* o *Gesiduo.*

Z: Casi como una equis española.

Hay sonidos importantes en dos consonantes seguidas, diferentes al castellano:

Nh: En primer lugar, estas dos juntas. Se pronuncian como "ni", ejemplo: *senhora*: seniora. Suelen sustituir a nuestra ñ en las palabras casi iguales en ambos idiomas, como la propia palabra "señora".

Lh: De un modo similar a la nh, se debe pronunciar como "li": *muralhas:* muralias; *alho:* alio (ajo); *molho:* molio (salsa).

Ch: como una sh o una equis suave: *chave* (llave): "shave o xave"; *Chuveiro* (ducha): "shuveiro o xuvéiro".

J y G: casi siempre como una equis suave: *janela* (ventana): "xanela", *gentes* (gente): "xentes".

ATENCIÓN CON PALABRAS SIMILARES O IDÉNTICAS QUE NO QUIEREN DECIR LO MISMO

En portugués hay varias palabras que pueden incitarnos a confusión o a situaciones un poco azarosas, por su diferente significado respecto de nuestra lengua. Las principales son:

Exquisita: si alquien os invita a cenar, no digáis que la cena está "exquisita" porque este vocablo es peyorativo y significa "extraño", "raro".

Estofados: un especialista en *estofados* no es que sea hábil cocinando este tipo de platos, sino que es un experto en tapicerías.

Espantoso: al contrario que entre nosotros, quiere decir algo que está muy bien.

Borracha: nada tiene que ver con una señora que ha bebido más de la cuenta, es el caucho con el que se fabrican los neumáticos y una *borracharia* es un local donde arreglan o venden estos recambios automovilísticos.

Ligar: si alguien os dice algo así como "lígame", no quiere decir otra cosa que le llaméis por teléfono.

Pegar: a veces tiene el mismo significado que en español, unir, colar, juntar, pero casi siempre equivale a nuestro "coger" o "tomar" (un taxi o un autobús, un vaso, por ejemplo).

Camisinha: no es una camisa en diminutivo, sino un preservativo.

Motorista: es el conductor de cualquier vehículo en términos generales, no está vinculado a las motos exclusivamente.

Novela: se refiere a las telenovelas y no al género literario.

Éstos son unos pocos ejemplos que vosotros podréis ampliar tras el contacto directo con los brasileños.

ALGUNOS VERBOS FUNDAMENTALES

Coger	pegar
Quedar, situar	ficar
Comer	almoçar (pronúnciese *almoxar*)
Cenar	jantar (pronúnciese *xantar*)
Hablar	falar
Viajar	viajar (pronúnciese *viaxar* o *viashar*)
Gustar	gostar (de) Ej: *Eu gosto de viajar.*
Ayudar	ajudar (pronúnciese *axudar*)
Comprender	comprender (pronúnciese *compgendeg*)
Andar	andar
Buscar	procurar
Necesitar	precisar
Bromear	brincar

SER Y ESTAR

Para las conjugaciones de verbos, que no difieren mucho del español, en todo caso, sería bueno que os hicierais con un libro de verbos en una librería de Río. Vamos a indicaros aquí la conjugación del presente de, al menos, estos dos verbos fundamentales.

Eu sou estou
Você é está
El-ela é está
Nós somos estamos
Vocês são estão
Eles-elas são estão

LOS ARTÍCULOS	
El Los La Las Uno-s Una-s	O Os A As Um-os Uma-s,
PRONOMBRES PERSONALES	
Yo Tú, usted El, ella Nosotros Vosotros Ellos, ellas	Eu Você Ele, ela Nós Vocês Eles, elas.
PREGUNTAR	
¿Quién? ¿Qué? ¿Dónde? ¿Cuándo? ¿Cómo? ¿Cuánto? ¿Por qué? ¿Cuál?	Quem? O que? Onde? Quando? (pronúnciese la "u" también) Como é que? Quanto? (pronúnciese la "u" también) Por que? Qual? (pronúnciese la "u" también).
POSESIVOS	
Mi, mío (masculino singular)	Meu. Ej: meu carro (mi coche): Plural: meus
Mi, mía (femenino singular)	Minha. Ej: minha namorada (mi novia). Plural: minhas
Nuestro-a Su, suyo (masc singular) Su, suya (fem singular)	Nosso, nossa (Plural: nossos, nossas) Seu (Plural: seus) Sua (Plural: suas)
ADVERBIOS	
Mucho Poco Cerca Lejos	muito pouco perto longe (pronúnciese *lónshe*)
SALUDOS Y FRASES MÁS USUALES	
Tudo bem?	pregunta muy frecuente a modo de saludo, que puede traducirse como ¿Todo marcha bien?
Legal	bien, estupendo
Como vai?	qué tal está-s usted-tú?
Bom dia	buenos días
Boa tarde	buenas tardes
Boa noite	buenas noches
Tchau	adiós

Olá/Oí	hola
Obrigado	gracias (en caso de ser hombre quien lo dice)
Obrigada	gracias (si lo dice una mujer)
Por favor	por favor
Desculpa	perdón
sim	sí
não	no
Não entendo	no entiendo
Não falo português	no hablo portugués
Você fala espanhol?	habla usted español?
Como se chama?	cómo se llama usted?
Meu nome é...	me llamo...
Que hora são?	qué hora es?
Onde posso encontrar...?	dónde puedo encontrar...?
Onde está...Onde fica?	dónde está...?
O banheiro, o sanitario	el baño
A direita	a la derecha
A esquerda	a la izquierda
EN EL HOTEL	
Apartamento	habitación con baño
Quarto	habitación sin baño propio
Você tem...?	tiene usted...?
Cama de casal	cama de matrimonio
Dupla	doble
De solteiro	individual
Para uma pessoa	para una persona
Sala de banho	cuarto de baño
Chuveiro	ducha
Cuanto é?	cuánto cuesta?
Chave	llave
Café da manhã	desayuno
Me tira a conta, por favor?	me prepara la cuenta, por favor?
EN EL RESTAURANTE	
Almoço	almuerzo, comida
Jantar	cenar
Café da manhã	desayuno
Prato feito	menú del día
Colher	cuchara
Garfo	tenedor
Faca	cuchillo
Copo	vaso
Vinho	vino
Agua	agua
Pão	pan
Sal	sal
Alho	ajo
Azeite	aceite
Molho	salsa
Suco	zumo
Cerveja	cerveza
Carne	carne
Peixe	pescado

Sobremesa **Cafezinho** **Pingado** **Tiragosto** **Porção/oes**	postre Café solo Cortado aperitivo ración, raciones, más reducida que la de un plato habitual
EL TRANSPORTE	
A qué horas é a partida? **A que horas chega?** **Rodoviária** **Ônibus** **Passagen de ida** **Una ida e volta** **Aeroporto** **Avião** **Passaporte**	a qué hora sale? a qué hora llega estación de autobuses autobús un billete de ida billete de ida y vuelta aeropuerto avión pasaporte
LOS DÍAS, LOS MESES, LAS ESTACIONES	
Ontem **Hoje** **Amanhã** **Noite** **Tarde** **Manha** **Semana** **Segunda feira** **Terça feira** **Quarta feira** **Quinta feira** **Sexta feira** **Sábado** **Domingo** **Janeiro** **Fevereiro** **Março** **Abril** **Maio** **Junho** **Julho** **Agosto** **Setembro** **Outubro** **Novembro** **Dezembro**	ayer hoy mañana noche tarde mañana (parte del día) semana lunes martes miércoles jueves viernes sábado domingo Enero Febrero Marzo Abril Mayo Junio Julio Agosto Septiembre Octubre Noviembre Diciembre
NÚMEROS CARDINALES	
Zero **Um, uma** **Dois, duas** **Três** **Quatro** **Cinco** **Seis**	0 1 2 3 4 5 6

Sete	7
Oito	8
Nove	9
Dez	10
Onze	11
Doze	12
Treze	13
Quatorze	14 (no se pronuncia la "u")
Quinze	15 (no se pronuncia la "u")
Dezesseis	16
Dezesete	17
Dezoito	18
Dezenove	19
Vinte	20
Vinte e um	21
Vinte e dois	22
Trinta	30
Quarenta	40
Cinquenta	50
Sesenta	60
Setenta	70
Oitenta	80
Noventa	90
Cem	100
Duzentos	200
Quinhentos	500
Mil	1.000
Um milhão	Un millón
NÚMEROS ORDINALES	
Primeiro/a	primer/o/a
Segundo/a	segundo/a
Terceiro/a	tercero/a
Quarto/a	cuarto/a
Quinto/a	quinto/a

BRASIL IMPRESCINDIBLE

1. RÍO DE JANEIRO. La ciudad carioca es la principal puerta de entrada al país para los viajeros que llegan desde España. Es una de las ciudades más bonitas del mundo –para muchos expertos viajeros, la más hermosa– y entre sus encantos naturales ofrece playas, parques nacionales a un tiro de piedra del centro y colinas o *morros* que incluso pueden escalarse. Además, los cariocas son la gente más simpática del planeta y la ciudad cuenta con una gran oferta de ocio.

2. OURO PRÊTO. La ciudad que ha conservado la mejor arquitectura colonial de Brasil alcanzó su apogeo durante la fiebre del oro del Estado de Minas Gerais. Una belleza repleta de iglesias barrocas.

3. LA CUENCA AMAZÓNICA. La zona que alberga la mayor biodiversidad del mundo permite la visita a varias reservas protegidas y parques nacionales desde Manaus o Santarém, una ciudad a orillas del río que es un destino imprescindible por sí sola. Además, sólo la emoción de contemplar el discurrir del Amazonas, río mítico donde los haya, merece la pena un desplazamiento hasta allí.

4. BRASILIA. La capital de Brasil, fundada apenas en 1960, es una joya imprescindible para los aficionados a la arquitectura contemporánea. Diseñada en su mayor parte por Costa y Niemeyer, alberga unos edificios que se estudian en todas las escuelas de arquitectura del mundo, como varios ministerios o la Catedral, además de que su diseño audaz, en forma de avión y con varios lagos artificiales, es también muy interesante. Por último, Brasilia cuenta con un clima muy agradable, debido a su altitud, y sus gentes están encantadas, estado de ánimo que transmiten a los visitantes.

5. ILHA DE MARAJÓ. Esta isla enorme, de un tamaño algo mayor al de Aragón, es un reducto salvaje, apenas urbanizado y casi sin vehículos a motor, a pesar de su extensión. Además, se halla estratégicamente situada en el delta del Amazonas, junto a la histórica ciudad de Belém, que también merece una visita por su centro monumental.

6. LA COSTA NORDESTE. Desde São Luís, con su impresionante arquitectura colonial, hasta el estado de Bahia se suceden las atracciones para los turistas, con interesantes ciudades como Fortaleza, Natal y Recife, y kilómetros de extensas playas salvajes entre ambas, con muchísimas posibilidades de actividades al aire libre: recorridos en bugui, surfing y otros deportes acuáticos o simplemente para tomar el sol y bañarse. Y Olinda es la segunda ciudad en importancia del país –después de Ouro Prêto– por sus monumentos coloniales.

7. FERNANDO DE NORONHA. A 350 kilómetros de la costa al nordeste de Natal, este archipiélago es el último paraíso descubierto por los turistas en Brasil. Un lugar idílico cuya belleza arderá en los ojos del viajero más experimentado.

8. SALVADOR DE BAHIA. La ciudad más histórica de Brasil y capital durante gran parte de la colonia ha recibido un gran impulso enfocado al turismo en los últimos años con la rehabilitación y el aumento de la seguridad ciudadana en el precioso barrio colonial de Pelourinho. Salvador es la capital de la negritud en Brasil, donde mejor suenan los tambores y se bailan los ritmos africanos y la capoeira. Y también donde más se rinde culto a los *orixás*. Una ciudad preciosa.

9. EL PANTANAL. Las enormes ciénagas de esta región son un paraíso para los ornitólogos, con la mayor reserva del mundo de aves y muchas posibilidades para el turismo ecológico.

10. LAS CATARATAS DE IGUAZÚ. En la frontera con Paraguay y Argentina, las cataratas más bellas del mundo se encuentran en un parque nacional con suficientes atracciones como para estar hasta tres días con el aliento cortado. Una de las maravillas naturales de la Tierra.

VENEZUELA
COLOMBIA
GUYANA
SURINAM
GUAYANA FRANCESA
Boa Vista
Içana
Macapá
Ilha de Marajó
Salinópolis
Belém
Río Amazonas
Santarém
Manaus
Itaituba
Altamira
Alcántara
São Luís
Santa Ines
Sobral
Fortaleza
Tabatinga
Teresina
Natal
Jacareacanga
Porto Franco
Humaitá
Picos
João Pessoa
Cruzeiro do Sul
Olinda
Recife
Porto Velho
Cachimbo
Juázeiro
Maceio
Rio Branco
Gurupi
Barreiras
Aracajú

BRASIL
Carretera
Transamazónica
(Intransitable)
OCÉANO ATLÁNTICO
OCÉANO PACÍFICO
BOLIVIA
CHILE
PARAGUAY
ARGENTINA
URUGUAY
Brasília
Cuiabá
Goiás
Goiânia
Rondonópolis
Pirapora
Montes Claros
Canavieiras
Porto Seguro
Gov. Valadares
Uberlandia
Belo Horizonte
Vitória
Campos
Ouro Preto
Niterói
Cabo Frio
Río de Janeiro
São Paulo
Santos
Corumbá
Campo Grande
Aquidauna
Dourados
Iguaçú
Curitiba
Paranaguá
Joinville
Florianópolis
Porto Alegre
Pelotas
Rio Grande do Sul
Asunción
Santa Fe
Córdoba
La Paz
Cochabamba
Sucre
Santiago

DIVISIONES ADMINISTRATIVAS DE BRASIL

ESTADO DE RÍO DE JANEIRO

A la hora de explorar el Estado de Río de Janeiro, la región es una maravilla, con playas salvajes en islas desiertas como las que se esparcen en los alrededores de Paratí –un destino turístico de primer orden en sí mismo, gracias a la riqueza de su arquitectura colonial– o en antiguos refugios de piratas y hoy paraísos turísticos, como Ilha Grande; *resorts* para el turismo más exclusivo, como Búzios, o ciudades de importante pasado histórico situadas en el interior, como Petrópolis.

Y la joya es, sin duda, la propia ciudad de Río, que desarrollamos en el este capítulo.

GEOGRAFÍA

El Estado de Río de Janeiro se halla en la costa meridional de Brasil, ligeramente al norte del Trópico de Capricornio, y es uno de los más pequeños de esta República, con una extensión de 43.919 kilómetros cuadrados y una población de unos catorce millones de habitantes.

El Estado se encuentra, pues, entre el Océano Atlántico y las montañas del interior. Su línea costera, que suele diferenciarse en Costa Verde, al oeste de la Bahía de Guanabara en la propia ciudad de Río, y Costa do Sol, al nordeste, comprende centenares de islas. Entre ellas sobresalen por su interés turístico Ilha Grande –frente a Angra dos Reis– y los islotes deshabitados en los alrededores de Paratí o Paraty.

Los pequeños macizos montañosos de la provincia suelen constituir parques nacionales, como el de Tijuca en la misma ciudad, los de Itatiaia y Serra de Bocaina –en el límite con el Estado de São Paulo– o el de Serra dos Órgãos. El pico más alto es el Pedra Santa Catarina, con una altitud de 1.522 metros y en el suroeste.

La mayor atracción turística de Río, además de la propia ciudad, son las playas vírgenes que se extienden casi a lo largo de toda la costa, muchas de ellas situadas en islas semi o totalmente deshabitadas.

El interior es una zona montañosa y cubierta de bosques, donde reposan agradables ciudades de clima moderado en verano.

El río más famoso de Río, sobre todo por su importancia histórica, es el Carioca, que ha dado nombre a los habitantes de la ciudad. Desemboca en la capital, entre los barrios de Flamengo y Glória.

CLIMA

Debido a su situación geográfica, Río disfruta de un clima típicamente tropical. El verano se extiende de diciembre a marzo, con temperaturas que alcanzan sus máximas típicas de unos 33º en febrero –aunque no son raros los días que se llega a 40º–, mientras que las mínimas se mantienen a lo largo de estos meses rozando los 24º. El ambiente en el verano carioca es, pues, caluroso y húmedo, con lluvias cortas pero frecuentes, que sobrepasan fácilmente los 130 mm.

ESTADO DE
RÍO DE JANEIRO
MINAS GERAIS
SÃO PAULO
Paraíba do Sul
Rio das Flores
Rio das Flores
Santa Rita de Jacutinga
Valença
Conservatória
P.N Da Serra dos Órgãos
Secretário
MARINGÁ
VISCONDE DE MAUÁ
MAROMBA
P.N. ITATIAIA
Quatis
PENEDO
Porto Real
Vassouras
Arcocel
Paty do Alferes
Sacra Família do Tinguá
Miguel Pereira
Resende
Itatiaia
Volta Redonda
Pinheiral
Mendes
Conrado
Barra Mansa
Emg. Paulo de frontin
Piraí
Japeri
Bananal
Rio Claro
Queimados
Seropédica
Nova Iguaçu
Belford Roxo
Lídice
P.N.Da Tijuca
RIO DE JANEIRO
Frade
MANGARATIBA
Sepetiva
Mambucana
ANGRA DOS REIS
Pedra de Guara
Conceição de Jacaré
Barra de Guaratiba
P.N. Serra da Bocaina
Abraão
ILHA GRANDE
PARATI
Trindate

ESPÍRITO SANTO
Tombos
Varre-Sai
Porciúncula
Natividade
Bom Jesus do Norte
Laje de Murié
Itaperuna
Barra de Itabapoana
São José Ubá
Miracema
Italva
São Francisco de Itabapoana
Santo Antônio de Pádua
Cardoso Moreira
Guaxindiba
Cambuci
Pureza
Gargaú
Aperíbe
Pirapetinga
Itaocara
São Fidelis
São João da Barra
Atafona
Campos dos Goytacazes
m Paraíba
Carmo
Santa María Magdalena
Tocos
Cantagalo
Macuco
Tocos
ucaia
Cordeiro
Santo Amaro de Campos
Duas Barras
Trajano de Morais
Sumidouro
Farol de São Tomé
José do do Rio Preto
Bom Jardim
Conceição de Macabu
Quissamã
Carapebus
Barra do Furado
São Pedro da Serra
Glicério
A FRIBURGO
Amparo
Sana
Muri
Lumiar
Macaé
ESÓPOLIS
Bananeiras
choeiras Macacu
Rio Dourado
Casimiro de Abreu
Japuíba
Rio das Ostras
Gaviões
Barra de São João
SilvaJardim
das Caixas
Rio Bonito
Tamoios
Barra do Una
Tanguá
ARMAÇAO DOS BÚZIOS
Iguaba Grande
Boa Esperanca
Araruama
S. pedro da Aldeia
CABO FRIO
Jaconé
Bacaxa
SAQUAREMA
Ponta Negra
Arraial do Cabo
Maricá
OCÉANO ATLÁNTICO

Entre junio y septiembre, el invierno tiene sus meses más fríos, o mejor dicho, templados, en julio y agosto, con máximas de unos 24º y mínimas que no suelen descender de 16º. Como se verá, prácticamente todo el año tiene un clima ideal para la visita turística e, incluso, para ir y disfrutar de un baño en las playas.

FAUNA

La fauna más característica del Estado de Río de Janeiro puede observarse en los parques nacionales de Itatiaia, Serra da Bocaina y Floresta da Tijuca. En estas reservas protegidas pueden encontrarse diversas especies de monos, como el raro mono araña lanudo y el aullador. También hay tapires, perezosos, ciervos y osos hormigueros. Entre las aves, hay águilas negras y tucanes.

En Floresta da Tijuca abundan también los monos, iguanas y no es raro encontrarse con alguna anaconda. De hecho, en 2004 un vecino de una zona residencial cercana se pegó un susto de muerte cuando se vio cara a cara con un larguísimo ejemplar de esta especie... ¡en el salón de su casa!

En la propia ciudad de Río también pueden verse animales exóticos, como los pavos reales de Campo de Santana.

FLORA

La vegetación del Estado de Río se caracteriza por la presencia de bosque atlántico y bosque araucario, sobre todo en las montañas del interior.

Las flores y plantas tropicales también pueden encontrarse en zonas como el Parque Nacional de Itatiaia.

PARQUES Y JARDINES

El Estado de Río de Janeiro cuenta con cuatro zonas protegidas calificadas como parque nacional. El **Parque Floresta da Tijuca** tiene sus límites en la misma ciudad de Río y constituye una magnífica excursión que puede ser de unas pocas horas, para volver en la misma jornada a la urbe. El parque tiene una extensión de 120 kilómetros cuadrados donde abundan los

árboles enormes, las cascadas y varias especies de mamíferos, reptiles y aves. Está atravesado por unos cien kilómetros de carreteras.

El **Parque Serra da Bocaina** tiene una superficie de mil kilómetros cuadrados en el ángulo suroeste del Estado, tanto que llega a penetrar en el Estado de São Paulo. Es un buen lugar para hacer excursiones y *trekking* por una sierra que tiene picos que superan los dos mil metros de altitud. La vegetación del parque se compone de bosque atlántico y selva araucaria, y entre la vida salvaje, en la zona se pueden ver diferentes especies de monos, tapires, perezosos, ciervos y osos hormigueros. Entre las aves, hay águilas negras y tucanes.

El **Parque Nacional de Itatiaia** consta de trescientos kilómetros cuadrados encajonados en la esquina del Estado de Río donde confluye con el de São Paulo y el de Minas Gerais. Es también una zona ideal para las caminatas y la escalada, y para la observación de las aves autóctonas.

Por último, el **Parque Nacional da Serra dos Órgãos**, en el centro del Estado, a las afueras de Teresópolis, tiene una extensión de 118 kilómetros cuadrados, cuajados de picos que también sobrepasan en algunos casos los dos mil metros de altura. La principal actividad en este parque son las excursiones con guía o en grupos organizados.

HISTORIA

Los indicios apuntan a que el área que hoy ocupa el Estado de Río de Janeiro empezó a estar habitado desde al menos hace cinco mil años por tribus descendientes de aquellos primeros pobladores de América que cruzaron el Estrecho de Bering hace unos quince mil años y fueron desplazándose paulatinamente hacia el sur del continente.

Pero aparte de restos de utensilios de caza, pesca, de una rudimentaria agricultura y algunas armas, pocos testimonios han hallado los arqueólogos que nos revelen la presencia de las culturas que se desarrollaron aquí antes de la llegada de los portugueses.

Los marinos portugueses Gaspar de Lemos y André Gonçalves llegaron por primera vez la bahía de Guanabara el 1 de enero de 1502 y por ello se llamó a estas tierras *Río de Enero*. Estaban habitadas por los indios *tamoio,* y en su idioma, Guanabara significaba *Seno de Mar*.

Sin embargo, los portugueses no fueron los primeros en fundar un asentamiento aquí, ya que tampoco en Guanabara fueron conscientes al principio de sus posibilidades como puerto de un futuro enclave comercial, por lo que fueron unos colonizadores franceses quienes se establecieron en la bahía, para comercializar la madera que extraían de los bosques circundantes.

Pero cuando los portugueses empezaron a consolidar su presencia en la zona, Francia envió otro tres buques con colonos que se establecieron en una isla de la bahía. Era el año 1555 y significó el inicio de los primeros enfrentamientos entre franceses y portugueses en Brasil.

En 1565 un ejército portugués liderado por Estácio de Sá atacó a los franceses y sus aliados, los indios tamoios, que fueron derrotados y expulsados de la región dos años más tarde.

En 1567, pues, los victoriosos portugueses fundaron un pequeño enclave fortificado en Morro Castelo y lo llamaron São Sebastião do Río de Janeiro, en honor de su rey. Unos pocos centenares de colonos portugueses se establecieron en la pequeña ciudad y comenzaron a exportar a la metrópoli caña de azúcar y madera.

A mediados del siglo XVII la colonia contaba con unos ochocientos portugueses, tres mil indígenas y cien esclavos negros traídos de las posesiones de Portugal en África. Entre los primeros, los jesuitas y otras órdenes religiosas comenzaron a edificar iglesias y conventos en las cercanías de lo que hoy es la Praça 15 de Novembro.

Las fabulosas posibilidades del puerto de Río y el éxito de las cosechas azucareras convirtieron a la ciudad en la tercera más importante de las colonias portuguesas en América, después de Salvador de Bahía y Recife.

Además, el descubrimiento de oro en la vecina provincia de Minas Gerais benefició sobremanera a Río, como punto de paso de pioneros y mercancías hacia las minas, en ambas direcciones. Portugal se convirtió en el primer productor de oro del mundo, precioso metal que salía hacia la metrópoli desde el puerto de Guanabara, por lo que la capital económica de la colonia se trasladó de Salvador de Bahía a Río de Janeiro (la capitalidad política no lo haría hasta 1763).

Pero, lógicamente, esta prosperidad económica atrajo la ambición de las otra potencias europeas y en la primera década del siglo XVIII los franceses atacaron y saquearon dos veces la ciudad que, gracias a su riqueza, no tardó en ser reconstruida.

En la segunda mitad de ese siglo la ciudad ya tenía unos cincuenta mil habitantes y su crecimiento era imparable.

Durante la invasión napoleónica la corte portuguesa se desplazó a Río de Janeiro (ver Historia en la Información General). El príncipe João, más tarde João VI, se instaló en Río de Janeiro con varios miles de cortesanos, y en seguida quedó fascinado por la ciudad y su clima.

El príncipe, durante esos primeros años, actuó como un verdadero mecenas y benefactor de la ciudad, en la que fundó los actuales Jardines Botánicos, la Facultad de Medicina, el Banco de Brasil, la Corte Jurídica y otras importantes instituciones civiles.

Con la derrota de Napoleón en Waterlo en 1815 el príncipe debía volver a Lisboa, pero Dom João estaba experimentando el mismo fenómeno que muchísimos turistas que llegan a Brasil y ya no quieren volver a Europa. A la muerte de la reina regente en 1816, João VI proclamó a Río capital del Imperio Portugués, y fue, pues, el primer y único monarca europeo que se asentó y trasladó su corte a las colonias.

Su hijo, el príncipe Pedro, declaró la independencia de Brasil en 1822 en Río, que ya tenía más de cien mil habitantes.

Su hijo, Pedro II, un emperador ilustrado, favoreció y embelleció su capital con los últimos adelantos. En 1845 se estableció la primera línea regular marítima entre Río y Londres y seis años más tarde entre Río y París. En 1854 se dotó a la ciudad de alumbrado público de gas y en 1874 el telégrafo ya la comunicaba con Europa. En la misma época el rey mandó instalar la primera línea telefónica del continente exceptuando Estados Unidos; fue la que comunicaba a Río con Petrópolis, residencia de montaña de la familia imperial y la aristocracia.

En 1860 Río de Janeiro era la ciudad más grande de Suramérica, con unos 250.000 habitantes.

En 1900 la ciudad ya tenía un millón de habitantes, fruto de la enorme inmigración que provocó la necesidad de mano de obra pagada –al haberse suprimido la esclavitud–, sobre todo en las enormes plantaciones de café, producto que determinaba entonces el auge económico de la región.

Los aproximadamente ochocientos mil inmigrantes que llegaron a Río en la última década del siglo XIX provenían sobre todo de Italia, Centroeuropa, España y Japón, lo que contribuyó a formar el crisol étnico que caracteriza a la ciudad.

El constante crecimiento de la ciudad dio lugar a la inauguración del túnel que comunica Copacabana con el Centro en 1892 y al de Leme, ya con la República, en 1904.

En la primera década del siglo XX brotó un buen número de hermosos edificios en el Centro y Río Branco se convirtió en una avenida elegante, al estilo de las más famosas de las capitales europeas.

Entre los *locos* años veinte y los cincuenta se inauguraron los primeros hoteles de lujo en Copacabana –como el Copacabana Palace, en 1924– y Río de Janeiro se puso de moda como lugar de vacaciones de las más famosas estrellas de cine norteamericanas y de los millonarios europeos.

El auge cultural que la ciudad experimentó en los años cincuenta y sesenta, con la popularización de la samba, el nacimiento de la *Bossa Nova*, el nuevo cine brasileño y la arquitectura contemporánea de genios como Niemeyer, puso a Río de Janeiro en el mapa de las agencias de viajes con clientes más exclusivos del mundo, y su aeropuerto Santos Dumont, en pleno Centro, recibía a los turistas más sofisticados.

En 1960 se trasladó la capital de Río a la nueva ciudad de Brasilia, lo que sirvió para evitar la congestión de Río en el futuro, con el creciente número de funcionarios ministeriales y empleados de la Administración. En esa década, una nueva hornada de hoteles de lujo, como el Sheraton o Le Meridien, se erigieron como torres de gran altura sobre la playa de Copacabana y hasta en Vidigal.

Pero esta misma época marca también el comienzo de uno de los puntos negros de Río, aún no solucionado: la violencia. La ciudad empezó a ser un lugar inseguro, con un número alarmante de atracos y asesinatos, producto de la injusticia social y la pobreza que ya empezaba a concretarse en el establecimiento de las primeras *favelas*, enormes barrios de chabolas instaladas ilegalmente sobre todos los *morros* o montes que rodean la ciudad.

La actual presidenta del país, Dilma Rousseff, encara el reto de mantener este crecimiento económico y la lucha por la reducción de la pobreza en el siglo XXI. En verano del 2013, durante la celebración de la Copa Confederaciones de Fútbol, la presidenta hubo de dar marcha atrás a medidas impopulares acordadas, como la subida del precio del transporte público.

Al igual que otras capitales brasileñas, Río fue escenario de violentas protestas callejeras –saldadas con varios muertos y heridos–, en las que se criticaba el enorme gasto público para la celebración del Mundial de Fútbol de 2014.

En el 2016 Río de Janeiro será la primera capital suramericana en celebrar unos Juegos Olímpicos.

POBLACIÓN

El Estado de Río de Janeiro tiene algo más de catorce millones de habitantes, de los cuales unos doce viven en la capital y sus barrios o distritos periféricos.

Entre sus gentes predominan, como en todo el sur de Brasil, los individuos de raza caucásica (blancos), pero hay una notable presencia de gente de origen africano y mezclas de éstos con blancos (mulatos) o de indígenas con blancos o negros. También se pueden ver muchos descendientes de inmigrantes asiáticos y de Oriente Medio.

RÍO DE JANEIRO

Río de Janeiro es la ciudad más importante de Brasil, aunque desde los años sesenta ya no sea su capital, y también la más visitada por los viajeros y turistas que recorren este país maravilloso.

Casi todos los vuelos desde España a Brasil tienen como destino Río o São Paulo, por lo que la primera suele ofrecer al viajero la primera visión de este país que es casi un continente. Y no decepciona. Todo extranjero se enamora de Río. Es una ciudad preciosa, situada en un entorno natural formado por un buen número de playas separadas entre sí por colinas o *mo-*

RÍO DE JANEIRO
Parque Nacional da Floresta da Tijuca
ALTO LEBLON
LEBLON
Jardín de Alah
Praia do Leblon
Praia de Ipanema
R. Marquês de São Vicente
R. Jardim
Av. Rodrigo
Av. Bartolomeu Mitre
Av. 2e. Leonel França
R. Emb. Graça Aranha
R. Félix Pacheco
R. Mário Ribeiro
R. Timóteo da Costa
R. Sambaíba
Av. Visconde de Albuquerque
R. Dias Ferreira
R. Aperana
R. Jeronimo Montero
R. Rita Ludolf
R. Aristides Espíndola
R. Rainha Guilhermina
R. Gal Artigas
R. Gal Venancio Flores
R. Gal Urquiza
Av. Bartolomeu Mitre
Lira
Linhares
R. Humberto de Campos
R. Adalberto Ferrera
R. Gilberto Cardoso
Av. Borges de Medeiros
Av. Niemeyer
Av. General San Martin
Av. Ataulfo de Paiva
R. Cupertino Durão
R. Carlos Góis
R. Alm. Guilhem
Av. Afrânio de Melo Franco
R. Carlos Góis de Medeiros
R. João
R. José
Av. Dellim Moreira
Av. Borges de Medeiros
Av. Epitácio Pessoa
R. Henrique Dumont
R. Aníbal de Mendonça
R. Visconde
R. Prudente de M

R. Peri
R. Eeng Pena Chaves
ORTO
R. Zara
Parque Nacional da Floresta da Tijuca
Cristo Redentor
R. Lores Quintas
R. Benjamin Batista
R. Visconde Graça
R. Faro
R. Olivera Rocha
Parque Nacional da Floresta da Tijuca
JARDIM BOTÂNICO
Av. Lineu Paula Machado
R. Eng Alfredo Duarte
R. Jardim Botânico
Borges de Medeiros
Isla Piraquê
Av. Alexandre Ferreira
R. Prof. Saldanha
R. Miguel Pereira
R. Humaitá
R. Macedo Sobrinho
Lago Rodrigo de Freitas
R. Fonte da Saudade
FONTE DA SAUDADE
Av. Epitácio Pessoa
Caiçaras
Parque da Catacumba
Morro dos Cabritos
R. Santa Clara
BAIRRO PEIXOTO
R. Alberto de Campos
Av. Henrique Dodsworth
IPANEMA
R. Vinícius de Morais
R. Pompeu Loureiro
R. Cinco de Julio
R. Dias da Rocha
R. Santa Clara
R. Figueiredo de Magalhães
R. Barata Ribeiro
R. Constante Ramos
Morro do Cantagalo
R. Farme de Amoedo
R. Barão da Torre
Morro do Pavão
R. Xavier da Silveira
R. L. Miguez
R. Barão de Ipanema
R. Bolivar
COPACABANA
R. Miguel Lemos
R. Teixeira de Melo
Lad. Samt Roman
R. Sa Ferreira
R. Aires de Saldanha
R. Sousa Lima
R. Raul Pompéia
Av. N. Sra. de Copacabana
R. Gomes Carneiro
R. Francisco Sá
Av. Atlântica
Av. Raomha Elisabeth
R. Júlio de Castihos
R. Joaquim Nabuco
R. Francisco Otaviano
Parque Garota de Ipanema

RÍO DE JANEIRO
Cristo Redentor
Parque Nacional da Floresta da Tijuca
R. Benjamin Batista
R. Faro
R. Olivera Rocha
JARDIM BOTÂNICO
Av. Lineu Paula Machado
R. Eng Alfredo Duarte
R. Jardim Botânico
Isla Piraquê
Av. Alexandre Ferreira
R. Prof. Saldanha
R. Miguel Pereira
R. João Afonso
R. Humaitá
R. Macedo Sobrinho
R. Gal. Dionísio
R. Voluntários da Pátria
R. Conde de Irajá
R. Martins Ferreira
R. Visconde de Caravelas
R. Visc. de Silva
R. Pinheiro Guimarães
R. Real Grandeza
Lago Rodrigo de Freitas
R. Fonte da Saudade
FONTE DA SAUDADE
Av. Epitácio Pessoa
Parque da Catacumba
Morro dos Cabritos
R. Santa Clara
BAIRRO PEIXOTO
R. Siqueira Campos
R. Figueiredo de Magalhães
Av. Henrique Dodsworth
R. Pompeu Loureiro
R. Cinco de Julio
R. Dias da Rocha
R. Tonelero
R. Barata Ribeiro
R. Constante Ramos
R. Hilário de Gouveia
R. Paula Freitas
R. República do Peru
Morro do Cantagalo
Morro do Pavão
R. Xavier da Silveira
R. L. Miguez
R. Bolivar
R. Barão de Ipanema
COPACABANA
Av. Atlântica
R. Miguel Lemos
R. Aires de Saldanha
Lad. Samt Roman
R. Sa Ferreira
R. Sousa Lima
R. Raul Pompeia
Av. N. Sra. de Copacabana
R. Francisco Sá
R. Júlio de Castilhos
Av. Raomha Elisabeth
R. Joaquim Nabuco
R. Francisco Otaviano
Praia de Copacabana

R. Alice
R. das Laranjeiras
R. das Laranjeiras
Parque Guinle
LARANJEIRAS
R. General Glicério
R. Cardoso Júnior
R. Cde. de Baependi
R. Coelho Neto
R. Paissandu
R. Juçaná
R. Pinheiro Machado
FLAMENGO
R. Paulo VI
R. Marquês de Abrantes
R. Senador Vergueiro
R. Farani
Praia de Botafogo
Av. Osvaldo Cruz
Morro da Viuva
Av. Rui Barbosa
Praia de Botafogo
R. Assunção
R. Marquês de Olinda
R. Bambina
R. Visc. Ouro Preto
R. Muniz Barreto
Praia de Botafogo
Av. das Nações Unidas
R. Eduardo Guinle
R. Visconde de Norais
R. São Clemente
BOTAFOGO
R. Sorocaba
Mariana
R. Dona
R. Voluntários da Pátria
R. Paulo Barreto
R. P. Fernandes
R. Gal. Polidoro
R. Arnaldo Quintera
R. Álvaro Ramos
R. da Passagem
R. Gal. Severiano
Mirante do Pasmado
Av. Pasteur
Bahía de Guanabara
Av. Venceslau Brás
Av. Lauro Sodré
BOTAFOGO
R. Lauro Muller
R. Dr. Xavier Sigaud
Av. Portugal
Av. Portugal
R. Mal. Cantuária
R. Ramón Franco
Av. Pasteur
Ladeira do Leme
Av. Cardoso de Aguiar
Morro da Babilônia
Barata Ribeiro
Viveiro de Castro
Copacabana
Av. Prado Júnior
Av. Princesa Isabel
LEME
R. Gustavo Sampaio
Av. Atlântica
Morro da Urca
Praia Vermelha
Morro do Urubu
Praia do Leme
Morro do Leme

rros que mueren dulcemente en el océano, una urbe frecuentemente comparada con Sidney, San Francisco o Ciudad del Cabo por la belleza de su enclave, pero a las que, en opinión de muchos, supera en hermosura.

A pesar de su considerable tamaño –unos siete millones de personas viven en la ciudad y otros cuatro en los distritos periféricos– Río ofrece muchas facilidades de transporte para recorrer sus puntos de interés, es decir, el centro histórico y sus monumentos naturales: las playas, el Parque Nacional de Tijuca y las dos postales más vendidas de Brasil, el Cristo Redentor y el Pan de Azúcar.

Pero lo que más encandila al visitante en Río de Janeiro no es su belleza tantas veces aclamada, sino el carácter de sus habitantes, los cariocas. La gente de Río, a pesar de cierta dosis de violencia y mucha de pobreza, vive su vida con una extremada alegría y sentido positivo. Este clima de optimismo difícil de encontrar en otro punto del planeta se traduce en una amabilidad, ganas de diversión y, para los extranjeros, también en el disfrute de una gran hospitalidad y cordialidad.

El brasileño, en general, y especialmente el carioca le pone una gran pasión a la vida. En Río se vive con euforia la música –la más importante manifestación artística de este pueblo tan creativo–, el fútbol (no hay más que pasear por la playa de Copacabana para asistir a magníficos partidos, también de *voleifútbol*), la danza, el flirteo, las reuniones para almorzar o cenar, las conversaciones en la barra de un bar ante una o unas cuantas *choppes* (cañas de cerveza)... Y toda esa pasión estalla en su punto álgido cada año en febrero, con la celebración del Carnaval más famoso del Globo.

ARQUITECTURA. Aunque la arquitectura de la ciudad de Río de Janeiro no tiene la fama de lugares como Ouro Preto u Olinda –a causa de sus joyas coloniales– o Brasilia, por sus obras de arte contemporáneas, sería injusto obviar sus muchos edificios interesantes.

Así, la arquitectura colonial también dejó su huella en Río, en iglesias y conventos del siglo XVII, como los de São Bento y Santo Antônio. En las primeras décadas del siglo XIX la influencia francesa se dejó notar en espléndidos edificios de estilo neoclásico que pueden admirarse en el Centro, como el Museo Nacional de Bellas Artes y el Teatro Municipal. Y la impronta colonial es innegable en la población de Paratí, Patrimonio de la Humanidad y cuajada de iglesias erigidas en el siglo XVIII.

En las primeras décadas del siglo XX se construyen un buen número de casas y palacetes de estilo colonial y que hoy pueden verse en calles como Gonçalves Dias y sus alrededores, mientras que en 1930 los estilos Nouveau y Déco dejan su huella en obras como la Estación de Ferrocarril o la propia estatua de Cristo Redentor.

Al igual que en otros campos de la cultura, la arquitectura brasileña tiene su edad de oro al comienzo de la segunda mitad del siglo XX, cuando genios mundiales como los arquitectos Oscar Niemeyer y Lucio Costa desarrollan su trabajo sobre todo en Brasilia, pero adornan Río también con soberbios edificios, como el Museu de Arte Moderna o la archifamosa Catedral Metropolitana, inaugurada en 1964.

Uno de los últimos edificios de Niemeyer es el alucinante Museu de Arte Contemporânea de Niterói, con forma de platillo volante posado.

RECORRIENDO LA CIUDAD

Para simplificaros vuestros recorridos por la ciudad tened en cuenta una advertencia: hay zonas inmensas que no hace falta visitar, no tanto por que sean un poco peligrosas, sino porque son barrios sin interés alguno. La parte **Norte**, por ejemplo, está ocupada por enormes suburbios donde vive la gente con pocos medios económicos. A no ser que os acompañe alguna persona que resida en estas calles, evitadlas, aunque sí hay ir a São Cristóvão para visitar la Quinta da Boa Vista con el Museo Nacional, el Museo de Astronomia e Ciências Afines (ver Museos) y el Zoológico (ver Parques y Jardines) y el gran estadio de fútbol Maracanã.

El resto del mapa lo dividiremos de una forma lógica: el **Centro**, que os conviene visitarlo durante la semana laboral, para que palpéis la actividad y os compadezcáis de los ejecutivos que salen a almorzar cuando rondan los 40 grados, ellos soportando estóicamente sus trajes encorbatados y ellas, sus medias de seda con zapato fino de tacón.

El **Sur** empieza en las playas. Para hacerlo más abarcable, lo dividiremos en varias etapas: Flamengo y Botafogo será la primera. A continuación, Urca, Leme y Copacabana. Otro recorrido se centrará en Ipanema, Leblon, Gávea y los alrededores de Lagoa, con el Jardín Botánico y el Parque de Tijuca. Por último, las playas de Vidigal, São Conrado y Barra da Tijuca.

SEGURIDAD

Desgraciadamente, Río de Janeiro es una ciudad bastante insegura, aunque si se toman unas precauciones fundamentales –que empiezan por el modo de desplazarse desde el aeropuerto o la estación de autobuses– es muy improbable que se sufra algún percance. Además, los niveles de seguridad han aumentado considerablemente en los últimos dos años, ya que Cabral, el actual gobernador de Río de Janeiro, se ha empeñado –tomando como modelo a Giuliani, ex alcalde de Nueva York– en un programa de tolerancia cero con la delincuencia, y, de momento, está teniendo mucho éxito.

Si leéis las estadísticas de crímenes, comprobaréis que Río se halla entre las ciudades más peligrosas del mundo, junto con Bogotá o Johanesburgo, y por encima de Los Ángeles, Chicago o San Diego, pero la inmensa mayoría de estos delitos se da en las zonas marginales, en *favelas* y sus alrededores, y muchos afectan a bandas de delincuentes que luchan entre sí por el control de los negocios sucios.

La primera recomendación básica es que no caminéis con vuestro equipaje por la calle ni en los alrededores de la Rodoviária o Estación de Autobuses de noche, así que si llegáis a Río en autobús, pillad un taxi prepagado en una de las oficinas de la Rodoviária hasta vuestro hotel. El autobús del aeropuerto es totalmente seguro.

En segundo lugar, una vez ya instalados, no llevéis encima más que el dinero suficiente para pasar el día y vuestro pasaporte, pues es obligatorio tener una identificación encima por si lo requiere la policía. Dejad el reloj y vuestro dinero en la caja fuerte de recepción o dentro de vuestro equipaje, cerrado con llave, en la habitación.

Durante el día podéis caminar sin problemas por todas las zonas turísticas –pero evitad ir al Centro en fines de semana y festivos y después de las 19.00 horas, cuando se halla semidesierto, ya que todos los oficinistas lo han dejado– y podéis moveros en autobús o, bastante más seguro, en el excelente Metro de la ciudad.

Por la noche lo mejor es desplazaros en taxi. Comprobaréis que una vez que lleguéis a vuestros destinos: un restaurante, un bar en zona de marcha, una discoteca, etcétera, el lugar no ofrece peligros.

En la playa no llevéis más que unas bermudas, camiseta, el traje de baño, toalla y algo de dinero para tomar algo. Aunque estéis con más gente que os vigile la ropa cuando os bañéis, abundan los descuideros que trabajan con gran habilidad para llevarse las pertenencias del turista. El truco más empleado es acercarse con alguna disculpa (para pedir fuego o la hora, por ejemplo) y un compinche se hace con la bolsa o mochila del turista distraído por el primero de ellos.

En caso de sufrir un atraco a mano armada, por supuesto no os hagáis los valientes; si tenéis la malísima e improbable fortuna de veros en esa situación, entregad tranquilamente el poco dinero que llevéis encima.

Es muy mala idea pasearse con una cámara de fotos o de vídeo a la vista de todos. Llevadlo siempre oculto en una bolsa de plástico, por ejemplo, que nunca da sensación de llevar nada valioso, y guardadlo siempre nada más tomar la instantánea.

Por la noche podéis pasear por las zonas más concurridas de Copacabana, pues hay muchos turistas y vigilancia policial, pero evitad las zonas más oscuras y desiertas. Muchas de las prostitutas que se acercan a los turistas son también carteristas.

En la zona de Lapa se puede andar con tranquilidad incluso a altas horas de la madrugada, pues hay muchos bares juntos y siempre hay cantidad de gente, además de una buena parada de taxis y un puesto policial.

Se han dado casos de policías que intentan extorsionar a turistas y que con alguna disculpa pretenden a altas horas de la noche llevarlos a comisaría. Como a nadie le apetece subirse en un coche con tres policías siniestros, si la cosa se pone muy insistente y desagradable, lo mejor es preguntar con cierta sutileza si no se puede pagar una "multa" para que te dejen en paz, que con mala suerte suele ascender a cien dólares o su equivalente en reales. En ese caso no hay más remedio que pasar por el aro, pero intentad retener algún dato de la patrulla y al día siguiente denunciadlo ante la Policía Turística.

Tened en cuenta que todos estos casos que contamos son los más extremos que han sufrido algunos turistas, no es lo habitual ni tiene por qué pasaros, pero si observáis estas recomendaciones os sentiréis mucho más seguros y en un par de días recorreréis la ciudad con la misma tranquilidad que lo haríais en Madrid, Barcelona o Sevilla, salvo que de noche iréis casi siempre en taxi.

Si se sufre un atraco o agresión, hay que denunciarlo en la oficina de la Policía Turística, en Rua Afranio de Melo Franco 159, en Leblón. ☎ 23 34 68 02.

TELÉFONOS DE EMERGENCIAS

Para llamar a estos teléfonos podéis hacerlo desde cualquier cabina y no necesitáis tarjeta ni introducir monedas.

POLICÍA. 190.

AMBULANCIAS. 192.

LA LLEGADA

DEL AEROPUERTO A LA CIUDAD. Si llegáis a Río en avión, lo haréis al aeropuerto internacional de Galeão o Antonio Carlos Jobim, que está a catorce kilómetros al noroeste de la ciudad, en Ilha del Governador.

Hay otro aeropuerto, el Santos Dumont, situado junto al centro y reservado para algunos vuelos internos. Ambos están unidos por un servicio de autobuses que recorren el centro y la costa hasta São Conrado, con paradas junto a los hoteles más importantes del Centro, Copacabana o Ipanema. Si ya sabéis en qué hotel vais a estar alojados, bastará que se lo indiquéis al cobrador y él se encargará de acercaros lo más posible. Los autobuses se llaman *Real Auto Bus*, tienen un aire acondicionado feroz y salen cada media hora desde las 5.20 horas hasta las 0.10 horas. A partir de las 0.10 horas, sólo queda la posibilidad de coger un taxi. En el vestíbulo de llegadas del aeropuerto hay varios mostradores de distintas compañías de taxis que tienen las mismas tarifas según las zonas de la ciudad. Éste es el mejor sistema para que no os timen: se paga en el mostrador y se entrega el billete al taxista. De esta forma sabréis que no os están dando un *rodeo turístico* para alargar el trayecto.

Si no tenéis hotel reservado, podéis acercaros a las oficinas de turismo oficiales de Ríotur instaladas en el mismo aeropuerto. Aunque no tengan mucha información, sí suelen ayudar a buscar habitación. Tendréis que explicar el tipo de hotel y la zona en la que queréis hospedaros; de lo contrario, tienden a recomendar los caros. Ellos mismos se encargarán de llamar por teléfono y os harán la reserva.

Para ir de la ciudad al aeropuerto, lo mejor es tomar el mismo autobús a la puerta de alguno de los hoteles por donde pasa.

DE LA RODOVIÁRIA A LA CIUDAD. Si llegáis a Río en autobús, en la misma *Rodoviária* de Novo Río tenéis otra oficina de información turística de Ríotur en la que os pueden ayudar a buscar hotel. La encontraréis fácilmente, está en medio del vestíbulo, frente a la salida principal de las llegadas. Funciona de 8.00 h a 20.00 h. Igual que en el caso anterior, especificad el dinero que queréis gastaros. En las cercanías de la estación hay muchos hotelitos, algunos con dudosas condiciones higiénicas y de seguridad.

La llegada nocturna a esta estación puede resultaros confusa, por los alrededores algo siniestros y la caótica circulación en medio de pasos elevados y puestos ambulantes de comida y bebida, así que tomad un taxi prepagado en una de las oficinas, para que os lleve a vuestro hotel. Sin embargo, de día es absolutamente seguro salir a la parada de autobuses urbanos, que en poco tiempo os dejan en el Centro, Copacabana, Ipanema o São Conrado.

La estación está dividida en dos, una zona para las llegadas y otra para las salidas. Ambas están unidas por un gran pasillo elevado. En la misma salida está la parada de varios autobuses urbanos que van a distintas zonas de la ciudad. Si vais cargados con mucho equipaje, siempre es mejor que toméis un taxi, aunque sea de día. Al igual que en el caso del aeropuerto internacional, también funciona una empresa con tarifas fijas y el mismo procedimiento de pagar en el mostrador.

Rodoviária Novo Río: Avenida Francisco Bicalho s/n. ☎ 32 13 18 00 www.transportal.com.br Está en el barrio de São Cristóvão.

ORIENTACIÓN

Si observáis un mapa general de la ciudad, veréis que ésta se extiende desde la Ilha del Governador, donde está el aeropuerto internacional, a lo largo de la Bahía de Guanabara en dirección sur hasta el Morro de Urca, que separa el barrio de Botafogo de Copacabana y la propia bahía del Océano Atlántico, para seguir luego hasta Ipanema y las playas de São Conrado, casi en las afueras.

A pesar de su considerable tamaño, es muy fácil orientarse en Río. El norte de la ciudad, **São Cristóvão**, alberga la zona industrial y los barrios obreros. Los turistas no la frecuentan, a no ser que vayan a visitar el Museo Nacional, la Quinta de Boa Vista o el estadio de Maracanã. Al norte de São Cristóvão, el puente Presidente Costa e Silva enlaza Río con la vecina ciudad de **Niterói**.

Al este de São Cristóvão se halla el **Centro**, donde se concentran los bancos y oficinas, el corazón financiero o la *City*, que pierde su pulso a partir de las seis de la tarde y queda desierto durante los fines de semana y festivos. Al centro podéis venir muy bien en el Metro, y no dejéis de hacerlo, pues también contiene muchas de las atracciones turísticas: antiguos conventos e iglesias, edificios modernos de interés, como la Catedral Metropolitana o el Petrobras, y clásicos como algunos museos y el Teatro Nacional; calles peatonales convertidas en mercadillos y flanqueadas por preciosas casas de estilo de principios del siglo XX, los mejores puestos de zumos de Río y un buen número de restaurantes con un barato menú de almuerzo.

De aquí salen también, de la Estación de Praça Quinze de Novembro, los ferries a Niterói y a algunas islas interesantes para visitar.

Inmediatamente al sur del Centro, y unidos por el Metro y frecuentes autobuses que atraviesan mediante túneles los *morros* o montes que los separan, se sitúan los barrios de (por este orden) **Castelo, Lapa, Flamengo, Catete, Glória** y **Botafogo,** con hermosas playas, aunque no aptas para el baño por su contaminación, ya que están dentro de la Bahía de Guanabara, y mejores vistas al Pão de Açúcar. Aquí se encuentran algunos hoteles históricos, como el Glória, y las casas de la gente de clase media y alta que no se trasladó hace pocas décadas a vivir a Ipanema o Barra de Tijuca.

El **Morro de Urca**, donde se halla uno de los principales símbolos y postales de la ciudad, el Pan de Azúcar, separa la Bahía de Guanabara del Océano Atlántico, y un túnel conecta Botafogo con el extremo norte de **Copacabana**, llamado **Leme.** Desde aquí y en dirección suroeste el mar de las playas de Leme, Copacabana e **Ipanema** suele estar suficientemente limpio para bañarse, aunque ha habido algún episodio vergonzoso en los últimos años, cuando una avería en el sistema de alcantarillado ha provocado vertidos en la misma orilla de Copacabana.

En Copacabana y Leme se encuentran, al igual que en la siguiente playa, Ipanema, separada una vez más por un pequeño *morro* que sortea la carretera, algunos de los mejores hoteles de lujo, como el Copacabana Palace o el Río Othon, además de numerosos restaurantes, terrazas y cafeterías.

Ipanema es una de las zonas más chulas y ricas de Río. Su paseo marítimo está mucho menos transitado que el de su vecina Copacabana y la fauna que se ve por aquí es mucho menos *salvaje*: apenas hay prostitución, travestidos ni carteristas.

El extremo occidental de Ipanema, vecino al barrio de São Conrado, es el exclusivo **Leblón.**

La zona interior de Ipanema se desarrola alrededor de una hermosa laguna, o **Lagoa Rodrigo de Freitas**, con el maravilloso Jardín Botánico muy cerca de su orilla norte y, detrás, uno de los límites del precioso Parque Nacional de Tijuca.

São Conrado y **Barra de Tijuca** son los dos barrios costeros y contiguos a Ipanema. Al estar más alejados de la bahía, sus playas son mejores, más limpias y se viene cómodamente en autobús desde el Centro o desde Copacabana. Ambos son también zonas residenciales donde viven algunos de los cariocas más ricos.

LAS FAVELAS DE RÍO. Casi todos los *morros* que rodean a Río de Janeiro están ocupados por las *favelas*, unas poblaciones marginales que podrían equipararse a nuestros poblados de chabolas y que surgieron en la segunda mitad del siglo que acaba de terminar, con la instalación por cuenta propia de centenares de familias paupérrimas y sin lugar donde ir. Con el paso del tiempo y la riqueza que produjo el tráfico de cocaína y de las actividades legales que pueden surgir a su resuello, muchas de las *favelas* han dejado de ser un lugar miserable. El Ayuntamiento ha provisto una serie de servicios básicos y, en un proceso similar al experimentado, por ejemplo, en Soweto en Suráfrica, ya incluso hay familias *ricas* que viven en unas 600 favelas que concentran al 20% de la población de Río.

Rocinha, que se ve impresionante en lo alto cuando se va a São Conrado, y por la noche iluminada, da idea de sus dimensiones, es la mayor del país. Desde las calles de esta *favela* se obtienen unas espléndidas vistas sobre la bahía de Guanabara y de Copacabana. En Rocinha viven unas 60.000 personas. Por supuesto, quien manda aquí son los líderes del narcotráfico y nada se escapa a su control, pero en Rocinha hay un montón de restaurantes, tiendas, supermercados, dos sucursales bancarias, varias escuelas de artesanía, iglesias, una clínica, un cibercafé y hasta un Mc Donald's, por increíble que parezca.

Una visita a una *favela* es una experiencia muy aconsejable para conocer el otro Río, que permanece ignorado para la absoluta mayoría de los turistas. Si se va de día en una excursión organizada –otra opción es desaconsejable por peligrosa–, los visitantes son acogidos con amabilidad por sus pobladores, que desean mostrar al mundo que no todo es misería, delincuencia y cocaína en una favela.

El *Favela Tour* www.favelatour.com.br de Marcelo Armstrong es excelente (ver el apartado Visitas Guiadas más adelante).

CÓMO MOVERSE

AUTOBUSES

La red de *ônibus* urbanos abarca todos los puntos de la ciudad. Hay quien aconseja a los turistas no utilizarlos por sus frecuentes robos y hasta atracos, pero si queréis trasladaros de una a otra punta y sin gastar apenas dinero, ésta es la única manera, junto con el Metro. Todo consiste en tomar las medidas que dictan la propia lógica: no llevar más del dinero necesario para el día y dejar los objetos de valor en la caja de seguridad del hotel.

Todos los autobuses llevan un número en su parte delantera y un letrero con el recorrido que cubren. Se entra por detrás, se paga al cobrador y se pasa por un endemoniado torniquete situado frente al cobrador. Hay algunos autobuses que tienen dos torniquetes para evitar que los ladrones, que suelen situarse en la parte posterior del vehículo, puedan salir con facilidad una vez conseguido su objetivo. En las paradas suele haber un panel con los números de los autobuses que se detienen en ese punto.

En algunas ocasiones, el único indicativo de parada suele ser un grupo de gente que se agrupa en la acera y espera a que pase el suyo. Normalmente no existen las colas, porque la gente espera distintos autobuses. Hay un montón de personas que van levantando la mano cuando ven que se acerca su número. Tened el dinero preparado antes de subir para evitar mostrar la cartera y dar pistas.

Hay otro tipo de autobuses más caros: los *frescãos*, que se llaman así porque disponen de aire acondicionado, recorren las playas y el centro; las

jardineiras son vehículos abiertos que recorren la ruta playera y llegan hasta la Barra da Tijuca. Sus paradas están marcadas por unos postes blancos.

Os hemos resaltado los lugares más turísticos y las líneas que debéis tomar según las zonas en las que os encontráis.

PARA IR AL PÃO DE AÇÚCAR:

Desde el Centro: el nº 107, que para en la Rua Senador Dantas.

Desde Glória/Flamengo: el nº 107, que para en Augusto Severo y Praia do Flamengo.

Desde Botafogo: el nº 107, que para en Praia de Botafogo.

Desde Copacabana: el 512, que pasa por la Avenida Princesa Isabel.

Desde Ipanema/Leblon: el 511 y 512, que paran en Visconde de Pirajá y Ataulfo de Paiva.

PARA IR AL CORCOVADO:

Desde el Centro: el 180 y 184, que pasan por la Avenida Río Branco.

Desde Glória/Flamengo: el 180 y 184, que pasa por la Avenida Augusto Severo.

Desde Botafogo: el 583 y 584, que paran en la Rua São Clemente.

Desde Copacabana: el 584, que para en Barata Ribeiro.

Desde Ipanema/Leblon: el 583 y el 584, que paran en Visconte de Pirajá/Av. Ataulfo de Paiva.

PARA IR AL JARDIM BOTÂNICO:

Desde el Centro: el 170, que para en Avenida Rio Branco, 173 desde la rodoviaria, y 174 desde la Praça da República.

Desde Glória/Flamengo: el 571, que para en Av. Augusto Severo y en Praia do Flamengo.

Desde Botafogo: el 571, que para en Praia de Botafogo, y 524 desde Barra de Tijuca.

Desde Copacabana: el 572, que para en Barata Ribeiro.

Desde Ipanema/Leblon: el 584, por Copacabana (Princesa Isabel).

PARA IR AL ESTADIO DE MARACANÃ:

Desde el Centro: 232, 238 y el 239, que paran en Praça Quinze.

Desde Glória/Flamengo: el 434 y el 464, que paran en Augusto Severo y Praia do Flamengo.

Desde Botafogo: el 434 y el 464, que paran en Praia de Botafogo.

Desde Copacabana: el 455, que para en Avenida Nossa Senhora de Copacabana y Avenida Princesa Isabel.

Desde Ipanema/Leblon: nº 464, que para en Ataulfo de Paiva y Rua Visconde de Pirajá.

PARA IR AL CENTRO (PRAÇA QUINZE DE NOVEMBRO):

Desde Glória: el 119, que pasa por la Avenida Beira Mara (Praia do Flamengo).

Desde Copacabana: el 119, pasando por Nossa Senhora de Copacabana, Avenida Princesa Isabel y Praia de Botafogo. En esta misma ruta: 413, 123, 126 (hasta la Rodoviária), 415, 474.

Desde Leme: el 472, que para en Avenida Atlântica.

Desde Ipanema-Leblon: el 415, que para en Visconde de Pirajá.

PARA IR A LA QUINTA DE BOA VISTA Y AL ZOOLÓGICO:

Desde el Centro: el 472 y el 474, que paran en Avenida Presidente Vargas.

Desde Glória/Flamengo: el 472, que para en Av. Beira Mar y en Praia do Flamengo.

Desde Botafogo: el 472, que para en Praia de Botafogo.
Desde Leme: el 472, que para en Av. Atlântica.
Desde Copacabana: el 474, que para en Barata Ribeiro.
Desde Ipanema/Leblon: el 474, que para en Visconde de Pirajá.

PARA IR A BARRA DA TIJUCA:

Desde el Centro: el 175, que para en Rio Branco.

Desde Glória/Flamengo: el 179, desde el centro (Rio Branco), pasando por Beira Mar y Praia do Flamengo.

Desde Botafogo: el 179, que para en Praia de Botafogo y pasa por Sernambetiba hasta el Barra Shopping, y 524, que para en Praia de Botafogo.

Desde Copacabana: el 523, que para en Barata y Ribeiro y nº 175, que para en Av. Atlântica.

Desde Ipanema/Leblon: el 523, que para en Barata Ribeiro.

PARA IR A LA RODOVIÁRIA DE NOVO RÍO:

Desde el Centro: el 126, 127 y 128, desde Copacabana y Leblon pasando por el centro, Avenida Presidente Antônio Carlos y Rua Primeiro de Março. El 172 viene desde Leblon por el Jardín Botánico.

Desde Glória/Flamengo/Botafogo: el 136 y el 172, que paran en Beira Mar, Praia do Flamengo y Praia de Botafogo.

Desde Copacabana: 127, 128 y 136, por la Avenida Nossa Senhora de Copacabana y Princesa Isabel (también podéis utilizarlos para ir al Centro).

Desde Ipanema y Leblon: 128 y 172, por la Avenida Ataulfo de Paiva y Rua Visconde de Pirajá.

PARA IR AL PUERTO:

Desde Glória y Flamengo: el 172 desde la Praia de Flamengo.

Desde Botafogo, Copacabana, Ipanema, Leblon: Real, desde São Conrado. Playa de Botafogo.

PARA IR AL AEROPUERTO SANTOS DUMONT:

Desde Glória y Flamengo: Real.

Desde Copacabana: los números 413, 415, 455 y 474, que paran en Avenida Nosa Senhora de Copacabana.

Desde Ipanema/Leblon: los números 415, 484 y 474, que paran en Visconde de Pirajá y en Ataulfo de Paiva.

PARA IR AL AEROPUERTO INTERNACIONAL:

Lo mejor es que toméis los *frescaos* que paran en los hoteles caros. Otra posibilidad es ir en los autobuses interurbanos, que no llevan número, pasan cada media hora, van marcados con el distintivo *Aeroporto* y también están dotados de aire acondicionado. Las paradas no están marcadas, así es que para más seguridad, lo mejor es que os desplacéis hasta el aeropuerto Santos Dumont y lo esperéis en su correspondiente parada (frente a la puerta de acceso).

EL METRO

El Metro (www.metrorio.com.br), que ya llega hasta Ipanema por el sur, es el sistema ideal para ir desde Copacabana hacia el Centro, con paradas en Botafogo, Flamengo, Gloria, Catete, etcétera. También sirve para ir a la estación de ferries a Niterói y al Estadio Maracanã y la zona de São Cristóvão, pero no llega a los aeropuertos ni a la Rodoviária.

Sería estupendo que cubriera todos los puntos de la ciudad, pero desgraciadamente sólo posee dos líneas. Es rápido, limpio y moderno, sus trenes poseen aire acondicionado, que se agradece en verano, y muy seguro. Funciona de lunes a sábados de 6.00 h a 23.00 h.

La línea 1 va desde Ipanema y Copacabana (desde las estaciones Cantagalo, Siqueira Campos y Arcoverde), a la Praça Saens Peña en el barrio de Tijuca (¡Ojo!, no en la zona turística de Barra da Tijuca, sino al noroeste, junto a la zona del Maracanã). Sus estaciones son: Ipanema, Cantagalo, Siqueira Campos, Arcoverde, Botafogo, Flamengo, Largo do Machado, Catete, Glória, Cinelândia, Carioca, Uruguiana, Presidente Vargas, Central, Praça Onze, Estácio, Afonso Pena, São Francisco Xavier y el punto final, Saens Peña. Se espera que en el 2014 alcance una estación más por el noroeste: Uruguai.

La línea 2 va de Botafogo a Pavuna.

Los billetes cuestan lo mismo que los del autobús. Se pueden comprar sencillos, de ida y vuelta o para diez viajes, pero en estos casos no hay descuentos. Hay que introducirlos en un torniquete electrónico y sólo los devuelve si son de ida y vuelta.

TAXIS

Oficialmente circulan en Río más de treinta mil taxis, por lo general todos llevan taxímetro y se ajustan a unas tarifas oficiales. No obstante, os recordamos que a partir de las diez de la noche durante los sábados, los domingos y el mes de diciembre, aplican la tarifa 2. Esto no significa que haya que pagar doble, como algunos os pueden hacer creer, sino que el taxímetro marca una tarifa especial, al igual que en Madrid de noche, por ejemplo. Si tenéis cualquier problema con el precio final, mencionad la palabra *policía*. Suele surtir efecto.

En Río existen varias cooperativas, que suelen aplicar una tarifa acordada de antemano y cuyos servicios se pueden solicitar por teléfono. Las tarifas son más elevadas pero a veces compensa pagar algo más.

EL TRANVÍA

Todavía queda un tranvía eléctrico, el *bondinho*, que hace un recorrido casi simbólico, aunque muy útil para los vecinos del barrio de Santa Teresa y Dois Irmãos. La salida está junto a la *Nova Catedral*. El mayor atractivo de este trayecto es atravesar el antiguo acueducto de Lapa y contemplar las vistas de Río. Lo peor es que es uno de los lugares preferidos por los ladrones y, a pesar de la vigilancia, los robos suelen ser frecuentes.

BARCOS

Hay un servicio de trasbordadores que cubren los trayectos Río-Niterói y Río-Paquetá. Los barcos salen de la estación situada en Praça Quinze de Novembro.

COCHE DE ALQUILER

Realmente no es la opción que recomendamos para moverse por la ciudad si no se conoce bien, debido al caos de tráfico y al diferente modo de conducir de los cariocas, que son unos de los conductores más *agresivos* del mundo. Basta echar un vistazo a las carreras que se pegan los autobuses urbanos. Pero sí puede ser una buena manera de recorrer el estado.

Los precios para alquilar un vehículo sin chófer oscilan entre los 30 y los ochenta euros diarios, así que consultad primero con los diferentes teléfonos que facilitamos en las Direcciones útiles y elegid según las tarifas. Se requiere para conducir un coche alquilado tener al menos 25 años y una licencia internacional de conducción que debéis obtener en España antes de salir. Informaos de los trámites necesarios en el RACE, ☎ 902 40 45 45; www.race.es).

VISITAS GUIADAS

En la mayoría de los hoteles de la capital encontraréis un buen número de ofertas de circuitos guiados por la ciudad, que suelen incluir el monte Corcovado y superficialmente el Parque Nacional de Tijuca, con una duración de unas cuatro horas.

Gray Line, ☎ 25 12 99 19 (www.grayline.com), es de los que más está presente en las recepciones de los hoteles y ofrece distintos recorridos turísticos a diferentes precios.

Jeep Tour, ☎ 21 08 58 00 (www.jeeptour.com.br), organiza recorridos por el Parque Barra da Tijuca y con posibles extensiones a otros espacios verdes de las afueras de la capital, además de los ya casi ubicuos *favela tours*.

Los interesados en la historia de la ciudad harán bien en contactar con el profesor de Historia del Arte **Carlos Roquette**, ☎ 99 11 38 29 (www.culturalrio.com.br), que organiza recorridos que visitan los mejores monumentos barrocos, coloniales y modernistas. Son circuitos de cuatro horas.

El **Favela Tour**, ☎ 33 22 27 27, www.favelatour.com.br es una interesante experiencia por la *favela* más grande del mundo, la de Rocinha, y a Vila Canoas. Lo organiza la empresa de Marcelo Armstrong desde hace pocos años y es muy recomendable para conocer la realidad de unos poblados marginales que no sólo son un cuartel general de traficantes de cocaína, sino que entre los 60.000 habitantes de Rocinha hay muchísimos dedicados a obras sociales: iglesias, clínicas, rehabilitación de toxicómanos, etcétera, y a muchos negocios legales: restaurantes económicos, tiendas y hasta una sucursal bancaria. Los guías hablan español y en una furgoneta conducen a unos siete u ocho visitantes a la mayor *favela* de Brasil, Rocinha, y a Vila Canoas. El *tour* cuesta unos veinte euros.

Los *tours* de **Be a Local** (☎ 96 43 03 66, www.bealocal.com) son especialmente atractivos para viajeros independientes y con ganas de experiencias más alternativas. Son, una vez más *favela tours*, con el añadido de poder disfrutar de una fiesta auténtica los domingos por la noche, y también los que te llevan a presenciar un partido de fútbol en el mítico estadio Maracaná.

LA VISITA

SÃO CRISTÓVÃO

QUINTA DA BOA VISTA: Avenida Pedro II, entre las Ruas Almirante Baltazar y Dom Meinrado (São Cristóvão). Abierto todos los días de 7.00 a 18.00 h. Metro São Cristóvão y autobuses 472 y 474. La antigua residencia de la familia imperial ocupa una extensión de 560.500 metros cuadrados en la zona norte de la ciudad. Estos terrenos pertenecieron a los jesuitas, que los explotaban como plantación de caña de azúcar. En 1822 pasó a manos de la Corona, que transformó la finca en residencia veraniega de la familia real hasta la proclamación de la República. El parque es hoy un lugar refrescante donde se refugian del calor veraniego cientos de familias a la sombra de sus árboles. Hay un lago artificial con cascadas donde beben los ciervos y mucho espacio verde para descansar. En lo alto de una colina, se encuentra la antigua residencia real, hoy convertida en Museo Nacional (ver Museos). En la Quinta se encuentra el Jardim Zoológico (ver Parques y Jardines).

ESTADIO DE MARACANÃ: Rua Prof. Euricio Rabelo (entrada principal por la puerta nº18). Metro: Línea 2, estación Maracanã. Entrada de pago. Museo abierto de lunes a viernes de 9.00 a 17.00 horas todos los días excepto los de partido (ver Museos). Uno de los estadios de fútbol más famosos y grandes del mundo –puede albergar a unos 100.000 aficionados– se encuentra al sur de la Quinta da Boa Vista, al otro lado de la avenida Presidente Castelo. Aunque está muy cerca, tendréis que atravesar dos viaductos que a pleno sol veraniego puede ser un castigo. Este estadio municipal se construyó en 1950 y originalmente tuvo una capacidad para 200.000 espectadores. Aquí es donde se juegan los apasionantes partidos de fútbol de los equipos cariocas: el Flamengo, el Fluminense, el Vasco da Gama y el Botafogo, además de muchos de la selección nacional. Ni que decir tiene que será escenario de la final de la Copa del Mundo 2014.

A la entrada hay un cartel muy divertido que advierte de la prohibición de entrada a las butacas especiales a todas las personas que lleven "*bermudas, shorts, camisetas s/manga, chinelos ou tamancos*". El estadio está rodeado por una valla que da acceso a unos jardines infantiles, un estanque y una pista de atletismo. Si sois muy forofos, de lunes a viernes, entre las 9.00 h y las 17.00 h, tendréis la oportunidad de visitarlo acompañados de un guía. La visita incluye la entrada a los vestuarios y al museo deportivo. Si

vais a ver un partido, contad con llegar unas dos horas antes del comienzo para comprar las entradas. Las *torcidas* o forofos de los dos equipos suelen organizar muchos jaleos, aunque los accesos están controlados.

Para venir a un partido podéis hacerlo tranquilamente yendo y viniendo en autobús, pues aunque acabe tarde los autobuses van repletos de gente hacia el Centro, por lo que estaréis seguros, únicamente tened cuidado con la cartera.

Los comodones pueden pagar unos sesenta reales y una furgoneta los recogerá, facilitará entrada y devolverá al hotel después del partido, pero claro, sale mucho más caro.

FEIRA NORDESTINA: Campo de São Cristóvão. Abre de 10.00 a 16.00 h de martes a jueves y hasta las 22.00 h de viernes a domingos. Metro a São Cristóvão y luego autobuses. Este enorme recinto ferial, de 32.000 metros cuadrados y más de 650 barracas, muestra la cultura de la región del Nordeste del país, con puestos donde sirven comida y bebida típicas, recintos donde suenan los ritos del *forró* o la samba, etcétera. Los fines de semana es una auténtica fiesta.

CENTRO

El Centro de Río de Janeiro está muy poco habitado, pero es donde trabajan miles de empleados de bancos, de la Administración y de empresas privadas, por lo que casi todos los bares, restaurantes y tiendas cierran los fines de semana, festivos y cada día después de las 19.00 horas, que es cuando hay que evitar venir aquí, primero porque apenas hay transeúntes y puede resultar peligroso y segundo, porque su gran interés reside en la energía que desprenden sus gentes.

La mejor manera de venir al centro es en el Metro, que tiene varias paradas en este barrio.

La avenida Presidente Vargas es uno de sus ejes principales, atraviesa el Centro de este a oeste y se cruza con la **avenida Rio Branco**, la otra gran arteria que va de norte a sur. En ella se encuentran el **Teatro Municipal**, la **Biblioteca Nacional** y el **Museo das Belas Artes** (ver Museos). Hay otro centro neurálgico, la **Praça Quinze de Novembro**. En los alrededores de esta plaza aún podréis ver algunos restos del Río colonial, aprisionados entre los grandes edificios de bancos y oficinas.

Varias iglesias barrocas se encuentran en estas calles cercanas, además del **Museo Naval** y el **Palácio Imperial**.

LA PRAÇA FLORIANO: Metro Cinelândia. Al sur de la Avenida Rio Branco, es una especie de rambla donde se reúne la gente para escuchar a los grupos de músicos ambulan-

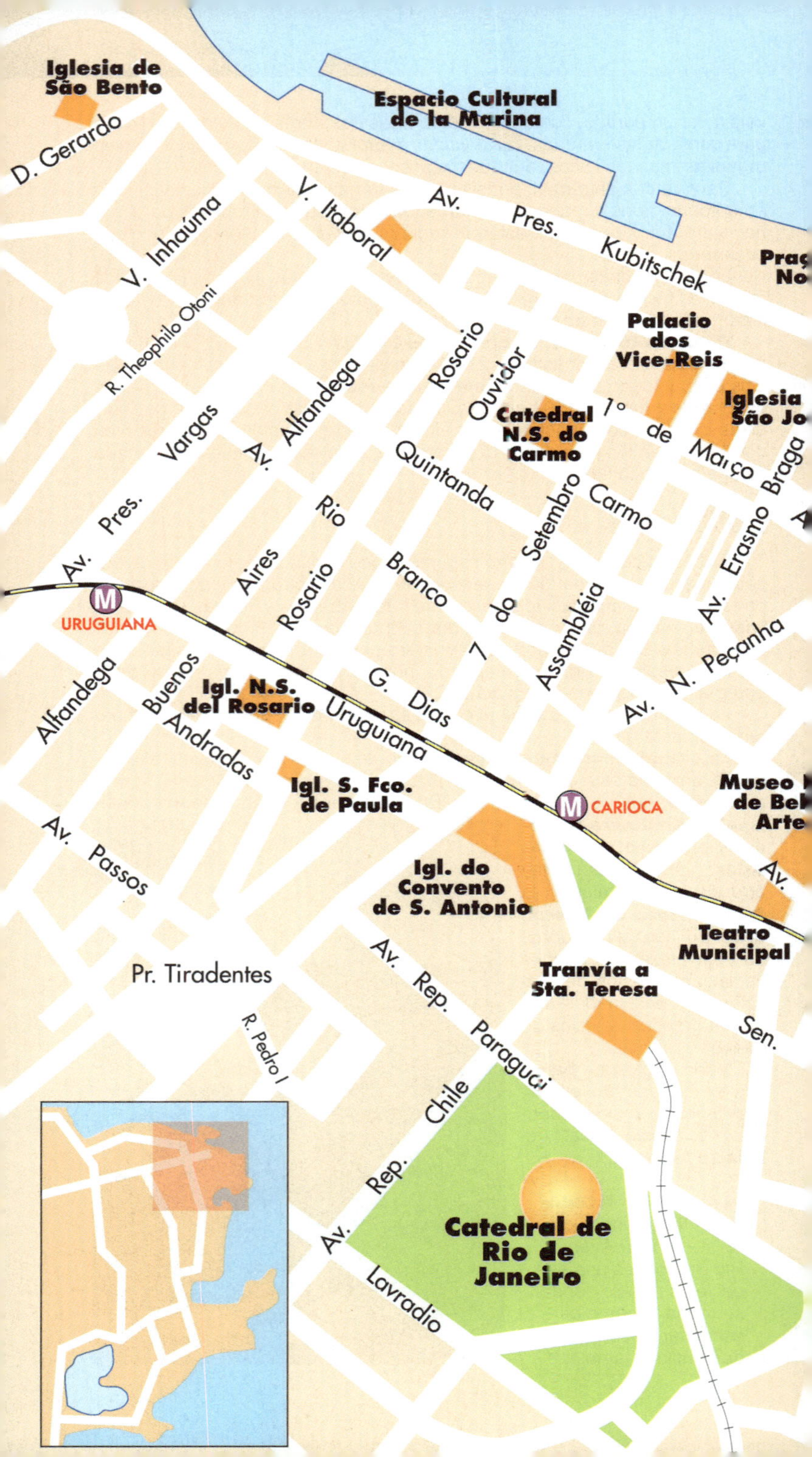

Iglesia de São Bento
Espacio Cultural de la Marina
D. Gerardo
V. Inhaúma
V. Itaboraí
Av. Pres. Kubitschek
R. Theophilo Otoni
Palacio dos Vice-Reis
Rosario
Ouvidor
Catedral N.S. do Carmo
1° de Março
Av. Pres. Vargas
Av. Alfandega
Quintanda
Carmo
Braga
Rio Branco
7 do Setembro
Av. Erasmo
Aires
Rosario
Assambléia
URUGUIANA
Av. N. Peçanha
Alfandega
Buenos
Igl. N.S. del Rosario
G. Dias
Andradas
Uruguiana
Igl. S. Fco. de Paula
CARIOCA
Av. Passos
Igl. do Convento de S. Antonio
Teatro Municipal
Pr. Tiradentes
Av. Rep. Paraguai
Tranvía a Sta. Teresa
Sen.
R. Pedro I
Av. Rep. Chile
Catedral de Rio de Janeiro
Lavradio

RIO DE JANEIRO
(Monumentos)
Museo Histórico Nacional
Aeropuerto de Santos Dumont
Kubitschek
Pr. do Expedicionário
Sta. Luzia
Av. M. Cámara
Av. Churchill
F. Roosevelt
Carlos
Iglesia de Sta. Luzia
Lesa
Sta. Luzia
Av. Pres. Wilson
Líneas Aéreas VARIG
Museo de Arte Moderno
Cinelandia
Passeio Público
Av. Beira Mar
Aterreo
Ensenada de Glória
Iglesia N.S. da Lapa
Monumento a los Mortos da Segunda Guerra
GLORIA
N
E
O
S

tes y oradores improvisados. Hay terrazas de restaurantes y bares y algún que otro cine. La plaza está flanqueada por algunos de los mejores edificios neoclásicos de los siglos XIX y principios del XX de la ciudad.

TEATRO MUNICIPAL: Praça Floriano 210. ☎ 23 32 91 34, www.theatromunicipal.rj.gov.br (hay que reservar las visitas guiadas). Abre de 10.00 a 18.00 horas de lunes a viernes; sábados, domingos y festivos, hasta las 16.00. Frente al Museu de Belas Artes, es el mejor edificio de la plaza y para su construcción se inspiraron en el teatro de la Opera de París, de estilo neoclásico. Se construyó en 1905 y se restauró en 1934. Por él han pasado grandes estrellas de la danza y de la ópera. Suelen organizarse conciertos interesantes. Para haceros una idea de su lujo y esplendor, entrad al restaurante situado en la planta baja.

BIBLIOTECA NACIONAL: Avenida Rio Branco 219. ☎ 30 95 38 79. Abierta de lunes a viernes, de 9.00 h a 20.00 h. Los sábados, de 9.00 h a 15.00 h. Hay visitas guiadas de lunes a viernes a las 11.00 h, 15.00 h y 17.00 h. Otro gran edificio de la Plaza Floriano es la Biblioteca, inaugurada en 1910 y obra del arquitecto Souza Aguiar. Es la mayor de Suramérica y contiene más de ocho millones de volúmenes Fijaos en su fachada, de estilo neoclásica y apoyada en columnas corintias. Dentro destaca una grandiosa escalera de hierro forjado. Hay una hemeroteca, un servicio de lectura de microfilmes y una sección de manuscritos muy interesante.

Los otros edificios que completan la plaza son el **Palácio Pedro Ernesto**, que ahora alberga la Câmara Municipal o Ayuntamiento, y el **Museu Nacional de Belas Artes** (ver Museos).

CINELÂNDIA

Hacia los años treinta la zona inmediatamente al sur de la Plaza Floriano estaba llena de salas de cine, de ahí el nombre de **Cinelândia** que aún conserva. Hoy abundan las tiendas, hoteles, bares, puestos de zumos naturales y restaurantes tan populares como los adyacentes Amarelinho y Vermelinho. Metro Cinelândia.

LARGO DA CARIOCA

El Largo da Carioca (Metro Carioca) es otra zona, situada al oeste de Rio Branco, donde podréis callejear entre los innumerables puestos de venta ambulante que se instalan. Está presidido por la barroca **Igreja de São Francisco da Penitência** (concertar visitas en el ☎ 22 62 01 97) y el adyacente **Convento de Santo Antônio**, ambos sobre una elevación. La iglesia data de 1726, aunque ha pasado por alguna restauración posterior, y en su interior destaca el altar, ricamente tallado en madera de jaracandá, y el mural del techo que muestra a São Francisco y es obra de José Oliveira Rosa. La iglesia cobija el **Museo de Arte Sacro** (ver Museos).

El Convento de Santo Antônio (abierto de 9.00 a 12.00 y de 13.00 a 16.00 horas de lunes a viernes) es anterior, se construyó en las dos primeras décadas del siglo XVII y alberga la **Capilla de Nossa Senhora das Dores da Imaculada Conceiçao**, el templo más antiguo de Río, con la tumba de Fabiano de Cristo, un famoso sacerdote al que durante la primera mitad del siglo XX se le atribuyeron varios milagros.

Todas las calles adyacentes son un gran mercado callejero. Detrás del Largo da Carioca se levanta la Nova Catedral o Catedral Metropolitana, con su inconfundible figura circular.

CATEDRAL METROPOLITANA: Avenida de Chile. Abierta todos los días de 7.00 h a 17.30 h. Esta gran obra arquitectónica moderna fue inaugurada en 1976, después de doce años de trabajos, y se debe al arquitecto Edgar de Oliveira da Fonseca y a Paulo Lachen Maier, autor del diseño interior. Su forma circular llama la atención desde lejos. Hay quien encuentra cierto parecido con la cápsula espacial norteamericana *Apolo*. Tiene una capacidad para albergar a 20.000 personas de pie. En su interior no hay una sola columna que sostenga la estructura de cemento de ochenta metros de altura. Cuatro inmensas vidrieras llegan hasta la parte más alta y en el techo, que también es circular, forman una cruz griega que deja pasar la luz multicolor. Sobre el altar cuelga del techo un enorme Cristo de madera.

En las inmediaciones de la Catedral se elevan algunos edificios modernos, impresionantes y buenos ejemplos de la magnífica arquitectu-

ra brasileña de la segunda mitad del siglo XX. Entre ellos sobresale inmediatamente el edificio **Petrobras**, que todas las guías definen como una especie de cubo de Rubik.

ACUEDUCTO DA CARIOCA: Barrio de Lapa. También llamado **Arcos da Lapa**, se trata de una obra del siglo XVIII que fue restaurada y reformada en 1872 y 1948. Está compuesto por una doble arcada y tiene 64 metros de altura. Se llega en unos diez minutos descendiendo por una suave pendiente desde la Catedral Metropolitana. Sobre el acueducto marcha el *bondinho*, el tradicional tranvía que conduce al barrio de Santa Teresa.

PALACIO MAÇONICO: Rua Lavradio, esquina avenida República. Detrás de la Catedral, es un edificio del siglo XIX que fue la primera loja de Brasil.

ILHA FISCAL

Este islote unido por una estrecha pasarela a la Ilha das Cabras se encuentra cerca y ligeramente al norte del embarcadero de ferries de la Praça Quinze de Novembro. En el lugar se alza el bello **Palacio Ilha Fiscal**, obra de Adolfo del Vecchio, que lo terminó en 1889.

A lo largo de su historia el palacio ha sido sede de parte de la Administración portuaria y acogió a la última celebración de un baile imperial el 9 de noviembre de 1899. Podéis visitarlo en una visita guiada que zarpa desde el muelle del Espacio Cultural de la Marina, un poco más al norte de Quinze de Novembro. Las visitas –de pago, pero baratas– son, de abril a septiembre a las 13.00 y a las 16.00 h de martes a domingo, y de octubre a marzo a las 13.30 y 16.30 h.

SANTA TERESA

Al barrio de Santa Teresa, sobre el Centro, se accede en un corto y agradable paseo en tranvía, el *bondinho,* que se toma en las inmediaciones de la Catedral Metropolitana y circula sobre el Acueducto de Lapa. Las calles de Santa Teresa son empedradas y con casas y viejas mansiones de estilo colonial. Algunas albergan buenos y típicos restaurantes, pero si venís aquí a cenar, una vez oscurecido, o los fines de semana a los bares alrededor de Largo dos Guimaraes, hacedlo en taxi. El tranvía pasa sobre una

favela, algunos de cuyos moradores tienen la costumbre de atracarlo, razón por la que veréis un guardia armado en los asientos traseros.

Santa Teresa se convirtió en un barrio bohemio por excelencia durante las décadas de los sesenta y setenta, cuando numerosos artistas y hippies se instalaron aquí. Entre otros *artistas*, aquí vivió hasta hace muy pocos años, cuando volvió voluntariamente a morir en el Reino Unido, Ronald Gibbs, uno de los autores del celebérrimo robo al tren de Glasgow, que evitó toda su vida la extradición a Inglaterra para ser juzgado, al tener un hijo con una brasileña.

En Santa Teresa hay dos museos (ver Museos): el del Bonde, que cuenta la historia del tranvía, y el interesante de Chacara do Céu.

Adyacente y conectado a este último museo por una pasarela se halla el **Parque das Ruinas**, los restos de la antigua mansión de la millonaria Laurinda Santos Lobo, que murió en 1946 después de haber reunido en su casa toda la intelectualidad y artistas de Río. Después de la restauración del lugar se ha creado un escenario donde hay conciertos de jazz gratuitos cada jueves por la noche.

PRAÇA QUINZE DE NOVEMBRO

PAÇO IMPERIAL: Praça Quinze de Novembro. Abierto de martes a domingo, de 12.00 h a 18.30 h. Entrada gratuita. Este edificio, de sorprendente modestia para haber sido sede del emperador, ha tenido multitud de usos desde que se construyó en 1743: sede de los virreyes, residencia real, palacio imperial, oficina central de Correos y centro cultural. Hoy en día se utiliza para albergar exposiciones temporales, como auditorio y centro de cultura.

En plena plaza se alza la **Chafariz da Pirâmide**, una fuente construida en 1789, a cuyo alrededor se montan algunas mañanas los puestos de un mercadillo de artesanías.

IGREJA DE NOSSA SENHORA DO CARMO DO ANTIGA SÉ. Praça Quinze de Novembro. En el área noroeste de la plaza se erige esta iglesia, catedral de la ciudad hasta 1976, cuando se inauguró la Metropolitana. Fue el templo principal de Río durante la época imperial.

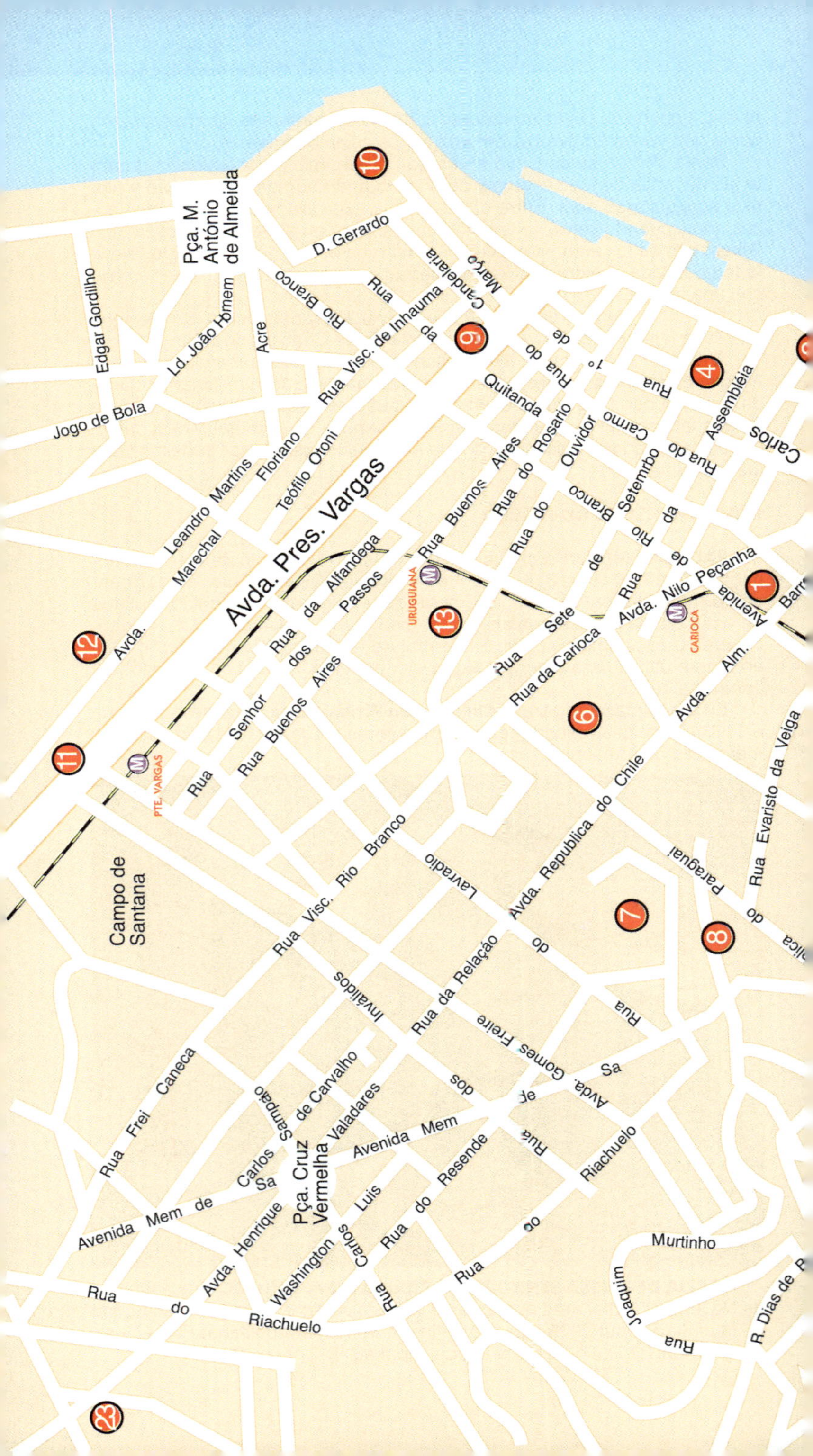

Pça. M. Antônio de Almeida
D. Gerardo
Edgar Gordilho
Ld. João Homem
Acre
Rio Branco
Rua
Candelaria
Março
Rua Visc. de Inhauma
da
Jogo de Bola
Floriano
Teófilo Otoni
Leandro Martins
Marechal
Avda.
Avda. Pres. Vargas
Quitanda
Rua do
de
1°
Rua
Rua do Rosario
Ouvidor
Carmo
Rua do
Assembléia
Carlos
Rua Buenos Aires
Rua do
Rio Branco
Setembro
Rio
da
de
Rua
Rua da Alfandega
Passos
Rua
URUGUIANA
Avda. Nilo Peçanha
Avenida
Barr
Sete
de
Rua
CARIOCA
Rua da Carioca
Rua
Alm.
Avda.
Rua dos
Senhor
Rua Buenos Aires
Rua
PTE. VARGAS
Rua Evaristo da Veiga
Avda. Republica do Chile
Paraguai
do
blica
Rua Visc. Rio Branco
Lavradio
do
Campo de Santana
Rua
Rua da Relação
Invalidos
Gomes Freire
Avda.
Sa
dos
de
Rua
Riachuelo
Rua Frei Caneca
Carlos Sampaio
de Carvalho
Valadares
Avenida Mem
Pça. Cruz Vermelha
Sa
Avenida Mem de
Avda. Henrique
Washington
Carlos Luis
Rua do Resende
Rua
do
Murtinho
Joaquim
Rua
R. Dias de P
Rua do Riachuelo
10
9
4
1
13
12
11
6
7
8
23

GLORIA; FLAMENGO; CENTRO
1. Museo Nacional das Belas Artes
2. Museo Histórico Nacional
3. Museo Naval y Oceanográfico
4. Paço Imperial
5. Teatro Municipal
6. Convento de Santo Antônio
7. Nova Catedral
8. Acueducto de Lapa
9. Igreja Nossa Senhora da Candelaria
10. Mosteiro de São Bento
11. Estação Central
12. Museo Diplomático
13. São Francisco de Paula
14. Museo Arte Moderna
15. Palacio do Catete
16. Monumento a los Caídos en la II Guerra Mundial
HOTELES
18. Glória
RESTAURANTES
20. Restaurante 406
21. Casa da Suiça
22. Porcão Rio's
23. Bar do Minheiro
Aeropuerto Santos Dumont
Santa Luzia
Av. Pres. Wilson
Av. Beira Mar
Avenida Infante Dom Henrique
GLORIA

ARCO DE TELES. Praça Quinze de Novembro. El Arco de Teles, en el lateral norte de la plaza, pertenecía a un antiguo acueducto que atravesaba la zona. Hoy da paso a la Travessa de Comércio, una calle estrecha y muy pintoresca, flanqueada por casas muy típicas que alojan restaurantes, bares y tiendas muy atractivos.

PALACIO TIRADENTES. Praça Quinze de Novembro. Abierto de lunes a viernes hasta las 17.00 horas. Visitas guiadas gratuitas. Entre el Palacio Imperial y el Museo Oceanográfico se halla este impresionante edificio neoclásico de muy bella factura y edificado a principios del siglo pasado. Hoy es sede del Parlamento o Asamblea Legislativa, y bajo la escalinata de entrada se halla un busto del héroe *mineiro* Tiradentes. Junto a este palacio se eleva la **Igreja de São José**, reformada en los años sesenta.

Al sur de Praça 15 de Novembro y de la Marechal Ancora se halla el **Museo Histórico Nacional** (ver Museos) y la **igreja de Nossa Senhora do Bonsucesso**, de principios del siglo XVII pero muy reformada posteriormente, la última en 1967. Las llaves suele tenerlas el portero, en la casa vecina.

IGREJA NOSSA SENHORA DA CANDELÁRIA: Plaza Pio X. Abierta de lunes a viernes de 8.00 h a 16.00 h y sábados y domingos, de 9.00 h a 13.00 h. Situada al comienzo de la Avenida Presidente Vargas, esta iglesia fue construida por la promesa que hizo el español Antonio Martínez Palma si salía vivo de una terrible tempestad que le pilló en el mar. Esto ocurrió en 1630. Posteriormente se construyó la actual iglesia, cuya fachada es barroca y el interior neoclásico. Destacan las ocho estatuas de mármol, de João Zeferino de Costa, que representan las virtudes teologales y las cardinales. Las bellas puertas de bronce son obra de Teixeira Lopes y fueron expuestas en la Exposición Universal de París de 1889. Suele servir de refugio a los niños sin hogar, que se bañan y lavan sus ropas en las dos fuentes cercanas a la iglesia. En la noche del 23 de julio de 1993 la policía militar asesinó aquí a siete niños y adolescentes que dormían a la entrada del templo.

CENTRO CULTURAL BANCO DO BRASIL: Rua 1º de Março 66. Abierto de 12.00 a 20.00 h de martes a domingo. Entrada gratuita. Un impresionante edificio construido a principios del siglo XX y ocupado hoy por un teatro, una sala de exposiciones, un cine y los fondos del Museo del Banco (monedas, billetes, etc). El Centro reabrió sus puertas en 1989, después de la restauración del predio, y supone un éxito de asistencia, ya que se calcula que unos 120.000 visitantes vienen cada mes.

CASA FRANÇA-BRASIL. Rua 1º de Março. Abierto de 10.00 a 20.00 h de martes a viernes. Entrada gratuita. Este otro interesante edificio, construido a principios del siglo XIX, cuando fue una dependencia de Aduanas, se erige contiguo al Centro Cultural do Banco do Brasil. El inmueble se considera el más importante de Brasil de estilo neoclásico y como curiosidad, sus columnas son de madera.

MOSTEIRO DE SÃO BENTO: Rua Dom Gerardo 40, Morro de São Bento. Abierto todos los días de 8.00 h a 11.00 h y de 14.00 a 18.00 h todos los días. Entrada gratuita. Este hermoso monasterio data de mediados del siglo XVII y es una de las obras más interesantes de la ciudad en cuanto a arte colonial. Entrad para ver las excelentes tallas de la iglesia y las pinturas. Si os apetece escuchar canto gregoriano, madrugad un poco e id a las 7.15 h de la mañana de lunes a sábados o bien a las 10.00 h los domingos. Para entrar en el lugar debéis subir en el ascensor hasta una quinta planta.

PRAÇA TIRADENTES Y ALREDEDORES

Esta zona, en pleno Centro –se puede venir en el Metro hasta la estación Uruguaiana– es muy recomendable para dar un paseo, especialmente en los días laborables por la mañana, cuando la gente invade sus calles en busca de sus comercios. No dejéis de pasar por la **calle Buenos Aires, Uruguaiana** y limítrofes, todas ellas un auténtico mercado al aire libre y con algunos preciosos edificios coloniales.

En cuanto a la plaza Tiradentes hay que decir que está presidida por un gran monumento en bronce dedicado al popular héroe. Muy cerca está la **Estação Pedro II**, de finales del XIX y con una torre añadida en 1943.

IGREJA SÃO FRANCISCO DE PAULA: Largo de São Francisco de Paula. Junto a la Praça Tiradentes. Data de mediados del siglo XVIII y ha sido restaurada recientemente. No debéis dejar de entrar para ver su interior: un impresionante trabajo en madera de jacarandá La madera además no ha sido policromada, por lo que conserva su pureza original.

En esta misma zona se halla otra iglesia destacable, **Nossa Senhora do Rosário e São Benedito**, en la rua Uruguaiana, aunque no es tan espectacular como la anterior.

CONFEITARIA COLOMBO: Rua Gonçalves Dias 32. No dejéis de entrar a este precioso establecimiento de finales del siglo XIX, que conserva la decoración original que se le dio al ser reformada a principios del siglo XX, con su profusión de madera y bellos espejos. Si venís por la tarde aprovechad para tomaros un café con algún pastel o bollo hechos en su horno de forma artesanal.

GLÓRIA, FLAMENGO Y BOTAFOGO

Flamengo es la playa más cercana al Centro. No es muy turística, ya que se desaconseja totalmente el baño aquí por la contaminación de la bahía, pero los vecinos de los barrios cercanos de Glória y Catete la frecuentan diariamente. Tiene un kilómetro de extensión y paralela a ella discurre el **Parque do Flamengo**, un terreno ganado al mar, que se extiende desde las cercanías del aeropuerto Santos Dumont. Aquí se encuentra el **Monumento a los Caídos de la Segunda Guerra Mundial** con su eterna llama encendida y el extraño edificio del **Museo de Arte Moderna** (ver Museos). A lo largo de estos jardines se han creado innumerables pistas de tenis y campos de fútbol. También alberga el curioso **Museu de Carmen Miranda** (ver Museos).

El barrio de Botafogo mide unos 800 metros de largo. Tampoco esta playa es utilizada por los bañistas, sino como zona de esparcimiento y para tomar el sol. En este barrio está el **Museu Casa de Rui Barbosa** y el **Museu do Indio** (ver Museos). Desde Botafogo y Flamengo se obtiene una hermosa fotografía del Pan de Azúcar.

IGREJA IMPERIAL IRMANDADE DE NOSSA SENHORA DA GLÓRIA DO OUTEIRO: Largo da Glória 135. Abierta de lunes a viernes de 8.00 a 17.00 h; los sábados y domingos, sólo hasta las 12.00 horas. Esta iglesia data de la primera mitad del XVIII y lo más curioso es su planta octogonal y la decoración interior a base de azulejos.

URCA

Urca es un pequeño barrio construido al pie del **Pão de Açúcar** y que tiene dos preciosas playas, **praia da Urca** y **praia Vermelha**. Las dos son pequeñitas, recogidas y muy apropiadas para nadar. Urca heredó su nombre de las iniciales de la empresa que empezó a construir las primeras casas, *Urbanizaciones Cariocas*.

PÃO DE AÇÚCAR. Autobuses 107 desde Urca y 500, 511 y 512 desde Copacabana o Ipanema. Acceso con el teleférico en Praça General Tiburcio de Urca. Horario: de 8.00 h a 22.00 h cada media hora. Es el *morro* más famoso de todos los que se levantan en la ciudad. Su nombre no procede del pan ni del azúcar, sino de la expresión indígena *paud-açuqua*, que utilizaban para designar a las islas puntiagudas. Los 1.400 metros del trayecto se cubren en dos etapas. La primera llega hasta el **Morro da Urca**, a 215 metros. Aquí os asaltarán montones de jóvenes con máquinas fotográficas para que vuestras imágenes queden impresas en unos platos de plástico nada románticos. También podréis alquilar un helicóptero al pie del helipuerto situado aquí mismo, que os dará un paseo por la bahía. El camino hacia el otro teleférico pasa forzosamente por unas cuantas tiendas de *souvenirs*. Si os salís del camino encontraréis numerosos miradores entre una frondosa vegetación, desde los que podréis contemplar bellas panorámicas.

En la parte más alta también os podréis refugiar del calor en un pequeño bosque de bambúes con bancos y mesas de madera. Es el lugar ideal para imaginar cómo fue Río antes de que iniciaran la construcción bárbara de edificios para albergar al turismo. Procurad evitar la visita entre las 10.00 h y las 11.00 h y de 14.00 a 15.00 horas, cuando viene la mayoría de los grupos de turistas y el lugar se satura. Es imprescindible hacer dos visitas a estas hermosas colinas: una diurna y otra por la noche.

COPACABANA Y LEME

¿Quién no ha visto o recibido en su vida al menos una postal con la famosa curva de Copacabana? ¿O la de unas hermosas mujeres tomando el sol en tanga en una de las playas más famosas del mundo? Copacabana y Leme, la playa que viene a continuación de los *morros* de Urubu y Leme y que no tiene separación con la primera, constituyen la zona más turística de Río de día, cuando los visitantes de la ciudad van a la playa, y de noche, donde, aunque hay que pasear con precauciones, se instalan numerosas terrazas de cafeterías, bares y restaurantes.

Entre las dos suman casi cinco kilómetros hasta el Fuerte de Copacabana, que sirve de frontera con Ipanema. La **Avenida Atlântica** discurre paralela al mar y a su espalda se levanta la mayor zona hotelera de Río. Este paseo marítimo es muy frecuentado por atletas y ciclistas, para los que hay un carril especial.

La **Avenida de Nossa Senhora de Copacabana** es paralela a la anterior y discurre en segunda línea de playa; tiene mucha vida comercial y conoció una etapa más próspera con el despegue del turismo. El Forte de Copacabana, de 1914, alberga hoy un museo (ver Museos).

LA PLAYA DE COPACABANA. La playa de Copacabana es todo un espectáculo: gente haciendo gimnasia, bellezas y *bellezos* de cuerpos espectaculares y pieles de todos los colores paseándose o tomando el sol, partidos de futbol-playa, de voleibol y de *futebvolei*; vendedores de cerveza, cocos *gelados,* refrescos, brochetas de langostinos, hermosos pareos, camisetas de la selección de Brasil, gafas de sol, cremas protectoras, en fin, todo lo que se puede necesitar en una playa.

COPACABANA
Morro da Babilónia
Av. Princesa Isabel
P. Junior
B. Boxo
Pr. Bernardelli
Duvivier
Rodolfo
Praia do Leme
Ladeira do Leme
Ribeiro
Barata
Toneleiros
Perú
P. Freitas
H. Gouvéla
S. Campos
F. Magalhães
Av. N. de
Sta. Clara
Barata
C. Ramos
Ipanema
Barao
Ribeiro
Ipanema
M. Lemos
Raul Pompéia
Av. Atlántica
Av. Atlántica
ARCO VERDE
CANTAGALO
Morro da Cantagaio
OCEANO ATLÁNTICO
E
S
N
O
HOTELES
1. Pousada Girassol; Hotel Angrense
2. Albergue Rio Rockers
4. Atlántico; Flat Service
5. Apa, Astoria
6. Canadá
7. Toledo
8. Acapulco
9. Océano
10. Copacabana Sol
11. Copa d'Or
12. Tulip Inn Copacabana; JW Marriot
13. Real Palace
14. Royalty
16. Copacabana Palace
17. Othon Classic
18. Rio Othon
19. Golden Tulip
20. Sofitel
21. Atlântis
22. Copacabana Praia Hotel
23. Windsor Âtlantica
38. Rio Backpackers
RESTAURANTES
24. Mariu's
25. Confitería Gourmet
26. Fino Paladar; Minas Grill
27. Cervantes
28. Sindicato do Chopp
29. Arataca
30. Monchique
31. Shirley
33. Crack dos Galetos
34. A Marisquiera
35. Viva Flor
36. Carretão
37. Fagulha

Pero en la playa de Copacabana hay que tomar también muchas precauciones: primero hay que ir casi sin nada. Apenas con unas bermudas, una camiseta vieja, unas sandalias y un pareo (que se puede comprar allí a los vendedores ambulantes). Y un poco de dinero para tomarse una cerveza y algo de comer. No hay que dejarse distraer por los jóvenes que vengan a pedirnos fuego o la hora, suelen trabajar en complicidad con otro que nos *levanta* las cosas mientras atendemos al primero.

Al ir a bañarse, lo mejor es pedir a algún grupo que nos inspire confianza que nos eche un vistazo a la ropa. Es lo que hace aquí todo el mundo.

En el mar también hay que tener mucho cuidado. La verdad es que Copacabana no es tan ideal para el baño, pues suele verse azotada por fuertes olas que explotan justo en la orilla, con cierta violencia y, a veces, con mucha resaca. Así que bañaos con cuidado y no os metáis muy dentro. Además, con frecuencia se desaconseja el baño por la mala calidad de sus aguas, bastante contaminadas.

IPANEMA Y LEBLON. La famosa, elegante y preciosa playa de Ipanema está al otro lado del fuerte de Copacabana, tiene unos extensión de dos kilómetros y termina en el **Jardim de Allah**, donde empieza la playa de Leblon, con un kilómetro y medio aproximadamente. Ipanema es la zona más *chic* de Río. Es donde se han instalado las tiendas finas y los locales nocturnos más sofisticados.

De todas formas, la playa os puede decepcionar, salvo sus bañistas, ya que la proximidad de las construcciones que empiezan a mostrar los efectos del paso del tiempo rompen el encanto de las vistas hacia el mar, donde se levantan varios *morros* cubiertos de vegetación. No esperéis encontrar nada nuevo, ni nada de aquella época en que, aún salvaje, era frecuentada por Vinicius y compañía.

Al igual que Copacabana, también hay que tomar precauciones con el baño, de hecho, Ipanema en el idioma de los indígenas significa "aguas malas".

La **Avenida Vieira Souto** forma el paseo marítimo, y en Leblon lo hace la **Avenida Delfim Moreira**. La **Lagoa Rodrigo de Freitas** pone límite por el norte a estos dos barrios.

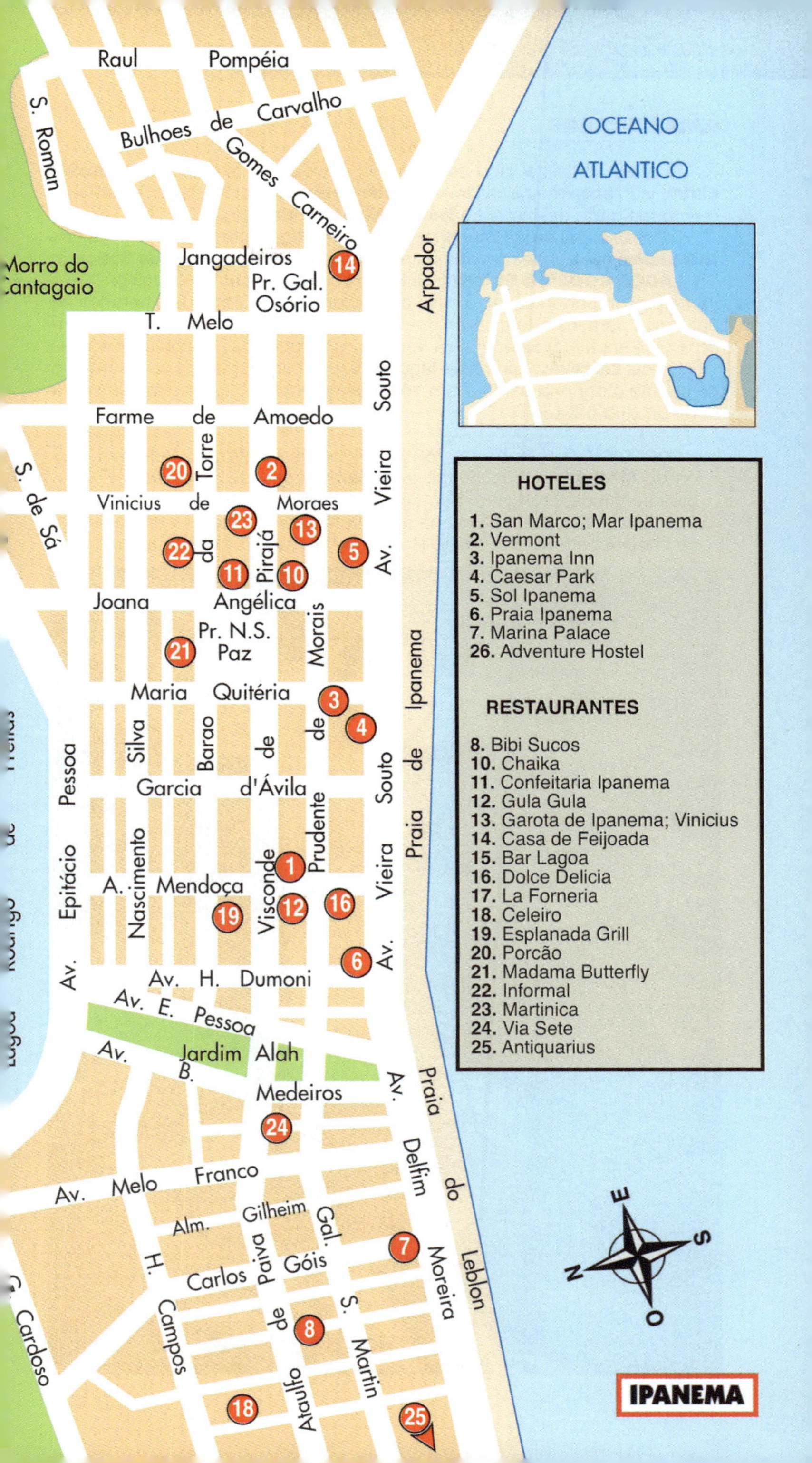
OCEANO
ATLANTICO
Raul
Pompéia
S. Roman
Bulhoes de Carvalho
Gomes Carneiro
Morro do Cantagaio
Jangadeiros
Pr. Gal. Osório
T. Melo
Arpador
Souto
Farme de Amoedo
Torre
Vieira
S. de Sá
Vinicius de Moraes
da
Pirajá
Av.
Joana Angélica
Morais
Pr. N.S. Paz
Ipanema
Maria Quitéria
Silva
Barao
de
de
Pessoa
Garcia d'Ávila
Souto
Praia de
Prudente
Nascimento
Visconde
Vieira
Epitácio
A. Mendoça
Av.
Av.
Av. H. Dumoni
Av. E. Pessoa
Av.
Jardim Alah
B.
Medeiros
Av.
Praia
Delfim
do
Av. Melo Franco
Alm.
Gilheim
Gal.
Moreira
Leblon
H.
Carlos
Paiva
Góis
Campos
de
S.
Martin
Cardoso
Ataulfo
HOTELES
1. San Marco; Mar Ipanema
2. Vermont
3. Ipanema Inn
4. Caesar Park
5. Sol Ipanema
6. Praia Ipanema
7. Marina Palace
26. Adventure Hostel
RESTAURANTES
8. Bibi Sucos
10. Chaika
11. Confeitaria Ipanema
12. Gula Gula
13. Garota de Ipanema; Vinicius
14. Casa de Feijoada
15. Bar Lagoa
16. Dolce Delicia
17. La Forneria
18. Celeiro
19. Esplanada Grill
20. Porcão
21. Madama Butterfly
22. Informal
23. Martinica
24. Via Sete
25. Antiquarius
E
S
N
O
IPANEMA

GÁVEA Y LAGOA

A la izquierda del lago está situada Gávea, con su hipódromo **Jockey Clube,** y un poco más al norte, el **Jardim Botânico** (ver Parques y Jardines), que forma parte del inmenso **Parque Nacional da Tijuca**.

La visita a una de las imágenes símbolo de Río, el **Corcovado**, con su **Cristo Redentor**, se puede complementar con otra al cercano **Largo do Boticario**.

LAGOA RODRIGO DE FREITAS: Es un bonito lago comunicado con la Playa de Leblon por un canal, a cuyo alrededor hay una serie de itinerarios señalizados para los que quieran practicar deporte. De día está muy concurrido. Por la noche no se aconseja tanto la visita, pues hay pocos transeúntes.

La isla **Caiçavas**, dentro del lago, está muy bien cuidada y se accede por un puente o por una barca. Pero vosotros no podréis hacerlo ya que se trata de un club privado.

CORCOVADO. Autobuses 180 y 184 desde Centro, 583 desde Largo do Machado, Copacabana e Ipanema y 584 desde Leblon. También se puede venir en el tren de cremallera desde Rua Cosme Velho 513. El monte Corcovado tiene una altura de 704 metros y en su cima se levanta poderoso el Cristo Redentor, una de las imágenes más fo-

tografiadas de Brasil. Desde aquí podréis disfrutar de unas magníficas vistas de casi todos los barrios de la ciudad si el día está despejado. Hasta 1885 la subida al Corcovado estaba reservada a alpinistas y escaladores. Ese año se construyó un ferrocarril y después una carretera. La estatua se empezó a construir en la cima del Corcovado en 1924 y se inauguró el 12 de octubre de 1931, lo que dio motivo a unos animados festejos. El propio Marconi accionó el sistema de iluminación desde su yate Electra, anclado a una milla del golfo de Génova. En cuanto a los responsables artísticos del monumento, se cuentan el escultor Paúl Laudesky, autor de la cabeza y las manos, y Carlos Oswald, responsable del diseño. La estatua mide treinta metros de altura. En su interior hay una capilla, la de Nossa Senhora da Aparecida, en la que se celebra misa todos los domingos a las 11.30 h. También hay un restaurante y varias tiendas de recuerdos.

El mejor sistema para llegar a la cima es el ferrocarril de cremallera que sale de la estación de Cosme Velho, uno cada media hora entre las 8.30 h y las 18.30 h. El recorrido dura unos treinta minutos aproximadamente. Para la subida procurad colocaros en los asientos de la parte derecha del tren, según la marcha; no es que la vista sea mucho mejor pero al menos no queda tapada por la proximidad de la piedra.

A la puerta de la estación del tren os abordarán algunos conductores para deciros que ellos os llevarán hasta lo alto, haciendo en el camino varias paradas intermedias para contemplar la panorámica desde otras alturas. Os saldrá algo más del doble de caro.

LARGO DO BOTICARIO: si salís de la estación de Cosme Velho, subís la cuesta y entráis por la primera calle a la derecha, os encontraréis con este tranquilo rincón que se ha conservado intacto al paso de los años. En realidad, este grupito de casas no es muy antiguo. Algunas viviendas fueron construidas con material de desecho de los edificios que se derribaron al urbanizar la avenida Presidente Vargas. Aquí residieron el boticario Luiz da Silva y Augusto Rodrigues, fundador de la Escuela de Arte de Brasil.

VIDIGAL, SÃO CONRADO Y BARRA DA TIJUCA

Las playas continúan muchos más kilómetros en dirección oeste, más allá de lo que abarcaban los planos de la ciudad hasta hace poco tiempo. La **praia do Vidigal** era territorio de los habitantes de Vidigal, la favela más grande de Río. Al construirse el hotel Sheraton la playa se ha transformado en un lugar de lujo en el que no tienen cabida los vecinos de Vidigal.

São Conrado se ha puesto de moda entre los surfistas que han abandonado Ipanema por considerarla menos salvaje. A continuación viene la pequeña **praia dos Amores, Pepino** y, finalmente, la **praia da Tijuca**, de doce kilómetros de extensión y en la que se está construyendo a pasos agigantados, pero sigue siendo una playa maravillosa. Numerosos empresarios de la hostelería han apostado por esta zona, salvaje hasta hace unos años.

La **avenida Sernambetiba**, que es su paseo marítimo, está urbanizada durante los cinco primeros kilómetros pero no tardará en llenarse de edificios a lo largo de los dieciséis kilómetros restantes. Es la zona del futuro de la gran metrópoli.

MUSEOS

SÃO CRISTÓVÃO

MUSEO NACIONAL: Quinta da Boa Vista. ☎ 25 62 69 00. Abierto de martes a domingo, de 10.00 h a 16.00 h. Entrada previo pago, a excepción de los niños. Este museo, que es el mayor de América Latina de Historia Natural, se ubica en el **Palácio de São Cristóvão**, un edificio neoclásico del XIX, y está dividido en distintas secciones: geología, paleontología, antropología y biología. El repaso histórico empieza con una colección de cerámica de la civilización etrusca, para continuar con la greco-romana y la egipcia. De esta última destaca la momia de una niña que perteneció a la 26ª dinastía (664-525 antes de Cristo). La historia de América se basa en objetos de uso diario de distintas tribus, con detenimiento en las brasileñas. Fijaos en los paneles dedicados al veneno *curare* y su proceso de preparación. En la sala de Embajadores resaltan las pinturas del techo, en las que se representa una reunión de los dioses del Olimpo, presidida por Júpiter. En esta misma sala podréis contemplar fotografías de personajes ilustres que han visitado este museo, entre ellas Madame Curie o Albert Einstein. En la sección de Zoología os llamará la atención el cangrejo gigante conocido como *araña de mar*, la colección de mariposas de Brasil, el esqueleto de una ballena azul de treinta metros de longitud y la inmensa variedad de aves disecadas, culebras y peces amazónicos.

MUSEO DE ASTRONOMIA E CIÊNCIAS AFINES: Rua General Bruce 586 (São Cristóvão). ☎ 35 14 52 00. Abierto de martes a viernes de 10.00 h a 17.00 h; sábados y domingos, de 16.00 a 20.00 h. Observación del firmamento, jueves, sábados y domingos, de 19.00 a 21.30 h. Entrada de pago. Instalado junto al Observatorio Nacional, fue creado en 1985 y expone diversos objetos relacionados con la astronomía. También hay una reproducción del sistema solar.

CIDADE NOVA

SAMBÓDROMO Y MUSEU DO CARNAVAL. Sambódromo, rua Frei Caneca. Metro Praça Onze. Abierto de martes a domingos, de 11.00 a 17.00 h. Entrada gratuita. El Sambódromo alberga este museo, muy interesante para los aficionados al Carnaval más famoso del planeta, con objetos, fotografías, trajes y toda la parafernalia de las diferentes escuelas de samba que participan en la fiesta. El Sambódromo es obra del omnipresente arquitecto brasileño Oscar Niemeyer y se terminó en 1984. La verdad que verlo vacío es como ir a un estadio de fútbol un lunes.

CENTRO

MUSEU NACIONAL DE BELAS ARTES: Avenida Rio Branco 199. ☎ 22 19 84 74. Abierto de martes a viernes, de 10.00 h a 18.00 h. Los sábados, domingos y festivos, de 14.00 h a 18.00 h. Entrada previo pago. Este edificio de estilo neoclásico francés fue construido en 1937 para albergar los fondos de la Escuela Nacional de Bellas Artes que se ampliaron con las donaciones del rey João VI antes de partir para Portugal. Está considerado el mejor museo de arte de Río. En la amplia exposición permanente, que abarca del siglo XVII al XIX, hay obras de pintores de gran talla. Uno de los pisos está dedicado en exclusivo al barroco italiano. Fijaos en el osado cuadro de Francesco Albani titulado *Extasis de Santa María Magdalena*, en el que aparece con los pechos al descubierto. El segundo piso está reservado al arte brasileño del siglo XX. Podréis ver la evolución del academicismo de finales del XIX hasta las tendencias más actuales, con algunas obras de Picasso. El museo organiza también exposiciones temporales y mantiene abierta al público una extensa biblioteca sobre temas artísticos.

MUSEO HISTÓRICO NACIONAL: Praça Marechal Ancora. ☎ 22 50 92 20. Abierto de martes a viernes, de 10.00 h a 17.30 h. Los sábados y domingos, de 14.00 a 18.00 h. Entrada gratuita. Este museo se creó en 1922 para exhibir los objetos que ilustran la historia del país. Los edificios elegidos para ello fueron el antiguo Arsenal de Guerra y la Casa do Trem, ambos del siglo XVIII. La exposición reúne 250.000 piezas artísticas, documentos manuscritos y publicaciones. La historia arranca con la conquista de los portugueses y llega hasta la proclamación de la República. Podréis seguir el proceso de los ciclos económicos: caña de azúcar, oro, café y caucho, basados en el régimen esclavista. Destaca la sala situada en la planta baja, destinada a contar la incidencia que tuvo en Brasil la peste blanca o tuberculosis. Incluso ahora, más de cien años después del descubrimiento del bacilo de Koch, sigue representando un problema, incrementado por la presencia del Sida en Brasil.

MUSEO NAVAL E OCEANOGRÁFICO: Rua Dom Manoel 15. Abierto de 12.00 h a 16.00 h y cierra los lunes. Entrada gratuita. En las proximidades de la Praça Quinze de Novembro es un pequeño, pero atractivo, museo, en cuanto se complementa con el nuevo y cercano (en el malecón) Espaço Cultural da Marinha, donde se exhibe el submarino *Riachuelo*, un buque de la Marina y la Sala de Arqueología Submarina, con restos de naufragios, entre ellos los del vapor español Príncipe de Asturias, uno de los mayores navíos de pasajeros que cubría la ruta España-Argentina. El 11 de febrero de 1916 salió de Barcelona y nunca llegó a su destino. En el mismo Espaço se halla una copia del primer mapa del continente americano, hecho por Juan de la Cosa (el original se muestra en un museo de Madrid), propietario de la carabela Santa María y capitán de Colón.

También hay una sala dedicada a las comunicaciones navales: banderas, linternas, aparato de morse, teléfono transmisor y receptor, bocinas, focos, transmisores y receptores de ondas cortas. Os resultará interesante.

MUSEU DO CORPO DE BOMBEIROS: Praça da República 45. Lo más curioso tal vez sea el edificio, pintado de un llamativo color rojo. En el museo se ven las cosas típicas: carros de bomberos tirados por animales, bombas de agua, etcétera.

MUSEU HISTÓRICO E DIPLOMÁTICO: Avenida Marechal Floriano 196. Visitas: lunes, miércoles y viernes, de 13.15 h a 14.15 y de 15.15 h a 16.15. Situado justo detrás del panteón del Duque de Caxias, este museo ocupa el **Palacio Itamaraty** y alberga la mejor colección del país en cuanto a pintura portuguesa. El palacio se construyó a mediados del siglo XIX imitando el estilo italiano y fue sede de la Presidencia de Gobierno hasta 1897.

Al lado se encuentra el **Centro Cultural Light**, con varias salas para exposiciones, teatro y el Museo de la Electricidad.

SANTA TERESA

MUSEU CHÁCARA DO CÉU: Rua Murtinho Nobre 93. ☎ 39 70 11 26. Abierto de miércoles a domingos de 12.00 h a 17.00 h. Entrada de pago. En pleno y encantador barrio de Santa Teresa, este magnífico museo reúne las obras del coleccionista y empresario Raymundo Ottoni de Castro Maya. Son cuadros de arte moderno de autores como Picasso, Dalí, Matisse, Portninari, Monet, etcétera. El museo exhibe también mobiliario y objetos decorativos. Al salir no dejéis de contemplar la panorámica de Río y la bahía de Guanabara.

CATETE Y FLAMENGO

MUSEU DE FOLCLORE ÉDISON CARNEIRO: Rua do Catete 181 (Flamengo). Abierto de martes a viernes, de 11.00 a 18.00 h y de 15.00 a 18.00

h los sábados, domingos y festivos. Entrada de pago. Un museo bastante didáctico, muestra todo tipo de objetos cosas recogidas por todo el país y relacionados con su cultura popular: exvotos, vestimentas, cerámica, objetos para rituales africanos...

MUSEU DA REPÚBLICA: Rua do Catete 153 (Flamengo). Abierto de 12.00 a 17.00 h de martes a viernes y de 14.00 a 18.00 h los fines de semana y festivos. Entrada de pago. Este museo histórico se ubica en el **Palacio do Catete**, construido entre 1858 y 1866. Alberga sobre todo obras personales del que fuera presidente Getúlio Vargas, quien se suicidó aquí mismo en 1954, después de verse implicado en un complot para asesinar a un periodista crítico con el Gobierno, atentado en el que murió el guardaespaldas del hombre.

MUSEU DE ARTE MODERNA (MAM): Avenida Infante Dom Henrique 85 (Parque do Flamengo). Abierto de martes a viernes, de 12.00 h a 18.00 h y de 12.00 h a 19.00 h los fines de semana. Entrada previo pago. El edificio podría ser la estación de autobuses de cualquier ciudad suramericana; en realidad parece un hangar y se construyó en la segunda mitad del siglo XX. Construido en cemento, su fachada presenta un aspecto poco atractivo. Sin embargo, los espacios abiertos y la gran luminosidad que se percibe en su interior, os harán cambiar de opinión. La planta inferior y el primer piso se reservan para exposiciones temporales. En el segundo piso se expone una colección de retratos donados por Gilberto Chateaubriand y dedicados a numerosos artistas brasileños de finales de XIX y del siglo pasado. La colección se compone de unas once mil obras de artistas brasileños contemporáneos como Di Cavalcanti, Maria Martins o Bruno Giorgi, por lo que suelen ir rotando cada cierto tiempo. El museo sufrió grandes pérdidas a consecuencia de un incendio ocurrido en 1978, cuando se perdieron el 90% de sus obras, pero así y todo sigue siendo el más importante centro de arte contemporáneo de Río.

MUSEU DE CARMEN MIRANDA: Avenida Rui Barbosa 560 (Parque do Flamengo). Abierto de martes a viernes, de 11.00 h a 17.00 h, los sábados y domingos, de 14.00 h a 17.00 h. Entrada de pago. Podría parecer un servicio sanitario público, pero es uno de los museos más entrañables de la ciudad. Se ve que quienes lo han montado sienten auténtica pasión por la artista. Una pasión que ha sabido coleccionar los recuerdos de un mito nacional. Sus ropas, baúles, joyas, carteles, fotos y otros objetos íntimos se exponen en este acogedor museo de la artista nacida en Portugal, que vivió sus triunfos en Brasil, saltó a Hollywood y volvió para quedar enterrada en el cementerio carioca de São João Batista (ver Cultura en la Información General).

BOTAFOGO

MUSEU CASA DE RUI BARBOSA: Rua São Clemente 134. Abierto de martes a viernes, de 9.00 h a 16.00 h y de 14.00 a 17.00 h en fin de semana. Es la casa del famoso jurista, fundador del periódico *A Impresa* y candidato a la presidencia del país, que lo tuvo que abandonar por sus ideas liberales en 1893. Lo más valioso es su biblioteca de muchísimos volúmenes, entre la que destacan doscientas obras escritas por Rui Barbosa, y lo más curioso, el cuarto de baño, que fue uno de los primeros instalados en la ciudad.

MUSEU DO INDIO: Rua das Palmeiras 55. ☎ 32 14 87 00. www.museudoindio.org.br Abierto de martes a viernes de 10.00 h a 17.30 h y de 13.00 h a 17.00 h en fin de semana. Entrada de pago y gratuita los domingos. Este museo proporciona información sobre las diferentes tribus de indios que han vivido y siguen haciéndolo en este país. Hay numerosos utensilios de la vida cotidiana y una exposición fotográfica sobre sus ritos y costumbres. La biblioteca contiene más de 25.000 títulos.

MUSEU VILLA LOBOS: Rua Sorocaba 200. Se visita de lunes a viernes de 10.00 a 17.30 h. Entrada gratuita. Aquí se exhiben objetos personales, partituras y otros recuerdos del popular compositor.

COPACABANA

FORTE DE COPACABANA Y MUSEO HISTÓRICO DEL EJÉRCITO: Praça Cel. Eugênio Franco 1. Abierto de 10.00 h a 18.00 h, cierra los lunes. Entrada de pago. Este fuerte que separa las playas de Copacabana e Ipanema actualmente alberga los fondos del Museo del Ejército. El fuerte se construyó en 1908 y lo mejor es las vistas sobre la playa de Copacabana.

IPANEMA

MUSEU AMSTERDAM SAUER: Rua Garcia d'Ávila 105. Abierto de lunes a viernes de 9.30 h a 14.30 h, los sábados de 10.00 h a 14.00 h. Este museo de piedras preciosas dispone incluso de una réplica de una mina.

MUSEU H STERN: Rua Garcia d'Ávila 113. Abierto de lunes a viernes de 8.30 h a 18.00 h y los sábados hasta las 12.00 h. Visitas guiadas. La sede central de la prestigiosa casa Stern muestra sus actividades de tallado de piedras, algunos ejemplares bien raros y una colección de joyas valiosísimas.

MARECHAL HERMES

MUSEU AEROSPACIAL. Avda Marechal Fontenele 2.000, Campo dos Afonsos. Abierto de 9.00 a 15.00 h entre semana y de 9.30 a 16.00 h los sábados y domingos. Entrada gratuita. Autobuses 701, 702 y 703 desde Centro. Este museo muestra varias réplicas de los aparatos del ilustre aviador brasileño Santos Dumont y aviones auténticos de varias épocas de la aviación nacional, con documentos y fotografías de su participación en la II Guerra Mundial.

PARQUES Y JARDINES

JARDIM BOTÂNICO: Rua Jardim Botânico 920. Abierto diariamente de 8.00 h a 17.00 h. Entrada previo pago. Autobuses nº170 desde Centro y 571, 572 y 594 desde Copacabana, Leme, Ipanema o Leblon. Estos magníficos jardines fueron fundados por el príncipe regente ilustrado portugués João VI en 1808. La entrada principal da acceso al paseo de las palmeras, por el que podréis ir adentrándoos en sus frondosos rincones. Os podéis guiar por varios planos que hay instalados en lugares visibles.

El jardín cobija más de ocho mil especies de plantas, y palmeras de trescientas variedades diferentes. En total, son más de cincuenta mil plantas las que respiran en este espacio verde de la ciudad, al que se llega cómodamente en autobús urbano. Entre lo más destacable, el invernadero de plantas insectívoras, algunas de ellas originarias de Asia y Australia.

El orquidario es otro invernadero donde actualmente se conservan más helechos que orquídeas. Hay un espacio para la flora amazónica y otro para la japonesa.

El **Museo Botánico** (abierto de martes a domingo, de 11.00 h a 17.00 h) contiene más de 20.000 piezas catalogadas, entre especímenes botánicos, fotografías, libros y otros trabajos.

La **Biblioteca** (abierta de lunes a sábado, de 8.00 h a 17.00 h) está especializada, claro, en aspectos de la botánica.

La **Casa museu dos Pilôes**, otra de las curiosidades del jardín, se trata de la primera fábrica de pólvora del país, ha sido convertida en centro cultural.

Evitad la visita en domingo o día festivo, que es cuando se llena de gente. Es uno de los lugares preferidos por los novios para sacarse las fotos de boda. Llevad repelente de mosquitos, sobre todo si vais en verano, y no vistáis de amarillo, es un color que atrae a los insectos en general.

PARQUE LAGE. Rua Jardim Botânico 414. Abierto todos los días de 8.00 a 17.00 h. Autobús Jardim Botânico. El parque Lage se encuentra a apenas un kilómetro del Jardim Botânico. Es muy bonito y se halla junto a uno de los límites del Parque Nacional Tijuca. Alberga jardines, estanques, kioscos y el Instituto Nacional de Belas Artes.

PARQUE GAROTA DE IPANEMA. Arpoador. Abre de 7.00 a 19.00 h. Un pequeño parque con buenas vistas sobre la playa de Ipanema. Los fines de semana suelen celebrarse aquí conciertos al aire libre.

PARQUE TOM JOBIM. Lagoa Rodrigo de Freitas, Avda Epitácio Pessoa. Los senderos que bordean el precioso lago han sido rebautizados como parque Tom Jobim, en honor al ilustre compositor carioca. Es un lugar muy agradable para pasear durante el día, remar en botes o alquilar bicicletas, ya que cuenta con un circuito para bicis de más de siete kilómetros.

PARQUE DA CATACUMBA. Morros dos Cabritos. Abierto de 7.00 a 17.00 h. Cerca también de la Lagoa, este parque se creó sobre el terreno que ocupaba una *favela* desalojada. Se puede subir hasta la cima de la colina para disfrutar de buenas vistas y contemplar las esculturas al aire libre. Los domingos suelen celebrarse conciertos gratuitos al aire libre.

PARQUE NACIONAL DA TIJUCA: Autobuses 221, 233 y 234. Este parque nacional a las afueras de Río ocupa una superficie de 120 kilómetros cuadrados al oeste del Centro. De hecho, se puede decir que uno de sus límites es la propia montaña de Corcovado. El parque está atravesado por unos cien kilómetros de carreteras. Esta extensa zona de tupida vegetación es imposible recorrerla a pie. Si no disponéis de coche, tendréis que conformaros con recorrer la **Floresta da Tijuca**. La entrada está cerca de la Praça Alfonso Viseu (Alto da Boa Vista). Allí venden planos sobre la zona para que no os perdáis entre rincones sombríos y senderos intrincados. Podréis acercaros al **mirador de Dona Marta** o a la **Mesa del Emperador**, donde se dice que Pedro I llevaba su Corte a merendar. Hay también una hermosa cascada llamada la **Cascadinha del Taunay** que se precipita sobre el río Maracaná. También podréis conocer el mirador de la **Vista Chinesa**, cuyo nombre proviene de las semillas procedentes de Macao que el rey João VI hacía plantar aquí. No faltan restaurantes ni merenderos. Si no estáis dispuestos a caminar, hay un autobús urbano que hace un bonito recorrido. Va señalado con la palabra *Rodoviária*, se coge en Barra da Tijuca y llega hasta la estación. Es un paseo largo y barato.

Hay varias agencias que programan visitas al parque que nosotros hemos mencionado en el apartado de Visitas Guiadas.

MORRO DO LEME. Abierto de 9.00 a 12.00 h y de 14.00 a 17.00 h sólo en fin de semana. Para visitarlo hay que reservar en el ☎ 22

75 01 00. Entrada de pago. El Morro do Leme es la pequeña colina que separa Leme y Copacabana de Urca y el Pão de Açúcar. Es un área protegida de once hectáreas, con restos de bosque húmedo atlántico donde habitan diversas especies de aves.

JARDIM ZOOLÓGICO: Quinta da Boa Vista. Abierto de martes a domingo de 9.00 h a 16.30 h. Entrada previo pago. El Zoológico de Río muestra especies animales de la selva amazónica y otros considerados a punto de extinguirse, como el rinoceronte blanco o el jaquaré amarillo. En la *Casa Noturna* se recrea el ambiente natural de los animales que viven de noche, como los murciélagos, lechuzas y búhos. Establecido en 1945, posee la más rica colección de fauna brasileña, con más de 2.500 individuos.

CAMPO DE SANTANA: Praça da República. La plaza de la República es un parque ideal para reponer fuerzas. Su nombre se debe a que en esta plaza fue proclamado el final del Imperio de Brasil. Al lado, junto a la avenida Presidente Vargas, veréis el **Panteón del Duque de Caxias**, donde se conservan sus restos junto a otros recuerdos. Se visita de lunes a viernes de 8.00 a 18.00 h.

BOSQUE DA BARRA. Avda das Américas en la confluencia con Avda Ayrton Senna. Abierto todos los días de 7.00 a 18.00 h. Este bosque en Barra da Tijuca abarca 500.000 metros cuadrados con abundantes árboles donde anida un buen número de aves tropicales.

DATOS PRÁCTICOS

PREFIJO TELEFÓNICO: 21.

POLICÍA TURISTICA. Tiene muchos puestos situados en las zonas turísticas y su sede central está en la avenida Afrânio de Melo Franco 159 (Leblon). ☎ 23 34 68 02. Está comisaría está abierta las 24 horas. Un teléfono de urgencia gratuito es el 190.

EXTENSIÓN DEL VISADO. Policía Federal, Rodriguez Alves 1, Centro. ☎ 22 03 40 00. www.dpf.gov.br En la web tenéis la información actualizada sobre el trámite en el apartado servicos, estrangeiro. También puede solicitarse la extensión del visado en las delegaciones de Policía Federal en el Aeropuerto Internacional.

OFICINAS DE TURISMO

RIOTUR: Praça Pio X 19 (Centro). www.rioguiaoficial.com.br Abierto de 8.00 a 18.00 horas La Empresa de Turismo do Município do Rio de Janeiro tiene su oficina central en Centro, pero mantiene otra delegación más útil para los turistas en **Avenida Princesa Isabel 183, Copacabana**. ☎ 25 41 75 22. Está abierta de lunes a viernes de 9.00 a 18.00 horas. En ambas oficinas os facilitarán planos de la ciudad, propuestas de visitas, información sobre alojamientos y una guía del ocio gratuita.

Riotur ha instalado puestos de información en otros puntos de la ciudad; en todos os ayudarán, por ejemplo, a reservar un alojamiento. Están situadas en:

QUIOSQUE 15, COPACABANA. Avda Atlântica frente a rua Hilário Gouveia. Abierto todos los días hasta las 20.00 h.

ESTACIÓN DEL TELEFÉRICO A PÃO DE AÇÚCAR. Abierta todos los días de 8.00 a 18.00 horas.

RODOVIÁRIA NOVO RIO. Abierta todos los días de 8.00 a 22.00 horas.

AEROPUERTO INTERNACIONAL ANTONIO CARLOS JOBIM. Abierta todos los días de 6.00 a 23.00 horas. Está en la zona de llegadas.

SHOPPING DA GÁVEA. Rua Marquês de São Vicente, 52, 1º piso. Abierto hasta las 22.00 horas.

ALBERGUES Y CAMPINGS

FEDERAÇAO BRASILEIRA DOS ALBERGUES DA JUVENTUDE. Rua Siqueira Campos 121, Copacabana. ☎ 25 31 10 85. www.hihostelbrasil.com.br

CAMPING CLUBE DO BRASIL. Rua Senador Dantas 75, ☎ 25 32 02 03. www.campingclube.com.br

CENTROS ESPAÑOLES

CONSULADO ESPAÑOL: Rua Lauro Müller 116. Sala 1601. Torre Rio Sul (Botafogo). ☎ 25 43 32 00. cog.riodejaneiro@maec.es Horario: de lunes a viernes, de 8.30 h a 14.00 h.

OFICINA COMERCIAL. Praia de Botafogo 142. ☎ 25 59 90 00.

COMUNICACIONES

CORREOS. La central está en Avenida Presidente Vargas 3.077 (Centro). Las oficinas abren los días laborables entre las 8.00 h y las 18.00 h. Los sábados cierran a las 12.00 h. Algunas tienen un horario algo más prolongado y la del aeropuerto internacional permanece abierta durante las 24 horas. En cada barrio hay al menos una oficina.

Si os envían algo a la *Poste Restante* (Lista de Correos), tenéis que recogerlo en la oficina de Centro de la Rua Primeiro de Março 64.

TELÉFONOS

TELENET: Rua Domingos Ferreira 59 (Copacabana). Abierto hasta las 22.00 h y domingos hasta las 21.00 h.

Para localizar algún *Posto Público* de Telemar desde donde se pueden hacer llamadas internacionales, tenéis que dirigiros a:

AEROPUERTO INTERNACIONAL: Ilha do Governador. Tercer andar, A y C.

AEROPUERTO SANTOS DUMONT: Praça Sen. Salgado Filho. Centro. En la *sobreloja*.

RODOVIÁRIA DE NOVO RIO: Avenida Francisco Bicalho s/n. Lojas 105 y 106.

CENTRO: Praça Tiradentes 41 (un edificio moderno con banderas a la puerta); Rua do Ouvidor 60 (junto al Largo São Francisco de Paula). Abiertos hasta las 23.00 h.

COPACABANA: Avenida Nossa Senhora de Copacabana 540. Sobreloja. Abierto las 24 horas.

IPANEMA: Visconde de Pirajá 111. Abierto hasta las 23.00 h.

2CIBERCAFÉS

TELENET: Rua Domingos Ferreira 59 (Copacabana). Abierto hasta las 22.00 h y domingos hasta las 21.00 h.

MILLENNIUM: N.S. de Copacabana 709, piso 11. Abierto de lunes a sábados de 10.00 a 21.00 horas y con tarifas económicas.

CASAS DE CAMBIO

CASA ALIANÇA. Rua Miguel Couto 35. Abierta de lunes a viernes, de 9.00 a 17.30 horas. Una agencia en una calle oblicua a Rio Branco y Buenos Aires, en pleno Centro y con buenas tasas de cambio.

CAMBITOUR: Aeropuerto Internacional; 3º Piso, Sector A.

CASA BEHAR: Avenida Rio Branco 45 (Centro).

PASSAMAR: Avenida Rio Branco 25 (Centro).

CASA UNIVERSAL CÂMBIO VIAGENS E TURISMO: Avenida N.S. de Copacabana 371 (Copacabana).

BANCOS

BANCO DO BRASIL. Av NS de Copacabana 594, Aeropuerto Internacional y Rua do Acre 15 (Centro).

BANCO FRANCÉS E BRASILEIRO. Avda Rio Branco 193 (Centro).

BIBLIOTECAS

BIBLIOTECA NACIONAL. Avda Rio Branco 219, Centro. Abre de lunes a viernes de 9.00 a 20.00 horas y hasta las 15.00 horas los sábados.

REAL GABINETE PORTUGUÊS DE LEITURA. Rua Luís de Camoes, Centro. Abre de lunes a viernes de 9.00 a 17.00 horas.

CENTROS CULTURALES

CENTRO CULTURAL DO BANCO DO BRASIL. Primeiro do Março 66.

CASA DE ESPAÑA. Rua Vitório da Costa 254, Humaitá.

PAÇO IMPERIAL. Praça 15 de Novembro. Abre de 12.00 a 18.00 horas, de martes a domingo.

CASA DA CULTURA ALVIM. Avda Vieira Souto 176, Ipanema.

LAVANDERÍAS

LAVAKILO. Barata Ribeiro 181, Copacabana. Abierta de 7.00 a 21.00 horas.

MEDIOS DE TRANSPORTE

AEROPUERTO INTERNACIONAL ANTONIO CARLOS JOBIM/GALEÃO: Ilha do Governador. ☎ 33 98 50 50. www.infraero.gov.br Vuelos nacionales e internacionales.

AEROPUERTO SANTOS DUMONT: Praça Senador Salgado Filho. ☎ 38 14 70 70. www.infraero.gov.br Vuelos a São Paulo (puente aéreo), Belo Horizonte, Brasília, Búzios, Campinas, Campos, Curitiva, Ilhéus, Ipatinga, Joinville, Macaé, Navegantes, Poços de Caldas, Porto Alegre, Porto Seguro, Ribeirão Preto, S. José dos Campos, S. José do Río Preto, Uberada, Uberlândia, Vitória.

LÍNEAS AÉREAS

TAM. Av Rio Branco 181, Centro. ☎ 22 10 17 03. www.tam.com.br

GOL. Oficinas en los aeropuertos. ☎ 0800 704 04 65. www.voegol.com.br

IBERIA. Av Presidente Antônio Carlos 51, Centro. ☎ 22 82 13 36. www.iberia.com

ESTACIONES DE AUTOBÚS

RODOVIÁRIA NOVO RIO. Av Francisco Bilcalho, São Cristóvão. ☎ 32 13 18 00 www.novorio.com.br Ésta es la estación que utilizaréis en casi todos vuestros desplazamientos por el Estado de Río.

MENEZES CORTES. Rua São José. Servicios en dirección al sur, pero esos mismos destinos los cubre también la Rodoviária.

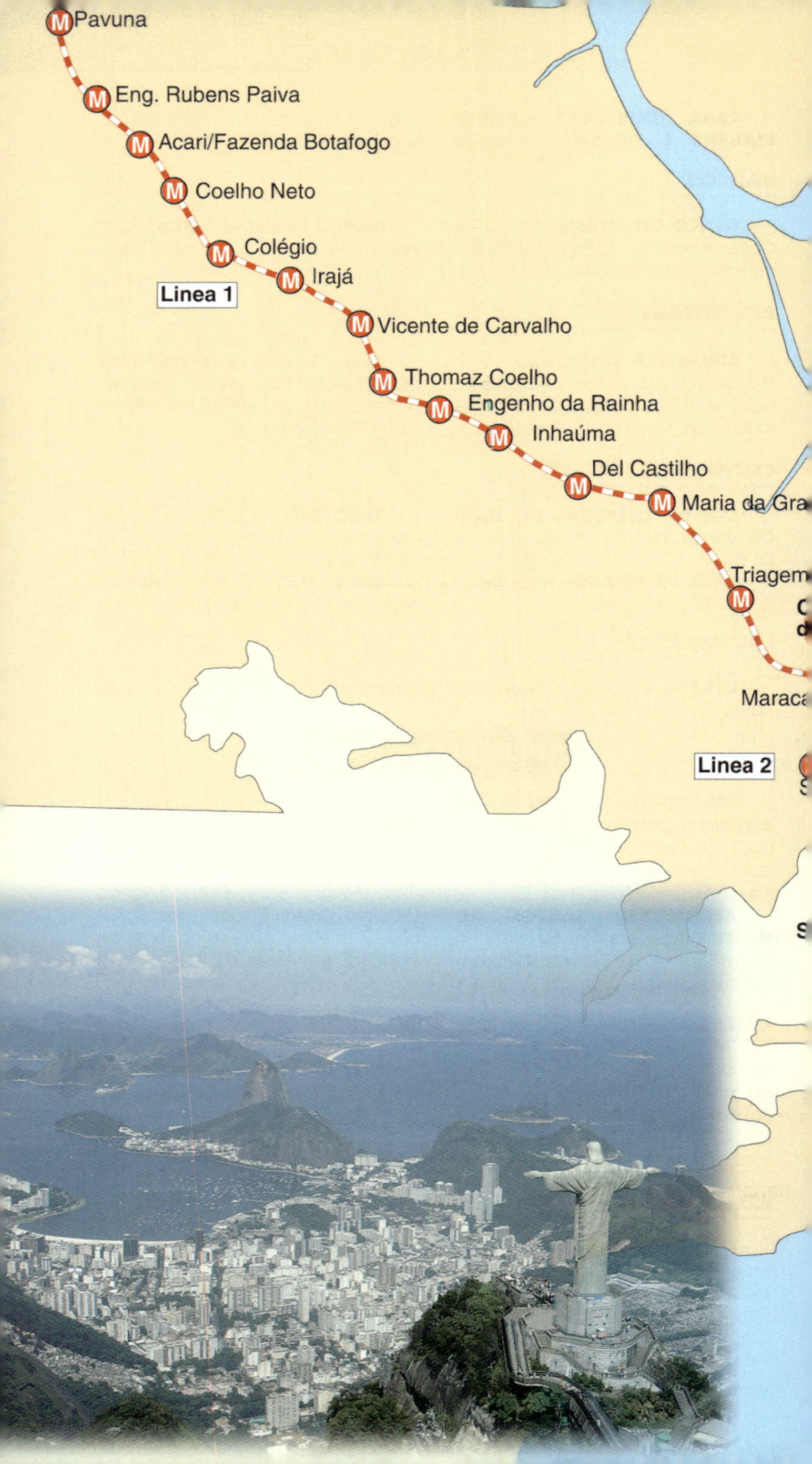
Pavuna
Eng. Rubens Paiva
Acari/Fazenda Botafogo
Coelho Neto
Colégio
Irajá
Linea 1
Vicente de Carvalho
Thomaz Coelho
Engenho da Rainha
Inhaúma
Del Castilho
Maria da Gra
Triagem
Maraca
Linea 2

METRO DE RIO
Ferry a Paquetá
Ferry a Niteroi
Pres. Vargas
Central
Uruguaiana
Carioca
Cinelândia
Praça Onze
Estácio
Glória
Centro
Catete
Largo do Machado
Flamengo
Botafogo
Pão de Açúcar
Cardeal Arco Verde
Siqueira Campos
Copacabana
Cantagalo
Gen. Osório
Ipanema
Arpoador

TAXIS

CENTRAL DE TÁXI: ☎ 21 95 10 00.

COOPA TÁXI: ☎ 32 88 43 43.

JB: ☎ 21 78 40 00.

TRANSCOOPASS: ☎ 22 09 15 55

ALQUILER DE COCHES

La mayoría de las empresas de alquiler de coches tiene oficinas en la avenida Princesa Isabel, en Copacabana, pero en el aeropuerto se encuentran también numerosas agencias.

AVIS: Aeropuerto Internacional, sector A, zona de llegadas. ☎ 33 98 50 60; Aeropuerto Santos Dumont. www.avis.com.br

LOCALIZA RENT A CAR: Aeropuerto Internacional, zona de llegadas. ☎ 33 98 54 45; aeropuerto Santos Dumont (Centro); Avenida Princesa Isabel 150, Copacabana, www.localiza.com.br

HERTZ. Aeropuerto Internacional, zona de llegadas. ☎ 33 98 43 38; Avenida Princesa Isabel 334, Copacabana. Aeropuerto Santos Dumont, www.hertz.com.br

FERRIES Y CATAMARANES

ESTAÇAO DAS BARCAS: Praça Quinze de Novembro. Los ferries normales para Niterói, que zarpan diariamente cada veinte minutos entre las 6.00 h y las 18.00 h y cada treinta minutos entre las 18.00 h y las 23.00. Por la noche (de medianoche a 6.00 h) cada hora. Los billetes son baratos y cubren el trayecto en una media hora. Sin embargo, los catamaranes, con un precio más elevado, cruzan la bahía en apenas diez minutos y merecen la pena por el ahorro de tiempo.

ESTAÇAO DE PASSAGEIROS. Praça Mauá, Centro. ☎ 25 16 26 18. Barcos para Niterói e Ilha Paquetá que tardan una hora en hacer el trayecto. De nuevo es preferible ir en el catamarán, mucho más rápido.

ALOJAMIENTO

No encontraréis problemas a la hora de alojaros en Río de Janeiro, con excepción de la época de Carnaval y Navidad, cuando las plazas escasean y los precios se disparan. Por regla general, en las zonas de playa están situados los hoteles más caros.

Los precios en temporada alta suben apreciablemente, es decir, de enero al 1 de mayo, y en julio, agosto, noviembre y diciembre; Año Nuevo y Carnaval son la temporada más alta.

Podéis obtener información adicional en www.webcamping.com.br

CAMPING CLUBE DO BRASIL: Avda. Sernambetiba 3.200, Recreio dos Bandeirantes. ☎ 24 90 05 84. www.campingclube.com.br Frente a la playa, está bien, pero en diciembre y enero está reservado exclusivamente para socios.

APARTAMENTOS Y FLATS (www.homesinrio.com)

Ⓜ **ATLÂNTICO FLAT SERVICE:** Rua Santa Clara 15. ☎ 22 55 55 90. www.popstartur.com.br Una especie de apartahotel semiesquina con la Avenida Atlântica y con alquiler de apartamentos equipados con cocina, a/c y vistas al mar, a precios que pueden ser moderados si sois varios. Se pueden alquilar por un solo día.

HOTELES Y POUSADAS

EN EL CENTRO

B ITAJUBÁ: Alvaro Alvim 23. ☎ 22 12 00 11. www.itajubahotel.com.br Cerca de la estación de metro Cinelândia, detrás de la plaza. Edificio muy grande con más de un centenar de habitaciones, amplias y correctas (aire acondicionado, frigorífico y televisión). Buenos desayunos. Precios nada altos para las prestaciones, pero así y todo, a partir de 250 reales la doble. El servicio es muy amable. Una de las direcciones más fiables de la zona.

M CENTER: Avenida Rio Branco 33. ☎ 22 96 66 77. www.centerhotel.com.br Cerca de la igreja da Candelária. Es un hotel de 148 habitaciones con teléfono, televisión, aire acondicionado y frigorífico. El servicio es muy agradable.

M GRANADA: Avenida Gomes Freire 530 (Lapa). ☎ 25 26 66 00. www.hotelgranada.com.br Estacionamiento privado, en una calle que queda detrás de la plaza de la Catedral. Tiene 80 habitaciones con teléfono, televisión, aire acondicionado y frigorífico. Las dobles cuestan 300 reales.

C WINDSOR GUANABARA: Avenida Presidente Vargas 392. ☎ 21 95 60 00. www.windsorhoteis.com.br Un gran edificio en una de las principales avenidas de centro. Tiene bar, restaurantes, piscina y sauna y más de trescientas habitaciones bien equipadas a partir de 400 reales la doble.

LAPA

b RIO BOHEMIA HOSTE: Rua Evaristo da Veiga 147, esquina Mem de Sá. ☎ 22 32 46 07. www.riobohemia.com Un albergue muy atractivo, justo bajo el viaducto de Lapa y en plena zona de marcha nocturna. Dormitorios desde 30 reales por noche con desayuno incluido y hay lavandería, bar y un gran ambiente.

FLAMENGO Y GLÓRIA

M REGINA: Rua Ferreira Viana 29 (Flamengo). ☎ 32 89 99 99. www.hotelregina.com.br Muy cerca del Palácio do Catete y de la estación de metro. Tiene 104 habitaciones con televisión, aire acondicionado y frigorífico. Hacen descuentos para grupos numerosos.

M ARGENTINA: Rua Cruz Lima 30 (Flamengo). ☎ 25 58 72 33. www.argentinahotel.com.br Estacionamiento propio, bar y restaurante. Tiene 80 habitaciones con televisión, aire acondicionado y frigorífico.

M FLAMENGO PALACE: Praia do Flamengo 6 (Flamengo). ☎ 32 35 26 00. www.hotelflamengopalace.com.br Tiene 60 habitaciones con televisión aire acondicionado y frigorífico. Si os quedáis más de diez días os harán un descuento.

M MENGO PALACE: Rua Corrêa Dutra 31 (Flamengo). ☎ 32 62 16 16. www.mengopalace.com Correcto y con 56 habitaciones con televisión, aire acondicionado, frigorífico y caja de seguridad. Además, tiene estacionamiento particular y restaurante. Dobles a precios entres 315 y 420 reales.

M GLÓRIA: Rua do Russel 632 (Glória). ☎ 25 55 73 73. www.hotelgloriario.com.br Este hermoso hotel, el más histórico de la zona y que pasó su época dorada en los años veinte, tiene más de seiscientas habitaciones con todos los servicios, claro: televisión, aire acondicionado, frigorífico... Ideal para nostálgicos de aquellos tiempos. Además, tiene tres restaurantes, piscina y bar.

C WINDSOR FLORIDA: Rua Ferreira Viana 81 (Flamengo). ☎ 21 95 68 00. www.windsorhoteis.com Tiene 224 habitaciones con aire acondicionado, frigorífico y caja de seguridad. Además, hay estacionamiento particular, bar, restaurante, piscina y sauna. Dobles desde 400 reales.

COPACABANA Y LEME

En esta zona, además de Ipanema y Barra, es decir, en las playas, se concentra una gran parte de los hoteles para turistas, casi todos ellos de categorías alta.

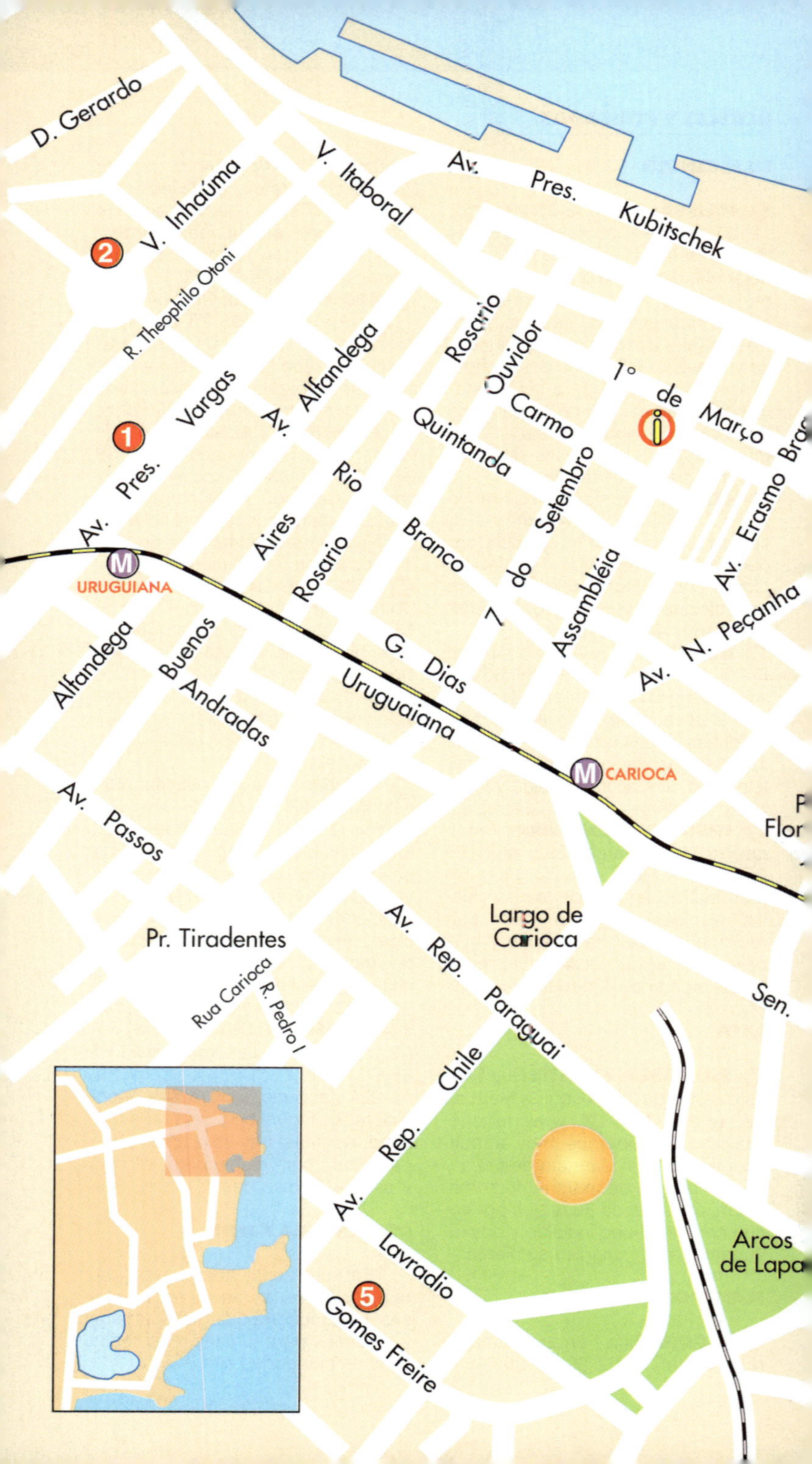

D. Gerardo
V. Inhaúma
R. Theophilo Otoni
V. Itaboral
Av. Pres. Kubitschek
2
1
Av. Pres. Vargas
Av. Alfandega
Rosario
Ouvidor
Carmo
1° de Março
Quintanda
Rio Branco
7 do Setembro
Av. Erasmo Bras
Aires
Rosario
URUGUIANA
Assembléia
Av. N. Peçanha
Alfandega
Buenos
Andradas
G. Dias
Uruguaiana
CARIOCA
Av. Passos
Flor
Pr. Tiradentes
Av. Rep. Paraguai
Largo de Carioca
Rua Carioca
R. Pedro I
Sen.
Chile
Av. Rep.
Lavradio
Arcos de Lapa
5
Gomes Freire

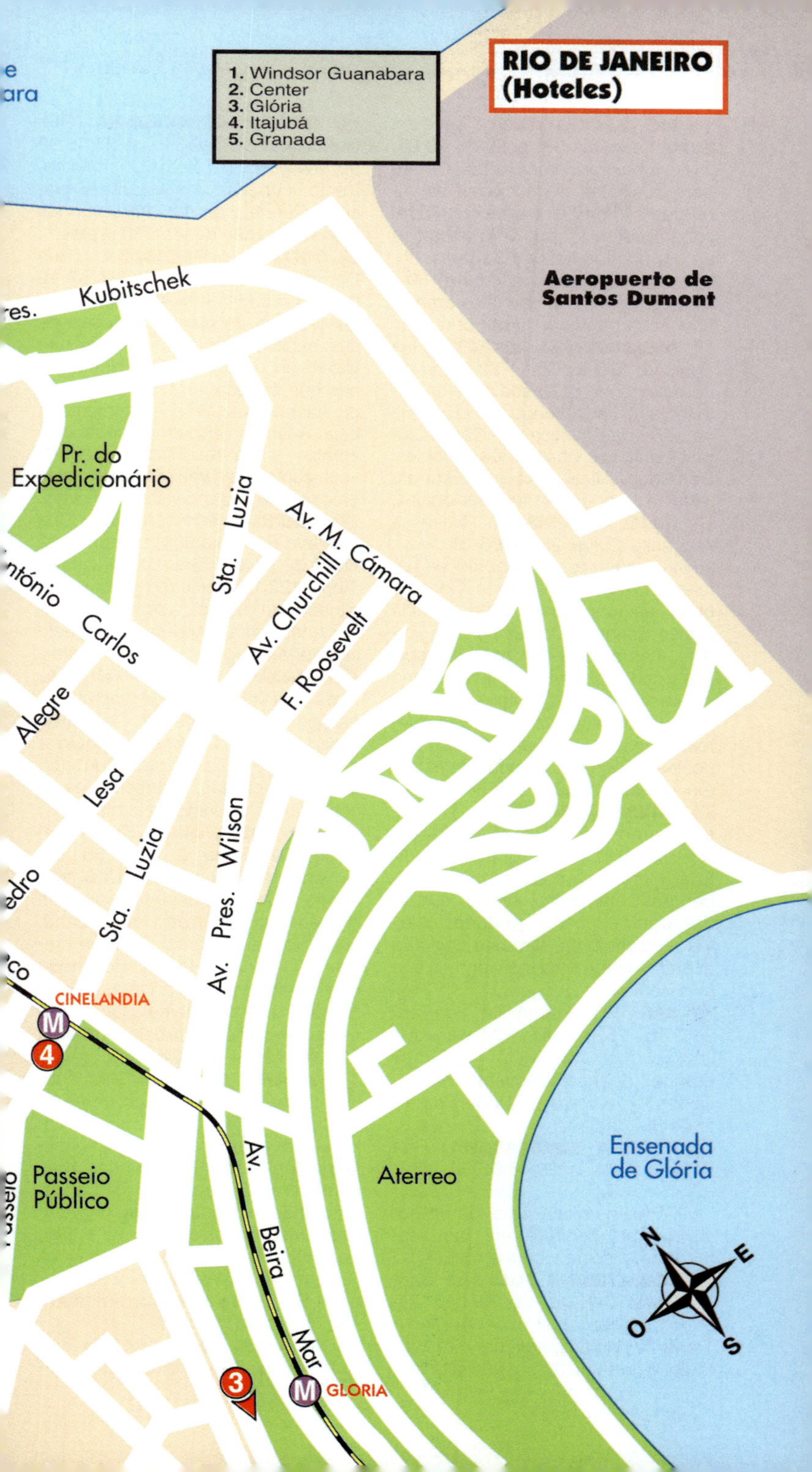

RIO DE JANEIRO
(Hoteles)
1. Windsor Guanabara
2. Center
3. Glória
4. Itajubá
5. Granada
Aeropuerto de
Santos Dumont
Kubitschek
Pr. do
Expedicionário
Sta. Luzia
Av. M. Cámara
Av. Churchill
F. Roosevelt
Carlos
Alegre
Lesa
Sta. Luzia
Av. Pres. Wilson
CINELANDIA
M
4
Passeio
Público
Av. Beira Mar
Aterreo
Ensenada
de Glória
3
M
GLORIA
N
E
O
S

(b) RIO BACKPACKERS: Travessa Santa Leocádia 38. ☎ 22 36 38 03. www.riobackpackers.com.br Un albergue sin las restricciones de Albergues Internacionales en Copacabana. Bien situado y tiene camas en dormitorios desde 35 reales, dobles o individuales con baño a 160 ó a 60 (por persona) con ello compartido y cuádruples a 70 por persona.

(b) ALBERGUE RIO ROCKERS: Rua Tonelero 376. ☎ 35 11 22 21. www.riorockers.com.br Desde el aeropuerto bajaos del autobús en la esquina de Avda Atlântica con Santa Clara. Dormitorios y habitaciones dobles. Se puede utilizar la cocina. Está afiliado a Albergues Internacionales.

(b) HOTEL ANGRENSE: Travessa Angrense 25. ☎ 25 48 05 09. www.angrensehotel.com.br Uno de los hoteles más económicos de Copacabana, en una calleja de la avenida Nossa Senhora. Dobles con a/c, limpias, más baratas con baño compartido y con el desayuno incluido, como en casi todos los hoteles de Río. Uno de los favoritos de los mochileros, junto a la Pousada Girassol. Las dobles con baño compartido cuestan 170 reales y 210 con ello propio.

(b) POUSADA GIRASSOL: Travessa Angrense 25A. ☎ 25 49 83 44. www.hpm.com.br/girassol.html Junto al Hotel Angrense y precios superiores –también con la opción del cuarto sin baño– por unos cuartos algo mejores, también con aire acondicionado. Las individuales son minúsculas.

(M) APA: Rua República de Perú 305. ☎ 25 48 81 12. www.apahotel.com.br Un hotel no muy grande, apenas cincuenta habitaciones, pero correcto. Dobles a partir de 280 reales.

(C) ROYALTY COPACABANA: Rua Tonelero 154. ☎ 25 48 56 99. www.royaltyhotel.com.br/royalty-copacabana Precios moderados en un hotel con 143 habitaciones, bar, restaurante, piscina y sauna.

(C) COPACABANA SOL: Rua Santa Clara 141. ☎ 25 49 45 77. www.copacabanasolhotel.com.br Tiene 70 habitaciones, bar y restaurante, a partir de 370 reales la doble.

(C) ASTORIA COPACABANA: Rua República de Perú 345. ☎ 25 45 90 90. www.astoria.com.br Un hotel correcto, con bar, restaurante y piscina. Cuenta con 116 habitaciones bien equipadas desde 530 reales.

(C) TOLEDO COPACABANA: Rua Domingos Ferreira 71. ☎ 22 57 19 90. www.hoteltoledo.com.br En segunda línea de playa y con seis de sus habitaciones con vistas al mar (pedid un cuarto amplio). Habitaciones que pueden ser un chollo cuando hacen descuento en temporada baja. Además tiene un personal muy amable y un magnífico desayuno –con zumos esta vez naturales– en la preciosa azotea con vistas a la playa.

(C) ACAPULCO COPACABANA: Rua Gustavo Sampaio 854 (Leme). ☎ 22 75 00 22. www.acapulcohotel.com.br Tiene 122 habitaciones y está bien situado en Leme, además de tener unas tarifas moderadas en esta categoría, a partir de 325 reales.

(C) GRANDE HOTEL CANADÁ: Avda Nossa Senhora de Copacabana 687. ☎ 21 59 49 99. www.hotelcanada.com.br Un hotel correcto a partir de 350 reales, pero con sustanciosas ofertas y descuentos, y con cuartos sin vistas a la playa.

(C) RIO GUESTHOUSE: Rua Francisco Sá 5. ☎ 25 21 85 68. www.rioguesthouse.com Una pequeña casa de huéspedes sobre un alto edificio al sur de Copacabana, cerca ya de Ipanema. Cuartos preciosos, muy bien decorados, todo con un aire muy de años cuarenta. Magnífico y con dobles a unos 280 reales en temporada baja sin baño, –370 con ello– y 450 en alta.

(C) OCEANO COPACABANA: Rua Hilario de Gouveia 17. ☎ 25 48 42 60. www.oceanohotel.com.br Un hotel de cuatro estrellas, semiesquina con la Avenida Atlântica, muy céntrico en Copacabana. Tiene catorce plantas y cuartos bien equipados. Desde la piscina se ve el Pan de Azúcar y el Corcovado. Hay un restaurante, el Versailles, y el American Bar. Los precios son moderados dentro de los caros.

(C) ATLANTIS COPACABANA: Rua Bulhões de Carvalho 61. ☎ 25 21

11 42. www.atlantishotel.com.br Un hotel con buenas prestaciones para sus precios, muy moderados en esta categoría. Tiene 87 habitaciones, bar, sauna y piscina.

C COPACABANA PRAIA: Rua Francisco Otaviano 30. ☎ 35 05 55 55. www.copacabanapraiahotel.com.br Un hotel correcto y precios moderados. Tiene bar, restaurante, piscina y sauna. Habitaciones que en temporada baja pueden costar a precio medio.

C GOLDEN TULIP REGENTE: Avenida Atlântica 3.716. ☎ 35 45 54 00. www.goldentulipregente.com Alberga el restaurante de cocina brasileña Forno e Fogao y también tiene bar, piscina, sauna y servicio de playa. Algunos cuartos ya se pasan a los precios de lujo.

C TULIP INN: Avenida Atlântica 2.554. ☎ 35 45 51 01. www.tulipinncopacabana.com Habitaciones con todo el equipamiento y con precios muy variables, las más caras entran ya en los precios de lujo.

C OTHON CLASSIC CALIFORNIA: Avenida Atlântica 2.616. ☎ 21 32 19 00. www.othon.com.br Un hotel del conocido grupo Othon, con tarifas más económicas que otros de la misma cadena en Copacabana, sobre todo si se alquila una habitación sin vistas a la playa. Pequeño, correcto y con bar y restaurante. A partir de 300 reales la doble.

C SAVOY OTHON TRAVEL: Avenida Nossa Senhora de Copacabana 995 (Copacabana). ☎ 21 25 02 00. www.othon.com.br En la paralela trasera a la Avda Atlântica, tiene 144 habitaciones. A partir de 385 reales la doble.

C WINDSOR PALACE: Rua Domingos Ferreira 6 (Copacabana). ☎ 21 95 66 00. www.windsorhoteis.com.br Tiene 74 habitaciones, bar, restaurante, piscina y sauna. Si se reserva por internet se pueden obtener descuentos muy buenos en temporada media o baja.

L REAL PALACE: Rua Duvivier 70. ☎ 21 01 92 92. www.realpalacehotelrj.com.br Con restaurante, bar, piscina y sauna. Tiene 59 habitaciones y precios bastante altos.

L SOFITEL RIO DE JANEIRO: Avenida Atlântica 4.240. ☎ 25 25 12 32. www.sofitel.com.br Estacionamiento particular, bar, dos restaurantes, piscina, sauna, gimnasio y vistas al mar. Tiene 388 habitaciones con dobles a partir de 650 reales. Su restaurante francés Le Pré Catelan tiene muy buena reputación.

L RIO OTHON PALACE. Av. Atlântica 3.264. ☎ 21 06 15 00. www.othon.com.br Hotel de cinco estrellas sobre Copacabana y uno de los históricos de la ciudad. Es una torre en cuyo piso 30º tiene una piscina, gimnasio y el famoso bar *Skylab*, con preciosas vistas sobre la playa. Dobles a partir de 600 reales. El desayuno es un pantagruélico bufé.

L JW MARRIOTT: Avenida Atlântica 2.600. ☎ 25 45 65 00. www.marriott.com Habitaciones a tope en este lujosísimo hotel, equipadas con DVD's, aparatos de discos compactos y todas las comodidades. Por supuesto, tiene gimnasio, sauna, piscina, servicio en la playa, bares y restaurante. Dobles desde 600 reales, pero con buenas ofertas en su página web.

E COPACABANA PALACE: Avda. Atlântica 1.702. ☎ 25 48 70 70. Reservas desde España: ☎ 900 800 217. www.copacabanapalace.com.br Un hotel de cinco estrellas, construido en 1923 en el mejor estilo de la época. Está sobre la playa y es el más *glamouroso* de Río de Janeiro. Tiene piscina y restaurante en su planta baja, galería comercial con sucursales de las mejores joyerías y anticuarios de Brasil, pistas de tenis, gimnasio, etcétera.

E WINDSOR ATLANTICA: Avenida Atlântica 1.020. ☎ 21 95 78 00. www.windsorhoteis.com.br Una torre desafortunada en Leme, la verdad, pues tapa la vista del Morro de Leme desde Copacabana, y que hasta hace pocos años fue Le Meridien. Tiene estacionamiento privado y cuartos muy lujosos, además de bar, el restaurante italiano Alloro y el The View, con *feijoada* los sábados al mediodía. Además hay piscina, sauna, servicio de playa, médico, salón de masajes, etcétera. Tiene unas 500 habitaciones, muchas con excelentes vistas al mar, a partir de 830 reales cuando están de promoción.

IPANEMA Y LEBLON

b ADVENTURE HOSTEL: Rua Vinicius de Moraes 174 (Ipanema). ☎ 38 13 27 26. www.adventurehostel.com.br Autobús 128 a Ponto da Lagoa esquina con Vinicius de Moraes. En el autobús del aeropuerto hay que bajarse frente al hotel Sol Ipanema. El albergue juvenil de Ipanema está afiliado a la asociación internacional, por lo que pagaréis más si no sois socios. En Carnaval y Navidad sube los precios muchísimo. Dispone de camas distribuidas en varios dormitorios a 65 reales y dobles a 200 ó 180 sin el carné de Alberguista. Hay baños colectivos, lavandería y plancha. Es una buena dirección y está muy a mano. Es importante reservar con algo de antelación, suele estar lleno de viajeros.

M HOTEL SAN MARCO: Rua Visconde de Pirajá 524. ☎ 25 40 50 32. www.sanmarcohotel.net De lo más barato en Ipanema, aunque los cuartos son ya casi de precio caro. Está a dos bloques de la playa y las habitaciones son pequeñas, pero correctas y con aire acondicionado, televisión y nevera. Tarifas a partir de 250 reales en temporada baja y 322 en alta.

C VERMONT: Rua Visconde de Pirajá 254. ☎ 32 02 55 00. www.hotelvermont.com.br En Ipanema y con cuartos sencillos y cómodos. Tiene restaurante y 84 habitaciones con teléfono, televisión, aire acondicionado y frigorífico. Dobles desde 400 reales.

C IPANEMA INN: Rua Maria Quitéria 27. ☎ 25 23 60 92. www.ipanemainn.com.br Tiene 56 habitaciones y es uno de los más económicos de la categoría, con precios que se pasan un poco de los 400 reales.

C MAR IPANEMA: Rua Visconde de Pirajá 539, en la esquina con Rua Aníbal de Mendonça (Ipanema). ☎ 38 75 91 91. www.maripanema.com.br Con bar y restaurante de cocina brasileña e internacional, tiene setenta y siete habitaciones y precios que rozan los 500 reales. Está a cien metros de la playa.

C SOL IPANEMA: Avenida Vieira Souto 320. ☎ 25 25 20 20. www.solipanema.com.br Un hotel con precios cercanos a los 400 reales en la zona más fina de Río. Pertenece al grupo Best Western y sus 90 habitaciones están equipadas a tope. Hay bar, restaurante y servicio de playa. Precios que rozan los de Lujo.

C PRAIA IPANEMA: Avenida Vieira Souto 706. ☎ 25 40 49 49. www.praiaipanema.com Tiene 105 habitaciones bien puestas y está en el límite con Leblon; los precios son moderados en esta categoría. Con bar, restaurante, piscina, servicio de playa, salón de belleza y buenas panorámicas.

C EVEREST RIO HOTEL: Rua Prudente de Morais 1.117. ☎ 25 25 22 00. www.everest.com.br/rio Situado en la famosa calle de Ipanema, a una manzana de la playa. Tiene cinco estrellas, todos los servicios y precios, claro está, elevados, casi a 500 reales la habitación. Tiene un restaurante, el Grill 360º, con una vista espectacular.

C MARINA PALACE: Avenida Delfim Moreira 630 (Leblon). ☎ 21 72 11 00. www.marinapalacehotel.com Un hotel muy agradable, con bar, dos restaurantes, sauna y piscina. Las 150 habitaciones, a partir de 520 reales si se reserva con antelación en su web, están muy bien decoradas y son muy cómodas.

E CAESAR PARK: Av. Vieira Souto 460. ☎ 25 25 25 25. www.sofitel.com Otro lujo de cinco estrellas sobre la playa de Ipanema. Las dobles cuestan a partir de 950 reales, aunque son más económicas en días laborales y se encuentran ofertas en su web. La suite imperial cuesta ya una fortuna. Tiene tres restaurantes, piscina, salón de té, servicio de alquiler de vehículos, salón de belleza y sauna. Tiene 222 habitaciones con todos los servicios y bonitas panorámicas. Su restaurante Galani, en la planta 23, tiene vistas esplendorosas y sigue sirviendo la tradicional *feijoada* los sábados.

SANTA TERESA

Una zona donde hace años poquísimos viajeros se hospedaban, Santa Teresa, ha visto en los tiempos recientes cómo se ha establecido un buen número de *pousadas* y hoteles, debido también a la proliferación de galerías y restaurantes y bares de moda.

(b) **POUSADA FAVELINHA:** Rua Antonio Joaquim 13, Morro do Pereirão da Silva. www.favelinha.com Esta *pousada* en una de las *favelas* más tranquilas y pacíficas de Río ofrece toda una interesante experiencia al viajero, que podrá vivir de cerca una de las realidades de las ciudades brasileñas que no siempre son lo que se ve en algunos filmes. Con cuatro habitaciones dobles y un dormitorio pequeño, se disfruta además de magníficas vistas del Pan de Azúcar. Para venir, pillad el *bondinho* hasta el Colegio Asunção. Hay que reservar por un mínimo de dos noches.

(b) **RIO HOSTEL:** Rua Joaquim Murtinho 361. ☎ 22 21 19 13. www.riohostel.com Un estupendo albergue, muy popular entre los mochileros europeos, con dormitorio y también dobles a unos cien reales.

(M) **CASA ÁUREA:** Rua Áurea 80. ☎ 22425830. www.casaaurea.com.br Con dobles a partir de 280 reales, una casa de huéspedes muy acogedora y con un agradable jardín.

(M) **CASTELINHO 38:** Rua Triunfo 38. ☎ 22 52 25 49. www.castelinho38.com Un encantador hotel en una casona del siglo XIX, con jardín y dobles a partir de 220 reales.

(L) **MAMA RUISA:** Rua Santa Cristina 132. ☎ 22 42 12 81. www.mamaruisa.com Cuartos a partir de 600 reales en este hotel *boutique,* en una casona blanca con jardín y una hermosa piscina. Además, hay varios servicios extras, como masaje, manicura, visitas guiadas por la ciudad, etcétera.

BARRA DA TIJUCA

(C) **PRAIA LINDA:** Avenida do Pepe 1.430. ☎ 24 94 21 86. www.hotelpraialinda.com.br Tiene 60 habitaciones –desde con vistas a un patio interior hasta muy atractivas hacia el mar–, con todo lo habitual en los hoteles medios o caros de Río: televisión, aire acondicionado, frigorífico, etcétera, además de restaurante.

(C) **ENTREMARES:** Avenida Érico Veríssimo 846. ☎ 24 94 38 87. www.entremareshotel.com.br Algo más caro que el Praia Linda y con 64 habitaciones con todas las comodidades. También hay bar y restaurante.

VIDIGAL

(L) **SHERATON RIO HOTEL & RESORT:** Avenida Niemeyer 121 (Praia do Vidigal). ☎ 25 29 11 22. www.starwoodhotels.com/sheraton Un gran hotel de lujo con precios que pueden alcanzar los 800 reales. Tiene cuatro restaurantes, estacionamiento, sauna, gimnasio y todo lo que se espera en un hotel de cinco estrellas.

RESTAURANTES

CENTRO

En el barrio de Centro abundan las *lanchonetes* en sus más diversas versiones y los restaurantes de “comida à quilo”, por lo que en cualquier

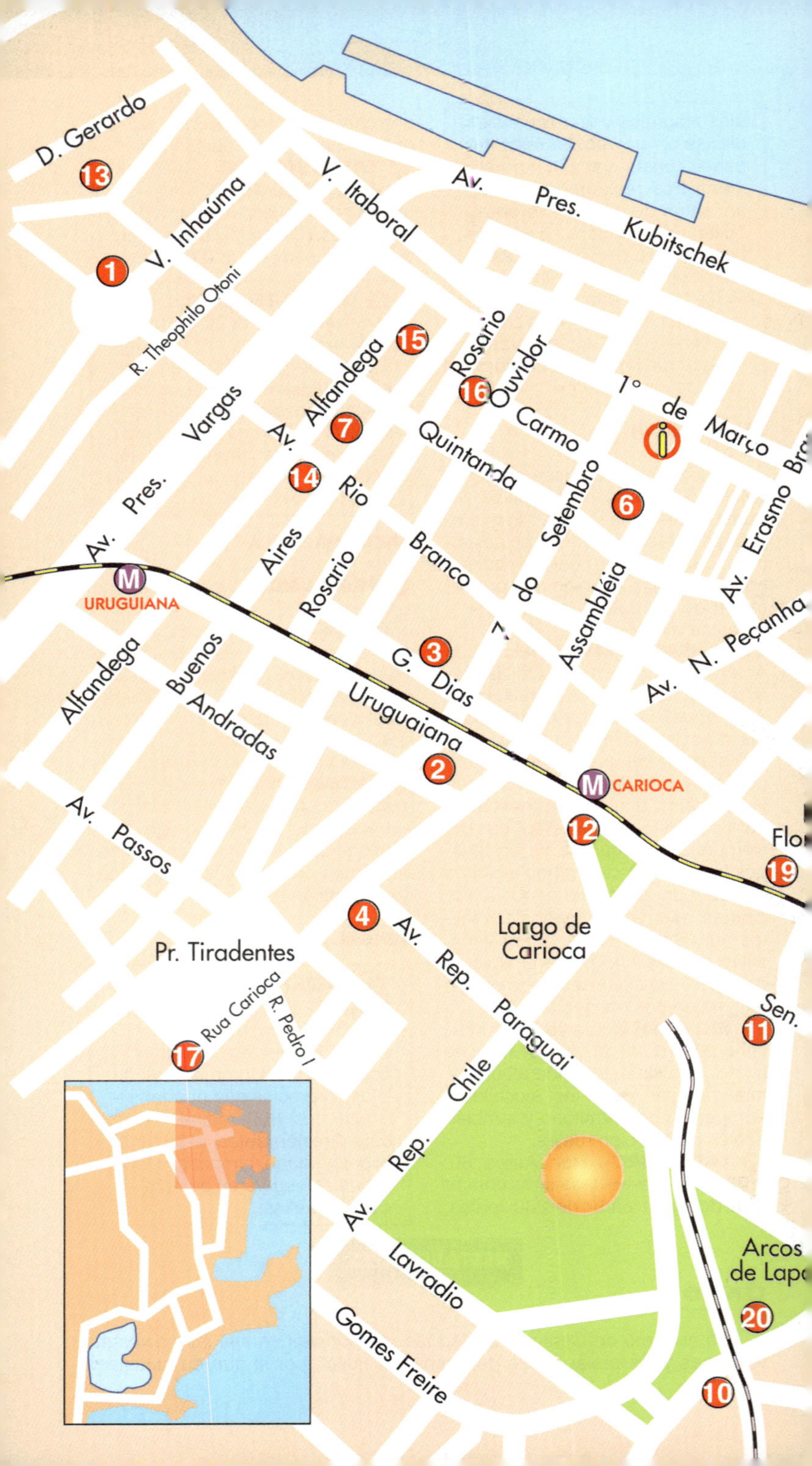
D. Gerardo
13
V. Inhaúma
1
R. Theophilo Otoni
V. Itaboraí
Av. Pres. Kubitschek
15
Rosario
16
Ouvidor
1° de Março
Carmo
Av. Alfandega
7
Quintanda
Av. Pres. Vargas
14
Rio Branco
7 de Setembro
6
Av. Erasmo Bra
Aires
Rosario
M
URUGUIANA
Assembléia
Av. N. Peçanha
3
G. Dias
Alfandega
Buenos
Andradas
Uruguaiana
2
M
CARIOCA
12
Flor
19
Av. Passos
4
Av. Rep. Paraguai
Largo de Carioca
Pr. Tiradentes
Rua Carioca
R. Pedro I
17
Sen.
11
Av. Rep. Chile
Av. Lavradio
Gomes Freire
Arcos de Lapa
20
10

RIO DE JANEIRO
(Restaurantes)
1. Siri Mole
2. Casa Cavé
3. Colombo
4. Bar Luiz
5. Amarelinho; Vermelinho
6. O Principe dos Galetos
7. Hakussan
10. Cosmopolita; Trevisto
11. Churrascaría Beira Rio
12. Hilma
13. Mosteiro
14. Mr Opi
15. Miletto
16. Rio Minho
17. Carioca Grill
18. Alba-Mar
19. Café do Teatro
20. Mariam; Damasco
de
bara
18
Pres. Kubitschek
Aeropuerto de
Santos Dumont
Pr. do
Expedicionário
Sta. Luzia
Av. M. Cámara
Av. Churchill
António Carlos
F. Roosevelt
Alegre
Lesa
Sta. Luzia
Av. Pres. Wilson
Pedro
anco
CINELANDIA
Av. Beira Mar
Passeio
Passeio
Público
Aterreo
Ensenada
de Glória
N
E
O
S
GLORIA

zona que os encontréis siempre hallaréis algo asequible. Pero la mayoría de los lugares cierra después el almuerzo o, como muy tarde, a las 18.00 horas, ya que el Centro no es un lugar para venir a cenar. Asimismo, al estar enfocados a los oficinistas, banqueros, etcétera, muchos cierran en fin de semana y festivos.

B PRAÇA DE CINELANDIA Y FLORIANO: Aquí abren sus puertas varios restaurantes con las correspondientes terrazas y los consiguientes turistas ociosos mezclados con cariocas, que se entretienen contemplando el ir y venir de la gente. En la mayor parte de ellos sirven platos baratos e incluso bocadillos. La **Chopperia Cinelândia** es un buen ejemplo: precios nada altos –con *feijoada* bien económica para lo que suele costar– y platos sencillos (galetos, carnes...)

B DORADINHO: Rua Alvaro Alvim 31. Cierra los domingos. Es uno de los bares más típicos de la zona, con una clientela de trabajadores y gente del barrio que se acerca a su barra para tomar una caña acompañada de un *salgado*, bocadillo o *salgadinho*.

> **B O PRINCIPE DOS GALETOS**: Rua Assembléia 34. Abre de lunes a viernes hasta las 22.00 horas y los sábados hasta las 15.00 h. Deliciosos *galetos* (pollos a la brasa) y también hay ofertas de churrasco para dos personas, etc. Todo ello regado con *chopps* (cañas) o *caipirinhas*. Se come en la barra, barato, bueno y en un ambiente agradable.

B HAKUSSAN: Buenos Aires 43. Abre de lunes a viernes, de 11.00 a 17.00 h. Un barato autoservicio de cocina japonesa, con platos de *sushi* y *sashimi*. También tiene, aunque no es lo que hay que comer aquí, arroz, frijoles, pollo, etcétera.

B TREVISTO: Avda Mem de Sá, Lapa. Un bar que cierra de madrugada, frente a Arcos de Lapa, ideal para tomar algo si se está de marcha, tarde, por la zona. Tiene sándwiches, bocadillos, platos sencillos, como huevos con chorizo, dulces y pasteles.

B CHURRASCARIA BEIRA RIO: Rua Evaristo da Veiga 55. Cierra sábados y domingos. Frente al Cuartel General. Un salón tipo cantina con las carnes (al peso) que se pueden acompañar de algunos vinos europeos de Francia, Alemania, Italia o Portugal.

B HILMA: Largo da Carioca, enfrente del convento de San Antônio. En esta plaza hay un buen número de restaurantes baratos con una comida muy similar. Este, que también es pizzería, se encuentra en uno de los laterales de la galería comercial y tiene una carta variada, con un plato distinto cada día.

B RESTAURANTE 406: Avenida Beira Mar 406 D. Autoservicio muy agradable donde además de la oferta clásica todos los días se sirve un económico plato del día, los viernes, por ejemplo, *feijoada*.

B CASA CAVÉ: Rua 7 Setembro 137, esquina con rua Uruguaiana. ☎ 22 21 05 33. Es una *confeitaria e sorveteria* pero también se puede comer en este local *art déco*. La carta está compuesta por tres platos de pescado y carne para elegir, acompañados de ensaladas y *salgadinhos*.

B PILÃO DE PEDRA: Rua da Carioca 53. Un restaurante con un bufé bastante extenso.

> **M CONFEITARIA COLOMBO:** Rua Gonçalves Dias 32. ☎ 25 05 15 00. Un negocio fundado en 1894 que mantiene su magnífica decoración intacta. El piso de arriba es un salón de té y en el de abajo sirven un bufé de ensaladas y tres platos calientes para elegir a buen precio, o platos a la carta. Probad el *frango* (pollo) con salsa de maíz y bechamel.

M RESTAURANTE COSMOPOLITA: Travessa da Mosqueira 4. ☎ 22 24 78 20. Abre de lunes a jueves hasta medianoche y viernes y sábados, hasta las 5.00 h de la madrugada. Cierra domingos. Un restaurante en Lapa, junto al Acueducto, regentado por españoles nada más y nada menos que desde 1926. Decoración antigua y sencilla, menús del día más baratos y a la carta especialidades como filete al ajo, bacalao y pescado frito.

M **MARIAM:** Rosario 145. ☎ 22 24 67 63. Abre de lunes a viernes hasta las 16.00 h. Típico restaurante del Centro para ejecutivos y oficinistas, con platos como *feijoada* y churrascos.

M **DAMASCO:** Rosario 148. ☎ 22 52 79 20. Abre de lunes a viernes de 11.30 h a 15.30 h. Cocina árabe y también platos brasileños. Hay, pues, *koftas* de cordero, *humus, falafel*, etcétera.

M **BAR LUIZ:** Rua da Carioca 39. ☎ 22 62 69 00. Abierto de 8.00 h a 23.30 h y cierra los domingos. En la calle que va desde la Praça Tiradentes a la Avenida Rio Branco. Comida alemana y uno de los clásicos de Río –data de 1887– con su ambiente informal de viejo café: fotos antiguas en las paredes, clientela bulliciosa, camareros muy atentos, al estilo antiguo... La carta es bastante amplia e incluye de todo. Cada día hay un *prato feito* diferente.

M **PENAFIEL:** Rua Sr dos Passos 121. ☎ 22 24 68 70. Sólo comidas, hasta las 15.30 h, de lunes a viernes. Se encuentra en una calle paralela a Buenos Aires que sale de la Praça da República. Otro clásico de la zona con más de setenta años de historia (siempre bajo la dirección de la misma familia) que continúa con su mismo estilo: platos abundantes y consistentes portugueses: bacalao asado, bacalao con brócoli, lengua, etc.

M **AMARELHINHO:** Praça Floriano 55, Cinelândia. ☎ 22 62 33 11. Abre de 11.00 hasta bien entrada la noche. Un restaurante muy popular entre los trabajadores de la zona Centro. Con una gran terraza donde se sirve cocina típica brasileña.

M **VERMELHINHO DA CINELÂNDIA**: Praça Floriano 55, Cinelândia. ☎ 22 40 61 84. Restaurante gemelo y adyacente al Amarelhinho, y se diferencia de éste, más que nada por el color de los toldos de su gran terraza. Menú y características idénticas, pues.

M **MOSTEIRO:** Rua São Bento 13-15. ☎ 22 33 64 78. Abre de 11.00 a 16.00 h y cierra sábados y domingos. Cerca del principio de la Avenida Rio Branco, otro restaurante especializado en cocina portuguesa, que desde hace más de treinta años sigue gozando de una gran aceptación por sus abundantes raciones y sus platos bien preparados: destaca la variedad de pescados, con un buenísimo bacalao, y los mariscos.

M **MR OPI:** Rua da Quitanda 51. Tiene otro local en Alfândega 91, también en Centro. ☎ 38 61 86 00. Abierto de lunes a viernes hasta las 16.00 h. Bufé *a quilo* y también platos a la carta. Los viernes hay *feijoada* y *sushi.*

M **MILETTO:** Rua da Alfândega 19. ☎ 22 33 66 77. Abre de lunes a viernes a 15.30 h. De aires italianos, sirve unas ensaladas donde el propio cliente juega a cocinero y unas pastas elaboradas por la casa: ñoquis, espaguetis... También algunas carnes y unos deliciosos postres.

M **GERAES GRILL:** Rua do Ouvidor 26. Sólo sirve almuerzos de lunes a viernes. Carta variada.

M **METRÔ:** Rua Alcindo Guanabara 24 (Cinelandia). ☎ 25 24 66 92. Sólo sirve comidas y cierra los sábados y domingos. Un local especializado en pescados y marisco, situado en un sótano.

C **ALBA-MAR:** Praça Marechal Ancora 184-186. ☎ 22 40 83 78. Cierra los domingos y sirve almuerzos y cenas. Ocupa la única torre de las cinco que tenía el Mercado Municipal situado aquí. Especialistas en pescados, pero desgraciadamente han subido los precios. Se disfruta de buenas vistas a la Bahía de Guanabara.

C **RIO MINHO:** Rua do Ouvidor 10. ☎ 25 09 23 38. Abre de 11.00 h a 16.00 h y cierra sábados y domingos. Frente al Largo de São Francisco de Paula. Con más de cien años de historia –se dice que es el más antiguo de la ciudad–, este restaurante sigue gozando de una gran fama gracias a sus pescados y mariscos, preparados al estilo portugués y servidos en abundantes raciones, suficientes para dos personas. Destaca la *sopa Leão Veloso*, el *misto grelhado* (especie de parrillada) o la *langosta Antonio Houassis*.

(C) **CAFÉ DO TEATRO:** Avenida Rio Branco (Praça Floriano s/n). Cierra sábados y domingos. Es el restaurante situado dentro del Teatro Municipal y cuya visita siempre se recomienda por su maravillosa decoración a base de mármol y espejos, en consonancia con el edificio. Cocina francesa y precios caros.

FLAMENGO, GLÓRIA Y BOTAFOGO

(B) **BISMARQUE:** Rua S. Clemente 24 A (Botafogo). ☎ 25 38 10 32. Abre de lunes a viernes de 11.00 a 22.30 h y fines de semana de 11.00 a 18.00 h. Todos los platos se pueden compartir entre dos personas. Cocina brasileña contundente y decoración clásica, como un restaurante antiguo del Centro.

(M) **AURORA:** Rua Cap. Salomão 43 (Botafogo). ☎ 25 39 47 56. Abre hasta muy tarde. Platos bien servidos y abundantes, como para dos personas. Están muy ricas las costillas con *tutu*.

(M) **I PIATTI:** Rua Visconde de Caravelas 71 (Botafogo). ☎ 25 39 06 98. Abre todos los días hasta la 1.00 h y fines de semana hasta las 2.00 h. Cocina casera, pasta y carnes. Algunos expertos recomiendan el pollo a la naranja. Precios muy moderados.

(M) **VIOLETA CAFÉ:** Rua Dona Mariana 227 (Botafogo). ☎ 22 86 66 37. Abre hasta las 15.30 h y cierra sábados y domingos. Un restaurante decorado en tonos violeta y con pequeñas reproducciones en las paredes para crear una coqueta atmósfera. Aunque la cocina sea "a quilo", hay que destacar la buena elaboración de los platos que varían todos los meses, siempre buscando la originalidad. Al final se puede tomar un buen café acompañado de una trufa de chocolate. Queda por la zona de los museos do Indio y Vila Lobos, en una calle paralela a los museos.

(M) **LAMAS:** Rua Marqués de Abrantes 18 (Flamengo). ☎ 25 56 07 99. Abre todos los días de 9.30 h a 3.00 h de la madrugada. Funciona desde el siglo XIX y es muy popular entre los periodistas por su estirado horario. Buen ambiente y cocina variada.

(C) **ADEGA DO VALENTIM:** Rua da Passagem 176 (Botafogo). ☎ 22 95 27 48. Abre hasta la 1.00 h de la madrugada y domingos hasta medianoche. Esta *adega* (bodega) portuguesa se mantiene fiel a los principios usos: cocina abundante con el bacalao por estrella y animación musical de *fados* en las noches de viernes y sábados. El cochinillo, las sardinas y los mariscos tampoco faltan a la cita. Depende de lo que pida, se puede comer más barato.

(C) **CASA DA SUIÇA:** Rua Cândido Mendes 157 (Glória). ☎ 25 09 38 70. Abierto todos los días de 12.00 a 15.00 h y de 19.00 a medianoche; sábados, de 19.00 h a 1.00 h. En una calle que sale muy cerca de la Estação da Glória y en el mismo inmueble del Consulado de Suiza, este clásico de la restauración carioca, con más de veinte años a sus espaldas, no sólo sirve las típicas *fondues*, sino que también incluye en su oferta algunas especialidades austriacas, alemanas y francesas: *vol au vent de frango com molho de cogumelos*, *carne al estilo de Grison* (marinada y seca servida tipo carpaccio), etc.

(C) **MAJÓRICA:** Rua Senador Vergueiro 11-15 (Flamengo). ☎ 22 05 68 20. Abre todos los días hasta medianoche y viernes y sábados hasta la 1.00 h. Es una *churrascaria* tradicional que os agradará si os gusta la carne.

(C) **PORCÃO RIO'S:** Infante Dom Henrique. ☎ 34 61 90

20. Abierto todos los días hasta medianoche y viernes y sábados hasta la 1.00 h. Una excelente churrascaría adonde hay que ir con mucha hambre, pues sirve un magnífico bufé de carnes al *rodizio*, ensaladas, pescado, gambas y frutos de mar, *sushi* y magníficos postres, por cincuenta reales, bebida aparte. Tiene sucursales en Niteroi, Barra e Ipanema.

SANTA TERESA

(M) **BAR DO MINEIRO:** Rua Paschoal Carlos Magno 99. ☎ 22 21 92 27. Abre hasta las 2.00 horas de martes a jueves, hasta las 4.00 h los viernes y sábados y hasta las 20.00 h los domingos. En Santa Teresa, cocina *brasileira* en un local con muchísimo encanto, decorado con fotografías antiguas de Río. Venid un sábado para tomar su *feijoada*.

(M) **SANSUSHI:** Rua Almirante Alexandrino 382. ☎ 22 24 46 58. Abre de 19.00 a medianoche de martes a viernes, de 13.00 h a medianoche los sábados y hasta las 19.00 h los domingos. Cocina japonesa de alto nivel en la calle con más marcha de Santa Teresa.

(C) **APRAZÍVEL:** Rua Aprazível 62. ☎ 25 08 91 74. Abre de 12.00 h a medianoche de jueves a sábados y domingos y fiestas de 13.00 h a 18.00 h. Cocina de Minas Gerais con influencia francesa en un restaurante con jardín y magníficas vistas de Río. Platos muy imaginativos y ambiente muy agradable. Los jueves por la noche (se recomienda reservar) hay música *chorinho* en vivo.

JARDIM BOTÂNICO

(M) **COUVE-FLOR:** Rua Pacheco Leão 724. ☎ 22 39 21 91. Abre de lunes a viernes de 12.00 a 17.00 h, sábados, de 12.00 a 23.00 h y domingos y festivos, de 12.00 a 21.00 h. Situado frente al Jardim Botânico, sirve ensaladas al peso y otros platos calientes baratos. Con muy buena reputación y acogedor.

(L) **QUADRIFOGLIO:** Rua J.J. Seabra 19. ☎ 22 94 14 33. Abre de lunes a viernes de 12.00 a 15.30 h y de 19.30 h a 1.00 h, sábados de 19.30 h a 1.00 h y domingos, de 12.00 h a 17.00 h. En una calle que sale del lago Rodrigo de Freitas, elegante y sofisticado para una cocina italiana de elaboración con fama de preparar la mejor pasta de Río. Buenos y variados postres.

(L) **OLYMPE:** Rua Custódio Serrão 62. ☎ 25 39 45 42. Abre de lunes a sábados de 19.00 h a medianoche; domingos, también de 12.00 a 16.00 horas. El famoso chef de Río Claude Troisgras prepara en el Olympe estupendos platos muy creativos, como vieiras a la brasa, caviar de tapioca, salsa de castaña de cajú, etcétera.

(E) **ROBERTA SUDBRACK:** Rua Lieu de Paula Machado 916. ☎ 38 74 01 39. Horarios variables, es mejor llamar para saber qué días abren también para el almuerzo. Cocina *brasileira* imaginativa y de fusión en uno de los restaurantes más de moda en estos momentos en Río.

COPACABANA Y LEME

(B) **CRACK DOS GALETOS:** Rua Domingos Ferreira 197, cerca de Constante Ramos. Típico local de pollos a la brasa, riquísimos con una *caipirinha* o una *cerveja*, y otros platos sencillos de carne con arroz y patatas fritas.

B MONCHIQUE: Avenida Nossa Senhora de Copacabana 796 A. ☎ 25 48 51 40. Abre todos los días de 11.00 a 23.00 h. Es uno de los numerosos locales de la zona dedicados a la "comida à quilo", pero que incluye una interesante carta a mediodía de platos calientes y fríos.

B CONFEITARIA RESTAURANTE GOURMET: Avenida Nossa Senhora de Copacabana 734, esquina Travessa Angrensse. ☎ 22 56 36 91. Abre todos los días hasta la medianoche. Una cafetería donde se puede desayunar –tiene magníficos zumos naturales y buen café– y también tomar platos sencillos a base de arroz, frijoles, pollo o carne. También se puede comer "a quilo".

B FINO PALADAR: Rua Raimundo Correia 34, semiesquina Nossa Senhora de Copacabana. ☎ 22 55 05 06. Abierto hasta las 21.00 h. Otro restaurante "a quilo", muy barato y en el que se paga, pues, según el peso de la comida elegida. Tiene carne, *feijoada*, ensaladas y unos postres deliciosos. Está muy cerca de la cafetería anterior.

B MINAS GRILL: Rua Raimundo Correia 34 C, semiesquina Nossa Senhora de Copacabana. Abierto de martes a sábados de 12.00 h a 15.00 h y de 18.00 a medianoche; domingos, de 12.00 a 17.00 h. Cocina *mineira* (propia de Minas Gerais) hecha en horno de leña. Algunos platos son para tres, como el pollo. Ambiente desenfadado y popular, ya que no se pasan nada con los precios.

B FAGULHA: Rua Santa Clara 18. Abre, al menos, hasta la medianoche. Un local donde se sirve un económico *rodizio* de pizzas.

B CERVANTES: Barata Ribeiro 7. ☎ 22 75 61 47. Abierto todos los días hasta las 3.00 h y viernes y sábados hasta las 6.00 h. Toda una institución este local, pues tiene fama de ser el mejor establecimiento de bocadillos cariocas de la ciudad. Algunos son muy originales, con piña acompañando la carne o el pollo.

M SINDICATO DO CHOPP: Avenida Atlântica 514. ☎ 25 41 31 33. Abierto todos los días hasta las 3.00 h. Una *choppería* muy agradable, en Leme, y con una terraza y un salón bajo ventiladores. Los sábados y domingos hay *feijoada* hasta las 16.00 h. Los sándwiches y platos de pasta son económicos; un poco más caro hay platos de carne, camarones y pescado. Este restaurante tiene sucursales en Copacabana, Ipanema, Leblon y Barra da Tijuca.

M GALETO VIVA FLOR: Rua Paula Freitas 66. ☎ 25 48 19 35. Abierto de 11.00 a medianoche. Otro local donde tomar galetos y churrascos económicos (churrasco mixto y *choppe*, 37 reales), en una barra o en la agradable terraza. Es un clásico de Copacabana.

M CARRETÃO: Rua Siqueira Campos 23 ☎ 22 36 34 35. Abre hasta las 23.00 horas. Una churrasquería a dos pasos de la Avda Atlântica con un *rodizio* de carnes a 49 reales entre semana.

M ARATACA: Rua Domingos Ferreira 41. ☎ 25 49 20 76. Abierto todo el día hasta tarde en la noche. Cocina de la región del Amazonas. Puede llevar a confusión el que se trate de dos locales anexos y con el mismo nombre. Uno, el de aspecto más sencillo, más de bar, es más barato que el otro, que parece más un restaurante.

C A MARISQUEIRA: Rua Barata Ribeiro 232 (Copacabana). ☎ 25 47 39 20. Abierto todos los días de 11.00 h a 24.00 h. Mariscos y pescados en general. Dos personas pueden compartir un plato. Probad la *caldeirada de frutos do mar*.

C SHIRLEY: Rua Gustavo Sampaio 610. ☎ 22 75 13 98. En la Praia de Leme, un local pequeño que figura entre los mejores especializados en cocina española. En Río aprecian mucho su paella; también hay buenos platos de pescado.

C SIRI MOLE: Francisco Otaviano 50. ☎ 22 67 08 94. Especialidades de Bahía; los sábados hasta las 17.00 h suele haber un "bufê baiano" que incluye *xinxim de galinha, moqueca de peixe, acarajé,* etcétera.

(C) **MARIUS CARNES:** Avenida Atlântica 290 B (Leme). ☎ 21 04 90 00. Abre todos los días de 12.00 a medianoche. Es, con Porcão, la mejor churrasquería de Río y algo más económica. Está en Leme, en el extremo norte de Copacabana.

Lo más típico es tomarse aquí el fastuoso bufé compuesto por *rodizios* de carne que sirven incansablemente en la mesa los camareros y platos de *sushi*, ensaladas, pescado, gambas, mejillones, ostras, arroz, *feijoada*, etcétera, que hay que servirse uno mismo en las mesas centrales.

(L) **MARIUS CRUSTÁCEOS:** Avenida Atlântica 290 A (Leme). ☎ 21 04 90 00. Abre todos los días de 12.00 a medianoche. Un excelente bufé de pescado y mariscos en el local adyacente al especializado en carnes, en Leme.

(E) **CIPRIANI:** Hotel Copacabana Palace, Avenida Atlântica 1.702. ☎ 25 45 87 47. Abre todos los días hasta las 15.00 horas y de 19.00 h a medianoche. El restaurante del lujoso hotel está considerado entre los tres mejores de Río. Una perfecta simbiosis de cocina natural e italiana sofisticada.

(E) **LE PRÉ CATELAN:** Avenida Atlântica 4.240 (Hotel Sofitel, Copacabana). ☎ 25 25 11 60. Abierto de lunes a sábados de 19.00 h a medianoche. Considerado uno de los mejores restaurantes de cocina francesa de Río; preparad la cartera.

IPANEMA Y LEBLON

(B) **BOTEQUIM INFORMAL:** Barão da Torre 348. Un local donde sirven al mediodía una de las *feijoadas* más baratas de Ipanema.

(B) **CONFEITARIA IPANEMA:** Rua Visconde de Pirajá 321 A esquina Joana Angélica (Ipanema). Abierto todos los días de 9.00 a 1.00 h. Un establecimiento tradicional siempre lleno de gente que viene por su rica repostería y por sus *salgados*. Para picar algo en cualquier momento.

(B) **DOCE DELICIA:** Rua Aníbal de Mendonça 55 F (Ipanema). Abre todos los días hasta muy tarde. Local luminoso y agradable, donde se sirven ensaladas, carnes, camarones, etcétera.

(B) **MARTINICA:** Vinicius de Morais 99 (Ipanema). Un sencillo *lanchonete* haciendo esquina con Visconde de Pirajá.

(B) **BIBI SUCOS:** Ataulfo de Paíva esquina José Linhares. Un magnífico puesto de zumos naturales en Leblón, donde también se puede tomar sándwiches y *salgados*.

(M) **GULA GULA:** Rua Henrique Dumont 57. ☎ 22 59 30 84. Abre de lunes a jueves hasta medianoche y viernes y sábados hasta la 1.00 h. Un autoservicio con numerosas sucursales por distintos barrios de Río y donde además del bufé se sirven dos o tres platos del día.

(M) **GAROTA DE IPANEMA:** Rua Vinicius de Moraes 49. ☎ 25 23 37 87. Abre todos los días hasta al menos medianoche. Es el bar donde Vinicius y Antonio Carlos Jobim crearon la famosa *Garota de Ipanema* inspirados en Heloisa Eneida, una chica que solía pasar por esta calle. En la fachada veréis una reproducción de la partitura. Su terraza es muy agradable, sirve una carta reducida, ensaladas, pollo, carne y algún pescado frito. Acercaos al tablón de anuncios, no tiene desperdicio.

(M) **VINÍCIUS:** Rua Vinícius de Moraes 49A (Ipanema). ☎ 22 87 14 97. Abierto hasta la 1.30 h y fines de semana "hasta el último cliente". Este local, situado enfrente de *Garota de*

Ipanema, ha copiado su estilo y su terraza, y como el primero siempre está lleno, se acaba picando. Sirve sabrosos aperitivos, como las *patinhas de caranguejo*.

(M) **BAR LAGOA:** Avenida Epitácio Pessoa 1.674. ☎ 25 23 11 35. Abre de lunes a viernes de 18.00 h a 2.00 h y sábados y domingos, de 12.00 h a 2.00 h. Un bar con terraza casi siempre abarrotado de gente y, en realidad, en Lagoa, muy cerca de Ipanema. Buena relación precio-calidad-cantidad y platos sencillos, como salchichas, ensalada de patatas y carnes, todo ello regado con buena cerveza. Con vistas a la laguna.

(M) **VIA SETE:** Rua García d'Ávila 129 (Ipanema). ☎ 25 12 81 00. Abre hasta la 1.00 horas. Carnes a la brasa y ensaladas en el corazón de Ipanema.

(M) **LA FORNERÍA:** Rua Maria Quitéria 136 (Ipanema). ☎ 25 40 80 45. No cierra día alguno. A orillas del Lago, platos italianos: pizzas, pasta, ensaladas y buenísimos dulces.

(C) **CASA DA FEIJOADA:** Rua Prudente de Morais 10 (Ipanema). ☎ 25 23 49 94. Abierto todos los días hasta la 1.00 h. Cocina brasileña tradicional y *feijoada* todos los días, en vez de sólo los sábados pero algo cara, a 50 reales. Tiene un menú fijo del día de precio medio.

(C) **CELEIRO:** Rua Dias Ferreira 199 (Leblon). ☎ 22 74 78 43. Abre por las mañanas y cierra los domingos. Una dirección para recomendar a todos aquellos que busquen productos vegetales de primera calidad sin abonos químicos. En el bufé diario hay hasta cuarenta tipos diferentes de ensaladas.

(C) **ESPLANADA GRILL:** Rua Barão da Torre 600; esquina Anibal Mendonça (Ipanema). ☎ 25 12 29 70. Abierto todos los días hasta medianoche. Un restaurante, churrascaría, muy elegante y servicio a tono. Carta variada a pesar de la especialidad a la brasa, y vinos de diferentes denominaciones, sobre todo europeos y chilenos.

(C) **MADAME BUTTERFLY:** Rua Barão da Torre 472 (Ipanema). ☎ 22 67 43 47. Abierto todos los días hasta la medianoche. Cocina japonesa servida en un local tranquilo.

(C) **ARTIGIANO:** Avenida Epitácio Pessoa 204 (Ipanema). ☎ 25 12 61 07. Abre de 19.00 a 1.00 h y domingos, de 12.00 a 15.00 h. En la calle que bordea el lago, el local se ubica en un edificio tradicional del barrio Jardim de Alá y se ha convertido en un sitio muy frecuentado por su sabrosa cocina italiana. La carta varía con frecuencia.

(C) **PORCÃO:** Rua Barão da Torre 218 (Ipanema). ☎ 35 21 28 80. Abierto todos los días desde las 12.00 h hasta las 22.00 h y fines de semana hasta medianoche. La sucursal de Ipanema de una de las mejores churrascarías del país. Id a tomar, con mucha hambre, el ingente bufé de carnes al *rodizio*, ensaladas, pescado, gambas y frutos de mar, *sushi* y magníficos postre.

(L) **GALANI:** Hotel Caesar Park, Avda Vieira Souto 460. ☎ 25 25 25 25. En el segundo piso de este lujoso hotel de Ipanema, la *feijoada* que sirve los sábados de 12.00 a 16.00 horas es muy apreciada.

(E) **ANTIQUARIUS:** Rua Aristides Espínola 19 (Leblon). ☎ 22 94 10 49. Abierto todos los días de 12.00 a 2.00 h. Cocina portuguesa en la que predomina el bacalao servido de varias formas; a muchos les gusta *à lagareira*. Vinos, igualmente portugueses. El local está decorado con muebles de anticuarios que están a la venta, y cualquier cliente que se encapriche de uno lo puede adquirir.

BARRA DA TIJUCA

(M) **LUÍSA SALADAS:** Olegario Marciel 231. Autoservicio con platos calientes y una selección de más de treinta tipos de ensaladas diferentes.

M **BAR DO OSWALDO:** Estrada do Joá 3.896. Abre todos los días hasta las 2.00 horas. Un bar y restaurante con una terraza muy agradable donde podéis comer también a precio barato si tomáis raciones, como la riquísima *linguiça* (chorizo encebollado y frito). Sirven unas buenísimas *batidas*, es decir, cachaça con zumos naturales.

M **DONNA DONNI:** Rua Uruguai 380; Loja 13. ☎ 25 70 85 13. Abierto todos los días de 18.00 h a medianoche y fines de semana a partir de las 12.00. El local no puede ser más pequeño (poco más de veinte plazas), por lo que siempre suele haber problemas de sitio, ya que las pastas son excelentes (*tagliatelli, fetuccini...*), así como las pizzas, los antipastos y las verduras. Además, no es nada caro.

C **BABY BEEF PAES MENDONÇA:** Avenida das Américas 1.510. Una cadena que se ha convertido en uno de los lugares favoritos de los amantes de las carnes. Raciones abundantes y churrasco.

VARGEM GRANDE

L **QUINTA:** Rua Luciano Gallet 150. ☎ 24 28 13 96. Sólo abre fines de semana y festivos de 13.00 a 18.00 h. Reserva obligatoria. Local seductor donde se sirve una buena selección de pescados y mariscos en un gran menú degustación. También hay varios platos bahianos y ricos postres caseros y compotas.

DE COPAS

En estos momentos, la zona que arrasa en cuanto a marcha se refiere en Río es Lapa, alrededor del Viaducto. En la década de los años 30 del siglo pasado Lapa fue el centro de la bohemia carioca, con sus clubes de samba, cabarets y burdeles. Esta época dorada llegó a su fin en 1940, cuando el presidente Getúlio Vargas ordenó el cierre de todos los clubes de samba y cabarets y quedaron sólo los burdeles y los bares de mala muerte. Durante varias décadas Lapa era un lugar peligroso, impensable para un turista por las noches. Sin embargo, con el comienzo del siglo XXI Lapa vive una nueva edad de oro. Antiguos bares y locales con un sabor muy auténtico se han convertido en restaurantes populares, nuevos centros de samba y bares de copas. Las noches del fin de semana y los jueves, cuando algún *bloco*, como en Bahía, sale en procesión y a ritmo de tambores sus componentes bailan en la calle con toda la gracia del mundo.

Además, hay varios puestos callejeros de riquísimas *batidas* –cachaza con diferentes zumos de frutas–, sitios donde comer barato o a precio medio y fantásticos lugares de samba, como el más famoso en estos momentos, el Carioca da Gema.

Definitivamente, Lapa es la zona a la que ir de noche, ya que ha desbancado totalmente a Ipanema y Copacabana, que aún concentran locales agradables, pero cuya clientela se nutre más que nada de turistas. Para volver al hotel por la noche, hay una parada de taxis muy a mano frente a los Arcos.

MÚSICA EN VIVO O PARA BAILAR

CARIOCA DA GEMA: Avenida Mem de Sá 79 (Lapa). ☎ 22 21 00 43. Abre de martes a sábados. Entrada de pago. Carioca da Gema fue uno de los primeros clubes de samba que retornó a Lapa y hoy es el que está más de moda. No os lo perdáis.

CLUBE DOS DEMOCRÁTICOS: Rua do Riachuelo 91, Lapa. ☎ 22 52 46 11. Cierra lunes y martes. Entrada de pago. Un club de samba en, cómo no, Lapa. Con muchísimo sabor auténtico y encanto.

BECO DO RATO: Joaquim Silva 11, Lapa. ☎ 25 08 56 00. Abre hasta las 2.00 de la madrugada de martes a domingos. Entrada gratuita. Samba, pero también otros ritmos en este clásico de Lapa.

CASA DE FORRÓ ASA BRANCA: Avenida Mem de Sá 17 (Lapa). ☎ 22 24 58 48. De miércoles a domingo, este local de Chico Recarey programa actuaciones de grupos de *forró*, la música del Nordeste, sambas y otros ritmos brasileños.

CIRCO VOADOR: Rua dos Arcos, Lapa. ☎ 25 33 03 54. www.circovoador.com.br Entrada de pago. Detrás de los Arcos, música en vivo de diferentes estilos, también samba, y algunas noches actúan auténticas estrellas locales.

ESTRELA DA LAPA: Avenida Mem de Sá 69 (Lapa). ☎ 25 07 66 86. Abre hasta las 2.00 h y hasta la 1.00 los lunes. Entrada de pago. Una preciosa casona del siglo XIX, con muchísimo sabor, donde se ha instalado este club con música en vivo o dj's.

RIO SCENARIUM: Rua do Lavradio 20, Lapa. ☎ 31 47 90 00. Abre de martes a sábados de 7.00 a 2.30 h. Otro club de samba en Lapa que ocupa un local precioso de varias plantas. Muy recomendable.

CAFÉ NEVES: Largo das Neves 11. En Santa Teresa, un café-bar desde el que se contempla el ir y venir del *bondinho* y donde algunas noches hay música en vivo. Muy enrollado.

SANTA ARTE: Rua Paschoal Carlos Magno 121. Otro bar con música en vivo –anímadisimo en las noches de fin de semana– en Santa Teresa.

APRAZÍVEL: Rua Aprazível 62. ☎ 25 08 91 74. En este restaurante de Santa Teresa los jueves por la noche (se recomienda reservar) hay música *chorinho* en vivo.

FUNDIÇÃO PROGRESSO: Rua dos Arcos 24. En Lapa, una antigua fábrica en cuyas diferentes plantas se celebran conciertos de música brasileña.

SKYLAB: Avenida Atlântica 3.624. En el piso treinta del hotel Rio Othon Palace en Copacabana, es un mítico piano bar adonde muchos turistas vienen a tomar una copa y disfrutar de sus preciosas vistas sobre la media luna de la playa, iluminada en la noche.

MISTURA FINA: Rua Rainha Elizabeth 769 (Ipanema). Además de jazz ofrecen actuaciones muy diversas, incluso Música Popular Brasileña.

JAZZ

En Río hay muchos aficionados que se reúnen a escuchar su música favorita, el jazz, en algunos locales nocturnos. A veces el jazz se mezcla con otros ritmos brasileños y produce magistrales combinaciones:

CLAN CAFÉ: Rua Cosme Velho 564. ☎ 25 58 23 22. Jazz en vivo los sábados desde las 21.00 h.

BARES DE MARCHA

BAR DO MINEIRO: Rua Paschoal Carlos Magno 99. Abre hasta las 2.00 horas de martes a jueves, hasta las 4.00 h los viernes y sábados y hasta las 20.00 h los domingos.

En Santa Teresa, toda una institución ya. En realidad es un restaurante, pero muy agradable también para ir de copas.

MANOEL & JOAQUIM: Avda Atlântica 3.806. En Copacabana, otro local de la cadena ubicua en Río, unos restaurantes en los que también se puede ir a tomar unas copas.

ECLIPSE: Avda NS de Copacabana 1.309. En la esquina con la calle del Blue Angel, cierra muy tarde.

BOFETADA: Rua Farme de Amoedo 87 (Ipanema). Un bar con gran ambiente y *bossa nova* en vivo en las noches de martes a jueves entre las 20.00 h y medianoche.

ACADEMIA DA CACHAÇA: Rua Conde de Bernadotte 26 (Leblon). ☎ 22 39 15 42. Las mejores *cachaças* y más variadas de la ciudad. El local es pequeño, pero tiene una amplia terraza. Ambiente juvenil, gente guapa que se deja ver por toda la zona.

VINICIUS: Rua Vinicius de Moraes 39. ☎ 22 53 47 57. Abre hasta las 2.00 h. El "templo de la *bossa nova*". Actuaciones en directo a partir de las 23.00 h.

GAROTA DE IPANEMA: Rua Vinicius de Moraes 49. ☎ 25 23 37 87. Abre todos los días hasta muy tarde. La Garota de Ipanema es, además de restaurante, un bar con toda la parafernalia de la famosa canción expuesta en sus paredes: partituras, fotos, etcétera, y música de *bossa nova*. Muy turístico, pero imprescindible al menos una vez.

CHIKO'S BAR: Praça Euvaldo Lódi 75 (Barra). ☎ 31 53 40 40. Cierra a las 5.00 h. El nombre proviene del apodo de su dueño, *Chico Recarey*, un español que se ha convertido en el rey de la noche carioca, gracias a los numerosos locales nocturnos que regenta en Río. Aquí vienen a terminar la noche muchos músicos que tocan en otros locales, a veces a tomarse una copa y otras a improvisar con sus interpretaciones espontáneas.

DISCOTECAS

La mayoría funciona como clubes privados, pero si estáis alojados en un buen hotel o conocéis a alguien que lo esté, podéis hacer la reserva desde la recepción.

MELT: Rua Rita Ludolf 47. Muy pija y la favorita de las modelos cariocas. Está en Leblon.

CASA DA MATRIZ: Rua Henrique de Novaes 107. En Botafogo, una discoteca enorme, con varias salas, de las mejores de Río.

BARONETTI: Rua Barão da Torre 354 (Ipanema). ☎ 22 27 13 54. Una discoteca que sigue muy de moda en Ipanema.

GALERIA CAFÉ: Rua Teixeira de Mello 31. Con famosos dj's muchas noches de la semana.

PASSEIO PÚBLICO: Avenida Rio Branco 277 (Centro). Abierta todos los días hasta las cinco de la mañana. Una *disco* moderna donde las luces juegan un importante papel. Música variada y posibilidad de picar algo. Copas y combinados.

COMPRAS

ARTESANÍA

ARTINDIA: Rua das Palmeiras 55 (Botafogo). ☎ 22 86 88 99. Pertenece a Funai, la organzación que gestiona la protección de los territorios indígenas del país. Artesanía de los pueblos indios en el Museo dedicado a ellos.

CASA DE ARTESANTO DO ESTADO DO RIO DE JANEIRO: Rua Real Grandeza 293, Botafogo.

LIBROS

En Direcciones útiles facilitamos las direcciones de las mejores librerías de Río. Para libros viejos y de segunda mano, en los alrededores de la Praça Tiradentes hay varias tiendas, concretamente en el Largo da Carioca y rua 7 de Setembro. Tienen una buena variedad.

CENTROS COMERCIALES

Los *shopping centres* abundan por la ciudad y en ellos encontraréis de todo y os refrescaréis con el potente aire acondicionado instalado en estas pequeñas ciudades comerciales. La mayoría de las grandes firmas tiene abierta alguna tienda en estos centros, al igual que las multinacionales de la comida rápida. Los precios de las cosas son inferiores a los de España.

BARRA SHOPING: Avenida das Américas 4.666 (Barra da Tijuca). Abierto de lunes a sábado, de 10.00 h a 22.00 h. Es el mayor de todos los construidos en Río. Moda masculina, femenina, representada por varios grandes almacenes y por firmas internacionales. Podréis entreteneros en los múltiples bares, en sus tres cines o en la pista de patinaje sobre hielo.

BARRA GARDEN: Avenida das Américas 3.255 (Barra de Tijuca). Más de cien tiendas, además de cines, un teatro y varios restaurantes.

CASA SHOPING: Avenida Ayrton Senna 2.150 (Barra da Tijuca). Abierto de lunes a sábado, de 10.00 h a 22.00 h. Situado junto al anterior, se ha especializado en objetos para el hogar. Tiene también restaurantes y otros tres cines.

ILHA PLAZA: Avenida Maestro Paulo e Silva 400 (Ilha do Governador). Aparcamiento y cerca de 200 establecimientos.

RIO DESIGN CENTER: Rua Ataulfo de Paiva 270 (Leblon). Abierto de lunes a sábado, de 10.00 h a 22.00 h. Aquí se encuentran numerosas tiendas de decoración, anticuarios y galeristas de arte.

RIO SUL: Rua Lauro Müller 116 (Botafogo). Abierto los siete días de la semana, de 10.00 h a 22.00 h. Cuenta con cientos de tiendas de ropa y regalos. Hay además un supermercado y varios grandes almacenes.

SHOPING DE GÁVEA: Rua Marquês de São Vicente 52. Abierto de lunes a sábado, de 7.00 h a 23.00 h. En este centro comercial se han sumado las tiendas de ropa a las de vídeo, librerías, galerías de arte y objetos de decoración. Además tiene tres cines y varios bares-restaurantes.

SÃO CONRADO FASHION MALL: Estrada da Gávea 899 (São Conrado). Abierto de lunes a sábado, de 10.00 h a 22.00 h. Los domingos, de 11.00 h a 21.00 h. Numerosas tiendas de moda, anticuarios, galerías de arte y salas de cine.

TIJUCA: Avenida Maracaná 987 (Tijuca). Abierto de 10.00 h a 22.00 h, los domingos desde las 15.00 h. Uno de los más modernos.

VIA PARQUE SHOPPING: Avda Ayrton Senna 3.000 (Barra da Tijuca).

MERCADOS CALLEJEROS

FEIRARTE I: Praça General Osório (Ipanema). Domingos de 8.00 h a 18.00 h. Es uno de los más turísticos, donde se venden infinidad de objetos de artesanía. Hay cosas que merecen la pena: cinturones, sandalias de cuero, joyas, objetos de vidrio, instrumentos musicales, etc.

FEIRARTE II: Praça Quinze de Novembro (Centro). Jueves y viernes, de 8.00 h a 18.00 h. Artesanía, bisutería y ropa de algodón.

FEIRA NORDESTINA: Campo de São Cristóvão (junto a la Quinta da Boa Vista). Domingos de 6.00 h a 13.00 h. Encontraréis todo tipo de utensilios y objetos artesanales de la región Nordeste. También podréis probar algunas de sus especialidades culinarias y escuchar su música.

MERCADILLO DE LA AVENIDA ATLÂNTICA: a lo largo de esta avenida se instalan diariamente numerosos vendedores de pareos, biquinis, vestidos de algodón, bolsos y artesanía de otras regiones del país. Su horario es muy flexible y normalmente se retiran bien entrada la noche. Siempre es un recurso de última hora.

Hay otras calles del Centro, las perpendiculares a la avenida Rio Branco y las cercanas a Largo Carioca, donde se montan y desmontan mercados callejeros diariamente. Son calles como Uruguaiana, Buenos Aires, etcétera. Esto también ocurre en algunas zonas de Nossa Senhora de Copacabana. En estos puestos venden objetos de uso diario, menos atractivos para el turista: desde las prácticas chancletas de goma a herramientas para distintos gremios y otros objetos de máxima especialización.

MERCADOS DE ALIMENTACIÓN

Los mercados callejeros de frutas y verduras también son muy interesantes, sobre todo por las variedades exóticas que venden.

COPACABANA: los domingos, entre el número 83 de Anita Garibaldi y la plaza de Edmundo Bitencourt. Hay olorosas especias y una variedad enorme de frutas tropicales. También venden pescado. Por la tarde, la calzada y las aceras quedan como si hubiera pasado Atila, con desperdicios de frutas, cajas y papeles, pero un servicio de limpieza lo deja todo otra vez como nuevo.

MERCADO PÚBLICO: Rua Uruguaiana, esquina Buenos Aires. En un descampado, junto a una pared donde se ha pintado un mural con árboles cortados que parecen sangrar. Romántica evocación de la destrucción. Aquí encontaréis puestos de todo: ropa, discos compactos –mucho pirateo–, dvd's, radiocasetes, camisetas, pero sobre todo frutas exóticas y verduras.

ADROGAFLORA: Rua Andradas 9. En una calle que sale frente a la iglesia São Francisco de Paula. Tienda muy pequeña con cantidad de productos naturales que servirán para remediar todo tipo de dolencias. También zumos naturales y guaraná.

ANTIGÜEDADES

FEIRA DE ANTIGÜEDADES PRAÇA QUINZE DE NOVEMBRO: se celebra los sábados, de 9.00 h a 18.00 h. Una parte de los puestos se coloca en esta plaza y los que venden objetos de más valor se sitúan en la Praça Marechal Ancora, alrededor del restaurante Alba-Mar. Son objetos de finales del siglo XIX y principios del XX, por lo general, traídos de Europa. Abundan los objetos pequeños de plata, los relojes, joyas y porcelanas. Los precios, en dólares o euros, son elevados. Si os interesa alguna pieza, es mejor que vayáis a última hora, cuando están a punto de cerrar los puestos. Es posible que consigáis alguna rebaja. La mayoría de estos anticuarios se desplaza los domingos al centro comercial Casa Shopping Center (Barra de Tijuca), donde se monta otro mercadillo.

RUA DO LAVRADIO: junto a las *ruas* do Senado y Visconde Rio Branco (Centro). El primer sábado de cada mes de 10.00 h a 17.00 h.

PIEDRAS PRECIOSAS

En Río están instaladas las casas centrales de las firmas de joyeros que más garantía ofrecen.

STERN: Rua Visconde de Pirajá 409 (Ipanema). Esta casa tiene más de 300 sucursales en todo el mundo. Es propiedad de Hans Stern, un judío alemán afincado en Brasil desde la Segunda Guerra Mundial, por el que pasa el 70% de la producción de piedras del país. En los talleres de Ipanema os enseñarán las diferentes etapas por las que pasa una pieza hasta convertirse en joya.

IBRAGEM: Avenida Nossa Senhora Copacabana 435. Se trata del Instituto Brasileño de Gemología y Mineralogía y donde identifican y valoran las piedras.

Otras firmas de confianza, de las que encontraréis numerosas tiendas son: **Amsterdam, Roditi, Rosenmann, Gregory and Sheeham** y **Sidi**.

ALREDEDORES DE RÍO

ILHA DE PAQUETÁ

La Isla de Paquetá está situada al norte del centro de Río, en la bahía de Guanabara, a una hora de la Praça Quinze de Novembro en ferry o a veinticinco minutos en catamarán. Durante los días laborables la habitan unos 3.000 vecinos que los fines de semana se ven desbordados por montones de turistas.

Muchos cariocas se han construido aquí su segunda residencia. Pero aunque ya no es el paraíso que fue, refugio del rey João VI, sigue siendo un lugar tranquilo, no circulan más vehículos que las bicicletas, los carros de caballo, un coche de la policía y una ambulancia. Sin embargo, sus playas están contaminadas.

LA VISITA

Podéis empezar visitando el **Solar del Rey**, en la Rua Príncipe Regente, que es la casa donde vivió el monarca João VI; la **capilla de San Roque**, construida en 1698 y restaurada en 1910, la **praia da Guarda** y el **parque Duque de Mattos**. Para que el paseo sea más agradable, podéis alquilar bicicletas en cualquiera de los numerosos puestos, o un caballo con carreta.

CÓMO IR

EN BARCO. Conerj (Companhia de Navegação do Estado do Rio de Janeiro) fleta varios ferries entre las 5.30 y las 23.00 h, que zarpan cada dos o tres horas; el billete es muy barato. El embarcadero está situado en la Praça Quinze de Novembro.

Los catamaranes o hidrodeslizadores de Transtur sólo tardan 25 minutos en hacer el recorrido y el billete cuesta unos cuatro euros. Zarpan del mismo embarcadero, entre semana, a las 10.00 12.00 y 16.00 h, y vuelven a las 7.40, 11.40, 12.30, 14.30 y 16.30 h. Los fines de semana salen de la Praça a cada hora en punto entre las 8.00 y 15.00 h y a las 16.30 h, y retornan de la isla cada hora entre las 8.30 y las 17.30 h.

NITERÓI

Niterói está situada en la orilla oriental de la Bahía de Guanabara, a unos veinte kilómetros de Río y unida a ésta por un moderno puente, colapsado de tráfico en sus horas punta, por lo que la mayoría que tiene que ir o venir utiliza los ferries y catamaranes desde la Praça Quinze de Novembro. En esta ciudad empieza la llamada Costa del Sol. Tiene escaso interés turístico, aunque podéis dedicarle una mañana o una tarde si tenéis tiempo.

Se puede visitar la iglesia de **São Francisco Xavier**, construida en el siglo XVI; los fuertes de **Imbui** y **Santa Cruz** y la isla de **Boa Viagem**, comunicada con la ciudad a través de un puente. Las playas de **Piratininga** e **Itacoatiara** están a veinte kilómetros y son muy bellas. También hay otras más cercanas en las que os podréis bañar, como las de **Boa Viagem**, **Icarai** o **das Flechas**.

MUSEU DE ARTE CONTEMPORANEA. Mirante da Boa Viagem. ☎ 26 20 24 00. Abre de 11.00 a 18.00 h y cierra los lunes. El motivo de la visita a este museo, sobre un acantilado a las afueras de la ciudad, no lo constituyen sus exposiciones temporales de arte contemporáneo, aunque algu-

na específica puede resultar magnífica, sino la vanguardista estructura del edificio, obra del genial arquitecto Oscar Niemeyer, que lo diseñó en forma de platillo volante.

DATOS PRÁCTICOS

OFICINA DE TURISMO. Neltur, Estrada Leopoldo Froes 773 (São Francisco). ☎ 800 282 77 55. www.niteroiturismo.com.br

MEDIOS DE TRANSPORTE

RODOVIÁRIA. Avda Feliciano Sodré. ☎ 26 20 88 47.

FERRIES A RÍO. ☎ 26 20 65 76.

TRANSTUR (CATAMARANES). ☎ 26 22 69 92.

ALOJAMIENTO

CAMPING PIRATININGA: Estrada Frei Orlando 161. ☎ 26 18 25 66. www.pousadapiratininga.com.br A unos 15 kms de Niterói, en Piratininga, un cámping que también alquila habitaciones económicas.

(M) **POUSADA SOL & MAR.** Avda Xavier de Araújo 32. ☎ 26 19 11 74. Un poco a desmano, ya que está a quince kilómetros de Niterói, en Camboinhas. Muy correcta.

(M) **HOTEL NITERÓI PALACE:** Rua General Andrade Neves 134. ☎ 27 16 52 50. www.niteroipalacehotel.com.br Céntrico y con 66 habitaciones con baño, aire acondicionado, televisión y frigobar. Tiene bar y restaurante.

DÓNDE COMER E IR DE COPAS

La zona más aconsejable para cenar y tomar alguna copa es en la playa de São Francisco, donde siempre está animado, al igual que la playa de Charitas; el paraje es de lo más bonito de Niterói y varios restaurantes cierran muy tarde.

(B) **FAMILIA PALUDO.** Avda Quintino Bocaiúva 247. ☎ 27 15 32 05. Abre todos los días hasta las 2.00 ó 3.00 h. En el paseo marítimo de São Francisco, un bufé muy barato *a quilo* y a precio medio a la carta. Tiene de casi todo: carne, pescado, *sushi*, marisco, pizza, ensaladas, etcétera. Tienen otro local en la playa de Icaraí.

(B) **CONFEITARÍA NS DE LOURDES.** Avda Ruí Barbosa 32. Abierto hasta las 22.00 h. También en São Francisco e ideal para desayunar o tomar un *salgadinho* rápido. Con buenos zumos naturales y café.

VELHO ARMAZEM. Avda Quintino Bocaiúva 6. ☎ 27 14 54 24. Un restaurante alemán del que se asegura que funciona desde 1901. También sirve *rodizio*.

MARVIDA. Avda Quintino Bocaiúva 151. Abre de martes a jueves, de 18.00 a 1.00 h y de viernes a domingos, de 11.00 a 1.00 h. Cocina bahiana en el paseo marítimo de São Francisco: *bobo de camarão, moquecas*, etcétera.

FORNELLO. Avda Quintino Bocaiúva 255. Bufé y pasta y pizzas.

ALREDEDORES DE NITERÓI

LAS PLAYAS. A partir de Niterói en dirección a Itaipu nos encontramos las siguientes playas:

Gragoatá: junto al Forte de Gragoatá, es pequeña y no se aconseja para el baño.

Vermelha: entre el Fuerte y la isla de Boa Viagem. Para ir a pescar.

Boa Viagem: una estrecha franja de arena que tampoco se aconseja para el baño.

Das Flechas e Icaraí: ambas urbanas y frente a la Baía de Guanabara. Lo más curioso, las piedras do Índio y de Itapuca.

São Francisco y Charitas: también urbanas y con varios centros de deportes náuticos. Ambas se animan por la noche.

Jurujuba: al lado del Forte Rio Branco y del pueblecito de pescadores, no es muy apropiada para el baño.

Piratininga y do Sossego: las dos fuera del lago. Frente a la isla do Veado. La primera está urbanizada.

Camboinhas e Itaipu: la primera está comunicada con el lago de Itaiou.

Itacoartiara: ya en Itaipu. No muy apta para el baño, pero buena para el surf.

CÓMO IR

El puente **Costa e Silva**, con catorce kilómetros de longitud, hace de enlace entre Río y Niterói y es por donde vienen los autobuses urbanos, pero ya hemos dicho que se viene más rápido en barco.

EN BARCO: Los ferries cruzan día y noche desde la Praça Quinze de Novembro a Niterói en unos 40 minutos, mientras que los catamaranes apenas tardan diez o quince; merece la pena, sin duda, pagar la diferencia del billete de la opción más rápida, que sigue siendo barata.

LA COSTA VERDE

A la costa suroeste de Río se le denomina Costa Verde, por el color que domina en su paisaje. Numerosas islas y pequeñas calas de arena blanca se extienden a lo largo de 250 kilómetros. La sinuosa carretera discurre paralela a la costa desde Mangaratiba a Paraty. Si alquiláis un vehículo, podréis elegir parajes realmente solitarios y hermosos donde parar y acampar.

En todo caso, en autobús se viaja estupendamente por esta región.

ANGRA DOS REIS

Esta pequeña ciudad costera está situada a 15- kilómetros al suroeste de Río. Es una ciudad marinera por su condición de puerto estratégico y seguro, próximo a Ilha Grande y resguardado por su golfo. A mediados del siglo XVIII llegó a ser el segundo puerto más importante de Brasil. Desde aquí se exportaba el café de São Paulo y el azúcar refinado en las quince empresas que llegó a tener Angra dos Reis, inicialmente llamada ciudad de los Reyes Magos. En la actualidad su puerto sólo tiene que ver con el turismo, actividad primordial de la que vive, ya que desde aquí zarpan barcos para muchas de las islas que lo circundan.

Para vosotros será más que nada una etapa de paso para ir o venir a Ilha Grande.

LA VISITA

La ciudad tiene poco interés, si se exceptúan algunos edificios históricos como la iglesia y el convento de **Nossa Senhora do Carmo** (siglo XVI), en la Rua Julio María, o **Nossa Senhora da Conceiçao.**

También puede merecer una visita el **Convento de São Bernardo da Sena** con su característico reloj, situado en el Morro de Santo Antônio. De todas formas, los mayores atractivos de Angra dos Reis son sus alrededores, su naturaleza y sus paseos en barco por las numerosas islas de la bahía. Hay muchas empresas que hacen distintos recorridos. Lo mejor es que os informéis en la Associação dos Barqueiros, situada en la avenida Beira-Mar. La mayoría de las ofertas incluye paradas en islotes y playas y el almuerzo. Para ir a la playa, lo mejor es alejarse algo de la civilización, porque las que están en el núcleo urbano no son buenas.

Hay autobuses que salen cada hora de la *rodoviária* y van a las playas de Bombim, Gordas, Grande, Tanguá, Tanguazino, Ribeira o Retiro.

DATOS PRÁCTICOS

PREFIJO TELEFÓNICO: 24.

UNA GUÍA ON LINE: www.angraonline.com

AGENCIA DE VIAJES SAVEIROS ANGRA. Avda Ayrton Senna 600. ☎ 33 77 84 40. www.saveirosangra.com Una agencia donde proveen de mucha información sobre las actividades y excursiones por las isla de los alrededores.

REGIÓN DE ANGRA DOS REIS
Serra do Mar
Bahía do Ribeiro
Serra do Mar
Porto Bracuhy
Ilha do Cunhambebe
Vila do Frade
Jacuecanga
Monsuaba
A Río
Conceição de Jacareí
Angra dos Reis
A Paratí
Mambucaba
Bahía de Jacuecanga
Ilha da Gipóia
Ilha dos Macacos
Ilha dos Porcos
Ilha do Papagaio
Océano Atlántico

MEDIOS DE TRANSPORTE

RODOVIÁRIA ARY PARREIRAS: Largo de Lapa. Centro. Punto de llegada y partida de los autobuses.

FESTIVIDADES

PROCESIÓN MARINA: El primero de enero los barcos engalanados surcan las aguas cercanas a Angra; el segundo domingo de mayo se celebra otra procesión marina, esta vez festejando al Senhor do Bonfim.

ALOJAMIENTO

Ⓜ **CARIBE:** Rua da Conceição 255. ☎ 33 65 00 33. www.angra2reis.com.br/caribe Con piscina, sauna y restaurante. Habitaciones correctas en el hotel más barato de esta categoría.

Ⓜ **PALACE:** Coronel Carvalho 275. ☎ 33 65 00 32. Céntrico, es preferible hacer la reserva. Habitaciones con baño, aire acondicionado, televisión y minibar.

Ⓜ **POUSADA VERDE E MAR.** Praia Grande. ☎ 33 77 15 09. Agradable y con precios moderados.

Ⓒ **ACRÓPOLIS MARINA:** Avenida das Caravelas (Balneário). ☎ 33 65 22 25. www.hotelacropolisangradosreis.com.br Con piscina, sauna y restaurante. 138 habitaciones con aire acondicionado y televisión. Precios desde 390 reales.

Ⓒ **PORTOGALO SUITE.** Beira Mar. ☎ (21) 34 37 75 58. www.portogalosuite.com.br Bien equipado y acogedor, pero está a 26 kilómetros de Angra. Tiene restaurante, bar y sauna.

Ⓒ **HOTEL MARINA GOLF & VILAS.** Carretera de Paraty. ☎ (11) 30 43 40 45. www.fradevilas.com.br También recomendable, pero a 35 kilómetros al oeste de Angra dos Reis.

RESTAURANTES

Abundan los locales de comidas rápidas en los alrededores del muelle. Os vendrán muy bien para comer mientras esperáis el barco a Ilha Grande, ya que zarpa hacia las 15.00 h.

El **Café Favorito**, en la Rua do Comercio, tiene mucho encanto y sirven estupendos *cafezinhos*.

Ⓑ **FOGÃO DE MINAS:** Julio María 398. Abre de 11.00 a 16.00 h. Cocina a kilo muy rica, con ambiente y junto al muelle. El mejor para comer mientras se espera para zarpar hacia Ilha Grande.

Ⓜ **CHEIRO VERDE:** Rua Coronel Carvalho 450. Abre de 11.30 a medianoche. De lo mejorcito para tomar pescados por aquí.

LLEGAR Y PARTIR

EN AUTOBÚS. Los autobuses que salen de la *rodoviária* Novo Rio hacen varios viajes diarios a Angra dos Reis, casi cada hora y tardan tres en cubrir los 150 kilómetros. También se puede venir en autobús desde São Paulo y Belo Horizonte. A Paraty hay al menos seis autobuses diarios y recorren el camino en dos horas.

EN BARCO. Para ir a Ilha Grande zarpa cada día al menos un ferry desde Angra dos Reis, a las 15.30 h, y muchas veces también una goleta hacia las 15.00 h. Ambas embarcaciones tardan y cuestan lo mismo en navegar hasta la isla, alrededor de una hora y media. Para volver, el ferry sale del puerto de Ilha Grande cada día a las 10.00 h.

ALREDEDORES DE ANGRA DOS REIS

PLAYAS. En los alrededores de Angra dos Reis, y de sur a norte, tenéis las siguientes playas:

Da Ensenada: arena oscura de conchas y piedras y abundante vegetación en algunos tramos.

Do Inga y Do Sapé: lo más curioso son algunas casas con los cimientos sobre el agua.

Da Ribeira: frente a las islas de Coqueiros y Cavala. Con arena clara y una piscina natural formada con piedras.

Da Freguesia da Ribeira: se accede desde el mar o por un camino que sale de la carretera de Contorno. El nombre se debe a la iglesia de N.S. da Conceiçao que se levanta allí mismo. También hay unas ruinas de un castillo.

Tanguazinho: playa de arena con cocoteros. Se accede desde el mar o por un camino.

Tanguá: cerca de la anterior y bajo un caserón del siglo XVIII.

Da Figueira: frente al faro de Laje da Figueira y la isla de Gipóia. Una de las mejores para el baño.

Vila Velha: el acceso está cortado en bastantes tramos por las edificaciones.

Grande: arena fina, con árboles y una de las más apreciadas para el baño y la práctica de algunos deportes acuáticos.

Bonfim: no muy recomendada para el baño. Muy cerca de la ciudad.

Las que vienen a continuación tampoco son recomendables para bañarse:

Do Café: tanto esta como la siguiente, **Do Oeste**, ya se encuentran en el otro extremo de la península. Tienen tramos de arena y algunas construcciones.

Do Peregrino: se halla en la Ponta da Cidade y tiene vistas sobre las islas Grande y Gipóia.

Desde esta punta hasta Conceição do Jacareí se suceden otas playas entre las que destacan:

Camorin Pequeno, con arena fina y muchas sombras que la otorgan los cocoteros, eucaliptos y otros árboles.

Da Espia, con un obelisco en memoria de los muertos en un naufragio. Tiene muchos árboles y aguas transparentes.

Itapinhoacanga, muy grande y con un teleférico para ir al ***morro.***

ILHA GRANDE

Ilha Grande está situada a una hora y media de navegación desde Angra dos Reis, mediante ferries o goletas que la comunican al menos una vez al día. También se puede ir desde el puerto de Mangaratiba.

La isla tiene 193 kilómetros cuadrados y sobre ella se cuentan muchas leyendas de tesoros enterrados por piratas que murieron sin desvelar dónde habían escondido su fortuna. También fue tristemente famosa por su leprosería, que luego se transformaría en prisión y acogió a presos políticos durante la primera mitad del siglo que acaba de terminar.

El **antiguo presidio** fue demolido y el centro penitenciario de alta seguridad que funcionó hasta 1995 también cesó su labor. Todavía puede verse el **acueducto** que Pedro II mandó construir para abastecer de agua a la leprosería.

Hoy se ha convertido en un destino favorito de los viajeros por el Estado de Río. Sólo tiene una población de cierta entidad, la capital Abraão, diminuta; varias playas de ensueño y salvajes, como Mendes Lopes, y muchas posibilidades de excursiones caminando hasta enclaves remotos. Por Ilha Grande no veréis circular vehículo alguno de motor, excepto las embarcaciones que surcan sus aguas.

LA VISITA

La isla es una reserva biológica de gran riqueza. En su parte occidental viven macacos, aves y peces de varias especies que están prohibidas cazar y pescar. **Vila do Abraão** es el puerto y núcleo urbano más importante. Está situado en la costa nordeste de la isla y bien preparado para alojar turistas.

Abraão es pequeñito y agradable, con playas a un tiro de piedra, una plaza con una típica iglesia y muchas *pousadas* y restaurantes.

LAS PLAYAS

Ir a la playa es la principal actividad en esta isla, y el acceso a las más lejanas implica una excursión caminando desde Abraão de varias horas o, incluso, días. Los barcos a las más lejanas sólo funcionan entre diciembre y marzo. Tened en cuenta que Ilha Grande tiene más de cien playas.

PLAYA DE ABRAÃO: junto a la población, mide cerca de un kilómetro y tiene arena fina y aguas claras. En épocas de vacaciones o fines de semana puede verse muy frecuentada.

MORCEGO: a unos kilómetros de Abraão. Se puede aprovechar para ver la casa del pirata español Juan Lorenzo, que al parecer efectuó sus correrías por aquí en las primeras décadas del siglo XVII.

PRAIA DAS PALMAS: frente a la isla da Palma. El nombre se debe a las palmeras de la playa. Aguas transparentes que la hacen ideal para el buceo. Se puede caminar desde Abraão, ya que está a unos quince minutos en dirección este.

PRAIA DO MANGUES: Es la siguiente, muy cerca de Palmas en dirección sur. Más limpia, al estar más alejada del puerto.

LOPES MENDES: cortada por tres riachuelos, para algunos es la mejor playa de todo Brasil. Es grande, con arena blanca muy fina, absolutamente salvaje y con buenas olas. Para venir desde Abraão cada mañana zarpan goletas desde el muelle hacia las 10.00 h. Atracan en la punta de la costa sureste, donde hay una playa con un par de chiringuitos para aprovisionarse, y luego hay que subir y descender por un *mo-*

ILHA GRANDE
RIO DE JANEIRO
ANGRA DOS REIS
Parati
ILHA GRANDE
Gruta do Acalá
Proveta
Vermelha
Meros
Praia grande de Araçatiba
Longa
Aventureiro
PARQUE ESTADUAL MARINHO DO AVENTUREIRO
Ensenada do Sitio Forte
Reserva Biológica da Praia
Matariz
Bananal
Parnaióca
Parque Estadual da Ilha Grande
Saco do Cèu
Dios Ríos
Ensenada Das Estrelas
Caxadaço
ABRAÃO
Santo Antônio
Lopes Mendes
Mangues Pouso
Ensenada Das Palmas
Farol Dos Castelhanos

rro –una caminata de unos veinte minutos– para llegar a Lopes Mendes, que es una maravilla. Si tenéis ganas de una excursión, podéis venir caminando en unas tres horas desde Abraão y volver en los barcos, que retornan al puerto hacia las 17.00 h.

CAXADACO: es muy pequeña, pero las aguas son muy tranquilas por estar cerrada al mar abierto. Se comunica con la población de Dois Rios por una escalera tallada en la piedra por esclavos.

PARNAIOCA: Otra maravilla y muy remota. Es una playa de arena dorada y casi un kilómetro de larga. Toda esta zona era utilizada por los traficantes de esclavos para sus desembarcos, de ahí que podáis ver las ruinas de algunas construcciones levantadas por los negreros. Para venir tendréis que caminar desde Abraão –o pagar una excursión en barco bastante cara–, en una bonita caminata que os llevará una jornada. Lo habitual es dormir con un saco en la playa, para llegar al día siguiente a la playa de Aventureiro.

LESTE, SUL Y AVENTUREIRO: entre las tres forman una amplia concha con cerca de seis kilómetros, ya en el suroeste de la isla. Son zona protegida y merece la pena venir también para observar la fauna. También son ideales para la práctica del surf. Para venir, en temporada alta hay alguna excursión en barco, pero de forma individual sale muy caro. La opción para los senderistas es hacer una excursión de tres jornadas (ida y vuelta) desde Abraão, durmiendo la primera noche con un saco en la preciosa playa de Parnaioca

DOS MEROS: una de las favoritas para la práctica de la pesca submarina. Se encuentra en la punta suroccidental de la isla.

PROVETÁ: Se puede acceder por un sendero desde Aventureiro. Es una hermosa playa, a pesar de su arena gruesa, por la belleza de sus aguas verdes. Está en una ensenada en la costa oeste.

GRUTA DO ALCALÁ: en la punta occidental del mismo nombre. Es un paraje ideal para practicar la inmersión y la pesca submarina. Al norte se halla la playa **Vermelha**, con un pueblecito y un navío hundido.

UTATUBA, TAPERA Y SÍTIO FORTE: las tres, contiguas y con muchos atractivos para el buceo, con un buque hundido y miles de peces de colores. Están situadas en la costa noroeste de la isla.

SANTANA LESTE: en el norte de la isla, aquí se levantó la primera población de Ilha Grande, de la que no queda más que la iglesia y el cementerio de los piratas. En la isla de enfrente, **dos Macacos**, hay una piscina natural llamada **Lagoa Azul**.

BALEIA: con arena clara y aguas muy tranquilas.

SACO DO CÉU: la ensenada debe su nombre al bello reflejo que crea el cielo en sus aguas. Hay gente que pasa la noche en el barco para disfrutar del espectáculo. Está también en la costa septentrional, ya cerca de Abraão.

PRAIA PRETA: Cerca de Abraão, al norte del puerto.

ISLA DE JORGE GREGO. Esta pequeña isla al sur de Ilha Grande, según la leyenda debe su nombre al pirata Jorge Grego, quien arribó a sus costas con sus dos hijas y un lugarteniente a consecuencia de un naufragio. Luego se dedicó a cultivar la tierra para sobrevivir. Cuando su subordinado se enamoró de una de sus hijas, el pirata no consintió las relaciones y acabó con su vida. Después se emparejó con sus hijas, lo que fue muy mal visto por los dioses, que se vengaron enviando unos fuertes vientos que asolaron las cosechas y empujaron a sus hijas al mar. El pirata acabó vagando en soledad por la isla. Hoy se viene en una excursión en barco desde Abraão para disfrutar también de sus buenas posibilidades para la pesca.

DATOS PRÁCTICOS

PREFIJO TELEFÓNICO: 24.

OFICINA DE TURISMO: En el muelle de Vila do Abraão. Es un pequeño kiosco, con buena información sobre alojamiento. Una buena web de información es www.ilhagrande.com.br

ASSOCIAÇÃO DE BARQUEIROS: Muelle de Abraão. ☎ 33 61 59 20. Información sobre todas las excursiones en barco a playas e islas circundantes.

CAMBIO DE DINERO: En algunas *pousadas* quizá os cambien dinero, pero a una tasa desventajosa, así que venid con suficientes reales.

BUCEO

ELITE DIVE CENTER: Travessa Bungaville 1 A. ☎ 33 61 55 01. www.elitedivecenter.com.br Cursos y salidas para bucear.

ALOJAMIENTO

Aparte de alguna *pousada* cara en otros puntos remotos de la isla, todo el alojamiento se concentra en Abraão, donde hay algunos campings, albergues y hoteles de precios medios y caros. En temporada alta, entre el 1 de diciembre y el final del Carnaval, las tarifas se duplican y en Navidad y durante el Carnaval pueden hasta triplicarse y hay que reservar con muchísima antelación. Las tarifas que aquí mencionamos son de temporada alta, pero no tanto como en Navidad y Carnaval

CÁMPING DAS PALMEIRAS: Rua Getulio Vargas. En esta calle hay un par de campings básicos. Echad un vistazo a ver cuál os convence más.

(b) **ALBERGUE JUVENIL HOLANDÊS:** Rua da Assembléia s/n. ☎ 33 61 50 34. www.holandeshostel.com.br Abierto todo el año. Un Albergue Internacional en unas instalaciones sencillas con dormitorios y habitaciones dobles y triples.

(B) **BETO'S:** Travessa do Beto 63. ☎ 33 61 50 37. www.betospousada.com.br En un callejón repletito de *pousadas*, todas parecidas en precios y condiciones, pero echad un vistazo a la cercana **Armaçao dos Anjos**.

(B) **MAR DA TRANQUILIDADE:** Rua Alice Kury da Silva 6. ☎ 33 61 58 35, martranqui@terra.com.br Próxima al muelle, es la *pousada* más antigua de la isla, ya que funciona desde 1970. El jefe, Elías, es un buen cocinero y todo un personaje. Tiene un buen restaurante y es preferible hacer la reserva con antelación, sobre todo en temporada alta. Cuartos con a/c y baño privado.

(B) **BEIRA MAR.** Rua da Praia. ☎ 33 61 50 51. En primera línea de mar y una de las más asentadas.

(M) **POUSADA TROPICANA:** Rua da Praia 28. ☎ 33 61 50 47. www.ilhagrande.net Con un personal muy amable y cuartos con a/c, baño, conexión wifi a internet y también un ordenador para quines no tengan portátil, etcétera. Tiene un buen restaurante. La doble cuesta 200 reales en temporada alta y 150 en baja.

(M) **FAROL DAS BORBAS:** Rua da Praia. ☎ 33 61 58 32. www.ilhagrandetour.com.br Frente al embarcadero y con cuartos que suben a la categoría de caros en temporada alta. Equipados con lo habitual aquí: a/c, baño, nevera y televisión para que los brasileños puedan seguir las telenovelas.

(M) **POUSADA CAÚCA:** Getulio Vargas 300. ☎ 33 61 52 92. www.pousadacauca.com.br Precios moderados que suben a caros en temporada alta. Cuartos de diferentes tamaños y precios, alrededor de un bonito jardín. Equipados con todo y hay suites hasta para cinco huéspedes.

(M) **PARAISO DO SOL:** Praia de Palmas. ☎ (21) 22 62 12 26. www.

paraisodosol.com.br Una *pousada* en la playa donde desembarcan los excursionistas a Lopes Mendes. Solitaria y tranquila en cuanto se van los turistas, a media tarde. Se está bien si se quiere aislamiento. Los precios, que tocan la categoría de caros, incluyen las tres comidas, por lo que sale muy económica.

(M) **O PESCADOR:** Rua da Praia 647. ☎ 33 61 51 14. www.opescador.org Cuartos muy bonitos, con o sin balcón, y en la tarifa de caros en temporada alta. El restaurante tiene la reputación de ser el mejor de la isla.

(C) **SAGÚ RESORT:** Praia Brava. ☎ 33 61 56 60. www.saguresort.com Sobre un embarcadero de madera, a quince minutos al este de Abraão y en un lugar idílico, se trata de un grupo de nueve bungalows de cuatro estrellas, a precios que rozan los de lujo pero que no suben en temporada alta. Cuartos preciosos –a partir de 380 reales la doble en temporada baja–, con un fantástico baño, jacuzzi en el jardín y un restaurante de nueva cocina *brasileira*.

RESTAURANTES

En la plaza se instalan por las tarde-noches unos carritos con tartas y bizcochos riquísimos, caseros y muy baratos. Además, la heladería al comienzo del embarcadero es una buena idea para tomarse el postre.

(B) **DA MULATA:** Rua da Praia. Excelente cocina casera.

(B) **FLOR DA ILHA:** Rua da Praia. Bocadillos, hamburguesas y pizzas.

(B) **PIZZERÍA NA PRAÇA:** Praça São Sebastião. Abierto hasta la 1.00 h. Una terraza muy agradable donde tomarse una buena pizza.

(M) **CASARÃO DA ILHA:** Rua da Praia en la esquina con la plaza. Un restaurante con mucho encanto y terraza afuera. Dentro es un bar antiguo, con fotografías de época. Algunas noches actúan grupos de música brasileña en la terraza. Es un gran punto de reunión de los viajeros. Con buenos platos de pescado y marisco.

(M) **LUA E MAR:** Rua da Praia. Un asequible restaurante donde se sirven unos buenos pescados sólo para cenar.

(M) **O REI DOS CALDOS:** Rua Santana. Abierto de 12.00 a 23.00 h. Sopas de pescado, caldo verde o de pollo muy baratas y precios medios para tomar bobo de camarão, *peixe* frito, moquecas, *caldeirada*, etc.

(M) **MAR DA TRANQUILIDADE:** Rua Alice Kury da Silva 6. ☎ 33 61 58 35. Elías prepara su especialidad: paella, además de los platos de pescado típicos de la isla.

(M) **CASA DO SOGRA:** Rua da Praia. ☎ 33 61 52 96. Bobo de camarão y pizzas y *panquecas*, baratas.

(M) **MINHA DEUSA:** Rua da Igreja. Cocina casera sencilla y muy sabrosa.

En estos restaurantes, aún con precios moderados, el monto depende de lo que se coma. Los platos de pescado y marisco –y sobre todo un buen vino– suben la cuenta hasta la categoría de caros, pero si se come pasta, pollo y otras especialidades más sencillas, se paga a precio medio.

(M) **O PESCADOR:** Rua da Praia. ☎ 33 61 51 14. Abre de 16.00 a 23.30 h. Con la fama de ser el mejor restaurante de la isla, el italiano Marco sirve especialidades de su país y también pescado, marisco y platos bahianos, como bobo de camarão o moquecas.

(M) **O REI DA MOQUECA.** Rua da Praia. ☎ 33 61 51 11. Especialidades bahianas.

(C) **SAGÚ RESORT.** Praia Brava. ☎ 33 61 56 60. En el hotel Sagú Resort, especializado en nueva cocina brasileña, con abundancia de platos de pescado y marisco muy frescos. Si llamáis os vienen a buscar al puerto en barco, pues está en una playa algo alejada y el camino, sobre rocas húmedas, no es el mejor para hacerlo de noche.

LLEGAR Y PARTIR

EN BARCO. Para ir a Ilha Grande zarpa cada día al menos un ferry desde Angra dos Reis, a las 15.30 h, y muchas veces también una goleta hacia las 15.00 h. Ambas embarcaciones tardan y cuestan lo mismo en navegar hasta la isla, alrededor de una hora y media. Para volver, el ferry sale del puerto de Abraão cada día a las 10.00 h.

Desde Mangaratiba el ferry zarpa a las 8.00 h de lunes a viernes y a las 9.00 h los fines de semana.

PARATÍ (PARATY)

Paratí o Paraty es una hermosísima villa colonial, declarada Patrimonio de la Humanidad por la Unesco, situada a 241 kilómetros al suroeste de Río de Janeiro. Su nombre procede de un pescado que abunda en estas aguas, al que los indios *guaianás*, primeros pobladores de estas tierras llamaban *paraty*.

Fue un puerto de suma importancia durante la época colonial, pues los portugueses se establecieron aquí en el siglo XVI. De Paratí nacía un camino hacia São Paulo y otro hacia Minas Gerais; ambos eran muy frecuentados porque por ellos daban salida a los productos agrícolas y al oro que se extraía de las minas. Por aquí salieron auténticas fortunas en forma de oro, piedras preciosas, café y azúcar, todas con destino a Portugal. Pero la villa no sólo fue próspera por su comercio, sino por la fabricación de aguardiente de caña, *cachaça*. Aún hoy se elabora este licor en algunas *fazendas* de la villa.

Estas riquezas se reflejaron en el desarrollo de una hermosa arquitectura colonial con profusión de iglesias barrocas. Pero a partir de 1720 las riquezas de Minas Gerais empezaron a exportarse vía Río de Janeiro, a través de una nueva y más corta ruta por la Serra dos Órgãos y Paratí comenzó a declinar.

Sin embargo, en el siglo XIX la economía local llegó a un nuevo cenit con la producción del café y la construcción de una nueva carretera que unía la ciudad con Río de Janeiro.

Paratí, que hoy tiene unos catorce mil habitantes y está conectada por buenas carreteras y frecuentes autobuses hacia Río y São Paulo, conserva intacto su centro histórico, con sus calles adoquinadas por las que no pasan más vehículos que las bicicletas y a las que suele sorprender la pleamar.

Muchas de las casas coloniales han sido restauradas y se han transformado en confortables alojamientos. Algunos lugareños se quejan de que están en manos de paulistas y cariocas. Lo cierto es que muchos artistas y comerciantes han emigrado de estas dos ciudades y se han refugiado en la tranquilidad de Paratí. Igualmente, la proliferación de restaurantes y tiendas de artesanía y recuerdos en el casco histórica han terminado, como sucede ya en casi todo pueblecito turístico del planeta, con la auténtica atmósfera que reinaba aquí hasta hace pocos años.

Las playas de la localidad no son nada excepcional, pero sí son maravillosas las que se encuentran en las casi setenta islas diseminadas por las proximidades y a las que se puede ir en excursiones organizadas que parten cada mañana desde el puerto.

LA VISITA

Desde el **Mercado de Pescado**, donde también se venden frutas y verduras, se puede ver la llegada de los barcos. La **Rua Fresca** está suavizada por la brisa del mar; si vais en verano notaréis alivio al pasar por aquí. En

esta calle está el ***sobrado*** del príncipe Dom João de Orleans y Bragança, que suele pasar grandes temporadas controlando sus negocios turísticos.

Si tenéis tiempo, acercaos a la **Fazenda Murycana**. Dicen que su propietario era un negrero que fue asesinado por uno de sus trabajadores. Como las dos mujeres que dejó al morir no se ponían de acuerdo en el reparto de los bienes, decidieron dejar de explotar la hacienda y dedicarse a sacarle partido mostrándola a los turistas. Han amontonado unos cuantos objetos rústicos que exponen en un eufemístico museo y han instalado un restaurante donde sirven comida vendida al peso. También alquilan caballos y muestran algunos animales en un pequeño zoo. Toda una salida para las desconsoladas viudas que no han abandonado la producción de *cachaça*. Podréis ver los barriles donde se guarda el licor y los aparatos que utilizan en su fabricación durante el mes de agosto.

ANTIGUA CADEIA. Podéis empezar la visita por la Antigua Cadeia o cárcel, un edificio que aún conserva las rejas en sus ventanas y que ahora sirve de sede a la Secretaría de Cultura. Aquí suelen celebrarse muestras de arte y reuniones culturales. La iglesia de Santa Rita, con el Museu de Arte Sacra, está muy próxima.

SANTA RITA. Rua Santa Rita. Éste es el templo más antiguo del pueblo, construido por los mulatos liberados en 1722. Alberga un pequeño museo de Arte Sacro.

Cada clase social tenía su iglesia: la igreja das Dores pertenecía a la aristocracia; la igreja Matriz dos Remédios, a la burguesía; la del Rosário, a los esclavos, etcétera.

NS DO ROSARIO DOS HOMENS PRETOS. Rua Dr. Samuel Costa. Construida por los esclavos en 1725, sufrió una importante restauración a mediados del siglo XIX y dentro alberga unos bonitos altares de madera dorada.

IGREJA MATRIZ DOS REMÉDIOS. Praça Monsenhor Hélio Pires. Construida a finales del siglo XVIII sobre otros dos templos anteriores.

CAPELA DE NS DAS DORES. Rua Fresca. Otra iglesia que en su día estuvo reservada a los blancos más prósperos de Paratí. Fue construida en 1800.

FORTE DEFENSOR PERPÉTUO. Morro da Vila Velha. No dejéis de visitar el Forte Defensor Perpétuo, construido en 1703 para proteger a la población –y su oro– de los ataques de los piratas. En 1822 pasó por una renovación.

PARATI (PARATY)
1.Forte do Defensor Perpétuo
2. Igreja Matriz
3. Hotel Solar dos Geranios.
4. N.S. dos Remedios
5. Hotel Pousada do Ouro
6. N.S. do Rosário
7. Sta. Rita
8. Hotel Pousada Pardieiro
9. Hotel Konquista
10. Cámping Club do Brasil
11. Cámping Beira Rio
Praia do Jabaquara
N
O
E
S
Al. Princesa Isabel
R.S. Pedro de Alcântara
R. da
R.dos
Al. Porlando Carpinette
Av. N. S. dos Remédios
Av. Beira Rio 11
Río Perequê Açu
R. Domingos Gonçcalves de Abreu
R. do Comércio
R. da Capeia
R. da Cadeia
Lgo. do Rosário
R. da Matriz
R. Dr. Sanuel Costa
Av. Roberto Silveira
Pça Macedo Soares
R. da Ferradura
R. Da. Geralda
R. da Praia
R. da Fresca
RÍo Santos
R. da Lapa
R. Patitiba
R. do Fogo
R. Aurora
R. sta. Rita
Pça da Bandeira
Cais

En el fuerte se ha montado un pequeño **Museo de Arte y Tradiciones Populares**. Merece la pena la caminata, aunque sólo sea para contemplar las vistas desde este alto. Hay que pasar la playa do Pontal y se tardan unos veinte minutos.

Hay un camino empinado que desciende hasta el mar. Un perfecto lugar para daros un chapuzón en estas cálidas aguas.

LAS PLAYAS

Para visitar las mejores y más desiertas playas lo mejor es embarcarse en las excursiones que zarpan del muelle todas las mañanas a las 10.00 h, 11.00 h y 12.00 h. Suelen incluir una comida; normalmente os dejarán en una isla y os recogerán por la tarde.

En los alrededores hay casi setenta islas con más de trescientas playas.

AL NORTE DE PARATÍ

JABAQUARA: Con mucho lodo y aguas a las que se atribuyen propiedades medicinales.

CORUMBÉ Y BARRA GRANDE DE CORUMBÉ: junto a una población, lo mejor son las piscinas naturales de Barra Grande, a unos veinte kilómetros al norte de Paratí. Se puede ir en los autobuses que van hacia Angra dos Reis.

VERMELHA: frente a las islas de Pescaria y Gancos. En una ensenada tranquila con buena vegetación. En barco se tarda como una hora.

PRAINHA Y GRANDE: frente a la **Ilha do Araújo**, con sus correspondientes playas, no son muy frecuentadas por los bañistas ya que el lado no las hace muy apetecibles.

IRIRI: está dentro de una propiedad privada, aunque merece la pena.

SÃO GONÇALO Y **SÃO GONÇALINHO:** resguardadas por las islas Peladas (Grande y Pequeña) y do Breu. Muy buenas y de arena blanca.

TARITUBA: junto a un núcleo urbano y bañada po aguas tranquilas.

PRAINHA: sus arenas finas y claras y la cercana vegetación, la convierten en una de las más agradables.

BATANGUERA: frente a las islas Araraquara y Araraquarinha, es muy apropiada para el buceo.

AL SUR DE PARATÍ

PONTAL: muy frecuentada por su proximidad a la población. Desde el **Forte Defénsor Perpétuo** se tienen unas bonitas vistas del pueblo. No es muy buena para el baño.

BOA VISTA: punto de amarre de algunos veleros.

DA LULA Y **CONCEIÇÃO:** una a cada lado del promontorio, tienen algunas piedras.

PARATÍ MIRIM: en la otra parte de la ensenada, esta playa está a unos 30 kilómetros al sureste de Paratí, frente a las islas de Algodão y Cotia. Cerca hay ruinas de una iglesia y otras edificaciones. Este era uno de los puntos donde se desembarcaba a los esclavos. Desde Paratí un autobús viene hasta aquí cuatro veces al día.

SACO DO MAMANGUÁ: aquí no hay que hablar de una playa, sino de un espectacular fiordo y un paisaje salvaje.

MARTINS DE SÁ: al otro lado del faro. En la ladera de los montes. Muy tranquila.

DO SONO: pasada la Punta Negra. Aguas transparentes y arena fina. Está a unos 40 kilómetros al sureste de Paratí. Se accede en el autobús nº1040 hasta Laranjeiras y luego hay que caminar casi dos horas.

DO CEPILLO: es pequeña pero sus grandes olas la convierten en una de las favoritas de los surfistas.

DO MEIO: muy tranquila y de aguas profundas.

CACHADAÇO: de difícil acceso, pero bastante buena por las piscinas naturales. A unos dos kilómetros hay una zona para nudistas, **Prainha da Figueira**.

DATOS PRÁCTICOS

PREFIJO TELEFÓNICO: 24.

WEB DE INFORMACIÓN TURÍSTICA. www.paraty.com.br

BANCO DO BRASIL. Avenida Roberto Silveira.

CORREOS. Rua Marechal Deodoro da Fonseca.

RODOVIARIA: Rua Jango Pádua 500. Está al oeste, por detrás de Informaçoes Turísticas.

ALOJAMIENTO

En Paratí hay varios campings y numerosas posadas. Entre diciembre y febrero, temporada alta, todo es más caro y podéis tener problemas a la hora de conseguir alojamiento si no habéis reservado. Durante el resto del año hay sitio de sobra y a muy buena relación de calidad y precio.

CAMPING CLUBE DO BRASIL. Praia do Pontal. ☎ 33 71 10 50.

CAMPING BEIRA-RIO: Avenida Beira Rio. Cercano a la playa del Pontal, terreno sombreado y con iluminación por las noches.

CAMPING YPÊ: Portão de Ferro, Avenida Roberto da Silveira. Cercano a la *rodoviária*, terreno arenoso y sombreado. Tiene cabañas para alquilar.

(B) Dentro del casco histórico no hay alojamiento alguno en la categoría de baratos, pero éstos están situados casi a sus puertas.

(B) **POUSADA COCO VERDE:** João Luz do Rosário 3. ☎ 33 71 10 39. Sencilla, fuera del centro histórico pero cerca, en todo caso. Los cuartos con ventilador son diez reales más económicos que los que tienen aire acondicionado. Muy correcta.

(B) **POUSO FAMILIAR:** Rua José Vieira Ramos 262. ☎ 33 71 14 75. Sencilla y agradable, cerca de la estación de autobuses.

(B) POUSADA MARENDAZ: Dr Dely Ellena 9. ☎ 33 71 13 69. www.pousadamarendaz.com.br También en las inmediaciones de la *rodoviária*, sencilla y muy familiar.

(B) SOLAR DOS GERANIOS: Plaza Hélio Pires. ☎ 33 71 15 50. www.paraty.com.br/geranio En esta hermosa plaza del centro colonial, casi frente a la Iglesia Matriz, una casa antigua con cuartos con muebles de época, baño y balcones. Barata para sus prestaciones.

(M) POUSADA DO PRÍNCIPE: Avenida Roberto Silveira 289. ☎ 33 71 22 66. www.pousadadoprincipe.com.br Su propietario es el *príncipe* João de Orleans y Bragança. Decorada con algunos objetos personales de gran valor, las habitaciones son acogedoras. Tiene piscina y un agradable patio. Una excelente dirección, con precios moderados dentro de esta categoría; está fuera del centro histórico.

(M) HOTEL POUSADA DAS CANOAS: Avenida Roberto Silveira 279. ☎ 33 71 11 33. www.redehoteis.com.br/canoas Con cincuenta habitaciones con aire acondicionado y televisión. Tiene bar, piscina y restaurante. Dobles desde 280 reales en temporada baja.

(M) POUSADA VILLAGGIO: Rua José Vieira Ramos 280. ☎ 33 71 18 70. www.pousadavillaggio.com.br Con habitaciones confortables y piscina. Está en el barrio de Fátima. Precios moderados en esta categoría.

(M) POUSADA DA MARQUESA: Rua da Geralda 99. ☎ 33 71 21 63. De nuevo, otro alojamiento muy bello en el casco histórico y a precios moderadísimos en temporada baja.

(C) POUSADA ARTE Y URQUIJO: Rua Dona Geralda 79. ☎ 33 71 13 62. www.urquijo.com.br Magnífica y en pleno centro histórico, ha sido montada por una artista que ha sabido conferirle un estilo muy personal. Únicamente seis habitaciones, con aire acondicionado. ¡Ah! y dejad los zapatos en la entrada. Son normas de la casa.

(C) POUSADA PARDIEIRO: Rua do Comércio 74. ☎ 33 71 13 70. www.pousadapardieiro.com.br En el centro histórico. Empezó hace más de veinte años con un pequeño edificio que poco ha ido ampliando añadiendo los contiguos, hasta alcanzar las 24 habitaciones actuales. Los precios son altos –y en temporada alta pueden alcanzar los de lujo–, pero realmente merece la pena por el ambiente y la decoración, a base de muebles antiguos. Hay piscina, sauna y restaurante.

(C) POUSADA DO OURO: Rua da Praia 145. ☎ 33 71 20 33. www.pousadaouro.com.br El alojamiento más prestigioso de Paraty es esta espléndida casa colonial en el centro histórico, entre cuyos huéspedes han figurado Marcello Mastroianni y Sonia Braga, cuando rodaron *Gabriela*, Mick Jagger o Jerry Hall, y cuyas fotos pueden verse en la entrada. Tiene piscina, bar y restaurante y precios muy moderados.

(C) POUSADA PORTO IMPERIAL: Rua do Comércio. ☎ 33 71 23 23. www.pousadaportoimperial.com.br En el casco antiguo, cincuenta bonitas habitaciones con todos los servicios y tiene piscina, bar y sauna. Es más cara que la Do Ouro.

(C) POUSADA DO SANDI: Largo do Rosário 1. ☎ 33 71 21 00. www.pousadadosandi.com.br Otro lugar precioso: un grupo de casonas del siglo XVIII unidas y restauradas para servir de *pousada* hermosísima. Tiene bar, restaurante, piscina y sauna.

RESTAURANTES

La mayoría de los restaurantes del casco histórico son muy acogedores, decorados con gusto y en consonancia con los edificios coloniales. Sin embargo, su cocina es muy similar y repetitiva. Siempre comeréis más barato en los locales normales fuera del centro y en las inmediaciones de la Rodoviária.

(B) **SABOR DA TERRA:** Avda Roberto Silveira 80. Abre de 11.30 a 22.00 h. Comida *a quilo* rica y con un personal muy amable. Fuera del centro histórico, pero cerca.

(M) **CAFÉ PARATY:** Rua do Comércio 253. Un clásico ya en Paraty, en una bonita casa haciendo esquina en el centro colonial. Crêpes, pastas y *sucos* y otros platos sencillos. Música brasileña en vivo casi todas las noches.

(M) **PARATY 33:** Rua de Lapa 357. Platos locales en un restaurante del centro histórico, bonito y animado. Por las noches hay música en vivo. Los fines de semana cierra tardísimo.

(M) **ARMAZÉM DO ANTUM:** Praça da Matriz 3. Abre de 13.00 a 0.00 horas. Cocina árabe y precios moderados en pleno casco histórico, cerca de la Iglesia Matriz.

(C) **RESTAURANTE PORTO:** Rua do Comércio 15. ☎ 33 71 10 58. Abre todos los días de 14.00 h hasta medianoche. El restaurante Porto sigue siendo un local magnífico donde sirven especialidades de Bahía: las *moquecas*, a base de pescado, langostinos o langosta con salsas. En la carta de vinos se halla una buena selección de caldos españoles, portugueses o chilenos.

(C) **DO HILTINHO:** Rua Marechal Deodoro 233. ☎ 33 71 14 32. Abre de 11.00 a 23.00 h. En el centro histórico. Un agradable local especializado en pescados acompañados por unas ricas salsas. Precios moderados en este rango.

(C) **MERLIN O MAGO:** Rua do Comercio 376. ☎ 33 71 21 57. En el centro histórico. Abre de 19.00 a 1.00 h y cierra los miércoles. Propiedad de un alemán que sirve una cocina imaginativa a base, sobre todo, de pescados.

DE COPAS

Muchos de los restaurantes del casco histórico programan música en vivo por las noches, durante y después de la cena, y algunos cierran muy tarde. Lo mejor es que cuando visitéis esta zona os fijéis en los anuncios a la puerta de los locales, que avisan de la actuación de esa noche en concreto. El Café Paraty (ver Restaurantes) es un buen punto de encuentro de los viajeros.

COMPRAS

Es las calles del casco histórico veréis cantidad de tiendas de artesanía, instrumentos músicales y *souvenirs*. Sin duda, lo más típico es la *cachaça*, la cerámica pintada y las colchas de retales.

LLEGAR Y PARTIR

EN AUTOBÚS. Paraty está conectada con Río de Janeiro y São Paulo (seis horas) por la carretera BR-101, surcada por varios autobuses cada día. Para venir desde Río de Janeiro pillad el autobús en la Rodoviaria de Novo Rio. El trayecto desde Río dura unas cuatro horas y media. Para Angra dos Reis hay más de veinte autobuses diarios (dos horas de viaje).

PARQUE NACIONAL DE SERRA DA BOCAINA

Esta reserva protegida de mil kilómetros cuadrados se extiende al norte y oeste de Paratí desde la autovía BR-101 y llega a penetrar en el vecino Estado de São Paulo.

El parque comprende la Serra da Bocaina y su mayor elevación es el Pico da Boa Vista, que alcanza los 2.130 metros de altitud. Desde el pueblo de São José do Barreiro se pueden emprender varias excursiones y *trekkings* por la Sierra.

La vegetación está compuesta por zonas de bosque atlántico y araucario, con presencia de pinos, y entre la fauna, aquí tienen su hábitat diversas especies de monos, como el raro mono araña lanudo y el aullador. También hay tapires, perezosos, ciervos y osos hormigueros.

Respecto a las aves, se pueden ver águilas negras y tucanes.

ALOJAMIENTO

C POUSADA VALE DOS VEADOS. Estrada da Bocaina, km 42. ☎ (12) 25 77 11 02. Una *pousada* muy cara, los precios rozan los de lujo pero incluyen todas las comidas. Es imprescindible reservar.

CÓMO VENIR

EN COCHE. Para acceder al parque es imprescindible tener un vehículo propio. Desde Paratí hay que dejar la carretera BR-101 y dirigirse hacia Campos da Cunha y luego a São José do Barreiro, principal acceso al parque y donde la agencia MW Trekking organiza excursiones por el mismo.

EL INTERIOR

Las ciudades serranas del Estado de Rio y la región de Itatiaia son algo más frescas que las situadas en la costa, debido a su altitud. Esta diferencia de temperatura animó a los colonos centroeuropeos a establecerse en estas tierras que les recordaban, por su verdor, a sus montañas dejadas atrás. Ellos construyeron sus nuevos hogares al estilo que habían visto desde siempre: de madera y con los tejados inclinados para evitar que la nieve permaneciera amontonada durante el invierno.

Os resultará divertido el contraste entre la vegetación tropical y las casas de alta montaña.

ITATIAIA

La zona de Itatiaia se enclava en el ángulo más occidental de Estado de Río, en el límite con los estados de São Paulo y Minas Gerais.

Lo mejor de esta región es el Parque Nacional del mismo nombre y las principales localidades son Penedo y Visconde de Mauá.

Al haber sido colonizada por inmigrantes alemanes, suizos y finlandeses, la región muestra una arquitectura en la que predominan las casas alpinas, en medio de un ecosistema tropical de clima templado, debido a la altitud.

PENEDO

En Penedo, a seiscientos metros de altitud, se estableció un grupo de inmigrantes finlandeses en 1929, lo que explica la abundancia de casas de madera provistas de saunas en esta pequeña localidad de unos ventiocho mil habitantes.

LA VISITA

La localidad en sí no tiene mucho que ver, y el principal atractivo reside en las excursiones por los alrededores, ya que la selva llega hasta casi una hora a pie del centro.

Hay tres cascadas, *cachoeiras,* muy hermosas y fácilmente accesibles. La **Cachoeira do Roman** es una de ellas y se llega por un sendero que parte de la Pousada Challenge, alojamiento a cuya vera se encuentra otra, la **Cachoeira de Deus.** Por último, no hay que perderse las **Três Cachoeiras.**

Aprovechad para pegaros una sauna después de las excursiones; muchos hoteles cuentan con una.

DATOS PRÁCTICOS

PREFIJO TELEFÓNICO: 24.

ALOJAMIENTO

(M) Entre los alojamientos de precio medio se cuentan el **Apart Penedo,** ☎ 33 51 12 04; la **Pousada Challenge,** ☎ 33 51 13 89, con hospedaje en pequeños y acogedores chalés, y el **Hotel Daniela**, ☎ 33 51 11 51, que tiene piscina.

COMPRAS

Aquí lo que se compra es conservas, mermeladas artesanales, chocolates y miel.

LLEGAR Y PARTIR

EN AUTOBÚS. Desde Río de Janeiro hay al menos dos autobuses diarios –en principio a las 11.00 h y a las 17.00 h, pero confirmad en el teléfono de la Rodoviária–, y hacen el camino en unas dos horas y media.

VISCONDE DE MAUÁ

Casi en la raya fronteriza con Minas Gerais, Visconde de Mauá es un pequeño distrito o comarca muy agradable y con un acceso más complicado que el de Penedo. Está a 1.200 metros de altitud y fue colonizada por inmigrantes alemanes y suizos, cuyos descendientes deben sentirse como en casa en medio de unos paisajes de alta montaña donde han construido sus chalés alpinos de madera.

En realidad se trata de tres pueblecitos contiguos: Mauá, Maringá, a seis kilómetros, y Maromba, a dos kilómetros del segundo.

Una excursión bonita es la que lleva hasta la **Cachoeira de Santa Clara,** una cascada en las inmediaciones de Maringá. Pero hay múltiples posibilidades de caminatas por aquí.

DATOS PRÁCTICOS

PREFIJO TELEFÓNICO: 24.

OFICINA DE TURISMO: Está en la aldea de Mauá.

PARADAS DE AUTOBUSES: Las paradas están en Maringá y en Maromba.

ALOJAMIENTO

CÁMPING BARRAGEMS: Maringá. ☎ 33 87 15 34. Sombreado y con una cantina abierta hasta las 22.00 horas.

(B) **POUSADA SABOR DA SERRA:** Maringá. ☎ 33 87 13 62. www.sabordaserrapousada.com.br Consta de cuatro chalés de madera cómodos y bien puestos.

(B) **POUSADA SONHADOR:** Praça Maromba. ☎ 33 87 15 33. Junto a la iglesia y con cuartos sencillos, pero limpios y a buen precio.

(B) **POUSADA SOL NASCENTE:** Maringá. ☎ 33 87 14 90. www.pousadasolnascentepsn.com.br A medio kilómetro de la aldea. Correcta.

(M) **POUSADA MORIÁ:** Estrada da Maromba. ☎ 33 87 15 05. www.pousadamoria.com.br Frente a la cascada de Escorrega, un lugar magnífico, con dobles bien equipadas.

(M) **POUSADA SITIO DOS PINHAIS:** Maromba. ☎ 33 87 15 84. www.sitiodospinhais.blogspot.com.es Once chalés a precio muy moderado. Nuestro favorito aquí por su relación de calidad y precio.

RESTAURANTES

(B) **EL MESÓN:** Estrada a Santa Clara, Maringá. ☎ 33 87 12 68. Abierto de 12.00 a 22.00 h. Un restaurante especializado en pescados, sobre todo trucha, y que no tiene carta, por lo que hay que dejarse llevar por las sugerencias del día. Muy recomendable.

(M) **GOSTO COM GOSTO:** Rua Wenceslau Braz 148. ☎ 33 87 13 82. Abierto de 12.00 a 22.00 h y domingos hasta las 17.00 h. Comida *mineira* y precios que rozan los caros en un bonísimo restaurante.

LLEGAR Y PARTIR

EN AUTOBÚS. Las paradas de autobús están en Maringá y en Maromba. Para venir aquí hay autobuses directos desde Río los viernes (en principio a las 19.30 h) y a las 7.30 h los sábados, en un trayecto de cuatro horas y media. El autobús directo sale de Maromba los domingos a las 16.00 h y los lunes a las 7.30 h. El resto de los días no hay otra solución que cambiar de autobús en Resende (a dos horas y media), que se comunica con Visconde de Mauá con tres servicios diarios.

PETRÓPOLIS

El nombre de esta ciudad es un homenaje a don Pedro I, que la eligió como lugar para construir su residencia de verano.

Petrópolis está situada a sesenta kilómetros al norte de Río y a una altitud de 809 metros. Tiene una población de 270.000 habitantes.

Antes de que el monarca la descubriera ya se había instalado el primer grupo de colonos alemanes. Era el año 1845. Más tarde fueron apareciendo otros grupos de italianos, franceses, ingleses, suizos, belgas y también portugueses.

La primera vez que Pedro I visitó estos parajes quedó tan maravillado por el paisaje y los riachuelos –entonces de aguas claras, ahora turbias–, que en 1830 se compró un terreno, la Fazenda do Córrego Seco, para edificar allí su residencia de verano. Sin embargo no lo hizo. Pedro II heredó las tierras y fue quien, en 1843, pasó a residir al Palacio Real, convertido hoy en **Museo Imperial**.

La **Avenida Koeller**, por la que atraviesa un canal, reúne las mansiones más lujosas de Petrópolis. Podéis visitar a pie todos los puntos de interés.

LA VISITA

PALACIO DE CRISTAL: Rua Alfredo Pachá s/n. ☎ 22 47 37 21. Abierto de martes a domingo, de 9.00 h a 17.30 h. Fue construido en Francia para la Asociación Hortícola de Petrópolis y trasladado pieza a pieza hasta este lugar en 1884. Aquí, el domingo de Pascua de 1888 la princesa Isabel entregó cartas de libertad a un grupo de esclavos e indemnizó a sus dueños con los fondos recogidos en una campaña llevada a cabo en la ciudad. Actualmente sirve para albergar exposiciones, conciertos y fiestas, como la *Bauernsfest* o Fiesta del Colono Alemán, que se celebra anualmente para recordar el origen de muchos ciudadanos de Petrópolis.

CATEDRAL DE SÃO PEDRO DE ALCÂNTARA: Rua São Pedro de Alcântara 60. Abre de martes a domingo. Se empezó a construir en el siglo XIX (1884) por iniciativa de Pedro II y de la princesa Isabel, pero se terminó mucho más tarde, en 1925. Imitando el estilo gótico francés, su interior guarda obras esculpidas en mármol de Carrara. En la capilla imperial están enterrados Pedro II, Teresa Cristina, la princesa Isabel y el Conde de Eu.

PALÁCIO QUINTANDINHA: Joaquim Rolla 2, Quintandinha. Abre de martes a domingos de 9.00 a 17.00 h. A unos seis kilómetros en dirección hacia Río está Quintandinha. Su palacio es un inmenso edificio, copia del

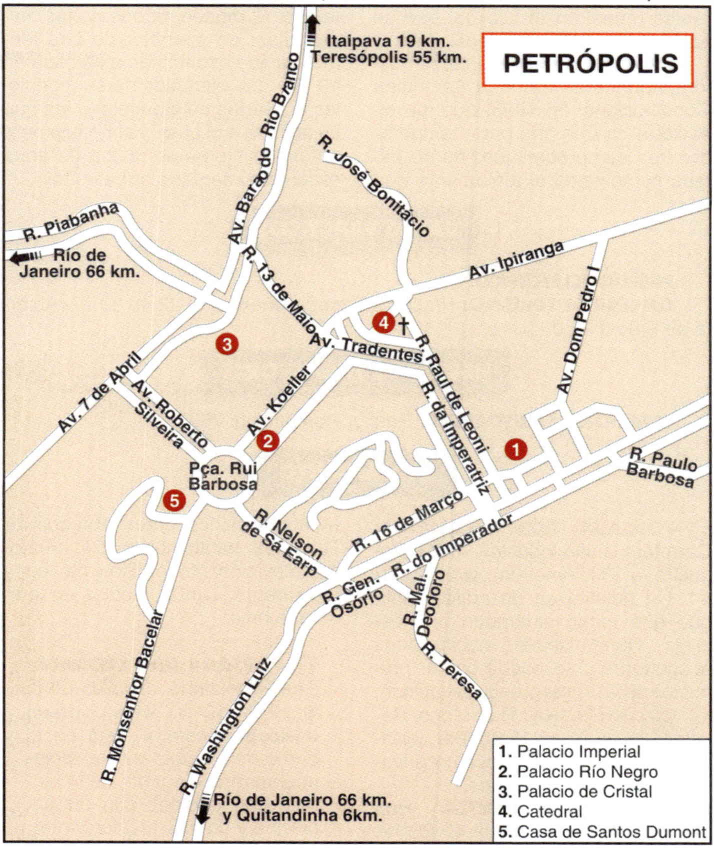

hotel Normandía de Deauville, que fue construido en 1944 como el mayor casino del continente. En la actualidad funciona como club privado.

MUSEOS

MUSEU IMPERIAL: Rua da Imperatriz 220. ☎ 22 37 80 00. Abierto de martes a domingo, de 11.00 h a 17.30 h. Entrada previo pago. El antiguo palacio está rodeado de unos frondosos jardines donde crecen palmeras de gran altura. El edificio de estilo neoclásico fue construido con los recursos privados del emperador. En la planta baja podréis contemplar la corona de oro de Pedro I. Las piedras fueron desmontadas para la corona de Pedro II. Esta segunda corona pesa 1.720 gramos, contiene 639 brillantes y 77 perlas. Las estancias, muebles y objetos reales muestran el lujo del que se sabía rodear la familia real.

Hay una sala con interés histórico donde se formó la Asamblea Constitucional en 1823, que fue disuelta el mismo año por el emperador tras comprobar que "no se estaba cumpliendo el reglamento que prestara de defender la integridad e independencia del Imperio". Así consta en los manuscritos de la Asamblea.

CASA DE SANTOS DUMONT: Rua do Encanto 22. ☎ 22 31 30 11. Abierta de 9.30 a 17.00 h y cierra los lunes. Entrada previo pago. La casa fue bautizada por el propio Dumont como "A encantada". El aviador compró un pequeño terreno desde el que se domina la praça Rui Barboso y se construyó su residencia de verano. Santos Dumont pasaba gran parte de su tiempo en el observatorio astronómico instalado en el tejado. El museo recoge cartas manuscritas, un ejemplar de Las Memorias que escribió en esta casa en 1918 y dos ejemplos de su ingenio: las escaleras de caracol por las que se accede a la casa y el rústico pero práctico sistema de ducha de agua caliente alimentado por alcohol.

DATOS PRÁCTICOS

PREFIJO TELEFÓNICO. 24.

OFICINA DE TURISMO: Praça da Expedicionários. ☎ 22 46 93 77. Abierta de 9.00 a 18.00 h.

MEDIOS DE TRANSPORTE

ESTACIÓN DE AUTOBUSES: Rua Dr Porciúncula 75.

ALOJAMIENTO

Ⓑ **POUSADA DOS EUCALIPTOS:** Carretera União Indústria 7.299 (Nogueira, a 10 kilómetros). ☎ 22 21 22 44. Un hotelito en un edificio antiguo que había albergado un hospital. Tiene veinte habitaciones acogedoras y se puede comer productos de la propia granja que cuidan.

Ⓒ **COLONIAL INN:** Rua Mons. Bacelar 125. ☎ 22 43 15 90. Bar, piscina, sauna y estacionamiento privado. Tiene 20 habitaciones.

Ⓒ **CASABLANCA CENTER:** Rua General Osório 28. ☎ 22 42 26 12. www.casablancacenterhotel.com.br Tiene 69 habitaciones con teléfono, televisión y frigorífico y hay bar y restaurante. Tarifas medias en temporada baja.

Ⓒ **POUSADA DA ALCOBAÇA:** Rua Agostinho Goulão 298. ☎ 22 21 12 40. www.pousadadaalcobaca.com.br Está en el barrio de Corrêas y es el alojamiento más elegante de la ciudad, con jardines con un río, piscina y un buen restaurante.

Ⓒ **LOCANDA DELLA MIMOSA:** Alameda das Mimosas 30, Vale Florido. ☎ 22 33 54 05. www.locanda.com.br Un precioso hotel a 15 km de Petrópolis y equipado con piscina, sauna, bar y un restaurante italiano.

RESTAURANTES

Ⓑ **BATIDA DE FRENTE:** Carretera União Indústria 12.694. Su especialidad son las *batidas*, jugos de frutas con leche. Las hay de 18 tipos diferentes. Las podéis acompañar con sandwiches.

Ⓑ **KILOMANIA:** Rua do Imperador 898. Con un montón de ensaladas diferentes y platos calientes servidos *a quilo.*

Ⓜ **MAJÓRICA:** Rua do Imperador 754. ☎ 22 42 24 98. Abre de 11.00 h a 22.00 h. Carnes a precios moderados en una buena churrascaría.

Ⓜ **LAS RAMBLAS:** Carretera União Indústria 9.345. ☎ 22 22 73 29. Abre de 12.00 h a 22.00 h; domingos hasta las 18.00 h y cierra los lunes y martes. Cocina española y especializado en tapas frías y calientes.

Ⓜ **LUIGI:** Rua Dr. Nelson de Sá Earp 88. En la segunda planta del Shop Bauhaus. Cierra los domingos por la tarde. Cocina italiana a precios medios en un local frecuentado por gente joven.

Ⓜ **BAUERNSTUBE:** Rua Dr. Nelson de Sá Earp 297. ☎ 22 42 10 97. Abre de 11.00 h a medianoche y cierra los lunes. Cocina alemana y buena cerveza.

Ⓜ **PARADOR VALENCIA:** Estrada União Indústria km 18,000. En el distrito de Itaipava. ☎ 22 22 12 50. Abre de 12.00 h a 23.00 h, domingos a 18.00 h y cierra los lunes y jueves. El restaurante de cocina española con la mejor reputación en la zona y tiene un comedor con buenas vistas donde se sirve como principal especialidad una buena variedad de paellas y de arroces marineros, negros, etcétera.

Ⓜ **MES AMIS BISTRO:** Estrada Bernardo Coutinho 1.873. ☎ 22 25 12 15. Cierra lunes y jueves. En Araras, a unos 23 km. Carta muy corta pero bien compensada, para una dirección muy recomendable si se dispone de vehículo. El propietario y cocinero tiene su propia huerta para abastecerse de materia prima.

Ⓒ **PARRÔ DO VALENTIM:** Estrada União Indústria 10.289, km 17. Itaipava. ☎ 22 22 12 81. Abre de 11.30 h a 22.00 h y cierra los lunes. Un restaurante especializado en cocina portuguesa con varios platos de *bacalhau*, entre los que sobresale el *bacalhau do Valentim*.

Ⓒ **LOCANDA DELLA MIMOSA:** Alameda das Mimosas 30. ☎ 22 33 54 05. Abre de 12.30 h a 16.00 h y de 20.00 h a medianoche, y cierra los lunes y miércoles. En Vale Florido, a unos quince kilómetros de Petrópolis por la carretera BR 040 hacia Río, el restaurante de este hotel ofrece una de las mejores cocinas de la zona, en este caso italiana. Excelente bodega y precios altos.

LLEGAR Y PARTIR

EN AUTOBÚS. Desde la *rodoviária* Novo Rio, de Río de Janeiro, salen autobuses cada hora y media desde las 6.00 h y cubren la ruta en dos y media. El último autobús de Petrópolis a Río sale de aquí a las 19.30 h. También hay autobuses diarios desde y a São Paulo y Belo Horizonte.

TERESÓPOLIS

La ciudad de Teresópolis, con unos 115.000 habitantes, está situada a 820 metros de altitud, lo que la convierte en la urbe más elevada del Estado de Río. La separan 56 kilómetros de Petrópolis y 96 de Río de Janeiro.

Su nombre procede de la emperatriz Teresa Cristina, quien favoreció con muchas obras civiles a este municipio. El centro gira en torno a una calle mayor que cambia constantemente de nombre.

Es el punto de encuentro de muchos montañeros que vienen a explorar los alrededores, los cuales son sus mayores atractivos. Algunos de sus picos alcanzan los 2.300 metros. Si conseguís llegar a las cimas, gozaréis de unas magníficas vistas sobre la **Serra dos Órgãos**, cuyas rocas generan formas tan caprichosas que parecen tubos de órganos, de ahí su nombre. En esta sierra hay un parque nacional, a sólo cinco kilómetros de Teresópolis y con una extensión de 118 kilómetros cuadrados.

En la ciudad, desde la avenida Feliciano Sobré y también desde el barrio de Soberbo, podéis contemplar el hermoso pico de la *Serra* **Dedo de Deus**. Igualmente tenéis buenas vistas de la sierra, e incluso, si el día está despejado, de la Bahía de Guanabara, desde la **Colina dos Mirantes**, al sur del centro.

A doce kilómetros del centro hacia Nova Friburgo, la formación de rocas **Mujer de Piedra** es una visita de interés.

DATOS PRÁCTICOS

PREFIJO TELEFÓNICO: 21.

TELÉFONOS. La oficina de Telemar está en Avda Lúcio Meira.

CORREOS. Avda Lúcio Meira.

ESTACIÓN DE AUTOBUSES: Primeiro de Maio 100.

ALOJAMIENTO

Hay numerosos hoteles alejados del centro, en lugares muy bellos pero de difícil acceso si no disponéis de un vehículo propio. Lo mismo ocurre con los albergues y los campings.

ⓑ **ALBERGUE DE JUVENTUD RECANTO DO LORD:** Rua Luiza Pereira Soares 109. ☎ 27 42 55 86. www.teresopolishostel.com.br Una casona desde cuya varanda se puede ver la Serra y con cocina para los huéspedes.

ⓑ **CAMPING QUINTA DA BARRA:** Rua António Maria 100. ☎ 26 43 10 50. A tres kilómetros de Teresópolis. Se llega a través de la carretera de Petrópolis. Terreno liso, bien cuidado y verde. Hay piscina.

(B) HOTEL COMARY: Avda Almirante Lúcio Mira 467. ☎ 27 42 34 63. Dobles sencillas pero correctas en el hotel más barato en la ciudad.

(B) VÁRZEA PALACE HOTEL: Rua Prefeito Sebastião Teixeira 41. ☎ 27 42 08 78. Una casona de principios del siglo XX con muchísimo encanto, con cuartos sin baño propio a precio barato y con ello, a medios, pero muy moderado. La mejor opción por aquí.

(M) HOTEL AVENIDA: Delfim Moreira 439. ☎ 27 42 25 71. Cuartos algo caros para sus condiciones, pues están algo hechos polvo, pero céntrico.

(C) ALPINA: Rua Cándido Portinari 837. ☎ 27 41 49 99. www.hotelalpina.com.br Salida hacia Petrópolis, km 4. Bar, restaurante, piscina climatizada, sauna, pista de tenis y estacionamiento particular. Buenas vistas y no muy caro.

(C) POUSADA VRAJABHUMI: Carretera a Nova Friburgo, km 6. ☎ 26 44 73 62. www.vraja.com.br Una casona en medio de un campo y propiedad de los Hare Krishnas. Los precios incluyen las comidas en su restaurante vegetariano. Muy agradable.

(C) ROSA DOS VENTOS: Carretera a Nova Friburgo, km 27. ☎ 26 44 99 00. www.hotelrosadosventos.com.br Lejos de la ciudad, pero en un emplazamiento magnífico, con dobles que se acercan a los trescientos reales y que incluyen el desayuno y almuerzo. Tiene restaurante, bar, sauna, piscina y posibilidades de actividades al aire libre, como tenis o *kayaking*.

RESTAURANTES

(B) TEMPERO COM ARTE: Rua Pref. Sebastião Teixeira 262. ☎ 27 42 12 99. Cocina casera: truchas, conejo, pollo, etcétera.

(M) A ITALIANA: Avenida Joaquim José de Araújo Regadas 91-103. Buenas pastas caseras, cocina italiana y brasileña clásica.

(M) BISTRÓ: Avenida Joaquim José de Araújo Regadas 88. Dos salones, uno de ellos forrado de madera. Cocina clásica.

(M) DONA IRENE: Ten. Luís Meireles 1800. En Bom Retiro. ☎ 27 42 29 01. Abre de 12.00 a medianoche y domingos, hasta las 18.00 h; cierra lunes y martes. Un restaurante especializado en cocina rusa para recomendar a aquellos que dispongan de un presupuesto algo más alto y quieran regalarse unos bien preparados platos ofrecidos en un menú de degustación. Para acompañar, nada mejor que su vodka casera.

(M) MANJERICÃO: Rua Flavio Bortoluzzi de Souza 314. ☎ 26 42 42 42. Abre de 18.00 h a 23.00 h y sábados y domingos, de 12.00 a 23.00 h. Pizzas baratas, sabrosas y cocidas en horno de leña, y especialidades brasileñas muy buenas y a precio medio.

(M) TABERNA ALPINA: Rua Duque de Caxias 125. En Tijuca. ☎ 27 42 01 23. Abre de 11.00 a 22.30 h y cierra los lunes. Cocina alemana en uno de los restaurantes más populares de Teresópolis.

DE COPAS

VITÓRIA CAFÉ: Carretera RJ 116, km 73 (Mury). Restaurante en dos plantas, con *baile* de jueves a sábados a partir de las 20.00 h. Derecho de entrada y consumición mínima.

CALEDÕNIA: Rua Joaquim José da Silva 746 (Caledõnia). Baile a partir de las 19.00 h y música en vivo de jueves a domingo.

LLEGAR Y PARTIR

EN AUTOBÚS. Hay varios autobuses diarios desde Petrópolis, Nova Friburgo, Río de Janeiro y São Paulo, que salen desde las respectivas *rodoviárias* de estas ciudades.

PARQUE NACIONAL SERRA DOS ÓRGÃOS

El Parque Nacional de la Serra se encuentra en el municipio de Guapimirim, y su acceso más cercano a cinco kilómetros de Teresópolis. Está permitido el ingreso a los vehículos, pero sólo durante los primeros kilómetros. El resto es mejor recorrerlo a pie. Se puede venir de martes a domingos de 8.00 a 17.00 h y hay que pagar una pequeña tarifa de ingreso.

El parque tiene una extensión de 118 kilómetros cuadrados. Desde el acceso de Teresópolis salen las rutas principales que conducen a los picos: **Dedo de Deus** (1.692 metros), **Dedo de Nossa Senhora** (1.320 metros), **Nariz do Frade** (1.980 metros), **Agulha do Diablo** (2.050 metros) y **Pedra do Sino** (2.263 metros). En el **Poço Verde** del río Soberbo están las cascadas más bonitas de la zona. La mejor época para recorrerlo a pie es entre mayo y octubre.

Es el centro más importante del *trekking* en todo el país, pero debido a las dificultades de orientación se hace casi imprescindible contratar un guía en la oficina de información a la entrada del parque (☎ 21-26 42 10 70).

DATOS PRÁCTICOS

OFICINA DE INFORMACIÓN. El Centro de Visitantes está a la entrada del parque por la carretera BR-116, a unos cinco kilómetros de Teresópolis. ☎ (21) 26 42 10 70. Aquí podéis informaros de todo lo relativo a las excursiones y contratar un guía, o uniros a un grupo organizado.

ALOJAMIENTO

Ⓜ **POUSADA REFÚGIO DO PARQUE.** ☎ 92 21 91 47. El precio incluye el desayuno y una cena ligera. Se puede acampar junto al refugio.

CÓMO VENIR

EN AUTOBÚS. Desde Teresópolis se puede venir hasta la entrada del parque en un autobús que parte cada hora.

NOVA FRIBURGO

Fueron los primeros colonos suizos procedentes del cantón de Friburgo quienes bautizaron en 1818 a esta ciudad del interior del Estado de Río, a 137 kilómetros de la capital y a 71 al este de Teresópolis.

Aquellas trescientas familias suizas se debieron de sentir como en casa, rodeados de montañas, cascadas y grutas. Estos atractivos son los que ahora atraen a miles de amantes de la naturaleza que quieren disfrutarla plenamente.

Nova Friburgo es hoy una ciudad de unos 170.000 habitantes y un buen número de visitantes que vienen a recorrer sus preciosos alrededores. La propia ciudad está bien equipada con hoteles y restaurantes.

LA VISITA

Todo lo que hay que hacer por aquí se halla en los alrededores de la ciudad. Desde el centro se puede partir hacia el **Pico da Caledõnia**, el punto más alto de la zona, con cerca de 2.300 metros. Una vez arriba se puede practicar el ala delta.

Si no os seduce el esfuerzo físico, el teleférico que parte de la **Praça dos Suspiros** os conducirá a la cima del **Morro da Cruz**, a 1.800 metros de altitud.

DATOS PRÁCTICOS

PREFIJO TELEFÓNICO: 22.

ESTACIONES DE AUTOBUSES

RODOVIÁRIA NORTE: Praça Feliciano Costa. Autobuses a Petrópolis y Teresópolis.

TERMINAL RODOVIÁRIO SUL: Avenida Alberto Braume. Autobuses a Río de Janeiro.

ALOJAMIENTO

Tanto el cámping, como las *pousadas* y los hoteles están desperdigados en parajes muy bellos pero a los que resulta difícil acceder si no tenéis un vehículo.

CAMPING CCB-RJ-02: Cõnego (a 7 kilómetros de Nova Friburgo). ☎ 25 22 01 69. Terreno abrupto, junto a un río que forma una cascada y piscinas naturales.

CAMPING CCB-RJ-08: RJ-116, km 69,5. ☎ 25 42 22 75. A catorce kilómetros de la ciudad.

(b) **ALBERGUE ALÊ FRIBURGO:** Rua Ernesto Bizzotto Filho 2. ☎ 25 22 05 40. www.friburgohostel.com A dos kilómetros por encima de la plaza, un albergue magnífico.

(B) **HOTEL MARINGÁ:** Rua Monsenhor Miranda 10. ☎ 25 22 23 09. Cuartos decentes y tiene restaurante.

(M) **FAZENDA CALEDÕNIA INN:** Estrada para el Pico de Caledõnia. A unos 9 kms. ☎ 25 22 33 13. www.hotelcaledoniainn.com.br Las tarifas no son muy altas y tiene dos piscinas (una climatizada), restaurante y bar. Se puede elegir entre los dos chalés y las 35 habitaciones.

(M) **TIROL:** Estrada RJ 130, dirección Teresópolis km 10. ☎ 25 22 71 18. Con bar, restaurante, piscina, sauna y sala de juegos. Habitaciones con televisión y frigobar. También cuenta con un chalé independiente.

(M) **FAZENDA AUBERGUE SUISSE:** Rua 10 de Outubro, en Amparo. A unos 14 kilómetros. ☎ 25 41 12 70. www.aubergesuisse.com.br Restaurante, piscina, cuadra de caballos, pista de tenis, lago, etcétera y tarifas a partir de unos 200 reales.

RESTAURANTES

(B) **CASA VELHA:** Carretera Mury-Lumiar, km 23. Cocina a kilo, variado y económico.

(B) **LA PIZZA:** Vital Brasil 289, Pousada do Cônego. ☎ 25 22 93 15. Abre de 19.00 a 23.00 h y cierra lunes y jueves. Pizzas variadas y económicas para la cena.

Ⓜ **CANTINA DO JÚLIO:** Praça Getúlio Vargas 80. Churrascos y carnes en general.

Ⓜ **CRESCENTE:** Rua General Osório 4. ☎ 25 23 46 16. Un pequeño local que sirve ensaladas y platos ligeros.

Ⓜ **PALADAR:** Rua Oliveira Botelho 32. Gran variedad de platos fríos y una selección correcta de platos calientes. Toda la comida se cobra a peso.

Ⓒ **AUBERGUE SUISSE:** distrito de Amparo. ☎ 25 41 12 70. Se trata del restaurante de dicho hotel. Uno de los más recomendables de la zona por su excelente cocina franco-suiza.

Ⓒ **CHEZ GIGI:** Avenida Euterpe Friburguense 21, Largo de Chafariz. ☎ 25 23 01 07. Abre de 12.00 h a 17.00 h y de 19.00 h a medianoche. Cocina francesa tradicional y moderna en una sugestiva carta. El pan se elabora en la propia casa.

COMPRAS

Atención mujeres, no dejéis de comprar lencería en Nova Friburgo. Los chicos, incluso, podéis aprovechar para hacer un regalo a vuestras novias. No en vano es conocida como la capital de la moda íntima. Sus numerosas empresas de confección se han ganado a pulso la fama. También podéis comprar dulces, mermeladas y licores elaborados con recetas artesanales.

Una buena dirección, favorita de los locales, es el **Shopping en Presidente de Saudade**, cerca de la Rodoviária.

FESTIVIDADES

FRIBOURG KAISER FESTIVAL: en el mes de mayo. Juegos florales, trovadores, fiesta de la cerveza, etcétera.

LLEGAR Y PARTIR

EN AUTOBÚS. Desde Río de Janeiro hay unos veinte servicios diarios. Para ir a Río hay que coger el autobús en la Rodoviária Sul, desde las 6.00 h hasta las 21.30 h. El trayecto dura unas dos horas y media y va vía Niterói, por una hermosa carretera. Para ir a Teresópolis (dos horas) y Petrópolis hay que tomar el autobús en la Rodoviária Norte.

LA COSTA DEL SOL

La llamada Costa el Sol se extiende hacia el nordeste de Río de Janeiro. Su principal atractivo son las playas y los lagos costeros de **Maricá**, **Saquerema** y **Araruama**. Cada uno ha dado origen a un pueblo. Los **Lagos Fluminenses**, más cercanos a Niterói, están contaminados y no merece la pena visitarlos.

El exclusivo enclave de Búzios es el lugar más turístico de la zona, y los fines de semana se llena de gente de Río y São Paulo.

SAQUAREMA

A medio camino entre Río de Janeiro y Cabo Frio y Búzios, Saquarema, a cien kilómetros al este de la capital del Estado, era un antiguo pueblo pesquero que hoy recibe bastante turismo, gracias a sus aguas limpias y buenas playas.

El portugués Martim Afonso de Sousa fundó un enclave colonial aquí en 1531. Durante los primeros años los pioneros lusos debieron enfrentarse

a la alianza de indios *tamoios* y franceses, y en 1575 el gobernador de Río envió a un ejército que acabó con gran parte de los enemigos.

En Saquarema viven hoy unas cuarenta y cinco mil personas, cifra que aumenta bastante en fines de semana y en vacaciones de verano (invierno en España), con la llegada de miles de paulistas y cariocas, entre ellos, muchos surfistas, ya que es uno de los mejores enclaves del país para la práctica de este deporte.

LA VISITA

Lo mejor de Saquarema es difrutar de la limpieza de sus playas semidesiertas y un mar también limpio y agitado por las olas. Desde hace años está prohibida la instalación en el municipio de industrias que puedan contaminar.

Desde la iglesia, construida en 1837 sobre una colina, podéis haceros una idea de las playas circundantes y observar la laguna de Saquarema, detrás del pueblo.

DATOS PRÁCTICOS

PREFIJO TELEFÓNICO: 22.

CAMBIO DE DINERO: Banco do Brasil, Avda Saquarema 539.

CORREOS: Praça Oscar de Macedo Soares.

TELÉFONOS: Praça Santo Antônio, Bacaxá. A unos seis kilómetros al norte de Saquarema.

ESTACIÓN DE AUTOBUSES: Plaza principal.

ALOJAMIENTO

Ⓑ **POUSADA COSTA DO SOL:** Avda Min. Salgado 5.270. ☎ 26 51 12 33. www.costadosolpousada.com En la Praia de Barra Nova, a seis kilómetros de Saquarema, precios altos entre los baratos, pero que incluyen el almuerzo.

Ⓑ **J.P. PALACE:** Amaral Peixoto 4.333. ☎ 26 53 32 46. Un hotelito económico en Bacaxá, a seis kilómetros de Saquarema. Cuartos sencillos y limpios, pero ruidosos, ya que el hotel está junto a la autovía.

Ⓑ **POUSADA GAROTA DE ITAÚNA:** Avda Oceânica 165. ☎ 26 51 21 56. Con doce habitaciones en primera línea de playa, a dos kilómetros del pueblo. El favorito de los surfistas.

(M) **CANTO DA VILA:** Avda Salgado Filho 52. ☎ 26 51 15 63. www.pousadacantodavila.com.br Junto a la playa, con buena relación de calidad y precio.

(C) **POUSADA PEDRA D'AGUA MAASAI:** Itaúna 17. ☎ 26 51 10 92. www.maasai.com.br En la playa de Itaúna, a tres kilómetros del pueblo y con bar, sauna y servicio de playa.

(C) **FAZENDA SERRA CASTELHANA:** Rua Latino Melo, Río Bonito. ☎ 26 53 52 51. www.serracastelhana.com.br A doce kilómetros de Saquarema, bien equipado y más barato que la *pousada* anterior. Son doce chalés en los que caben hasta seis personas y tiene bar, restaurante, sauna, piscina y alquiler de caballos.

RESTAURANTES

(B) **GAROTA DE ITAÚNA:** Avda Oceânica 165. ☎ 26 51 21 56. Abre de 10.00 a medianoche. El restaurante del hotel en Itaúna sirve cocina buenísima y barata, variada, aunque lo mejor aquí es pedir pescado. Probad las anchoas asadas.

(B) **QUIOSQUE 13:** Avda Min. Salgado. Abre de 9.00 a 20.00 h y cierra lunes y jueves. En Praia da Vila, sirve pescado, *risoto* de frutos de mar, *bobó de camarão,* etcétera. Si sois al menos dos y compartís raciones sale a precio barato, en caso de ser sólo uno, es de precio medio.

(B) **MARISCO:** Praça Oscar de Macedo Soares 35. Abre de 11.30 h a medianoche. Cocina variada, pero como su nombre indica, sobre todo sirve pescado y mariscos a buen precio. Tiene bufé *a quilo* y también pizzas.

(M) **LE BISTRÔ:** Avda San Rafael 1.134, Itaúna. Abre de 11.00 h a 23.00 horas. En la playa de Itaúna, algo alejado, pues, de Saquarema, pero es un buen local para tomar pescado y frutos de mar.

ACTIVIDADES

Con olas de hasta tres metros de altura, las playas de Saquarema y alrededores son óptimas para la práctica del surfing.

FESTIVIDADES

Los días 7 y 8 de septiembre se celebra una misa en la iglesia de Nossa Senhora de Nazaré y se llega a estimar en 150.000 los peregrinos que vienen esos días a Saquarema.

LLEGAR Y PARTIR

EN AUTOBÚS. Desde Río de Janeiro tenéis autobuses a Saquarema cada hora y media hasta las 20.00 horas, para un trayecto que dura dos horas. Si queréir ir desde Saquarema a Cabo Frio, tenéis que tomar un autobús a Bacaxá y otro hasta Cabo.

ARRAIAL DO CABO

La siguiente localidad importante viniendo de Río hacia Cabo Frio es Arraial do Cabo, situada sobre la costa y a sólo diez kilómetros de este último.

Arraial es un pueblo sobre cuatro bahías y con unos veinticinco mil habitantes, población que crece sobremanera en fines de semana y vacaciones, cuando miles de ociosos vienen a disfrutar de unas magníficas playas.

En 1503 la escuadra portuguesa, al mando de Américo Vespucio, arribó a estas costas y se encontró con tribus de indígenas *tamoios* y *gotacazes*, al parece asentados aquí desde hacía miles de años. Un par de docenas de

colonos descendieron de los barcos para quedarse y fundar un asentamiento que, a juzgar por la fecha, debió ser uno de los primeros de los europeos en el Nuevo Continente.

LAS PLAYAS

Desde Arraial do Cabo podéis ir caminando a playas excelentes, como **Prainha, Praia do Forno** y **Praia Grande**.

Por otro lado, **Praia dos Anjos** es hermosa, pero una de las que sufre un exceso de motos náuticas y embarcaciones de recreo. En uno de los extremos de esta playa se erige la iglesia **Nossa Senhora dos Remédios**, construida en 1516, aunque ha debido ser restaurada posteriormente.

DATOS PRÁCTICOS

PREFIJO TELEFÓNICO: 22.

CORREOS: Avda Getúlio Vargas.

ESTACIÓN DE AUTOBUSES: Praça da Bandeira.

ALOJAMIENTO

La temporada alta, cuando los precios suben hasta un 30%, se extiende entre diciembre y finales de febrero.

CÁMPING CLUB DO BRASIL-RJ05: Avda da Liberdade 171. ☎ 26 22 10 23.

(B) **HOTEL PRAIA GRANDE**: Rua Dom Pedro 4. ☎ 26 22 13 69. www.hpraiagrande.com.br De las pocas opciones baratas, en temporada baja, en Arraial do Cabo. Céntrico.

(M) **POUSADA CAMINHO DO SOL:** Rua Miguel Ângelo 55. ☎ 26 22 20 29. www.caminhodosol.com.br Un hotel con bar, sauna y piscina que no hace falta utilizar, ya que está en plena Praia Grande.

(M) **POUSADA DA PRAINHA:** RD 90, Prainha. ☎ 26 22 25 12. Con veinticuatro habitaciones correctas.

(M) **ORLAMAR:** Avda Beiramar 111. Recanto da Prainha. ☎ 26 22 24 10. A dos kilómetros de Arraial y con veinte cuartos decentes y limpios.

Ⓜ **CAPITÃO N'AREIA POUSADA:** Rua Santa Cruz 7. ☎ 26 22 27 20. www.capitaopousada.com.br De los más caros por la zona y está en Praia dos Anjos. Sin embargo, el precio queda aún lejos de los de lujo. Tiene sauna, piscina, bar, restaurante y servicio de playa.

RESTAURANTES

Ⓑ **SAINT TROPEZ:** Praça Daniel Barreto 2. ☎ 26 22 12 22. Abre de 12.00 h a medianoche y lunes y martes, de 17.00 h a medianoche. Un restaurante económico en Praja dos Anjos y especializado en pescado y marisco.

Ⓑ **CANTINHO DA NONA:** Rua Nilo Peçanha 4. ☎ 26 22 67 41– Abre de 11.00 a 16.00 h. En Praia dos Anjos, también, un local con bufé *a quilo* y muy familiar.

Ⓑ **AGUA NA BOCA:** Praça da Bandeira 1. ☎ 26 22 11 06. Abre de 11.30 h a 17.00 h. Otro autoservicio, en Arraial esta vez, y con un bufé económico, algo menos en fin de semana, pero siempre dentro de la categoría barata.

Ⓑ **TREM DO CABO:** Rua Dom Pedro II 8. ☎ 26 22 22 06. Abre de 11.30 h a 16.00 h. También en el propio Arraial y con bufé *a quilo*.

Ⓜ **ORIENTAL:** José Pinto de Macedo 5. ☎ 26 22 23 65. Abre de 18.00 h a 23.00 h y viernes a domingos, de 12.00 h a 23.00 h. Cierra los martes. Cocina japonesa y alguna otra especialidad de cocina asiática en Prainha.

ACTIVIDADES

Arraial do Cabo es el enclave favorito para los submarinistas en el Estado de Río. En la localidad hay varias agencias turísticas especializadas en esta actividad.

LLEGAR Y PARTIR

EN AUTOBÚS. Desde Río de Janeiro tenéis autobuses a Arraial do Cabo hasta la medianoche, en un trayecto que dura tres horas. Si llegáis a la estación de autobuses y habéis perdido el directo, los hay más frecuentes a Cabo Frío, donde podéis pillar uno urbano que llega a Arraial en unos minutos.

CABO FRIO

Cabo Frio está situado a 168 kilómetros al este de Río. El lugar fue fundado en 1615 por los portugueses después de expulsar a los piratas holandeses e ingleses de estas costas. Hasta principios del siglo XX fue un pequeño pueblo que creció paralelo al desarrollo de la industria de la madera –para cuya protección se construyó el Fuerte de São Mateus– y de la sal, que todavía hoy se explota.

Los franciscanos se instalaron aquí y erigieron el convento de Nossa Senhora dos Anjos y más tarde llegaron los jesuitas.

Hoy es una ciudad de unos 100.000 habitantes, donde los fines de semana y los veranos se llena de cariocas aficionados a la práctica de deportes náuticos.

LA VISITA

El pueblo no es que cuente con espectaculares monumentos, no obstante se puede dar una vuelta para ver la **Capela Nossa Senhora da Guia**, de mediados del XVIII pero restaurada en 1982, y desde donde se disfruta

de una bonita vista; el **monumento al Ángel Caído**, columna de nueve metros de altura con un ángel levantada para conmemorar la apertura del canal, pero que al inclinarse por el efecto de las aguas ha recibido este nombre; el **Convento de N. Senhora dos Anjos**, que alberga el Museo de Arte Sacro; el **Espaço Cultural Cabo Frio** (Avenida 13 de Novembro 520), con unas interesante muestra de artesanía (en venta); el **Museu Histórico Marítimo** (Rua Marechal Floriano 131, São Bento), con restos de naufragios y maquetas de barcos, y el **Museu do Mar** (Rua Barão do Rio Branco 94), con acuarios, proyecciones de vídeos, libros, fotografías, etcétera.

LAS PLAYAS

PRAIA DO FORTE: la playa urbana. Arena fina y mar tranquilo. Aquí se puede ver el **Forte de S. Mateus**, erigido en 1616. Se pueden alquilar embarcaciones. Por la noche es una de las zonas más animadas, con quioscos, actuaciones de música *brasileira*, etcétera.

PRAIA DAS DUNAS: también urbana y comprende la popular **Duna la Dama Branca**.

PRAIA DO FOGUETE: una prolongación de la anterior y una de las mejores. Muy apreciada para la práctica del surf y la pesca con caña.

PRAIA BRAVA: al norte de la población, frente a la isla do Papagaio. Pequeña y aislada, se accede por un camino desde el *morro*; ha sido la elegida por los nudistas, aunque está práctica está prohibida oficialmente.

PRAIA DOS CONCHAS: entre el Morro da Vigia y la Ponta do Arpoador. Un dato histórico: en el morro de Arpoador levantó Américo Vespucio en 1502 la primera fortaleza de piedra de Brasil. Con arenas amarillas y aguas tranquilas, hay muchos chiringuitos con tumbonas y donde sirven pescados y mariscos.

PRAIA DO PERÓ: a unos seis kilómetros en dirección norte. Es una de las más grandes, tiene cerca de siete kilómetros y es una de las mejores para practicar el surfing. Con arena gruesa y vegetación abundante alrededor. Aprovechad para ver las **Dunas Douradas do Peró**, de arena amarilla y la postal de la zona.

PRAIA DO SIQUEIRA: a orillas del lago Araruama, frecuentada por los pescadores, que por la noche crean un bonito espectáculo con sus luces.

PRAIA DO COQUEIRAL (PALMEIRAS): muy estrecha y con más de kilómetro y medio junto a cocoteros y palmeras. Con bastantes quioscos.

PRAIA DE SÃO BENTO: junto al Canal do Itajurú, es de aguas transparentes y poco profundas.

PRAIA DO SUDOESTE: dentro del lago. Muy estrecha pero muy frecuentada, a causa de las propiedades atribuidas a sus aguas, muy saladas. Se pueden alquilar barcos.

EXCURSIONES

Las playas están alejadas del núcleo urbano y son el principal atractivo de la zona, pero también os resultará agradable y entretenido hacer una excursión en barco por el **Lago Araruama,** con las **islas de Breu** y **Japonês**, o bien por el mar, donde se pueden contemplar otras **islas**, por ejemplo: **Pargos, Capoes, Comprida, Redonda, Dois Irmaos** o **Papagaio**.

DATOS PRÁCTICOS

PREFIJO TELEFÓNICO: 22.

BANCO DO BRASIL: Praça Porto Rocha 44.

CORREOS: Largo de Santo Antônio 55.

TELÉFONOS: Telemar, Praça Porto Rocha.

MEDIOS DE TRANSPORTE

ESTACIÓN DE AUTOBUSES: Avenida Júlia Kubitschek. Jardim Flamboyant.

ALQUILER DE COCHES LOCALIZA: ☎ 26 43 68 22. www.localiza.com

ALOJAMIENTO

Hay numerosos hoteles y *pensoes* de distintos precios situados a lo largo de la avenida Júlia Kubitschek. También hay algún albergue juvenil y varios campings. De todos modos, si podéis, alojaos en Búzios o en Arraial do Cabo, que son mucho más agradables.

(b) **CABO FRIO CENTRAL HOSTEL:** Rua Joge Lóssio 1.318. ☎ 26 47 13 41. www.cabofriocentralhostel.com

(b) **CAMPING CLUB DO BRASIL-RJ-01:** Rua dos Passageiros 700 (Porto do Carro). ☎ 26 44 12 26. A unos dos kilómetros. Terreno de hierba y tierra, sombreado.

(M) **DUNAS DO PERÓ POUSADA:** Estrada do Guiri 1.001 (Praia do Peró). ☎ 26 29 23 23. www.pousadadunasdopero.com.br A unos cinco kilómetros por la carretera de Búzios, en el cámping, tiene doce habitaciones sencillas y nada caras, más servicio de bar y restaurante. También piscina, pista de tenis y campo de fútbol.

(M) **POUSADA PORTOPERÓ:** Avenida dos Pescadores 2.002 (Praia do Peró). A unos a 6 kilómetros. ☎ 26 44 55 68. www.portopero.com.br Con bar, restaurante, piscina y sauna. Tiene 35 habitaciones.

(M) **POUSADA DO ALBATROZ:** Carretera Arraial do Cabo (Praia do Foguete). A 5 kilómetros. ☎ 26 43 15 77. www.pousadadoalbatroz.com.br Piscina y sauna. Tiene 21 habitaciones confortables.

RESTAURANTES

(B) **CHEZ MICHOU:** Avda do Contorno 890. En Praia do Forte, *salgadinhos* y crêpes.

(B) **CIMALHA:** Rua Mal. Floriano 81. Uno de los locales más antiguos de Cabo Frio. Popular y con platos correctos.

(B) **OS ARGONOAUTAS:** Rua Mal. Belegard 115. Pastas finas y pescados. Lugar de reunión de la ciudad, con actuaciones musicales en directo por las noches.

(M) **PICANHA NA TÁBUA:** Rua Jorge Lóssio 489. Abierto en temporada alta todos los días hasta las 23.00 h. Churrasco y precios no muy altos.

(M) **PICOLINO:** Rua Mal. Floriano 319. A orillas del canal. ☎ 26 43 24 36. Abierto de 11.00 h a medianoche. Buenos pescados.

COMPRAS

ESPAÇO CULTURAL MAREARTE: Avenida 13 de Novembro, 520. Artesanía diversa, tallas de madera, cerámica, maquetas de barcos.

FEIRA DE ARTESANATO: Rua Jonas Garcia. Junto al Canal do Itajuru.

LLEGAR Y PARTIR

EN AUTOBÚS. Hay servicio de autobuses diarios desde Belo Horizonte (nueve horas), Río de Janeiro y Niterói (tres horas), São Paulo (ocho horas y media) y algunas otras localidades importantes del Estado.

Los autobuses locales van frecuentemente a Búzios y a Arraial do Cabo.

BÚZIOS (ARMAÇÃO DOS BÚZIOS)

Este antiguo pueblecito de pescadores situado en una península rodeada de playas ha encontrado su mayor riqueza en el turismo y el comercio. A pesar de que ha sido explotado por las constructoras, aún conserva algunas regias casas coloniales en el centro. En realidad, son tres enclaves en la península, Armaçao de Búzios, Ossos y Manguinhos, y uno en la costa, Rasa.

Si no disponéis de vehículo, os perderéis sus atractivos mayores, las diecisiete playas de aguas limpias que se van sucediendo a lo largo de un paisaje cautivador. El mar está salpicado de islotes que se pueden descubrir en barco.

Búzios tiene hoy unos 18.000 habitantes y bastantes más en vacaciones, fines de semana o, sobre todo, en Navidad y Carnaval, épocas en las que entre los casi cien mil veraneantes, viene la gente más exclusiva de Río de Janeiro, Belo Horizonte, Niterói y São Paulo, y los puertos deportivos se llenan de yates.

Tened en cuenta que entre diciembre y el final del Carnaval Búzios se convierte en el lugar más caro de Brasil, con precios que suponen prácticamente el doble que en el resto del país.

LA VISITA

Armação dos Búzios era un sencillo pueblo de pescadores hasta que en los años sesenta la actriz francesa Brigitte Bardot le dio popularidad al elegirle como punto de descanso, pero el más bonito de los enclaves de la península es Ossos, más antiguo y con un coqueto puerto. Manguinhos es donde se encuentran las tiendas y oficinas administrativas, mientras que en Armaçao están los buenos restaurantes, los bancos y Correos.

Lo más interesante, si queréis moveros un poco, son las excursiones por la Serra das Emerências y los paseos en barco por las **islas de Rasa** (a diez en minutos en barco de la costa y con dos buenas playas: Lua y Âncora), **Feia, Branca** y **do Caboclo**. Si os gustan los deportes de la pesca, el buceo o el surf o el windsurf, ésta es vuestra oportunidad de practicarlos.

LAS PLAYAS

RASA: junto a un lujoso complejo turístico. El viento a veces juega malas pasadas al soplar fuerte.

BAHÍA FORMOSA: con tres kilómetros y azotada por los vientos, que la hacen muy apreciada para la práctica del windsurf.

MARGUINHOS: muy grande y también ideal para el surf.

TARTARUGA: en una ensenada cercada de *morros* y en una zona con corales y una vegetación salvaje. Se accede a pie.

DAS VIRGEMS: muy pequeña y solitaria, ya que se accede en barco o caminando por las rocas.

DOS AMORES: otra de las elegidas por los nudistas por su aislamiento.

DO CANTO Y ARMAÇÃO: ya casi en la ciudad y junto al puerto, por lo que no se aconsejan para el baño.

DOS OSSOS: aguas tranquilas donde fondean los barcos, por lo que no es muy apta para bañarse. En lo alto, se accede por una escalera, está la **Igreja de Sant'Ana**, y en la punta norte, el Iate Club.

AZEDA Y AZEDINHA: son ideales para la práctica del submarinismo por sus transparentes aguas.

JOÃO FERNANDES: con una buena infraestructura turística.

JOÃO FERNANDINHO: más pequeña y con algunas piscinas naturales. Muy frecuentada.

BRAVA: muy peligrosa para el baño por las corrientes, pero buena para el surf. Hay un mirador.

OLGO DE BOI: acceso a pie y escondida, por lo que suelen ir los nudistas.

DO FORNO: no es muy frecuentada para el baño, por ser bastante pequeña, sin embargo es muy bonita. Tiene un mirador y una isla en la entrada de la bahía.

DA FOCA: con una piscina natural.

FERRADURA: con dos cuantos *morros* cerrando la bahía e ideal para la vela.

FERRADURINHA: con arenas blancas y aguas claras. Se accede a pie desde la playa contigua de Geribá.

GERIBÁ: muy frecuentada y con buenas instalaciones.

TUCUNS: entre Geribá y la Serra das Emerências. Con aguas tranquilas y dunas.

CARAVELAS: acceso controlado. La playa siguiente es la de Peró (ver "Cabo Frio").

DATOS PRÁCTICOS

PREFIJO TELEFÓNICO: 22.

INFORMACIÓN EN INTERNET: www.buziosturismo.com

CAMBIO DE DINERO: Malízia Tour, Shopping Praia do Canto; Banco do Brasil, Rua Manoel de Carvalho 70, Armaçao.

MEDIOS DE TRANSPORTE

ESTACIÓN DE AUTOBUSES: Estrada da Usina Velha 444.

TRANSPORTE MARÍTIMO: Estrada José Bento Ribeiro Dantas, s/n. Praia da Armaçao.

ALQUILER DE COCHES LOCALIZA: ☎ 26 23 62 26.

ALQUILER DE BUGUIS: ☎ 26 23 64 21.

ALQUILER DE BICICLETAS: Bike Tour, Rua das Pedras 266, Armaçao y Pousada Amendoeiras, Ossos. ☎ 26 23 63 65.

ALOJAMIENTO

Los hoteles son muy numerosos y caros, y entre diciembre y febrero aumentan bastante sus precios, aunque no falta algún que otro lugar más acomodado a bolsillos jóvenes y la posibilidad de acampar.

En todo caso, en temporada alta los que no tengan un presupuesto alto harían bien en alojarse en Cabo Frio o en Arraial do Cabo.

CAMPING COUNTRY CLUB: Rua Maria Joaquina Justiniano de Sousa 895, Praia Rasa. ☎ 26 29 11 55.

(b) **ALBERGUE INTERNACIONAL ALEGRAVILA:** José Bento Ribeiro dantas 1.475. ☎ 26 23 23 29. www.alegravila.com.br Abierto todo el año. A unos 500 metros de la estación, un buen albergue rodeado de un jardín, con dormitorios y habitaciones privadas.

(b) **ALBERGUE VILLE BLANCHE:** Rua Manoel Turibio de Farias 222. ☎ 26 23 28 92. Muy bien situado, a un tiro de piedra –nunca mejor dicho– de la Rua das Pedras, donde se concentra toda la marcha nocturna. En realidad es una *pousada* con dormitorio además de habitaciones dobles.

(C) **POUSADA CASA DA PEDRA:** Tr. Lúcio António Quintanilha, 57. ☎ 26 23 14 99. www.casadapedrabuzios.com.br Únicamente ocho habitaciones, aire acondicionado, televisión, caja fuerte. Tiene bar.

(C) **POUSADA MEDITERRÂNEA.** Rua Joao Fernandes 58. ☎ 26 23 23 53. Habitaciones con hermosas vistas y precios moderados (para ser Búzios).

(C) **BYBLOS.** Alto de Humaitá, Armaçao. ☎ 26 23 11 62. www.pousadabyblos.com.br Una casona entre amplios jardines y vista al mar.

(C) **POUSADA LA CHIMERE.** Praça Eugênio Honold 36, Ossos. ☎ 26 23 14 60. www.lachimere.com.br Dobles muy buenas y precios que se acercan peligrosamente a la categoría de lujo.

(L) **EL CAZAR.** Alto de Humaitá, Armaçao. ☎ 26 23 16 20. www.buzioselcazar.com.br Un lugar con buenísimas vistas y piscina, sauna, jacuzzis, pista de tenis, restaurante, etcétera.

RESTAURANTES

(B) **PANDA:** Praça Santos Dumont 290. ☎ 26 33 45 76. Abre de 12.00 a 18.00 h y sábados hasta las 22.00 h. Bufé a kilo, con más de cuarenta platos calientes, ensaladas y algunas especialidades orientales.

(B) **DON QUIJOTE:** Estrada da Usina Velha 300. Abre de 12.30 a 21.00 h todos los días. Bufé comida *a quilo*, que incluye también churrasco. Está en un hotel.

(B) **CHEZ MICHOU:** Rua José Bento Ribeiro Dantas 90. ☎ 26 23 21 69. Abre hasta la madrugada. Crêpes y *salgados*.

(B) **TERRA BRASILIS:** Avenida José Bento Ribeiro Dantas. Praia da Armação. ☎ 26 23 62 78. Autoservicio muy asequible y platos de diferentes estilos.

(M) **BOOM:** Manoel Turibio de Farias 110. ☎ 26 23 62 54. Abre todos los días de 12.00 h a medianoche. Comida a kilo algo más cara de lo habitual, pues el precio del bufé sobrepasa los veinte reales. También hay carnes y pescados a la brasa.

(M) **NAUTILUS:** Avda José Bento Ribeiro Dantas 1.229. Cerca de Praia de Ossos y con platos de carne y pescado.

(M) **PARVATI:** Avda José Bento Ribeiro Dantas 144. Una pizzería con buena pasta.

(M) **GUAPO LOCO:** Avda José Bento Ribeiro Dantas 233. Cocina mexicana en un restaurante muy animado y divertido.

(C) **SAWASDEE:** Rua Ribeiro Dantas 422, Orla Bardot. ☎ 26 23 46 44. Abierto de 18.00 h a medianoche y cierra los jueves fuera de temporada. Cocina tailandesa a precios moderados para tratarse de Búzios, en la Praia da Armaçao.

SATIRYCON. Rua Ribeiro Dantas 500, Orla Bardot. ☎ 26 23 26 91. Abierto de 12.00 a 1.00 h y fines de semana, de 13.00 a medianoche. Una sucursal en Praia da Armaçao del famoso restaurante de Ipanema, frecuentado en el pasado por estrellas como Tom Jobim, Nureyev o Madonna. Especialidad en pescado y marisco, con un buenísimo *sushi* y *sashimi*, todo ello con vistas al mar.

CIGALON: Rua Ribeiro Dantas 199. ☎ 26 23 12 49. Abierto de 18.00 a medianoche y fines de semana, de 13.00 a medianoche. Un buen restaurante que se ha ganado la fama a base de una cocina francesa que alterna los platos imaginativos con los tradicionales.

DE COPAS

Para ir de copas hay que desplazarse a la zona de Rua das Pedras, en Armaçao, donde abundan los bares y cafés con terrazas. En los últimos tiempos estaban de moda el restaurante mexicano **Guapo Loco,** que también funciona como bar de copas y, sobre todo, de cócteles.

LLEGAR Y PARTIR

EN AUTOBÚS. Para venir a Búzios desde Río hay al menos siete directos desde la Rodoviária Novo Rio (tres horas de viaje) y también se puede venir vía Cabo Frio, donde hay que tomar un autobús urbano para venir hasta aquí (cincuenta minutos).

ESTADO DE SÃO PAULO

El Estado de São Paulo es el más rico e industrializado de Brasil. Ocupa una extensión de 247.898 kilómetros cuadrados y lo habitan casi cuarenta millones de individuos –17 de ellos en la capital y sus alrededores–, lo cual significa que una cuarta parte del país vive en este Estado.

Los paulistas se consideran a sí mismos como un pueblo laborioso, alejado del carácter lúdico que achacan a sus vecinos cariocas y eternos rivales. Por el contrario, éstos critican a los habitantes de São Paulo su incapacidad para disfrutar de la vida. Lo cierto es que el Estado de São Paulo produce las mayores cosechas del país de café, algodón, azúcar, arroz, naranjas y soja, y más de la mitad de las cincuenta primeras empresas del país tienen su sede aquí.

El despegue de esta zona se produjo a mediados del siglo XIX, con el ciclo del café. Abolida la esclavitud, los hacendados de los cafetales tuvieron que recurrir a mano de obra de otros países, a inmigrantes alemanes, italianos, españoles, japoneses y hasta portugueses. Tras el despegue económico, se instalaron fábricas con capital extranjero –textiles en su mayor parte– y São Paulo entró en una etapa de crecimiento industrial que no había tenido precedentes.

LA CIUDAD DE SÃO PAULO

São Paulo es la ciudad más grande de Brasil, con unos doce millones y medio de habitantes y hasta diecisiete contando sus alrededores.

La ciudad está situada a 730 metros sobre el nivel del mar y a setenta kilómetros de su puerto de mar, Santos. São Paulo es la metrópoli que más y más rápido ha crecido en toda Suramérica, un crecimiento que no estaba previsto y que, por tanto, ha influido de forma negativa en su infraestructura. En los años de mayor expansión se edificó sobre lo ya construido, con desprecio por el pasado. Esto no evitó la aparición de *favelas*, que ahora forman parte del paisaje urbano estable.

São Paulo surgió en torno a una misión que los jesuitas fundaron a mediados del siglo XVI en las cercanías del actual patio del colegio, edificio-réplica del primitivo. Se constituyó en municipio por decreto real en 1711 y empezó a vivir su apogeo cuando muchos hacendados que explotaban los cafetales del interior del Estado decidieron trasladarse a vivir a la ciudad.

A principio del siglo XX contaba con 250.000 habitantes y veinte años más tarde el censo llegaba a contabilizar 580.000 personas. En la actualidad se calcula que entre São Paulo y su periferia, conocida como *Grande São Paulo*, viven diecisiete millones de habitantes.

LA LLEGADA

DE LOS AEROPUERTOS A LA CIUDAD

AEROPUERTO DE CONGONHAS: Avenida Washington Luís. Desde el aeropuerto de vuelos domésticos, situado a catorce kilómetros de la ciudad, podéis utilizar el servicio de autobuses que salen cada media hora y llegan a la Praça da República de 5.00 h a medianoche.

Una opción más rápida es coger un autobús que vaya hasta la estación de Metro São Judas, desde donde los convoyes llegan rápidamente al centro.

También está conectado con el aeropuerto internacional por un servicio de autobuses que tiene la misma frecuencia y funcionan entre las 5.45 h y las 21.30 h.

AEROPUERTO INTERNACIONAL DE GARULHOS: Avenida Monteiro Lobato 1.985. El aeropuerto internacional, a treinta kilómetros al este de la ciudad, está conectado con el centro por los autobuses que salen cada media hora y que van hasta la Praça da República de 5.00 h a medianoche. Al igual que con el otro aeropuerto, es más rápido bajarse en la parada de Metro Bresser.

Para ir a este aeropuerto desde la ciudad es muy desaconsejable esperar con el equipaje en la plaza de la República una vez anochecido, por lo que una buena opción es el autobús que recorre los hoteles de cinco estrellas para recoger a los pasajeros (www.airportbusservice.com.br).

Ambos aeropuertos tienen paradas de taxis.

DE LAS RODOVIÁRIAS A LA CIUDAD

Para ir o venir a la rodoviária de **Jabaquara**, **Tietê** o **Barra Funda**, y si no queréis gastaros dinero en taxi, lo mejor y más seguro es ir en Metro a las estaciones del mismo nombre.

ORIENTACIÓN

Ante todo no os asustéis por las proporciones de la ciudad, porque las zonas interesantes están concentradas en un núcleo bastante abarcable. El corazón está en la **Praça da República** y en la **Praça da Sé**. En los alrededores de estas plazas se encuentran los pocos vestigios coloniales, aprisionados entre los edificios de los bancos, que quedan en la ciudad.

Al sur de la Praça da Sé se concentran el barrio japonés, llamado **Liberdade,** y el barrio italiano, denominado **Bela Vista** y conocido también como

Águas de Lindóia
Águas de Lindóia
Lindóia
Serra negra
Socorro
Holambra
A Mato Grosso do Sul
Amparo
Monté alegre do sul
Jaguariuna
Campinas
Alinchos
Vinhedo
Bragança paulista
Atibaia
Jundiaí
São José
Itu
Mairiposã
Piradora
Isantana do parcuiba
Carapicuiba
São roque
SÃO PAULO
Ribeirão Pires
Itaperica da da serra
Paranapiacaba
SANTOS
São Vicente
GUARUJ
PRAIA GRANDE
A Paraná
Mongaguá
Itanhaém

ESTADO DE SÃO PAULO
GRAES
ato do Sapucai
Campos do Jordão
Santo Antônio do Pinhal
Aparecida
Pindamonhangaba
Cunha
os
S. Luís do Paraitinga
P.N. da
Serra de Bocaina
Caraguatatuba
Ubatuba
Ilha de Anchieta
Caraguatatuba
São
Sebastião
Boiçucanga
Ilha Bela
Ilha de S. Sebastião
Amaro
OCÉANO ATLÁNTICO
E

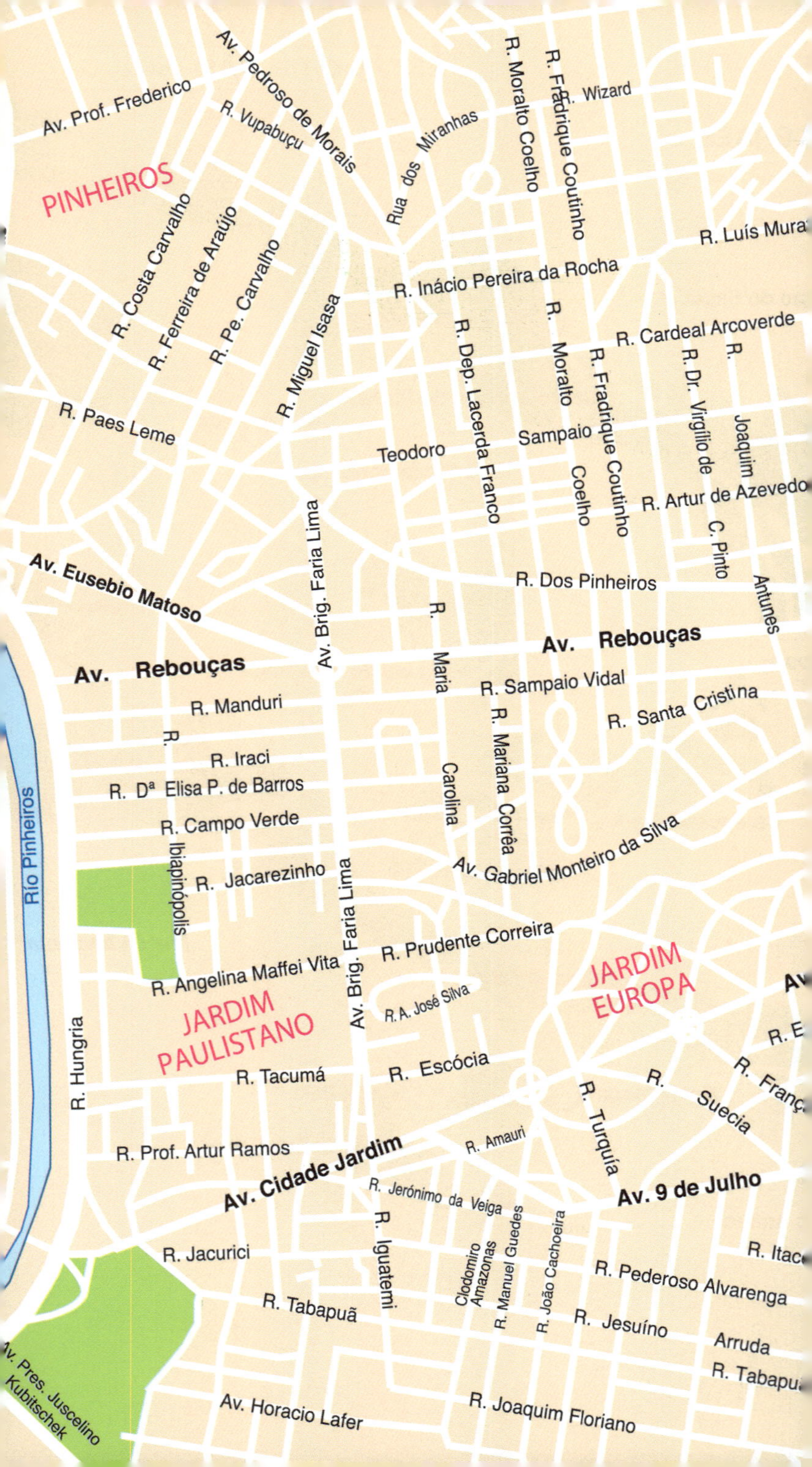

PINHEIROS
Av. Prof. Frederico
Av. Pedroso de Morais
R. Vupabuçu
Rua dos Miranhas
R. Moralto Coelho
R. Fradrique Coutinho
R. Wizard
R. Luís Mura
R. Costa Carvalho
R. Ferreira de Araújo
R. Pe. Carvalho
R. Miguel Isasa
R. Inácio Pereira da Rocha
R. Dep. Lacerda Franco
R. Moralto Coelho
R. Cardeal Arcoverde
R. Fradrique Coutinho
R. Dr. Virgílio de C. Pinto
R. Joaquim Antunes
R. Paes Leme
Teodoro Sampaio
R. Artur de Azevedo
Av. Eusebio Matoso
Av. Brig. Faria Lima
R. Dos Pinheiros
R. Maria Carolina
Av. Rebouças
Av. Rebouças
R. Sampaio Vidal
R. Manduri
R. Mariana Corrêa
R. Santa Cristina
R. Iraci
R. Dª Elisa P. de Barros
R. Campo Verde
R. Ibiapinópolis
R. Jacarezinho
Av. Gabriel Monteiro da Silva
Rio Pinheiros
Av. Brig. Faria Lima
R. Prudente Correira
R. Angelina Maffei Vita
JARDIM EUROPA
R. A. José Silva
JARDIM PAULISTANO
R. Hungria
R. Tacumá
R. Escócia
R. Turquía
R. Suecia
R. França
R. Prof. Artur Ramos
R. Amauri
Av. Cidade Jardim
R. Jerónimo da Veiga
Av. 9 de Julho
R. Iguatemi
R. Jacurici
Clodomiro Amazonas
R. Manuel Guedes
R. João Cachoeira
R. Pederoso Alvarenga
R. Tabapuã
R. Jesuíno Arruda
R. Tabapuã
Av. Pres. Juscelino Kubitschek
Av. Horacio Lafer
R. Joaquim Floriano

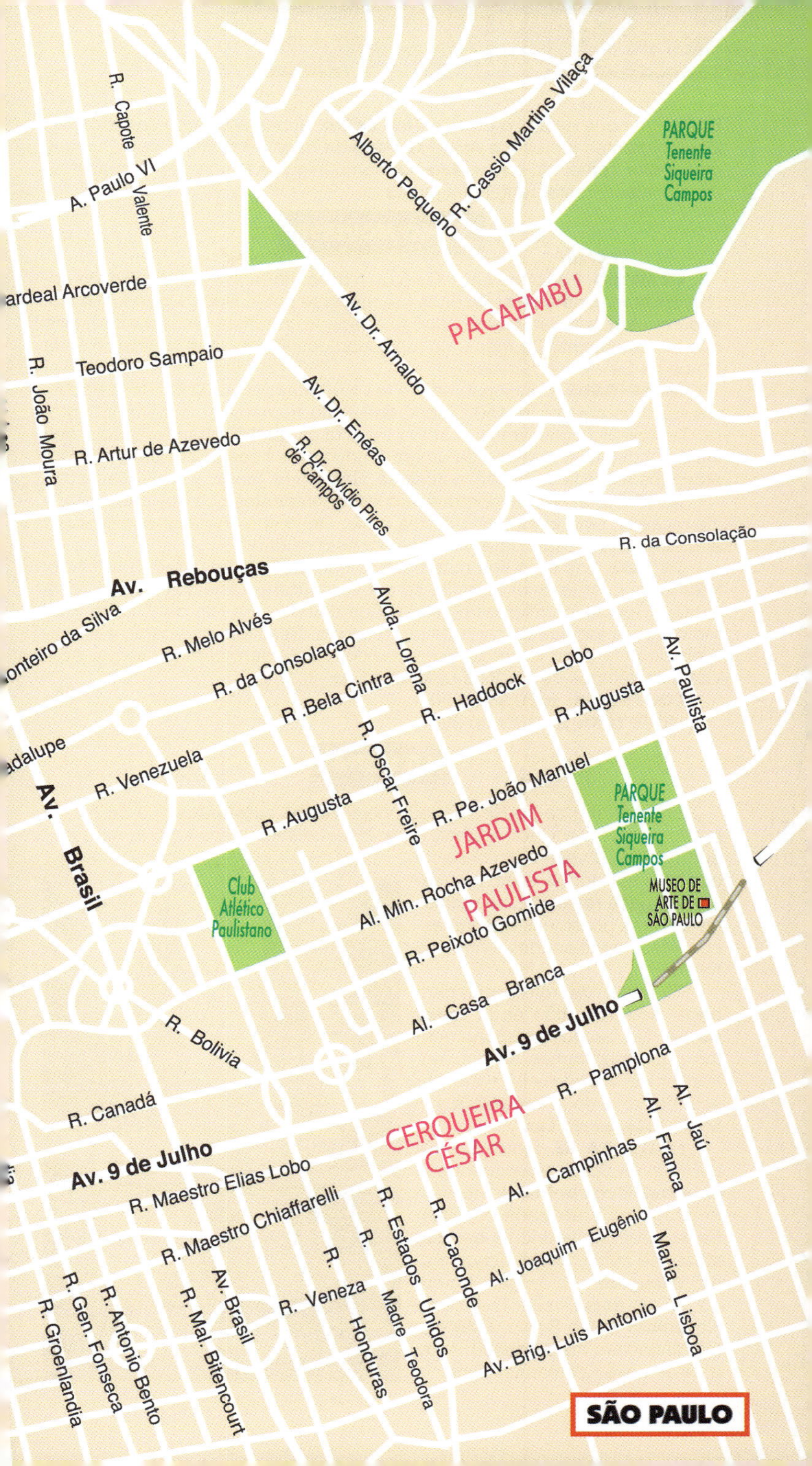
R. Capote Valente
A. Paulo VI
ardeal Arcoverde
Teodoro Sampaio
R. João Moura
R. Artur de Azevedo
Alberto Pequeno
R. Cassio Martins Vilaça
PARQUE Tenente Siqueira Campos
PACAEMBU
Av. Dr. Arnaldo
Av. Dr. Enéas
R. Dr. Ovídio Pires de Campos
R. da Consolação
Av. Rebouças
onteiro da Silva
R. Melo Alvés
R. da Consolaçao
Avda. Lorena
R. Bela Cintra
R. Haddock Lobo
R .Augusta
Av. Paulista
adalupe
R. Venezuela
Av. Brasil
R. Oscar Freire
R. Pe. João Manuel
R .Augusta
PARQUE Tenente Siqueira Campos
JARDIM PAULISTA
Al. Min. Rocha Azevedo
Club Atlético Paulistano
MUSEO DE ARTE DE SÃO PAULO
R. Peixoto Gomide
Al. Casa Branca
R. Bolivia
Av. 9 de Julho
R. Pamplona
R. Canadá
CERQUEIRA CÉSAR
Al. Jaú
Al. Franca
Av. 9 de Julho
Al. Campinhas
R. Maestro Elias Lobo
R. Maestro Chiaffarelli
R. Estados Unidos
R. Caconde
Al. Joaquim Eugênio
Maria Lisboa
R. Veneza
R. Honduras
R. Madre Teodora
Av. Brasil
R. Mal. Bitencourt
R. Antonio Bento
R. Gen. Fonseca
R. Groenlandia
Av. Brig. Luis Antonio
SÃO PAULO

Bixiga. Al norte está el barrio de **Bom Retiro**, donde en origen se instalaron los inmigrantes judíos. **La Avenida Paulista** hace de frontera para la clase media-alta, refugiada en **Jardims**, un barrio lleno de tiendas con firmas multinacionales y restaurantes elegantes.

CÓMO MOVERSE

EN METRO. Funciona entre las 5.00 h de la mañana y las 12.00 de la noche. Es la mejor manera, sin duda, de moverse por la ciudad: rápido, limpio, seguro, llega a todas partes adonde pueda ir un turista y cuesta lo mismo que los autobuses. De momento funcionan dos líneas –que se cruzan en la Praça da Sé– y dos ramales.

EN AUTOBÚS. Funcionan desde las 4.00 h hasta las 12.00 de la noche. www.sptrans.com.br ☎ 156. Todos tienen un número en la parte delantera. También circulan unos cuantos trolebuses que cuestan lo mismo que los autobuses. La mayoría da un gran rodeo para llegar a destino y en hora punta los atascos se hacen insufribles. Son, pues, lentos y poco prácticos.

A PIE. Por el centro, donde están los monumentos que hay que visitar y los museos, podéis moveros de día a pie. De hecho, lo mejor es combinar el Metro y las piernas para moverse por esta ciudad.

EN TAXI. Los taxis son más baratos que en España y deben utilizar el taxímetro. Los de color amarillo se pueden parar en cualquier punto de la ciudad. Seguid los mismos consejos que damos para Río de Janeiro. Hay radiotaxis, a los que se contrata por teléfono. Resultan más caros pero sabréis de antemano el precio del recorrido, y éste será el más directo. Aquí van los teléfonos de algunos radiotaxis:

COOPERTAX: ☎ 20 95 60 00.
LIGUE TÁXI: ☎ 21 01 30 30.

LA VISITA

En el centro se conservan los pocos **restos coloniales** que se han librado de la especulación urbanística. Están diseminados y no forman ningún núcleo. A veces, el contraste con el resto de los edificios nuevos les hace resaltar y sin embargo en otras ocasiones quedan escondidos, aprisionados entre las torres.

El punto de referencia para hacer este recorrido es la **Praça da Sé**. De hecho, los monumentos más importantes se encuentran en un triángulo formado por esta plaza, la de la **República** y el Metro **Estação da Luz.**

PRAÇA DA SÉ. Metro Sé. En la Praça da Sé se se encuentra la **Catedral Metropolitana**, de estilo neogótica y acabada en 1954. En la parte septentrional de esta plaza, se concentra el denominado **Triángulo**, en origen formado por las ruas Direita, Quinze de Novembro y São Bento. Este distrito financiero ha ido absorbiendo a otras calles cercanas, como la

Rua São João, en la que se construyó el primer rascacielos de la ciudad, en 1934. Los 30 pisos de este edificio, denominado **Martinelli**, fueron superados por la torre Banespa y, en 1965, con la construcción del Edificio Itália. Observad alguna precaución, ya que la Praça da Sé es conocida por sus carteristas.

Frente al Martinelli, la **Torre Banespa** se construyó en 1947 tomando como modelo al edificio Empire State de Nueva York. Tiene 161 metros de altura

EDIFICIO MARTINELLI. Avenida São João 35. Uno de los emblemas de la ciudad. Se levantó en 1929 y en un principio sólo se pensaba darle doce alturas, al final la cosa quedó en treinta. El nombre se debe a su autor y promotor, el empresario de origen italiano Giuseppe Martinelli.

CATEDRAL METROPOLITANA. Praça da Sé. Inaugurada en 1954, puede albergar hasta 8.000 fieles. Lo más llamativo es su aspecto de vieja catedral gótica, con sus murales de mosaicos, las vidrieras y el rosetón. El carillón, que sigue funcionado gracias a un ordenador, interpreta música sacra tres veces al día, a las 6.00 h, 12.00 h y 18.00 h).

PÁTIO DO COLÉGIO Y CASA DE ANCHIETA: Rua Roberto Simonsen, s/n y Rua Boa Vista s/n. Abierto de lunes a viernes, de 8.00 h a 17.00 h. Entrada previo pago. Este conjunto arquitectónico es una reproducción de la primitiva casa que los jesuitas construyeron en São Paulo, en torno a la cual se fundó la misión en 1554. El museo que recoge la casa de Anchieta reúne piezas y fotografías que muestran cómo fue esta misión y la labor que desarrollaron en ella. José de Anchieta, jesuita de origen canario, fue uno de los responsables de este centro. Aquí se conserva el documento de su beatificación y un ejemplar de su gramática escrita en Tupi-Guaraní en 1595.

PRAÇA DA REPÚBLICA. Metro República. Si estáis en la Praça da Sé podéis venir dando un paseo hasta la cercana plaza de la República. Por el camino desviaos para pasar por el **Viaduto do Chá**, un puente por el que pasan diariamente un millón y medio de personas y donde encontraréis un montón de gente dispuesta a predecir el futuro en las rayas de la mano, a través de las cartas o por medio de conchas u otros objetos. Se le llamó así (*chá* significa té) porque a sus pies se extendían inmensos campos de esta planta. Este valle ahora es la Avenida de Anhangabaú.

Pero antes habréis pasado por otro edificio antiguo, la **Facultad de Derecho**, en Largo de São Francisco.

Nada más pasar el viaducto en dirección a República veréis el edificio más notable del centro a vuestra derecha, el **Teatro Municipal,** edificado en 1911 a imitación de la Ópera de París, con influencias barrocas y, sobre todo, Art Déco. Es otro punto de referencia de la ciudad, como es el magnífico edificio que acoge al **Shopping Light**, un soberbio centro comercial que no cierra ni los domingos.

TEATRO MUNICIPAL. Praça Ramos de Azevedo, al otro lado del Viaducto do Chá. Sólo visitas guiadas martes y jueves a 13.00 h previa reserva el día anterior en el ☎ 32 23 30 22. Fue construido en estilo barroco-renacentista en 1911, inspirado en el Teatro de la Opera de París, y ha vivido mo-

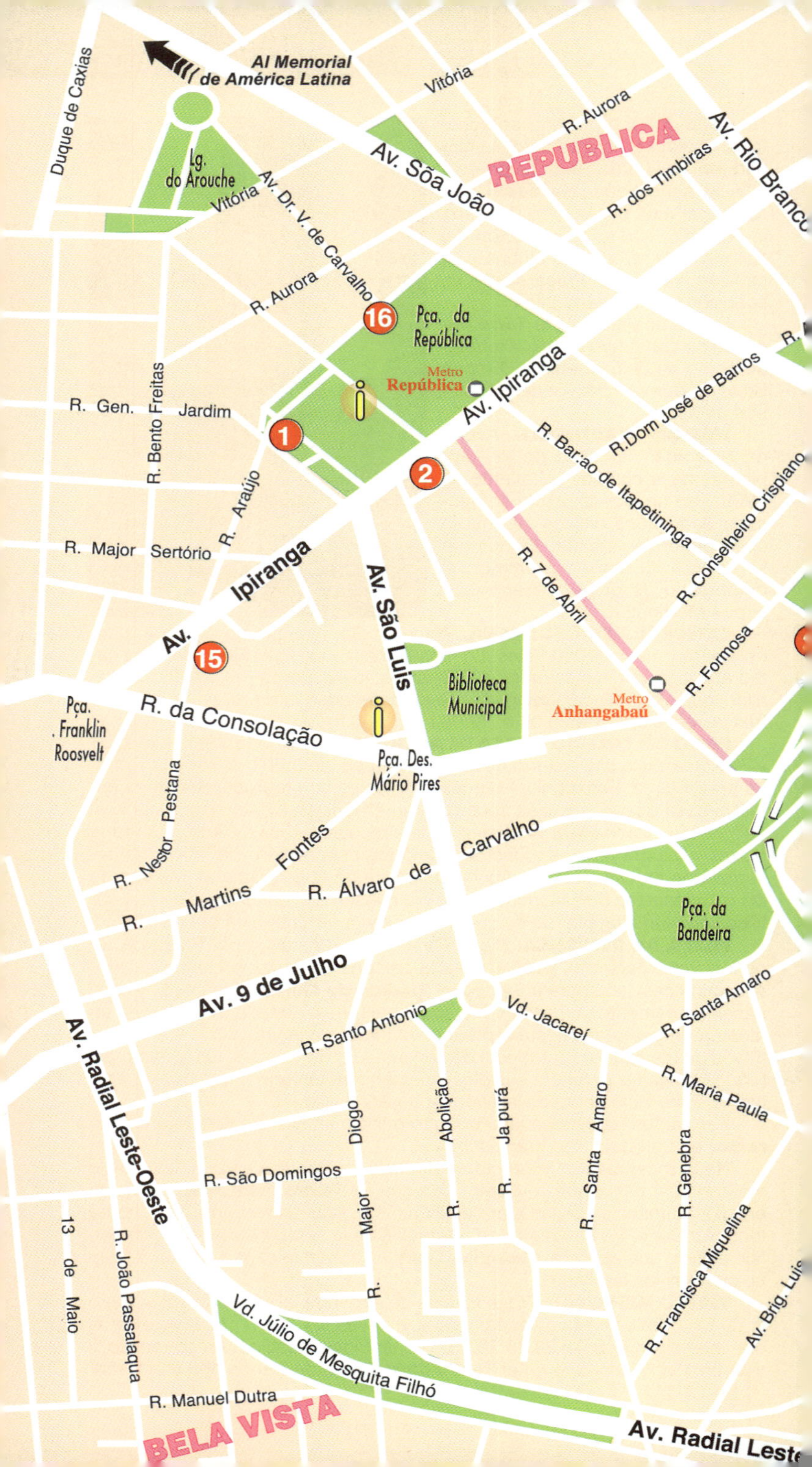
Al Memorial
de América Latina
Duque de Caxias
Lg. do Arouche
Vitória
Av. Dr. V. de Carvalho
Av. Sõa João
REPUBLICA
R. Aurora
R. dos Timbiras
Av. Rio Branco
Pça. da República
16
Metro
República
Av. Ipiranga
R. Gen. Jardim
R. Bento Freitas
1
2
R. Araújo
R. Major Sertório
R.Dom José de Barros
R. Barão de Itapetininga
R. Conselheiro Crispiano
R. 7 de Abril
Av. São Luis
Av. Ipiranga
15
Biblioteca Municipal
Metro
Anhangabaú
R. Formosa
Pça. Franklin Roosvelt
R. da Consolação
Pça. Des. Mário Pires
R. Nestor Pestana
R. Martins Fontes
R. Álvaro de Carvalho
Pça. da Bandeira
Av. 9 de Julho
Vd. Jacareí
R. Santa Amaro
R. Santo Antonio
R. Maria Paula
Av. Radial Leste-Oeste
R. Major Diogo
R. Abolição
R. Ja purá
R. Santa Amaro
R. Genebra
R. São Domingos
13 de Maio
R. João Passalaqua
R. Francisca Miquelina
Av. Brig. Luis
Vd. Júlio de Mesquita Filhó
R. Manuel Dutra
BELA VISTA
Av. Radial Leste

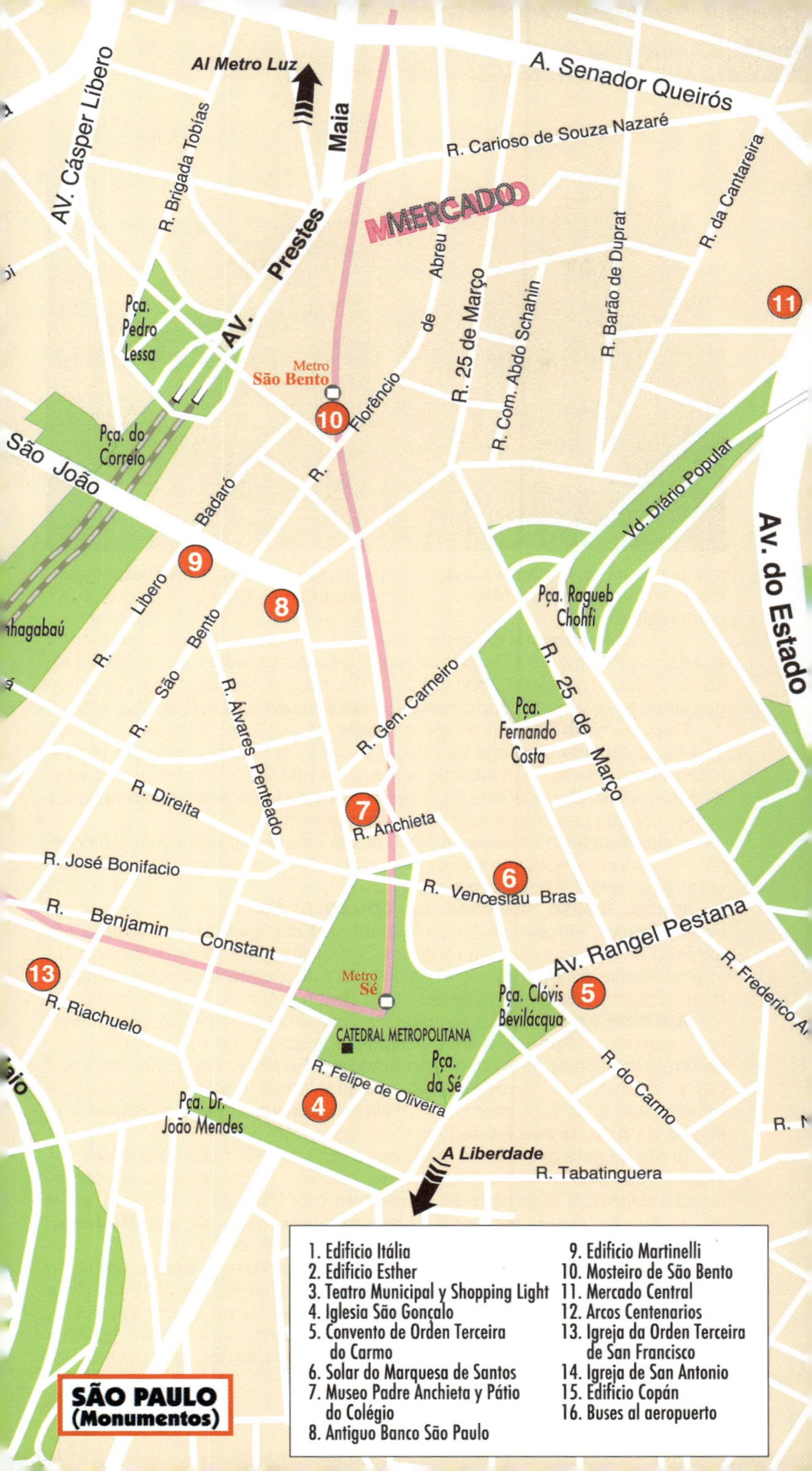
Al Metro Luz
A. Senador Queirós
Maia
R. Carioso de Souza Nazaré
AV. Cásper Líbero
R. Brigada Tobias
MERCADO
R. da Cantareira
AV. Prestes
Abreu
R. Barão de Duprat
R. 25 de Março
R. Com. Abdo Schahin
de
Pça. Pedro Lessa
Metro São Bento
R. Florêncio
Pça. do Correio
São João
Badaró
Vd. Diário Popular
Av. do Estado
R. Libero
hagabaú
R. São Bento
Pça. Ragueb Chohfi
R. 25 de Março
R. Álvares Penteado
R. Gen. Carneiro
Pça. Fernando Costa
R. Direita
R. Anchieta
R. José Bonifacio
R. Venceslau Bras
R. Benjamin Constant
Av. Rangel Pestana
R. Frederico A
Metro Sé
Pça. Clóvis Bevilácqua
R. Riachuelo
CATEDRAL METROPOLITANA
Pça. da Sé
R. Felipe de Oliveira
R. do Carmo
Pça. Dr. João Mendes
A Liberdade
R. Tabatinguera
1. Edificio Itália
2. Edificio Esther
3. Teatro Municipal y Shopping Light
4. Iglesia São Gonçalo
5. Convento de Orden Terceira do Carmo
6. Solar do Marquesa de Santos
7. Museo Padre Anchieta y Pátio do Colégio
8. Antiguo Banco São Paulo
9. Edificio Martinelli
10. Mosteiro de São Bento
11. Mercado Central
12. Arcos Centenarios
13. Igreja da Orden Terceira de San Francisco
14. Igreja de San Antonio
15. Edificio Copán
16. Buses al aeropuerto
SÃO PAULO (Monumentos)

mentos gloriosos, pues se llegó a representar hasta cuarenta espectáculos distintos en un mes. Merece la pena entrar a ver alguna función sólo por contemplarlo.

En la calle peatonal e eminentemente comercial que se extiende entre el Teatro y la Praça da República, rua Barão de Itapetininga, se instala todos los días un mercadillo con CD's, DVD's, ropa, etcétera. Y está flanqueado por tiendas de ropa, zapatillas deportivas, música, librerías, etcétera.

La plaza de la República está arbolada y es un lugar agradable, de día. Tomad la avenida Ipriranga en dirección sur y en la esquina con la la avenida São Luís se halla el **Edificio Itália**, de 41 pisos y uno de los más altos de Suramérica. Para subir al bar y restaurante de la azotea y contemplar las vistas hay que pagar una cara entrada en el vestíbulo.

Junto al Itália se halla otro edificio destacado por su arquitectura moderna, el extraño y ondulante **Copán**, obra de Niemeyer. Ambos están frente a la torre del antiguo hotel Hilton.

IGREJA NOSSA SENHORA DA CONSOLAÇÃO. Rua da Consolação, Praça Franklin Roosevelt, Metro República. Esta iglesia, continuando por Ipiranga en dirección sur, se reconoce por la alta torre sobre la fachada. El interior vuelve a inspirarse en el estilo bizantino: planta en cruza griega, triforio, etcétera. Las pinturas de la cúpula tienen algunos desconchones.

AVENIDA PAULISTA. La Avenida Paulista es el territorio de los banqueros y ejecutivos. Arranca al sur del centro, a la altura del Metro Brigadeiro, y recorre tres kilómetros en dirección noroeste. En esta arteria vital de la ciudad está situada la mayoría de las entidades financieras multinacionales y nacionales. Junto a la avenida se hallan el **parque Siqueira Campos** y el **Museo de Arte de São Paulo** (ver Museos).

Al sur de esta avenida se extienden los barrios de **Cerqueira César**, residencia de la clase media-alta; **Jardims**, refugio y hogar de las mayores fortunas paulistas, y el **parque de Ibirapuera** (ver Parques y Jardines), en el que se encuentran los **museos de Arte Contemporáneo**, **de Arte Moderno**, **de Aeronáutica**, **de Folclore** y el **Planetario** (ver Museos).

Al norte de la avenida Paulista queda **Bela Vista** o **Bixiga**, zona en la que se instalaron los primeros inmigrantes italianos, que aún conserva su sabor en comercios y restaurantes; **Liberdade**, barrio de los japoneses, también deja su sello en los jardines y carteles publicitarios de las tiendas. Todavía más al norte, pasado el centro, está **Bom Retiro**, en cuyas calles se aposentaron judíos y coreanos.

IGREJA DA ORDEM TERCEIRA DO CARMO. Avenida Rangel Pestana 230. Abierta de 8.00 a 12.00 h y 13.00 a 17.00 h, los sábados y domingos de 7.00 h a 11.30 h. Construida en 1632 y alberga un altar barroco y unas pinturas de finales del XVIII, algunas de las cuales relatan la vida de Santa Teresa de Ávila. El órgano tiene ochocientos tubos.

IGREJA DA ORDEN TERCEIRA DE SÃO FRANCISCO. Largo de São Francisco 133. Metro Sé. Abierta de 7.00 h a 19.30 h. Este templo en el centro y con fachada vagamente barroca se empezó a levantar en 1676 y su construcción no se terminó hasta 1791. Los techos tienen murales con la historia de la orden franciscana y hay varios altares dorados en los laterales.

BASÍLICA DE SÃO BENTO. Largo de São Bento. Metro São Bento. Abierta de 6.00 a 18.00 h y fines de semana de 6.00 a 12.00 h y de 16.00 a 18.00 h. La mayor parte de las iglesias de São Paulo imita en su estilo interior el románico bizantino y ésta es una buena muestra, con sus pinturas murales que evocan los paneles de mosaicos y un Calvario sobre el altar dentro de la mejor tradición medieval de los descendimientos. La nota más moderna la pone el órgano, con unos seis mil tubos. Fue levantada entre los años 1910 y 1920 sobre el solar de una iglesia de finales del XVI.

MEMORIAL DA AMÉRICA LATINA. Rua Mario Andrade 664. Metro Barra Funda. ☎ 38 23 46 00. Abierto de martes a domingo de 9.00 a 18.00 h. Entrada gratuita. Nuestra visita favorita en la ciudad es este conjunto de edificios de arquitectura vanguardista en dos explanadas separadas por la carretera y unidas por un atractivo paso elevado. Todo proyectado por el genial Oscar Niemeyer e inaugurado en 1988. El conjunto cuenta con un Salón de Actos, una Biblioteca, una Galería de Arte, un Parlamento –más bien simbólico– de América Latina, un Auditorio y el *Pavilhão da Criatividade*, que alberga una exposición permanente de arte popular de diversos países.

En el interior del Salón de Actos hay un hermoso mural de 1949 de Cândido Portinari sobre el héroe Tiradentes y su tortura y ejecución, y seis magníficos paneles del artista argentino Porty y del brasileño Caribé, instalados en 1988. Los tres paneles de derecha según se entra están dedicados a los indios, a la Conquista (fijaos en las garras que le han puesto a Hernán Cortés) y a la Revolución Industrial; mientras que los de la izquierda lo están a los pueblos africanos del Brasil, a los inmigrantes y a la independencia.

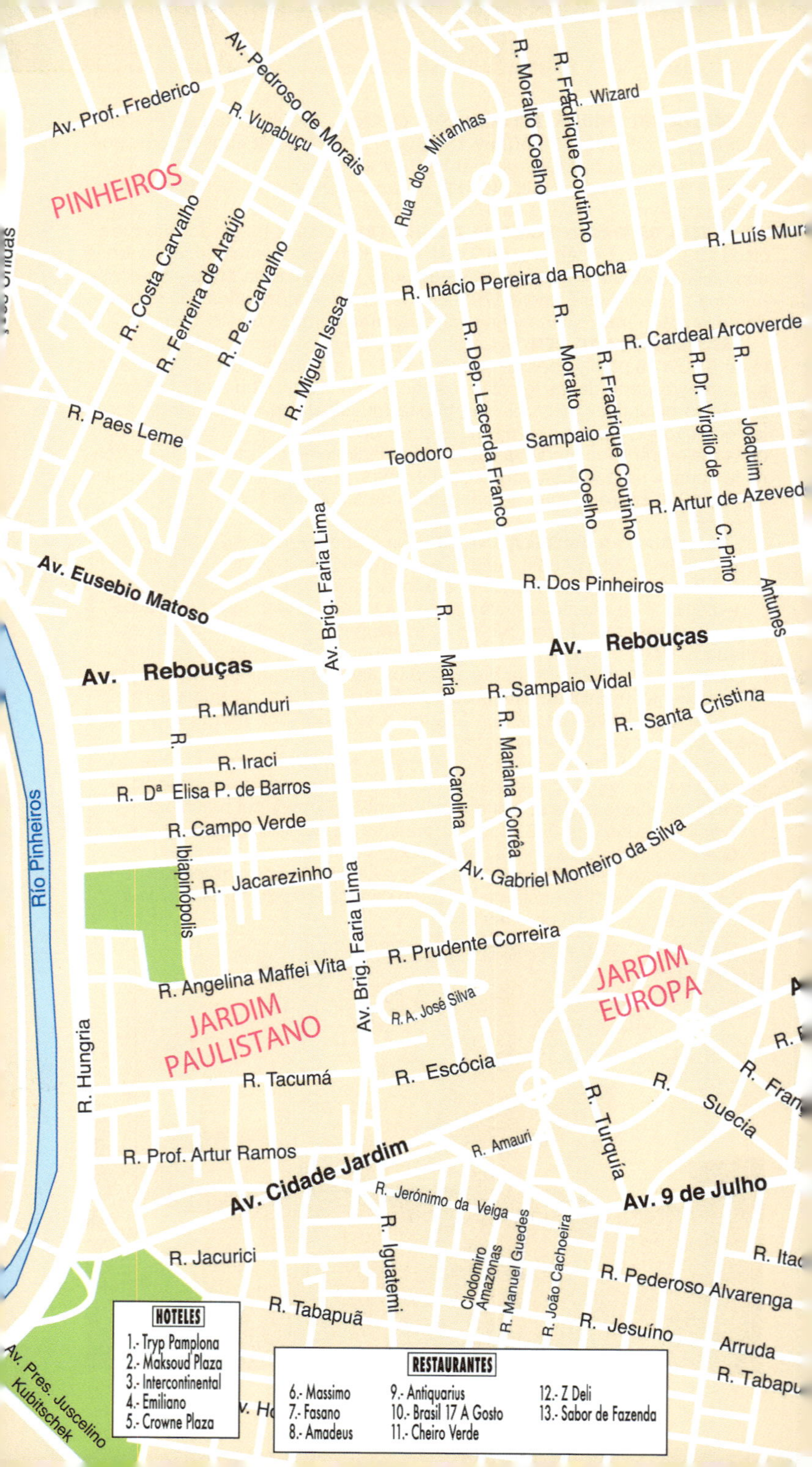

Av. Prof. Frederico
Av. Pedroso de Morais
R. Vupabuçu
Rua dos Miranhas
R. Moralto Coelho
R. Fradrique Coutinho
R. Wizard
PINHEIROS
R. Costa Carvalho
R. Ferreira de Araújo
R. Pe. Carvalho
R. Miguel Isasa
R. Inácio Pereira da Rocha
R. Luís Mur
R. Cardeal Arcoverde
R. Moralto
R. Dep. Lacerda Franco
R. Fradrique Coutinho
R. Dr. Virgílio de
R. Joaquim
R. Paes Leme
Teodoro
Sampaio
Coelho
R. Artur de Azeved
C. Pinto
Antunes
Av. Eusebio Matoso
Av. Brig. Faria Lima
R. Dos Pinheiros
R. Maria
Av. Rebouças
Av. Rebouças
R. Sampaio Vidal
R. Manduri
R. Santa Cristina
R. Iraci
R. Mariana Corrêa
Carolina
R. Dª Elisa P. de Barros
R. Campo Verde
R. Ibiapinópolis
Río Pinheiros
R. Jacarezinho
Av. Gabriel Monteiro da Silva
Av. Brig. Faria Lima
R. Prudente Correira
R. Angelina Maffei Vita
R. A. José Silva
JARDIM EUROPA
JARDIM PAULISTANO
R. Hungria
R. Tacumá
R. Escócia
R. Turquía
R. Suecia
R. Fran
R. Prof. Artur Ramos
Av. Cidade Jardim
R. Amauri
R. Jerónimo da Veiga
Av. 9 de Julho
R. Iguatemi
Clodomiro Amazonas
R. Manuel Guedes
R. João Cachoeira
R. Jacurici
R. Itaı
R. Pederoso Alvarenga
R. Tabapuã
R. Jesuíno
Arruda
R. Tabapu
Av. Pres. Juscelino Kubitschek
HOTELES
1.- Tryp Pamplona
2.- Maksoud Plaza
3.- Intercontinental
4.- Emiliano
5.- Crowne Plaza
RESTAURANTES
6.- Massimo
7.- Fasano
8.- Amadeus
9.- Antiquarius
10.- Brasil 17 A Gosto
11.- Cheiro Verde
12.- Z Deli
13.- Sabor de Fazenda

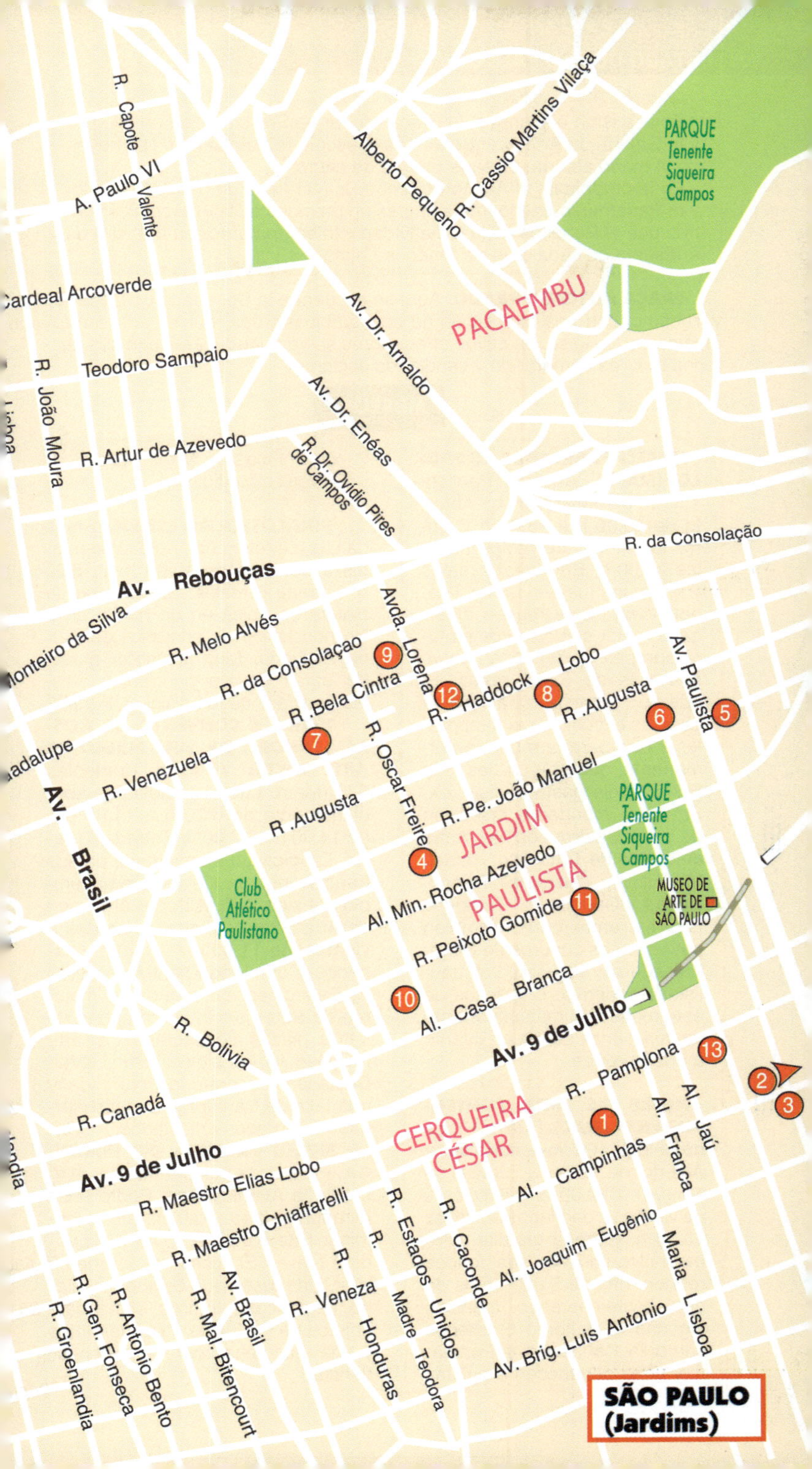

SÃO PAULO
(Jardims)
PACAEMBU
JARDIM
PAULISTA
CERQUEIRA
CÉSAR
PARQUE
Tenente
Siqueira
Campos
Club
Atlético
Paulistano
MUSEO DE
ARTE DE
SÃO PAULO
R. Capote
A. Paulo VI
Valente
Alberto Pequeno
R. Cassio Martins Vilaça
Cardeal Arcoverde
Teodoro Sampaio
R. João Moura
R. Artur de Azevedo
Av. Dr. Arnaldo
Av. Dr. Enéas
R. Dr. Ovidio Pires de Campos
R. da Consolação
Av. Rebouças
Monteiro da Silva
R. Melo Alvés
R. da Consolaçao
Avda. Lorena
R. Bela Cintra
R. Haddock Lobo
R. Augusta
Av. Paulista
R. Oscar Freire
R. Venezuela
Av. Brasil
R. Pe. João Manuel
Al. Min. Rocha Azevedo
R. Peixoto Gomide
Al. Casa Branca
Av. 9 de Julho
R. Bolivia
R. Canadá
R. Pamplona
Al. Jaú
Al. Franca
Al. Campinhas
R. Maestro Elias Lobo
R. Maestro Chiaffarelli
R. Estados Unidos
R. Caconde
Al. Joaquim Eugênio
Maria Lisboa
R. Veneza
R. Honduras
R. Madre Teodora
Av. Brig. Luis Antonio
R. Gen. Fonseca
R. Antonio Bento
R. Groenlandia
R. Mal. Bitencourt
1
2
3
4
5
6
7
8
9
10
11
12
13

En la misma explanada, la Praça do Pôr do Sol, se halla la Biblioteca y la Galería de Arte, y entre ambas la escultura, también de Niemeyer, de la mano abierta, de siete metros de altura.

En la otra plaza, el Auditorio Simón Bolívar tiene un precioso interior y el Parlamento Latinoamericano es un precioso edificio circular, mientras que el Pabellón de la Creatividad exhibe una preciosa muestra de artesanía de cada país de América Latina.

PRAÇA ANTONIO PRADO. Aquí se encuentra la Secretaria de Deportes y Turismo, con una exposición de cosas típicas (ropa, dulces, artesanías, etcétera) y la Bolsa, en cuyos alrededores se ve a los *brokers* con sus teléfonos móviles comprando y vendiendo acciones.

MUSEOS

MUSEO DE ARTE DE SÃO PAULO (MASP). Avenida Paulista 1.578. www.masp.art.br Abierto de 10.00 h a 18.00 h y cierra los lunes; miércoles hasta las 20.00 h. Entrada 15 reales y gratis los jueves. Metro Trianon-Masp. Este museo alberga la mejor colección de pintura europea de América Latina, con más de 5.500 obras. El edificio reserva una planta para las exposiciones temporales y otra para la muestra permanente, que abarca desde la Edad Media hasta el siglo XX. Entre la importante colección de autores europeos hay obras de la talla de Tintoretto, Rafael, Modigliani, Cezanne, Renoir, Degas, Gaugin o Toulouse Lautrec, entre otros. También posee varios cuadros de Goya, Velázquez y Picasso. Los paulistas se sienten orgullosos de este museo, el más importante de la América Latina en cuanto a arte europeo.

MUSEU DE ARTE CONTEMPORÂNEA (MAC). Rua da Praça do Relógio 160. www.mac.usp.br Abierto de lunes a jueves de 10.00 h a 20.00 h; miércoles y de viernes a domingos hasta las 18.00 h. Entrada gratuita. Otro magnífico museo, sus fondos reúnen más de 5.000 obras de arte contemporáneo mundial, algunas de autores brasileños como Di Cabalcanti o Portinari, y otras pertenecen a artistas como Picasso, Miró, Matisse, Chagall o Modigliani.

PINACOTECA DO ESTADO. Praça da Luz 2 (Metro Luz). Abierto de martes a domingo de 10.00 h a 18.00 h. Entrada 6 reales. Este museo de pintura se ubica en un bonito edificio neoclásico de principios del XIX de Azevedo. Muy didáctico, muestra obras de los principales artistas de Brasil de los siglos XIX y XX.

IGREJA E CONVENTO DE NOSSA SENHORA DA LUZ, MUSEO DE ARTE SACRA. Avenida Tiradentes 676 (Metro Luz). La iglesia se abre diariamente de 6.30 h a 11.00 h y de 14.00 h a 17.00 h. Entrada 6 reales. La iglesia fue construida por los franciscanos en 1774 sobre un templo del siglo XVI. Alberga el museo de Arte Sacra (abierto de martes a viernes, de 11.00 h a 18.00 h y sábados y domingos hasta las 19.00 h). Esta colección, una de las mejores de Suramérica, se compone de 1.400 piezas consagradas al arte religioso de los siglos XVII y XVIII. Destacan los oratorios barrocos y una talla de San Jorge con las piernas y los brazos articulados.

MUSEU PAULISTA DO IPIRANGA. Parque da Independência. Al final de la Avenida Dom Pedro I. En Ipiranga. Abierto de martes a domingos de 9.00 h a 16.45 h. Entrada 6 reales. El acceso al parque es libre. Un museo que exhibe mobiliario, cerámicas, pinturas, esculturas, objetos de los indios y *bandeirantes* y una biblioteca sobre la Independencia.

PALACIO DOS BANDEIRANTES. Avenida Morumbi 4.500 (Morumbi). Abre de lunes a viernes de 10.00 h a 15.00 h. Entrada gratuita. En la sede del Gobierno del Estado se pueden ver obras de los principales artistas brasileños: Aleijadinho, Portinari, Tarsila do Amaral, etcétera, y algunos tapices.

MUSEO DE ARTE MODERNA (MAM). Palacio das Industrias, Parque de Ibirapuera. www.mam.org.br Abierto de martes a domingos de 10.00 h a 18.00 h. Entrada 5,5 reales y gratuita los domingos. Este museo reúne alrededor de 3.600 obras entre pinturas, esculturas, fotografías y bocetos. Está destinado a los artistas brasileños de arte moderno y contemporáneo.

SOLAR DA MARQUESA DE SANTOS. Rua Roberto Simonsen 136. Abierto de martes a domingo, de 9.00 h a 17.00 h. Entrada gratuita. Esta casa colonial, próxima a la casa de Anchieta, es desde 1994 el Museo de la ciudad, por cierto bastante pobre y que no merece la pena.

PARQUES Y JARDINES

PARQUE DE IBIRAPUERA. Avenida Pedro Alvares Cabral, s/n. Es uno de los parques más frecuentados de la ciudad. Se trata de un proyecto del arquitecto Oscar Niemeyer y el paisajista Burle Marx. Dispone de numerosas instalaciones deportivas, varios bares y restaurantes. Hay cuatro lagos, un vivero de plantas y un jardín diseñado para el disfrute de los invidentes, con los nombres de las plantas aromáticas escritos en *braille*. Entre el puente que cruza el lago y la biblioteca hay un local donde alquilan bicicletas.

DATOS PRÁCTICOS

PREFIJO TELEFÓNICO: 11.

CONSULADO DE ESPAÑA: Av. Brasil 948. ☎ 30 87 26 00. cog.saopaulo@maec.es

INFORMACIÓN TURÍSTICA: Praça da República. ☎ 33 31 77 86. www.cidadedesaopaulo.com Hay oficinas en los aeropuertos, rodoviárias, en la estación de Metro Luz y en varios puntos de la ciudad:

Avenida São João 473: Abre todos los días de 9.00 h a 18.00 h.

Avenida Paulista, frente al Museu de Arte de São Paulo: Abre todos los días de 9.00 h a 18.00 h.

Aeropuertos doméstico e internacional: Abren todos los días de 6.00 h a 22.00 h.

Mercado Municipal: Rua da Cantareira 306. Abre todos los días hasta las 18.00 h.

Terminal de autobuses Tietê: Abre hasta las 22.00 h y fines de semana hasta las 20.00 h.

DEATUR (POLICÍA TURÍSTICA): Rua da Consolaçao 247. ☎ 32 57 44 75. Abierta de 8.00 h a 20.00 h y de 13.00 a 18.00 en fin de semana.

EXTENSIÓN DEL VISADO: Policía Federal, Rua Hugo Dantola 95, Lapa, Metro Barra Funda. ☎ 35 38 50 00. Abierto de 8.00 h a 17.00 h.

CASAS DE CAMBIO: no son tan numerosas como en Río y cierran los sábados y domingos. También hay varias agencias de viaje muy próximas unas de otras en la Avenida São João en las que os cambiarán euros y cheques de viaje.

ACTION CAMBIO: Shopping Light. Abre también los sábados hasta las 16.00 h.

ADRIALBI: Rua Quintino Bocaiúva 122-2º.

CASA FARO: Avenida São Luis 157.

NOBLESSTUR: Rua da Graça 99.

PACIFIC-TOUR: Avenida São João 61.

CORREOS: Praça Correio, esquina avenida São João. Abierto de 8.00 h a 22.00 h. Además de estas oficinas centrales hay otras instaladas por toda la ciudad.

TELÉFONOS: Lig Center, Rua 7 de Abril 253, muy cerca de Praça da República.

HOSPITALES

HOSPITAL ALBERT EINSTEIN: Avenida Albert Einstein 627 (Morumbi). ☎ 21 51 12 33.

HOSPITAL SIRIO-LIBÂNES: Dona Adma Jafet 91, Bela Vista. ☎ 31 55 02 00.

FARMACIAS DE GUARDIA

SÃO PAULO: Rua Teodoro Sampaio 2.014, Pinheiros.

DROGADEC: Avenida 9 de Julho 3.606, Jardim Paulista.

MEDIOS DE TRANSPORTE

ESTACIONES DE AUTOBÚS

Información de horarios y estación en www.socicam.com.br

TIETÊ: Avenida Cruzeiro do Sul 1.800. Autobuses al resto del país, así como de los recorridos internacionales (Paraguay, Argentina, Uruguay y Chile). La estación está conectada con el Metro Tietê.

JABAQUARA: Rua dos Jequitibás. Centraliza los autobuses de la costa sur de São Paulo y la zona de Santos. Para ir al centro, o venir, podréis coger el metro. La parada de la estación de metro se llama Jabaquara.

BARRA FUNDA: Metro Barra Funda.

TERMINAL BRESSER: Cerca del Memorial do Inmigrante. Metro Bresser.

AEROPUERTO DE CONGONHAS: Avenida Washington Luís. Funciona para vuelos internos entre el Estado, Río de Janeiro y Belo Horizonte, y está situado a catorce kilómetros de la ciudad. Está conectado con el centro por un servicio de autobuses que salen cada media hora y llegan a la Praça da República de 5.00 h a medianoche.

Una opción más rápida es coger un autobús que vaya hasta la estación de Metro São Judas, desde donde los convoyes llegan rápidamente al centro.

También está conectado con el aeropuerto internacional por un servicio de autobuses que tiene la misma frecuencia y funcionan entre las 5.45 h y las 21.30 h.

AEROPUERTO INTERNACIONAL DE GARULHOS: Avenida Monteiro Lobato 1.985. Este aeropuerto, a treinta kilómetros al este de la ciudad, está reservado para el resto de los vuelos nacionales y para todos los internacionales. Los autobuses que salen cada media hora os llevarán al centro, concretamente a la Praça da República, de 5.00 h a medianoche. Al igual que con el otro aeropuerto, es más rápido bajarse en la parada de Metro Bresser.

Para ir a este aeropuerto desde la ciudad es muy desaconsejable esperar con el equipaje en la plaza de la República una vez anochecido, por lo que una buena opción es el autobús que recorre los hoteles de cinco estrellas para recoger a los pasajeros (www.airportbusservice.com.br).

Ambos aeropuertos tienen paradas de taxis.

ALOJAMIENTO

Entre semana conviene que reservéis vuestro hotel con antelación. Pero lo ideal es venir a la ciudad en fines de semana o vacaciones, cuando los hoteles ofrecen buenos descuentos y hay mucho donde elegir.

ⓑ **WE HOSTEL DESIGN.** Morgado de Mateus 567, Vila Mariana. ☎ 26 15 22 62. www.wehostel.com.br El nuevo albergue de la ciudad está ubicado en una casona histórica de más de cien años muy bien rehabilitada. Camas en dormitorio desde 48 reales y dobles sin baño propio desde 150. En la zona de Avda Paulista.

LIME TIME HOSTEL. 13 de Maio 1.552, Bela Vista. ☎ 29 35 54 63. www.limetimehostels.com Metrô Brigadeiro. Un albergue bien situado, cerca de la Avda Paulista, tiene camas en dormitorio desde 35 reales y dobles sin baño a 120. Por la noche el amable propietario te invita a una caipirinha. Si venís del aeropuerto en el autobús bajaos en la parada del hotel Maksoud Plaza.

ALBERGUE JUVENIL PRAÇA DA ÁRVORE: Rua Pageú 266. ☎ 50 71 51 48. www.spalbergue.com.br Al sur del centro, en el barrio de Chácara Inglesa, se trata de una gran casa muy bien equipada, con dormitorios estupendos, cocina, conexión a internet, etcétera. Muy recomendable. Id en el metro Praça da Árvore. Es Albergue Internacional, más barato, pues, con el carné.

HOTELES Y POUSADAS

ZONA CENTRO

En esta zona se incluyen aquellos que quedan en las cercanías de la Praça da República y da Sé. Es decir, por la parte histórica.

HOTEL RIVOLI: Rua Dom José de Barros 28. ☎ 32 31 56 33. www.hotelrivoli.com.br Habitaciones muy sencillas con baño, tele y frigo. Un histórico para los mochileros con dobles a unos 90 reales.

SÃO SEBASTIÃO: Rua Sete de Abril 364. ☎ 32 57 49 88. www.hotelsaosebastiaosp.com.br Muy céntrico, a dos pasos de la Praça da República. Habitaciones con y sin baño (en el pasillo) muy baratas, aunque algo descuidadas, el tiempo no ha perdonado. El desayuno es simplemente correcto. Lo mejor: la ubicación.

JOAMAR: Rua Dom José de Barros 187. ☎ 32 21 36 11. www.hoteljoamar.com.br Pequeño y algo básico, pero acogedor.

PAULICÉIA HOTEL: Rua Timbiras 216. ☎ 33 31 97 33. En Sta Ifigenia, cuartos con baño y, más económicos, con ello compartido.

REINALES PLAZA: Avenida Br. de Limeira 145. ☎ 32 23 64 21. www.hotelreinales.com.br Tiene 74 habitaciones con teléfono, televisión y frigorífico. Dobles desde 120 reales.

BRASTON AUGUSTA: Rua Augusta 467. ☎ 31 56 24 00. Un auténtico chollo cuando las dobles tienen rebaja en fin de semana. Tiene cuatro estrellas, 150 cuartos comodísimos, bar, restaurante y piscina. Lo lleva una gente amabilísima.

REAL CASTILHA HOTEL: Rua dos Timbiras 472. ☎ 33 31 94 55. www.realcastilha.com.br Un hotel bastante nuevo que pertenece a una familia descendiente de gallegos. Son muy amables. Habitaciones muy amplias e insonorizadas, baño completo (ducha y bañera), camas grandes, aire acondicionado, televisión y frigobar. Aparcamiento, de pago pero muy barato. Tiene bar y bufé para el desayuno. Bien comunicado, en Sta Ifigenia, y precios a partir de 215 reales todos los días.

COLUMBIA: Rua dos Timbiras 492. ☎ 33 31 34 11. www.hotelcolumbia.com.br Muy bien ubicado, en una calle paralela a la avenida Ipiranga, entre las avenidas Rio Branco y São João. Otra buena opción en el centro de la ciudad. En la misma calle hay otros cuantos hoteles, por lo que es bastante tranquila y segura. Tarifas nada altas dadas las prestaciones, con dobles a 170 reales tanto entre semana como en fines de semana. Habitaciones con teléfono, televisión, aire acondicionado, calefacción, frigorífico y tiene bar y restaurante.

AUGUSTA PARK: Rua Augusta 922 (Consolação). ☎ 31 24 44 00. www.augustapark.com.br Con 157

Campo de Marte
Santana
Carandiru
Tietê
Lapa
Barra Funda
Armênia
Barra Funda
Marechal Deodoro
Tiradentes
Julio Prestes
Luz
Roosevelt
Santa Cecilia
República
S. Bento
Brás
Anhangabaú
Sé
Pedro II
Clínicas
Liberdade
Moóca
Paulista Consolação
Pinheiros
São Joaquim
Trianon-Masp
Brigadeiro
Vergueiro
Paraíso
Ana Rosa
Parque Ibirapuera
Vila Mariana
Santa Cruz
Praça da Árvore
Saúde
São Judas
Aeroporto de Congonhas
Conceição
Parque do Estado
Jabaquara

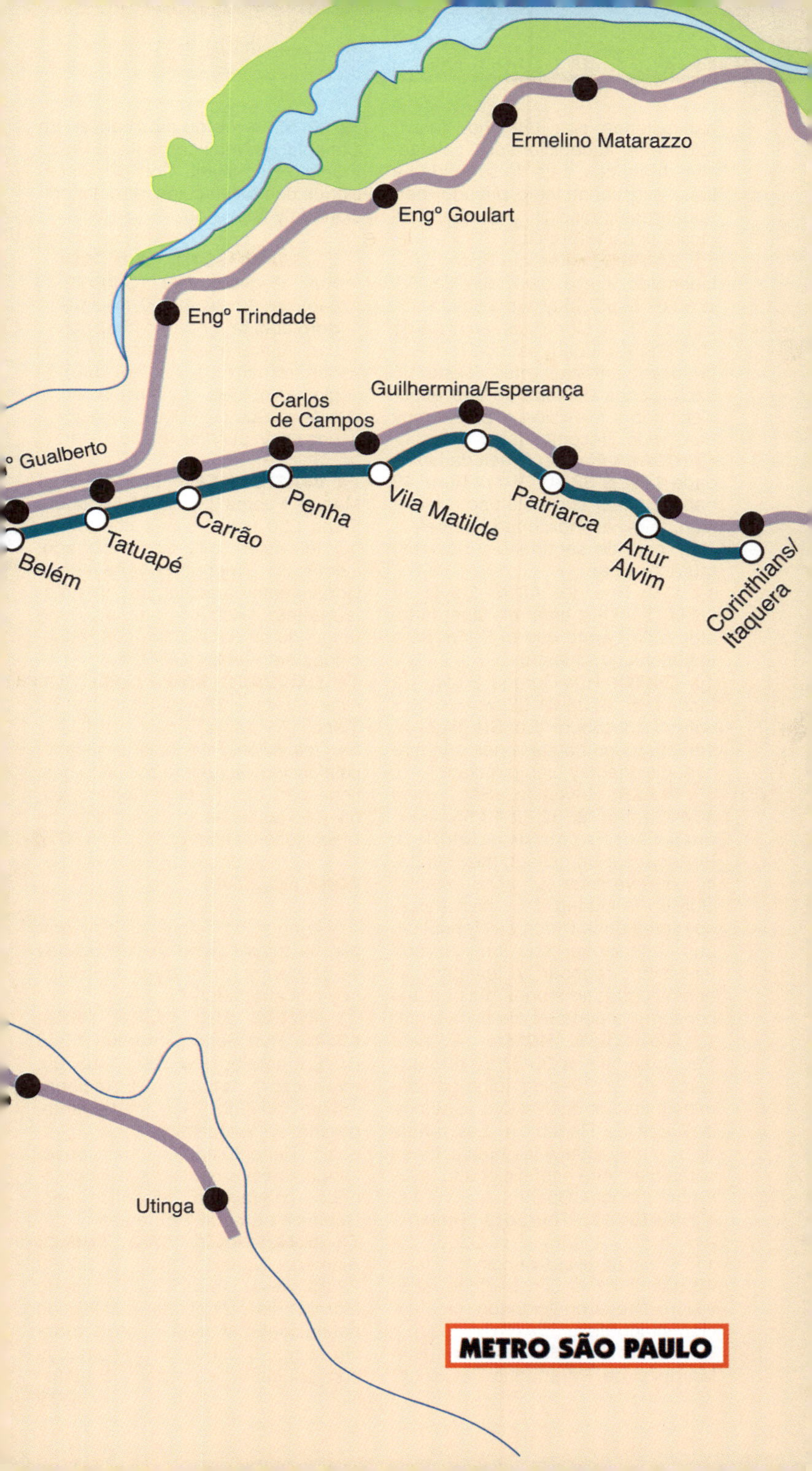

Ermelino Matarazzo
Eng° Goulart
Eng° Trindade
Guilhermina/Esperança
Carlos
de Campos
° Gualberto
Penha
Vila Matilde
Patriarca
Carrão
Tatuapé
Belém
Artur
Alvim
Corinthians/
Itaquera
Utinga
METRO SÃO PAULO

habitaciones con teléfono, televisión, aire acondicionado, calefacción, frigorífico, caja de seguridad y tiene estacionamiento privado, bar, restaurante, piscina y sauna. Dobles a unos 188 reales.

B BANRI: Rua Galvão Bueno 209. Liberdade, cerca de Praça da Sé. ☎ 32 07 88 77. Muy cerca de la estación de Metro Liberdade, en el barrio chino de la ciudad, así que rodeado de buenos restaurantes. Tiene 65 habitaciones dotadas de aire acondicionado y televisión, y precio muy moderado. Recomendable.

B OSAKA PLAZA: Praça da Liberdade 149. ☎ 32 70 13 11. Tiene 49 habitaciones con teléfono, televisión, aire acondicionado, calefacción, caja de seguridad y hay restaurante y bar.

B ISEI: Rua dos Aflitos 23. ☎ 32 08 66 77. Otro hotel en Liberdade, algo más barato que el Banri, pero tristón y algo siniestro.

B CENTER: Rua Coronel Batista da Luz 44. ☎ 32 28 61 33. www.centerdaherhotel.com.br En Sta Ifigenia, setenta y dos habitaciones con aire acondicionado y bien puestas.

B PLAZA: Avenida São João 407 (Centro). ☎ 32 22 13 55. www.buenashoteis.com.br/hotel/plaza Pertenece a un gallego muy simpático que ya lleva sus años establecido en la ciudad. Muy bien ubicado, cerca de la Praça da República. Las habitaciones son amplias, con televisión, frigobar y teléfono. Si pensáis quedaros unos días podéis conseguir alguna rebaja en la tarifa.

B GRANVILLE HOTEL: Avenida São João 563. ☎ 33 31 10 40. Muy cerca de la Avenida Ipiranga, semiesquina, es decir a dos pasos de la Praça da República. Las tarifas no son muy altas y las habitaciones están bien: aire acondicionado, televisión, frigobar. Buenos desayunos.

B WINDSOR: Rua dos Timbiras 444 (Santa Ifigênia). ☎ 33 31 54 11. www.hotelwindsor.com.br Tiene 43 habitaciones con teléfono, televisión, aire acondicionado, calefacción y frigorífico.

B LOISUITES BELGRANO: Rua Marquês de Paranaguá 88. ☎ 32 58 02 55. www.loisuites.com.ar En Consolação, muy cerca de la Praça Franklin Roosevelt. Con 52 habitaciones con calefacción, aire acondicionado y televisión.

C GRAND HOTEL CA D'ORO: Rua Augusta 129 (Consolação). ☎ 32 36 43 00. www.cadoro.com.br Moderno hotel con bar, restaurante, teatro, piscinas (climatizada y al aire libre), gimnasio, sala de masaje, etcétera. Sus casi 300 habitaciones están puestas a todo meter.

C BRASTON SÃO PAULO: Rua Martins Fontes 330. ☎ 31 56 24 00. Tiene 250 habitaciones con teléfono, televisión, aire acondicionado, calefacción, frigorífico y hay estacionamiento particular, bar, tres restaurantes, piscina y sauna. Tiene tarifas de fin de semana con reducciones entre el 20 y el 60%.

C ELDORADO BOULEVARD: Avenida São Luís 234. ☎ 32 14 18 33. Tiene 155 habitaciones con teléfono, televisión, aire acondicionado, calefacción y frigorífico. Además, tiene bar, tres restaurantes y piscina. Con tarifas de fin de semana con reducciones entre el 20 y el 60%.

ZONA MODERNA

Aunque esta zona es muy amplia, la mayor parte de los hoteles se concentra por la Avenida Paulista y sus alrededores.

M MECURE SÃO PAULO IBIRAPUERA: Rua Sena Madureira 1.355 (V. Clementino). ☎ 32 01 08 00. www.accorhotels.com Estacionamiento privado, bar, restaurante, piscina, sauna, pista de tenis y gimnasio. Tiene 80 habitaciones con teléfono, televisión, aire acondicionado, calefacción, frigorífico, etc. Dobles a partir de 180 reales.

C RENAISSANCE SÃO PAULO: Alameda Santos 2.233. ☎ 30 69 22 33. www.marriott.com Del grupo Marriott, tiene 27 plantas con lujosas habitaciones y más lujosas todavía suites, 57, muy bien equipadas con telecomunicaciones. Además, por supuesto hay gimnasio, piscina, sauna, restaurantes, etcétera.

Ⓒ **REGENT PARK SUITE:** Rua Oscar Freire 533 (Cerqueira César). ☎ 30 65 55 55. www.regent.com.br Estacionamiento privado, bar, restaurante, piscina y sauna. Tiene 70 habitaciones con una pequeña cocina equipada, teléfono, televisión, aire acondicionado, calefacción, frigorífico y caja de seguridad. Precios muy moderados entre los caros: 375 la doble en fin de semana y 400 entre semana.

Ⓛ **INTERCONTINENTAL:** Alameda Santos 1.123. ☎ 31 79 26 00. www.ihg.com También muy cerca de la Avda Paulista y con casi doscientas habitaciones y suites muy bien equipadas, como corresponde a un Intercontinental. Tiene piscina, gimnasio, sauna, bar, restaurantes, etc.

Ⓛ **EMILIANO:** Rua Oscar Freire 384. ☎ 37 28 20 00. www.emiliano.com.br En Jardins, pequeño, con sólo 38 habitaciones y 19 suites, pero equipadas a todo lujo. El hotel cuenta, además, con gimnasio, sauna, bar, restaurante, helipuerto... A partir de 750 reales en la web.

Ⓔ **MAKSOUD PLAZA:** Alameda Campinas 150 (Bela Vista). ☎ 31 45 80 00. www.maksoud.com.br Un hotel con estacionamiento privado, cuatro restaurantes, bar, piscina, teatro, sauna, gimnasio, sala de belleza y masajes. Tiene 420 habitaciones con teléfono, televisión, aire acondicionado, calefacción, frigorífico, etcétera. En su web se encuentran ofertas por 900 reales e incluso chollos si se pilla la tarifa no reembolsable.

Ⓔ **TRANSAMÉRICA SÃO PAULO HOTEL:** Avda das Nações Unidas 18.591. ☎ 56 93 40 50. www.transamerica.com.br Con cinco estrellas y a todo lujo en la famosa avenida, con buenos servicios de telecomunicaciones, piscina, bar, gimnasio, sauna, pistas para practicar deportes, servicios de traslado al aeropuerto, etcétera.

RESTAURANTES

La gastronomía en São Paulo es muy variada, debido a la gran influencia que han ejercido las distintas colonias de inmigrantes: japoneses, italianos, alemanes, árabes, etc. De hecho, salir a comer o a cenar es el principal pasatiempo de los paulistas, que disfrutan de una ciudad considerada como la meca gastronómica de Suramérica.

CADENAS DE RESTAURANTES

GALETOS: esta cadena que se reconoce por el cartel que lleva una cabeza de gallo similar al típico portugués cuenta de una red de restaurantes por toda la ciudad. Hay platos dietéticos además de los habituales *galetos*, pollos a la brasa. Precios asequibles.

SANCHO PANÇA: Cierra los domingos. Es otra cadena con restaurantes por toda la ciudad. A mediodía tienen bufé al peso y por las noches suelen servir pizzas, porciones. Un local céntrico está en la rua Consolação 194, con una buena terraza, además.

CASA PÃO DE QUEIJO: red de locales modernos donde se puede tomar un café expreso acompañado de algún dulce o de *salgados*.

BARES PARA PICAR

Ⓜ **ELIDIO BAR:** Rua Isabel Dias 57. En Mooca. Abre de 16.00 h hasta el último cliente. Cierra los lunes. Una de las mejores y más completas ofertas de *petiscos* y *tiragostos* de toda la ciudad.

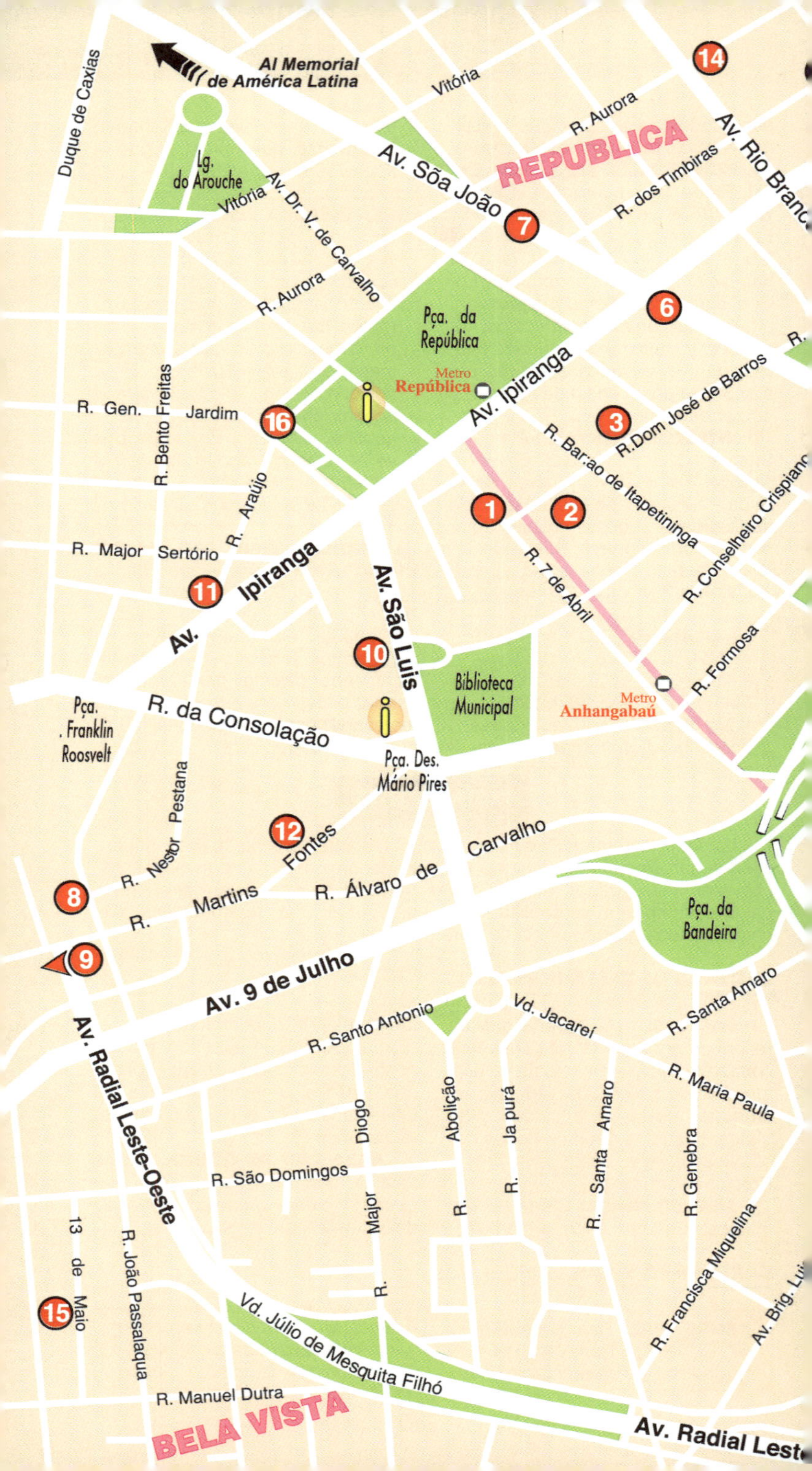

Al Memorial de América Latina
Duque de Caxias
Vitória
R. Aurora
REPUBLICA
Av. Rio Branco
Lg. do Arouche
Av. Sõa João
R. dos Timbiras
Vitória
Av. Dr. V. de Carvalho
R. Aurora
Pça. da República
Metro República
Av. Ipiranga
R. Gen. Jardim
R. Bento Freitas
R. Dom José de Barros
R. Barão de Itapetininga
R. Araújo
R. Conselheiro Crispiano
R. Major Sertório
R. 7 de Abril
Av. Ipiranga
Av. São Luis
R. Formosa
Biblioteca Municipal
Metro Anhangabaú
Pça. Franklin Roosvelt
R. da Consolação
Pça. Des. Mário Pires
R. Nestor Pestana
R. Martins Fontes
R. Álvaro de Carvalho
Pça. da Bandeira
Av. 9 de Julho
R. Santo Antonio
Vd. Jacareí
R. Santa Amaro
Av. Radial Leste-Oeste
R. Maria Paula
R. São Domingos
R. Major Diogo
R. Abolição
R. Ja purá
R. Santa Amaro
R. Genebra
13 de Maio
R. João Passalaqua
R. Francisca Miquelina
Av. Brig. Luis
Vd. Júlio de Mesquita Filhó
R. Manuel Dutra
BELA VISTA
Av. Radial Leste
1
2
3
6
7
8
9
10
11
12
14
15
16

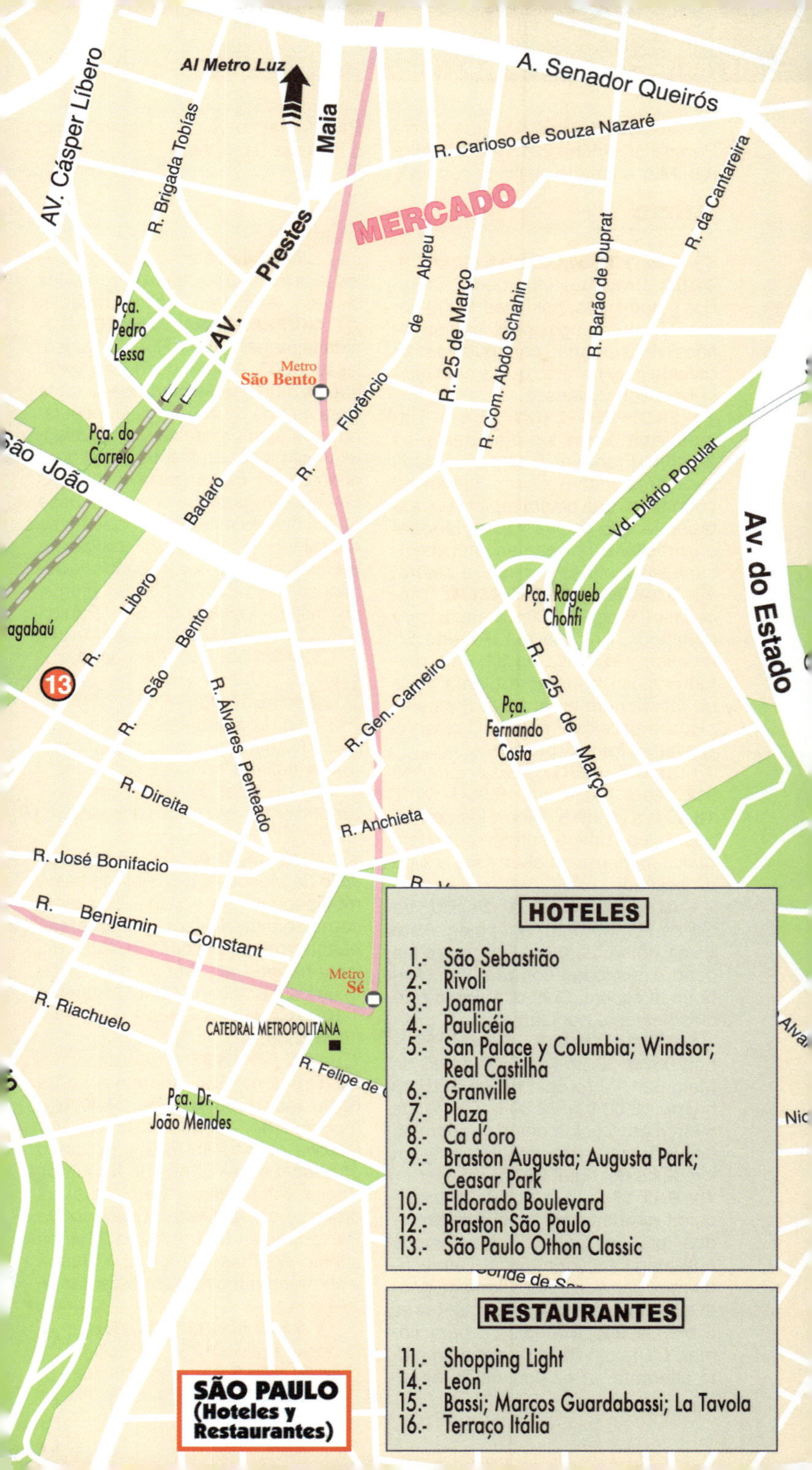
Al Metro Luz
A. Senador Queirós
AV. Cásper Líbero
R. Brigada Tobías
Maia
R. Carioso de Souza Nazaré
MERCADO
AV. Prestes
R. da Cantareira
R. Barão de Duprat
R. Florêncio de Abreu
R. 25 de Março
R. Com. Abdo Schahin
Pça. Pedro Lessa
Metro São Bento
Pça. do Correio
São João
Badaró
Vd. Diário Popular
Av. do Estado
agabaú
R. Líbero
R. São Bento
Pça. Ragueb Chohfi
R. 25 de Março
13
R. Álvares Penteado
R. Gen. Carneiro
Pça. Fernando Costa
R. Direita
R. Anchieta
R. José Bonifacio
R. Benjamin Constant
Metro Sé
R. Riachuelo
CATEDRAL METROPOLITANA
R. Felipe de
Pça. Dr. João Mendes
Nic
HOTELES
1.- São Sebastião
2.- Rivoli
3.- Joamar
4.- Paulicéia
5.- San Palace y Columbia; Windsor; Real Castilha
6.- Granville
7.- Plaza
8.- Ca d'oro
9.- Braston Augusta; Augusta Park; Ceasar Park
10.- Eldorado Boulevard
12.- Braston São Paulo
13.- São Paulo Othon Classic
RESTAURANTES
11.- Shopping Light
14.- Leon
15.- Bassi; Marcos Guardabassi; La Tavola
16.- Terraço Itália
SÃO PAULO (Hoteles y Restaurantes)

GALHINEIRO GRILL: Rua Inácio Pereira da Rocha 231 (Vila Madalena). Muy animado en fin de semana. Para tomar cervezas y alguna carne a la brasa (*picanha*).

CENTRO

(B) **PUESTOS DE COMIDA EN LIBERDADE:** Praça de Liberdade. Sábados y domingos, hasta las 19.00 horas. Un buen lugar para comer los fines de semana, con puestos de comida muy baratos que sirven hasta pescado y marisco.

(B) **SHOPPING LIGHT:** Praça Ramos. Abre todos los días hasta las 22.00 h. Frente al Teatro Municipal, el impresionante centro comercial cuenta con una planta repleta de restaurantes de cocina rápida japonesa, brasileña, norteamericana, mexicana, tailandesa, china, etcétera.

(B) **DARLING LANCHONETTE:** Vencesalau Bras 78. Cierra sábados y domingos. Entre la rua Roberto Simonson y la Praça da Sé, este restaurante en la primera planta tiene un *lanchonete* en la baja. Platos típicos brasileiros: *feijoada, picanha grelhada*, frango, pescados, etc.

(B) **KILO'S GRILL:** Avda Ipiranga 916. Abre hasta las 16.00 h y de 18.00 h a 23.00 h. Cierra los domingos. El consabido bufé de comida *à quilo*, siempre con churrasco y algo de pescado.

(B) **ALMANARA:** Rua Basilio da Gama 70; Morumbi Shopping. Abre de 11.00 h a 23.00 h. Dos, entre las ocho direcciones con que ya cuenta en la capital. Cocina árabe a precios bastante populares.

(M) **BANRI KATIAN:** Galvão Bueno 205. ☎ 32 88 70 45. Avda 13 de Maio 624. Abre de 11.00 h a 15.00 h y de 18.00 h a 22.30 h. Cierra los miércoles. Cocina china y japonesa en un restaurante muy decente en los bajos del hotel Banri.

(M) **BAR LÉO:** Rua Aurora 100; esquina rua das Andradas. Abierto todos los días, salvo los domingos que juega el Corinthians. Cervecería muy bonita siempre llena de gente que toma una cerveza entre horas o bien acude a mediodía para comer. Cada día de la semana un plato diferente: arroz con *feijão* los lunes, salada de batatas com *salsicha* los martes o *bacalhau ao forno* los viernes. Ambiente muy agradable.

(M) **CHURRASCARIA SUJINHO:** Avenida Ipiranga 1.058 y Rua da Consolação 2.068. Abierto desde las 11.30 h a las 5.00 h de la madrugada. Esta casa es uno de esos locales populares que siempre gusta visitar: clientela bulliciosa, ambiente animado y además no cierra hasta las tantas de la madrugada. La cocina se basa en las carnes asadas, aunque no se descuiden otros platos tradicionales, por ejemplo los sábados y domingos: *feijoada*. Tienen un premio al "melhor bisteca de São Paulo".

(M) **GIGETTO:** Rua Avanhandava 63. Abierto todos los días hasta las 15.30 h y de 18.00 a 2.00 h. Los sábados, de 11.30 a 3.00 h de la noche. Una cantina italiana fundada en 1938, todo un clásico y con *porçoes* suficientes para dos personas.

(M) **MORAES, O REI DO FILÉ:** Praça Júlio de Mesquita 175. Abierto hasta medianoche. Su especialidad es la carne servida a peso. Lo frecuentan banqueros y políticos. El éxito del local ha sido tal, que ya han abierto una sucursal en Alameida Santos 1.105 (Cerqueira César) y en Pinheiros 808.

(M) **LOS MOLINOS:** Rua Vasconcelos Drumond 526 (Ipiranga). Abre hasta las 15.00 h y de 19.00 h a medianoche. Cierra los lunes. Por la zona del Museu Paulista. Tienen otro local en el Shopping Morumbi. Paella valenciana y gambas a las órdenes del cocinero Francisco Da Paix*ão*, quien ha trabajado 23 años con la española María Emilia García y ahora ha adquirido su restaurante.

(C) **BABY BEEF RUBAIYAT:** Haddock Lobo 1.738 (Paulista). ☎ 30 87 13 99; Alameda Santos 86 (Paraíso). ☎ 31 70 51 00; Avenida Brigadeiro Faria Lima 2.954 (Itaim Bibi). ☎ 31 65 88 88. Abren hasta las 15.30 h y de 19.00 h a 0.30 h. Las mejores churrascarías de la ciudad para ponerse como el Kiko de carne. Tres direcciones para un restaurante que en poco tiempo ha sabido ganarse la estima de los paulistas gracias a una cocina donde las carnes proceden de sus propias ganaderías. No obstante, también se sirven otros platos, por ejemplo de cocina mediterránea en el local de Paraíso.

(C) **TERRAÇO ITÁLIA:** Avenida Ipiranga 344; Piso 41 y 42. ☎ 21 89 29 29. Abierto todos los días hasta la medianoche. La cocina es internacional, pero lo más interesante son las vistas desde la última planta del Edificio Itália, las mejores que tenga algún restaurante de la ciudad. Música en vivo de martes a sábados a partir de las 21.00 h.

ZONA MODERNA

(B) **IBIRAPUERA:** Avenida Ibirapuera 3.103 (Moema). Uno de los mayores centros comerciales del país, alberga restaurantes de gastronomía local, árabe, japonesa, italiana, etc –de precio medio y barato–, 28 locales de cocina rápida, kioscos de *salgados* y *sanduiches* y cafeterías.

(B) **WEST PLAZA:** Avda Francisco Matarazzo (Agua Branca). Otro centro comercial, en cuya tercera planta tiene un patio de restaurantes de cocina rápida brasileña, japonesa, árabe, china, etcétera.

(B) **Z DELI:** Alameda Gabriel Monteiro da Silva 1.350. Jardim Paulistano. Abre hasta las 18.30 h y los sábados hasta las 16.30 h. Cierra los domingos. Esta popular casa dedicada a la cocina judía neoyorquina dispone además de otras direcciones en la ciudad, por ejemplo, en Al Lorena 1.689 y Al Lorena 1.449 (Cerqueira César). Precios nada altos y platos sabrosos.

(B) **LA TAVOLA:** Rua 13 de Maio 621 (Bela Vista). Cocina italiana en un restaurante que funciona hace más de tres décadas. Local tan inmenso como sus raciones. Música en vivo los viernes y sábados.

(B) **UM, DOIS, FEIJÃO COM ARROZ:** Rua Rafael de Barros 56 (Paulista). Cocina casera, bufé a peso de lunes a viernes. El sábado, *feijoada* completa.

(B) **CHEIRO VERDE:** Rua Peixoto Gomide 1.078. Abierto de 12.00 a 15.00 h y los sábados y domingos cierra a las 17.00 h. En el barrio de Cerqueira César, al norte de Jardim Paulista, excelente cocina vegetariana con productos impuestos por las estaciones.

(M) **FEIJOADA DA LANA:** Aspicuelta 421, Vila Madalena. ☎ 38 14 91 91. Abre hasta las 15.00 y de 19.00 h a 0.30 h. Los sábados y domingos hasta las 17.00 y de 19.00 h a 0.30 h. En una calle con mucha marcha nocturna. Su gran especialidad, y plato único aparte de algo de carne y de marisco, es la *feijoada* servida en bufé y preparada sin apenas grasa. En el precio ya se incluye el postre.

(M) **CAPUANO:** Rua Conselheiro Carrão 416 (Bela Vista). Abierto hasta las 15.00 h y de 19.00 h a medianoche. Cierra los lunes. Cocina del sur de Italia en la *trattoría* más antigua de la ciudad, ya que abrió sus puertas en 1907, y sigue manteniéndose en los primeros lugares por sus precios y su calidad. Los fines de semana suele programar actuaciones musicales en directo.

(C) **MARCOS BASSI:** Rua 13 de Maio 668. ☎ 32 88 70 45. Abre de 12.00 h a medianoche. Carne excelente en una churrascaría de muy buena reputación en Bela Vista. Carnes rojas y churrascos bajo la dirección del legendario *chef* Marcos Guardabassi.

(C) **BRASIL A GOSTO:** Rua Professor Azevedo do Amaral 70 (Jardim Paulista). ☎ 30 86 35 65. Abre hasta las 16.00 h y de 19.00 a medianoche. Cierra los lunes. Cocina brasileña con toques muy innovadores de la mano de la *chef* Ana Luiza Trajano, en uno de los restaurantes con mejor reputación del momento. Riquísimas recetas de inspiración nordestina, muy originales, postres con frutas del Amazonas, etcétera. Con un magnífico servicio, además.

C JARDINEIRA GRILL: Avenida dos Bandeirantes 1.001. Via Olímpica. ☎ 30 48 02 99. Abierto todos los días hasta las 15.30 h y de 18.30 h a medianoche. Un interesante local, con un variado bufé de entradas y luego carnes o pescados ofrecidos en un carrito. Con gente a la que gusta cenar tarde.

C BOLINHA: Avenida Cidade Jardim 53 (Jardim Europa). ☎ 30 61 20 10. Abierto de 11.00 h a 1.00 h. Uno de los más apreciados por su *feijoada*, que sirven todos los días menos los lunes, cuando cierran.

C DON CURRO: Rua Alvez Guimarâes 230 (Pinheiros). ☎ 30 62 47 12. Abre de 12.00 a 15.00 h y de 19.00 a medianoche. Cierra los lunes, y los domingos a las 17.00 h. Uno de los restaurantes españoles más antiguos de São Paulo y donde podréis ver a través de la cristalera cómo se elaboran los platos en la cocina. Especialidad, cómo no, en paellas.

C JUN SAKAMOTO: Rua Lisboa 55, Pinheiros. ☎ 30 88 60 19. Abre de 19.00 a 1.00 horas y cierra los lunes. Considerado el mejor restaurante japonés de São Paulo –una gastronomía ya tradicional en esta ciudad con tanta inmigración nipona–, Jun Sakamoto sirve excelentes platos de *sushi, sashimi* y pescados cocinados, en medio de una atmósfera muy relajante.

L AMADEUS: Rua Haddock Lobo 807. (Cerqueira César) ☎ 30 61 28 59. Abierto todos los días hasta las 15.00 h y de 18.00 h a medianoche. Un local elegante para una cocina a base de pescados y mariscos de primera calidad. Con una buena carta de vinos.

L FASANO: Rua Vitório Fasano 88 (Jardim Paulista). ☎ 30 62 40 00. Abierto todos los días menos domingos hasta las 15.00 h y de 19.30 h a 1.00 h; los sábados de 19.30 h a 1.00 h. Un restaurante muy famoso en el hotel del mismo nombre. Cocina italiana, dirigida por Salvatore Loi, y ambiente muy elegante. Selecta carta de vinos.

L LE COQ HARDY: Rua Jerõnimo da Veiga 461 (Itaim Bibi). ☎ 30 79 33 44. Abierto hasta las 14.30 h y de 19.00 a 1.00 h; los sábados, de de 19.00 a 1.00 h y cierra domingos. Ambiente sofisticado y cocina francesa de autor, contemporánea.

L MASSIMO: Alameda Santos 1.826 (Cerqueira César). ☎ 32 84 03 11. Abierto todos los días hasta las 15.00 h y de 19.00 h a medianoche. Una de las mejores direcciones de la ciudad, un italiano carísimo con una carta que varía constantemente.

VIDA NOCTURNA

Aunque a los paulistas les achaquen en Río que no saben divertirse, en São Paulo hay mucha vida nocturna. En el barrio de Bela Vista o Bixiga se concentran muchos bares de copas y la zona elegante de Jardins también suele estar concurrida. El cine en esta ciudad es otra actividad nocturna. Hay innumerables salas (la mayoría está situada en los centros comerciales) y a los paulistas les gusta acudir a la última sesión, que suele ser a las 22.00 h ó 21.30 h.

La afición por el teatro está muy arraigada en São Paulo, donde funcionan numerosas salas, algunas muy vanguardistas. El periódico "La Folha de São Paulo" suele publicar la cartelera de las obras que se representan cada semana. Las discotecas se llenan de gente muy joven, casi adolescentes, aunque también hay otras para personas de más edad.

Los centro comerciales están muy de moda en la ciudad y la gente suele acudir a ellos para pasar el rato, hasta tal punto que muchos de ellos se han convertido en importantes centros de marcha.

CAFÉS Y TETERÍAS

REI DO MATE: Avenida São João 530, Centro. Hay varios locales de este tipo por toda la ciudad. Lo típico es tomarse un *mate com limão*.

AS NOVIÇAS: Rua Gaivota 1.216. En Moemá. Cierra los lunes. Una tetería muy popular.

CAFÉ DEL MAM: Parque do Ibirapuerta, Puerta 3. La cafetería del Museo de Arte Moderno permite hacer un alto en el paseo por el parque, que se contempla a través de los grandes ventanales. También se puede comer.

CAFÉ DO BOULEVARD: Avenida São Luís 234 (Hotel Eldorado Boulevard). En pleno centro, una cafetería que permanece abierta toda la noche, casi hasta las seis de la mañana.

CERVECERÍAS

PAPAGAIO VINTÉM: Rua Doutor César 706 (Santana). Abierta desde las 18.00 h, hasta que se va el último cliente. Cierra los lunes. Mesas de madera, ambiente bullicioso y cervezas. Animación especial los miércoles, viernes y domingos.

AMIGO LEAL: Rua Amaral Gurgel 165 (Vila Buarque). Montada por uno de los hijos del propietario del Bar Léo. Con el mismo estilo que la "casa matriz".

CERVEJARIA PAULISTÂNIA: Avenida Moaci 326 (Moema). Cierra los domingos. Clientela de gente mayorcita y establecida a la que no le importa pagar una consumición mínima. Con cerca de un centenar de marcas de cerveza.

PLANETA CERVEJA: Avenida Vereador José Diniz 3.786 (Campo Belo). Abierta a partir de las 17.00 h. Al contrario de la anterior, ésta es frecuentada por gente muy joven. Precios bastante más bajos.

BARES DE COPAS

La **rua Fidalga** y la **13 de Maio** son dos calles muy animadas, repletas de clubes de música en vivo y bares de copas. Os conviene haceros con un ejemplar de *Veja,* una especie de guía del ocio paulista que indica de todos los eventos, como conciertos en los bares, que se celebran cada semana.

La rua Fidalga sale del Parque Reboucas y es una de las más animadas de la capital, ya que cuenta con un buen número de bares, *pubs* y discotecas. Si no queréis andar dando muchas vueltas, una zona donde encontraréis algo a vuestro gusto. La **rua Mourato Coelho**, cercana, también cuenta con varios locales.

La rua 13 de Maio está en Bela Vista, sin parada de Metro cercana y adonde no hay más remedio que ir en taxi.

Además, **Jardim Paulista** es otra zona donde no faltan locales de marcha.

Algunos de estos bares son:

CACHAÇARIA PAULISTA: Rua Mourato Coelho 593. Abierto hasta las tres o las cuatro de la mañana. Cerca de 250 tipos de cachaça diferentes. Música en vivo de jueves a sábado.

DALÍ: Rua Primavera 284, Itaim Bibi. ☎ 34 41 57 78. Abierto hasta la 1.00 h y los sábados hasta las 3.00 h. Público veinteañero en un bar con marcha decorado con motivos alusivos al gran pintor español.

MELANCIA: Alameda Tietê 40. Cócteles y otras bebidas de la fruta que da nombre al local, la sandía. Está en Jardim Paulista.

KHADIM: Rua Bento de Andrade 615 (Itaim Bibi). Muy animado y abarrotado los fines de semana se organizan unas buenas colas.

MÚSICA EN VIVO

BAR BRAHMA: Avda São João 677. ☎ 33 67 36 00. www.barbrahmacentro.com.br Abre hasta medianoche y domingos hasta las 23.00 h. Un clásico de la noche paulistana, abierto en 1946 y con actuaciones de bandas de jazz, samba, etcétera. Con buenas *choppes*.

CAFÉ PIU-PIU: Rua Treze de Maio 134 (Bela Vista). ☎ 32 58 80 66. www.cafepiupiu.com.br Música en vivo cada noche excepto los lunes. Grupos de jazz y rock.

BOURBON STREET MUSIC CLUB: Rua dos Chanés 127. ☎ 50 95 61 00. www.bourbonstreet.com.br Jazz y dixieland en vivo en Moema. Un clásico en su género. Muy recomendable.

ARMAZEN: Rua Quintino Bocaiuva 2/20. Un bar con música rock en vivo que funciona desde 1980.

MORRISON: Rua Inácio Pereira da Rocha 362, Vila Madalena. ☎ 38 14 10 22. www.morrison.com.br Cervezas y copas. Actuaciones en directo varias noches de la semana.

LAMBAR: Rua Capital Federal 95 899. ☎ 38 77 70 00. Música en vivo y sobre todo ambiente caribeño. Especialmente animado los domingos.

DISCOTECAS

CLUBE GLÓRIA: Rua 13 de Maio 830. ☎ 32 87 37 00. En Bela Vista, una antigua iglesia reconvertida en discoteca, muy de moda.

FUNHOUSE: Rua Bela Cintra 567. Una discoteca donde suena música electrónica pinchada por los dj´s más vanguardistas.

LOVE STORY: Rua Araújo 232. Con una enorme pista de baile y fauna variopinta.

LOCALES GAYS

A LÔCA: Rua Frei Caneca 916. www.aloca.com.br

ULTRALOUNGE: Rua da Consolação 3.031.

ESPECTÁCULOS ERÓTICOS

En la Rua Augusta hay un buen número de saunas y clubes de estríptis, así como en Nestor Pestana.

COMPRAS

CENTROS COMERCIALES

Los enormes *Shopping Centres* de São Paulo suelen abrir todos los días, incluido domingos, hasta las 22.00 h. Pero si vais de compras un día festivo, telefonead primero para ver si el centro en concreto al que os dirigís está abierto.

SHOPPING JK IGUATEMI: Juscelino Kubitschek 2.041, Vila Olimpia. www.jkiguatemi.com.br Abre hasta las 22.00 h y domingos de 12.00 a 20.00 h. Inaugurado en 2012, es el centro comercial más lujoso de Suramérica.

SHOPPING LIGHT: Praça Ramos. ☎ 31 54 22 99. www.shoppinglight.com.br Abre todos los días hasta las 22.00 h. Frente al Teatro Municipal y sobre el Viaduto do Chá, un impresionante edificio, céntrico, siempre abierto y donde se puede encontrar casi de todo. Tiene buenas librerías, tiendas de ropa con las mejores marcas, tiendas de discos compactos, etcétera. Y una fenomenal planta con restaurantes de cocina rápida japonesa, brasileña, norteamericana, mexicana, tailandesa, china, etcétera.

D&D: Avenida das Nações Unidas 12.555 (Brooklyn Novo). ☎ 30 43 90 00. www.shoppingded.com.br Junto al Hotel Gran Meliá, muy moderno y especializado en decoración e interiorismo. Tiene más de sesenta tiendas con muebles, alfombras y objetos de muy sofisticado diseño.

ELDORADO: Avenida Rebouças 3.970 (Pinheiros). ☎ 21 97 78 10. www.shoppingeldorado.com.br Tiene 230 tiendas de gran variedad, varios restaurantes, cafeterías, una pista de patinaje en el sótano y varios minicines.

FREI CANECA: Rua Frei Caneca 569. www.freicanecashopping.com/paulista Uno de los centros más populares, con más de 130 tiendas de ropa, calzados y accesorios.

IBIRAPUERA: Avenida Ibirapuera 3.103 (Moema). www.ibirapuera.com.br Tiene más de cuatrocientas tiendas –es uno de los mayores *shoppings* del país–, restaurantes de gastronomía local, árabe, japonesa, italiana, etcétera, 28 locales de cocina rápida, kioscos de *salgados* y *sanduiches*, cafeterías y salas de cine.

PAULISTA: Rua 13 de Maio 1.947 (Bela Vista). ☎ 31 91 11 00. www.shoppingpatiopaulista.com.br Con casi 150 tiendas, restaurantes, cafeterías y salas de cine.

WEST PLAZA: Avda Francisco Mataranzzo s/n (Agua Branca). ☎ 36 77 40 00. www.westplaza.com.br Tiene más de 250 tiendas distribuidas en tres bloques unidos por pasarelas, restaurantes, cafeterías y salas de cine. Y en su tercera planta, un patio de restaurantes de cocina rápida brasileña, japonesa, árabe, china, etcétera.

MERCADILLOS Y FERIAS DE ARTESANÍA

FEIRA DE ARTESANATO DA PRAÇA DA REPÚBLICA: Praça da República (Centro). Todos los días. Una especie de mercadillo neohippie donde se venden objetos de cuero, cerámica, piedras semipreciosas y joyas artesanales. Por la noche suelen actuar bandas de música y conjuntos folclóricos.

FEIRA DE ARTESANATO DA LIBERDADE: Praça da Liberdade. Domingos de 13.00 h a 18.00 h. Podréis encontrar artesanía japonesa y también brasileña, y comer en los puestos de cocina, con algunos de pescado y marisco y de cocina japonesa.

FEIRA DE ARTES E ANTIGÜIDADES DO MASP: Avenida Paulista 1.578 (Cerqueira César). Domingos, de 10.00 h a 17.00 h. Piezas de plata, porcelana y otros objetos antiguos de origen europeo.

FEIRA DE TROCAS DO BIXIA: Praça Dom Orione (Bela Vista). Domingos de 9.00 h a 16.00 h. Es un rastro de objetos viejos más que antiguos. A veces hay sorpresas agradables.

TIENDAS DE INTERÉS

CASA RICARDO: Avenida Dr Vieira de Carvalho 48. Cerca de la Praça da República. Una tienda para recomendar a aquellos que busquen productos gastronómicos y bebidas del país e importadas. Precios muy competitivos y gran oferta. Al lado tienen una cafetería.

STONES GEMINI: Avenida Paulista 1.499; Loja 28. Una pequeña joyería perteneciente a un español muy amable que no se pasa con los precios. Joyas, piedras semipreciosas, objetos de cristal y recuerdos para todos los gustos y presupuestos.

LEAL: Praça da Liberdade 89. Una buena dirección para comprar discos compactos de música *brasileira.*

LLEGAR Y PARTIR

EN AUTOBÚS. De la estación de **Jabaquara** (Rua dos Jequitibás) salen y llegan los autobuses hacia la costa sur de São Paulo –Garujá, São Vicente, etc– y la zona de Santos (una hora). Para ir al centro, o venir, podréis coger el metro. La parada de la estación de metro se llama Jabaquara.

De la estación de **Tietê** (Avenida Cruzeiro do Sul 1.800) parten los autobuses al resto del país –Río de Janeiro (seis horas) Brasília (14 horas), Belém (46 horas), Curitiba (seis horas), Foz do Iguaçu (quince horas), Salvador (32 horas), etcétera, así como de los recorridos internacionales (a Paraguay, Argentina, Uruguay y Chile). La estación está conectada con el centro con el Metro **Tietê**.

Por último, de la estación de **Barra Funda** (Metro Barra Funda) parten algunos servicios para Foz do Iguaçu.

EN AVIÓN. Del **aeropuerto de Congonhas** (Avenida Washington Luís) despegan y aterrizan los vuelos internos entre el Estado de São Paulo, Río de Janeiro y Belo Horizonte, y está situado a catorce kilómetros de la ciudad. Está conectado con el centro por un servicio de autobuses (Ver Direcciones Útiles).

Desde el **aeropuerto internacional de Garulhos** (Avenida Monteiro Lobato 1.985), a treinta kilómetros al este de la ciudad, se dan las conexiones para el resto de los vuelos nacionales y para todos los internacionales.

LA COSTA DE SÃO PAULO

La costa del Estado de São Paulo es generosa en playas y pequeñas poblaciones que han crecido en torno a pueblos pesqueros que ya nada tienen que ver con lo que fueron, absorbidos por edificios modernos pensados para acoger al mayor número de turistas posible.

Partiendo de Santos hacia el suroeste aparece **Praia Grande**, con sus 50 kilómetros de arenas blancas. **Itanhaém** conserva algo del pueblo colonial que fue, como el **Convento de Nossa Senhora da Conceição** y algunas casas particulares. **Iguape** también ha conservado algunas casas, aunque no en buen estado. Está situada en la **Ilha Papagaio**, frente a otra isla llamada **Comprida**.

Más al suroeste está **Cananéia**, otro pueblecito insular protegido de las corrientes marinas por la estrecha y larga isla Comprida. Las dos islas se comunican entre sí a través de un transbordador.

Partiendo de Santos hacia el nordeste, está **Guarujá**, la población costera más popular de São Paulo, en la que se han levantado horribles edificios frente al mar. Sus playas suelen estar repletas de paulistas durante los veranos.

Más al nordeste, **São Sebastião** no goza de buenas playas y, quizás por eso, ha mantenido su relación con el pasado mejor que ninguna otra población cercana. Justo enfrente está **Ilhabela**, una isla de origen volcánico, comunicada con el continente por medio de un transbordador. **Vila Ilhabela** es su pueblo principal, colonial y preparado para el turismo sin ostentaciones.

SANTOS

Es la población costera más cercana de São Paulo capital. La autopista **dos Imigrantes** acorta los setenta kilómetros que separan a ambas ciudades. El puerto de Santos es el más importante de Brasil, fundamentalmente se ocupa del transporte de café, y fue uno de los primeros asentamientos de los portugueses en el Nuevo Mundo. Desde entonces ha ejercido gran influencia en la economía del país. Su actividad comercial, y no el turismo, es la responsable de que la ciudad sea visitada por numerosos extranjeros.

LA VISITA

Para situaros, deberéis saber que la **Rua do Comércio** es donde se concentran los vestigios coloniales más bonitos de la ciudad. En sus fachadas podréis observar las forjas y azulejos portugueses con que decoraban sus casas los comerciantes en el siglo XIX. La **estación de ferrocarril** se encuentra al final de la calle, un edificio construido en 1867.

En el número 78 de la Rua 15 de Novembro está la **Bolsa Oficial do Café**, donde se clasifican y se ponen precio a las cosechas de este producto (abierto de lunes a viernes de 8.00 h a 11.00 h y de 13.30 a 17.00 h). Si queréis probar o comprar café, en la **Casa do Café**, (Cais do Ponto, Armazen 1), satisfaréis el capricho.

En el **Mosteiro de S. Bento**, Rua Sta. Joana d'Arc 795, Morro de S. Bento, está instalado el **Museu de Arte Sacra** (abierto de martes a domingos de 14.00 h a 17.30 h). En él podréis contemplar una colección de piezas de los siglos XVI, XVII y XVIII.

DATOS PRÁCTICOS

PREFIJO TELEFÓNICO: 13.

OFICINAS DE TURISMO: Bondinho, Avenida Presidente Wilson, esquina Avenida Ana Costa, Praia do Gonzaga 87, y **Rodoviária,** Praça dos Andradas (Valongo).

MEDIOS DE TRANSPORTE

RODOVIÁRIA: Praça dos Andradas (Valongo). **FERRY A GUARUJÁ:** Ponta da Praia.

ALOJAMIENTO

Ⓜ **PRAIANO:** Avenida Br. de Penedo 39 (Praia do José Menino). ☎ 32 37 40 33. www.hotelpraiano.com.br Estacionamiento privado y restaurante. Tiene 50 habitaciones con teléfono, televisión, aire acondicionado, etcétera, y está a una manzana de la playa.

Ⓜ **ATLÂNTICO:** Avenida Presidente Wilson 1. En Praia do Gonzaga. ☎ 32 89 45 00. www.atlantico-hotel.com.br A orillas del mar, tiene 114 habitaciones con televisión y aire acondicionado y precios que ya rozan los caros. Con restaurante, bar, sauna, sala de juegos y servicio de playa.

RESTAURANTES

Ⓜ **CASA CALÇADA:** Avenida Mal. Floriano Peixoto 92 (Gonzaga). Los días laborables podréis elegir entre 15 *pratos executivos*. Los sábados, *self-service* con más variedad.

Ⓜ **MARREIRO:** Avenida Bernardino de Campos 338. Cierra los lu-

Aguas de Lindóia
Lindóia
Holambra
Serra Negra
Socorro
Jaguariuna
Monte Alegre do Sol
Amparo
SP-340
Bragaça Paulista
Vargem
Joanópolis
Campinhas
Valinhos
Vinhedo
SP-65
Pircaia
Jondiaí
Atibainha
Mairiporã
BR-116
SP-70
Pirapora
Santana do Parnaíba
SP-330
São Roque
Carapicuiba
SÃO PAULO
Poa
Embu
Itapecerica da Serra
SP-150
Santos
Bertioga
BR-116
São Vicente
Guarujá
Praia Grande
SP-55
Mongaguá
Itanhaém

SÃO PAULO (COSTA)

nes. En una larga avenida perpendicular al mar. Pescados.

(C) **VISTA AO MAR:** Avenida Bartolomeu de Gusmão 68. ☎ 32 36 94 69. En Praia de Embaré. No cierra ningún día y abre de 11.00 h a medianoche. Precios algo más altos y cocina española.

COMPRAS

ARTESANÍA DE MADEIRA: Largo de São Bento 120. Objetos de artesanía típicos de la isla portuguesa de Madeira y elaborados por inmigrantes portugueses venidos de dicha isla hace más de un siglo y que siguen manteniendo la tradición. Venden, sobre todo, bordados.

MERCADOS DE ARTESANÍA: en la Avenida Vicente Carvalho, avenida Bartolomeu de Gusmão.

LLEGAR Y PARTIR

EN AUTOBÚS. De la *rodoviária* de Jabaquara, en São Paulo, salen diariamente autobuses con destino a Santos y São Vicente.

También hay servicios desde Belo Horizonte, Curitiba, Florianópolis, Foz de Iguaçú, Ponta Grossa y Porto Alegre.

EN BARCO. Desde Ponta da Praia podéis embarcaros en el ferry a Guarujá, que zarpa cada hora en punto.

SÃO VICENTE

A 73 kilómetros de la capital del Estado, São Vicente se podría considerar como una prolongación de Santos y, sin embargo, se trata de la primera población que fundaron los portugueses en Brasil, en 1532.

No obstante no conserva nada, o casi nada, de dicha época. Hoy es más que nada una población llena de modernos bloques de apartamentos que los fines de semana son ocupados por lo paulistas.

LAS PLAYAS

La mayoría de las playas están algo sucias, aunque se están haciendo mejoras, como acondicionar los jardines existentes, crear otros nuevos, sustituir los viejos chiringuitos por casetas de ladrillo, instalar duchas, etcétera.

ITARARÉ: arena oscura y dos kilómetros y medio de larga. Las aguas no suelen estar muy limpias.

GONZAGUINHA: la más agradable de todas. Arena clara y un jardín a lo largo de toda su extensión. Con quioscos de bebidas y duchas.

PRAINHA: entre el Puente Colgante y la Ponta da Fortaleza. Buena para ir a pescar.

PARANAPUÂ: ocupada por el mar durante la marea alta, apenas tiene unos doscientos metros de arena.

DATOS PRÁCTICOS

PREFIJO TELEFÓNICO: 13.
RODOVIÁRIA: Praça da Biquinha.

RESTAURANTES

(B) **CHOPP PASTA GRILL:** haciendo esquina en una calle que sale de la Praça Independencia. Un autoservicio al peso que no está nada mal y además, muy barato.

B INDEPENDENCIA: Praça Independencia. Terraza en la acera y platos del día baratos.

B HIRONDELLE: Avenida Emb. Pedro de Toledo 76 (Praia de Gonzaguinha). Abierto todos los días hasta la medianoche. Precios nada altos y cocina variada.

B CANTINA ILHA DE CAPRI: Avenida Epitácio Pessoa 342. A mediodía hay un económico "almoço executivo" y en la carta una variada oferta a base de carnes, pescados, pollo y pizzas.

B ILHA DE STROMBOLI: Avenida Epitácio Pessoa 99. Pizzas variadas muy baratas y platos de pollo, espeto misto también muy asequibles.

LLEGAR Y PARTIR

EN AUTOBÚS. Desde la Rodoviária hay autobuses muy frecuentes hacia Santos y São Paulo.

PRAIA GRANDE

Una enorme playa que debido a su extensión se está convirtiendo en una de las más frecuentadas. A partir de Cabo Forte se suceden:

CANTO DO FORTE y **BOQUEIRÃO:** no son muy buenas, ya que no siempre están limpias debido a su proximidad al núcleo urbano.

DA AVIAÇÃO: se llama así por estar junto a una pista de donde salen algunos vuelos turísticos.

TUPY y **CIDADE OCIAN:** delante de una zona de apartamentos, la primera, y junto a un centro comercial la segunda.

VILA CAIÇARA: una de las más antiguas de la zona.

BALNEARIO FLORIDA: con cerca de tres kilómetros y medio de longitud, está muy urbanizada.

LLEGAR Y PARTIR

EN AUTOBÚS. Desde la Rodoviária hay autobuses muy frecuentes hacia Santos y São Paulo.

GUARUJÁ

A 89 kilómetros de São Paulo, Guarajá es una ciudad playera, muy turística y urbanizada. Su costa está separada de la de Santos por la Ponta do Manduba y las Islas do Mato. Hoy es una de las localidades más concurridas de los contornos, debido a su excelente infraestructura y las buenas comunicaciones.

LAS PLAYAS

DO TOMBO: frente a la Isla da Moela y junto a un campo militar. Mar a veces peligroso y arena blanda.

ASTURIAS: mar tranquilo y junto a una zona urbanizada.

PITANGUEIRAS: una de las más concurridas. Hay centro comercial y demás establecimientos para bañistas.

ENSEADA: cinco kilómetros de arena y zonas con cocoteros. Instalaciones muy buenas: puestos de socorro, duchas, sanitarios, quioscos, etc.

SOROCOTUBA y **EDEN:** en una zona arbolada y de aspecto salvaje.

PERNAMBUCO: frente a la Isla dos Arvoredos. Muy buena para la práctica de deportes náuticos.

PEREQUE: pasada la Ponta Grossa, junto a un pueblo de pescadores, y con arenas oscuras.

IPORANGA: muy pequeña y de acceso restringido, pero muy agradable.

PRETA: muy buena para el surf y cercada de árboles. Se accede en barco desde el Pontão de Bertioga.

BRANCA: también en una zona muy verde. Acceso en barco desde Bertioga.

DATOS PRÁCTICOS

PREFIJO TELEFÓNICO: 13.

INFORMACIÓN TURÍSTICA: Quintino Bocaiúva 183.

MEDIOS DE TRANSPORTE

BARCO PARA SANTOS: al final de la Avenida Adhemar de Barros. Cinco minutos de travesía.

RODOVIÁRIA: Avenida Santos Dumont (Santo Antonio).

ALOJAMIENTO

La oferta es bastante amplia, pero predominan los hoteles caros.

Ⓜ **RIO:** Rio de Janeiro 131. ☎ 33 55 92 81. www.hotelrioguaruja.com Una casa antigua cerca de la playa de Pitangueiras, con cuartos básicos pero correctos y muy económicos, a 170 reales.

Ⓜ **POUSADA MIRAMAR:** Antônio Marques 328. ☎ 33 54 14 53. Con diez habitaciones y cuartos hasta cuádruples.

Ⓒ **HOTEL STRAND:** Avenida Prestes Maia 385 (Praia do Tombo). ☎ 33 44 92 00. www.strandhotel.com.br/es Con casi 50 habitaciones a partir de 310 reales en la web; tiene restaurante.

RESTAURANTES

Ⓑ **BAIANO DAS ASTURIAS:** Rua Francisco Rebolo 550 (Enseada). Cierra lunes. Cocina brasileira.

Ⓜ **RESTAURANTE DO JOCA:** Estrada de Bertioga, km 12. En Cachoeira. Se encuentra algo lejos, en el canal de Bertioga, pero merece la pena venir si disponéis de transporte por sus pescados y sus mariscos.

FESTIVALES

FIESTA DE N. S. DOS NAVEGANTES: en la segunda quincena de agosto.

LLEGAR Y PARTIR

EN AUTOBÚS. Desde la Rodoviária hay autobuses muy frecuentes hacia Santos y São Paulo.

BERTIOGA

A 106 kilómetros de São Paulo, Bertioga es otra población que se está convirtiendo en centro de veraneo. Cuenta con muchas construcciones modernas y una buena infraestructura turística. Otra de sus ventajas es que hay varios campings.

LAS PLAYAS

ENSEADA: la más urbana y frecuentada.

VISTA LINDA: ya bastante urbanizada.

SÃO LOURENÇO: con cerca de diez kilómetros está siendo urbanizada con la esperanza de convertirla en un gran centro de veraneo.

ITAGUARÉ: en la desembocadura de dicho río, es una de las más bonitas, ya que se forman algunas lagunas.

ALOJAMIENTO

Aprovechad por esta zona para alojaros en los campings. Hay varios por los alrededores, como el **Jobeca**, en Praia de Indaiá, a unos 12 kilómetros; **Burikioka**, en Praia de Guaratuba, a 22 kilómetros, y el **Humanitá**, en Praia da Enseada.

LLEGAR Y PARTIR

EN AUTOBÚS. Desde la Rodoviária hay autobuses muy frecuentes hacia Santos y São Paulo. Para venir desde la capital ya sabéis que debéis acudir a la rodoviária de Jabaquará.

EN BARCO. Cada hora hay una *balsa* a Guarujá, que hace la travesía en cinco minutos.

SÃO SEBASTIÃO

La ciudad de São Sebastião, a doscientos kilómetros de São Paulo, surgió en el siglo XVI como una de las fortalezas que protegían la ciudad de São Vicente. Después vino un período de esplendor económico gracias a que su puerto se utilizó para el comercio de la caña de azúcar y el café. Hoy vive del turismo, aunque la empresa Petrobrás haya creado una terminal continuando la vocación comercial del puerto.

LA VISITA

Aunque no hay gran cosa de interés, os podéis dar la vuelta de rigor para ver algunos de los restos de las construcciones coloniales: **Antiga Cadeia**, la antigua cárcel ahora cuartel de la policía; la **Igreja Matriz**, del XVII pero reformada en el XIX, y la **Casa Esperança**, del XVIII. También hay un Museo de Arte Sacro, pero tiene poco interés.

DATOS PRÁCTICOS

PREFIJO TELEFÓNICO: 12.

BALSA A ILHABELA: Avda de São Sebastião.

OFICINA DE TURISMO: Avda Dr Altino Arantes 174. ☎ 38 92 26 20. Abre de 9.00 h a 18.00 h.

ALOJAMIENTO

CAMPING PRAIA GRANDE: Avenida Ver. Antônio Borges 1.600. ☎ 38 92 17 92. En Praia Grande, a unos tres kilómetros y medio de la ciudad.

CAMPING PINON: Avenida Ver. ☎ 38 62 61 83 Antônio Borges 12. En la carretera de Bertioga.

HOTELES Y POUSADAS

(M) **POUSADA DA ANA DOCE:** Rua Expedicionários Brasileiros 196. ☎ 38 92 16 15. www.pousadaanadoce.com.br Con 16 habitaciones, muy sencillas pero correctas a partir de 220 reales.

(M) **KATMANDU:** Rua Silvina Alta Salles 129. ☎ 38 65 66 78. www.katmandumaresias.com.br En Maresias, cuartos y chalés que salen económicos si sois tres o cuatro.

(M) **SAMBAQUI.** Rua Xavantes 57. ☎ 38 67 12 91. www.hotel-sambaqui.com.br Una casona muy recomendable, a cien metros de la playa de Juréia y a 62 kilómetros de la ciudad.

RESTAURANTES

Pasa lo mismo que con los hoteles, son muy numerosos a lo largo de toda la costa. Si disponéis de transporte, llegaros hasta **Boiçucanga**, a unos 36 kilómetros, donde hay unos cuantos que no están mal, por ejemplo: **Neno, Casa de Pedra, D'Abilio, Cheiro Verde**...

LLEGAR Y PARTIR

EN AUTOBÚS. Desde la Rodoviária hay autobuses muy frecuentes hacia Santos y São Paulo (cuatro horas). Para venir desde la capital ya sabéis que debéis acudir a la rodoviária de Tietê.

EN BARCO. Cada hora hay una *balsa* a Ilhabela, que hace la travesía en quince minutos.

ALREDEDORES DE SÃO SEBASTIÃO

LAS PLAYAS. Empezando desde la Ponta do Arpoador, donde se halla la Praia da Enseada, a unos 20 kilómetros al norte de São Sebastião, y terminando en Maresias, a 27 kilómetros, encontraréis:

Enseada: arena oscura y un cierto aspecto salvaje gracias a la cercana vegetación.

Cigarras: arena gruesa y aguas limpias. Sombras, cocoteros y árboles.

São Francisco da Praia: junto a un convento del XVII y un pueblo de pescadores que aún conserva un cierto tipismo. Aprovechad para ver la cerámica que se elabora en la zona y que ha dado nombre a la playa que viene a continuación: **Olaria**.

Pontal da Cruz: urbanizada y con algunos barcos amarrados en el muelle.

Deserta: estrecha y con piedras. También urbana, lo mismo que la de **Porto Grande**, donde hay una terminal de Petrobrás.

Do Centro: ya en la ciudad de São Sebastião.

Preta: en las afueras de la ciudad, hacia el sur. Entre dos morros y bastante pequeña.

Grande: con buenas instalaciones, vestuarios, aseos y la *terminal* turística.

Barequeçaba: entre ésta y la anterior se encuentra el Instituto de Biología Marina de la Universidad de São Paulo, una zona con el paso prohibido. Utilizada para los juegos de verano que organiza el municipio.

Guaecá: dividida por el río y con buena arena.

Brava: de muy difícil acceso y "brava" como indica su nombre, por lo que a veces no se puede practicar ni siquiera el submarinismo.

Toque-Toque Grande: una de las más bonitas y seductoras.

Calhetas: pequeña, al igual que la anterior. Hay que acceder a pie, ya que no se permite el paso de vehículos, que hay que dejar a unos 600 metros.

Toque-Toque Pequeno: fue un pueblo de pescadores (algo se conserva) y ahora playa concurrida.

Santiago: muy buena para bañarse.

Paúba: también muy buena.

Maresias: con casi cinco kilómetros de arena y elegantes chalés frente al mar.

ILHABELA. Frente a São Sebastião, esta enorme isla presenta dos costas muy diferentes, mientras la que queda frente a la ciudad es muy tranquila, la que da hacia el mar abierto es más agitada y la favorita de los surfistas. Otro de sus encantos es la cantidad de barcos sumergidos, lo que hace que sea muy frecuentada por los practicantes de submarinismo.

La parte central es bastante montañosa y apenas hay más que caminos que la recorran.

Ilhabela tiene unos 23.000 habitantes en invierno y casi cien mil en verano.

BOIÇUCANGA. Boiçucanga es un pueblo a 36 kilómetros al sur de São Sebastião. Su playa se ve muy frecuentada por su buena arena y sus instalaciones, y cerca hay un cámping.

En las inmediaciones tenéis las playas de **Camburi**, **Baleia, Barra do Sahy** y **Preta**, todas ellas muy buenas. Realmente merecen la pena.

CARAGUATATUBA. A 22 kilómetros al norte de São Sebastião, esta población ha pasado del olvido a ser una zona cada vez más frecuentada por sus playas. Hay cantidad de bares y otros servicios para atender a los veraneantes.

Entre las playas de la zona: **Brava**, tan bonita como peligrosa, por sus aguas, y donde una pequeña zona la utilizan los nudistas; **Martin de Sá**, siempre con gente; **Prainha**, con algunas piscinas naturales, o **Cidade**, tal vez la más frecuentada por estar junto al pueblo.

MARANDUBA. Frente a la **Isla do Mar Virado**, esta playa se extiende en una ensenada donde se levantan algunas viviendas. Dispone de puesto de socorro. Las aguas son buenas para el surf.

Hay unos cuantos hoteles: **Maranduba**, de precios medio-altos), **Pousada Maranduba** y los correspondientes restaurantes.

Las playas de este tramo de costa, empezando por la **Ponta Grosa**, al sur, y hasta la **Ponta da Fortaleza**, al norte, son:

RAPOSA: se accede por un camino y es muy pequeña y rocosa. Suele haber muy poca gente.

CASSANDOÇA y **CASSANDOQUINHA:** también se accede por un camino. Se extiende entre dos *morros*, con aguas tranquilas y zonas de arena.

PULSO: ideal para el baño y para llegarse (a nado) hasta la isla da Maranduba.

LAGOINHA: junto a las ruinas de un cafetal. Es una amplia zona de arena oscura junto a la desembocadura de un río. En esta playa tenéis un **cámping**, que no está nada mal.

PERES, **BONETE** y **GRANDE DO BONETE:** las tres son pequeñas y hay que acceder desde el mar a las primeras y por un camino a la última, que además es la mejor.

DESERTA y **DO CEDRO:** son muy pequeñas y los accesos complicados, por lo que no suele ir nadie.

UBATUBA

Ubatuba es una localidad playera a 226 kilómetros de São Paulo, sobre la parte norte de la costa y ya en los límites con el estado de Minas Gerais.

El pueblo, de unos 75.000 habitantes, históricamente no presenta gran cosa. Sólo un par de edificios del siglo XIX sin mayor interés.

LAS PLAYAS

Dentro de la ensenada donde se encuentra la ciudad hay unas cuantas playas:

ENSEADA: junto al casco urbano. A veces está algo sucia.

PEREQUÊ MIRIM Y **SANTA RITA:** casi cerradas por un saliente rocoso. No son muy buenas para el baño, ya que allí desemboca un riachuelo algo sucio.

SACO DA RIBEIRA: junto a la Base Norte do Instituto Oceanográfico (no se permite el acceso a este organismo), es un bonito puerto natural donde amarran los barcos que van a las islas.

Luego, hasta la Ponta do Flamengo, viene una zona donde se levantan una serie de lujosos chalés cuyos propietarios amarran los yates casi a la puerta.

DATOS PRÁCTICOS

PREFIJO TELEFÓNICO: 12.

OFICINA DE TURISMO: Rua Professor Thomaz Galhardo.

RODOVIÁRIA: Rua Dona Maria Vitória Jean 381.

ALOJAMIENTO

(b) **ALBERGUE TRIBO:** Rua Amoreira 71. ☎ 38 42 05 85. www.ubatubahostel.com En Práia do Lázaro.

HOTELES Y POUSADAS

La oferta es bastante amplia a lo largo de toda la costa.

(B) **MONTEIRO:** Rua Bendeito Cunha Bueno 102. ☎ 38 32 13 55. www.hotelmonteiroubatuba.com Cuartos pequeños y básicos, pero todos con baño propio a pesar del precio y la zona.

(M) **POUSADA MARAZUL:** José de Alencar 160. ☎ 38 33 63 33. www.pousadamarazulubatuba.com.br En Itaguá, una *pousada* limpia y pequeña, con doce cuartos limpios y correctos, a 200 m de la playa.

(E) **POUSADA PICINGUABA.** Picinguaba. ☎ 38 36 91 05. www.picinguaba.com En un pueblecito pesquero a las afueras de Ubatuba en dirección norte, es un alojamiento maravilloso, con dobles a partir de 950 reales, precio que incluye la cena. En un entorno idílico.

RESTAURANTES

(M) **PEIXE COM BANANA:** Rua Guaraní 255, Praia do Cruzeiro. Abre de 12.00 h a 23.00 h y cierra los jueves. Cocina casera de pescados, con el *peixe com banana* como plato estrella. Tampoco olvidéis las *caldeiradas*.

LLEGAR Y PARTIR

EN AUTOBÚS. Para venir a Ubatuba, los autobuses de São Paulo parten de la estación de Tietê y hacen el recorrido en unas cuatro horas.

ESTADO DE ESPÍRITU SANTO

Con sus 45.597 kilómetros cuadrados, el Estado de Espírito Santo, inmediatamente al norte del de Río, al sur del de Bahía y al este de Minas Gerais, es uno de los más pequeños de Brasil. Casi desconocido para el turismo extranjero, en parte por la imposibilidad de competir con la infraestructura de su Estado vecino de Río de Janeiro, posee unas playas muy cotizadas por los *mineiros*. **Guarapari** es una de ellas, y parece que la combinación agua-arena posee propiedades medicinales.

Durante muchos años **Vitoria** y **Vila Velha**, situadas a diez kilómetros una de la otra y hacia la mitad de la línea costera del Estado, se fueron disputando la capitalidad y, a principios del siglo XIX Vitoria la consiguió definitivamente.

Los habitantes de Espírito Santo son conocidos como *capixabas*, en recuerdo de los indios que poblaban estas tierras.

VITÓRIA

La ciudad de Vitória fue fundada en 1551 en medio de una isla fácilmente defendible. Los portugueses se vieron obligados a aislarla de esta forma natural por la bravura de los indios que habitaban la región, que no estaban dispuestos a perder sus tierras fácilmente.

Hace años que la ciudad –a 520 kilómetros de Río de Janeiro– rebasó el espacio de la isla y ha crecido hacia el continente, conectado con él por varios puentes. Su puerto es uno de los mayores de los dedicados al transporte de mineral de hierro.

LA VISITA

La ciudad de Vitória va descendiendo hacia el mar por la ladera de una colina. En el centro apenas quedan restos del pasado. En la Avenida Jerõnimo Monteiro, una de las calles más comerciales, destaca el Palacio de Anchieta, actual residencia del gobernador y de mediados del siglo XVII.

PALACIO ANCHIETA: Praça João Clímaco. Abierto de 12.00 h a 17.00 h y cierra los lunes. Hay una zona del palacio abierta al público. Se trata de la tumba del padre Anchieta, jesuita de origen canario que fundó la misión de São Paulo y vivió los últimos años de su vida en esta ciudad, escapado de las iras de los portugueses causadas por su acérrima defensa a los indígenas.

Muy próxima está la **Praça Costa Pereira**, punto de referencia de la zona Centro.

VILA VELHA. En la otra orilla del río que desemboca en Vitória, se halla la parte antigua de la ciudad, donde podréis visitar el **Convento de Nossa Senhora da Penha** (abierto diariamente de 6.00 h a 17.00 h). Desde aquí disfrutaréis con las panorámicas de la bahía. Construido en 1558, se ha convertido en un centro de peregrinación al que acude gente proceden-

BAHIA
MINAS GERAIS
RIO DE JANEIRO
OCÉANO ATLÁNTICO
ESTADO DE ESPIRITO SANTO
Itabaiana
Taquaras
Ponto Belo
Montanha
Vinhático
Itamira
São João do Sobrado
Pedro Canário
Ecoporanga
Santo Agostino
Joaçuba
Pinheiros
Itáunas
Boa Esperança
Vila Pavão
Santo Antônio
Nova Venecia
Nestor Gomes
São Mataus
Barra Nova
Alto Rio Novo
S. Gabriel da Palha
Praia de Uruçuquara
Lajinha
S. Domingos do Norte
Sooretama
Pancas
Lindenberg
Àngelo Frechoani
Mirilândia
LINHARES
Colatina
Jacupemba
Ibituba
Itaimbé
Guaraná
Regência
João Neiva
Ponta dos Cambo
Itaguaçu
Itarana
Sobreiro
Santa Teresa
Aracruz
Barra do Riacho
Santa Cruz
Brejetuba
Santa Leopoldina
SERRA
Nova Almeida
Jacaraípe
Manquinhos
Carapina
CARIACICA
Domingos Martins
Venda Nova do Imigrante
Santa Luzia
VITÓRIA
VILA VELHA
Barra do jucu
Todos los Santos
Vargem Alta
Burarama
Chaves
GUARAPARI
Guaçí
Alegre
Café
CACHOEIRO DE ITAPEMIRIM
Meaípe
Iriri
ANCHIETA
Muqui
Piúma
Itaipava
Mimouso do Sul
Itapemirim
S. Jose das Torres
MARATAÍZES
Ilha dos Franceses
N
O
E
S
CAMPOS DOS GOITACAZES

te de todo el país. Para venir debéis coger el autobús con la inscripción *T.Carapina-Vila Velha*, que pasa por la avenida Jerõnimo Monteiro.

MUSEOS

MUSEU SOLAR MONJARDIM. Avenida Paulino Müller. Abierto de martes a viernes de 8.00 h a 12.00 h y de 13.00 h a 17.00 h; sábados y domingos de 13.00 h a 17.00 h. El único museo de la ciudad, instalado en una casa del siglo XVIII en el barrio de Jucutuquara, reúne una colección de objetos coloniales de uso doméstico que ilustran la forma de vida de esta época.

LAS PLAYAS

Dentro de la **Baía de Vitória:**

CAMBURI: muy animada tanto de día como de noche. Queda en la ciudad.

DO CANTO: también muy animada, ya que dispone de todo: hay un centro comercial, quioscos, restaurantes... Los sábados y domingos es escenario de un mercadillo de artesanía.

En **Vila Velha:**

COSTA: junto al Faro de Santa Luzia, es la más visitada por su cercanía a la población y por sus aguas claras y su arena blanca. Hay una zona de arrecifes.

ITAPUÃ: con varias piscina naturales entre los arrecifes.

ITAPARICA: también muy frecuentada por su proximidad a la ciudad. Es de arena oscura y el mar a pocos metros de la orilla ya se vuelve muy profundo.

BARRA DO JUCU: dentro de la reserva ecológica de Tucarenema, se anima por las tardes, cuando acude la gente para ver la llegada de las barcas. Buena para hacer surfing.

PONTA DA FRUTA: hay una a cada lado de la punta, Baleia y Ponta da Fruta, la primera junto a un pueblo pesquero y la segunda con una gran franja de arena.

LAS ISLAS

ILHA DO FRADE: comunicada por un puente con Vitória. Lo mejor son las vistas de la bahía. Las playas parecen para uso exclusivo de la gente que vive en la isla.

ILHA DO BOI: unida igualmente por un puente. Vistas de la bahía, del centro de Vitória y de Vila Velha.

DATOS PRÁCTICOS

PREFIJO TELEFÓNICO: 27.

INFORMACIÓN TURÍSTICA: hay un puesto en el aeropuerto (☎ 33 35 63 50), otro en la *rodoviária* y un tercero en Curva da Jurema, en la calle junto a la playa.

CASAS DE CAMBIO: hay algunos comercios que cambian dinero, lo hacen de forma esporádica. La mejor es Miami, en Avda Marechal Mascarenhas y abre de lunes a viernes de 9.00 h a 17.00 h. El Banco do Brasil, en la avenida Jerõnimo Monteiro, suele *trocar* a un precio más desventajoso, pero es una solución si os encontráis en apuros.

CONSULADO DE ESPAÑA: Rua Coronel Monjardim 221 (Centro).

CORREOS: la oficina central está en Av. Jerônimo Monteiro.

URGENCIAS MÉDICAS: Clínica Santa Rita de Cássia. ☎ 33 34 80 00.

MEDIOS DE TRANSPORTE

RODOVIÁRIA: Ilha do Príncipe. La mayoría de los autobuses que pasan por la estación llegan hasta la Avenida Jerõnimo Monteiro.

AEROPUERTO EURICIO SALES: Avenida Fernando Ferrari. ☎ 32 35 63 00. En Goiabeiras, a unos diez kilómetros. Está conectado con la ciudad por medio de frecuentes autobuses en los que aparece el letrero *Aeroporto*.

ALQUILER DE COCHES: Localiza: Oficina en el Aeropuerto y en la Avenida Fernando Ferrari, s/n. **AVIS:** Aeropuerto.

ALOJAMIENTO

(B) **CIDADE ALTA:** Rua Pedro Palácios 213. ☎ 32 33 06 53. Bastante económica y acogedora.

(B) **MATA DE PRAIA:** Avenida Adalberto Simão Nader 133. ☎ 32 27 94 42. Tiene 66 habitaciones con teléfono, televisión, y frigorífico. Está entre la playa y el aeropuerto, así que no es muy conveniente si no tenéis vehículo.

(M) **COMFORT HOTEL VITORIA PRAIA:** Avenida Dante Michelin 1.057 (Praia de Camburi). ☎ 30 41 95 00. www.atlantica-hotels.com Con bar, piscina y sauna, tiene 80 habitaciones con aire acondicionado y frigorífico.

(M) **ALVETUR:** Avenida Dante Michelin 877 (Praia de Camburi). ☎ 32 25 39 11. Con 76 habitaciones bien equipadas y tiene restaurante y bar.

(M) **SLAVIERO SLIM ALICE:** Vicente Peixoto 95. ☎ 33 31 11 44. www.slavierohoteis.com.br Un hotel grande con restaurante y bar junto a la playa. Habitaciones con aire acondicionado a partir de 180 reales.

(C) **SENAC ILHA DO BOI:** Rua Bráulio Macedo 417 (Ilha do Boi, a nueve kilómetros). ☎ 33 45 01 11. www.hotelilhadoboi.com.br Tiene 95 habitaciones con aire acondicionado, frigorífico y caja de seguridad a partir de 440 reales. Hay restaurante, piscina, sauna, pista de tenis y jardines para niños.

RESTAURANTES

(B) **PIRÃO:** Rua Joaquim Lyrio 753 (Praia do Canto). ☎ 32 27 11 65. Platos de esta región y precios nada altos. Especialidades que realmente merecen la pena.

(B) **CANIÇO:** Avenida Dante Michelini 727 (Camburi). ☎ 33 25 06 01. Abre hasta medianoche. Para el almuerzo hay un bufé barato, por la noche, a la carta, ya es de precio medio. Buen pescado y moquecas. Los domingos hay un bufé de pizza por 7.50 reales.

(B) **SALADA VERDE:** Rua Ferreira Coelho 380 (Praia do Suá). ☎ 32 27 33 89. Con diferentes tipos de ensalada y unos pocos platos calientes. No sirve cenas.

(M) **ORIUNDI:** Elías Tomasi Sobrinho 130. En Santa Lúcia. ☎ 32 27 69 89. Abre hasta las 14.30 h y de 19.00 h a 1.00 h; sábados de 19.00 h a 1.00 h y domingos hasta las 14.00 h. Un restaurante de cocina italiana muy recomendable.

(M) **ESTRELA DO SUL:** Avenida Dante Michelini 4.787 (Camburi). ☎ 33 27 74 71. Es un autoservicio con buena selección de platos.

(C) **LAREIRA PORTUGUESA:** Avenida Saturnino de Brito, 260. En Praia do canto. ☎ 33 45 03 29. Abre hasta las 15.00 h y de 18.30 h a medianoche. Domingos, sólo hasta las 16.00 h. Cocina típica portuguesa elaborada como mandan los canones: *bacalahu,* mariscos, etcétera.

COMPRAS

Hay un mercado de artesanía, la Feira de Artesanato e Comidas Típicas, que se organiza en el Parque dos Namorados (praia do Canto), todos los sábados, de 16.00 h a 22.00 h y los domingos de 8.00 h a 12.00 h.

Otro mercadillo en Praça do Ferreira (Jd. Penha) los viernes de 16.00 h a 22.00 h.

LLEGAR Y PARTIR

EN AUTOBÚS. Hay casi diez autobuses diarios a Belo Horizonte (ocho horas), uno directo por la noche a Ouro Prêto (otras ocho horas), varios cada día a Río de Janeiro (ocho horas), uno diario a primera hora de la mañana a Porto Seguro (nueve horas), etcétera.

EN AVIÓN. Vuelos diarios a Río, Salvador y otras ciudades importantes.

EN TREN. Uno de los pocos trenes que funcionan en Brasil de pasajeros es el que comunica cada día Vitória con Belo Horizonte y que tarda catorce horas.

LINHARES

A 137 kilómetros al norte de Vitória y unos 40 de la costa, a orillas del río Doce, Linhares es un pueblo agrícola y ganadero, sin mayor interés que ser punto de parada y fonda para acercarse a la costa o bien ir al lago Juparaná, con aguas minerales.

DATOS PRÁCTICOS

PREFIJO TELEFÓNICO: 27.

ALOJAMIENTO

Ⓜ **PRATTI PARK:** Rua Rufino Carvalho 793. ☎ 33 71 18 66. Con restaurante, sauna y piscina. Precios nada altos y habitaciones correctas.

RESTAURANTES

Ⓜ **CABANA JUPARANÁ:** restaurante junto al lago donde se proponen pescados a unos precios nada altos.

LLEGAR Y PARTIR

EN AUTOBÚS. Tenéis varios autobuses diarios entre Linhares y Vitória, y también en dirección a Bahía.

ALREDEDORES-LAS PLAYAS

URUÇUQUARA: con unos altos acantilados en algunos tramos y desierta.

PONTAL DO IPIRANGA: la más larga de todas y la más frecuentada por sus buenas comunicaciones con Linhares. Cuenta con algunas zonas de cocoteros. En la parte norte, Praia da Barra Seca, se tolera el nudismo.

DEGREDO: de difícil acceso, es otro punto elegido por los nudistas.

MONSARÁS: junto al lago Monsarás, es la más cercana a Linhares. Tiene algunos cocoteros y suele haber fuerte oleaje.

CONCEIÇÃO DA BARRA

Conceiçao da Barra se halla en la costa, a 124 kilómetros al norte de Linhares y cerca de los límites con el Estado de Bahía. Es otro de los centros de veraneo más frecuentados de la zona debido a sus playas y su buena infraestructura.

PLAYAS

DO FAROL: junto al faro y en el casco urbano.
DA BARRA: también urbana y con buenas olas para el surf.
GUAXINDIBA: de arena fina y buena para el surf.

ITAÚNAS: a unos 25 kilómetros al norte de Conceição da Barra, ya muy cerca de Bahía. Junto a esta población encontraréis una de las playas más atractivas: altas dunas, algunas de treinta metros, arena fina, aguas limpias...

RIACHO NORTE: A diez kilómetros al norte de Itaúnas, ya en el límite con Bahía. Una playa desierta y con algunas formaciones coralinas.

DATOS PRÁCTICOS

PREFIJO TELEFÓNICO: 27.

RODOVIÁRIA: La de larga distancia está en Conceição da Barra, a 23 kilómetros al sur (40 minutos en bus local desde aquí).

ALOJAMIENTO

Ⓜ **SOLAR DAS FLORES:** Av. Atlântica 406. ☎ 37 62 17 14. www.portonet.com.br/cb/sflores En la Praia de Guaxindiba, son catorce cuartos correctos y con precios moderados.

Ⓒ **PORTO MARLIN:** Av. Atlântica 226. ☎ 37 62 18 00. En Guaxindiba, dobles económicas dentro de esta categoría en un hotel equipado con sauna, pistas de deportes, bar, restaurante, etcétera.

LLEGAR Y PARTIR

EN AUTOBÚS. Tenéis varios autobuses diarios desde Conceição da Barra, a 23 kilómetros al sur, hacia Linhares, Vitória, y también en dirección al vecino Estado de Bahía. Así que primero debéis coger el autobús a Conceição da Barra, hay tres diarios y hacen el recorrido en 40 minutos.

GUARAPARI

A poco más de cincuenta kilómetros al sur de Vitória, Guarapari fue fundada por el padre José de Anchieta en 1585 y hoy es la población más turística de todo el Estado de Espírito Santo. Buscando el origen de esta predilección, lo encontramos en las propiedades medicinales de sus arenas (oscuras y negras), buenas para curar el reumatismo, la artrosis y problemas nerviosos.

Dentro de Guarapari se visita la **Igreja Antiga Matriz**, revestida de conchas y fundada por el Padre Anchieta en 1585. Otra cosa que podéis hacer es dar un paseo en barco, desde el muelle donde está la iglesia, por la costa, o bien llegaros a la **Reserva Natural de Setiba**.

DATOS PRÁCTICOS

PREFIJO TELEFÓNICO: 27.

RODOVIÁRIA: Rua João Gomes de Jesus 50.

OFICINA DE TURISMO: Rua Paulo Soares de Aguiar 68. ☎ 32 62 87 59.

ALOJAMIENTO

CAMPING CLUB DO BRASIL. Praia de Setiba. ☎ 32 62 13 25. Está a 11 kilómetros al norte del pueblo.

(b) **HOTEL GUARA POUSADA:** Avenida Antonio Guimaraes Quadra 40, Muquiçaba. ☎ 32 62 62 52 10. www.guaratur.com.br Es el antiguo Albergue Juvenil, reconvertido en hotel barato, con habitaciones con baño.

HOTELES Y POUSADAS

Hay muchos establecimientos a lo largo de toda la costa, desde Setiba a Meaipe, pasando por Guarapari. En total son unos 23 kilómetros.

(M) **HOTUR HOTEL:** Rua Joaquim da Silva Lima 701. En Guarapari. ☎ 32 61 17 00. www.hoturhotel.com.br Precios que rozan los de caros, pero tiene buenas prestaciones: bar, restaurante, piscina, sala de juegos, etcétera.

(M) **DO ANGELO:** Rua Pedro Caetano 254. ☎ 32 61 02 30. Uno de los más económicos de la zona. Habitaciones con aire acondicionado y televisión y tiene bar y restaurante.

(M) **POUSADA CAMINHO DA PRAIA:** Rua Adelina Alcântara Teixeira 191. ☎ 33 61 33 03. www.pousadacaminhodapraia.com.br/guarapari En la Praia do Morro, a unos cinco kilómetros de Guarapari. Precios muy asequibles y buenas instalaciones.

(C) **ATLÂNTICO:** Avenida Edísio Cirne 332, Praia dos Namorados. ☎ 33 61 15 51. www.hotelatlanticoguarapari.com.br Tarifas a partir de 350 reales la doble; con buenas instalaciones.

(C) **PORTO DO SOL GUARAPARÍ:** Avenida Beira Mar 1. En Praia do Morro. ☎ 33 61 71 01. www.hotelportodosol.com.br Un hotel de lujo a unos precios no excesivamente altos: bar, restaurante, piscina, sauna, pistas de tenis y *volei*, fútbol, marina, etc. Habitaciones bien equipadas.

RESTAURANTES

(M) **CANTINHO DO CURUCA:** Avenida Santana 96 (Praia de Meaípe). ☎ 32 72 12 62. Abierto de 11.00 h a 23.00 h. Un local especializado en cocina regional, a nueve kilómetros, que merece la pena recorrer por sus buenos pescados. Local muy sencillo junto a la playa y trato familiar.

(C) **GUARAMARE:** Avda Meaípe 716. ☎ 32 72 13 00. Abre de 20.00 h hasta medianoche y los domingos desde las 12.00 h hasta las 16.00 h; en mayo, junio, agosto y noviembre cierra los lunes y jueves. En Nova Guarapari a unos 7,5 kilómetros, un local especializado en pescados a la brasa y langostas, y siempre lleno, ya que la prestigiosa *Guía Quatro Rodas* brasileña lo ha elegido alguna vez el mejor restaurante de pescado de Brasil.

LLEGAR Y PARTIR

EN AUTOBÚS. Varios autobuses –al menos uno a la hora– unen cada día Guarapari y Vitória, un recorrido de sólo una hora.

ANCHIETA

Anchieta se encuentra en la costa, a 28 kilómetros al sur de Guarapari, y es otro gran centro de veraneo por sus buenas playas que se prolongan durante kilómetros al sur de la población.

En cuanto a monumentos, hay que destacar la **igreja Nossa Senhora da Assunção**, de finales del siglo XVI, y la **Casa del Padre Anchieta**, en la calle que ahora lleva su nombre.

DATOS PRÁCTICOS

PREFIJO TELEFÓNICO: 28.

OFICINA DE TURISMO: Pórtico de la iglesia.

TERMINAL RODOVIÁRIA: Praça D. Helvécio 42.

LAS PLAYAS

ANCHIETA: aunque siempre está llena de gente practicando diferentes deportes, fútbol sobre todo, las aguas no son muy buenas para el baño ya que un río desemboca en las inmediaciones.

PIUMA: junto a esta población popular por su artesanía de conchas, hay otras playas: **Pau Grande, Doce, Aghá** y **Gorda**. Frente a ellas hay tres islas, a las que se puede ir en alguno de los barcos que salen de la Barra do Iconha o de Acaiaca.

Además, todas contiguas y bastante parecidas, se hallan las playas de **Coqueiro, Balanço, Mar Vila, Santa Helena, Dos Namorados, Costa Azul** y **Areia Preta.**

ALOJAMIENTO

(M) **POUSADA RECANTO DA PEDRA:** Avenida Beira Mar 16. ☎ 35 34 15 99. www.recantodapedra.com.br En Iriri, a siete kilómetros al sur. Precios económicos, casi en la categoría de Baratos, en un edificio muy agradable, aunque las habitaciones sean sencillas. Tiene un restaurante con muy buena fama.

(M) **POUSADA CASTANHEIRAS:** Rua Darcy Ribeiro de Castro, Praia dos Namorados, a unos siete kilómetros y medio al sur. ☎ 35 34 14 20. www.pousadacastanheiras.com.br Únicamente ocho habitaciones con baño, aire acondicionado y tele. Servicio de restaurante. Precios bajos.

(C) **PONTAL DE UBU:** Rua General Oziel 1, Praia de Ubu. ☎ 35 36 50 65. www.hotelpontaldeubu.com.br A once kilómetros de Anchieta y en la playa, tiene 36 habitaciones, bar, restaurante y piscina.

RESTAURANTES

(M) **MOQUECA DO GARCIA:** Avda Magno Ribeiro Muqui, Praia de Ubu. ☎ 35 36 50 50. Abre hasta las 22.00 h y en marzo y noviembre, hasta las 18.00 h. Cocina regional y buen pescado en este restaurante a unos diez kilómetros de Anchieta.

LLEGAR Y PARTIR

EN AUTOBÚS. Varios autobuses conectan Anchieta con Piúma y Vitória.

MARATAÍZES

Marataízes es una moderna población a 124 kilómetros al sur de Vitória y a 71 de Guarapari. Es la primera localidad costera importante de Espírito Santo viniendo de Río y se ve muy frecuentada para practicar deportes náuticos, ya que, de hecho, la ciudad se creó con ese fin. Sin embargo, la mayor parte de la gente viene por su puerto, que por la noche se anima considerablemente, sobre todo en la zona de la Avenida Atlântica.

LAS PLAYAS

MARATAÍZES: en la misma población y muy frecuentada en verano. En la punta norte hay algunas piscinas naturales donde van los niños.

Al norte de ésta, tenéis las de **Da Morte**, **Prainha** y **Areias Pretas**; y al sur, **Do Siri, Caçoes, Boa Vista**, **Marobá** y **Das Neves**, en esta última hay unas ruinas de una iglesia jesuita.

ITAOCA Y **DO PONTAL:** A once kilómetros al norte, la primera está junto un pueblo de pescadores frente a la Ilha dos Franceses, y es una playa de dunas, muy apta para el baño. Los pescadores alquilan barcas. La playa do Pontal queda junto a un lago.

ITAPERIMIM: junto a esta localidad hay otro par de playas: **Da Barra** y **Da Cruz**.

DATOS PRÁCTICOS

PREFIJO TELEFÓNICO: 28.

ALOJAMIENTO

CAMPING MARATAÍZES: en la Praia do Siri, a unos nueve kilómetros al sur. ☎ 35 32 81 10.

ALBERGUE JUVENIL: Rua Simão Soares. ☎ 35 32 28 41. www.hihostelbrasil.com.br En la localidad de Barra, también tiene habitaciones dobles, pero a precios medios.

(B) **POUSADA DO SOL:** Rua João Neves Novais. ☎ 35 32 17 60. Un hotelito sencillo, cerca de la playa y de la carretera al lago do Siri. Pedid un cuarto en el piso superior, son mucho mejores.

(M) **POUSADA MARAMBAIA:** Rua João Neves Novais. ☎ 35 32 12 87. Tarifas casi de la categoría de baratos, y diecisiete habitaciones con baño, tv y frigobar.

RESTAURANTES

(B) **RESTAURANTE GAIVOTA:** Avenida Atlântica 712. Praia de Marataízes. ☎ 35 32 31 95. Abre de 11.00 h a medianoche. Aquí podéis comer barato si tomáis pizzas y otros platos sencillos o ligeros, y a precio medio si tomáis al pescado, *moquecas* o paella.

LLEGAR Y PARTIR

EN AUTOBÚS. Varios autobuses conectan la ciudad con Vitória, pasando por Anchieta, Piúma y Guarapari.

ESTADO DE MINAS GERAIS

El Estado de Minas Gerais se halla en el interior, rodeado por los estados de Bahía, Río, Espírito Santo, Goiás, Brasília y São Paulo.

Minas Gerais ocupa 587.172 kilómetros cuadrados, algo más que toda España. Estos suelos fueron ricos en oro y piedras preciosas y ahora siguen siéndolo, pero en productos menos llamativos, como el hierro, acero, manganeso, bauxita y otros minerales.

Al suelo que los *mineiros* no explotan como minas, le sacan su partido agrícola: algodón, caña de azúcar, café y maíz se dan bien en estas tierras, en las que también se cría abundante ganado bovino.

Al norte nace la Serra do Espinhaço, que recorre el Estado hasta el sur como una columna vertebral, hasta que desaparece pasada la capital, **Belo Horizonte**. Los ríos São Francisco y Jequitinhonha dan vida a los campos del oeste y este, respectivamente.

En Belo Horizonte se concentra el segundo núcleo industrial de Brasil, después de São Paulo. Es la tercera ciudad más grande del país. Cerca de ella se sitúan algunas de las denominadas ciudades históricas: **Ouro Prêto, Mariana** y **Sabará**. Algo más alejadas están **Congonhas**, **São João del Rey**, **Tiradentes** y **Diamantina**. Todas ellas han conocido un glorioso pasado colonial reflejado en sus maravillosas iglesias barrocas, algunas de ellas enriquecidas con las obras de Aleijadinho, considerado como el mayor escultor de Brasil.

Al suroeste se extiende una zona rica en manantiales de agua mineral, con pueblos que van haciéndose turísticos, como **Poços de Caldás**, o los más apacibles **São Lourenço**, **Lambarí** y **Caxambú**.

BELO HORIZONTE

Belo Horizonte, con más de dos millones y medio de habitantes, es la tercera ciudad de Brasil. Capital del Estado desde 1897, ha crecido vertiginosamente en los últimos setenta años.

Los turistas suelen tomarla como una etapa en su viaje hacia Ouro Prêto o el Parque Diamantina, pero es una urbe muy interesante para dedicarla al menos un par de jornadas. Y además cuenta con algunas obras maravillosas del omnipresente genio Oscar Niemeyer.

ORIENTACIÓN

La ciudad fue planeada y urbanizada al estilo de Washington, aunque en estos cálculos no entraban las numerosas *favelas* y las zonas industriales que han ido creciendo en torno a la gran urbe. Una gran avenida denominada **Avenida do Contorno** rodea la ciudad, con entradas y salidas en todos los puntos cardinales. La arteria principal es la avenida **Afonso Pena**, que atraviesa la ciudad de este a oeste.

La *rodoviária* se encuentra en la parte occidental, entre la avenida do Contorno y Afonso Pena. Esta ancha calle pasa por los principales puntos de encuentro de Belo Horizonte: la **Praça Sete**, con su obelisco, y el **Parque Municipal**. Algo más al sur está **Savassi**, la zona más moderna y de moda, donde se han instalado los restaurantes, comercios de calidad y locales nocturnos. Aquí está la **Praça da Liberdade**, la mayor de Belo Horizonte, con algunos edificios neoclásicos.

A diez kilómetros por la zona norte se construyó el barrio de **Pampulha**, en algunas de cuyas obras intervino Oscar Niemeyer. En la parte sur está el **Parque de Mangabeiras**, con una extensión de más de dos millones de metros cuadrados y que sirve de pulmón a este activo núcleo urbano.

DEL AEROPUERTO A LA CIUDAD. Belo Horizonte tiene dos aeropuertos Y ambos están comunicados por un servicio de autobuses municipales que salen cada media hora y os dejarán en la *rodoviária* y en el Terminal Turístico JK en la Avda Alvares Cabral 387.

Desde el Tancredo Neves también hay un servicio *Executivo* que para en la *rodoviária*. Estos autobuses son más caros que los municipales pero resultan más cómodos a la hora de viajar con equipaje. Su horario es complicado y caprichoso.

DE LA RODOVIÁRIA Y LA FERROVIÁRIA AL CENTRO. Ambas estaciones están situadas próximas una de la otra, en una zona céntrica. Cualquier autobús urbano os puede acercar a la zona de hoteles. La línea amarilla SC02 sale de la *rodoviária* (Praça Rio Branco) y pasa por la Praça Sete, Savassi y Liberdade.

CÓMO MOVERSE

EN AUTOBÚS. Belo Horizonte cuenta con una red de autobuses muy completa. Casi todos pasan por la Avenida Alfonso Pena. Los rojos sólo circulan por el Centro; los blancos son *expresos*, es decir, tienen menos paradas; los azules se reservan las grandes calles diagonales y los amarillos tienen un recorrido circular.

EN METRO. Está concebido para unir las zonas industriales con la ciudad y sólo tiene dos líneas, una desde Praça da Estação hacia Minas Shopping y la otra va hacia el oeste de la ciudad, útil para ir a la *Rodoviária*. Funciona de lunes a viernes de 5.45 h a 23.00 h. Los sábados, de 5.45 h a medianoche y domingos y festivos, de 5.45 h a 20.00 h.

LA VISITA

Como casi todas las grandes ciudades brasileñas, Belo Horizonte no presenta gran interés desde el punto de vista arquitectónico. La mayoría de los edificios han sido construidos durante el siglo XX, sobre otros que se habían levantado de forma más pausada y con otro sentido de la estética que no primaba la verticalidad.

ESTADO DE MINAS GERAIS

BAHIA
Januária
Janaúba
Salinas
Pedra Azul
Almenara
Rubim
Jequitinhonha
Rio do Predo
Montes Claros
Coronel Murta
Ponto dos Volantes
Araçuai
Itacambira
Padre Paraíso
Minas Novas
Olhos d'Agua
Carbonita
Planalto de Minas
Capelina
Itamarandiba
Teófilo Otoni
Augusto de Lima
Itambacuri
Diamantina
Campanário
S. Gonçalo do Rio das Pedras
Milho Verde
Frei Inocêncio
Gov. Valaderas
isburgo
Conceição do Mato Dentro
Itabira
Alpercata
Eng Caldas
Sete Lagoas
Don Cavati
Lagoa Santa
Itabira
Ipatinga
ESPÍRITO SANTO
Timóteo
Inhapin
Ubaporanga
BELO HORIZONTE
João Monlevade
Caratinga
Santa Rita de Minas
OURO PRETO
Rio Casca
Realeza
Manhuacu
Congonhas
Cons. Lafaite
Vicosa
Araponga
Santana dos Montes
Miradouro
Ubá
Barbacena
Muriaé
Cataguases
Santos Dumont
Leopoldina
racões
Andrelândia
JUIZ DE FORA
RIO DE JANEIRO
Teresópolis
Petrópolis
RIO DE JANEIRO
OCÉANO ATLÁNTICO

En el cruce de las avenidas Afonso Pena y Amazonas se abre la **Praça Sete de Setembro**, donde se eleva el **Obelisco**, conocido popularmente como *Pirulito*, que conmemora la independencia de Brasil. Ha sido un punto de encuentro para protestas políticas y populares y ahora es una de las zonas más concurridas.

El **Parque Municipal** es un agradable espacio verde con un pequeño lago donde se pueden dar paseos en barca y practicar todo tipo de deportes. Se extiende a partir de la avenida Afonso Pena en dirección norte y alberga al **Palácio das artes**. Algo más al sur está el **Museu de Mineralogia**. La **Praça da Liberdade** está al final de la Avenida João Pinheiro. Es la sede del Palácio do Governo y está rodeada de otros edificios estatales de estilo neoclásico.

Para visitar el **Museu Histórico Abílio Barreto** hay que salir fuera de la Avenida do Contorno y dirigirse a la **Cidade Jardim**. El **Museu de Arte**, la

Igreja de São Francisco, la **Casa do Baile** y el estadio de fútbol **Governador Magalães Pinto** se encuentran en **Pampulha,** una frondosa zona al norte de la ciudad, que se empezó a construir hacia los años cuarenta y en la que intervinieron Oscar Niemeyer y Burle Marx.

En el **Parque de Mangabeiras**, a diez kilómetros al sur de Belo Horizonte, podréis disfrutar de buenas vistas desde los miradores **Mirante da Mata** o del más alejado **Mirante da Cidade**.

IGREJA DO SÃO FRANCISCO DE ASSIS: Avenida Otacílio Negrão de Lima s/n (Pampulha). Abierta de 9.00 h a 17.00 h y domingos hasta las 13.00 h. Entrada de pago. Esta hermosa iglesia es un proyecto de Oscar Niemeyer realizado en los años cuarenta, aunque el templo no fue consagrado hasta los sesenta, por considerar las autoridades religiosas que su estilo arquitectónico era incompatible con el culto religioso. Los azulejos de la fachada son obra de Cândido Portinari. João Portinari hizo los murales y los jardines de alrededor fueron diseñados por Burle Marx.

CASA DO BAILE: Avenida Otacílio Negrão de Lima 751 (Pampulha). ☎ 32 77 74 33. Abierta de martes a domingos, de 9.00 h a 18.00 h. Ésta es la obra que completa la trilogía de Niemeyer en Pampulha. Fue pensada como sala de baile popular en forma circular, con suaves ondulaciones y claras referencias a su pasión por el agua. Después de las obras de restauración a que fue sometido el edificio, ahora es sede de exposiciones temporales.

MUSEOS

MUSEU HISTÓRICO ABÍLIO BARRETO: Av. Prudente de Morais 202 (Cidade Jardim). ☎ 32 77 85 73. Abierto todos los días, excepto los lunes, de 10.00 h a 17.00 h y los jueves, hasta las 21.00 h. Esta antigua *fazenda* construida en 1883 es la memoria gráfica de la ciudad. Aquí os podréis hacer idea de cómo eran los edificios antes de que entrara la fiebre constructora y decidieran abrir paso al progreso. También hay muebles y utensilios domésticos de la época colonial.

MUSEU DE ARTE DE PAMPULHA: Avenida Otacílio Negrão de Lima 16.585 (Pampulha). ☎ 32 77 79 46. Abierto todos los días excepto lunes de 9.00 h a 18.00 h. Éste fue el primer proyecto que Niemeyer llevó a cabo en Pampulha. En este edificio jugó con las líneas rectas y las curvas hasta conseguir una armonía perfecta en las dos fachadas principales. También jugó con los cristales y la luz natural que penetra en el edificio. Fue concebido para albergar un casino y ahora conserva una colección de arte moderno de pinturas, esculturas, cerámica y tapices.

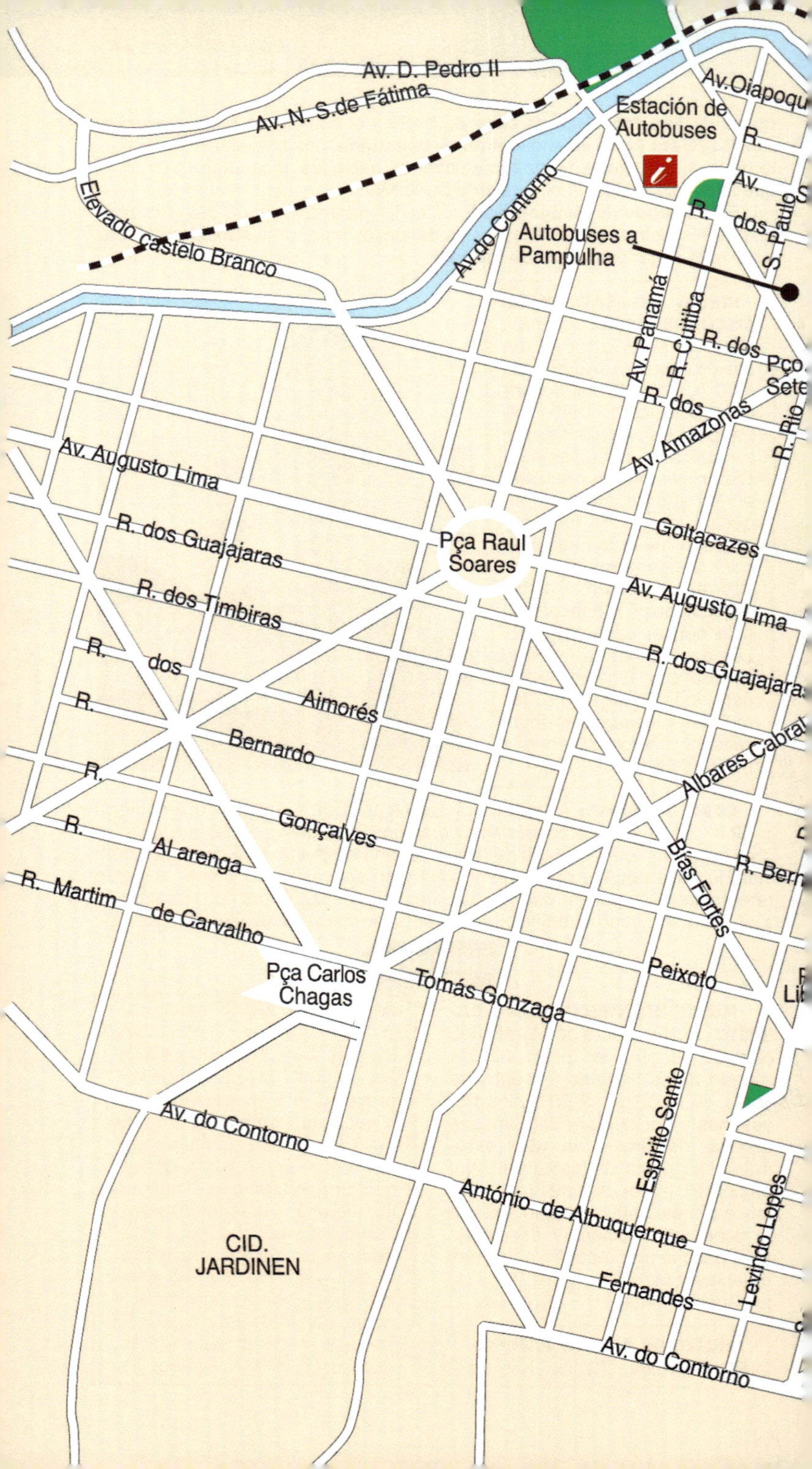
Av. D. Pedro II
Av. N. S. de Fátima
Elevado castelo Branco
Av. do Contorno
Estación de
Autobuses
Av. Oiapoque
Av.
R.
R.
dos
S. Paulo
Autobuses a
Pampulha
Av. Panamá
R. Cuitiba
R. dos
R. dos
Pço.
Sete
Av. Amazonas
R. Rio
Av. Augusto Lima
R. dos Guajajaras
Pça Raul
Soares
Goltacazes
R. dos Timbiras
Av. Augusto Lima
R. dos
Aimorés
R. dos Guajajaras
R.
Bernardo
Albares Cabral
R.
Gonçalves
R.
Al arenga
Bías Fortes
R. Bern
R. Martim
de Carvalho
Pça Carlos
Chagas
Tomás Gonzaga
Peixoto
Av. do Contorno
Espirito Santo
António de Albuquerque
Levindo Lopes
CID.
JARDINEN
Fernandes
Av. do Contorno

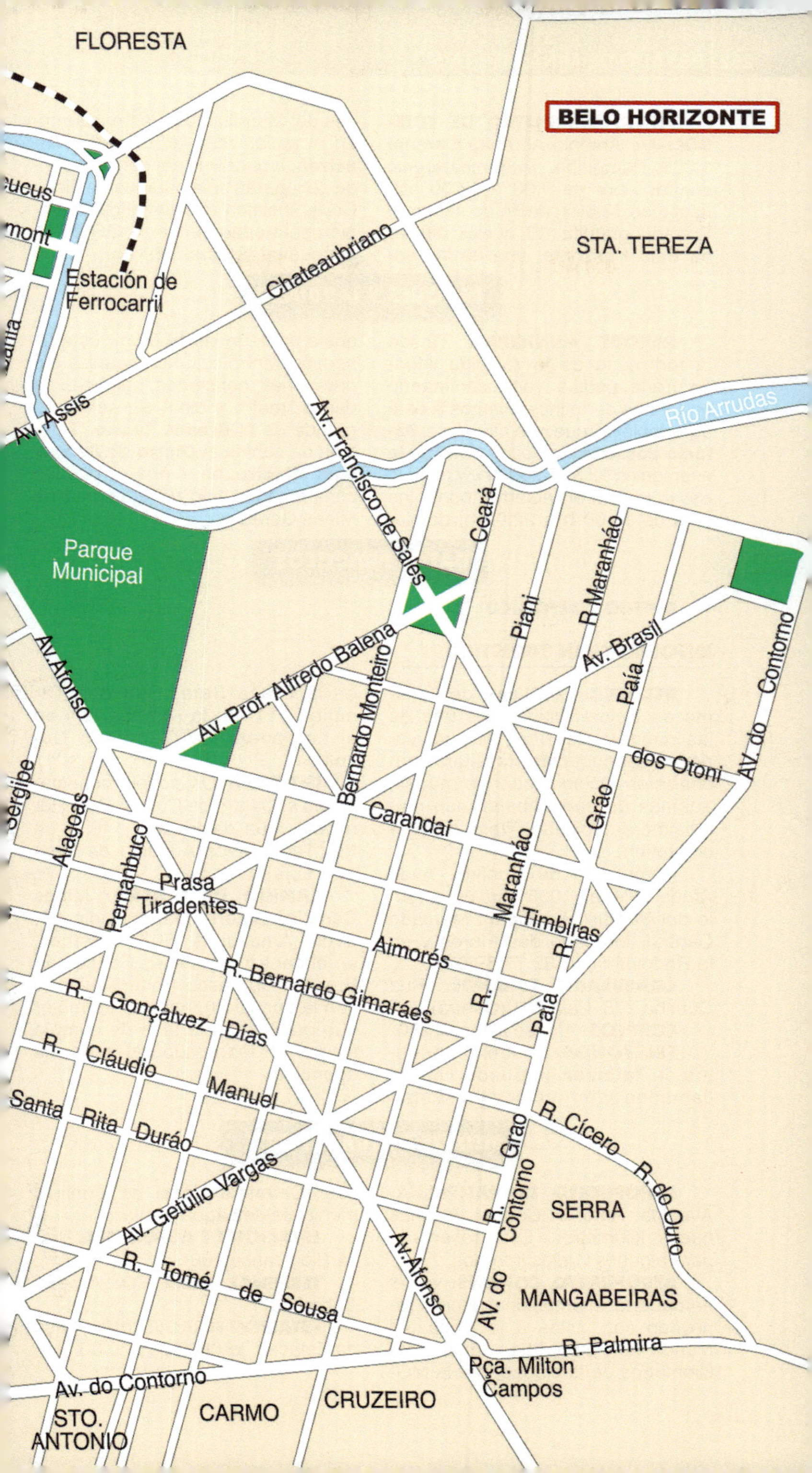
BELO HORIZONTE
FLORESTA
STA. TEREZA
Estación de Ferrocarril
Chateaubriano
Av. Assis
Río Arrudas
Parque Municipal
Av. Francisco de Sales
Ceará
R. Maranhão
Piani
Av. Brasil
Paía
Av. do Contorno
Av. Prof. Alfredo Balena
Bernardo Monteiro
Av. Afonso
dos Otoni
Grão
Sergipe
Alagoas
Pernanbuco
Carandaí
Maranhão
Prasa Tiradentes
Timbiras
Aimorés
R.
R. Bernardo Gimarães
R.
Paía
R. Gonçalvez Días
R. Cláudio Manuel
Santa Rita Duráo
R. Cícero
R. do Ouro
Grao
R. Contorno
SERRA
Av. Getúlio Vargas
Av. Afonso
R. Tomé de Sousa
Av. do Contorno
MANGABEIRAS
R. Palmira
Pça. Milton Campos
Av. do Contorno
STO. ANTONIO
CARMO
CRUZEIRO

MUSEU BRASILEIRO DE FUTEBOL: Av. Antônio Abrahão Caramo 1.001, Pampulha. www.minasarena.com.br Abre de 9.00 a 17.00 h y hasta las 13.00 h en fin de semana. Entrada gratuita. El nuevo museo de Belo Horizonte, una de las sedes del Mundial 2014, se encuentra en el recién renovado **Estadio Mineirão**, a diez kms del centro y donde se jugarán seis partidos de dicha Copa, incluida una semifinal. También será sede de los JJ OO 2016, aunque se celebren en Río.

PARQUES Y JARDINES

PARQUE MUNICIPAL: Desde la rodoviária de la Avenida Afonso Pena podéis venir caminando en menos de quince minutos a este agradable parque que alberga el **Palácio das Artes**, en el nº 1.537 de la avenida (☎ 32 36 74 00, www.palaciodasartes.com.br abierto todos los días de 10.00 h a 22.00 h; domingos a partir de las 14.00 h). Este dinámico centro cultural, organiza exposiciones, conciertos, sesiones de danza, teatro y cine. Su sala más grande es el **Grande Teatro**. También da cabida al **Centro de Artesanato Mineiro**, en el que se pueden comprar todo tipo de artesanía de Minas Gerais.

DATOS PRÁCTICOS

PREFIJO TELEFÓNICO: 31.

INFORMACIÓN TURÍSTICA

BELOTUR: La Oficina de Turismo de Belo Horizonte es una de las mejores del país, en sus varias dependencias facilitan mucha información y buenos mapas, además de que trabajan con muchísima amabilidad. Tiene delegaciones en:

Aeropuerto de Confins, Avda Afonso Pena 1.055 (en un ángulo del Parque Municipal), Mercado Central, Mercado das Flores y en la Rodoviária (☎ 32 77 69 07).

CONSULADO ESPAÑOL: Rua Curitiba 778. Sala 701 (Centro).

CORREOS: Afonso Pena, 1.270.

TELÉFONOS: desde los puestos de **Telemar** se pueden hacer llamadas internacionales. Están en la Praça Sete, Rua dos Tamoios 311, en la *rodoviária* y en el aeropuerto de Tancredo Neves.

INTERNET: Os podéis conectar desde el Centro de Cultura Belo Horizonte, Rua da Bahia 1.149, y en Pró Terra, Avda Augusto de Lima 134, Loja 11.

CAMBIO DE DINERO: Minas Cambio, Galería Dantes Loja 08, Avda Amazonas 507. Además, en el centro hay varios Bancos do Brasil o Bradesco (tened cuidado con la comisión), así que es mejor que os fijéis en la tasa de cambio fijadas en los escaparates de las agencias.

MEDIOS DE TRANSPORTE

AEROPUERTO DE PAMPULHA: Avenida Antõnio Carlos. A unos nueve kilómetros. Está reservado para algunos vuelos internos.

AEROPUERTO CONFINS: es el aeropuerto internacional recién renovado con vistas a la Copa del Mundo de Fútbol 2014. Está a 39 kilómetros de la ciudad, por la MG-010 (Carretera Velha de Confins, municipio de Lagoa Santa.

ESTACIÓN DE AUTOBÚSES: Praça Rio Branco 100.

TERMINAL TURÍSTICO: Alvares Cabral 387.

ESTACIÓN FERROVIARIA: Praça da Estaçao. ☎ 0800 285 70 00.

ALOJAMIENTO

Podréis encontrar hoteles baratos junto a la *rodoviária*. Los más caros se concentran en la zona de Savassi, pero hay que aclarar que Belo Horizonte es la ciudad de Brasil donde hemos comprobado mejor relación de calidad y precio, y así, varios hoteles de categoría cara aquí son de precio medio e, incluso, hay hoteles de lujo a precio muy moderado.

ALBERGUE CHALÉ MINEIRO: Rua Santa Luzia 288 (Santa Efigênia). ☎ 34 67 15 76, www.chalemineirohostel.com.br Desde la rodoviária, coged el autobús 3.701 en la Avenida Paraná y bajaos en la parada de la Rua Eudásio, esquina con la calle del albergue. Se trata de una amplia casa afiliada a HI, con camas distribuidas en seis dormitorios, tres para hombres y los otros tres para mujeres. Tiene cocina colectiva, lavadoras, piscina, sala de estar y *churrascaria*. Hay que reservar plaza una semana antes.

CÁMPING SERRA VERDE: Avenida Pres. Manoel da Silva Costa, 1 (Serra Verde, acceso por la MG-010, a 15 kilómetros del centro). Con habitaciones para alquilar, sin ropa de cama. Áreas verdes y restaurante.

HOTELES Y POUSADAS

(B) **SÃO BENTO:** Rua Guaranis 438. ☎ 32 71 33 99. www.hotelsaobento.com.br Céntrico y con cuartos correctos pero con baño compartido.

(B) **HOTEL BRAGANÇA:** Avda Paraná 109. ☎ 32 12 66 88. www.hotelbragancabh.com.br Cerca de la Rodoviária, con precios de 135 reales la doble, y es de los más decentes de la zona.

(B) **MAJESTYC:** Rua Espírito Santo 284. ☎ 32 22 35 86. www.hotelmajestyc.com.br Muy básico y feo, pero barato y se puede decir que decente.

(B) **HOTEL CONTINENTAL:** Avda Paraná 241. ☎ 32 01 79 44. www.hotelminascontinental.com.br El mejor, sin duda, de este grupo, cerca de la estación de autobuses; es un hotel antiguo, pero limpio y cómodo.

(M) **HOTEL NORMANDY:** Rua Tamoios 212. ☎ 32 15 95 00. www.normandyhotel.com Casi esquina con la céntrica Afonso Pena, muy cerca del Wimbledon. Magnífico y con dobles a 298 reales; tiene unas 125 habitaciones muy cómodas, algunas con bañera y todas con tv por cable. Con restaurante.

(M) **COMODORO TOURIST:** Rua Carijós 508 (Centro). ☎ 32 01 55 22. www.comodorotouristhotel.com.br Tiene 56 habitaciones con teléfono, televisión, aire acondicionado y frigorífico. Hay restaurante y bar. Dobles muy económicas, desde 160 reales.

(M) **LE FLAMBOYANT:** Rua Rio Grande do Norte 1.007 (Funcionários). ☎ 32 61 52 33. Tiene 39 habitaciones con teléfono, televisión, aire acondicionado y frigorífico.

(M) **METROPOLITAN APART-HOTEL:** Avda Getúlio Vargas 286 (Funcionários). ☎ 32 81 10 49. Tiene 42 habitaciones con teléfono, televisión, aire acondicionado y frigorífico, y precios que se acercan a los caros.

(M) **OTHON PALACE:** Avenida Afonso Pena 1.050 (Centro). ☎ 21 26 00 00. www.othon.com.br Tiene 287 habitaciones con todo el equipamiento que se espera de uno de los hoteles más lujosos de la ciudad. Por supuesto, también tiene restaurante, bar, piscina, sala de fiestas, salón de belleza, masajes, sauna, etcétera. Y precios increíbles para su categoría, a partir de 270 reales la doble.

(C) **WIMBLEDON:** Avda Afonso Pena 772. ☎ 32 22 61 60. www.wimbledon.com.br Tiene setenta habitaciones con teléfono, televisión, aire acondicionado, frigorífico, etc, además de de restaurante, bar y piscina. Con las dobles a unos 370 reales.

C CLASSIC: Rua Bahia 2.727 (Funcionários/Savassi). ☎ 31 94 72 50. www.hotelclassic.com.br Tiene 46 habitaciones con todo lo necesario, además de restaurante y bar.

C BOULEVARD PLAZA: Avenida Getúlio Vargas 1.640 (Funcionários/Savassí). ☎ 32 69 70 00. www.hotelboulevardplazabh.com.br Tiene 110 habitaciones cómodas, restaurante, bar y piscina.

C ROYAL CENTER: Rua Rio Grande do Sul, 856, esquina Avenida Amazonas, 1.445 (Santo Agostinho). ☎ 21 02 00 00. www.royalcenter.com.br Tiene 176 habitaciones a precios muy económicos en esta categoría, restaurante, bar, piscina y sauna.

L OURO MINAS PALACE: Av Cristiano Machado 4.001 (en Cidade Nova). ☎ 34 29 40 00. www.ourominas.com.br En las afueras, enfrente del Minas Shopping y un poco antes de llegar a río da Onça, un bonísimo hotel con bar, dos restaurantes, aparcamiento, piscina climatizada, sauna, sala de masaje, gimnasio, sala de juegos, salón de belleza, etc. En total son 343 habitaciones dotadas de todas las comodidades de lujo, a partir de 810 reales.

EN LAS INMEDIACIONES

C FAZENDA IPÊ AMARELO: Carretera BR 040, para Brasília. En el municipio de Esmeraldas. ☎ 36 61 91 00. A unos 38 kilómetros. Toda clase de actividades deportivas: piscina, sauna, sala de juegos, hípica, pistas de tenis, fútbol. Tiene 63 habitaciones con aire acondicionado y televisión. Bar y restaurante.

RESTAURANTES

B COZINHA DE MINAS: Gonzalves Dias 45 (Funcionarios). ☎ 32 27 15 79. Autoservicio en el almuerzo. Buenas carnes.

M DONA LUCINHA: Rua Padre Odorico 38 y Rua Sergipe 811. ☎ 32 61 59 30. Cocina minera de buena calidad. Bufé con una gran variedad de platos. El segundo restaurante está detrás de la Praça da Liberdade.

M MALA E CUIA: Avenida Antônio Carlos 8.305 (Pampulha). Comida *mineira* hecha a fuego de leña. Sugerencias del día.

M MALA E CUIA II: Avenida Raja Gabaglia 1.617 (Raja Cabajia). Autoservicio de cocina casera.

M NINI: Avenida Cristóvão Colombo 631 (Savassi). ☎ 32 25 61 65. Abre sólo de 12.00 a 15.00 horas. Difícil de localizar, pero merece la pena. Platos de influencia francesa con un toque personal.

M BABY BEEF PAES MENDONÇA: Avenida Cristiano Machado 4.000. En Minas Shop (União). Abierto todos los días hasta la medianoche. Una casa que se ha especializado en carnes.

C TASTE VIN: Rua Curitiba 2.105 (Lourdes). ☎ 32 92 54 23. Abre de 19.30 h a medianoche y cierra domingos. Una excelente dirección para una buena cocina francesa. Bodega muy completa, una de las mejores de la ciudad.

C VECCHIO SOGNO: Rua Martim de Carvalho 75; esquina Rua Dias Adorno (Santo Agostinho). ☎ 32 92 52 51. Abre de 12.00 h a 0.30 h; sábados de 18.00 h a 2.00 h y los domingos de 12.00 h a 18.00 h. En la planta baja del edificio donde se ubica la Assembléia Legislativa, este moderno local ofrece unas ricas especialidades del norte de Italia.

EN LAS CERCANÍAS

XAPURI: Rua Mandacaru 280. ☎ 34 96 61 98. Abre de 12.00 h a 23.00 h y los domingos, de 12.00 h a 19.00 h. En la zona del lago, a unos 14 kilómetros. Una de las mejores direcciones para una auténtica cocina *minera* elaborada en horno de leña.

VIDA NOCTURNA

La mayoría de los locales de moda y cines más modernos está en la zona de Savassi. Pero las noches de los jueves son de la Praça da Liberdade, donde sobre todo en verano, se instalan puestos de comida y hay grupos musicales que tocan al aire libre.

AO BAR NIGHT CLUB: Rua Claudio Manoel 572 (Savassi), es un local sofisticado en el que se puede cenar a base de platos franceses, bailar o tomar una copa simplemente.

PRIMO PRIMA: en el número 904 de la misma calle, es otro bar nocturno agradable con música en vivo y posibilidad de matar el hambre.

OLYMPIA: en la Avenida Olegário Maciel 1.206, es uno de los santuarios de la gente joven. Tiene dos pistas de baile, cinco bares y tres salas de vídeo.

PAU BRASIL: Rua Felipe dos Santos 519 (Lourdes), funciona hasta altas horas como bar, con un patio muy acogedor y una pista de baile.

COMPRAS

FEIRAS DE ARTE E ARTESANATO DA AFONSO PENA: Avenida Afonso Pena, entre la Rua da Bahia y la Rua Guajajaras. Domingos de 8.00 h a 14.00 h. Con cerca de 3.000 puestos en los que podréis comprar todo tipo de objetos artesanales.

FEIRA DE ANTIGÜIDADES E COMIDAS TÍPICAS: Avenida Bernardo Monteiro, con Avenida Brasil; los sábados a partir de las 10.00 h. Lo más interesante son las comidas de distintas regiones.

LLEGAR Y PARTIR

EN AUTOBÚS. Desde la Rodoviária tenéis muchos autobuses diarios a Río (siete horas), São Paulo (nueve y media), Salvador (veintidós horas), Brasília (doce horas), etcétera. Todos paran en las poblaciones importantes del camino. A Ouro Prêto hay casi veinte autobuses cada día (tres horas), mientras que a Vitória hay ocho horas y casi seis al parque nacional de Diamantina.

EN TREN. De los pocos trayectos que se pueden hacer en Brasil en tren es el que va a Vitória (trece horas) cada día a las 7.30 h.

EN AVIÓN. La gran mayoría de los vuelos que despegan o aterrizan en Belo Horizonte lo hace en el aeropuerto de Tancredo Neves, o Confins, a 39 kilómetros del centro (está conectado por autobuses urbanos). Hay muchas conexiones diarias con Vitória, Brasília, Río de Janeiro, etcétera.

LAS CIUDADES HISTÓRICAS

SABARÁ

Sabará es una pequeña ciudad de unos 112.000 habitantes situada a veintitrés kilómetros al este de Belo Horizonte.

Fue fundada en 1711 y se considera una de las ciudades coloniales de Minas Gerais. Sabará conserva intacto su trazado colonial, las iglesias barrocas y el empedrado de las calles. Los primeros buscadores de oro y aventureros habían llegado antes a este asentamiento pero vivían en cabañas de forma provisional y tardaron algunos años en construirse las primeras casas. Incluso las iglesias también son tardías. La de Nossa Senhora do Rosário dos Pretos no se terminó de construir porque en plenas obras se agotó el oro y con ello, la etapa de esplendor de estos pueblos.

LA VISITA

La plaza principal de Sabará es la de **Santa Rita**. A partir de aquí se puede comenzar el itinerario teniendo cuidado para no despistarse, ya que los antiguos paneles para orientar la turista han ido desapareciendo. Quedan algunos que indican las iglesias y el Museo del Oro, puntos de interés de Sabará.

MATRIZ NOSSA SENHORA DA CONCEIÇÃO: Praça Getúlio Vargas. Abierta de lunes a viernes de 9.00 h a 17.00 h; sábados y domingos, de 9.00 h a 12.00 h y de 14.00 h a 17.00 h. Esta iglesia la construyeron los jesuitas durante la primera década del siglo XVIII. Existe un gran contraste entre su sobrio exterior y la riqueza del interior que muestran sus tallas, pinturas y techos. En la puerta de la sacristía pueden advertirse unos rasgos chinos. Parece ser que los portugueses llevaron a Brasil algunos artesanos de Macao que dejaron su estilo y arte en numerosos templos.

IGREJA DE NOSSA SENHORA DE O: Salida a Catete, kilómetro 3. Abierta de lunes a viernes de 9.00 h a 17.00 h; sábados y domingos, de 9.00 h a 12.00 h y de 14.00 h a 17.00 h. A las afueras de Sabará, en esta iglesia aún se aprecia más la influencia china en los remates de las torres que recuerdan una pagoda. En su interior también podréis observar pinturas con escenas orientales. Se construyó entre 1717 y 1719.

NOSSA SENHORA DO CARMO: Rua do Carmo. Abierta de martes a sábados de 9.00 h a 11.30 h y de 13.00 h a 18.00 h, y domingos de 13.00 h a 18.00 h. En esta iglesia, edificada entre 1763 y 1778, dejó su huella Aleijadinho, que además de supervisar las obras plasmó su arte en los púlpitos y en las estatuas de São João y São Simão.

NOSSA SENHORA DO ROSARIO DOS PRETOS DA BARRA: Praça Melo Viana. Abierta de martes a domingos de 9.00 h a 11.00 h y de 13.00 h a 17.00 h. Este templo lo empezaron a construir los esclavos en 1713 pero no pudieron continuar, porque la fiebre del oro llegaba a su fin y no quedaban fondos. Posteriormente se reemprendieron las obras pero hoy todavía sus paredes están inacabadas.

TEATRO MUNICIPAL: Rua Dom Pedro II. Abre de 8.00 a 12.00 h y de 13.00 h a 17.00 h. El antiguo teatro Imperial o de la Ópera es un edificio de 1770, conocido por su buena acústica. Es uno de los más antiguos del país aún en funcionamiento.

MUSEOS

MUSEU DO OURO: Rua da Intendência. ☎ 36 71 18 48. Abierto de martes a domingo de 12.00 h a 17.30 h. En esta casa de 1730 se fundía el oro, se pesaba y se separaba la quinta parte para llevarla a Portugal. En la planta baja podéis ver las balanzas que servían para controlar el preciado metal. El museo mostró hasta hace una década lingotes verdaderos, hasta que tuvieron que sustituirlos por otros falsos porque los auténticos habían desaparecido.

DATOS PRÁCTICOS

PREFIJO TELEFÓNICO: 31.

OFICINA DE TURISMO: Rua Dom Pedro II 223.

ESTAÇÃO RODOVIÁRIA: Avenida Pref. Victor Fantini.

EMERGENCIAS MÉDICAS: Santa Casa, rua Abreu Guimarâes.

ALOJAMIENTO

Ⓜ **HOTEL SOLAR DOS SEPÚLVEDAS:** Rua Intendência 371. ☎ 36 71 27 05. www.sepulveda.com.br Una *pousada* con siete habitaciones en una casa reformada del siglo XVIII. Agradable y con piscina.

RESTAURANTES

Ⓑ **RESTAURANTE CÉ QUI SABE:** Rua Mestre Caetano 56. ☎ 36 71 29 06. Abierto todos los días hasta las 23.00 h y los lunes hasta las 16.00 h. Un local de cocina regional y bufé de autoservicio.

LLEGAR Y PARTIR

EN AUTOBÚS. Desde la esquina sur de la Rodoviária de Belo Horizonte la empresa Cisne tiene autobuses cada quince minutos a Sabará hasta las 23.00 h. El trayecto dura 40 minutos.

OURO PRÊTO

La antigua Vila Rica es una de las mayores joyas coloniales de Brasil. Está situada a 96 kilómetros al sureste de Belo Horizonte y a 1.100 metros de altitud sobre el nivel del mar, en la Serra do Espinhaço. Desde 1981, Ouro Prêto es Patrimonio Histórico de la Humanidad, cuando así lo declaró la Unesco. Hoy tiene unos 60.000 habitantes.

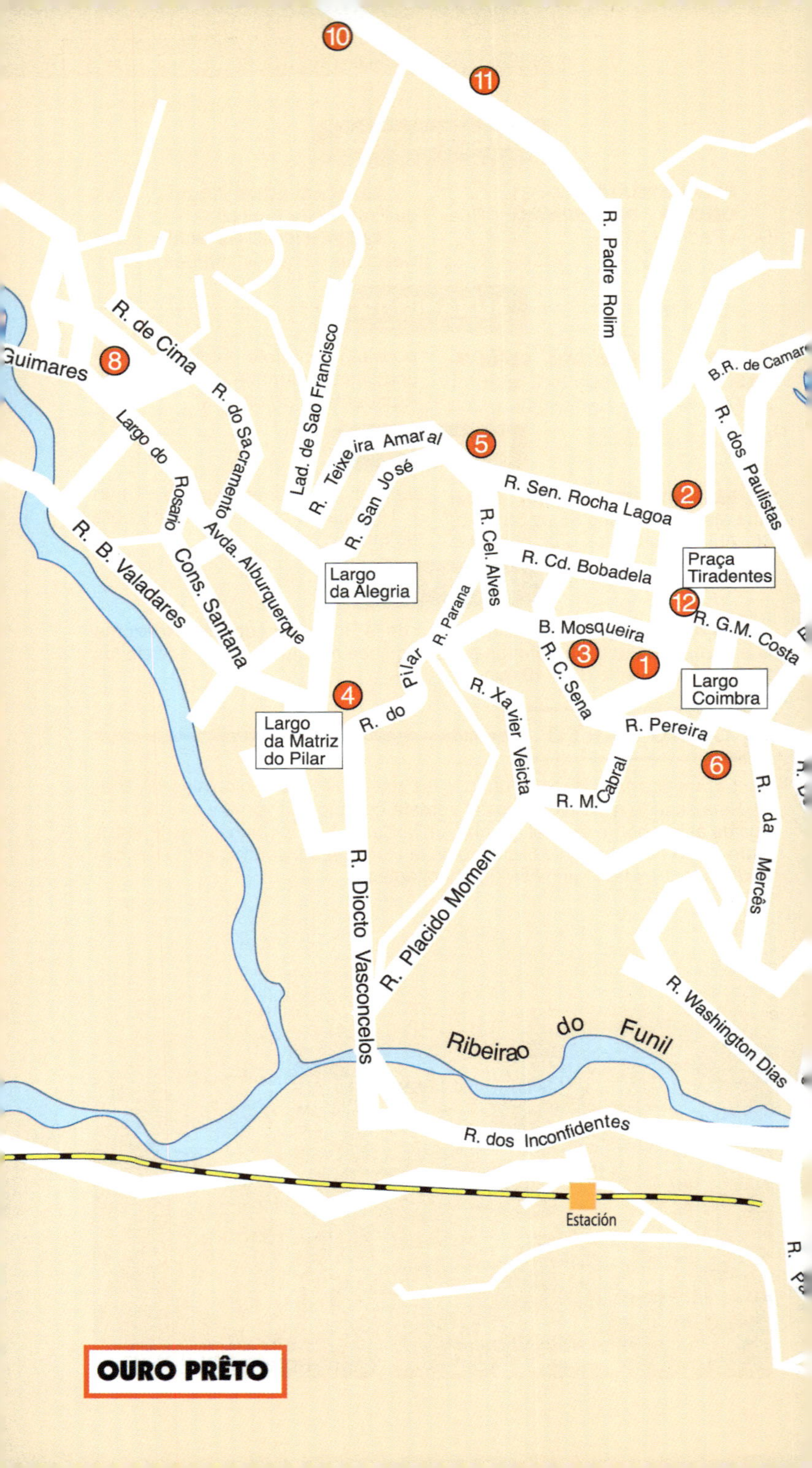
10
11
R. Padre Rolim
Guimares
8
R. de Cima
R. do Sacramento
Lad. de Sao Francisco
Largo do Rosario
R. Teixeira Amaral
5
R. San José
R. Sen. Rocha Lagoa
2
R. dos Paulistas
R. B. Valadares
Cons. Santana
Avda. Alburquerque
Largo da Alegria
R. Cel. Alves
R. Cd. Bobadela
Praça Tiradentes
12
R. G.M. Costa
R. Parana
B. Mosqueira
3
1
R. C. Sena
R. do Pilar
4
R. Xavier Veicta
Largo Coimbra
Largo da Matriz do Pilar
R. Pereira
6
R. M. Cabral
R. da Mercês
R. Diocto Vasconcelos
R. Placido Momen
R. Washington Dias
Ribeirao do Funil
R. dos Inconfidentes
Estación
OURO PRÊTO

1. Museu da Inconfidência
2. Museu de Mineralogia
3. Nossa Senhora do Carmo (Museu Arte Sacra)
4. Nossa Senhora do Pilar
5. Casa dos Contos
6. Igresa São Francisco de Assis
7. Nossa Senhora da Conceição y Museo Aleijadinho
8. Nossa Senhora do Rosário dos Pretos
9. Igresa do P. Faria
10. Asociación de guías y oficina de turismo
11. Estación de autobuses
12. Asociación de guías y oficina de turismo

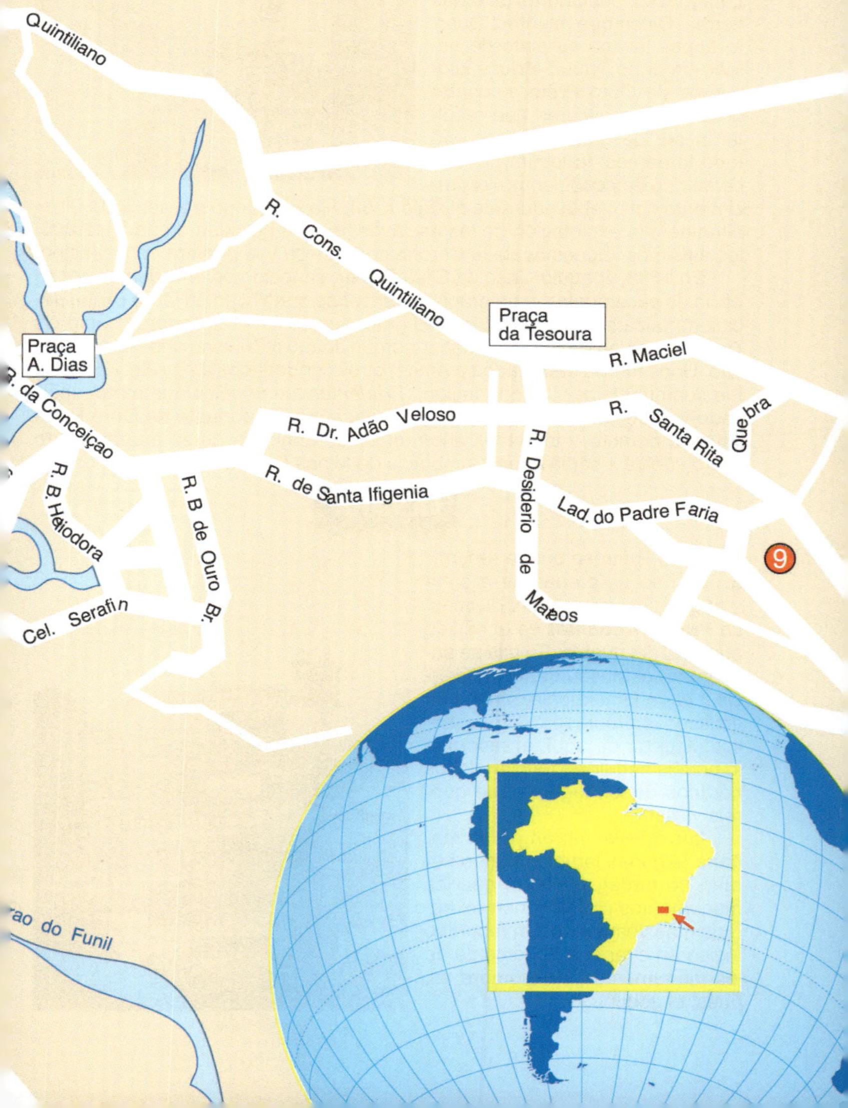

HISTORIA. La ciudad fue la capital de Minas Gerais desde 1823 –año en que cambió su nombre de Vila Rica por el de Ouro Prêto– hasta 1897, en que la capitalidad fue transferida a Belo Horizonte. Según parece, la primera persona en encontrar oro en Minas Gerais fue el mulato Duarte Lopes, miembro de un grupo de *bandeirantes* que se había trasladado hasta aquí para capturar esclavos entre los indios *cataguases*, pobladores de estas tierras. Dicen que mientras Duarte Lopes lavaba su plato de estaño en el río Tripuí, a doce kilómetros de Ouro Prêto, encontró unas piedras oscuras que resultaron ser de oro. Luego ocurrió todo lo demás: la locura por hacerse rico en poco tiempo, el crecimiento del pueblo –durante el siglo XVIII Vila Rica llegó a tener 50.000 habitantes–, la explotación de los esclavos, que se calculan en unos 12.000, los altísimos impuestos de la Corona portuguesa y la primera conspiración.

En 1788, Joaquim José da Silva Savier, conocido por *Tiradentes* por su oficio de sacamuelas, y un grupo de personas que vivían en Ouro Prêto, decidieron alzarse contra Portugal. El grupo fue conocido más tarde como *Os Confidentes*. Nada pudieron hacer porque Joaquim Silvério dos Reis los delató. Unos fueron deportados a África, otros condenados a muerte y su pena fue conmutada por la deportación. *Tiradentes* fue el único que murió ahorcado y descuartizado en Río. Hoy, la plaza más importante de Ouro Prêto lleva su nombre y todos los años, el 21 de abril, día de su muerte, Ouro Prêto vuelve a ser la capital simbólica de Minas Gerais.

LA VISITA

Ouro Prêto se puede recorrer a pie. Eso sí, preparaos a subir y bajar cuestas empinadísimas. La **Praça Tiradentes** es el núcleo principal del pueblo. En ella se encuentran el Museu da Inconfidência y el de Mineralogia, ambos en edificios enfrentados y muy bellos. A partir de aquí, el recorrido lo podéis seguir en función de los horarios de los lugares que queréis visitar.

Las iglesias abren por la mañana (algunas también tienen horario de tarde), mientras que los monumentos civiles tienen un horario más vespertino. Un recorrido lógico en cuanto a la cercanía de los monumentos, no siempre es, pues, el adecuado.

Tened en cuenta que casi todas las iglesias y museos de Ouro Prêto cierran los lunes.

NOSSA SENHORA DO CARMO, MUSEU DE ARTE SACRA: Rua Brig. Mosqueira. Abierta de 12.45 h a 16.45 h y domingos de 9.45 h a 11.00 h y de 13.00 h a 16.45 h. Cierra los lunes. Las obras de construcción de esta iglesia fueron dirigidas en 1766 por *Aleijadinho*, que sustituyó a su padre en esta tarea. Hay obras suyas por todo el templo, tanto en el exterior como en el interior. Destacan las esculturas de madera y de *pedra de sabão*.

El **Museu de Arte Sacra** guarda una amplia colección de objetos religiosos, entre los que destacan los que se hicieron en oro.

IGREJA MATRIZ DE NOSSA SENHORA DO PILAR: Rua Monsenhor João Castillo Barbosa. Abierta de 9.00 h a 10.45 h y de 12.00 h a 16.45. Cierra los lunes. Entrada de pago. La iglesia más rica de Minas Gerais, de un fastuoso estilo barroco temprano, está cubierta por su famoso techo dorado con escenas bíblicas. Los altares muestran unas tallas preciosas. Alberga un **Museo de la plata** que reúne piezas religiosas muy valiosas.

CASA DOS CONTOS: Rua São José 12. Abierto de martes a sábados de 12.30 h a 17.30 h. Domingos, de 9.00 h a 15.00 h. Este palacete de finales del siglo XVIII fue construido para el acaudalado João Rodrigues de Macedo, responsable de la recaudación de impuestos en Ouro Prêto. En esta casa se fundía en lingotes el oro, se pesaba y se vigilaba que la quinta parte saliera hacia Portugal. También se utilizó como prisión para algunos de los Inconfidentes. Muy cerca, en el número 132 de la calle, vivió Tiradentes.

IGREJA DE SÃO FRANCISCO DE ASSIS: Largo do Coimbra. Abierta de martes a domingo de 8.30 h a 11.45 h y de 13.30 h a 17.00 h. Entrada de pago. El tique de entrada sirve también para la Igreja de Nossa Senhora da Conceição. Ésta es la iglesia en la que mejor puede apreciarse la mano de este particular escultor que fue Aleijadinho, ya que fue quien diseñó su planta y dirigió las obras, talló la madera y la piedra. Las pinturas del techo son obra de Manuel da Costa Athayde. En el museo contiguo se exponen, entre otras curiosidades, recibos del artista. Por uno de ellos se sabe que cobró *doze oytavas de ouro* por el altar mayor.

IGREJA DE NOSSA SENHORA DA CONCEIÇÃO Y MUSEU DE ALEIJADINHO: Largo do Coimbra. Abierta de martes a sábado de 8.30 h a 11.45 h y de 13.30 h a 17.00 h; los domingos de 12.00 h a 17.00 h. Esta iglesia fue la parroquia de Aleijadinho, donde está enterrado, y donde curiosamente no hay ninguna obra suya. Se edificó entre 1727 y 1760 y en su interior destacan las dos pilas bautismales, trabajadas en *pedra de sabão,* y su altar mayor. La tumba del escultor está bajo el altar primero de la derecha. Sólo una inscripción sobre la madera lo acredita: *Aqui jaz Antõnio Francisco Lisboa o Aleijadinho.* La fecha de su nacimiento, 1738, está con interrogantes y la de su muerte figura con certeza en 1814. *O Aleijadinho, El Lisiadito*, era hijo de un arquitecto portugués y su esclava mulata. Junto a su padre aprendió las técnicas de la arquitectura, pero sería en la escultura donde alcanzase sus más altas cotas artísticas. A los cuarenta años sufrió una grave enfermedad que le afecto las extremidades. Pero nunca cejó en su empeño, ya que hasta su muerte, cuando rondaba casi los setenta años, siguió esculpiendo. Para ello se hacía atar en los muñones el cincel y el martillo.

En su museo, en el piso inferior sobresalen cuatro leones de madera, obra del artista, que servían de soporte en las exequias solemnes. Fijaos en sus extrañas cabezas, inventadas por el escultor sin haber visto nunca un león. El templo alberga el museo dedicado a este escultor (ver Museos).

IGREJA DE NOSSA SENHORA DO ROSÁRIO DOS PRETOS: Largo do Rosário, en el barrio alto. Abierta de martes a sábado de 8.30 h a 11.45 h. Esta curiosa iglesia, eirigida con la fachada curvada en 1760, se debe a Chico Rei, un rey africano que fue convertido en esclavo pero que gracias a su astucia y habilidad acabó ganándose la libertad y haciéndose dueño de una mina. Sus compañeros africanos siempre le consideraron su rey y así se comportaba, organizando desfiles y otras ceremonias.

IGREJA DO PADRE FARIA: Rua Padre Faria. Abierta de martes a sábado de 8.30 h a 16.30 h. También llamada de ***Nossa Senhora do Rosário dos Brancos***, se encuentra en el otro extremo de la ciudad. Data de principios del siglo XVIII y se puede ir para echar un vistazo a las tallas doradas del altar mayor.

En la misma zona tenéis otra iglesia que también se merece un vistazo: **Matriz Santa Efigênia**, de mediados del siglo XVIII y obra de Francisco Xavier de Brito. Entre ambas, podéis ver otra obra de Aleijadinho, el **Chafariz do Alto da Cruz**.

MUSEOS

MUSEU DA INCONFIDÊNCIA: Praça Tiradentes 139. Abierto de martes a domingo de 12.00 h a 17.30 h. Este edificio de finales del siglo XVIII sirvió anteriormente de *Paço* Municipal (Ayuntamiento) y *cadeia* (cárcel). Ahora reúne una colección de arte sacra, obras de Aleijadinho, así como documentos, ropas y hasta las tumbas de algunos de los *Inconfidentes*. Está el acta de condena a muerte de *Tiradentes*. Su celda es ahora la capilla de los Inconfidentes.

MUSEU DE CIÊNCIA E TÉCNICA: Rua Pe. Rolim, esquina Praça Tiradentes 20 (anexo a la Escuela de Minas). Abierto de martes a viernes de 12.00 h a 17.00 h. Sábados y domingos de 9.00 h a 13.00 h. En la entrada os encontraréis con un fragmento de cuarzo de 1.500 kilos y con una hematita incrustada en una raíz de un árbol denominado *jotoba*. Entre los 1.200 ejemplares procedentes de todo el mundo, hay algunas aragonitas de Cuenca y Zaragoza y unas piritas de Tarragona. Piedras muy bellas de valor incalculable. La Escuela de Minas es una de las mejores del país, fue fundada en el siglo XIX y en ella se han formado grandes expertos en todo lo relacionado con esta ciencia.

MUSEU ALEIJADINHO: Largo do Coimbra. Abierto de martes a sábado de 8.30 h a 11.45 h y de 13.30 h a 17.00 h; los domingos de 12.00 h a 17.00 h. Este museo en la iglesia Nossa Senhora da Coceição alberga algunas de las obras del artista: esculturas, orfebrería, además de muebles coloniales.

DATOS PRÁCTICOS

PREFIJO TELEFÓNICO: 31.

OFICINAS DE TURISMO: Centro Cultural e Turístico, Praça Tiradentes 4. ☎ 35 51 36 37. www.fiemg.com.br Abierta de 8.00 h a 18.00 h. Aquí podéis comprar un plano para no perderos entre las cuestas y recodos que forman las calles o contratar unos guías muy amables.

CAMBIO DE DINERO: Banco do Brasil, Rua S. José 195. En muchas tiendas turísticas os cambiarán los euros a buena tasa.

MEDIOS DE TRANSPORTE

RODOVIÁRIA: Rua Padre Rolim 661. ☎ 35 59 32 52.

ALOJAMIENTO

Tened en cuenta que en los meses de enero y julio los precios suben al doble y durante el Carnaval y Semana Santa no hay una cama libre en la ciudad, por lo que hay que reservar con mucha antelación.

Los dos alojamientos para mochileros son muy recomendables, pero tienen una pega si no estáis en buena forma: están un poco aislados del centro, cerca de la iglesia de Saõ Francisco de Paula y para volver por la noche hay que subir unas buenas cuestas.

(b) **ALBERGUE JUVENIL BRUMAS:** Ladeira Saõ Francisco de Paula 68. ☎ 35 51 29 44. www.brumashostel.com.br Básico pero con buenísimas vistas sobre el centro histórico.

(b) **POUSADA SÃO FRANCISCO:** Rua P. José Marcos Pena 202. ☎ 35 51 34 56. www.pousadasaofranciscodepaula.com.br Cerca de la iglesia de Saõ Francisco de Paula, es de lo más decente en la ciudad entre los alojamientos baratos. Tiene cuartos y también camas en dormitorios muy limpios y acogedores.

(B) **PRISKAR DA BARRA:** Rua Antõnio Martins 98 (Barra). ☎ 35 51 26 66. A tres kilómetros, tiene piscina y las habitaciones –algunas con teléfono, televisión y frigorífico– son baratas cuando tienen baño compartido.

(B) **POUSADA INCONFIDENTES:** Praça Tiradentes. ☎ 35 51 52 76. www.pousadainconfidentes.com.br Muy bien situada y con habitaciones amplias, con ducha propia y muy limpias.

(B) **POUSADA TIRADENTES:** Praça Tiradentes. ☎ 35 51 26 19. www.pousadatiradentesop.com.br Muy cerca de la Inconfidentes, con el mismo precio y también con cuartos limpios y acogedores, algunos con estupendas vistas sobre la plaza.

(M) **POUSADA DO CHICO REI:** Rua Brigadeiro Musqueira 90. ☎ 35 51 12 74. www.pousadadochicorei.com.br Un alojamiento magnífico en una casa colonial preciosa frente a NS do Carmo. Cuartos muy económicos sin baño (160 reales) y algo menos con ello propio, 220 reales.

(M) **POUSADA CLÁSSICA:** Rua Conte de Bobadela (rua Direita). ☎ 35 51 36 63. www.pousadaclassica.com.br Frente a la pousada Solar da Ópera y de la misma propiedad, un alojamiento muy recomendable.

(M) **SOLAR DAS LAJES:** Rua Cons. Quintiliano 604. ☎ 35 51 33 88. www.hotelsolardaslajes.com.br En Lajes, a un kilómetro del centro, tiene piscina y los cuartos sin baño propio son de precio barato.

(M) **COLONIAL:** Travessa Padre Camilo Veloso 26. ☎ 35 51 31 33. www.hotelcolonial.com.br Tiene 18 habitaciones con televisión, cómodas y a precios que se pasan por muy poco de la categoría barata; está en el centro.

(C) **GRANDE HOTEL DE OURO PRÊTO:** Rua das Flores 164. ☎ 35 51 14 88. www.grandehotelouropreto.com.br Un hotel según un proyecto de Niemeyer, mientras que sus jardines están diseñados por Burle Marx. Es más caro que los dos anteriores y tiene 35 habitaciones con teléfono, televisión y frigorífico. Además, tiene piscina y restaurante.

(M) **MIRANTE:** Rua Pandiá Calógeras 377 (Morro do Gambá). ☎ 35 51 27 73. www.hotelmirante.com.br Tiene 32 habitaciones con televisión, decentes pero algo caras, y hay piscina y restaurante.

(C) **POUSADA DO MONDEGO:** Largo de Coimbra 38. ☎ 35 51 20 40. www.mondego.com.br Se encuentra junto a la iglesia de São Francisco de Assis y es una casona colonial del siglo XVIII, equipada con restaurante y bar. Es uno de los mejores alojamientos de la ciudad, sin que sea muy cara, con dobles que apenas pasan de los 350 reales. Cuenta con 24 habitaciones con teléfono, televisión y frigorífico, algunas camas con dosel y decoración y mobiliario colonial. Hay hasta una escultura de Aleijadinho.

(C) **ESTALAGEM DAS MINAS GERAIS:** Carretera dos Inconfidentes, km 88. ☎ 35 59 26 00. www.sescmg.com.br Se halla en la sierra, a unos siete kilómetros del centro y es un *resort* con bungalows y habitaciones, además de restaurante, piscina, sauna, salas de gimnasia y masajes, pistas de deportes, etc.

(L) **SOLAR NS DO ROSARIO:** Getúlio Vargas 270. ☎ 35 51 52 00. www.hotelsolardorosario.com.br En Largo do Rosario, una mansión con un ala del siglo XIX y otra del siglo pasado, con 46 habitaciones bien puestas, a precios elevados. Y tiene piscina, bar, sauna y restaurante.

RESTAURANTES

(B) **FORNO DE BARRO:** Praça Tiradentes. Bufé *minheiro* económico en plena plaza.

(B) **LANCHONETE SATÉLITE:** Rua Direita. A pocos metros de la plaza Tiradentes, un lanchonete con platos económicos habituales y un ambientazo por la noche.

(B) **CAFÉ GERAES:** Rua Direita. Con buen café expreso y selección de tés.

(M) **CASA DOS CANTOS:** Camilo de Brito 21. ☎ 35 51 53 59. Abre hasta las 16.00 h y de 19.00 a 22.00 h. Bufé *minheiro* de *almoço*, buenísimo y casi siempre lleno de turistas.

(M) **CASA DO OUVRIDOR:** Rua Conde de Bobadela (Direita), 42. ☎ 35 51 21 41. Abre hasta las 15.00 h y de 19.00 h a 22.00 h. Poca luz pero ambiente cálido. Cocina internacional y *mineira*. Probad la *bambá de couve* (sopa con carne de cerdo y verdura).

(C) **TAVERNA DO CHAFARIZ:** Rua São José 167. ☎ 35 51 28 28. Abre de 11.00 h a 17.00 h. Cocina *mineira*, podéis pedir *porçoes* en lugar de platos enteros. En un local acogedor.

LLEGAR Y PARTIR

EN AUTOBÚS. Desde la *rodoviária* de Belo Horizonte salen autobuses para Ouro Prêto con mucha frecuencia, y en temporada alta conviene sacar los billetes el día anterior. El viaje dura casi tres horas. A Río hay un autobús nocturno (siete horas) desde aquí y a São Paulo hay dos o tres cada día. Para ir a Mariana coged el autobús en la parada junto a la Escola de Minas.

ALREDEDORES DE OURO PRÊTO

MINA DO PASSAGEM. Carretera a Mariana. ☎ 35 57 50 00. Abre de 9.00 h a 17.30 h. Entrada de pago. A la vuelta hacia Ouro Prêto desde Mariana, podéis visitar esta antigua mina de oro, hoy inactiva. Sus propietarios decidieron que ya no era rentable la extracción del metal precioso y han preferido seguir explotándola a costa del turismo, y la entrada es bastante cara, unos diez euros. Tiene once kilómetros cuadrados y treinta de largo. Aquí trabajaron desde 1719 unos tres mil esclavos que vivían en las proximidades de la mina. A lo largo de su historia ha pasado por manos portuguesas, alemanas, inglesas y finalmente, brasileñas. En 1985 se dejó de explotar por no disponer de la tecnología adecuada. Parece ser que todavía sigue habiendo oro.

El descenso se hace en un rústico trenecillo. Os enseñarán el lago de aguas sulfurosas y una vez que hayáis subido a la superficie, os dejarán usar un cedazo para que os sintáis buscadores de oro.

Cómo venir. La mina está a cuatro kilómetros de Mariana y a ocho de Ouro Prêto; el autobús os deja casi en la misma entrada.

MARIANA

Fundada en 1696 con el larguísimo nombre de Vila do Ribeirão de Nossa Senhora de Carmo, esta ciudad que hoy tiene unos 40.000 habitantes cambió su denominación en honor a la reina María Ana de Austria.

Mariana está situada a doce kilómetros de Ouro Prêto y a 710 metros de altitud. Es menos turística que su vecina Ouro Prêto, y se observa un mayor contraste entre su centro histórico y la parte nueva. En 1945 fue declarada Monumento Nacional.

LA VISITA

El riachuelo que veréis al llegar a Mariana separa la parte nueva de la colonial. Podréis recorrerla a pie fácilmente, no tiene cuestas. Un buen punto inicial es la plaza Claudio Manoel.

CATEDRAL E BASÍLICA DA SÉ: Praça Claudio Manoel. Abierta de martes a domingo de 7.00 h a 18.00 h. Esta iglesia fue construida por Manuel Francisco Lisboa, padre de Alejaidinho, quien hizo uno de sus altares. En su interior destaca el órgano alemán de 1701 y las doradas decoraciones. Se calcula que en todo este templo hay incrustados 365 kilos de oro en láminas. Otra de sus joyas es un Cristo articulado de origen portugués, que lleva rubíes en los lugares ensangrentados del cuerpo.

En el templo se celebran conciertos los viernes a las 11.00 h y los domingos a las 12.00 h.

En esta misma plaza, acera de la Catedral tenéis la **Casa de Alphonsus de Guimarâes**, casa museo dedicado a este poeta.

IGREJA DE SÃO FRANCISCO DE ASSIS: Praça Minas Gerais. Abierta de martes a domingo de 8.30 h a 17.00 h. Construida en el siglo XVIII, como todas las iglesias coloniales de Minas Gerais, hay que reseñar las bellas pinturas del techo de la nave y la tumba número 94, de las situadas en el suelo, que alberga los restos del pintor Athayde. El medallón de la portada es obra de Aleijadinho.

IGREJA DO CARMO: Plaza Minas Gerais. Con una de las fachadas más bonitas de la ciudad, esta iglesia sufrió un grave incendio en 1999, y ha sido restaurada posteriormente. Data de finales del XVIII.

BASÍLICA MENOR DE SÃO PEDRO DOS CLÉRIGOS: Rua D. Silverio. Abierta de martes a domingo de 8.30 h a 12.00 h y de 13.00 h a 16.00 h. En un alto a las afueras del pueblo. Data del XVIII, pero fue restaurada hace unos años. Lo mejor, las vistas.

En la ladera de la iglesia, a la derecha, mirado hacia el pueblo, veréis el moderno **Seminario** y un poco más abajo el **Antiguo Seminario**, ahora institutos de ciencias sociales.

Si disponéis de más tiempo, todavía quedan algunas iglesias interesantes: **São Gonçalo**, **la Mercé**, **Santa Ana do Morro** y **Santa Ana de Baixo**, y palacetes como **el Caso do Conde de Assumar**, del XVIII y también conocida como Palacio de los *Governadores*, y la **Casa da Intêndencia**, ahora Casa de la Cultura.

MUSEOS

MUSEU ARQUIDIOCESANO: Rua Frei Durão 49. ☎ 35 57 25 16. Abierto de martes a domingos de 8.30 h a 12.00 h y de 13.30 h a 17.00 h. En la antigua **Casa Capitular**, a la vuelta de la Catedral, éste es uno de los museos sacros más importantes de Minas Gerais. Contiene también una colección de pinturas de Athayde, artista nacido en Mariana, y otra de muebles coloniales.

DATOS PRÁCTICOS

PREFIJO TELEFÓNICO: 31.

OFICINAS DE TURISMO: Praça Tancredo Neves. ☎ 35 57 11 58 44, Abre de 9.00 h a 17.00 h; Av do Contorno, (Rodoviária). ☎ 35 58 54 55. Abierta hasta las 17.00 h y fines de semana hasta las 16.00 h.

MEDIOS DE TRANSPORTE

RODOVIÁRIA: Rod. dos Inconfidentes.

PARADA DE AUTOBUSES A OURO PRÊTO: Rua Antônio Olinto, en el centro.

ALOJAMIENTO

CAMPING DO BRUMADO: Carretera MG-262 hacia Ponte Nova. Está situado junto a una cascada, en un río en el que os podréis bañar.

(B) CENTRAL: Rua Frei Durão 8. ☎ 35 57 16 30. Tiene 14 habitaciones con baño y otras 32 sin baño, éstas muy económicas.

(B) MÜLLER: Avenida Getúlio Vargas 34. ☎ 35 57 11 88. www.hotelmullermg.com.br Tiene 40 habitaciones con baño y otras 37 sin baño, que son las que tienen precio económico.

(M) PROVIDÊNCIA: Rua D. Silvério 233. ☎ 35 57 14 44. www.hotelprovidencia.com.br Con carácter y 23 habitaciones con baño –a precios que rondan el rango de baratos– o con ello compartido. Tiene piscina.

(M) POUSO DA TYPOGRAPHIA: Praça Gomes Freire 220. ☎ 35 57 15 77. Tiene 20 habitaciones en un caserón del siglo XVIII. Tienen teléfono, televisión y frigorífico. A partir de 180 reales la doble y 260 entre semana.

(M) POUSADA DO CHAFARIZ: Rua Cõnego Rego 149. ☎ 35 57 14 92. www.pousadadochafariz.com.br Tiene veinte habitaciones con televisión y frigorífico y está en el centro histórico. También tiene piscina.

RESTAURANTES

(B) DOM SILVÉRIO: Praça Gones Freire 242. Abre de 18.30 h a medianoche. Comida casera y algunas pizzas baratas.

(B) TAMBAÚ: Travessa João Pinheiro 26. Abre de 18.00 h a medianoche, sábados hasta las 15.00 h y de 18.00 h a 1.00 h y domingos de 12.00 h a 1.00 h. Platos regionales.

(B) SINHÁ OLÍMPIA: Rua do Buqueirão 2 (Passagem de Mariana). Abre todos los días. Queda a unos cuatro kilómetros. Cocina regional.

LLEGAR Y PARTIR

EN AUTOBÚS. Desde la *rodoviária* de Ouro Prêto salen autobuses frecuentes a Mariana. Es preferible cogerlos en la parada que tienen junto a la Escuela de Minas, en su fachada derecha.

CONGONHAS DO CAMPO

Cogonhas do Campo está situado a 72 kilómetros al sur de Belo Horizonte y a 50 al suroeste de Ouro Prêto. El pueblo no es tan bello como los anteriores, pero hay un motivo para visitarlo: el **Santuario do Senhor Bom Jesús do Matozinhos**, la obra maestra de Aleijadinho.

LA VISITA

SANTUÁRIO DO SENHOR BOM JESUS DE MATOSINHOS. Praça da Basílica. Abierto de martes a domingo de 8.00 h a 18.00 h. El Santuario alberga seis capillas en sus jardines, desde los que se aprecian espléndidas vistas del pueblo y de los montes de alrededor. En ellas hay 64 estatuas de tamaño natural, hechas en madera de cedro policromada, que representan escenas de la Pasión. Su autor es Aleijadinho, el mismo que esculpió las otras doce situadas en la terraza superior. Estas son de *pedra de sabão*, un material que abunda en la región. La basílica se empezó a construir en 1734 y se terminó en 1749. Su promotor fue el portugués Feliciano Mendes, buscador de oro que hizo la promesa de dedicar su fortuna y su vida al servicio de la religión.

OTRAS IGLESIAS. Tanto en Congonhas como en los alrededores hay varias iglesias de interés: la **Matriz de Nossa Senhora da Conceiçao**, de mediados del XVIII; **Nossa Senhora da Ajuda** (s. XVIII), **Matriz São José**, principios del XIX, o **Rosário,** del siglo XVIII y en la carretera del mismo nombre.

DATOS PRÁCTICOS

PREFIJO TELEFÓNICO: 31.

OFICINA DE TURISMO: Avda Julia Kubitschek 1.982. Hay otra oficina en Basílica.

RODOVIÁRIA: Avenida Júlia Kubitschek 1.982.

ALOJAMIENTO

CÁMPING PARQUE DA CACHOEIRA: Bairro da Praia (a 6 kilómetros). ☎ 37 31 19 11. Terreno de hierba sin sombra, con un río donde os podréis bañar.

(B) **HOTEL COLONIAL:** Praça da Basílica 76. ☎ 37 31 18 34. www.hotelcolonialcongonhas.com.br Tiene 9 habitaciones con baño y otras 20 sin baño, y buenas vistas al santuario, además de piscina y restaurante.

(B) **MAX MAZZA:** Avenida Júlia Kubitschek 410. ☎ 37 31 19 70. www.hotelmaxmazza.com.br Tiene 28 habitaciones con baño, televisión y frigobar. Servicio de restaurante.

(M) **FAZENDA RECANTO AZUL:** Estrada das Lagoas 51 (a veinte kilómetros de Congonhas). ☎ 31 29 49 77. www.recantoazul.com.br Restaurante, piscina, alquiler de caballos. Tiene dos habitaciones y tres chalés (en cada uno caben hasta ocho personas).

RESTAURANTES

(B) **COVA DO DANIEL:** Praça do Santuário 78. ☎ 37 31 18 34. Abre de 10.00 h a medianoche. Una casa colonial que sirve cocina *mineira*.

(B) **TIO PANGA:** Praça Mário Rodrigues Pereira 48. Autoservicio durante las horas de almuerzo. Cocina regional apetitosa.

LLEGAR Y PARTIR

EN AUTOBÚS. Hay varios autobuses al día desde Belo Horizonte. No está comunicado de forma directa con los pueblos de alrededor.

SÃO JOÃO DEL REI

São João del Rei está situado a 151 kilómetros al sur de Ouro Prêto y a 187 de Belo Horizonte. Es la más grande de las ciudades históricas, con sus cerca de 80.000 habitantes, ya que consiguió seguir prosperando después de la fiebre del oro gracias a su industria textil y a su ganadería.

La ciudad es la cuna de Tancredo Neves, personaje político muy querido en el país, que murió después de haber sido elegido presidente democráticamente y sin poder tomar posesión de su cargo.

Si tenéis la oportunidad de coincidir con la Semana Santa, podréis asistir a procesiones y representaciones teatrales sacras por sus calles, acompañadas de música barroca.

LA VISITA

La parte colonial está dividida en dos núcleos, el más pequeño domina una pequeña colina y está unido al otro a través de dos puentes: el **Ponte da Cadeia** y el **Ponte do Rosario**. Este último conduce a la zona más comercial de la ciudad.

IGREJA DE SÃO FRANCISCO DE ASSIS: Praça Frei Orlando, en la parte alta del casco antiguo. Data del siglo XVIII y para su fachada se utilizó *pedra de sabão*. En su cercano cementerio, a orillas del Córrego de Lenheiro, está la tumba de Tancredo Neves, considerado como un santo por mucha gente, que le agradece en forma de exvotos los milagros conseguidos. Los domingos hay misa con música barroca a las 9.15 h.

CATEDRAL DE NOSSA SENHORA DO PILAR: Rua Getúlio Vargas, al otro lado del río. Destacan en su interior sus altares con *dourados*.

PALÁCIO MUNICIPAL: Rua Gabriel Passos. Como tantos otros ayuntamientos, también fue cárcel.

CASA DA FUNDIÇÃO: Praça dos Expedicionários. Actualmente alberga un grupo escolar.

TEATRO MUNICIPAL: Avenida Hermilio Alves. Abre hasta las 12.00 h y de 14.00 h a 17.00 horas. Data de finales del siglo XIX.

Para completar la ruta de los templos, acercaos a la **igreja do Carmo**, Praça Carlos Gomes (abierta diariamente de 16.00 h a 19.00 h) y a la **igreja Nossa Senhora das Mercês**, Praça Br. de Itambé (abierta de 8.00 h a 11.00 h). Ambas son del siglo XVIII.

MUSEOS

MUSEU DE ARTE SACRA: Praça Emb. Castão de Cunha 8. Largo do Rosário. Abierto de martes a domingo de 9.00 h a 17.00 h. Reúne una pequeña muestra de piezas religiosas interesantes, como la imagen de María Magdalena con el Cristo muerto, cuyas gotas de sangre son rubíes.

MUSEU REGIONAL: Rua Marechal Deodoro 12. Largo do Tamandaré. Se visita de martes a viernes de 12.00 a 17.30 h y los sábados y domingos de 8.00 h a 13.00 h. Un curioso museo que muestra muebles, imaginería religiosa, etcétera.

DATOS PRÁCTICOS

PREFIJO TELEFÓNICO: 32.

OFICINA DE TURISMO: Praça Frei Orlando 90. ☎ 33 72 73 38. Abierta de 8.00 h a 18.00 h.

RODOVIÁRIA: Rua Cristóvão Colombo 599 (Fábricas). ☎ 33 73 47 00.

ALOJAMIENTO

CAMPING CAMTUR IATE CLUB: Represa de Camargos, en el municipio de Nazareno.

CAMPING MLENHEIROS PALACE: Avenida Pres. Tancredo Neves 257. ☎ 33 71 81 55. www.hotellenheiros.com.br Con varios campos de deportes y un lago próximo. Tiene 32 habitaciones con teléfono, televisión y frigorífico.

RESTAURANTES

Ⓑ **GREENN'S:** Rua Min. Gabriel Passos 325. Local apropiado para comidas rápidas. Hay *porçoes* y sándwiches.

RAMON: Praça Severiano de Rezende 52. ☎ 33 71 35 40. Abierto todos los días. Céntrico y especializado en *churrasco*.

CHAFARIZ: Rua Quintino Bocaiúva 100. ☎ 33 71 89 55. Prepara platos del día variados.

COMPRAS

MERCADO DE ARTESANÍA: los domingos en la Praça Frei Orlando.

LLEGAR Y PARTIR

EN AUTOBÚS. Hay autobuses diarios desde Belo Horizonte e incluso de Río y São Paulo.

EXCURSIÓN EN TREN A TIRADENTES

En caso de poder quedaros un fin de semana, no os perdáis el viaje en tren hasta Tiradentes en el tren de Maria Fumaça. Es un viejo ferrocarril que se construyó en 1881 para dar salida a los productos textiles, y ahora lleva viajeros los viernes, sábados, domingos y festivos.

El recorrido dura una media hora y se recorren doce kilómetros. Los trenes salen de São João del Rey a las 10.00 h y 14.15 h y regresa de Tiradentes a las 13.20 h y a las 17.00 h.

TIRADENTES

Tiradentes se encuentra a quince kilómetros de São João del Rey. En origen fue llamada Arraial Velho do Morro y más tarde adoptó el nombre del más célebre de sus hijos, el Inconfidente Joaquim José da Silva Xavier, más conocido como Tiradentes.

Ha conservado intactas sus casas, calles empedradas y sus iglesias barrocas. Vuestra resistencia física se pondrá a prueba en estas cuestas de un pueblo de algo más de cuatro mil habitantes.

LA VISITA

IGREJA MATRIZ DO SANTO ANTÔNIO: Rua da Cámara. Abierta diariamente de 9.00 h a 12.00 h y de 13.30 h a 17.00 h. La iglesia más importante de Tiradentes fue construida en 1732 y en ella se derrochó el oro, sobre todo en la parte de los altares. También son muy bellas las pinturas del techo de la nave. Su órgano es de 1788. En la fachada intervino el prolífico Aleijadinho.

SANTUARIO SANTÍSIMA TRINDADE: siguiendo la calle que conduce a las afueras del pueblo. Un santuario del siglo XIX levantado sobre otro del XVII, pero no tiene gran interés.

CAPILLA DE NOSSA SENHORA DO ROSÁRIO DOS PRETOS: Rua Direita, esquina Praça Lourival. Abierta de martes a domingo de 8 h a 12 h y de 13 h a 17 h. Fue construida por los esclavos. Acogeréis con agrado su sencillez, después de haber visitado tanto derroche de lujo dorado.

NOSSA SENHORA DOS PRETOS: Rua Francisco Morales. Data de principios del siglo XVIII y está dedicada a los negros nacidos en Brasil. Lo más curioso es el altar, pintado de vistosos colorines. Delante hay un puente de piedra para cruzar el arroyo.

SÃO FRANCISCO DE PAULA: Morro de São Francisco. Al otro lado del Ribeirão S. Antonio, data de mediados del siglo XVIII, pero lo mejor son las vistas que brinda de la propia ciudad.

CHAFARIZ DE SÃO JOSÉ: Rua do Chafariz. Es una fuente del siglo XVIII con tres caños, uno para beber las personas, otro para las caballerías y el tercero para lavar.

MUSEOS

MUSEU PADRE TOLEDO: Rua Padre Toledo 190. Abierto de miércoles a lunes de 9.00 h a 11.30 h y de 13.00 h a 16.40. Cierra los martes. La vivienda fue residencia del padre Toledo, un inconfidente que prestaba su casa como punto de reunión para el grupo. Ahora se muestran algunos muebles coloniales y algunas piezas de arte religioso.

A un lado tenéis la **Capela de São João Evangelista**, que pertenecía a la Hermandad de los *Homens Pardos* (mulatos) y al otro la **Cada da Cultura**, en un palacete también del siglo XVIII, como todos los edificios históricos del Estado de Minas Gerais.

DATOS PRÁCTICOS

PREFIJO TELEFÓNICO: 32.

INFORMACIÓN TURÍSTICA: Rua Resende Costa 71. ☎ 33 55 12 12.

RODOVIÁRIA: Praça do Terminal.

ALOJAMIENTO

Ⓜ **CABANA DO REI:** Avenida Pres. Castelo Branco, 2.002. ☎ 33 73 22 01. www.hotelcabanadorei.com.br Tiene 16 habitaciones y nueve chalés con televisión, calefacción y frigorífico. Hay restaurante, bar, piscina, sauna y alquila caballos.

Ⓜ **PONTA DO MORRO:** Largo das Forras 88. ☎ 33 55 13 42. www.pontadomorrohotel.com.br Piscina, sauna y campos de deportes. Tiene 19 habitaciones con teléfono, televisión y frigorífico.

Ⓜ **POUSADA MARIA BONITA:** Rua Antõnio Teixeira Carvalho 134. ☎ 33 55 12 27. www.tiradentes-gerais.com.br/mariabonita Restaurante, bar y piscina. Tiene 18 habitaciones con teléfono.

Ⓜ **POUSADA DA FAZENDA PADRE TOLEDO:** Estrada da Caixa d'Agua km 4. ☎ 33 55 12 22. www.padre-toledo.com.br A tres kilómetros del centro, sólo tiene cuatro habitaciones, con una buena piscina natural y cuadra de caballos.

Ⓜ **POUSADA DA TERRA:** Estrada da Caixa d'Agua, km 2. ☎ 33 55 12 43. Otra encantadora *fazenda* cerca de la anterior, con pista de volei y campo de fútbol. Tiene una cuadra con caballos.

Ⓒ **POUSADA TRES PORTAS:** Rua Direita 280 A. ☎ 33 55 11 44. www.pousadatresportas.com.br Tiene nueve habitaciones con televisión y calefacción, además de que hay restaurante, bar y piscina.

RESTAURANTES

Ⓑ **CANTO DO CHAFARIZ:** Largo do Chafariz 37. ☎ 33 55 13 77. Abierto todos los días de 11.30 h a 22.00 h. Cocina casera hecha en horno de leña.

Ⓜ **ESTALAGEM DO SABOR:** Rua Min. Gabriel Passos 280. ☎ 33 55 11 44. Abre hasta las 16.00 h y de 19.00 h a 22.00 h. Los domingos cierra a las 16.00 h. Especialidad en cocina *mineira*.

Ⓜ **VIRADAS DO LARGO:** Rua do Moinho 11. ☎ 33 55 11 11. Abre de 12.00 h a medianoche. Una buena dirección para probar una personal cocina regional. Está muy rico el *frango* (pollo) *com ora pro novis*. La ración puede valer para dos personas.

PADRE TOLEDO: Rua Direita 250. ☎ 33 55 12 22. Abre de 11.00 h a 22.00 h. Sirve platos regionales y una buena *cachaça* de producción casera.

COMPRAS

ANTICUARIOS MINAS GERAIS: Rua Governador Israel Pinheiro 37. Mobiliario colonial, objetos en piedra de jabón, estaño y latón, colchas, etcétera.

FESTIVALES

FESTA DA INCONFIDÊNCIA: del 16 al 21 de abril.

LLEGAR Y PARTIR

EN AUTOBÚS. Desde São João del Rey hay varios autobuses diarios a Tiradentes que hacen el camino en unos veinte minutos.

EN TREN. Los fines de semana y festivos funciona el maravilloso ferrocarril entre São João del Rey y Tiradentes (ver horario en el apartado anterior: *Excursión en tren*).

DIAMANTINA

Diamantina se halla a 285 kilómetros al norte de Belo Horizonte, en el valle del río Jequitinhonha, rodeada de *morros*, que son una prolongación de la sierra do Espinhaço. Es la ciudad histórica más alejada de la capital. Aquí nació Juscelino Kubitschek, el presidente de Brasil que decidió construir la ciudad de Brasília.

Al principio la ciudad se llamó Arraial do Tijuco y cambió su nombre al aparecer diamantes en las minas de sus alrededores. Este hecho provocó su aislamiento, ya que la Corona portuguesa controló desde un principio la salida y entrada de las personas para evitar que se desviaran las piedras preciosas. Hoy Diamantina tiene unos 42.000 habitantes.

LA VISITA

Diamantina está construida en la ladera de un monte, lo que hace que sus empedradas calles sean incómodas pendientes. La **Praça Conselheiro Matta** es uno de los puntos de referencia de la ciudad.

Antes de empezar la visita, una advertencia: la mayoría de las iglesias abre de 14.00 h a 17.30 h de martes a sábado y de 9.00 a 12.00 h los domingos.

IGREJA DE SÃO FRANCISCO DE ASSIS: Rua São Francisco. Edificada en 1766 en estilo barroco, entrad para ver su altar mayor decorado a base de pan de oro.

CASA DE MUXARABIÉ: La actual Biblioteca Antonio Torres se merece una visita.

También podéis echar un vistazo a la **Catedral Metropolitana**, consagrada a Santo Antonio; la **Prefectura**, antigua Intendencia; la **Casa da Glória**, del XVIII y ahora sede del Instituto de Geología; la **Rua Bugalhau**, con un bonito conjunto arquitectónico; el **Mercado dos Trapeiros**, donde empieza la calle Bugalhau y de mediados del siglo XIX; la **igreja Nossa Senhora do Rosário dos Pretos,** en Largo do Rosário y la más antigua de la ciudad, y la **igreja do Carmo** (1784), en la Rua Bonfim, que posee un órgano decorado con láminas de oro.

MUSEOS

MUSEU DO DIAMANTE: Rua Direita 14. Abierto de martes a sábado de 9.00 h a 17.00 h y los domingos, de 9.00 h a 13.00 h. Entrada 1 real. La visita os permitirá comprobar cómo era la vida de los *garimpeiros* (mineros). Algunas fotos y herramientas de trabajo lo muestran. La colección de joyas y piedras no es en su conjunto auténtica. Las más valiosas están en el Banco de Brasil y las que se exhiben aquí son reproducciones. Son verdaderos los diamantes y esmeraldas sin tallar. Los *garimpeiros* no han desaparecido de Diamantina. Todavía hay muchos que lavan la arena a orillas del Jequitinhonha y viven aislados en cabañas construidas en las cercanías. Los podréis ver durante los fines de semana que aprovechan para acercarse a Diamantina.

MUSEU JUSCELINO KUBITSCHEK: Rua San Francisco 241. Abierto de martes a sábados de 9.00 h a 17.00 h y los domingos de 9.00 h a 13.00 h. Entrada 3 reales. Aquí se ven los humildes orígenes de este hombre que llegó a ser uno de los presidentes más populares de Brasil y por el que los habitantes de Diamantina sienten auténtica devoción. El museo se ubica en la casa donde vivió sus primeros años. Hay una biblioteca y se guardan algunos objetos personales.

DATOS PRÁCTICOS

PREFIJO TELEFÓNICO: 38.
RODOVIÁRIA: Largo D. João.

OFICINA DE TURISMO: Praça Antônio Eulálio. ☎ 35 31 95 32.

ALOJAMIENTO

CÁMPINGS. Hay dos terrenos que su utilizan para acampar pero que no cuentan con infraestructura. Uno es la **Cascata de Cristal**, está a 14 kilómetros, se accede por la carretera de Biribiri y en las proximidades fluye un río con cascadas.

El otro se llama **Cascata do Sentinela**, está a 8 kilómetros, en dirección hacia Cristal. También está cerca de un río apto para el baño.

(B) **TIJUCO:** Rua Macau do Meio 211. ☎ 35 81 10 22. www.hoteltijuco.com.br Restaurante. Tiene 27 habitaciones con teléfono, televisión y frigorífico. Es un edificio de Niemeyer.

(M) **DIAMANTE PALACE:** Avenida Silvio Felício dos Santos 1.050. En Bela Vista. ☎ 35 31 15 61. www.diamantepalace.com.br Tiene 48 habitaciones con teléfono, televisión y frigorífico. Además, hay restaurante y bar. Dobles a unos 200 reales.

(M) **POUSADA DO GARIMPO:** Avenida da Saude 265. En Consolação. ☎ 35 31 10 44. www.pousadadogarimpo.com.br Habitaciones con tele y frigobar y tiene bar y restaurante.

RESTAURANTES

(B) **CANTINA DO MARINHO:** Rua Direita 113. ☎ 35 31 16 86. Local acogedor, carnes y platos *mineiros*.

(B) **RAIMUNDO SEM BRAÇO:** Carretera a Belo Horizonte, a unos cuatro kilómetros. ☎ 35 31 22 84. Abre de 10.30 a 16.30 h. Los sábados y domingos prepara *feijoada*.

(M) **GRUPIARA:** Rua Campos Carvalho 12. ☎ 35 31 38 87. Abre hasta las 23.00 h y los lunes hasta las 15.00 h. Pequeño, limpio y agradable. Cocina de la región.

COMPRAS

COOPERATIVA DE ARTESANOS: Carretera de Belo Horizonte, km 4. Abierto de lunes a sábados de 8.00 h a 12.00 h y de 13.00 h a 17.00 h; los domingos de 9.00 a 12.00 h.

LLEGAR Y PARTIR

EN AUTOBÚS. Desde Belo Horizonte hay varios autobuses diarios a Diamantina. Hacen el recorrido en cinco horas.

ESTADO DE BAHÍA

SALVADOR DE BAHÍA

Capital del estado de Bahía, su nombre completo en portugués es *São Salvador da Bahia de Todos os Santos*, pero también es conocida por Salvador, Salvador de Bahía o simplemente Bahía. La ciudad ocupa una península con 50 kilómetros de playas, junto a la Bahía de Todos los Santos y es el centro de la región metropolitana del Recôncavo Baiano. Es la tercera ciudad de Brasil y la más grande del nordeste, su población ronda los tres millones de habitantes, lo que la convierte en el tercer municipio más poblado de Brasil, en total el conjunto de su extensa área viven unos 3,5 millones de habitantes, por lo que es la cuarta zona metropolitana más poblada del Brasil.

Los habitantes de Salvador son *soteropolitanos*, gentilicio que procede del nombre griego Soterópolis, que significa, "ciudad del Salvador", que en otros tiempos llegó a ser capital de Brasil.

La ciudad está presente en las novelas de Jorge Amado y João Ubaldo Ribeiro, en las canciones de Caetano Veloso, Gilberto Gil o Dorival Caymmi , en el candomblé y la capoeira. Salvador fue la primera capital del país y el primer puerto de llegada de esclavos, por lo que es la ciudad más negra de Brasil, más del 75% de la población es negra o mulata.

Salvador es una ciudad que impresiona por su fuerte personalidad y por haber sabido combinar los diversos elementos culturales y religio-

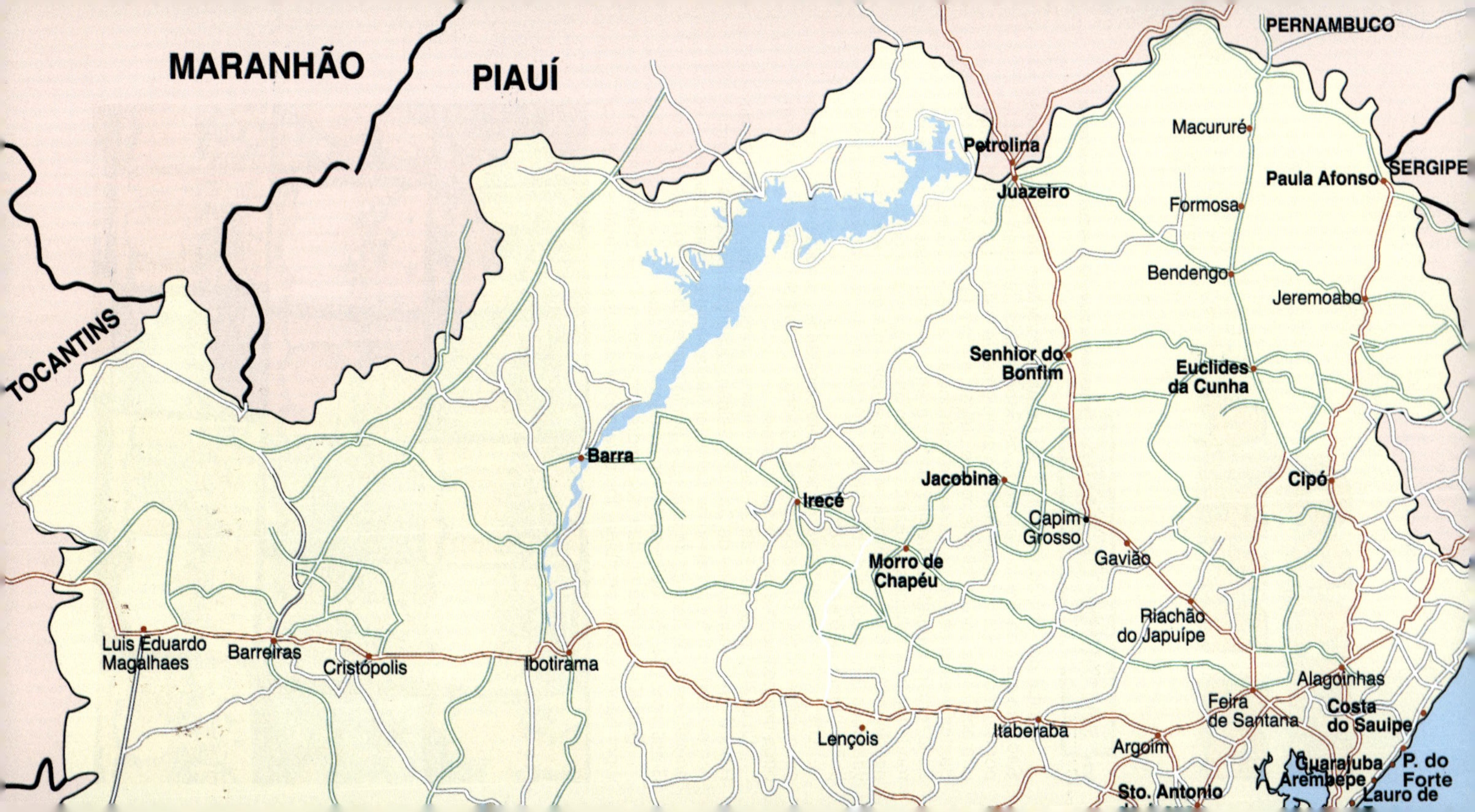
MARANHÃO
PIAUÍ
PERNAMBUCO
SERGIPE
TOCANTINS
Petrolina
Juazeiro
Macururé
Paula Afonso
Formosa
Bendengo
Jeremoabo
Senhior do Bonfim
Euclides da Cunha
Barra
Jacobina
Cipó
Irecé
Capim Grosso
Gavião
Morro de Chapéu
Riachão do Japuípe
Alagoinhas
Feira de Santana
Costa do Sauipe
Luis Eduardo Magalhaes
Barreiras
Cristópolis
Ibotirama
Lençois
Itaberaba
Argoim
Guarajuba
Arembepe
P. do Forte
Sto. Antonio
Lauro de

BAHIA
N
Parataca
Maniaçu
Jequié
Camamu
Barra Grande
Cocos
Guanambi
Caetité
Palmas de
Monte Alto
Mutâs
Itabunas
ILHÉUS
Vitória da
Conquista
Ilha de
Comandatuba
Canavieiras
Santo André
Santa Cruz Cabralia
Eunápolis
PORTO SEGURO
Arraial d`Ajuda
TRANCOSO
Caraiva
Itamaraju
Cumuruxatiba
Prado
Texeira
de Freitas
Alcobaça
Teófilo
Otoni
Caravelas
Nova Viçosa
Mucuri

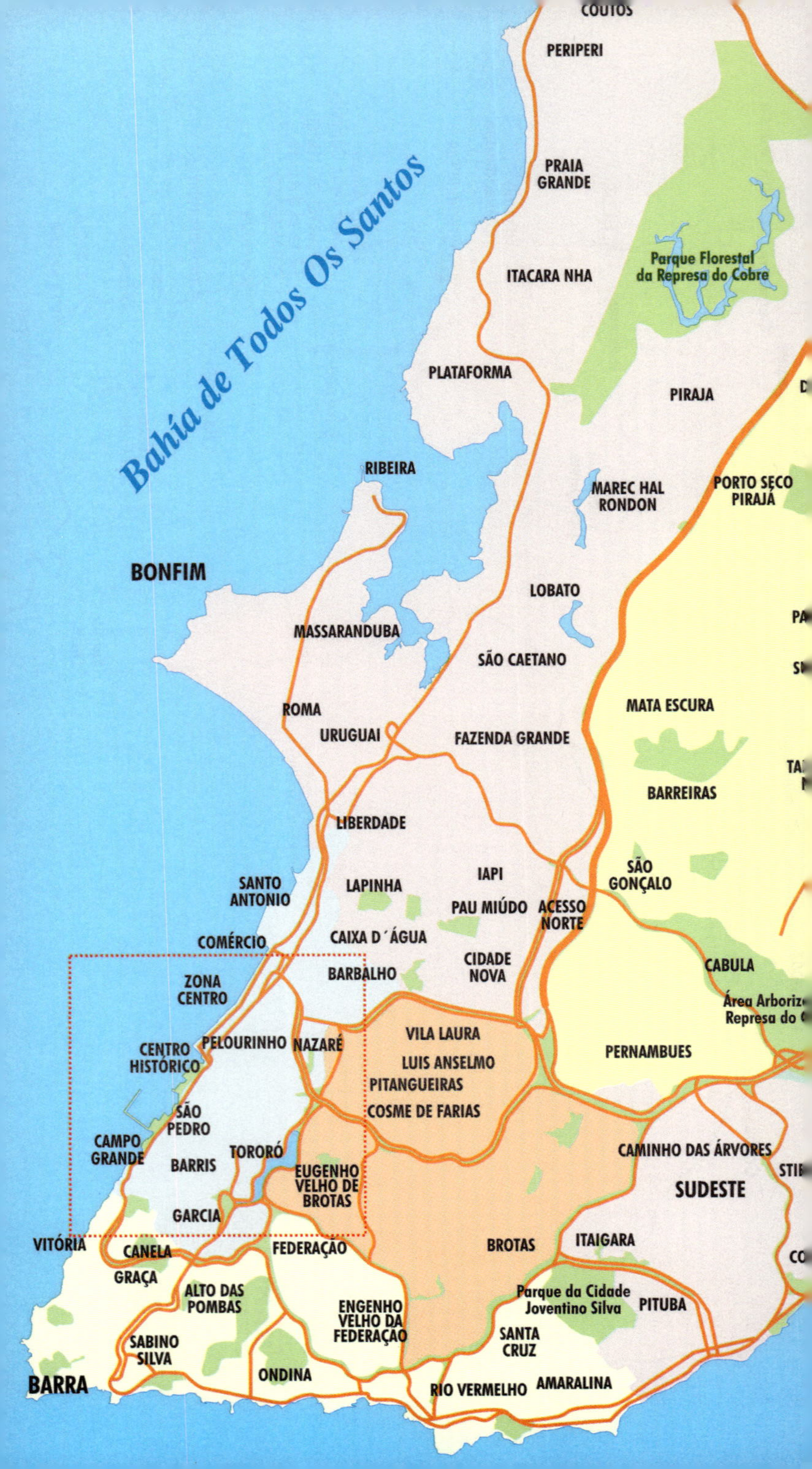
COUTOS
PERIPERI
PRAIA GRANDE
Bahía de Todos Os Santos
Parque Florestal da Represa do Cobre
ITACARA NHA
PLATAFORMA
PIRAJA
RIBEIRA
MAREC HAL RONDON
PORTO SECO PIRAJÁ
BONFIM
LOBATO
MASSARANDUBA
SÃO CAETANO
MATA ESCURA
ROMA
URUGUAI
FAZENDA GRANDE
BARREIRAS
LIBERDADE
SÃO GONÇALO
SANTO ANTONIO
LAPINHA
IAPI
PAU MIÚDO
ACESSO NORTE
COMÉRCIO
CAIXA D´ÁGUA
CIDADE NOVA
CABULA
ZONA CENTRO
BARBALHO
VILA LAURA
CENTRO HISTÓRICO
PELOURINHO
NAZARÉ
LUIS ANSELMO
PERNAMBUES
PITANGUEIRAS
SÃO PEDRO
COSME DE FARIAS
CAMPO GRANDE
TORORÓ
BARRIS
CAMINHO DAS ÁRVORES
EUGENHO VELHO DE BROTAS
SUDESTE
GARCIA
VITÓRIA
CANELA
FEDERAÇÃO
BROTAS
ITAIGARA
GRAÇA
ALTO DAS POMBAS
Parque da Cidade Joventino Silva
PITUBA
ENGENHO VELHO DA FEDERAÇÃO
SABINO SILVA
SANTA CRUZ
BARRA
ONDINA
RIO VERMELHO
AMARALINA

SALVADOR DE BAHÍA

sos que han configurado un carácter propio que se manifiesta en sus innumerables fiestas y expresiones populares y también en la vida diaria, como se ve al pasear por sus animadas calles y encontrar músicos espontáneos, grupos de capoeira y mujeres bahianas con el traje típico y turbante de colores en la cabeza, en su puesto de *acarejés,* una especie de croqueta que se fríe en aceite de dende y que va rellena de gambas y pasta de mandioca.

Su centro histórico es uno de los más importantes de Brasil declarado por la Unesco Patrimônio da Humanidade en el año 1985. El Pelourinho cuenta con una impresionante muestra de arquitectura colonial, parte de ella ha sido restaurada en estos últimos años y pintada en colores vivos. *El Pelo* como lo llaman los locales, está recorrido por calles estrechas y adoquinadas, a las que siempre llega alguna música y que es imprescindible conocer tanto de día como de noche, cuando es frecuente encontrar muchos y variados espectáculos musicales.

Salvador hoy es un ciudad viva que va que va creciendo por barrios modernos como Iguatemi o siguiendo la Avenida Paralela que lleva hasta el aeropuerto

ORIENTACIÓN

Salvador se encuentra en el extremo sur de una península con su centro orientado a la Bahía de Todos los Santos, La ciudad tiene forma de V con los lados desiguales y se puede decir que hay un faro en cada uno de sus vértices, en el centro estaría el faro de Barra, en uno de sus extremos el faro de Itapua y en el otro, el faro de la Ponta de Humaitá, al lado de la iglesia de Nossa Senhora do Bonfim.

El centro de la ciudad está dividido en dos partes, una alta y otra baja, como si tuviera dos pisos; la parte superior se conoce como Cidade Alta y la inferior como Cidade Baixa.

Moverse por la ciudad puede resultar complicado ya que esta formada por pequeñas y sucesivas colinas y valles y con muchas calles de un solo sentido.

Desde el faro de Barra en dirección este, se puede coger la Avenida Oceánica, que va paralela a la costa y cuyo nombre cambia varias veces a

lo largo de su recorrido. Esta avenida cruza barrios residenciales como Rio Vermelho, así como una serie de playas hasta llegar hasta el faro de Itapuâ. Desde el faro de Barra en la dirección contraria y tomando la Avenida 7 de Setembro se llega la Praça Castro Alves, Praça Campo Grande y al Pelourinho. Al llegar a la Praça Castro Alves se puede coger a la izquierda la Avenida Contorno y continuar por ella en dirección norte, hasta la península de Itapagipe, con los barrios de Bonfim, con el faro de la Ponta de Humaitá y de Boa Viagem.

LA VISITA

La ciudad de Salvador es extensa e irregular, formada sucesivamente por pequeñas elevaciones y valles, que van en paralelo a la costa durante 50 kilómetros, lo que configura una gran cantidad de barrios que se suceden unos a otros.

En Salvador hay tres zonas bien diferenciadas, el centro histórico, los barrios y la zona de las playas.

CENTRO HISTÓRICO

Es el mayor conjunto colonial de América Latina está repleto de edificios y monumentos levantados entre los siglos XVI y XIX. Se extiende desde la Plaza Castro Alves hasta Santo Antônio Além do Carmo. Ocupa el centro de la ciudad y se divide en dos, la ciudad baja (Cidade Baixa) y la alta (Cidade Alta).

CIDADE ALTA

Es el corazón de la ciudad y en donde está el Pelourinho (o Peló), que también es la principal zona turística y la parte más interesante desde el punto de vista arquitectónico, donde se concentran los edificios históricos y museos. Este barrio es el conjunto colonial más amplio de todo Brasil y ha sido declarado Patrimonio Cultural de la Humanidad por la Unesco. Actualmente las fachadas de las casas han ido recuperado sus colores primitivos, que van desde los tonos pasteles a los azules, rosas y amarillos y en su interior se han instalado restaurantes, galerías de arte, bares y tiendas de artesanía.

PELOURINHO

Declarado Patrimonio de la Humanidad por la Unesco, es el casco viejo de Salvador y donde se conservan millares de casonas de los siglos XVI, XVII y XVIII. Su nombre se debe al pilar de castigo (pelourinho) que existía en la plaza Largo do Pelourinho y donde los esclavos eran azotados en público.

Este barrio fue ocupado en sus primeros tiempos por la burguesía local, que construyó las casas coloniales y contribuyó a levantar las iglesias barrocas, pero a principios del siglo XX las familias acaudaladas fueron poco a poco, abandonando el barrio para trasladarse hacia otras zonas más tranquilas y las casas fueron deteriorándose con el paso del tiempo.

El Pelourinho ocupa, más o menos, el espacio que se extiende entre Praça da Sé y Largo do Pelourinho, y está dividido en tres áreas principales: la plaza Municipal hasta el Largo de São Francisco, el Pelourinho, el Largo do Carmo y, por último, el Largo de Santo Antônio Além do Carmo. Por todo el barrio abundan las iglesias y casonas de otros siglos y en sus cuestas y calles pavimentadas con adoquines redondeados, que se llaman *cabeza de negro*, tuvieron lugar importantes episodios de la historia brasileña. La par-

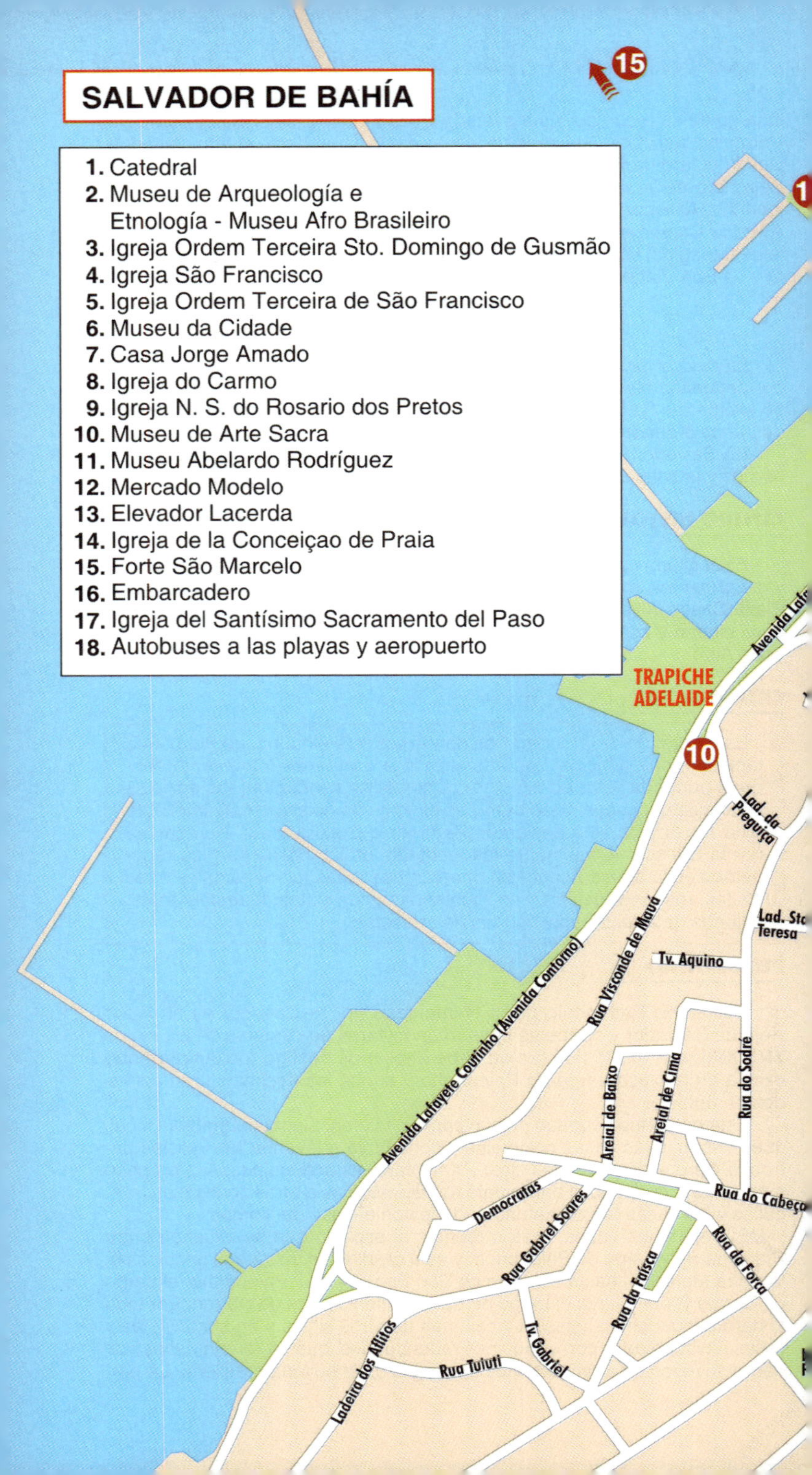

SALVADOR DE BAHÍA
1. Catedral
2. Museu de Arqueología e Etnología - Museu Afro Brasileiro
3. Igreja Ordem Terceira Sto. Domingo de Gusmão
4. Igreja São Francisco
5. Igreja Ordem Terceira de São Francisco
6. Museu da Cidade
7. Casa Jorge Amado
8. Igreja do Carmo
9. Igreja N. S. do Rosario dos Pretos
10. Museu de Arte Sacra
11. Museu Abelardo Rodríguez
12. Mercado Modelo
13. Elevador Lacerda
14. Igreja de la Conceiçao de Praia
15. Forte São Marcelo
16. Embarcadero
17. Igreja del Santísimo Sacramento del Paso
18. Autobuses a las playas y aeropuerto
15
TRAPICHE ADELAIDE
10
Lad. da Preguiça
Tv. Aquino
Rua Visconde de Mauá
Avenida Lafayete Coutinho (Avenida Contorno)
Areial de Baixo
Areial de Cima
Rua do Sodré
Democratas
Rua Gabriel Soares
Rua da Faísca
Rua da Força
Ladeira dos Aflitos
Rua Tuiuti
Tv. Gabriel

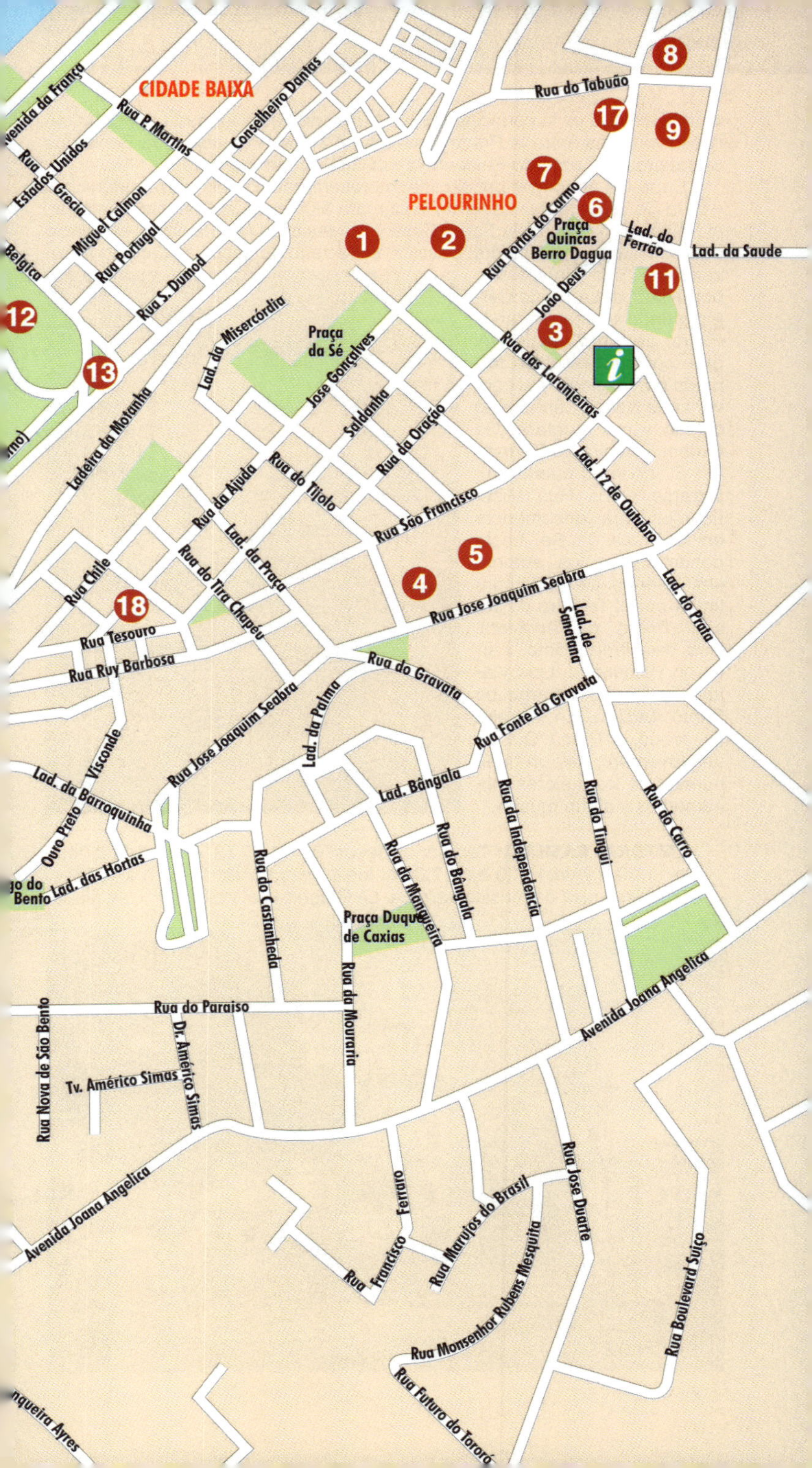
CIDADE BAIXA
PELOURINHO
Avenida da França
Rua P. Martins
Conselheiro Dantas
Rua do Tabuão
Rua Estados Unidos
Grecia
Miguel Calmon
Rua Portugal
Rua S. Dumod
Belgica
Praça Quincas Berro Dagua
Rua Portas do Carmo
Lad. do Ferrão
Lad. da Saude
João Deus
Rua das Laranjeiras
Lad. da Misericórdia
Praça da Sé
Jose Gonçalves
Saldanha
Rua da Oração
Ladeira da Montanha
Rua da Ajuda
Rua do Tijolo
Rua São Francisco
Lad. 12 de Outubro
Lad. da Praça
Rua do Tira Chapéu
Rua Chile
Rua Tesouro
Rua Ruy Barbosa
Rua Jose Joaquim Seabra
Lad. de Santana
Lad. do Prata
Rua do Gravata
Rua Fonte do Gravata
Lad. da Palma
Lad. Bângala
Lad. da Barroquinha
Visconde Ouro Preto
Lad. das Hortas
Rua do Castanheda
Rua da Mangueira
Rua do Bângala
Rua da Independencia
Rua do Tingui
Rua do Carro
Praça Duque de Caxias
Rua da Mouraria
Rua do Paraiso
Dr. Américo Simas
Tv. Américo Simas
Rua Nova de São Bento
Avenida Joana Angelica
Rua Francisco Ferraro
Rua Marujos do Brasil
Rua Monsenhor Rubens Mesquita
Rua Jose Duarte
Rua Boulevard Suiço
Rua Futuro do Tororó
nqueira Ayres
1
2
3
4
5
6
7
8
9
11
12
13
17
18
i

te más antigua es la conocida como Maciel, que está formada por ocho calles localizadas entre la Praça Anchieta, el Terreiro de Jesús, la Baixa dos Sapateiros, el Largo do Pelourinho y la Rua Alfredo de Brito.

Entre los atractivos principales, merecen mención las plazas Municipal y de la Sé, el Ascensor Lacerda, la Cámara Municipal, el Consejo Municipal, el Palacio Rio Branco, la Santa Casa y la iglesia Da Misericórdia, el Palacio del Arzobispado, la Catedral Basílica, el Terreiro de Jesús, el Largo do Cruzeiro de São Francisco y por último, el Largo do Carmo, donde se encuentran el Fuerte de San Antonio y el gran conjunto religioso formado por la iglesia y el convento de Nossa Senhora do Carmo y por la iglesia Da Ordem Terceira do Carmo.

El recorrido puede empezarse en la Rua Misericordia para desembocar en la Praça da Sé, hasta donde llegan los autobuses urbanos. Después continuar por el Terreiro de Jesus, Praça de Anchieta, Rua de Alfredo Brito, Largo do Pelourinho, Luis Viana, Do Carmo y Largo do Santo Antõnio. En Terreiro de Jesus, o Praça Quinze de Novembro, hay un buen número de los mejores monumentos y algún museo.

CATEDRAL BASÍLICA: Terreiro de Jesus. ☎ 321 45 73. Abierta de 8.00 h a 11.30 h y de 14.00 h a 17.30 h; los domingos, de 10.30 h a 12.30 h, con una misa de música barroca. La Catedral del Pelourinho, en ple-

na plaza principal del barrio, fue construida entre 1657 y 1672 sobre una capilla que perteneció a los jesuitas. La fachada está recubierta por mármol procedente de Lisboa. En su interior destacan el cuadro de Nossa Senhora de São Lucas y los trece altares dorados de los Santos Mártires y de las Virgens Mártires, ricamente decorados y provenientes de la primitiva Iglesia do Colégio dos Jesuítas, ambos datados del siglo XVI. En esta iglesia se ordenó sacerdote José de Anchieta y Antõnio Vieira se inspiró aquí para componer su oratoria barroca. Por su parte los restos de Mem de Sá, tercer virrey de Brasil, reposan aquí.

En la sacristía se pueden admirar los azulejos portugueses y las tallas de madera de palisandro. Las cajoneras se decoran con escenas bíblicas y el techo con retratos de jesuitas: san Ignacio de Loyola, en el centro, San Francisco Javier, San Francisco de Borja...etc. La fuente que hay delante de la Catedral se llama Fonte da Deusa Abundância y simboliza los cuatro ríos de Bahía. Se colocó en el siglo XIX. Junto a la Catedral se encuentra el Museu Afro-Brasileiro (ver Museos).

IGREJA DE SÃO PEDRO DOS CLERIGOS: Terreiro de Jesús. Abierta de lunes a viernes de 13.00 h a 17.00 h. De principios del XVIII y estilo rococó, esta iglesia se encuentra en el lateral izquierdo de la plaza según se sale de la Catedral.

IGREJA DE LA ORDEM TERCEIRA DE SÃO DOMINGO DE GUSMÃO: Terreiro de Jesus. Abierta de 8.00 h a 12.00 h y de 14.00 h a 17.00 h; domingos de 8.00 h a 10.00 h. Cierra los sábados. Situada frente a la Catedral, esta iglesia se empezó a construir en 1731. En su interior destacan las tallas de madera, obra de Cándido Alves de Souza.

IGREJA DE SÃO FRANCISCO: Largo Cruzeiro de São Francisco (Praça Anchieta). ☎ 322 64 30. Abierta de lunes a sábado de 8.00 h a 17.30 h y los domingos de 7.00 h a 12.00. Entrada de pago. Las dos iglesias y conventos franciscanos de Pelourinho se sitúan juntas, detrás de la iglesia de Santo Domingo, y muy cerca, pues, de Terreiro de Jesus. La iglesia más importante y rica de Salvador, probablemente, fue construida entre 1708 y 1750, mientras que el convento anexo fue fundado en 1587, destruido por los holandeses y reconstruido también en el siglo XVIII. En el convento sólo se puede visitar el claustro decorado con 37 paneles de bellos azulejos portugueses del siglo XVIII.

Se la conoce como la iglesia de oro, porque toda la parte frontal está esculpida en arabescos de madera forrada con este metal precioso. Está considerada como uno de los más bellos ejemplos barrocos de toda la América Latina. En su interior se encuentran todos los símbolos del barroco; hojas de acanto, pelícanos, flores, angelitos, sirenas, etc. La leyenda cuenta que sus constructores utilizaron mil kilos de oro en polvo para moldear la talla. La nave central, cortada por otra menor forman una cruz y las pinturas del techo son hexágonos y octágonos que forman una estrella. En la sacristía, se pueden ver un conjunto de 18 paneles al óleo sobre la vida de San Francisco y también destaca la madera tallada de jacarandá. Los dos púlpitos laterales están tallados con hojas de parra, pájaros y frutas, todo recubierto de oro. Los murales del techo del vestíbulo son obra de José Joaquim da Rocha.

En las naves, hay que fijarse en las diversas tallas de santos de las capillas: una Santa Eugenia negra o San Pedro de Alcántara, enfermo de tuberculosis, lo cual reflejó en su rostro el escultor y gran santero bahiano Manoel Inácio da Costa, también él enfermo de tuberculosis.

En esta iglesia, todos los martes se reparte pan entre los necesitados. Desde antes del amanecer se forman largas colas de gente que llegan desde las favelas.

IGREJA DA ORDEM TERCEIRA DE SÃO FRANCISCO: Rua Inácio Accioli. ☎ 321 69 68. Abierta de lunes a viernes de 8.00 h a 17.00 h. Situada junto a la iglesia anterior, ésta mantuvo su hermosa fachada cubierta de yeso, hasta que la casualidad hizo que se descubrieran sus bellas piedras talladas y en 1936 se iniciaran unas obras que durarían nueve años y que han permitido dejar al descubierto esta maravilla arquitectónica. También junto a este templo hay un precioso claustro decorado con azulejos azules lusitanos que narran la historia de una boda principesca y armarios de jacarandá terminados en marfil y cobre.

IGREJA DE NOSSA SENHORA DO ROSARIO DOS PRETOS: Largo do Pelourinho. ☎ 326 97 01. Abierta de lunes a viernes de 9.30 h a 18.00 h; sábados de 9.30 h a 17.00 h y domingos de 10.00 h a 12.00 h. Esta bella iglesia de color azul pastel es una de las más populares de Bahía, fue construida por los esclavos en el siglo XVIII. En su interior hay una imagen de Nossa Senhora do Rosário del siglo XVII. En esta iglesia suelen ordenarse los sacerdotes negros, es una iglesia tradicionalmente muy ligada a los ritos del candomblé; las madre de santo, los babâlao siempre eran miembros de la cofradía del Rosário dos Pretos. Su fachada, en una de las plazas más bonitas del Pelourinho, es una de las postales más típicas de Salvador, y en muchas ocasiones con las torres de Nossa Senhora do Carmo de fondo es una de las maravillas de la ciudad, tanto de día como de noche. En esta plaza se halla también la Fundación Jorge Amado (ver Museos). Es imprescindible venir a esta iglesia a las misas de 19.30 h de los martes, cuando está llena de gente y se entonan maravillosos cantos religiosos.

IGREJA Y CONVENTO DO CARMO: Largo do Carmo. Situados en la cima de una elevación sobre la plaza Largo de Pelourinho, ligada al convento de las carmelitas, fue fundada en 1585. En ese convento fue firmada la rendición de los holandeses. La iglesia tiene una sacristía que se considera una de las más bonitas de Brasil. el convento se fundó en 1636 y la iglesia fue reconstruida en 1723. El templo tiene su parte frontal labrada en plata. Dentro de la iglesia, en la capilla de Nossa Senhora da Piedade, están enterrados los restos del poeta Junqueira Freire y del conde de Bagnuoli, héroe de la expulsión de los holandeses. Junto a la iglesia está el convento, cuyas dependencias se utilizan como un pequeño museo de arte sacro con imágenes de marfil, oro y plata. Hay que fijarse en la imagen de santa María Egipciaca, patrona de las prostitutas. Al lado está el Centro Gemológico de Bahía, con una pequeña exposición de piedras y varias salas dedicadas al tallado.

IGREJA DE LA ORDEM TERCEIRA DO CARMO: Largo do Carmo. Abierta de lunes a sábado de 9.00 h a 13.00 h y de 14.00 h a 18.00 h. Junto a los monumentos anteriores, esta iglesia fue construida en 1636 y restaurada en 1807 después de un incendio. Sobresale su altar barroco y el órgano del siglo XIX. También en esta iglesia hay un pequeño museo de arte sacro en el que destacan las obras del escultor Francisco Manoel das Chagas, *El Cabra*, uno de los escultores bahianos más importantes de su tiempo, era un esclavo mestizo que murió siendo joven, dicen que era muy aficionado a la juerga y a la cachaça, pero dejó una gran producción de obras religiosas.

Si se continúa caminando desde el Carmo hacia el norte, por la rua do Carmo y luego por Direito de Santo Antônio, se llega a una zona más tranquila preciosa y sin las aglomeraciones de turistas de la parte baja del Pelourinho. Ambas calles, que se unen después de pasar el Oratorio da Cruz do Pascoal, están flanqueadas por casas coloniales con alegres tonos pastel y muchas de ellas albergan pousadas y restaurantes con hermosas vistas sobre la bahía de Todos os Santos.

IGREJA DO SANTÍSSIMO SACRAMENTO DO PASSO: Rua Ribeirao dos Santos. Para subir desde Largo de Pelourinho al Carmo hay dos calles paralelas; hay que tomar la que sube más a la izquierda y se llega por delante de este bello templo barroco de 1737. Frente a la entrada, una escalera que desciende a la rua Ladeira do Carmo sirvió de escenario para la película *O pagador de promesas*, de 1962 y ganadora del Festival de Cannes. Los martes suelen celebrarse conciertos en un improvisado escenario al pie de las escaleras.

IGREJA E MUSEU SANTA CASA DE MISERICÓRDIA: Rua da Misericórdia 6. ☎ 3322 7355. Esta iglesia, en la calle que une la Praça da Sé con la de Tomé de Souza, se empezó a construir en 1549 y fue reformada en 1654. Su fachada de piedra es de estilo renacentista. En el interior destacan los azulejos, mobiliario e imágenes de santos. Cruzando la calle está la galería de la Fundação Pierre Verger, en donde se exponen obras del fotógrafo y etnólogo franco-brasileño.

PRAÇA TOMÉ DE SOUZA: Está plaza situada casi inmediatamente al sur de la Praça da Sé está rodeada por varios edificios muy bonitos.

PALÁCIO RIO BRANCO: en la Pça. Tomé de Sousa. ☎ 3116 6520. Horario: de lunes a viernes de 9.00 h a 18.00 h. Construido en 1549, Fue la residencia de los gobernadores del país y conserva en su interior diversos objetos personales de todos ellos. Es la antigua sede de gobierno del Estado de Bahía y uno de los palacios más antiguos de Brasil. El palacio comenzó a ser construido a mediados del siglo XVI por el primer gobernador general de Brasil, Tomé de Souza, para ser el centro de la administración portuguesa. A fines del siglo XIX, todavía conservaba la vieja fachada colonial portuguesa, se reformó, en 1900 con un estilo neoclásico de inspiración francesa.

El 10 de enero de 1912, el palacio quedó prácticamente en ruinas después de un bombardeo Entre las pérdidas, una de las peores fue la destrucción de la colección de libros raros que había en la planta baja. Posteriormente fue reconstruido en 1919 y recibió el nombre de Rio Branco, en homenaje al Barón del Río Branco. En la actualidad, es sede de la Fundación Pedro Calmon que se encargada de conservar el archivo de los documentos públicos del estado, también de la Fundación Cultural del Estado de Bahia y del Memorial de los Gobernadores.

CÁMARA MUNICIPAL: Al otro lado de la calle se halla el edificio de la moderna Prefeitura, tiene poco interés y desentona en esta plaza tan bonita. Entre la Cámara y el Palácio Rio Branco, el otro edificio imponente hacien-

do chaflán, amarillo y de principios del siglo XX, es la Asociación de Empresarios de Comercio de Bahia.

Más al norte se halla otro edificio magnífico, actualmente en restauración, la antigua Casa de Misericordia.

LA CIDADE BAIXA

Está comunicada con la alta a través de calles estrechas poco transitadas y por el popular ascensor Lacerda. En esta parte baja está el puerto, el Mercado Modelo y la zona comercial y financiera. Alrededor de estas zonas, la ciudad tiene enormes suburbios, en algunos de ellos hay grandes favelas. La ciudad baja es el centro comercial y financiero de la ciudad, es el barrio de Comércio con las terminales de ferries, el puerto, la aduana, los bancos, el Mercado Modelo, etc.

En esta parte de la ciudad se percibe claramente la influencia portuguesa, que todavía se puede reconocer en sus caserones con azulejos, muchos de ellos despintados y con aire de abandono, largas escaleras y en la vida del puerto, con olor a mercancías exóticas. Las calles más cercanas al puerto y las iglesias como la de la Conceiçao da Praia, que vino desde Portugal en piezas para ser armada, recuerda a muchas ciudades portuguesas. Pero también hay construcciones modernas que ya no recuerdan a Portugal, como los modernos y altos edificios que hay junto al Elevador Lacerda, que es lo primero que ve el que llega por mar a Salvador.

El espacio de tierra entre el mar y la montaña es estrecho en esta parte y cuenta con unas pocas calles paralelas, generalmente llenas de tráfico y muy animadas durante el día y está presidida por el monumento al Visconde de Cairu. Hay varias laderas unen la ciudad baja con la alta. La más importante es la Ladeira da Montanha, abierta en el morro y en cuya cuesta hay algunas antiguas casas de fachadas despintadas y aire de abndono. Las barriadas que se encuentran en dirección norte a lo largo de la bahía, van siendo pobres a medida que se alejan del centro.

ELEVADOR LACERDA: Es la construcción más emblemática de la ciudad, conecta la Praça Visconde de Cairo en la Baixa con la Praça

Tomé de Souza en la cidade Alta. Tene una altura de 72 metros y dos torres: una que sale de la roca y atraviesa la ladera de la montaña (Ladeira da Montanha), y otra, más visible, que desciende hasta la Cidade Baixa, llega a transportar a cerca de 30.000 personas al día, en un recorrido que no llega a los treinta segundos de duración. El precio es de 0,05 R$, moneda que conviene llevar suelta para no tener que esperar el cambio y se paga antes de montar en el ascensor. Cuenta con cuatro cabinas cerradas y sin vistas con capacidad para veinte personas cada una. Tanto a la entrada como a la salida es frecuente la presencia de vendedores ambulantes ofreciendo sus mercancías con insistencia. Desde lo alto de sus torres, puede apreciarse una bonita vista de la Bahía de Todos los Santos y del Mercado Modelo. Fue construído por el ingeniero Augusto Frederico de Lacerda utilizando acero importado de Inglaterra. Las obras se iniciaron en 1869 y, se inauguró, en diciembre de 1873 con el nombre de Elevador Hidráulico da Conceição da Praia. Pero como ocurre habitualmente en la ciudad, los bahianos cambiaron su nombre y primero lo llamaron Elevador do Parafuso, y posteriormente, en 1896 sería rebautizado como Elevador Lacerda. Forma parte del Patrimonio Histórico y Artístico Nacional, desde el 7 de diciembre de 2006.

MERCADO MODELO: Praça Visconde de Cairu. Casi enfrente del elevador, es un edificio que resulta inconfundible por su color amarillo terroso de estilo neoclásico. En 1983 fue destruido por un incendio y hubo que reconstruirlo casi totalmente formado por un cuerpo central cuadrado cubierto por un techo con tejado a dos aguas y un anexo de planta semicircular con una gran terraza sobre ele puerto. En su interior está el principal mercado de artesanía de la ciudad con más de 250 puestos divididos en dos pisos y con dos restaurantes. En la plaza que está delante del mercado hay otro pequeño mercado de artesanía que compite con los puestos del interior del edificio. En la parte posterior suele haber música en directo y grupos de jóvenes practicando la capoeira, si se quiere hacerles fotos es mejor negociar antes el precio con ellos.

EMBARCADEROS: muy cerca del Mercado, desde aquí zarpan los barcos para la isla de Itaparica.

FORTE DO MAR: al lado del Mercado Modelo, su nombre oficial es el de Forte Sào Marcelo, es una fortificación circular situada en medio de la bahía sobre un arrecife en la entrada del puerto de Salvador. Nació como un baluarte de forma triangular construido en madera a comienzos del siglo XVII fue reconstruido en piedra, después de la invasión holandesa de 1624, pasó a tener forma circular y fue una de las defensas de la ciudad ante los ataques por mar. Se llega por barco desde la Rampa de los Saveiros. Para el escritor Jorge Amado es el ombligo de la ciudad. Actualmente está bajo la protección del IPHAN (Instituto do Patrimônio Histórico Artístico Nacional).

IGREJA DE LA CONCEIÇÃO DA PRAIA: Largo da Conceição da Praia, abierta de martes a viernes de 7.00 h a 11.30 h y de 15.00 h a 17.00 h; lunes, sábados y domingos de 7.00 h a 11.30 h. Queda frente al Mercado y frente al mar. Fue fundada en 1550 y, entonces, no era más que una pequeña capilla después, fue reconstruida en estilo barroco portugués, prefabricada en Portugal en 1736, con un mármol denominado *pedra de lioz*, fue traído desde Portugal, en bloques ordenados y numerados que solo fue necesario colocar. Sus torres forman una extraña composición en diagonal y las pinturas del techo, de 1772, son obra del artista José Joaquim da Rocha. Las barandillas del altar son de bronce dorado. Una escalinata debía llegar hasta el mar, pero jamás fue construida, como tampoco la cúpula de la iglesia, porque el arquitecto murió antes de terminar su obra. Esta iglesia, así como la de Nosso Señor do Bonfim está muy vinculada al pueblo bahiano, a sus fiestas y ligada a su sincretismo religioso.

SOLAR DO UNHÃO: Av. Contorno. ☎ 3329-5151. www.mambahia.com.br Horário: de miércoles a domingo de 13.00 h a 19.00 h. Es una antigua casa señorial del siglo XVII que perteneció a la familia Unhão y que se utilizó para almacenar azúcar y que actualmente es la sede del Museo de Arte Moderna da Bahia, además de albergar un restaurante y un taller de arte. (Ver Museos).

BARRA

Es uno de los centros turísticos de la ciudad y el barrio playero más frecuentado, lleno de tiendas, hoteles, restaurantes, bares y discotecas.

Está situado hacia el sur, pero cerca del centro histórico. Es el punto de la costa que más sobresale sobre el mar y es allí donde la costa continúa hacia el este. En el puerto de Barra fue donde desembarcó el capitán Tomé de Souza para fundar Salvador en 1549 y su playa es una de las más concurridas y animadas, especialmente los fines de semana, Al borde de la playa cuenta con largo un paseo marítimo lleno de deportistas y vendedores ambulantes. En Barra se concentran tres antiguos fuertes coloniales, el más conocido es el Fuerte de Santo Antônio da Barra, llamado por todos los bahíanos el Farol da Barra, punto de partida y centro de concentración de los *blocos* del carnaval. En Barra se puede contemplar la mejor puesta de sol de la ciudad.

FUERTE DE SANTO ANTÔNIO DA BARRA: Es uno de los símbolos de la ciudad, es propiedad de la Marina del Brasil, está situado a la entrada norte de la Bahía de Todos los Santos y fue la primera fortaleza construida en la ciudad para defenderse de los enemigos que llegaban a la Bahía. Se empezó a construir en el siglo XVI y se terminó en el siglo XVII, tiene forma de polígono irregular con diez lados y con sus ángulos muy salientes. Dentro de sus murallas está el Farol de Barra con bandas horizontales de color blanco y negro, que fue construido a principios del siglo XIX y que sucedió a otro anterior de madera y alimentado de aceite de ballena, fueron construidos para señalar la entrada de la bahía, avisar de los peligros de corales o del banco de arena de Santo Antonio. Está prohibido subir al faro. En el interior del fuerte, está el Museo Náutico, con exposiciones de mapas antiguos, equipos de navegación, maquetas de embarcaciones, piezas de artillería y restos de navíos que naufragaron en Barra. (Ver Museos).

PORTO DA BARRA: Casi toda la costa está rodeada de arrecifes y el Puerto de Barra el único lugar donde pueden desembarcar embarcaciones pequeñas. Es una pequeña ensenada unida a la historia de la ciudad y que recibía las navesmandados por Diogo Alvares "Caramurú"* en la primera mitad del siglo XVI. Allí también desembarcaron el primer gobernador– general Tomé de Souza, en 1549, y los soldados de la Compañía de las Indias Occidentales que invadieron la ciudad en 1624.

FUERTE DE SANTA MARÍA: Construido para proteger el Puerto de Barra de los invasores, Con siete lados, cuatro de sus ángulos son salientes y tres entrantes, su diseño es de tipo italiano de fines del siglo XVIII.

FUERTE DE SÃO DIOGO: Cerca del Fuerte de Santa María y Situado en la base de la colina de Santo Antônio, su sala principal exhibe, diariamente, un vídeo sobre el Sistema de Defensa Colonial de la Ciudad de Salvador, también con la función de impedir el desembarco de invasores en el único puerto natural de la ciudad. Ya existía en 1638 cuando los holandeses invadieron Salvador por segunda vez. A mediodía, el fuerte dispara un tiro de cañón como ocurría antiguamente.

IGLESIA DE SANTO ANTÔNIO DA BARRA: Situada sobre una colina, con una vista predominante hacia Barra y hacia una gran extensión de la Bahía de Todos los Santos, este templo fue construido entre 1595 y 1600. Su fachada presenta un frontón clásico de forma triangular con dos torres terminadas en pirámide, revestidas de azulejos.

IGLESIA Y ABADÍA DE NOSSA SENHORA DA GRAÇA: Erigida en 1535, por orden de Catarina Alvares "Paraguaçú". La actual iglesia y su abadía fueron construidas en 1645 por los Benedictinos, Considerado el primer templo de Catarina, cuyo cuerpo fue sepultado en su interior, en 1583, la iglesia de Nossa Senhora da Graça es la más antigua en Salvador.

IGLESIA DE NOSSA SENHORA DA VITÓRIA: Este templo se disputa con la iglesia de Nossa Senhora da Graça el título de primera iglesia de Salvador. Reedificada en 1666, con fachada frente al mar, fue totalmente reformada en 1809.

CAMPO GRANDE

Barrio situado al sur del Pelourinho y surgido al inicio del siglo XIX, en torno al a la plaza del mismo nombre y atravesado por la avenida 7 de Setembro, es una zona de gran actividad cultural y donde se encuentran algunos de los sitios más representativos de la ciudad como el histórico Teatro Castro Alves, el Teatro Vila Velha (ver Cultura, Ocio y Espectáculos) y la Plaza de Campo Grande, una gran plaza con árboles centenarios y que es el escenario habitual de las grandes manifestaciones populares y reivindicativas.

VITÓRIA

Otro barrio situado más sur de la Cidade Alta, entre Campo grande y Barra, unidos por la Avenida 7 de Setembro que la pasar por el barrio se llama el Corredor da Vitória, es un barrio tranquilo en el que todavía se conservan algunas de las antiguas casona bahianas, es también una zona de hoteles

BONFIM

Situado en la pequeña Península de Itapagipe que avanza hacia la Bahía de Todos los Santos, situada al norte del Pelourihno. Fue en sus inicios una zona de pescadores y ganaderos donde se que adaptaba el ganado que llegaba de Europa al clima tropical, y a finales del siglo XIX, empezó a convertirse en un área industrial. Aquí se encuentra la imponente Iglesia de Nosso Senhor do Bonfim, el símbolo religioso del pueblo bahiano y los restos de algunas elegantes residencias de veraneo de principios del siglo XX. En la península hay tres pequeñas barrios que se pueden visitar al mismo tiempo: Bonfim, Ribeira, y Boa Viagem

Se puede tomar como referencia y punto de partida la colina donde se construyó iglesia de Nosso Senhor do Bonfim

IGREJA DO NOSSO SENHOR DO BONFIM: Pça. Senhor do Bonfim, s/n. Cidade Baixa. Abierta de martes a domingo de 6.30 h a 12.00 h y de 14.00 h a 18.00 h. Se puede llegar hasta la iglesia en los autobuses de Bonfim que paran al pie del ascensor Lacerda.

Localizada en lo alto de la Colina Sagrada, es la más popular de las iglesias bahianas y uno de los puntos de referencia de la ciudad, su construcción terminó en 1772 y fue construido para cumplir una promesa hecha por el capitán de la marina portuguesa Teodózio Rodrigues de Faria durante una tempestad en alta mar.

En el altar mayor está la imagen del Senhor do Bonfim, que fue traída de Portugal y es muy parecida a una que se encuentra en Setúbal. En el techo, hay pinturas de Francisco Velasco, con retratos de náufragos agradeciendo al Senhor do Bonfim haber sobrevivido y en la sacristía hay cuadros de Teófilo de Jesús. Pero el mayor interés de esta iglesia es *La Sala dos Milagros*, en donde se reúnen millares de exvotos, objetos ofrecidos al santo en pago de promesas realizadas. Allí, se ven piernas modeladas en cera, cabezas, hígados o corazónes e impresionantes fotografías, al lado de dedicatorias que cuentan historias dramáticas.

Es un museo de promesas y dicen que de milagros. La tradición de atarse una cinta en muñeca con tres nudos, repitiendo en cada uno de ellos una petición tiene aquí su origen y los practicantes del candomblé consideran al Señor del Bonfin de Oxalá, el dios mayor de la religión africana.

El segundo jueves de enero después del día de Reyes, una procesión de bahianas de acarajé acompañadas por mucha gente sale en una caminata de ocho kilómetros de la iglesia de Nossa Senhora de la Conceição da Praia en dirección a la iglesia de Bonfim. Vestidas con trajes típicos y llevando jarras blancas con flores y agua, las baianas lavan el atrio y las escalinatas del templo en medio a cánticos y oraciones.

MIRADOR DE LA SAGRADA FAMILIA: Desde el que hay una buena vista de la Cidade Alta y Baixa.

SOLAR MARBACK: Situado en la base de la colina que da acceso a la iglesia de N. S. do Bonfim, es una bonita residencia construida a principios del siglo XIX, con dos galerías laterales acristaladas y una gran escalera exterior.

RIBEIRA

Este barrio ocupa la parte norte de la Península de Itapagipe, por la tranquilidad de sus aguas fue un lugar ocupado por aldeas de pescadores, actualmente se encuentra el Puerto de los Tainheiros, una marina natural protegida de las mareas y donde atracan una gran variedad de barcos que navegan por la Bahía de Todos los Santos. Ribeira es hoy un animado centro de ocio nocturno con bares y restaurantes, también se encuentra la Heladería de Ribeira, la más antigua de la ciudad. En la ensenada de Ribeira son frecuentes las competiciones náuticas. A principios del siglo XX, la ensenada sirvió como hidropuerto para recibir las primeras aeronaves con destino a Salvado.

EL PALACIO DE VERANO DEL ARZOBISPO Y LA IGLESIA DE NOSSA SENHORA DE LA PENHA: situado a orillas del mar, en uno de los extremos de la Península de Itapagipe y construidos del siglo XVIII, forman un conjunto arquitectónico interconectado por una galería sobrepuesta. El palacio está estructurado alrededor de un patio central y forma un ángulo con la iglesia, en la que destacan los restos de azulejos colores y rotos en su mayor parte que cubren la parte frontal y la única torre.

EL SOLAR AMADO BAHÍA: una casa de 1901 que conserva preserva una bonita barandilla de hierro fundido con suelo de mármol de Carrara.

BOA VIAGEM

Ocupa el extremo sur de la Península de Itapagipe una zona que se utilizó en el pasado para desembarco de mercancías y que actualmente es muy frecuentada porque ofrece un vista privilegiada de las Cidade Alta y Baixa y desde donde ver una bonita puesta de sol entre el mar y las islas de la bahía. Allí está la Punta de Humaitá, un faro y un pequeño conjunto religioso formado por una iglesia y un monasterio.

IGLESIA Y HOSPICIO DE NOSSA SENHORA DE BOA VIAGEM: Un iglesia con una sencilla fachada y una única torre de azulejos blancos y azules. El altar mayor, los altares laterales y la nave son barrocos. Construido originalmente en el siglo XVIII, fue posteriormente modificado a principios del siglo XX.

IGLESIA Y MONASTERIO DE MONT SERRAT: El templo, de aspecto sencillo, fue construido en el siglo XVI y el monasterio en el siglo XVII sobre una roca que se proyecta hacia el mar.

FUERTE DE NOSSA SENHORA DE MONT SERRAT: Fue el primer fuerte en llevar el nombre en femenino antiguamente conocido como Forte de São Felipe, es considerado una de las obras militares más hermosas e importantes del período colonial brasileño. Iniciado en el siglo XVI, el fuerte es un polígono irregular de grandes torres circulares que tenía la función de guardar el límite norte de defensa de la ciudad con una batería de nueve cañones. Sin embargo, su situación aislada lo hizo vulnerable a los ataques de la Compañía de las Indias Occidentales durante el siglo XVII. Actualmente, está abierto al público y ofrece un museo de armas y una escenificación teatral que simula su tomada y reconquista en 1624. Destacan las vistas del puerto y de gran parte del litoral que se obtienen desde sus alrededores.

PROCESIÓN MARÍTIMA DE BOM JESUS DOS NAVEGANTES: fiesta iniciada por los pescadores en el siglo XVIII y que tiene lugar el día 1º de enero, con cientos de embarcaciones que salen en procesión desde el antiguo muelle, enfrente de la iglesia de Nossa Senhora da Conceição da Praia, siguiendo al barco, *Galeota Gratidão do Povo*, que transporta la imagen de Bom Jesus hasta la iglesia de Boa Viagem.

ONDINA

Barrio costero al que se llega desde Barra continuando en dirección al aeropuerto, es un barrio de construcciones modernas de playas y hoteles y una de las zonas por donde discurre el carnaval.

RIO VERMELHO

Situado a continuación de Ondina y antes de Amaralina donde está una de las favelas más grandes de Salvador. Es el barrio de la vida nocturna, lleno de hoteles, restaurantes, bares con música en directo y los puestos de comida bahiana más famosos de la ciudad, los Acarajés de Cira y de Dinha. Es un barrio de calles estrechas y con muchos atascos, sobre todo en las Rua da Paciência que recibe el intenso tráfico de la Avenida Oceânica que lo atraviesa, así como de las ruas Oswaldo Cruz y Odilon Santos. El Rio Vermelho, que da nombre al barrio bordea la Avenida Juracy Magalhães Júnior y desemboca en una playa muy animada. A pesar de su crecimiento en los últimos tiempos el barrio conserva muchas casas de una sola planta en calles estrechas que llevan nombres de ciudades bahianas como Caetité, Itabuna, Ilhéus, etc. En la rua Alagoinhas está la casa en la que vivió el escritor Jorge Amado con su esposa Zélia Gattai.

Otro sitio de interés es el Mercado do Rio Vermelho, un animado mercado tradicional al aire libre situado en Largo da Mariquita. En el barrio se celebran fiestas muy populares como la de Santana una celebración claro origen africano y el día 2 de febrero, en la playa de Rio Vermelho, tiene lugar la popular fiesta de Yemanjá, la protectora de los pescadores. Rio Vermelho siempre se ha considerado un barrio muy popular, Caetano Veloso lo cuenta en la canción *Onde o Rio é mais baiano*:

"E agora estamos aqui / Do outro lado do espelho / Com o coração na mão / Pensando em Jamelão no Rio Vermelho".

(..Y ahora estamoa aquí/ Al otro lado del espejo/ Con el corazón en la mano/ Pensando en Jamelâo en Rio Vermelho...)

ITAPUÃ

Un barrio en el que vivieron muchos intelectuales y artistas, tiene una de las mejores playas, por su limpieza de las aguas y sus cocoteros. Al lado está el parque de Abaeté con su laguna y sus increíbles arenas blancas. Una de las muchas leyendas que circulan sobre la laguna dice que ésta se formó por las lágrimas de una novia india a la que el novio dejó plantada el día de la boda. En este lugar suelen celebrarse ritos afrobrasileños. Antiguamente las lavanderas iban a lavar la ropa a la laguna y en la actualidad lo hacen en la Casa das Lavadeiras. Este edificio está equipado con las instalaciones adecuadas para que las mujeres puedan trabajar sin verter residuos químicos en la laguna.

ALGUNAS AVENIDAS

AV. LUIZ VIANNA (PARALELA): su trazado es en paralelo a la Avda. Oceánica (el nombre oficial es Octavio Mangabeira). Tiene 16 kilómetros de extensión. Son dos carriles a cada lado separados por un jardín central, desde su inauguración han ido surgiendo en su entorno nuevos barrios, edificios, y dando origen a un nuevo centro comercial y urbano en la ciudad. Muy transitada une la Rodoviária y el Aeropuerto facilitando el desplazamiento en dirección al norte de la ciudad

AV. SETE DE SETEMBRO: Es la principal y más extensa avenida de la zona central y una de las más antiguas de Salvador. Comienza en la Ladera de São Bento y termina en el "Largo do Farol da Barra". En el camino recibe diferentes denominaciones por la presencia de diversos edificios y sitios históricos a lo largo de su trayecto.

AV. ANTÔNIO CARLOS MAGALHÃES (A.C.M.): una de las más importantes vías de tráfico de la ciudad. Su recorrido casi 11 kilómetros atraviesa el nuevo centro comercial de la ciudad, comenzando en el barrio de Pituba, pasando por Iguatemi y la Estación Rodoviária.

AV. MÁRIO LEAL FERREIRA (BONOCÔ): une los barrios de Brotas, Vasco da Gama, Ogunjá e Iguatemi. Fue inaugurada con el nombre del ingeniero Mário Leal Ferreira. Sin embargo en este lugar se celebraba tradicionalmente un ritual africano por lo que todo el mundo la conoce como Bonocô.

AVDA. LAFAYETE COUTINHO (AVDA. CONTORNO). Es la principal vía de comunicación entre la Cidade Alta y la Baixa, contituyéndose como una de las grandes obras del sistema viario de Salvador. Se extiende desde el Valle de Canela hasta la plaza Cayru.

AV. DORIVAL CAYMMI: Conecta el sector final de la costa, próximo a Itapuâ y la primera salida hacia el aeropuerto. En la inauguración de esta avenida el cantor y compositor Dorival Caymmi dijo: "Aquí (en Itapuã) es mi lugar y aquí vive mi corazón". Es una calle de casi 4 kilómetros con mucho tráfico de vehículos y peatones con doble circulación y dividida por un jardín central.

AV. JORGE AMADO: Conecta la Av. Paralela a la Orla Marítima, a través del Barrio de Imbuí.

LAS PLAYAS

La zona de las playas, donde se han instalado los hoteles más lujosos y no presenta más atractivos que los de cualquier otra ciudad moderna de veraneo: playas, restaurantes y locales nocturnos.

La costa de Salvador tiene más de 50 kilómetros de playas que se extienden desde Inema, en el suburbio ferroviario, hasta la playa de Flamengo, por dos zonas claramente diferenciadas, las playas situadas a orillas la Baía de Todos os Santos, con aguas tranquilas y adecuadas para de los deportes náuticos, en especial la vela y el buceo y las situadas en dirección norte bañadas por el Océano Atlántico y se caracterizan por su fuerte oleaje y son muy adecuadas para el surf. Se puede llegar en autobuses que recorren toda la costa, especialmente los que llevan el cartel de Itapuâ, Praia do Flamengo y también los que van al aeropuerto, aunque estos sólo llegan a la Avenida Dorival Caymmi, ya en la playa de Itapuâ. Hay que tener en cuenta que estos autobuses hacen muchas paradas por lo que el trayecto será muy lento.

PORTO DA BARRA: con aguas tranquilas y muy frecuentada, especialmente los fines de semana, cuando desde primeras horas de la mañana se llena de gente, de sombrillas y de puestos de comida que se instalan en la arena. Buen ambiente, jóvenes jugando al fútbol y música en los chiringuitos de su paseo marítimo.

PLAYA DEL FAROL DA BARRA: cerca de la anterior y a unos 5 kilómetros del centro, está protegida por arrecifes, mar tranquilo y en la marea baja se forman diversas piscinas naturales entre las piedras. Se pueden alquilar sillas y sombrillas.

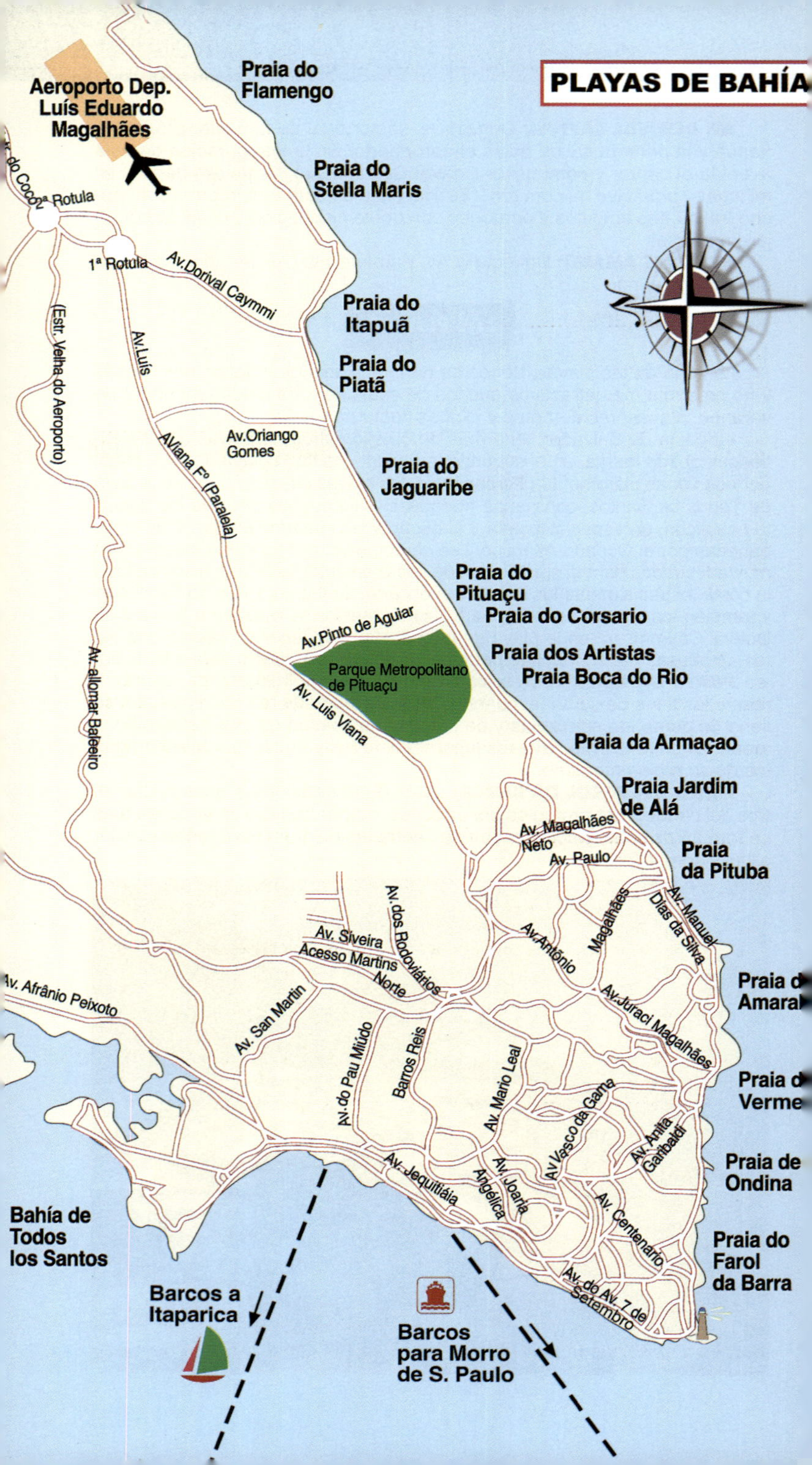

PLAYAS DE BAHÍA
Aeroporto Dep. Luís Eduardo Magalhães
Praia do Flamengo
Praia do Stella Maris
2ª Rotula
1ª Rotula
Av.Dorival Caymmi
Praia do Itapuã
Praia do Piatã
(Estr. Velha do Aeroporto)
Av.Luís
Av.Oriango Gomes
AViana Fº (Paralela)
Praia do Jaguaribe
Praia do Pituaçu
Praia do Corsario
Av.Pinto de Aguiar
Parque Metropolitano de Pituaçu
Praia dos Artistas
Praia Boca do Rio
Av. Luís Viana
Av. allomar Baleeiro
Praia da Armaçao
Praia Jardim de Alá
Av. Magalhães Neto
Av. Paulo
Praia da Pituba
Av. Manuel Dias da Silva
Magalhães
Av. Antônio
Av. dos Rodoviários
Av. Siveira
Acesso Martins Norte
Av. Afrânio Peixoto
Av. San Martin
Av.Juraci Magalhães
Av.do Pau Miúdo
Barros Reis
Av. Mario Leal
Av.Vasco da Gama
Av. Anita Garibaldi
Av. Jequitiáia
Angélica
Av. Joana
Av. Centenario
Av. do Av. 7 de Setembro
Praia de Ondina
Praia do Farol da Barra
Bahía de Todos los Santos
Barcos a Itaparica
Barcos para Morro de S. Paulo

ONDINA: Más hacia el norte a unos 7 kilómetros del centro, con canchas de deportes y piscinas esculpidas en las rocas, es una playa muy popular.

PITUBA: A 14 kilómetros del centro, con muchas rocas, está localizada en uno de los barrios más poblados de Salvador, por lo que está muy llena los fines de semana. Cuenta con una gran variedad de restaurantes y bares.

PITUAÇU: a 21 kilometros, con mar tranquilo, protegido por arrecifes, y una gran extensión de arena para pasear. Llena de bares, restaurantes y vendedores ambulantes.

ITAPUÃ: una larga y animada playa con palmeras, restaurantes y mar tranquila por la protección de los arrecifes. A 27 kilómetros del centro. La mejor zona para bañarse es nada más pasar el faro en una pequeña franja de playa, con chiringuitos para comer, donde las rocas forman un semicírculo que protegen el baño del oleaje y el fondo es de arena.. El poeta y compositor se trasladó a Itapoã en los años setenta. Playa conocida internacionalmente por la canción de Vinícius de Morais, *Tarde en Itapuâ,* un canto a la vagancia y al relax de la playa:

Um velho calção de banho/ O dia pra vadiar /Um mar que não tem tamanho/ E um arco-íris no ar /

Depois na praça Caymmi/ Sentir preguiça no corpo/ E numa esteira de vime Beber uma água de coco

É bom Passar uma tarde em Itapuã/ Ao sol que arde em Itapuã / Ouvindo o mar de Itapuã/ Falar de amor em Itapuã…

(Un viejo traje de baño/ Un día para vaguear/Un mar que no tiene tamaño/ y un arco iris en el cielo

Después, en la plaza Caymmi/ Sentir la pereza en el cuerpo / y en una estera de mimbre beber un agua de coco

Qué bien, pasar la tarde en Itapuã/ Al sol que arde en Itapuã/ Mirando el mar de Itapuã….

STELLA MARIS: Más hacia al norte, a 31 kilómetros, es la playa preferida de los jóvenes principalmente en los fines de semana. Alterna zonas tranquilas con piscinas naturales y partes de mar más bravo con buenas olas para el surf.

PRAIA DO FLAMENGO: A unos 33 kilómetros del centro, ya en los límites de la ciudad, es una de las más limpias, con cocoteros, arrecifes y olas fuertes para los surfistas. Muy llena durante los fines de semana.

FIESTAS EN LAS PLAYAS

Las playas de Salvador también son los lugares de celebración de muchas fiestas populares y religiosas. En Itapuã, en el mes de enero, los pescadores organizan el lavagem de la iglesia de Nossa Senhora da Conceição de Itapuã. En este mismo mes, se realizan también la fiesta de la Ribeira y la Procesión del Senhor dos Navegantes, en Boa Viagem, ambas en la ciudad baja. En la playa de Rio Vermelho, el día 2 de febrero, se realiza la fiesta de Iemanjá, que es considerada la manifestación pública del Candomblé más grande en todo Brasil. En la Ponta de Humaitá, Península de Itapagipe, el día 8 de marzo, se celebra la fiesta de la ofrenda de Iemanjá de Humaitá.

Desde hace años se conmemora el Año Nuevo en la playa, en una fiesta que se celebra en diversos puntos de la costa y con fuegos artificiales y espectáculos musicales en el Farol da Barra .

PARQUES Y JARDINES

PARQUE DO ABAETÉ: Localizado en Itapuã, ocupa un área de 400 hectáreas y allí se encuentra la laguan de aguas oscuras más famosa de la ciudad, rodeada de dunas de arena blanca y una rica vegetación. Hay diversas instalaciones, entre ellas, la Casa de Música de Bahía.

PARQUE METROPOLITANO DE PITUAÇU: En la costa, en la Avenida Jorge Amado con 425 hectáreas. Es la mayor área verde de uso público de Salvador con abundante vegetación, numerosos árboles frutales, palmeras y una laguna con embarcaciones a pedal. Hay un circuito para ir en bici de 18 kilómetros.

PARQUE DAS ESCULTURAS DO MUSEU DE ARTE MODERNA DA BAHIA: localizado en el Solar do Unhão, exibe 21 piezas firmadas por los más importantes artistas locales, de expresión internacional, como Carybé, Mário Cravo, Carlos Bastos, Calasans Neto, Rubem Valentim y Tati Moreno, entre otros. (ver Museos).

PARQUE DO DIQUE DO TORORÓ: Una laguna artificial decorada con orixás del artista plástico Tati Moreno. Dentro de ella, una fuente luminosa y un escenario flotante.. Es el único manantial natural de Salvador y ha sido declarado Patrimônio Histórico Artístico Nacional. En la actualidad está repleto de atracciones turísticas y se ha transformado en un importante espacio de descanso y entretenimiento.Conocido por los bahianos como Dique, está situada en el barrio do Tororó en su margen izquierda y por Engenho Velho de Brotas en su margen derecha, al norte, está el Estádio Octávio Mangabeira y al sur, el barrio de Garcia. Caminar por el jardín alrededor del lago los domingos cuando el tráfico está prohibido es uno de los paseos más agradables de la ciudad.

PARQUE DA CIDADE: Con 720 mil metros cuadrados de área, se localiza en el Bairro Itaigara, Avenida Antônio Carlos Magalhães, y es una importante área de conservación de la Mata Atlántica, es también un moderno complejo sociocultural y de ocio. Cuenta con parque infantil y numerosas áreas deportivas, rodeadas de una frondosos bosques. Aparcamiento.

PARQUE SÃO BARTOLOMEU: está en la perteria de la ciudad, también se le conoce como el Parque Metropolitano de Pirajá: es un parque que está relacionado con la historia y la cultura de Bahia, aquí tuvo lugar la Batalha de Pirajá, decisiva para la conquista de la Independencia de Bahia. Es un Parque Sagrado del Candomblé. Es un parque muy poco seguro para visitar.

PARQUE COSTA AZUL: Avenida Adelaide Fernandes da Costa. ☎ 342 1070. Se localiza enfrente al mar en un área de 55.000 m² y próximo al Jardim dos Namorados, dispone de una gran infraestructura, con canchas deportivas, campo de fútbol, equipamiento para ejercicios físicos, un puente de 35 metros sobre el río Camurujipe y un anfiteatro al aire libre con capacidad para 600 personas y cuatro restaurantes.

JARDIM DOS NAMORADOS: se localiza en la Costa de Pitaba. Es uno de los lugares de entretenimiento más visitados por los bahíanos. Destacan sus zonas deportivas, terrazas cubiertas y el anfiteatro, donde se realizan a lo largo de todo el año diferentes actos y representaciones culturales. Cuenta con un restaurante.

MUSEOS

Los museos cambian con frecuencia de horarios. Tienen la misma flexibilidad de horarios que el resto de la ciudad, lo que forma parte de la personalidad de Salvador, incluso hay casos en los que el horario que se señala en información oficial de los propios museos no coincide con el real.

MUSEU AFRO-BRASILEIRO: Terreiro de Jesus. ☎ 5571 328 35 540. www.mafro.ceao.ufba.br Entrada económica. En el bonito edificio de la antigua Facultad de Medicina al lado de la Catedral, en la Praça XV de Novembro, Bairro del Terreiro de Jesús. Este interesante museo dedica su espacio a obras y piezas relacionadas con la cultura africana y afro brasileña, enttre ellas el candomblé y de capoeira. Lo más destacado del museo es la sala dedicada a las tallas de madera de cedro de Carybe, el artista bahiano de adopción, son obras de 2 a 3 metros de altura que representan a las divinidades, u orixás, con sus indumentarias y símbolos: *Egum, Espírito, Exu, Ogum, Oxossi, Logunede, Omolu, Nana, Obsaim, Xango, Oxumare, Oxum, lansa, lemanja, Oxalufa y Oxaguia* y que constituyen una de las más importantes obras del arte brasileño del pasado siglo. También tienen su espacio las figuras de la lucha-danza de la capoeira cuyos orígenes están en Angola. Además, hay una pequeña, pero interesante y valiosa, colección de arte africano.

En el piso superior está el Memorial de Medicina, en el que se guardan reliquias de este antiguo centro docente.

FUNDAÇÃO CASA DE JORGE AMADO: Largo do Pelourinho 51. ☎ 55 71 3321 0070. www.jorgeamado.org.br Este magnífico edificio de color azul claro situado en el centro del Pelourinho, junto al Museu da Cidade, es museo dedicado a la obra y a la memoria del escritor bahiano Jorge Amado, allí se expone una serie de objetos, condecoraciones y medallas del escritor, así como fotografías del autor bahiano con personajes ilustres y populares de Bahia. También se exhiben paneles que contextualizan su obra y algunas de las portadas de sus novelas, muchas de ellas traducidas a numerosos idiomas, entre ellos, el lituano, mongol o albanés, también se pueden ver algunos objetos personales del escritor, como unas gafas o un reloj o el traje de gala usado en la Associação Brasileira de Letras. En la planta baja hay un agradable café que de vez en cuando se transforma en un cine en el que se proyectan documentales relacionados con la obra de Jorge Amado.

MUSEU DA CIDADE: Largo do Pelourinho 3. ☎ 55 71 3321 1967.

El museo expone entre otras cosas una serie de maniquíes de tamaño natural con vestimentas del rito candomblé y algunos manuscritos del poeta bahíano Castro Alves.

MUSEU DE ABELARDO RODRIGUES: Rua Gregorio Matos 45 (Solar do Ferrão en el Pelourinho). Abelardo Rodrigues fue un abogado, poeta y pintor pernambucano que durante más de treinta años recorrió Brasil en busca de obras de arte hasta que consiguió reunir la mayor colección particular de arte sacro de Brasil, compuesta por 808 piezas que su familia las donó a su muerte con el fin de que no fueran dispersadas. Entre las valiosa colección destaca el centenar de imágenes de Nossa Senhora da Conceição. También son muy hermosos los oratorios, la mayoría del siglo XVIII, que acompañaban a los colonos en sus viajes. Son particularmente interesantes *los mineiros*, en piedras de *sabão,* o los denominados *de garrafa,* por su peculiar forma. Una sala entera agrupa imágenes del Niño Jesús y la Sagrada Familia.

MUSEU DE ARTE SACRA: Rua do Sodré 276 (Cidade. Alta). www.mas.ufba.br Abierto de lunes a viernes de 11.30 h a 17.30 h. Ubicado en el antiguo convento de las Carmelitas Descalzas, bello edificio del siglo XVII. En su interior destacan las colecciones de esculturas de madera, piedra, barro y marfil reúne una colección formada por 1.500 piezas de arte religioso elaboradas entre los siglos XVI y XIX. Destacan las pinturas sobre Santa Teresa, un ostensorio de plata dorada adornado con más de 400 piedras preciosas y semipreciosas, una imagen de Nossa Senhora das Maravilhas, cubierta con un manto y el altar de la antigua Iglesia de la Sé, también tallado en plata.

MUSEU DE ARTE DA BAHIA: Avenida Sete de Setembro 2.340 (Vitória). ☎ (71) 3117 6902. http://museudeartedabahia.blogspot.com.es/ Fue fundado en el año 1918 y es el más antiguo del todo el Estado y en su interior se exponen esculturas, pinturas y mobiliario de los siglos XVIII y XIX, además de porcelanas chinas, muebles en madera de jacarandá, azulejos portugueses, piezas sacras y joyas, entre otras cosas.

MUSEU DE ARTE MODERNA DE BAHIA (MAM): Av. Contorno. ☎ (71) 3117 6130 / 6131 www.mam.ba.gov.br Es uno de los museos más importantes de Brasil. Fue fundado en el año 1960 e instalado en el Solar do

Uinhão seis años más tarde. En su interior se guarda uno de los archivos de arte moderno y contemporáneo más importantes de Brasil, con pinturas, dibujos, grabados y esculturas, en total más de 1000 obras de los más destacados artistas, entre ellos: Tarcila do Amaral, Djanira, Portinari, Pancetti, Rubem Valentim, Carybé, Sante Scaldaferri, etc. El museo también cuenta con varias salas de exposiciones temporales, teatro-auditorio, sala de vídeo y biblioteca especializada. En el exterior se continua con el Parque de las Esculturas, que reúne al aire libre, en la ladera de la avenida do Contorno, obras de artistas brasileños: Carybé, Cravo Júnior, Juarez Paraíso, Mestre Didi, Sante Scaldaferri, Siron Franco, Tati Moreno, Vauluizo Bezerra. Tunga y otros, a destacar la colección de Rubem Valentim.

MUSEU DAS PORTAS DO CARMO: Praça José de Alencar senac@ba.senac.br www.ba.senac.br Horario: de lunes a viernes de 9.00 h a 17.00 h y sábado de 09.00 h a 14.00 h. En el centro histórico de Salvador, es un museo de la gastronomía local ofrece una muestra de los placeres culinarios de la región, allí se exhiben los ingredientes de los platos típicos Bahianos, con los utensilios requeridos para hacerlos y las fotografías del resultado final. También hay una tienda que vende libros de cocina, caramelos y compotas.

MUSEU GEOLÓGICO DO ESTADO DA BAHIA: Av. Sete de Setembro - Corredor da Vitória. ☎ 3336 6922 / 3498. hsampaio@mgb.ba.gov.br Se encuentra situado en el Barrio de Vitória. Fue fundado en el año 1975 y guarda un importante archivo con más de 2.500 muestras de minerales, fósiles y rocas. A destacar la colección de cuarzos.

MUSEU NÁUTICO: Largo do Farol da Barra s/n. Forte Stº Antonio da Barra. Barra. ☎ 3264 3296. www.museunauticodabahia.org.br museunauticodabahia@zaz.com.br Horario: martes a domingo de 8.30 h a 19.30 h. Se localiza en el interior de una de las construcciones militares más importantes de la Ciudad, el Forte de Santo Antônio da Barra. Guarda una importante colección de mapas, maquetas antiguas, instrumentos de navegación, piezas de artillería y restos de naufragios, destacando los recuperados del Galeão Sacramento.

MUSEU CARLOS COSTA PINTO: Av. 7 de Setembro, 2490 (Vitória). ☎ 3336 6081. www.museucostapinto.com.br Horario: de lunes a domingo de 14.30 h a 19.00 h. Cierra los martes. Fue construido para guardar la colección que da nombre al museo y que se distribuye por 23 salas y cuenta con 3.175 piezas divididas en 12 colecciones temáticas: cristalería, diseño, esculturas, imageniería religiosa, mobiliario, pintura, porcelana, plata, porcelana china y europea, cristales, pinturas, obras de marfil, opalina, bronce y laca de la China. Las joyas de oro y la colección de 27 *balangandãs* (amuletos) de plata, son las piezas más valiosas de la colección. En la sala de la plata hay un juego de té que perteneció al escritor Eça de Queiroz.

FUNDAÇÃO INSTITUTO FEMININO DA BAHIA: R. Mons. Flaviano, 2/R. Politeama de Cima. ☎ 3329 5522. www.institutofeminino.org.br Está dividido en dos partes, una el Museu Henriqueta Catharino, con salas que exhiben el mobiliario de la antigua aristocracia bahíana, y la otra parte es el Museu do Traje e do Têxtil, con vestidos, entre ellos, uno de 1888 bordado en oro y que llevó la princesa Isabel en la firma de la Lei Áurea. Además hay pelucas, ropas de esclavas y calzados de diversas épocas.

PALACETE DAS ARTES RODIN BAHIA: R. da Graça, 284. Graça. ☎ 3117 6910. www.palacetedasartes.ba.gov.br Horario: martes a domingo de 10.00 h a18.00 h. Museo que ocupa una bonita casa de estilo francés, en donde se exponen algunas obras del escultor Auguste Rodin, venidas directamente de su museo oficial, en Paris. También organizan exposiciones de artistas locales.

MUSEU DE ARQUEOLOGIA E ETNOLOGIA: Praça 15 de Novembro. Terreiro de Jesús. ☎ 3321 3971. Horario: lunes a viernes de 9.00 h a 17.00 h. Museo instalado en la antigua Facultade de Medicina, Praça 15 de Novembro. En su interior se exponen interesantes colecciones de objetos indígenas, pinturas y fotografías. En total unas 30.000 piezas.

DATOS PRÁCTICOS

PREFIJO TELEFÓNICO: 71.

OFICINAS DE INFORMACIÓN TURÍSTICA

Hay varios puestos repartidos por la ciudad en los que conseguir un mapa muy elemental y algunas informaciones. También venden planos de bolsillo un poco más completos y útiles para tener una visión general de la ciudad.

PELOURINHO: Rua das Laranjeiras, 12 ☎ (71) 3321-2133 / 2463. Abre todos los días de 8.30 a 21.00 h. En un edificio haciendo esquina en pleno Pelourinho, informaciones sobre alojamiento, restaurantes, ocio, playas, museos, monumentos. También pueden facilitar algún guía para ver una sesión de candomblé.

RODOVIÁRIA: Terminal Rodoviário de Salvador. Avenida Antõnio Carlos Magalhães Pitaba ☎ 335 80 871. Abierta de 8.00 h a 21.00 h

AEROPORTO: Aeroporto Internacional de Salvador Deputado Luis Eduardo Magalhães

São Cristovão. ☎ 3204 1244. Con folletos sobre la ciudad y pueden ayudar a buscar alojamiento.

POSTO DO SAC - BARRA: Av. Centenário 2992 Shopping Barra. ☎ 3264 2197. Horario: de lunes a viernes de 9.0 0 h a 19. 00 h y sábado de 9.00 h a 14. 00 h.

POSTO DO SAC - IGUATEMI: Av. Tancredo Neves. Pitaba. ☎ 345 034 89. Horario: de lunes a viernes de 9.0 0 h a 21. 00 h y sábado de 9.00 h a 14. 00 h.

TELÉFONO DE INFORMACIÓN TURÍSTICA: ☎ 3103 3103.

CAMBIAR DINERO: En Pelourinho hay numerosas casas de cambio. También se puede cambiar en el Banco de Brasil con una oficina en el aeropuerto y otras dos en la Cidade Baixa: Rua Sete de Setembro 733 y Avenida Estados Unidos 561.

URGENCIAS

SAMU: ☎ 192.

URGENCIAS MÉDICAS: Hospital Aliança, ☎ 350 46 90.

BOMBEIROS: ☎ 193.

FARMÁCIAS DE GUARDIA: ☎ 136.

POLÍCIA CIVIL: ☎ 197.

POLÍCIA MILITAR: ☎ 190.

POLICÍA TURÍSTICA DELTUR: Cruzeiro de São Francisco 14. (Pelourinho). ☎ 322 71 55. Junto a las iglesias de São Francisco y abierta las 24 horas. Cualquier robo o problema legal de un turista debe ser comunicado a la policía turística. Algunos agentes hablan español.

HOSPITALES

ALIANÇA: ☎ 335 05 600.

HGE HOSPITAL GERAL DO ESTADO: ☎ 327 68 999.

JORGE VALENTE: ☎ 3203 4333.

PORTUGUÊS: ☎ 3203 5555.

SANTA ISABEL: ☎ 3326 8444.

CORREOS

OFICINA CENTRAL: Praça Inglaterra (Cidade Baixa); también hay otras oficinas en Rua Rui Barbosa 19-21 (Cidade Alta); Alfredo de Brito 43 (Pelourinho), Rua Marqués de Caravelas 101 (Barra), en el aeropuerto y en la rodoviária.

INTERNET

En Salvador hay varios Cyber Cafés que ofrecen servicio de Internet con una buena conexión. La mayoría de los cyber cafés están en las proximidades de los principales centros turísticos o en los grandes centros comerciales

CYBERCAFÉS

ALDEIA.NET & SNACK CYBER CAFÉ: Av. Almirante Marquês de Leão, 639, sala 201A Barra. ☎ 3237 2297 / 3247 2062. wagnerreboucas 2006@gmail.com

CAFE INTERNET DO VILLAGE NOVO: Rua Avenida 7 de Setembro 3659 - Porto da Barra. ☎ 3267 4362. amigos@villagenovo.com www.villagenovo.com

BAHIACAFÉ.COM: Praça da Sé. Pelourinho. ☎ 3322 1266 / 3266 6063. ba.cafe@terra.com.br www.bahiasun.com.br

CAFÉ DO DEMÊ: Av. Centenário 2992, 2º Piso Shopping Barra. Barra. ☎ 3267 8990.

CAFÉ.COM.NET: Av. Oceânica 2400 Ondina Apart Loja 04. ☎ 3235 5421. www.cafecomnet-ba.com.br

TRANSPORTES

AEROPUERTO DEPUTADO LUIS EDUARDO MAGALHÃES: Praça Gago Coutinho - s/n São Cristovão. ☎ (71) 3204 1010 / 1155 / 1013 / 1544 / 1555. www.infraero.gov.br A unos 30 kilómetros del centro y comunicado por varios autobuses. Es el sexto aeropuerto en movimiento de pasajeros de Brasil. Con 80 vuelos regulares diarios y charter a todas las capitales del país, principales ciudades brasileñas y algunos municipios bahíanos.

DESDE EL AEROPUERTO. Para llegar al centro en taxi el precio ronda los 20 euros, conviene negociarlo por anticipado o coger un taxi prepago en una de las oficinas del aeropuerto. Hay un servicio de microbuses con aire acondicionado que cuesta algo más de un euro y que tiene el letrero "Praça da Se-Aeroporto", va hasta el centro y la parada está detrás del parking.

DESDE EL CENTRO. El precio del taxi para llegar al aeropuerto va a depender del lugar de la ciudad de domde se salga, desde el centro el precio sería unos 20 euros negociables y va disminuyendo a medida que el punto de partida se acerque al aeropuerto.

El microbús que va al aeropuerto sale de la Praça da Se, cada media hora aproximadamente, el horario no es muy riguroso y tarda en llegar algo más de una hora, dependiendo del tráfico que encuentre. Recorre la Avenida 7 de Setembro y Barra en donde también hay paradas. Hay otro autobús de la empresa municipal que tiene el letrero de Aeroporto, es más barato pero menos recomendable, ya que puede ir muy lleno de gente y va haciendo innumerables paradas en su recorrido y no es muy seguro si se lleva equipaje.

ESTACIÓN DE AUTOBUSES

TERMINAL RODOVIÁRIO ARMANDO VIANA DE CASTRO: Av. Antônio Carlos Magalhães 4362. Pituba ☎ 460 8300. Situado en la zona este de la ciudad a unos 8 kilómetros del centro histórico y a unos 5 km del Shopping Centre Iguatemi uno de los centros comerciales más conocidos de la ciudad. Todos los autobuses con el letrero *Shopping Iguatemi* paran también en la estación de autobuses, que es conocida simplemente como Rodoviaria.

AUTOBUSES URBANOS

El trasporte colectivo de la ciudad es el autobús, las paradas están repartidas por toda la ciudad y es constante el tráfico de autobuses, pero no es fácil entender las rutas, ya que hay 14 diferentes empresas de autobuses que recorren la ciudad. El ayuntamiento ha intentado ordenar los autobuses por números, pero el resultado sigue siendo muy confuso para el viajero. En general, hay dos tipos diferenciados de autobuses, el convencional, que cuesta unos 2,5 reales, se entra por detrás y se paga al cobrador y los microbuses, que son más caros, sobre 4 ó 5 reales, más rápidos, con aire acondicionado y que al salir se paga al conductor. Los autobuses y microbuses llevan un cartel en la parte delantera con el destino o bien lo llevan pintado en el parabrisas, de todos modos en caso de duda es mejor preguntar ya que a veces hay destinos en barrios muy diferentes con el mismo o parecido nombre. A continuación las principales rutas de microbuses:

IGUATEMI – SÉ
IGUATEMI – COMÉRCIO
RIBEIRA – PITUBA
RIBEIRA – CAMPO GRANDE
IMBUÍ – SÉ
BOCA DA MATA – PITUBA
CAJAZEIRA 11 – LAPA/BARRA
FAZENDA GRANDE DO RETIRO – BARRA
BROTAS – LAPA
FAZENDA GRANDE – ENGENHO VELHO DA FEDERAÇÃO
AEROPORTO – SÉ
PRAIA DO FLAMENGO – SÉ

AUTOBÚS TURÍSTICO

Un autobús de dos pisos que recorre la ciudad. Horários en www.salvadorbus.com.br ☎ 3356-6425. Tiene cinco rutas diferentes: das praias, que sale de Itapuã y va hasta el Farol da Barra; el de los orixás, desde el Mercado Modelo hasta el Dique do Tororó; la ruta histórica, desde el Farol da Barra hasta la Praça da Sé; el panorâmico, desde el Mercado Modelo hasta la Igreja do Senhor do Bonfim, y el nocturno. Explicaciones grabadas en español.

ALQUILER DE COCHES

AVIS: en el aeropuerto. ☎ 377 22 76.

HERTZ: Aeropuerto. ☎ 377 36 33.

LOCALIZA: tiene un despacho en el aeropuerto y otro en Rua Marqués de Leão 217 (Barra). ☎ 0800 992 000.

UNIDAS: en el aeropuerto y en el centro. ☎ 377 12 44.

TAXIS

Se puede negocia la carrera con el conductor o seguir el procedimiento legal que es guiarse por el taxímetro.

TRANSPORTE MARÍTIMO

PUERTO DE SALVADOR: Av. da França, Comércio. Horario: de lunes a sábado de 6.00 h a 17.30 h, el domingo de 7.00 a 10.00 h. Se alquilan embarcaciones de 6.00 h a 20.00 h. Salida de los barcos de la línea Salvador-Mar Grande que van a Ilha de Itaparica, Hay bar y restaurantes.

TERMINAL FERRY BOAT TERMINAL MARÍTIMO DE SÃO JOAQUIM: Av. Oscar Pontes, 1051, São Joaquim. ☎ 3319 2890. ☎ 32541020.

La Terminal Marítima de São Joaquim, más conocida como Ferry-boat ofrece servicios de embarcaciones que unen Salvador con la isla de Itaparica. El catamarán Morro de São Paulo realiza la travesía en 20 minutos y puede ser alquilado para paseos por la Bahía de Todos los Santos.

El Ferry-Boat tiene dos barcos, uno de ellos con capacidad para 90 automóviles y otro especial que puede transportar hasta 170 vehículos pequeños. Para los pasajeros, aire acondicionado, butacas, cafetería, tienda y cajero de banco 24 horas.

TERMINAL TURÍSTICO MARÍTIMO: Av. da França, Comércio (en frente de Mercado Modelo). ☎ 3326 3434. Salen barcos a Mar Grande, Morro de São Paulo y también barcos que hacen paseos por la bahía en general van hasta la Ilha dos Frades para bañarse con comida Itaparica o en Ilha de Maré, el paseo suele comenzar a las 9.00 h y el precio ronda los 45 reales.

ALOJAMIENTO

No hay problemas para conseguir alojamiento excepto en la época de Carnaval en la que conviene reservar con antelación. El resto del año hay muchas plazas hoteleras de todos los precios. Desde la Cidade Alta, en el Pelourinho en donde hay varios albergues juveniles modernos y una amplia oferta de hoteles. Los hoteles más caros están en la zona de la playa (Ondina y Rio Vermelho). En las calles interiores de Barra hay hoteles pequeños más económicos y un albergue juvenil. Muchos hoteles incorporan la palabra praia en el nombre pero en realidad, están alejados de ella.

CÁMPING ECOLÓGICO STELLA MARES: Alameda da Playa. Itapuã. ☎ 3374 01 02. Con terreno llano y arenoso y a la sombra de las palmeras de cocos. Tiene instalaciones deportivas, bar y piscina infantil. La playa es magnífica.

CHE LAGARTO: Av. Oceânica, 84-B (Barra) www.chelagarto.com Ubicado frente a la Playa da Barra. Ofrece habitaciones compartidas con literas y habitaciones privadas, que son un poco más caras. Aire acondicionado, terraza y desayuno incluido.

F DESIGN HOTEL: Tr. Prudente de Moraes, 65 (Rio Vermelho) www.fdesignhostel.com.br Un hotel de diseño contemporáneo con una buena ubicación en Río Vermelho. Piscina, sala de cine y buen ambiente.

POUSADA VILLA CARMO: Rua do Carmo 58. ☎ 3241 39 24. www.pousadavillacarmo.com.br Una bonita casa roja en una pintoresca calle de Pelourinho con 10 habitaciones con ventilador en el techo, nevera y aparcamiento.

SOLAR DOS ROMANOS: Alfredo Brito 14. ☎ 322 61 58. hotelsolardosromanos@hotmail.com Bien situado y con precios económicos.

POUSADA DA PRAÇA: Ruy Barbosa 5. ☎ 3321 06 42. www.pousadadapracahotel.com.br Una pensión básica, muy familiar y muy acogedora, con cuartos baratos que merecen la pena. Los que no tienen baño son más baratos todavía.

DON JUAN HOTEL: Ruy Barbosa 9. ☎ 322 22 25. www.hoteldonjuan.com.br hoteldonjuanssa@hotmail.com Habitaciones baratas con ventilador de techo y teléfono. Los de cuentan con aire acondicionado televisión, teléfono y ducha.

SUITE HOTEL QUILOMBO DO PELÔ: Rua Alfredo de Brito, 13 - Pelourinho. ☎ 3322 4371/4374. bookman@terra.com.br En el centro histórico, en el Pelourinho, cuenta con 10 habitaciones, con aire acondicionado, televisión, bar, minibar, caja de seguridad y teléfono.

PELOURINHO: Rua Alfredo de Brito 20. ☎ 3322.3939. www.hotelpelourinho.com reservas@hotelpelourinho.com Tiene 50 habitaciones con teléfono y frigorífico. Antes de ser hotel, fue un albergue estudiantil donde vivió el escritor Jorge Amado y donde escribió su novela *Sudor*. Es uno de los únicos hoteles de Salvador con participación en la rica historia literaria brasileña. Muy cerca de la Fundación Jorge Amado en el Pelourinho. Se accede por un pasaje que conduce a un patio donde hay unos anticuarios y una pequeña terraza. Todos las habitaciones tienen baño privado, teléfono y nevera. Las hay con ventilador o con aire acondicionado y pueden ser con vistas al mar, o a la ladera de Pelourinho.

BAHIAMAR HOTEL: Rua João Mendes da Costa Filho 125. Jardim de Alah. ☎ 3878 4444. www.bahiamar.com.br Cerca de la playa, cuenta con 128 habitaciones, aire acondicionado, minibar, televisión, caja de seguridad, piscina, sauna y parking.

BELMAR HOTEL: Av. Otávio Mangabeira 3.345. Jardim de Alah. ☎ 21046464. reservas@belmarhotel.com.br www.belmarhotel.com.br En frente a la playa, y un poco alejado del centro. Son 70 habitaciones, sencillas y correctas con aire acondicionado, minibar, televisión, restaurante, salón de convenciones y parking

HIT HOTEL: Av. Sete de Setembro 3.691. Barra. ☎ 32647433 http://hithotel.com.br Ubicado en la playa del Porto da Barra, dispone de habitaciones con aire acondicionado y vistas a la playa de barra, televisión, mini bar y teléfono.

POUSADA COLONIAL CHILE: Rua Chile 7. ☎ 3321 02 45. http://colonialchilehotel.tempsite.ws Un hotel cuyos cuartos están mucho mejor de lo que aparenta la recepción. Dispone de habitaciones con una decoración moderna, TV, teléfono directo y aire acondicionado con mando a distancia. Algunas habitaciones tienen vista a la Bahía de Todos los Santos.

POUSADA DO BOQUEIRÀO: Rua Direita do Santo Antônio 48. ☎ 3241 22 62. www.pousadadoboqueirao.com.br En la prolongación de la rua do Carmo, en pleno centro histórico, es una casona preciosa y muy bien acondicionada. Cuartos con ventilador y dos con aire acondicionado.

POUSADA RED FISH: Rua Direita do Santo Antônio 454. ☎ 3241 0639. www.pousadaredfish.com Otro alojamiento del mismo estilo que los anteriores, decorado con muebles pintados a mano. Recomendable también y con habitaciones amplias.

POUSADA NOA-NOA: Av. 7 de Setembro, 4295 Barra. ☎ 3264 1148. www.pousadanoanoa.com Muy bien situada enfrente del farol de Barra, ocupa un pequeño chalet pintado de un color rojo, muy cuidado y con un agradable bar en la terraza que mira al mar. Dos tipos de habitaciones y dos precios diferentes, las que tienen vistas al mar son algo más caras que las interiores, todas ellas llevan el nombre de un pintor impresionista francés y están equipadas con aire acondicionado y televisión. No son muy grandes pero están muy limpias y cuidadas. Desayuno de calidad.

ONDIMAR: Avenida Presidente Vargas 1.843 (Ondina). ☎ 3339 8383. www.ondimar.com.br Tiene habitaciones con teléfono, televisión, aire acondicionado, frigorífico y caja de seguridad, y tiene restaurante y bar.

PRAIA DA SEREIA: Avenida Dorival Caymmi 14 (Itapoã). ☎ 3285 81 00. www.praiadasereia.com.br Con sauna y piscina, las habitaciones están equipadas con baño, aire acondicionado, tele y minibar.

BAHIA DO SOL: Avenida Sete de Setembro 2.009 (Vitória). ☎ 3338 88 00. www.bahiadosol.com.br Con restaurante y bar, es un hotel, con habitaciones funcionales con teléfono, televisión, aire acondicionado, frigorífico y caja de seguridad. Servicio amable y no queda demasiado lejos del centro.

POUSADA DES ARTS: Rua Direita do Santo Antônio 90. ☎ 3012 5964. www.pousadadesarts.com.br Es una bonita casa del siglo XVIII, situada en pleno centro histórico de Salvador, muy bien restaurada y decorada y amuebladas con antigüedades. Habitaciones muy cuidadas algunas camas tienen dosel, las del piso de arriba tiene grandes ventanales que dan a una terraza llena de plantas.

SOL BARRA: Av. Sete de Setembro 3.577 Barra. ☎ 3264 7011. www.solexpress.com.br En frente a la playa del Porto da Barra, un edificio de muchos pisos con 189 habitaciones con aire acondicionado, televisión y minibar. Las habitaciones de los pisos más altos son bastante mejores, aunque en general todas son bastante ruidosas. Piscina y restaurante.

GRANDE HOTEL DA BARRA: Avenida Sete de Setembro 3.564 (Barra). ☎ 2106 86 00. www.grandehoteldabarra.com.br Con precios moderados, tiene bar, restaurante, piscina y habitaciones con baño, aire acondicionado, televisión y minibar.

PORTOBELLO ONDINA PRAIA: Av. Oceânica, 2275 Ondina. ☎ 2203 6000. www.portobellohoteis.com.br Con restaurante, bar y piscina. Tiene habitaciones con teléfono, televisión, aire acondicionado, frigorífico y caja de seguridad.

FIESTA BAHIA (H***):** Antonio Carlos Magalhâes, 711. Itaigara. ☎ 0352·0000. www.fiestahotel.com.br Es un hotel muy frecuentado por viajeros que acuden a congresos y convenciones ya que dispone de 14 salas para eventos con una capacidad hasta de 1200 personas. Es un hotel funcional y bien organizado con 236 habitaciones bien equipadas y 8 suites con dos grandes camas de matrimonio, televisión con una enorme pantalla plana, minibar, Internet en banda ancha gratuita, caja fuerte electrónica. Uno de los pisos está dedicado exclusivamente a mujeres con habitaciones bien decoradas y secadores de pelo de gran potencia.

CATHARINA PARAGUAÇU: R. João Gomes, 128. Rio Vermelho. ☎ 3334 0089. www.hotelcatharinaparaguacu.com.br Ocupa una casa tradicional del siglo XIX, cuenta con 32 habitaciones en total. El hotel está situado en una calle algo ruidosa y muy cerca de la playa. Es un hotel agradable y elegante. La recepción es pequeña con un bonito mostrador de madera barnizada y cuadros de arte contemporáneo en la pared. Para acceder a las habitaciones, hay cruzar un jardín muy cuidado. Dispone de 31 habitaciones, todas ellas con una pequeña terraza en la planta baja o un pequeño balcón en la planta superior con vistas al jardín. Las habitaciones situadas bajo el desván son abuhardilladas y todas ellas están muy bien decoradas y disponen de ducha. aire acondicionado (ruidoso en algunas habitaciones), minibar, teléfono directo y televisión. Los desayunos se sirven en una cocina familiar, decorada con piezas de cerámica y mesas de madera barnizada y en el que no faltan las frutas y zumos tropicales.

GOLDEN TULIP RIO VERMELHO: Rua Monte Conselho, 505. ☎ 2103 2233. www.goldentulipriovermelho.com riovermelhoreservas@goldentulip.com.br Situado en una zona tranquila del barrio de río Vermelho, a unos 5 kilómetros de la playa de Barra y a 10 kilómetros del casco antiguo. Dispone de habitaciones con teléfono, televisión equipo de música con radio y conexión a Internet, minibar y una caja fuerte de alquiler, se pueden regular la calefacción y el aire. Entre las instalaciones, un salón, peluquería y una boutique. En el restaurante se sirven especialidades internacionales y cuenta con unas bonitas vistas al mar. Servicio de habitaciones, de lavandería y garaje.

M VILA GALÉ SALVADOR (H**):** R. Morro do Escravo Miguel, 320. Praia de Ondina. ☎ 3263 8888. Reservas: 0800-284-8818 www.vilagale.com.br Al lado del mar, en un sitio muy tranquilo, es un hotel moderno con varios tipos de habitaciones, que se diferencian únicamente por las vistas, las que dan al mar son un poco más caras, todas ellas están muy bien equipadas con grandes cuartos de baño, televisión y cafetera eléctrica. Hay piscina con un pequeño jacuzzi, gimnasio, bar y restaurante.

C MERCURE SALVADOR RIO VERMELHO (H**):** R. Fonte do Boi, 215. Rio Vermelho. ☎ 3172 9200. www.mercure.com Situado en Rio Vermelho, en una zona de gran animación nocturna. Cuenta con habitaciones modernas y bien equipadas con aire acondicionado, caja fuerte, mini bar y televisión. Servicio de habitaciones las 24 horas, bar, servicio de lavandería, restaurante. Centro de negocios. Gimnasio. Sauna. Piscina que parece continuarse con el mar.

C BAHIA OTHON PALACE (H**):** Av. Oceânica, 2294 Praia de Ondina. ☎ 2103 7100. www.othon.com.br Situado en un arrecife rocoso de la playa de Ondina, es uno de los símbolos de la ciudad, de hecho en la Avenida Oceánica hay un semáforo especial para poder girar hacia el hotel. Habitaciones cómodas y elegantemente decoradas, con vistas al mar la mayoría, cuarto de baño con bañera o ducha, teléfono, contestador automático, aire acondicionado, televisión con canales internacionales caja fuerte y minibar. Restaurante, bar y animación musical por las noches.

C DEVILLE SALVADOR (H**):** Rua da Passárgada Farol de Itapua, 28 km. ☎ 71 2106 8500 www.deville.com.br Es un edificio blanco moderno y rectangular, con un vestíbulo muy grande con suelo de piedra verde oscura, paredes de color arena y abundante plantas verdes. Habitaciones muy confortables y bien equipadas con aire acondicionado, Internet, minibar, secador, televisión y teléfono. El hotel está rodeado de una extenso jardín.

C CATUSSABA RESORT (H***):** Rua Alameda da Praia. Itapuã. ☎ 3374 8000. www.catussaba.com.br Situado enfrente de la playa de Itapuã, a la que tiene acceso directo y un poco alejado del centro. Consta de un edificio principal que se comunica con otros dos más pequeños, todos ellos rodeados de jardines verdes y muy cuidados cerca de la playa. Las habitaciones del hotel se distribuyen en edificios de una o dos plantas. Son amplias y luminosas y pueden dar a los jardines o frente al mar. La decoración es sencilla en tonos claros con un cuadro en la pared y colchas bordadas. Todas están equipadas con televisión por satélite, teléfono, caja fuerte gratuita, minibar , una terraza amueblada con una mesa y dos sillas y una hamaca. Cuarto de baño de mármol con ducha, productos de bienvenida y secador de pelo. Servicio de habitaciones 24 horas.Piscina, sauna, gimnasio, pista de tenis y restaurante. Parking.

C GRAN HOTEL STELLA MARIS (H***):** Pça Stella Maris, 200 Praia de Stella Maris. ☎ 71 3413 0000. www.solexpress.com.br Situado frente a la playa de Stella Maris, a unos 30 km del Pelourinho y a 7 km del Aeropuerto. Es el primer hotel de la ciudad con la modalidad de "todo incluido". Son 334 habitaciones muy bien equipadas, tres restaurantes, italiano, japonés e internacional. Cuenta con modernas instalaciones para convenciones formadas por 20 salones con capacidad para 2.500 personas Piscina, cancha de squash, kids club, sala de juegos y parking.

ZANK BOUTIQUE HOTEL: Av. Almirante Barroso, 161 Rio Vermelho. ☎ 3083 4000. www.zankhotel.com.br Un moderno y lujoso hotel de diseño minimalista situado en el animado barrio de Rio Vermelho. Camas king size, almohadas de pluma de ganso, aire acondicionado, televisión de plasma, conexión a internet. Spa y restaurante.

PESTANA BAHIA LODGE (H**):** Fonte do Boi, 216 Rio Vermelho. ☎ 2103 8000. Tel. reservas. 0800-266332. www.pestana.com reservas@pestanabahia.com.br Ocupa un gran edificio situado en un cabo rocoso al lado del mar, en el animado barrio de Rio Vermelho. Habitaciones amplias, decoración moderna y con aire bahiano, bien equipadas aunque los baños están un poco anticuados. Las habitaciones que dan a la piscina, pueden ser muy ruidosas porque suele haber muy a menudo fiestas que duran hasta tarde. Restaurante panorámico en donde se sirve el desayuno con vistas de la ciudad y de la Isla de Itaparica. En las cercanías del hotel, varios restaurantes, chiringuitos y puestos de venta de Acarajé.

PESTANA CONVENTO DO CARMO (H***):** Rua do Carmo, 1. Pelourinho. ☎ 3327 8400. www.pousadadoconvento.com.br Localizado en el Pelourinho, ocupa un antiguo convento del siglo XVI construido por los carmelitas y que a lo largo del tiempo fue el escenario de importantes acontecimientos de la historia de Brasil. Es un hotel lujoso que forma parte de los "The Leading Small Hotels of the World", su arquitectura combina los muebles clásicos y obras de arte. Las habitaciones eran las antiguas celdas del convento que hoy están decoradas de forma elegante y muy bien equipadas, con cuarto de baño con secador de pelo, aire acondicionado, televisión, conexión a Internet, minibar, caja fuerte digital y selección de almohadas. Dentro del hotel hay una piscina con sombrillas, así como una sauna y un gimnasio. Spa y servicio de masajes.

SHERATON DA BAHIA: Av. 7 de Setembro, 1537 (Campo Grande). ☎ 3021 6700. www.starwoodhotels.com Construido en los años 50, el que fue el primer hotel de cinco estrellas de Salvador ha sido reinaugurado recientemente con todo lujo de detalles. Habitaciones modernas y muy bien equipadas, restaurante, bar, gimnasio y piscina.

RESTAURANTES

No sólo de moqueca vive el bahiano. Quien viene a Salvador también encuentra una infinidad de restaurantes de cocina internacional como la italiana, japonesa, china, francesa, mejicana y árabe, entre otras. La ciudad también posee diversos restaurantes de comidas regionales, con especial atención para los de culinaria mineira (del Estado de Minas Gerais) y sertaneja (de la región del Sertão (interior).

CARANGUEJO DE SERGIPE: Avenida Oceiinica, s/n, Barra. ☎ 3270 6727. www.caranguejodesergipe.com.br Restaurante muy animado ofrece recetas bahiazas y paltos de marisco aunque la mayoría acude a tomar un caranguejo, que está a medio camino entre el centollo y la andarica que se sirve cocido con bastante cilantro y una pequeña maza para ir comiendolo, generalmente se acompaña de una cerveza bien fria. Por semana y a mediodía sirven un menú del día que aquí se llama *almorço executivo* a partir de las 11 de la mañana.

CARANGUEJO DO FAROL: Avenida Oceánica, 235, Barra,. ☎ 3264 7061. No muy alejado del anterior y más cerca del faro. Cuenta con varias mesas al aire libre enfrente del mar y un oferta sencilla, lo más pedido son los caranguejos y las lambretas, una especie de almejas a la marinera. Lo que más se bebe es la caipirinha. Los fines de semana hay música en directo.

(B) **SENAC:** Lg. do Pelourinho, 13/19, 1º Piso. ☎ 3324 4564. www.ba.senac.br Horário: de lunes a sábado de 11.30 h a 15.30 h y de 18.30 h a 22.00 h, domingos de 11.30 h a 15.30 h. En el Pelourinho, ofrecen un bufé libre de especialidades bahiazas con más de 40 platos diferentes elaborados por los alumnos de esta escuela de cocina. Comedor muy amplio y una oportunidad para probar las especialidades locales a buen precio y con una buena calidad.

(B) **CALIFA:** Avenida Centenário, 2992, Locales 143 y 144 del 1º piso. Shopping Barra, Barra. ☎ 3267 8249 y 3267 8818. Un restaurante árabe de calidad que está incluido en el centro comercial Shopping Barra. Cocina muy cuidada en la que destacan la calidad de los productos. La especialidad de la casa es el michui de cabrito, un pincho moruno con trozos de cordero intercalado con tomate y pimiento y acompañados por arroz y lentejas. El restaurante también sirve un bufé al peso. La caña de cerveza (el chope) llega la mesa a 0ºC, por un original sistema de refrigeración que ha merecido diversos premios.

(M) **BARRAVENTO:** Av. Oceânica Barra. ☎ 3247 2577. De lunes a domingo de 09:00h a 3:00h. Una gran terraza cubierta al aire libre sobre la playa de Barra y con el faro al fondo. Un restaurante siempre muy animado, carta amplia en la que destacan los platos de pescado, muy recomendables las moquecas, en especial la de siri. A la salida hay una gran parada de taxis.

(M) **VOLARE:** Rua Fonte do Boi, 24, Rio Verme/ho, ☎ 3334 8829. www.volareristorante.com.br Ofrece una cocina italiana y también platos de origen tailandés y bahianos. El comedor está dividido en dos partes una de ellas al aire libre.

(M) **O SORRISO DA DADÁ**: Rua Vicente Rei, 5. ☎ 3321 9642. Es el restaurante de la cocinera Dadá, una de las bahianas más famosas del Pelourinho. Merece la pena probar las especialidades bahianas como los acarajés, la moqueca y su postre estrella, negao da dadá, una especie de tarta de chocolate servida con crema de leche, así como sus dulces de coco.

(M) **VIÑA DEL MAR:** Avenida do Contorno, 1010. ☎ 3321 5713. Bahia Marina, Comércio. Restaurante con dos ambientes, con una zona climatizada y un jardín muy cuidado. Cocina italiana en que las estrellas son los risotos. Postres muy cuidados, entre ellos *el sorvete de creme, acompanhado de castanhas crocantes, frutas laminadas e calda de chocolate*.

(M) **SOHO:** Avenida Contorno, 1010, Bahia Marina, Comércio. ☎ 3322 4554. www.sohorestaurallte.com.br Fue el restaurante pionero de la cocina japonesa en la ciudad. Decoración contemporánea y oferta de calidad, a destacar el *soho maki camarao* y la *seleçâo de frutos do mar no alumínio*, entre los postres, merece la pena pedir el hot de banana, que es un rollito frutas.

(M) **PIOLA:** Rua Conselheiro Pedro Luís, 113, Rio Vermelho, www.piola.eom.br Una de las mejores pizzerías de la ciudad Es también un sitio muy animado donde hay música y que una vez al mes organizan el *Bazar dos Nomades*, en donde artesanos y artistas plásticos montan un mercadillo para vender sus productos. Entre las bebidas no olvidar las preparados con vodka y frutas como morango y caja.

(M) **BARBACOA:** Avenlda Taneredo Neves, 909, Caminho das Arvores. ☎ 3342 4666. www.barbacoa.com Todos los miércoles y sábados a medio día se sirve en forma de bufé la mejor *feijoada* de la ciudad, se presenta en una larga fila de cacerolas de barro en las que están por separado todos los ingredientes, no faltan las judias negras, el rabo de cerdo, las costillas, etc. A parte de esto, son recomendables los platos de carne, la picanha y la mamiha. Bodega muy amplia.

(M) MISTURA: Rua Professor Souza Brito, 41. Itapuâ. ☎ 3375 2623. www.restaurantemistura.com.br Es un clásico que se considera el mejor restaurante de pescado de la ciudad. Comedor con revestido de piedras rústicas y madera e imágenes en blanco y negro en las paredes. La especialidad de la casa es el *camarao ao prosecco com risoto de trufa e amendoa*, pero cada temporada van incorporando nuevas propuestas. Bodega variada.

(M) BOI PRETO GRILL: Av. Octávio Mangabeira s/n Jardim Armação. ☎ 3362 8844 / 3711 429. boipretoba@grupoboipreto.com.br www.grupoboipreto.com.br Horario: de 12.00 a 16.00 h y de 19.00 h a 24.00 h viernes y sábado desde las 12.00 h a las 24.00 h y los domingos hasta las 23.00 h. Hay aparcacoches y música todos los días. La especialidad es la carne, con la mejor picanha de la ciudad, de la que se consumen más de una tonelada al mes, también algunas carnes que aquí resultan exóticas como conejo, jabalí, etc. Hay un bufé de ensaladas y platos japoneses. Amplia carta de vino

(C) TRAPICHE ADELAIDE: Avenida Contorno (Praça Tupinambás), 2, Comércio. www.trapicheadelaide.com.br Un restaurante ya clásico de la ciudad y que fue el pionero de la alta gastronomía de la ciudad. Comedor con vistas al mar y algunas especialidades: *camarao grelhado com parfait de palmito e vinagrete tropical* y el *camarao com mostarda, abacaxi e damasco*, un plato original y creado en el restaurante. La carta de vinos es la más completa de la ciudad con más de 200 denominaciones de origen de diferentes paises.

(C) PARAÍSO TROPICAL: Rua Edgard Loureiro, 98-B. Cabula. ☎ 3384 7464. Abierto de 12.00 h a 23.00 h. Domingos hasta las 22.00 h. El mejor restaurante de cocina brasileña de la ciudad y uno de los más originales y cuidados por su chef Beto Pimentel, que prohíbe el uso de cualquier ingrediente que no sea natural. La especialidad de la casa son las moquecas y en vez de aceite de dende y leche de coco, en su preparación se utilizan el propio fruto de dende y agua de coco batido con coco verde. Recomendable la moqueca de calapolvo, que combina gambas, lagosta, con un toque de caldo de cacao que llega a la mesa acompañada de arroz y farofa. De postre frutas tropicales y dulce de plátano envuelto en una hoja de platanera.

(C) AMADO: Avenida Contorno, 660, Comércio. ☎ 3322 3520. www.amadobahia.com Cocina contemporánea dirigida por el prestigios chef Edinho Engel, que ofrece una cuidada puesta al día de muchos platos tradicionales como *camarao empanado com tapioca, moqueca de camarao con caju y pure de inhame y arroz de bacalhau servido con banana grelhada*. Comedor con ventanas que dan al mar. Amplia y atractiva bodega con más de 3000 botellas.

(C) CHEZ BERNARD: Rua Gamboa de Cima, 11, Aflitos. ☎ 33281566. Quizá sea el mejor restaurante de la ciudad, cocina francesa de calidad y comedor con amplios ventanales con vistas a la Baía de Todos os Santos, decoración cuidada, sillas de estilo Luís XV y cuadros en las paredes con motivos franceses. El chef actual es el belga Laurent Rezette, algunas de las sugerencias: *mistura de foie gras com aspargo e caramelo de caju. salmao com ratatouille y filé de cordeiro com couve recheada.* De postre a destacar el clásico crepe suzette. Amplia bodega.

L **CONVENTUAL** Rua do Carmo, 1, Pelourinho, ☎ 3327 8400. Es el restaurante del Hotel Convento do Carmo, instalado en el interior de un antiguo convento carmelita del siglo XVI y lujosamente restaurado. Cocina de gran nivel que combina con acierto los paltos tradicionales portugueses con las especialidades bahiazas, algunas recomendaciones: *escondidinho de pato*, y el *bacalhau em postas* Postres muy cuidados con los típicos pastéis de nata portugueses o el tocino de cielo. Hay un menú del día a precio fijo y bastante conveniente.

ACARAJÉS

En algunos lugares de la ciudad se encuentran estos puestos callejeros de comida típica, en los que se frien una especie de buñuelos y que son fáciles de identificar ya que siempre hay una mujer bahiana con el vestido típico y un turbante de colores en la cabeza, sentada con su tabuleiro (mesa) en donde muestra lo que se vende. A su lado tienen una pequeña cocina en la que frie con calma los acarajés en aceite de dendé. Están repartidos por toda la ciudad, incluso los hay en la playa. Algunas de las más famosas se encuentran en el barrio de Rio Vermelho, donde sus puestos están siempre muy concurridos. A continuación algunas de las más prestigiosas, que siempre son conocidas por su nombre.

CIRA: En Itapuã y en el Largo da Mariquita (Rio Vermelho).

DINHA: Largo da Mariquita (Rio Vermelho).

REGINA: en Largo de Santana (Rio Vermelho).

TÂNIA: En el Farol da Barra. Es considerada una de las mejores

HELADERÍA

SORVETERIA DA RIBEIRA: Largo da Ribeira, 87. Praça General Osório. Ribeira. ☎ 3316 5451. Horário:10.00 h a 23.00 h. Durante el verano de 9.00 h a 24.00 h. Considerada la mejor heladería de la ciudad, abierta desde 1931 continúa con una elaboración artesanal y cuidadosa. Helados de 59 sabores diferentes, algunos de ellos de frutas tropicales como coco verde, manga, umbu y cajá.

CHIRINGUITOS DE PLAYA

CABANA DA CELY: Rua Marquês de Queluz s/n. Praia do Corsário. ☎ 3232 6444. www.cabanadacely.com.br La especialidad es el caranguejo, es el más famoso de la ciudad, rodeado de palmeras y en un ambiente familiar solo se oye como las los pequeñas mazas golpean las patas de los cangrejos, ya que la dueña no quiere que en bar hay otra música diferente. También hay algunos platos de marisco, lambretas y caipirinhas.

BARRACA DE JAJÁ: Avenida Octávio Mangabeira, s/n. Praia de Jaguaribe. ☎ 33674964 y 9116 9063. Comida muy cuidada y buen ambiente. Ostras a precios razonables entre las bebidas la estrella es el coctel pedido son las ostras gabriela (cachaça, clavo, canela, miel y lima).

AQUALÔCA: Rua das Sete Casas, s/nº Pedra do Sal. Itapuã. ☎ 3374 3443 y 9198 1045. Abierta hace diez años y tiene especial cuidado con el medio ambiente; con agua reciclada en los baños. Las música varía entre el jazz, blues y MPB. Para beber: aguarosca un batido de frutas con vodka.

BARRACA DO JUVENÁ: Rua J Praia de Itapuã Itapuã. ☎ 3375 4049. Música popular brasileña en directo, sábados, domingos y festivos. Para comer, platos sencillos de pescado.

VIDA NOCTURNA

Las noches son muy animadas en Salvador, especialmente los fines de semana, aunque hay algunos locales que su mejor momento es durante la semana. La lógica de Salvador es con mucha frecuencia diferente a las de la ciudades europeas.

Para salir por la noche es conveniente ir en taxi, y se puede pactar con el taxista la hora de vuelta, en general son serios y cumplen con lo pactado y más si se les paga la mayor parte del viaje en la recogida. Hay barias zonas a las que ir, a continuación unos cuantos locales, aunque hay que advertir que los cierres y aperturas de bares son constantes en la ciudad y algunos solo sobreviven durante un corto periodo de tiempo.

EN EL PELOURINHO

La zona tradicional de vida nocturna era la playa, pero desde que el Pelourinho ha dejado de ser peligroso mucha gente joven prefiere terminar la noche aquí.

Es fundamental estar en Salvador un martes por la noche, cuando los grupos de percusión y danza, como Oludum, ensayan en la calle en pleno Pelourinho.

La Praça 2001 está llena de bares con terrazas donde se puede tomar una copa o cenar. Es el punto de encuentro de quinceañeros y de la gente guapa. Día a día se van abriendo nuevos locales, muchos de ellos propiedad de extranjeros.

A lo largo del paseo marítimo, desde Barra hacia el norte, se concentra otra gran zona de locales de diversión. Los fines de semana Pituba y Amaralina se animan con los aficionados a bailar hasta altas horas.

BAR DO REGGAE. Largo de Pelourinho. Reggae brasileño, típico de Maranhao, algunas noches a la semana y otros ritmos locales como *axé* en un bar con una gran terraza al aire libre. Muy animado.

QUINCAS BERRO D'AGUA: en el Pelourinho. Se trata de un espacio donde se han montado varios restaurantes, bares y *pubs* y donde casi todas las noches en verano hay una actuación. Muy animado y tranquilo a la vez.

LARGO TEREZA BATISTA: otro lugar donde siempre se celebra algún espectáculo de jazz, teatro, música MPB, etcétera.

LARGO PEDRO ARCANJO: Otra explanada con actuaciones y locales del mismo tipo que en los dos anteriores.

EN RIO VERMELHO

Es la zona más animada y en la que hay más mezcla de gente diferente, está a 10 minutos de táxi de Barra o de Ondina. Para tomar algo al aire libre hay tres zonas donde escoger la Praça de Santana, que es donde hay bares de todo tipo y donde están los famosos puestos de acarajé de Dinha y de Regina. Otra zona animada es el Largo da Mariquita con muchos bares y también un acarajé famoso el de Cira y en los alrededores del Mercado do Peixe, se encuentra muchos restaurantes, algunos abiertos durante 24 horas.

CONFRARIA DO FRANÇA: rua Lydio de Mesquita, 4, ☎ 3018-6548 .Para comer hay platos sencillos y tradicionales como los bolinho de bacalhau. Un bar con un público fiel con música brasileña los viernes.

POSTUDO: Rua Joao Gomes, 87, Free Shop Rio Vermelho. ☎ 30158800. Un buen sitio para comer y beber, agradable y poco complicado, entre las bebidas se puede probar el mojito y las caipirinhas.

MERCADO DO PEIXE: Largo da Mariquita, s/n. Rio Vermelho. ☎ 3330 1549 y 3362 1731. Abierto 24 horas. Un sitio donde acabar la noche, muy animado en las madrugadas de los fines de semana, se pueden tomar caldos de sururu, feijão y camargo o cosas más sólidas como el sarapatel o la feijoada.

MÚSICA EN DIRECTO

Muchos bares y restaurantes de la ciudad ofrecen conciertos en directo al menos una noche a la semana y algunos días, especialmente los fines de semana se suceden los conciertos de primer nivel en varios de los locales de la ciudad, ya que en Salvador actividad musical es continua.

Muchos de los grupos musicales más conocidos hacen *ensaios* públicos a los que se puede asistir, en realidad son casi conciertos y el precio es casi de concierto también.

Suele haber *ensaios* todas las semanas, sobre todo durante los meses previos al carnaval. Es el caso de los mundialmente famosos *Olodum*, que ensayan los martes por la noche en su sede del Pelourinho, es un espectáculo electrizante que los aficionados a la música no deben perder. Otros grupos como Timbalada ensayan los domingos, aunque conviene estar atentos a los cambios de días y de locales. *Araketu* es otro grupo que hace ensayos habitualmente y son como grandes conciertos. También las estrellas de carnaval bahiano, Ivete Sangalo, Daniela Mercury y Margareth Menezes, suelen ensayar en público, en lo que se conoce como el precarnaval .

El ayuntamiento de Salvador fomenta las actuaciones musicales gratuitas en los patios interiores del Pe!ourinho –Largo de Tereza Batista, Largo de Pedro Arcanjo y Praça Quincas Berro d'Agua– y en Terreiro de Jesus. Para más información, puede consultarse los periodicos: *A Tarde y Correio da Bahia* "

Los conciertos más importantes se celebran en el Teatro Castro Alves, principal teatro de Salvador, y en su anfiteatro conocido como la Concha Acústica.

JEQUITIBA'R CAFÉ: Rua Borges do Reis, 9 Teatro Sesi, Rio Vermelho. ☎ 3334 4698. Ocupa la terraza del Teatro Sesi frente al mar. Hay espectáculos de todo tipo de música blues, jazz y MPB. También se puede comer. Entre las bebidas, la especialidad es la piña colada.

LOBBY BAR: Avenida Sete de Setembro. Campo Grande. ☎ 2105 2000. Se puede escuchar jazz, blues y bossa nova, está abierto 24 horas y ofrece comidas.

PEDRA DA SEREIA: Rua Pedra da Sereia, 66, Ondina. ☎ 3336 0553. Hay una parte al aire libre con mesas y sillas de plástico con vistas al mar y una más elegante en el interior con aire acondicionado. Musica popular brasileña (MPB) en directo. Se puede comer.

SÂO JORGE BOTEQUIM: Rua Borges dos Reis, 16, Rio Vermelho. ☎ 3334 8181. Los músicos están sentados al lado del público, lo que tocan es bossa nova, samba y gafieira, que es la música bailable. Se puede comer y los domingos hay *feijoada*.

PRA COMENÇAR... CHOPP & MUSIC: Avenida Manoel Dias da Silva, 1345, Espaço Nina Boulevard. Pituba. ☎ 3345 6450. Espectáculos teatrales de rock y axé en dos ambientes separados de forma que se puede asistir a dos conciertos. Por fuera hay una pantalla en que se pueden ver los espectáculos. Hay platos sencillos para comer, aseguran servir la cerveza a -3° C.

BAHIA CAFÉ AFLITOS: Largo dos Ajlitos, s/n, Mirante dos Aflitos, Aflitos. ☎ 3341 7872. Es un bar restaurante con vistas a la Bahía de Todos os Santos y que tiene grandes ventanales, un escenario y una pista de baile. La programación va cambiando a lo largo de la semana, así como el público.

WORLD BAR: Rua Dias d'Avila, 26, Barra. ☎ 3495 3041. Reggae y rock. Las mujeres no pagan la entrada hasta las 11 de la noche

ESPECTÁCULOS FOLCLÓRICOS

La capoeira, la samba de roda, así como la danza y del folklore local, se puede ver Teatro Miguel Santana, Rua Gregório de Matos 49, es un espectáculo presentado varias veces por semana por el Ballet Folclórico da Bahía, dura un poco más de 45 minutos y es muy concurrido.

CULTURA OCIO Y ESPECTÁCULOS

TEATROS

TEATRO CASTRO ALVES: Praça Dois de Julio. Campo Grande. ☎ 3339 8000 / 3339 8002. ascom@tca.ba.gov.br www.tca.ba.gov.br Uno de los centros culturales de la ciudad construido en 1958, unos días antes de su inauguración oficila se incendió y su reconstrucción finalizó en 1967. Posteriormente el teatro fue reformado completamente y dotado modernos equipos escénicos. Aquí se han presentado espectáculos que ya forman parte de la historia del país como el de Caetano Veloso y Chico Buarque del que se grabó un disco en directo o la despedida de Gilberto Gil y Caetano antes de marchar al exilio en los años 70. En su inauguración cantaron los más famosos artistas bahianos entre ellos João Gilberto, Maria Bethania y Gal Costa. En el exterior del teatro, está la Concha Acústica, un auditorio al aire libre en donde se celebran grandes conciertos. El teatro tiene una intensa programación musical a lo largo de todo el año.

TEATRO VILA VELHA: Av. Sete de Setembro. Barrio: Campo Grande. ☎ 3336 1384 / 3336 6092 /3336 0243. teatrovilavelha@teatrovilavelha.com.br www.teatrovilavelha.com.br Un teatro con una interesante programación de música y danza. Forma parte de la historia de la ciudad ya que fue aquí en los años 60, donde se presento el espectáculo inaugural de movimiento tropicalista "Nós, Por Exemplo", que descubriió a Caetano Veloso, Gilberto Gil, Maria Bethânia, Gal Costa y Tom Zé, entre otros.

CAFÉ TEATRO ZÉLIA GATTAI: Fundação Casa de Jorge Amado. Pelourinho. ☎ 3321 0070 / 3321 0122. Abierto de lunes a sábado de las 9.00 h a las 21.00 h. fcjamado@veloxmail.com.br www.jorgeamado.org.br Es un pequeño café situado en la primera planta de la fundación Casa de Jorge Amado con capacidad para 80 personas y que es un punto de encuentro de artistas e intelectuales y donde se programan obras de teatro y conciertos de música instrumental y experimental.

ESPAÇO CULTURAL RAUL SEIXAS: Av. Sete de Setembro. ☎ 3329 2333 cultura@bancariosbahia.org.br www.bancariosbahia.org.br Horario: Jueves y viernes de las 18.00 h a las 21.00 h. Un local con actividaes musicales que ha sido dedicado al rebelde rockero bahiano Raul Seixas.

TEATRO SESI DO RIO VERMELHO: Rua Borges dos Reis. Rio Vermelho. ☎ 3334 0668 / 3335 1529.

teatrosesi@fieb.org.br www.fieb.org.br

TEATRO MIGUEL SANTANA: Rua Gregório de Mattos. Pelourinho. ☎ 3322 1962. www.botelho@terra.com.br www.balefolcloricodabahia.com.br

TEATRO GAMBOA: Rua Gamboa de Cima n 03. Aflitos ☎ 3329 2418 / 3322 3041. tgamboa@globo.com www.teatrogamboa.com.hjl Todos los días de 9.00 h a las12.00 h y de las 14.00 h a las 18.00 h.

TEATRO PELOURINHO: Largo do Pelourinho, 19. Centro. ☎ 3322 8273 / 3322 3866. cultura@sesc-ba.com.br Horario: Lunes a viernes de las 13.00 h a las 19.00 h.

ESCOLA DE DANÇA DA FUNCEB: Rua da Oração, 1.Pelourinho. ☎ 3322 5350. edanca@funceb.ba.gov.br

TEATRO GIL SANTANA: Rua Almerinda Dutra. Barrio: Rio Vermelho. ☎ 3489 2917. loliver@zipmail.com.br

TEATRO GREGÓRIO DE MATTOS: Praça Castro Alves: Centro. ☎ 3322 2646. teatrogregorio@yahoo.com.br

LOCALES DE ESPECTÁCULOS

Al aire libre, en sitios cerrados, o a las afueras de la ciudad hay varios sitios en donde se celebran habitualmente los grandes acontecimientos musicales de la ciudad.

BAHIA CAFÉ HALL: Av. Luiz Vianna Filho, s/n Parque Metropolitano de Pituaçu. ☎ 3371 0664. Con capacidad para unas mil personas, con buena infraestructura. Funciona durante el día como restaurante y como local de conciertos por la noche. Tiene un bonito jardín.

ÁREA VERDE DO OTHON: Av. Presidente Vargas, 2456. Ondina. ☎ 3245 6111. Al lado del mar en la playa de Ondina. Habitualmente presenta espectáculos de grandes estrellas de la música brasileña

CONCHA ACÚSTICA: Ladeira da Fonte, s/n (Campo Grande). ☎ 3339 8018. Con capacidad para aproximadamente 5 mil personas, es el escenario habitual de los principales espectáculos de la música popular brasileña, también se presentan películas.

ESPETÁCULO: Rua Octávio Mangabeira, s/n Boca do Rio. ☎ 3232 0239. Con capacidad para casi 6 mil personas y dos buenos escenarios.

PELOURINHO: Rua Gregório de Mattos (Teresa Batista e Pedro Arcanjo) y Rua Freí Vicente (Quincas Berro d' Água) (Centro Histórico). ☎ 3321 2042. Las principales plazas del Pelourinho son escenario habitual de conciertos gratuitos y eventos musicales de diversos estilos.

ROCK IN RIO CAFÉ: Av. Otávio Mangabeira, 6000, Shopping Aeroclube Plaza Show (Boca do Rio/Armaçao).

CENTRO CULTURAL

FUNDAÇÃO PIERRE VERGER: 2ª Travessa da Ladeira da Vila América, 6. Engenho Velho de Brotas. ☎ 3203 8400. La fundación creada por el fotógrafo francés Pierre Verger con el fin de preservar, divulgar e investigar su obra, así como estudir las influencías culturales entre Brasil y África en general y principalmente, entre Bahia y el Golfo de Benin. Hay una sala de exposiciones y una pequeña tienda y librería.

COMPRAS

ARTESANÍA

Se fabrican muchos objetos de oro, plata, bronce y latón. La artesanía es por lo general de tema religioso, representado en imágenes de santos de la

iglesia católica y del candomblé Los objetos más sencillos están confeccionados con materiales naturales, como paja, cuero, cerámica, madera, conchas marinas y semillas. Los más sofisticados son producidos con piedras preciosas y semipreciosas. El centro histório se ha llenado de locales para los turistas, entre los que no podían faltar las tiendas de recuerdos, artesanía y joyas (piedras preciosas). Los negocios más conocidos de productos típicos son:

ARTESANÍA Y SOUVENIRS: Instituto Mauá Lg. do Porto da Barra, 2 (Porto da Barra), R. Gregório de Mattos, 27 (Pelourinho), y Mercado Modelo Pça. Visc. de Cairu (Ciudad Baja).

BERIMBAUS Y ATABAQUES PROFESIONALES: Mestre Lua Rua Frei Vicente, 19 (Pelourinho), Mestre Olavo da Paixão, en el quiosco frente del Mercado Modelo.

ANTIGÜEDADES: Casa Moreira Ladeira da Praça, 1 (centro), Rua Rui Barbosa, 51 (centro) y Casa San Martin Rua Rui Barbosa, 69 (centro).

CIGARROS DE SÃO FÉLIX Y CACHOEIRA: Tabacaria Rosa do Prado Rua Inácio Acciole, 5 (Pelourinho).

A continuación algunas direcciones donde encontrar artesanía:

MERCADO MODELO: Praça Cairu. Recuerdos de todo tipo, objetos de artesanía y joyas y piedras preciosas al detalle. Los artículos de cuero y los bordados merecen la pena. Delante hay una especie de mercadillo de artesanía.

ARTE E VIDA: Rua Alfredo de Brito, 41, Térreo. Pelourinho. ☎ 3322 0580. marcoslibanio@ig.com.br Horario: diariamente de 10.00 h a 23.00 h.

BIRIMBAHIA: Rua das Laranjeiras 3. Una tienda en Pelourinho, muy cerca de Turismo, con mucha artesanía y ropa para practicar la *capoeira*.

ARTESANATO MODELO: Rua João de Deus, 03. Pelourinho. ☎ 3322 6293. Horario: de lunes a sábado de 10.00 h a 22.00 h. Domingo de 11.00 h a 20.00 h.

CENTROS COMERCIALES

AEROCLUBE PLAZA SHOW: Av. Otávio Mangabeira. Boca do Rio. ☎ 3462 8000 / 8010 sac@aeroclubeplazashow.com.br www.aeroclubeplazashow.com.br Actualmente en pleno proceso de reforma.

SALVADOR SHOPPING: Av. Tancredo Neves Caminho das Árvores. ☎ 344 31000. www.salvador-shopping.com.br

SHOPPING BAIXO DOS SAPATEIROS: Rua J. J. Reabra. Baixa dos Sapateiros. ☎ 3321 9404 / 3321 4603.

SHOPPING BARRA: Av. Centenário Chame Chame. ☎ 2108 8222. shbarra@svn.com.br www.shoppingbarra.com Abre de 9.00 a 22.00 h. Sábado de 9.00 h a 21.00 h y Domingo de 15.00 h a 21.00 h.

SHOPPING CENTER IGUATEMI: Av. Tancredo Neves. Pitaba. ☎ 335 05511 iguatemi@svn.com.br www.iguatemisalvador.com.br

SHOPPING CENTER LAPA: Piedade. ☎ 3328 8212 / 8200 / 8222. shoppinglapa@shoppinglapa.com.br www.shoppinglapa.com.br

MERCADOS

MERCADO DE SÂO JOAQUIM. Se encuentra a unos dos kilómetros desde la Cidade Baixa y el Mercado Modelo, en dirección a la iglesia de Bonfim. Un mercado muy animado en que se venden todo tipo de productos, frutas frescas, quesos, pescado y marisco, harina de mandioca, feijoles y otras legumbres y en donde hay un intenso aroma de especias y hierbas aromáticas que se mezcla con el olor de pollos, palomas, pavos y otras aves vivas, que se ofrecen al público. Hay una zona dedicada a las herramientas y utensilios de cocina. Y por todas partes hay pequeños puestos donde se ofrecen gamba seca que el ingrediente imprescindible para el acarajé, así como chiles y pimientos. Una recomendación, cuidado con los carteristas, abundan entre el público y persiguen especialmente a los que tengan aspecto de turistas.

FIESTAS Y FESTIVALES

EL CARNAVAL

Recorre los circuitos oficiales, llamados Dodô y Osma que ocupan más de 19 Km de calles bloqueadas durante los 6 días de carnaval, para que pasen los blocos y las miles de personas que van detrás de ellos. Cuenta con la presencia de más de 200 grupos, divididos en blocos de tríos afros, índios, infantiles y alternativos, afoxés, blocos de travestis, de percusión y tríos independientes y que comienza la noche del jueves en circuito Dodô que es el antiguo BarraOndina y termina la mañana del miércoles de Cenizas, con el encuentro de tríos en la Plaza Castro Alves y los famosos "arrastrones" iniciados por Carlinhos Brown en la Barra.

PRINCIPALES CIRCUITOS DEL CARNAVAL

CIRCUITO DODÔ (BARRA/ONDINA): Los blocos se concentran en el Farol da Barra, donde se da inicio al desfile, y recorren la costa de Salvador hasta el barrio de Ondina. Es un recorrido de cerca de 4 Km de largo que sigue todo el tiempo la orilla del mar, permitiendo que el desfile sea agradable y tranquilo, es conocido también como circuito alternativo por haber sido creado recientemente.

CIRCUITO OSMAR (AVENIDA): Es el trayecto más antiguo, conocido también como circuito tradicional. La concentración es en el Corredor da Vitória. El trío recorre toda la Avenida Sete, centro de Salvador, y termina en el Hotel da Bahia.

Durante el recorrido, de cerca de 6 Km, se pasa por los principales puntos históricos de Salvador.

La fiesta también recorre el Pelourinho con la presentación de diversas bandas y grupos y en barrios de la ciudad, donde son montados escenarios para la presentación de grupos musicales. Salvador recibe, en media, 800.000 visitantes de los municipios localizados a menos de 150 kilómetros de distancia y de diversos estados brasileños y de todo el mundo.

Existe la posibilidad de ir a mirar el paso del carnaval comodamente, desde los llamados "camarotes", los cuales hay que rerservar y pagar con antelación ya que el carnaval está muy bien organizado. Pero la mayoría opta por mezclarse en la masa y nadie se arrepiente a pesar de ir apretado, pasando calor y con la tensión de no despistarse demasiado. La mayoría de las casas y edificios son protegido el centro de Salvador con una gruesa pared de madera desmontable para contener la marea de personas que inunda las calles.

PARA SALIR EN UN BLOCO

Todo está muy organizado así que para desfilar en un bloco, primero hay que elegir los días y blocos en los que quiere salir. Después ponerse en contacto con el bloco en concreto o con la Central do Carnaval y pagar, acambio se recibira un carnet y lo que llaman un Kit Fantasía, en el que lo más importante es la camiseta del bloco o *abadá*. Para más información en:

CENTRAL DO CARNAVAL: Aeroclube Plaza Show, Iguatemi 2º piso y en el Pelourinho. ☎ 35 353 000.

BAHÍA DE TODOS LOS SANTOS

En portugués se llama *Baía de Todos os Santos*, y su nombre se debe a su descubridor Américo Vespucio, quien llegó a la bahía el primero de noviembre del año 1501, (día de Todos los Santos). Es la mayor bahía de todo Brasil y está rodeada por 1.052 Km, de costa de rica vegetación y con una extensión total de 800 km cuadrados. La bahía es un pequeño mar con más de 54 islas, algunas de ellas comunicadas por barco y que pertenecen a los municípios de Salvador, Madre de Deus, Candeias, Simões Filho, São Francisco do Conde, Santo Amaro, Cachoeira, Saubara, Itaparica y Vera. Entre todas ellas destaca Itaparica que es la mayor isla de Brasil.

ILHA DE ITAPARICA

Es la más grande de la Bahía de Todos los Santos, con cerca de 22.000 habitantes y su nombre se debe al arrecife coralino que protege parte de la isla. Es una isla estrecha y larga, dividida en dos municípios, Itaparica y Veracruz y situada a 14 kilómetros de Salvador. Es una isla muy tranquila y

Inha
António Cardoso
Serji
Pedrinhas
Oliveira dos Campinhos
Amélia Rodrigues
São Gonçalo dos Campos
Conceição da Feira
Geolândia
Afligidos
Desterro
Pitanga
Pedras
Belêm da Cachoeira
Santo Amaro
Governador Mangabeira
Itaporã
Cachoeira
São Félix
São Brás
Acutinga
Cocâo
Muritiba
Outeiro Redondo
Vitória do Paraguaçu
Acupé
Cruz das Almas
Tabuleiro da Vitória
Coqueiros
Itapema
Cadete
Nagé
São Francisco do Paraguaçu
Saubara
Três Bocas
Caraipe
Guapira
Cabuçu
Maragogipe
Bom Jesus dos Pobres
São Felipe
S. Roque do Paraguaço
Guai
Salinas da Margarida
Encarnação
Pirajula
Mutá
Onha
Nazaré
Jacuruna
Aratuipe
Maragogipinho
Jiribatuba
Isla da Carapeba
Jaguaripo
Cacha Pregos
Camassandi
Playa de Ponta do Garcez
São João

ra Nova
Catu
Miranga
Bela Flor
Pojuca
pe
Piripiri
São Sebastião
do Passé
Grama
Mata de São João
Amado Bahia
Lamarão
do Passé
Dias d´Ávila
te
ncavo
Candeias
Monte Gordo
Barra do Jacuipe
Mataripe
Arembepe
Camaçari
da Maré
Parafuso
Interlagos
Aratu
Simões Filho
Paripe
Abrantes
Jauá
Valera
Portão
Plataforma
Lauro de Freitas
pacho
Aeropuerto Internacional
Dep. Luís Eduardo Magalhães
eleira
ra Cruz
Playa de Itapuá
SALVADOR
Océano Atlántico
BAHÍA DE TODOS LOS SANTOS

relajada con una vegetación tropical, edificios coloniales, y muchas casas desperdigadas o agrupadas en urbanizaciones y rodeada de aguas transparentes y cálidas, con 40 km de playas, en las que tomar el sol y practicar el submarinismo en sus piscinas naturales. En Itaparica se pueden alquilar barcos para pasear, bicicletas, kayacs, caballos, etc. Por lo que en los últimos años ha habido una gran invasión de turistas, pero aún pueden encontrarse lugares tranquilos.

COMO LLEGAR. Itaparica está a 14 km de Salvador, en línea recta por mar, hay un ferry que une la Terminal de São Joaquim, en Salvador y la de Bom Despacho, en Itaparica y la duración del viaje es de 45 min; también hay un catamarán para más de 400 pasajeros que tarda unos 20 minutos. En verano es aconsejable comprar los billetes con antelación y tener en cuenta que los fines de semana las colas para embarcar en el ferry son largas, especialmente en verano. También hay un ferry para automóviles cada hora, Los horarios cambian según la temporada, por lo que es aconsejable verificar la información en ☎ 3254 1020 y www.travessiasonline.com.br También desde la Terminal de São Joaquim, cerca del Mercado Modelo salen varios barcos al día que llegan en una hora a Veracruz a la Terminal de Mar Grande, Más información en ☎ 3319 3431.

También se puede llegar a Itaparica en coche partiendo de Salvador a través de la carretera BR 324, después la BR 101, en dirección a Ponte do Funil, que une el lado oeste de la isla al continente.

Una vez en la isla, en las terminales portuarias de Bom Despacho y Mar Grande se pueden encontrar pequeños autobuses y furgonetas que por cerca de dos euros hace un circuito alrededor de la isla, generalmente hasta las 20.00h hay que procurar coger las furgonetas junto personas de la isla o de Bahia a quienes cobrarán una tarifa razonable. También allí se pueden alquilar bicicletas. A continuación algunas distancias dentro de la isla:

Bom Despacho-Porto dos Santos: 2 Km
Bom Despacho-Manguinhos: 3 Km
Bom Despacho-Amoreiras: 6 Km
Bom Despacho-Ponta de Areia: 7 Km
Bom Despacho-Itaparica: 9 Km

LA VISITA

FORTE DE SÃO LOURENÇO: En el extremo norte de la isla, en un lugar conocido como Ponta da Baleia y construido por los portugueses al comienzo del siglo XVIII, como defensa ante los barcos enemigos y ppara proteger las embarcaciones que desde el Recôncavo y la Barra do Jaguaripe abastecían la isla

CASARÃO SOLAR DO REI: un edificio histórico del siglo XVII en donde una vez se hospedó el Rey D. João VI, hoy es la sede de la Secretaria de Turismo de Itaparica.

IGREJA NOSSA SENHORA DA PIEDADE: en la Praça da Piedade, en Itaparica. Construída en 1854, era una pequeña capilla que fue reedificada en 1923 con estilo gótico.

PRAÇA DA QUITANDA: Una plaza rodeada de bares, y restaurantes en donde se encuentra el mercado de artesanía del Casarão Tenente João das Botas. Fue un lugar destacado en la historia de la isla, allí tuvieron lugar las luchas por la independencia de Itaparica, cuando los nativos impedían los desembarcos en la playa de los invasores portugueses, pasó a la historia con el nombre de *Trincheira da Quitanda*.

IGREJA DE SÃO LOURENÇO: de estilo barroco, construida a base de cal, piedra y aceite de ballena. São Lourenço es considerado el protector de las lluvias y los vientos y el patrono de la isla.

IGREJA DO SANTÍSSIMO SACRAMENTO (IGREJA MATRIZ): Construida a finales del siglo XVIII, en su interior hay cuadros de paredes famosos José Teófilo de Jesus, que reproducen diversos milagros.

PRAÇA DO CAMPO FORMOSO: Es la plaza del Ayuntamiento, un bonito edificio de aire colonial con bonita fachada.

FONTE DA BICA: también en el centro y al lado de la Marina, es una fuente famosa por las propiedades medicinales de sus aguas que según dicen rejuvenecen al que las prueba *"água fina que faz velha virar menina" (agua fina que convierte a la vieja en chavalina*). Fue construida en 1842.

LAS PLAYAS

Se puede empezar el recorrido a partir de Itaparica para seguir por la costa Atlántica y terminar en la Punta Cacha Pregos, en el sur.

DO FORTE: junto a Itaparica

PONTA DE AREIA: con mucha gente y algunas urbanizaciones, a unos dos km al norte de Bom Despacho, es una playa de aguas claras y poco profundas, con barracas (chiringuitos).

AMOREIRAS: los accesos no son los ideales, por lo que suele ser tranquila.

MANGUINHOS y PORTO DOS SANTOS: con urbanizaciones y casas de pescadores.

MAR GRANDE: junto al pueblo de Vera Cruz, a 13 kilómetros de Itaparica. Algunas casas antiguas. Este es el punto de donde parten y llegan algunos de los barcos de Salvador.

PENHA: a unos 9 km al sur de Bom Despacho es una bonita playa con excelentes vistas de Salvador, es también una de las zonas elegidas por gente adinerada para levantar su casa de verano. Se puede hacer surf.

BARRA DO GIL: cerca de un kilómetro de arena fina, frente a un pueblo de pescadores.

COROA y BARRA DO POTE: dos playas con cocoteros, algunas casas de pescadores y urbanizaciones.

CONCEIÇÃO: a 19 kilómetros de Itaparica y junto al Club Mediterranée. Dos kilómetros de arena. En el pueblo se erige la igreja Nossa Senhora da Conceição, del siglo XVII.

BARRA GRANDE: cuatro kilómetros de arena con zonas de cocoteros y otra de acantilados, es una de las mejores playas de Itaparica, con aguas cristalinas y limpias, a pesar de que en la zona abundan las viviendas de fin de semana

TAIRU: a 23 kilómetros de Itaparica. Una de las mejores de la isla por su arena fina, los cocoteros y un agua clara.

ARATUBA: a 9 kilómetros de la anterior. Buena playa, aunque las urbanizaciones dificultan su acceso.

BERLINQUE: a 6 kilómetros de Cacha Pregos, cuenta con cerca de tres kilómetros de arena y una buena infraestructura playera.

CACHA-PREGOS: en el extremo sur y otra de las playas más frecuentadas en verano. Muchos cocoteros. Aquí se cogen los barcos para ir a visitar el Pantanal Baiano.

RESERVA DEL PANTANAL BAIANO: El Pantanal Bahiano es un santuario ecológico en la parte suroeste de la isla que se presenta como una interesante excursión a causa de sus ríos, canales y fauna, con un buen número de lobos, zorros, aves, cocodrilos, etcétera. Frente a la costa se ve la Isla de Matarandiba, con algunas playas de arena y cocoteros.En tierra firme, hay que llegar a la ciudad de Jaguaripé, cuyo término se incluye igualmente dentro del parque. La ciudad fue utilizada como puerto por los portugueses y está surcada por túneles subterráneos creados para protegerse de los ataques de los indios. En cuanto a sus monumentos, destaca el Paço Municipal, del siglo XVII y utilizado antaño como la cárcel Prisão do Sal, donde eran encerrados los presos más peligrosos que solían morir en sus celdas al inundarse éstas con el agua de las mareas. También hay un par de iglesias: Nossa Senhora da Ajuda y Nossa Senhora do Rosário, ambas también del siglo XVII.

Respecto a las playas en las cercanías de Jaguaripé: Do Garcez: en la desembocadura del río Jaguaripe. Se accede en barco desde Cacha Pregos. Tiene arena blanca y cocoteros.

Barra do Jiquiriçá: en la desembocadura del río Jiquiriçá, también con cocoteros y plantaciones de dende. Al lado hay un pueblo de pescadores.

DATOS PRÁCTICOS

PREFIJO TELEFÓNICO: 71.

OFICINAS DE TURISMO: Marina de Itaparica. Av. 25 de Outubro s/n. ☎ 6313003. Abierta de 10.00 h a 17.00 h.

ALOJAMIENTO

(B) **HOTEL MARES:** Av. Beira Mar S/N - Ponta de Areia. ☎ 3631-4464 / 3631-1150. Tranquilidad al lado del mar. Son 14 habitaciones correctamente equipadas con aire acondicionado y nevera. Buen desayuno.

(B) **SONHO DE VERÃO:** Rua São Bento. ☎ 633 13 16. A unos 13 kilómetros de Itaparica, quince habitaciones baratas y chalés a precios medios.

(B) **VILLAGE LAS BRISAS:** Praia do Sol. ☎ 636 83 53. A unos 17 km de Itaparica. Precios moderados y servicio de restaurante.

(B) **POUSADA ARCO IRIS:** Estrada da Gamboa, 102 (Mar Grande). ☎ 633 11 30. A 13 km de Itaparica. Dispone de 14 habitaciones y cinco cabañas. Bar, restaurante y piscina.

(M) **ZIMBO TROPICAL:** Estrada de Cacha Pregos, km3 Rua Yemanja. ☎ 638 1148; zimbo_tropical@zipmail.com.br Aratuba; Formado por bungalows bien equipados que se reparten en un exuberante jardín a pocos metros de la playa.

(C) **HOTEL ICARAÍ:** Praça da Piedade - Centro - Itaparica. ☎ 3631 1110. www.icaraihotel.com.br Construido en 1957, es un hotel con una arquitetura colonial, siituado en el centro histórico a pocos pasos de la Praça da Quitanda, a 10 minutos de la playa y a un kilómetro de la Marina de Itaparica. Cuenta con 48 habitaciones, algunas de ellas frente al mar y bien equipadas con terraza y aire acondicionado, otras más baratas cuentan con ventilador en el techo

Ⓛ **CLUB MED ITAPARICA:** Praia da Conceição. ☎ 681 71 41. http://clubmeditaparica.com.ar/# A 13,20 kilómetros de Itaparica. Complejo residencia de lujo dentro de un inmenso palmar, entre iguanas y ardillas y con todo tipo de instalaciones.

RESTAURANTES

Aparte de los restaurantes hay numerosas barracas (chiringuitos) al borde de las playas en los que siempre se puede comer algo.

Ⓜ **PORTAL DAS AGUAS:** Av. 25 de Outubro. Marina de Itaparica Este restaurante está situado en el puerto deportivo, con mesas con vistas al mar. Ofrece un variado menú de comida tradicional bahiana, principalmente marisco fresco y pescado.

UNA EXCURSIÓN

ESTAÇÃO ECOLÓGICA ILHA DO MEDO. Situada a 3,5 km o 1,8 milhas náuticas de la Ponta de Itaparica, la Ilha do Medo es un área ecológica protegida desde el año 1991. Cuenta con una pequeña e idílica playa de aguas cristalinas y que está normalmente desierta. Sólo se puede llegar en barco, desde Itaparica se tarda unos 20 minutos y hay que ir con la marea alta debido a los bancos de arena.

ILHA DOS FRADES

Frente a la punta Madre de Deus, y prácticamente en el centro de la bahía, se accede en barco desde Salvador en donde un gran numero de agencias turísticas organizan circuitos en barco por la bahía a Itaparica, Ilha dos Frades e Ilha da Maré, y que salen del Terminal Marítimo Turístico de Salvador. También se llega desde Madre de Deus, del Terminal Hidroviário de Paraná (junto a la Terminal de Petrobrás).

La isla se llama así después de que dos monjes fueran asesinados y supuestamente devorados por los indígenas que la habitaban. La isla está cubierta de cocoteros y tiene algunos lagos. Entre sus monumentos históricos, destacan las ruinas de la Igreja de Nossa Senhora de Guadalupe, del siglo XVII, la Igreja de Nossa Senhora do Loreto, del XVIII y la Igreja de Nossa Senhora do Bom Parto. Detrás de la playa de Ponta de Nossa Senhora, se encuentran las ruinas de un lazareto, y de un almacén donde los esclavos estaban un tiempo para engordar antes de ser vendidos. También cuenta con cinco playas, todas ellas junto a pueblos de pescadores: Loreto, Paramana, Tobar, Viração, Costa de Fora y Ponta Nossa Senhora. Las más frecuentadas son las de Paramana y Ponta de Nossa Senhora, frente a Salvador y muy bonita. Todas ellas cuentan con aguas limpias y cristalinas, excelentes para practicar el submarinismo entre formaciones de corales y arrecifes.

ILHA DE MARE

Para venir a esta isla de la Bahía de Todos os Santos, los barcos zarpan del pueblo de São Tomé de Paaripe y el trayecto dura una media hora. También hay un servicio de barcos desde la Terminal Turística de Salvador. Al no haber un muelle para la llegada, al llegar tendréis que bajaros en la costa dentro del mar.

Desde el Oratorio de Maré, hay unas bonitas vistas de la bahía. Hay un par de ellas que no están nada mal: Itamoabo y das Neves, donde hay una iglesia de estilo colonial.

ILHA DE BOM JESUS DOS PASSOS

Es una isla muy pequeña junto a la de Dos Frades. Se accede desde Madre de Deus. Solo hay un villorrio donde abundan las barcas de pesca tradicionales y los artesanos y unas buenas playas: Pontinha y Ponta do Padre.

LA COSTA NORTE

Conocida como la Costa dos Coqueiros, comprende todo la zona norte del Estado de Bahia que se extiende por 193 kilómetros hasta el límite con el estado de Sergipe. Es la zona más frecuentada por los habitantes de Salvador, especialmente los fines de semana cuando las playas se llenan de gente. Es una costa con un cierto desarrollo turístico y en la que hay algunos complejos hoteleros, pero todavía se encuentran grandes extensiones de playas desiertas rodeadas de cocoteros.

La carretera BA-099 es la que une el área Metropolitana de Salvador con las playas del norte del estado llegando hasta la frontera com Sergipe. En la parte inicial, hasta la Praia do Forte, se conoce como *Estrada do Coco* y desde allí hasta Mangue Seco, en el límite con Sergipe, se pasa a llamar *Linha Verde* y es la primera autopista planificada con un criterio ecológico de Brasil. Desde esta carretera se tiene acceso a los principales puntos turísticos de la Costa do Coqueiros, entre ellos: Arembepe, Praia do Forte, Imbassaí, Porto de Sauípe, Massarandupió, Subaúma, Baixio, Barra do Itariri, Sítio do Conde, Costa Azul, Itacimirim, Guarajuba y Sauípe.

LAURO DE FREITAS

Forma parte del área metropolitana de Salvador, es uan zona de gran actividad comercial y playas muy animadas los fines de semana, con un gran número de chiringitos que sirven comida y bebida. En el margen del rio Joanes hay una zona turística con restaurantes, bares y tiendas y en donde se puede hacer un paseo en barcos que se llama Rivertour en el que se recorren, paisajes de manglares, islas, las ruinas de una ingenio azucarero del siglo XVIII y una reserva particular con una grande variedad de flora y fauna. Siguiendo hasta la desembocadura el rio llega al playa de Buraquinho. Lauro de Freitas, cuenta además con un hipódromo y un circuito de karts. En las playas llenas de cocoteros de Ipitanga, Vilas do Atlântico y Buraquinho, se puede pescar, bucear, hacer surf y windsurf.

JAUÁ

Muy cerca de Salvador a 17 km del Aeropuerto, en el km 10 de laa Estada do Côco.

Es una playa protegida por barreras de arrecifes que forma piscinas de agua clara y transparente. Buena para el surf. Cuenta con chiringuitos en los que comer marisco, beber y pasar el tiempo.

AREMBEPE

Situado a 47 kilómetros al norte de Salvador y a 43 al sur de Praia do Forte, fue muy conocida en los años 60 por ser unos de los destinos hippies de esa época, se dice que aquí estuvieron Janis Joplin y MIck Jagger, sigue siendo muy frecuentada por sus buenas playas, ya no tan desiertas ya que se ha construido a su alrededor casas y hoteles.

Hay autobuses frecuentes a y desde Salvador. La Rodoviária está en Largo de San Francisco. La salida de la autopista a Arembepe está a unos dos kilómetros del pueblo, los autobuses que hacen el trayecto entre Salvador y Praia do Forte paran allí habitualmente.

LA VISITA

El pueblo apenas tiene algo más de veinte casas, no se han construido hoteles dada su cercanía a Salvador, pero si se encuentran en los alrededores.

PROYECTO TAMAR: Estrada Aldeia Hippie Praia de Arembepe. ☎ 3624 1193. Horário: 8.00 h a 17.00 h. Tamar es un proyecto de conservación de tortugas marinas, todos los días de diciembre a febrero a las 17.00 h se puede ver como sueltan las tortugas en el mar.

ALDEA HIPPIE: para llegar hay que caminar un km por una carretera de tierra. La aldea está al lado de una playa desierta con fuerte oleaje y es un palmeral salpicado de pequeñas cabañas en donde parece mantenerse intacto el espíritu hippie. Paz, amor, marihuana y los brazos abiertos para todos los que se acercan. Viven allí unas 40 personas en casas de barro o piedra, sin energia eléctrica ni agua corriente. Son artesanos y pasan el tiempo recordando la música que marcó esa época.

LAS PLAYAS

AREMBEPE: con nueve kilómetros, cuenta con varias piscinas naturales y la Aldeia de Caratingui, el antiguo punto de encuentro de los hippies. Muy frecuentada.

DA BARRA DO JACUÍPE: cocoteros, arena clara y tranquila.

BAÍ, GENIPABU: zonas de cocoteros, arenas blancas, arrecifes. No muy frecuentadas.

GUARAJUBA: frente a la Lagoa de Guarajuba. Está dotada de duchas y baños públicos. Cinco kilómetros de arena.

ITACIMIRIM: Con más arena amarilla y mar tranquilo. A esta playa, más concretamente a la zona llamada Praia da Espera, llegó en 1984 el navegante Amir Klink después de cruzar el Atlántico en una barca de remos. Es la última playa al norte (a unos 35 kilómetros) de Arembepe, antes de llegar a Praia do Forte.

INTERLAGOS: doce kilómetros al sur de Arembepe. Zonas de arena, cocoteros, un lago abierto al mar y unas buenas olas para el surf. Hay que acceder desde la playa, ya que una urbanización corta el paso desde la carretera.

BUSCA VIDA: se accede desde la anterior. Fuerte oleaje y arenas amarillas.

RESTAURANTES

B **MAR ABERTO:** Largo de Sâo Francisco, 43. ☎ 3624 1257. www.marabertorestaurante.com.br Abierto en el año 1984 es un restaurante, con un agradable aire de veraneo y con vistas al mar. Especializado en pescados y mariscos, también platos vegetarianos como la *lasanha de vegetais.* Entre los postres destacar, *el petit gâteau acompañado de sorvete de crema y cocada blanca.*

PRAIA DO FORTE

A 91 kilómetros al norte de Salvador, es un viejo pueblo de pescadores situado al borde de una idílica playa. El pueblo ha ido creciendo pero conserva un ambiente muy relajado, con un paseo peatonal, la Alameda do Sol que es calle principal con una gran número de hoteles, agradables restaurantes, y bares muy animados.

La playa tiene 14 kilómetros de arena clara, cocoteros, arrecifes y aguas tranquilas. La parte izquierda de la playa está algo menos poblada y en la zona conocida como Papa-Gente y durante la marea baja los arrecifes forman unas piscinas naturales muy frecuentada por los aficionados al submarinismo. Es la playa más importante de la Estrada do Coco y está asociada a la preservación de la naturaleza, en la que la red eléctrica es subterránea y las construcciones no pueden pasar de los 10 metros de altura.

LA VISITA

CASTELO GARCIA D"ÁVILA: ☎ 3676 1073. Se llega por la única carretera que sale de la ciudad son 3 km de tierra y se puede ir a pie en taxi o mototaxi. Fue la primera gran fortificación portuguesa en Brasil, un castillo 1551, de características medievales y construido con grandes bloques de piedras y situado a 70 m por encima del nível del mar. Su propietario Garcia d'Avila llegó a Bahia en 1549 con el primer Governador General, Tomé de Souza, y poco después empezó a construir el Castillo que tiene gran importancia en la historia de Brasil, y fue durante tres siglos, hasta la consolidación del imperio. La construcción fue abandonada en 1835 y poco después quedó en ruinas y fue recientemente restaurado.

RESERVA DE TORTUGAS TAMAR: al lado de la igreja de S. Francisco. ☎ 3676 1045. www.tamar.org.br Situada en la playa, al lado del faro, es una

reserva que intenta preservar las cinco especies de tortugas marinas que viven en las costas brasileñas. Se exhiben ejemplares en varias piscinas y entre septiembre y marzo, se pueden ver los criaderos. También hay un museo con exhibiciones multimedia sobre las tortugas y una tienda en que comprar recuerdos.

PROJETO BALEIA JUBARTE: Instituto Baleia Jubarte, ☎ 3676 1463. Las ballenas también llegan la litiral norte por lo que se ha abierto un centro de seguimiento en Praia do Forte. Entre julio y octubre se organizan paseos en barco para ver a los animales que se aproximan hasta a dos kilómetros de la playa.

RESERVA DE SAPIRANGA: El acceso es por la carretera de la Linha Verde, a 6 km de Praia do Forte. Es una zona de protección ambiental con 600 hectáreas de bosque atlántico, que es el ecosistema de la selva tropical del litoral bahiano y que se puede visitar en un recorrido organizado de algo más de una hora, con un parada para bañarse en el rio Pojuca. Equipada con un centro de atención al turista, guías para los caminos, mucho terreno y un área destinada a la rehabilitación de animales salvajes. Hay ocho senderos para realizar excursiones, todos ellos muy bien señalizados.

RÍO POJUCA: un río es ideal para hacer rafting en sus rápidos, también para observar la pesca tradicional con trampas de liana, conocida como "jiquis", la cual se usaba para capturar peces, camarones y gambas. En la zona llamada Sete Pontes se conservan puentes de madera, usados por pescadores nativos para recoger los peces en los "jiquis". Se puede pasear en barca, desde el estuario del Río Pojuca, en Praia do Forte, hasta llegar a los rápidos.

PLAYAS POR LA ZONA

IMBASSÍ: un sueño. A un lado el mar y al otro discurriendo paralelo el Rio Barroso.

DATOS PRÁCTICOS

OFICINA DE TURISMO: Av. do Farol, s/n. ☎ 676 10 91.

ALOJAMIENTO

(b) POUSADA BALANÇO DO MAR: R. da Aurora, 25. ☎ 3676 1059. www.pousadabalancodomar.com.br Son 7 habitaciones sencillas y luminosas. Se puede pagar con tarjeta de credito: American Express, Diners Mastercard y Visa.

(B) POUSADA CASA DE PRAIA: Pça. dos Artistas. ☎ 3676 1362. www.casadepraia.tur.br Situada en el centro del pueblo a pocos pasos de la playa y de la iglesia y a 150 metros del projeto Tamar. Habitaciones bien equipadas, ambiente relajado, tiene restaurante.

Ⓜ **POUSADA ALOHA BRASIL:** R. Aurora ☎ 3676 0279. www.pousadaalohabrasil.com.br Situada a pocos metros de la playa y a de la Vila dos Pescadores.Tiene parking y acceso directo a la playa. La entrada se situa en la calle paralela a la calle principal. Dispone de 12 apartamentos, construídos en módulos independentes, cada uno de ellos tiene baño, televisión de plasma, conexión a internet, nevera, aire acondicionado y amplias camas. En el exterior, piscina y sala de masajes con vistas al mar.

Ⓜ **POUSADA OGUM MARINHO:** Alameda do Sol s/n. ☎ 3676 1165. www.ogummarinho.com.br A pocos metros de la playa y situada en la calle principal, decorada con objetos y ropas indígenas, piezas de cerámica tradicional, tallas de madera y cuadros de los barcos de vela típicos (saveiros). Tierne un parking privado. Cuenta con 20 habitaciones acogedoras y bien equipadas con teléfono, caja fuerte, televisión, nevera, ventilador de techo y aire acondicionado. El restaurante de la pousada se llama "Sabor de Ogum" y está especializado en comidas típica, bahiana e internacional: moquecas, ensopados, frutos do mar.. etc, Domingos y festivos ofrecen una buena feijoada.

Ⓜ **CVILA DOS CORAIS:** R. do Dourado. ☎ 3676 8000. www.viladoscorais.com.br Cuenta con 50 habitaciones bien equipadas acogedoras y decoradas con colores vivos. Piscina con hidromasaje.

Ⓜ **ECO ATLÂNTICO:** Pça. dos Artistas. ☎ 3676 136. www.ecoatlantico.com.br Está al lado de la playa, en la zona de los arrecifes de coral, Habitaciones confortables y un salón lleno de libros con un enorme televisón de pantalla plana.

Ⓜ **POUSADA PORTO DA LUA:** R. Martim Pescador (Cond. Aldeia dos Pescadores). ☎ 3676 1029. www.portodalua.com.br Al lado del proyecto Tamar, a pie de playa, es un edificio de aire tropical con 26 habitaciones muy confortables de las que la mayoría tienen vistas al mar y al arrecife. Para los que se lo puedan permitir existe la suíte Royal que tiene 95 metros cuadrados. Como dice su publicidad: fácil de llegar y difícil de salir.

Ⓜ **POUSADA REFÚGIO DA VILA:** Lot. Aldeia dos Pescadores. ☎ 3676 0114. www.refugiodavila.com.br Para llegar hay que pasar por delante del Shopping Armazém da Vila y del Proyecto Baleia Jubarte y después girar a la derecha hasta encontrar la posada. Habitaciones, cómodas y acogedoras. Todas ellas con terraza, aire acondicionado, cama grande, secador de pelo, caja fuerte, conexión a internet y televisión. Piscina con hidromasaje y gimnasio. Desayuno muy completo y al atardecer no hay que perderse el bufé de zumos y sorbetes.

Ⓛ **POUSADA FAROL DAS TARTARUGAS:** R. Martim Pescador. Aldeia dos Pescadores. ☎ 3676 1515. www.faroldastartarugas.com.br Cuenta con 11 apartamentos y 4 bungalows, correctamente equipados y decorados con estilo tropical, la mayoría de ellos con vistas al arrecife de coral.

Ⓛ **IBEROSTAR PRAIA DO FORTE:** En el km 56 de la BA 099. Mata de Sao Joao. ☎ 3676 4200. www.iberostar.com.br Un hotel de la cadena iberostar en regimen de todo incluido, situado al lado de la playa con habitaciones muy bien equipadas y con vistas al mar y cinco restaurantes con diferentes especialidades y animación nocturna. Hotel muy cuidado.

Ⓛ **PRAIA DO FORTE ECO RESORT&THALASSO SPA:** Praia da Forte. ☎ 36764000. www.praiadoforteecoresort.com.br

Situada junto a un arenal de 12 kilómetros de playa semidesierta delimitada por un exuberante cocotal y muy cerca de Praia do Forte. Son bungalows de lujo con todo tipo de detalles. Piscina, spa, restaurante y tiendas. Centro de convenciones. El hotel ofrece todo tipo de actividades naúticas y deportivas.

RESTAURANTES

Por la calle peatonal se encuentra diversos locales generalmente especializados en pescado y que no están mal de precio.

Ⓑ **SOUZA BAR:** Alameda do Farol, s/n, Projeto Tamar. ☎ 3676 1129. Un antiguo chiringuito de playa que se ha convertido en el bar más tradicional del pueblo. La especialidad es el bolinho de peixe, pero también es recomendable el *siri mole a milanesa.* Ambiente animado, con música y que solo cierra cuando los clientes se han ido para casa. Hay caipiriñas de coco y de lima, lo que suele retrasar la hora de cierre.

Ⓑ **SABOR DA VILA:** Av. Antonio Carlos Magalhàes. ☎ 3676 1156. Horário: 11.00 h a 24.00 h. Un comedor que da a un jardín y en el que sirven platos de pescado, marisco y especialidades bahianas, uno de los pedidos es el *filé de badejo con salsa de gambas.* Para beber no faltan las caipirinas de frutas tropicales.

Ⓑ **RESTAURANTE E CAFÉ MADE IN BAHIA:** Avenida António Carlos Magalhiies, s/n, Shopping Água Viva. ☎ 3676 0144. Platos bahianos tradicionales, los bolinhos de peixe y de bacalhau son las raciones más pedidas de la casa, también hay moquecas de camarao para dos personas. Hay un café que durante el verano sirve hamburguesas y tartas caseras. Los sábados hay música en directo.

Ⓜ **SABOR DE OGUM:** Alameda do Sol s/n. ☎ 3676 1165. www.ogummarinho.com.br ☎ 676-1165. Es el restaurante del la Pausada Ogum Marinho. Cocina tradicional bahiana y platos internacionales, la especialidad, *el macarrao com camarao, polvo e molho de aipim. Los festivos y fines de semana hay feijoada que se sirve como bufé.*

Ⓜ **TERRA BRASIL.** Avenida Antonio Carlos Magalhaes, s/n. ☎ 3676 1705. Decorado con motivos regionales, la base de su oferta es el marisco, langosta acompañada de camaroes grelhados y espaguete com frutos do mar, son sus dos principales opciones. Entre los postres la tarta de chocolate.

Ⓜ **TERREIRO BAHIA:** Rua do Linguado s/n°. ☎ 3676 1754. www.terreirobahia.com.br Cocina tradicional bahiana en un ambiente agradable, entre sus platos: *bolinho de moqueca y bobó de camarao.* Postres cuidados entre los que destaca *la delícia de ibeji*, que es un puding de tapioca con gengibre.

Ⓒ **TAVERNA PARADISO:** Avenida Antonio Carlos Magalhaes, s/n. ☎ 3676 1587. Cocina italiana de calidad, especialidades de la Toscana y de Bolonia Como entrada, *bruschettas ao molho de berinjela, presunto de Parma, tomate seco e fresco.* El pan se prepara en una panadería anexa al restaurante. Entre los postres: *a tulipa de chocolate, frutas rojas y calda quente de chocolate branco.*

IMBASSAÍ

Es pequeño pueblo con unos 1000 habitantes situado muy cerca de Praia do Forte, rodeado por elevadas dunas y con grandes extensiones de playas cruzadas por el Rio Imbassaí que sigue en paralelo al mar y que dividido por un bonito palmeral forma un conjunto inconfundiblemente tropical. Esta situación hace que sea físicamente imposible llegar a la playa en coche, cosa que ha podido preservar el encanto y la naturaleza del lugar.Es la primera playa de la Linha Verde y un lugar para los aficionados al mar y al rio. Su nombre significa 'el curso del agua' en el idioma de los indios Tupinikim que eran los habitantes originales de la región.

Hasta hace poco tiempo Imbassaí era un pueblo aislado que sobrevivía de la pesca, algo de agricultura y los cocos. Desde la inauguración de la carretera, el acceso al pueblo es más fácil y desde entonces ha aumentado un poco el número de turistas.

El pueblo cuenta con dos calles principales y ambas le llevan a la playa. Las calles todavía no están pavimentadas. En el pueblo hay dos supermercados y varios restaurantes, la mayoría especializados en pescados y mariscos. Hay varios chiringuitos muy acogedores tanto al lado del río como de la playa.

LA PLAYA

Para llegar a la playa cuando está la marea alta hay que pasar por el río caminando, nadando, con unas pequeñas embarcaciones que hacen la travesía y desde hace poco también existe un puente peatonal.

Es una inmensa playa tropical, protegida por cocoteros y que en algunos lugares tiene hasta 100 metros de ancho y en la que si se camina un poco es muy poco probable que se encuentre a nadie. A más o menos un kilómetro al norte del pueblo todavía se encuentran los restos del casco de un barco de contrabandandistas, que según cuentan a finales del siglo XVIII tuvieron un incendio en el barco y cuando intentaban desesperadamente llegar a la costa de Imbassaí, explotó el barco. Los restos son invisibles con la marea alta, porque está bajo el agua, pero se pueder ver con la marea baja.

En los meses de verano, especialmente en enero y febrero es frecuente encontrar en la arena pequeñas tortugas intentando llegar al agua. En invierno, desde julio hasta octubre alguna vez es posible ver el paso de las ballenas.

ALOJAMIENTO

(B) **POUSADA BICHELENGA:** Al. dos Coqueiros. ☎ 3677 1122. www.bichelenga.com.br Ofrece habitaciones sencillas, algunas de ellas para cuatro personas. Además dos piscinas, sala de juegos y mirador.

(B) **POUSADA ÁGUA MARINHA:** Al. das Amendoeiras. ☎ 3677 1010. www.paguamarinha.com.br Cuenta con 27 habitaciones con aire acondicionado situado muy cerca del rio y de la playa, frecuentado por familias con niños trato muy amable.

(B) **POUSADA THALUD:** Al. das Bromélias. ☎ 3677 1188. www.pousadathalud.com.br Son 22 habitaciones simples y correctas, con aire acondicionado y con muchas películas para elegir en el cvanal de Dvd. En el centro de la pousada hay una piscina rodeada de cocoteros.

(B) **FINCA-POUSADA SITIO IMBASSAI:** ☎ 55 71 3677 1137. Un hotel situado en una finca de cinco hectáreas, en medio de un bosque tropical. Ofrece habitaciones confortables con baño y ventilador. Las camas tienen un mosquitero. Todos los cuartos tienen acceso a una terraza con sillas y hamacas.

(M) **VILANGELIM ECO POUSADA:** Al. dos Angelins. ☎ 3677 1144. www.vilangelim.com.br Formado por un conjunto de bungalows de madera todos ellos orientados a la salida del sol y con bonitas vistas del bosque de Angelim. Habitaciones correctamente equipadas y sala de masaje. Restaurante de comida tradicional decorado con piezas de artesanía locales.

(M) **POUSADA IMBASSAÍ:** R. da Igreja. ☎ 3677 1313. www.hotel

pousadaimbassai.com.br Son 20 habitaciones y 10 chalets reapartidos por un jardín muy agradable, a la sombra de los cocoteros. Todas ellas con aire acondicionado silencioso y las de categoría superior con televisión de plasma.

RESTAURANTES

B SOMBRA DA MANGUEIRA: Acceso por el km 68 da Linha Verde. ☎ 9133 4860. Restaurante popular que ofrece especialidades regionales. A destacar la mariscada y la casquinha de siri hecha en casa con leche de coco y aceite de dendé artesanales. Muy recomendable también la moqueca de camarao, a la que se añade un requesón casero.

B JERIMUM CAFÉ: Alameda das Amendoeiras. ☎ 3677 1019. En la carta platos de corte italiano como crostinis de gorgonzola o tomate temperado, también risoto de camarao. Jazz, blues y world music componen la banda sonora de este restaurante.

COSTA DO SAUÍPE

A 80 km del Aeropuerto Internacional de Salvador. Es un complejo turístico en el município de Mata de São João formado por varios hoteles de lujo: Costa do Sauípe Conventions, Costa do Sauípe Suítes, Costa do Sauípe Golf & Spa, Pestana Sauípe, Costa do Sauípe All Inclusive y SuperClubs Breezes. Además de seis pousadas temáticas: Pousada Carnaval, Pousada Maria Bonita, Pousada Gabriela, Pousada da Torre, Pousada Aldeia y Pousada Pelourinho.Todo ello en un area privada de 172 hectareás, que incluyen, campos de golf, centros deportivos, y una llamativa villa de estilo colonial. Para visitar la Costa de Sauípe sin estar hospedado allí se puede sacar un pase: *Day Pass da Costa do Sauípe*. Más información en Central de Relacionamento com Clientes, ☎ 0800-702-0203.

MASSARANDUPIÓ

Fue la primera playa naturista de Bahia, está a apenas apenas 4 km del Complejo Turístico de Sauípe. Es uno de los centros naturistas más visitados de todo el país. Es una playa con un mar azul turquesa, con dunas de arenas y llena de cococteros. Hay chiringuitos en los poder tomar algo.

BAIXIO

Un poco más al norte, es un pueblo muy pequeño y bonito, se llega por una alameda entre cocoteros. Hay varias lagunas en las que viven algunas grazas. El rio Inhambupe, que pasa por allí es muy bueno para la pesca y el baño, continuando hasta la playa se encuentra un mar muy batido, excelente para el surf y el windsurf.

SÍTIO DO CONDE

Un pequeño pueblo con 20.000 habitantes y con 40 kilómetros de playas y dunas muchas de ellas casi siempre desiertas, otras reciben algunos autobuses de turistas. Mar azul, que combina con el verde de la costa y que forma en su conjunto un entorno idílico. se podría decir que Sitio, es la parte del pueblo de Conde (a siete kilómetros) que queda a orillas del mar. La playa cuenta con un arrecife que al bajar la marea crea piscinas naturales. Muchos pescadores. Hay bares, restaurantes, pousadas hoteles al borde del mar.

ALOJAMIENTO

(B) **POUSADA ALDEOLA DO BAIXIO:** R. da Praia, 3 (Praia do Baixio). ☎ (75) 3413 3012. www.aldeoladobaixio.com.br En total 13 apartamentos, algunos de ellos con salón cocina y dos habirtaciones, con capacidad para 6 personas.

(M) **APOENA ECOPOUSADA:** Estrrada da Barra do Itariri. ☎ (75) 3449 1291. www.apoena.ch.br Pousada ecológica regentada por Fred e Simone dos hermanos suizos que quieren ser completamente autosuficientes. Cuenta con bangalows con vistas al mar y equipados con aire-acondicionado silencioso y una amplia televisión

(M) **COCO BEACH:** Estr. da Barra do Itariri. ☎ (75) 3449 1171. www.cocobeach.br A la sombra de los cocoteros se encuentran distribuidos y perfectamente integrados en el entorno, 10 bungalows y 12 apartamentos. Todos ellos equipados con aire acondicionado, televisión, nevera y baño con ducha, todo ello a pocos metros de la playa.

PLAYAS

Las playas son bastante buenas, ya que cuentan con grandes superficies de arena, además de numerosos cocoteros.

POÇAS: a 14 kilómetros de Sitio. Hay un pequeño puerto natural aprovechado por los pescadores y donde podréis alquilar alguna embarcación.

SUBAÚMA: arena blanca, cocoteros y algunos arrecifes que dan origen a piscinas naturales. Baños públicos y alquiler de tumbonas. Muy turística.

ENTRADAS: entre el mar y la vegetación apenas queda terreno. Se accede desde la playas colindantes.

PORTO SAUÍPE: junto a la anterior. Más cocoteros, dunas y un mar con oleaje. Cuando baja la marea se crea una zona, en la barra del río Sauípe, donde la gente acude para tomar baños de lodo.

MANGUE SECO

Se encuentra en la frontera con el estado vecino de Sergipe. Es un pueblo costero con apenas 800 habitantes que se levanta en el extremo de una península formada por el río Real. Famoso por las dunas de arena blanca que lo rodean, en Mangue Seco se desarrolla la novela “Tieta de Agreste”, del bahiano Jorge Amado y se ha convertido en un lugar muy conocido en todo el país después de que aquí se rodara la serie de televisión basada en la novela.

El mejor acceso es desde la localidad de Pontal en Sergipe, a unos 28 kilómetros más hacia el norte de la Linha Verde. Allí se puede coger una lancha rápida y hacer una travesía de 15 minutos por el Rio Real, o también se puede llegar en canoas que tardan unos 40 minutos aproximadamente. A veces durante la marea baja es posible llegar en un coche del tipo 4x4. Esta dificultad de acceso es una garantía de tranquilidad para este pueblo de pescadores, aislado entre las dunas y el río y que conserva un aire rústico y acogedor y en donde se encuentran dos tipos de playas, de un lado las de las aguas oscuras del Río Real y del otro las dunas y el mar.

PLAYAS

LA PRAIA DE MANGUE SECO: Con 30 km de extensión, la mejor forma de recorrerla es contratar un buggy de los que se ofrecen para alquilar, el precio hay que negociarlo, pero ronda los 12 euros. El paseo entre dunas merece la pena, hay también algunos chiringuitos de aire muy rústico y generalmente no tiene música, como si respetaran el silencio y el clima relajado. En el camino que lleva hasta la praia Costa Azul hay restos de un barco.

PRAIA COSTA AZUL: Desde aquí y con marea baja y en buggy se llega a Mangue Seco.

EL RECÔNCAVO

Se conoce como el Recôncavo Bahiano, a la región situada en torno a la Bahía de Todos los Santos, es uno de los estados más mestizos de todo Brasil y una región muy vinculada a su historia, con tierras muy fértiles, las mejores del país para los cultivos de azúcar y tabaco. Es también una región llena de bellezas naturales e historias asombrosas.

En el Recôncavo Bahiano hay ciudades como Cachoeira, São Félix, Santo Amaro y Nazaré, y las de Cabuçu y Bom Jesus dos Pobres, en Saubara, y do Pina, em Maragogipe, además de otras ciudades que merecen ser visitadas por sus encantos naturales y culturales. como Santo Amaro da Purificação, tierra de celebridades de la música popular, o Candeias un pequeño pueblo industrial y ganadero.

En el Recôncavo nació *la samba da roda*, que ha sido declarada por la Unesco Patrimonio Cultural de la Humanidad, y que es una mezcla de música, danza, poesía y fiesta, muy presente en toda región del Recóncavo en cada fiesta, en bares, plazas, casas, bailes de capoeira y en el ritual de los orixas o en los patios de candomblé. Basta cualquier pretexto de fiesta para formar una pequeña rueda (roda, en portugués) de personas que cantan, acompañan con palmas y tocan tambores, panderetas, o simplemente acompañan con golpes de un tenedor de metal sobre un plato , mientras animan a los bailarines que se mueven con ritmos cargados de sensualidad.

CACHOEIRA

Su nombre completo es Nossa Senhora do Rosário do Porto da Cachoeira. Una ciudad histórica considerada Monumento Nacional, cuenta con algo más de 30.000 habitantes y está situada bajo una serie de colinas junto al Río Paraguaçu y frente a la ciudad Sao Félix, a la que está unida por un antiguo puente de hierro.

Es una ciudad a la que se acudir a pasear por su arquitectura colonial bien conservada y buscar el antiguo sabor de épocas pasadas y en donde se cultiva el mejor tabaco de Brasil, y todavía se conservan la gastronomía tradicional, un folclore variado y una destacada artesanía de madera.

LA VISITA

CASA DE CÂMARA E CADEIA: Pça. da Aclamação. Es la antigua sede del gobierno Bahiano y el actual ayuntamiento. Después de la abolición de la esclavitud se eliminó la columna de mármol que había en la plaza.

SANTA CASA DE MISERICÓRDIA: Pça. Dr. Aristides Milton. En su interior está la Capela de Santa Bárbara. Fue el primer hospital construido en el municipio.

IGREJA DA ORDEM TERCEIRA DO CARMO: Pça. da Aclamação. Con imágenes de madera procedentes de Macao, con un altar barroco revestido de oro y con paneles de azulejos portugueses.

IGREJA MATRIZ N.S. DO ROSÁRIO: Rua Ana Nery. Reúne el mayor panel de azulejos portugueses fuera de Portugal. En el piso superior está el Museu das Alfaias, que contiene restos del abandonado Convento de Sáo Francisco do Paraguaçu.

IGREJA N.S. DA CONCEIÇÃO DO MONTE: R. Conceição do Monte, con ricas imágenes de santos. Esta cerrada en este momento.

IGREJA DA AJUDA: Pça. da Ajuda. Primera construción de cal y pedra de Cachoeira.

MUSEU REGIONAL: Pça. da Aclamação. ☎ (75) 3425-1123 .Considerado la obra da arquitectura civil más importante de la ciudad. Guarda una interesante exhibición de muebles del siglo XVIII.

ALOJAMIENTO

(B) POUSADA DO CONVENTO: R. Inocêncio Boaventura (Pça. da Aclamação). ☎ 3425 1716. Instalado en un antiguo convento del siglo XVII que conserva sus características originales. Habitaciones sencillas.

(C) FAZENDA VILLA RIAL: Acesso por el km 42 de la carretera a Santo Amaro. ☎ 3602 4600. www.villarial.com.br Una antigua fazenda reconvertida en hotel rural con 23 habitaciones con televisión, aire acondicionado y minibar y 16 suítes em bungalows con ventilador y minibar. Restaurante de cocina tradicional que se nutre de los productos de la casa.

RESTAURANTES

(B) BEIRA RIO: R. Manuel Paulo Filho, 19. ☎ 3425 5050. Horário continuo de 9.00 h a 23.00 h.

COMPRAS

ARTESANÍA: La ciudad ha conservado la tradición de la talla de madera, con una clara influencia africana. Hay algunos talleres muy conocidos como el de Louco.

FIESTAS

N.S. DA BOA MORTE: en la primera quincena de agosto, la Irmandade da Boa Morte, formada por mujeres descendientes de esclavos recorren las calles vestidas con trajes típicos y cantando en samba-de-roda hasta el amanecer.

SÁO FÉLIX

Unida a Cachoeira por un destino común y por un puente metálico construido por los ingleses a finales del siglo XIX y que hay que cruzar con ciertas precauciones.

COMPRAR

PUROS

CENTRO CULTURAL DANNEMANN: Av. Salvador Pinto, 29, ☎ 3438 3716. Desde 1873, La fabrica Dannemann elabora en São Félix los mejores puros artesanales de Brasil. Las cajas de 6 unidades cuestan de 100 R$. En una sala de la parte posterior del edificio varias mujeres vestidas de blanco ocupan los antiguos bancos de madera y enrollan los puros de forma manual. Otra parte del centro está dedicado al arte moderno.

SANTO AMARO

Situado en la zona central del Recôncavo y a una distancia de 72 km de Salvador, cuenta con una población de 54.147 habitantes. Es una ciudad muy animada y con una gran actividad comercial especialmente por las mañanas. Es la tierra natal de Caetano Veloso y Maria Betahnia, dos de las más grandes estrellas de la música brasileña

LA VISITA

PÇA. DA PURIFICAÇÃO: En la plaza están gran parte de los edificios representativos de la ciudad especialmente la Sta. Casa de Misericordia de 1840 y la iglesia Matriz de N.S. da Purificação de 1668, y con una gran representación de azulejos portugueses.

CONVENTO DOS HUMILDES: Plaza de Inácio Teixeira dos S. Araújo. Además de la construcción histórica, mantiene un museo, con diversas piezas religiosas y una muestra de azulejos portugueses.

TEATRO DONA CANÔ: Rua do Imperador 142, Cais De Araújo Pinho. ☎ 3241.1298. Inaugurado en 2001, es un pequeño y moderno teatro que lleva el nombre de Dona Canô en homenaje a la madre de Caetano Veloso y Maria Betanhia. Programa diversos espectáculos de teatro, danza y música.

PLAYA ITAPEMA: a sólo 20 km, es muy extensa y con cocoteros.

ALOJAMIENTO

C ENSEADA DO CAEIRO ECO RESORT: BA-878 p/ Saubara (Itapema), 18 km. ☎ 3264 3000. www.enseadadocaeiro.com.br Al lado de la playa de Itapema, es un hotel formado por bungalows repartidos en torno a una piscina. Habitaciones muy bien equipadas.

FIESTAS

BEMBÉ DO MERCADO: Desde 1889, esta fiesta comemora la abolición de la esclavitud, en una fecha del mes de mayo sin especificar. Cantos, samba-de-roda y ofrendas a Iemanjá.

LAVAGEM DE SANTO AMARO: Fiestas religiosas que van desde el día 24 de enero hasta el primer domingo de febrero.

SÃO FRANCISCO DO CONDE

Cuenta con un cierto patrimonio arquitectónico, entre el que destaca el Sobrado do Engenho Cajaíba, la Igreja N. Sra. do Monte, la Igreja Matriz de São Gonçalo, y el Convento de Santo Antônio, Imperial, además de algunas casas del siglo XVI.

Sus calles fueron el escenario de sangrientas batallas que acabaron con la expulsión de los holandeses.

SANTO ANTONIO DE JESUS

A 187 km por vía terrestre de Salvador, también denominada la Cidade das Palmeiras, es una de las más importantes ciudades del Recôncavo Bahíano.

ALOJAMIENTO

B POUSADA VILA DAS PALMEIRAS: Pça. Rio Branco, 128. www.sinta.com.br/pousada Tiene el aire de una antigua casa italiana con las puertas y ventanas de gran tamaño y con una cierta elegancia en su conjunto. Las habitaciones están correctamente equipadas.

B ANTONIUS IMPERIAL: Pça. Pe. Mateus, 91. ☎ 3632 8100. www.antoniusimperial.com.br Un hotel práctico y muy bien situado en el centro de la ciudad. Por la noche sirve un bufé muy abundante. No todas las habitaciones tienen aire acondicionado.

FEIRA DE SANTANA

Situado a 115 km de Salvador de Bahía en el límite entre la franja húmeda del litoral y el sertão semiárido y conectada con la capital a través de la autovía BR-324. Es la ciudad más grande del interior de Bahía, con una población ronda los 535.284 habitantes. Es una ciudad industrial sin demasiados atractivos que es el centro, ganadero y agrícola, de la región conocido por su producción de tabaco, judías, mandioca y maíz. También es un importante nudo de carreteras, que conecta el nordeste del estado con el sudeste a través de la carretera Río-Bahía, BR-116, y con el interior del estado por la BA-052, hasta Xique-Xique, en la orilla del río São Francisco, pasando por Irecê.

LA VISITA

Es una ciudad llana y muy extensa cruzada por carreteras, en una encrucijada por lo que siempre ha sido punto de encuentro y de comercio durante el día, de hecho sus mayores atractivos son la feria de ganado que se celebra todos los lunes en un enorme recinto que hay a la entrada de la ciudad si se viene de Salvador..

MUSEU REGIONAL DE ARTE: R. Cons. Franco, 66 ☎ 3221 9766. www.uefs.br/cuca Ocupa una bonita casa de principios del siglo XX con dos salas pequeñas en las que se exhiben obras de pintores modernistas como Di Cavalcanti y Vicente do Rêgo Monteiro, o contemporáneos como Tomie Ohtake. También hay algunas obras de artistas ingleses de los años 1960.

MERCADO DE ARTE POPULAR: Praça João Pedreira, s/n.Centro. ☎ 3221 9944. Un mercado artesanal en donde comprar esculturas, bordados, comidas típicas y objetos de piel a buenos precios

TRANSPORTE

TERMINAL RODOVIARIA: Avenida Presidente Dutra s/n. ☎ 3623 3667. Feira de Santana es un importante centro de transporte. Entre los principales destinos están Salvador, Vitória da Conquista, Itabuna, Aracaju, Recife, Brasília, Asuncíon, Belém y Fortaleza entre otros.

ALOJAMIENTO

(B) **CLASSE APART:** R. Mal. Castelo Branco, 102. ☎ 2101 1000. www.classeapart.com.br Habitaciones correctas y amplias con una minicocina y mesa de trabajo con conexión a Internet.

FIESTA

MICARETA: En 1937, el carnaval tuvo que retrasarse debido a las inundaciones, lo que se convirtió en una tradición que se sigue celebrando en abril y donde se juntan un millón de personas en una fiesta que dura cuatro días y se llena de los blocos y tríos eléctricos más conocidos, en los últimos años no han fallado: Chiclete com Banana, Asa de Águia e Ivete Sangalo. Para más información de la programación en Secretaria de Cultura (☎ 3603 8500) o en la www.micareta.com.br

COSTA DO DENDÊ

Al sur de la Bahía de Todos los Santos se encuentra la Costa do Dendé, rica en arrecifes de coral y más salvaje y variada que la anterior, rodeada de vegetación y playas de aguas cristalinas, islas, bahías y una fauna multicolor. Está unida a Salvador y al sur del estado por un sistema de ferrys y catamaranes y por la carretera BA-001, que va por la costa y que une todas las playas de norte a sur. En esta costa están los municipios de Valença, Cairo, Morro de São Paulo, Camamu, Taperoã, Ituberá y Maraú cuyo máximo atractivo es el Morro de Sao Paulo, una isla donde no hay transporte rodado, únicamente algún tractor.

En la desembocadura del río Una, hay unas 26 islas, siendo las principales: Tinharé, que es en donde está el Morro de São Paulo, Boipeba y Cairú que forman parte del archipélago de Tinharé. Hay en toda esta costa una gran diversidad de paisajes y ecosistemas lo que facilita la práctica de deportes náuticos, paseos por las playas e incluso el naturismo en playas completamente desiertas como la de Garapuá. La Baia de Camamu es la tercera mayor de todo el país y conserva una naturaleza deslumbrante que combina playas e islas paradisíacas con una rica vegetación. En uno de sus extremos se encuentra Maraú, uno de los pueblos con las mejores playas, especialmente la Barra Grande. Ibirapitanga es un pueblo agrícola en donde se cultiva el dendê y el cacao.

VALENÇA

Está situada en la costa, a 39 kilómetros al sur de Salvador. El camino más corto para llegar desde Salvador es en barco, ya que hay una ruta regular de ferrys y catamaranes entre Salvador y Bom Despacho. Después hay que seguir en autobús o en coche por la BA-001 en sentido sur. Por carretera desde Salvador se llega atravesando la Baía de Todos os Santos y la isla de Itaparica, siguiendo por la nueva carretera BA 001, haciendo un recorrido de unos 104 km. Viniendo del norte, la unión con la carretera está 42 km después de la ciudad de Santo Antonio de Jesus. Desde el sur se puede coger la BA 001.

Valença es una ciudad histórica que cuenta con casi 78.000 habitantes, fue fundada en 1799 a orillas del río Una, y a la que se suele venir para visitar su centro histórico que conserva varios edificios coloniales e ir a sus playas, como Taquari, Ponta do Curral o la rectilínea playa de Guaibim, cuenta además con una buena infraestructura y un aeropuerto.

La mayoría de los viajeros vienen aquí sólo para embarcarse hacia la isla de Morro de São Paulo. Aquí se puede dejar el coche en un parking que cuesta unos 10 reales por día y seguir en barco a la isla de Tinharé, el precio del viaje ronda los 5 reales

Otra posibilidad más barata es seguir por la carretera hasta el atracadero de Guaibim, a 14 km del centro, de donde salen barcos para el Morro más baratos y menos concurridos.

LA VISITA

Paseando se puede ver la igreja Matriz do Sagrado Coração de Jesus, de principios del XIX, y el Ayuntamiento.

IGREJA NOSSA SENHORA DO AMPARO: localizada en lo alto de la colina de Amparo, fue construída en el siglo XVIII decorada con azulejos portugueses y desde la iglesia hay una estupenda vista de Valença, de la Ilha de Tinharé y del Morro de São Paulo.

LAS PLAYAS

GUAIBIM: queda a 17 kilómetros del centro. De arena blanca, tiene cocoteros y la posibilidad de alternar el baño de agua salada con el de dulce en el río Guaibim. Tiene algunas urbanizaciones.

PONTA DO CURRAL: al sur de la anterior, casi enfrente del Morro de São Paulo (Isla de Tinharé). Se accede en barco desde Valença. Con arena fina y plantaciones de cocoteros.

DATOS PRÁCTICOS

OFICINA DE TURISMO: Comendador Madureira, ☎ 641 0518.

TERMINAL RODOVIÁRIA: Rua da Água. ☎ 641 48 05.

ALOJAMIENTO

En la playa de Guaibim, a 17 km del centro, están las mejores pousadas de la ciudad.

(B) GAIVOTA PRAIA: Lot. Saveiro, se llega por la Av. Taquari. Guaibim. ☎ 3646 1206. www.gaivotapraia.com.br Cerca de la playa un hotel sencillo y correcto con 16 habitaciones con aire acondicionado, minibar, televisión, terraza y piscina.

(B) GIRASSOL PRAIA: Av. Taquari, 3005 (Praia de Guaibim). ☎ 3646 1432. www.girassolpraiahotel.com Las habitaciones tiene baño, aire acondicionado, televisión y nevera. Piscina

(M) RECANTO BRASILISSIMO: Av. Taquari (Praia de Guaibim), ☎ 3646 1136. www.recanto-brasilissimo.com A pie de la playa de Guaibim, ofrece habitaciones y pequeños chalets con aire acondicionado, minibar, televisión y terraza. Jardín tropical y piscina.

(C) PORTAL RIO UNA: Rua Maestro Barrinha (Graça). ☎ 3641 50 50. www.portalhoteis.tur.br Alejado de las playas. Con restaurante, piscina, sala de juegos y pista de tenis. Las habitaciones tiene baño, aire acondicionado, televisión, etcétera.

RESTAURANTES

(M) RESTAURANTE RECANTO DO LUIS: Carretera de Camamu, km 3. ☎ 3641 66 95. En Maricoabo, a cuatro kilómetros de Valença, un restaurante con buenos platos de pescado: camarão, moquecas, ensopados, etc.

ARCHIPÍELAGO DE CAIRU

Cairu es el único município brasileño que es un archipiélago y está formado por 26 islas, con tres pueblos: Galeão, Gamboa e Velha Boipeba, seis aldeas: Morro de São Paulo, Canavieiras, São Sebastião, Torrinhas, Tapuias y Garapuá y una ciudad, Cairu, que es el centro del municipio y en donde reside el ayuntamiento.

ILHA DE TINHARÉ

Conocida por que en ella se encuentra Morro de São Paulo, además del poblado de Garapuá y los pueblos de Gamboa y Galeão. En la isla hay zonas naturales muy bien conservadas con morros, playas desiertas de mar y de rio , rodeadas de cocoteros. El coche está prohibido en la isla y se llega en barco o en lanchas rápidas. Hay en la isla un antiguo fuerte de 1630, además de algunas construcciones del siglo XVII como la Igreja de São Francisco Xavier, en Galeão.

MORRO DE SÃO PAULO

Es un pequeño pueblo de pescadores en la costa norte de la isla de Tinharé, a una hora y media de navegación de Valença, y que se ha convertido en uno de los puntos turísticos más visitados de Bahía por sus playas vírgenes y la tranquilidad que va disminuyendo a medida que aumentan los turistas. En Morro de São Paulo, las calles del pueblo son de arena, no hay coches, sólo algún tractor y los carreteiros, que son los voluntarios que ayudan casi de forma obligatoria, a encontrar pousada o a transportar el equipaje.

CÓMO LLEGAR DESDE SALVADOR

No es difícil llegar a Morro desde la capital de Bahía, pero conviene conocer todas las opciones para elegir la mas adecuada para cada viajero.

EN AVIÓN. Pequeños aviones a hélice cubren el trayecto entre el aeropuerto de Salvador y el aeródromo de Morro de São Paulo. Hay muchos vuelos y la frecuencia aumenta en verano, el vuelo apenas dura 20 minutos. Los inconvenientes son el precio y la mala ubicación del aerodromo de Morro, muy lejano al centro.

POR CARRETERA. Se puede llegar en autobús desde Salvador , se tarda unas dos horas, la ruta va por Ilha de Itaparica, donde cruzan en ferry. Los autobuses que recorren toda la Bahía tardan en llegar a Salvador cuatro horas.

EN BARCO. Existen varios ferry y lanchas rápidas que cubren el trayecto Salvador-Morro. Cada hora zarpa un ferry desde las 7.30 h y hasta las 17.30 h –algo más tarde en verano– desde Valença a Morro de São Paulo y tardan una hora y media. En dirección inversa, zarpan de Morro hasta las 17.00 h.

La travesía es larga –unas dos horas– y se realiza por mar abierto, por lo que no es recomendable para viajeros con propensión al mareo.

EN BARCO Y AUTOBÚS. De Salvador se toma un ferry o una lancha rápida a la cercana Isla de Itaparica, al otro lado de la bahía de Todos Los Santos. Desde ahí se cruza toda la isla hasta salir de la misma por su extremo este –existe un puente–, y de ahí, de nuevo en el continente, se viaja hasta la localidad de Valença, pasando por el pueblo de Nazaré. El viaje por carretera termina en un embarcadero cercano a Valença, donde de nuevo se toma una lancha para llegar a Morro de São Paulo.

LA VISITA

EL FUERTE: Dicen que es el mejor rincón para ver el atardecer. Es una construcción de 1630 y era una de las mayores fortificaciones de Brasil. En la época colonial llegó a tener 51 piezas de artillería, mientras el Morro tenía una guarnición de 183 hombres.

EL PORTAL: el primer monumento que se ve desde el mar. Es un portón de entrada, donde se podrá ver un mensaje de bienvenida para el visitante, del siglo XVII.

EL FARO: Con dos miradores, uno mirando para el norte, donde se ve el atracadero, la Ponta do Curral, y un poco de Gamboa, y otro orientado para el sur, donde se pueden observar las tres primeras playas del Morro. Se llega hasta él siguiendo el camino enfrente de la iglesia.

LA IGLESIA DE NOSSA SEÑORA DA LUZ: probablemente la última iglesia de la bahía en mantener la tradición de enterrar personas ilustres en su interior.

LA FUENTE GRANDE: forma parte de la isla desde el siglo XVII y tenía el más avanzado sistema de tratamiento de agua de Brasil colonial, su función ha sido y es abastecer de agua al Morro

LAS PLAYAS

Pero sin duda lo mejor del Morro de São Paulo son sus playas que son fundamentalmente cuatro

PRIMEIRA PRAIA: tiene 300 metros de extensión es la más próxima al centro, es dónde están todos los restaurantes y tiendas, buena para nadar, bucear y para hacer surf.

SEGUNDA PRAIA: bastante urbanizada, la marea no sube hasta arriba del todo y en ella hay muchos restaurantes y bares musicales, se puede practicar todo tipo de actividades como el fútbol, voleyball o tenis. Es la más animada por la noche. Al final de ésta se encuentra la Isla da Saudade.

TERECERA PRAIA: la mejor para alojarse y bastante salvaje, cuando sube la marea no queda playa. Es de donde salen los paseos en lancha para las islas vecinas. En frente tiene el arrecife do Caitá, un islote de piedra muy espectacular. Esta playa es más extensa que las otras, ya que tiene aproximadamente 800 metros.

QUARTA PRAIA: es la más apartada y la más grande con apenas un chiringuito, extensa, limpia y de aguas transparentes. cristalinas. Con piscinas naturales y sus cuatro kilómetros de extensión, separada de la playa por un pequeño manglar se encuentra la playa Encanto con piscinas naturales.

LA PLAYA GARAPÚA: es una playa aislada entre los manglares, y casi desértica de dos kilómetros de longitud.

LA PLAYA DE TINHARÉ: Completamente desértica con 10 kilómetros de longitud. Es difícil llegar hasta ella, se organizan en el pueblo excursiones para llegar caminando a estas playas lejanas.

LA PLAYA GAMBOA: situada al noroeste de la isla y orientada al continente, dispone de un acantilado de arcilla usada para el tratamiento de la piel. Además de las playas, también existen paseos que se pueden realizar tanto a pie como en lancha o barco, uno de ellos lleva hasta las piscinas naturales de Moreré o Garapúa y las islas vecinas, Boipeba y Cairú.

DATOS PRÁCTICOS

PREFIJO TELEFÓNICO: 75.

INFORMACIÓN DE TURISMO: Camino de Praia, ☎ 483 10 83.

CAMBIAR DE DINERO: Es difícil hacerlo en la isla, es mejor venir aquí con reales ya cambiados.

ALOJAMIENTO

En Morro de São Paulo hay más de un centenar de pousadas, pero en verano y fin de semana pueden llenarse, así que hay de reservar con tiempo. Para quedar un tiempo, la mejor opción es alquilar una casa. Información en la oficina de turismo.

(B) **ENCANTO DO MORRO:** Tercera Praia. ☎ 483 12 11. www.encantodomorro.com.br Habitaciones muy básicas.

(B) **SOLAR DAS ARTES:** Praça Aureliano Lima, 155, ☎ 3652 1551. Está en el centro del pueblo. Tiene piscina, bar y restaurante italiano.

(B) **POUSADA MAREIA:** Rua da Prainha, s/n. ☎ 3653 1224. www.pousadamareia.com.br En el camino a la playa, tiene habitaciones pequeñas pero muy cuidadas. Con aire acondicionado y las más grandes, televisión y minibar.

(M) **POUSADA DA TORRE:** Segunda Praia, ☎ 483-1038, www.pousadadatorre.com.br Tene 25 apartamentos enfrente del mar en la playa más animada de la isla.

(M) **CHARME POUSADA:** Rua da Prainha, s/n. ☎ 3653 1306. www.charmepousada.com.br Una agradable pousada con habitaciones cómodas con muebles modernos y grandes televisores. Además de aire acondicionado y minibar. Piscina y jacuzzi, con vistas a la Primeira Praia.

(C) **PATACHOCAS ECO-RESORT:** Quarta Praia, ☎ 9981 1033, www.patachocas.com.br En una playa tranquila en medio de cocoteros y enfrente del mar Tiene bungalows con aire acondicionado y piscina.

(C) **PORTO DO ZIMBO SMALL RESORT:** Quarta Praia, ☎ 483 1278. www.hotelportodozimbo.com.br Algunos cuartos tienen bañeras de hidromasaje con vista a la playa o al jardin. Tiene piscina.

(C) **VILLA DAS PEDRAS:** Segunda Praia, ☎ 483 1075, www.villadaspedras.com.br la piscina está casi en la arena de la playa y hay un pequeño lago en el jardín. Habitaciones equipadas con todo tipo de detalles.

(C) **HOTEL PORTALÓ:** Ladeira da Igreja, s/n. ☎ 3653 1374. www.hotelportalo.com En frente del puerto, dispone de habitaciones y chalets rodeados de vegetación y unidos por una pasarela de madera. Las habitaciones tienen los nombres de libros de viajes y los chalets de personajes literarios. Hotel tranquilo confortable y recomendable.

RESTAURANTES

(B) **NATIVA'S:** Avda Beira Mar, Gamboa. Abre hasta medianoche. En plena playa, un chiringuito con el suelo de arena y para tomar platos de pescado y marisco económicos.

(B) **SABOR DA TERRA:** Rua Camino da Praia. Abre hasta medianoche. Pura cocina bahiana: moquecas, peixe, camarão, arroz pirão com farofa, etcétera.

(M) **PONTO DE ENCONTRO:** Rua da Prainha 152. Abre de 16.00 h a 23.00 h. Un restaurante especializado en cocina vegetariana y platos de pescado.

(M) **CLUB DO BALANÇO:** Segunda Praia, ☎ 483-1110. Restaurante familiar que prepara moquecas y otras especialidades locales.

(M) **PIMENTA ROSA:** Quarta Praia. ☎ 483-1466. Con música new age o música electrónica, la especialidad: *vermelho assado em folha de bananeira.*

(M) **PISCINA:** Quarta Praia. ☎ 483-1072- Especializado en pescados, también, *bobó de camarão y lagosta grelhada.*

VIDA NOCTURNA

La segunda playa es la más animada y donde se concentra la animación nocturna, en verano todos los días hay fiestas en la arena que duran hasta el amanecer.

GAMBOA

Ubicada a sólo 3 km de Morro de São Paulo, Gamboa de Morro cuenta con algunas de las mejores playas de la Isla de Tinharé. Es un poblado de pescadores muy tranquilo y con una magnífica playa.

GARAPUÁ

Localizada al sur de la Isla de Tinharé, Garapuá es un pueblo pequeño, escasamente explorado por el turismo. La mayoría de sus habitantes se dedican a la pesca y a la producción de aceite de coco y de urucun. Su playa es una gran ensenada de arena blanca y fina y un mar muy tranquilo y muy azul con arrecifes de coral, ideales para bucear. Localizado a 12 Km aproximadamente de Morro de São Paulo, el acceso hasta el poblado es mediante tractores.

CAIRU

Es una pequeña isla y una ciudad histórica ya que fue la segunda ciudad que fundaron los portugueses en Brasil en 1608 como parte del proceso del poblamiento de la Capitanía de Ilhéus. Los aborígenes de la zona (tupi-guaranis) le daban el nombre de Aracajuru (*casa del sol).*Cuenta aproximadamente con 8.000 habitantes. El acceso más fácil a Cairu es en coche por la BA 001 y después en las embarcaciones que van a la isla.

LA VISITA

Hay algunas construcciones históricas como la Igreja y el Convento de Santo Antônio, de 1654; y la Igreja de Nossa Senhora da Luz, con imágenes sacras en su altar barroco de madera de cedro de los siglos XVII y XVIII. También hay algunas construcciones antiguas de casas coloniales, que se encuentran en muy mal estado, pero que son de las casas más viejas de Brasil.

EL MONASTERIO DE CAIRÚ: se puede visitar y tiene su principal interés en que es de los primeros monasterios que se crearon en Brasil. Actualmente sólo dos monjes habitan el lugar. En la iglesia del monasterio todavía se celebran misas. Llama la atención es el rico juego de azulejos que poseen prácticamente todas las salas del monasterio.

ILHA DE BOIPEBA

Al sur de la isla de Tinharé. Aquí esta el pueblo de Velha Boipeba y el poblado de São Sebastião.

Velha Boipeba, un pueblo muy tranquilo de aire rústico y en donde se puede visitar la iglesia Matriz do Divino Espírito Santo, de principios del siglo XVII. En São Sebastião, destaca la Igreja de São Sebastião, de principios del siglo XX.. En Boipeba podemos encontrar actualmente bastante animación y una buena oferta de alojamientos.. En las inmediaciones se pueden encontrar playas casi desérticas con abundante vegetación y arena finísima. Cerca de Boipeba hay buenos lugares para bucear entre los peces y corales. Son muy conocidas las piscinas naturales de Moreré.

COMO LLEGAR. Se puede llegar a Boipeba por Ilhéus que está a 205 km al sur o desde Salvador que son 155 km más el barco hasta Itaparica.

Desde Ilhéus, hay que coger la BR 101 son 50 km hasta Travessão, donde hay que ir a la derecha hasta coger la BA 001. A partir de Travessão, son 85 km, pasando por Camamu e Ituberá, hasta la entrada para Cairu. Apenas está selñalizado así que si se llaga hasta Nilo Peçanha, es porque se pasó de largo. Después de 13 km en esa carretera de Cairu hay que girar a la derecha para Torrinha, son 7 km por una carretera de tierra. Em Torrinha se puede dejar el coche en un parking y coger una lancha a Boipeba, es menos de media hora de travesía.

Desde Salvador hay que ir en ferry a Itaparica, y después recorrer 155 kilómetros por carretera hasta Torrinha donde se deja el coche y se coge el barco.

Para llegar desde Valença hay ferrys con destino a Boipeba, otra forma de llegar es en autobús por una carretera de tierra hasta Torrinhas y desde allí se puede ir a bordo de unos tractores llamados besouros que parten del Morro de São Paulo y después coger un ferry.

ALOJAMIENTO

(B) POUSADA SANTA CLARA: ☎ 3653 6085. www.ilhaboipeba.org.br Al lado de la playa en una zona arbolada y llena de plantas tropicáles y flores. Son 11 habitaciones alguno de ellos con vistas al mar y chalets individuales con ventilador de techo, minibar bar y baño con ducha eléctrica. Una de las habitaciones tiene aire acondicionado.

(B) POUSADA MARINA DE BOIPEBA: ☎ (75) 3653-6068. www.ilhaboipeba.org.br Localizada en medio de un jardín tropical, cuenta con dos chalets y seis habitaciones muy cuidadas con terraza, ventilador de techo y aire acondicionado, minibar, televisión y baño con ducha de agua caliente.

(M) VILA SEREIA: ☎ 3653 6045. www.ilhaboipeba.org.br Casas de madera pintadas de colores alegres y enfrente de la playa. Habitaciones muy bien decoradas.

BARRA GRANDE

La costa Atlántica de la península de Maraú tiene 40 km de playas salvajes de arena dorada y mar azul entre cocoteros que va de un extremo a otro de la península, protegidos en algunas partes por arrecifes de corales, el más conocido es el de la playa de Taipus de Fora, que con la marea baja se transforma en una piscina natural. Cerca de allí está la Lagoa do Cassange con más de un kilómetro y separada del mar por palmeras y cocoteros. Hay una carretera de tierra en mal estado que recorre la península de norte a sur, lo que posibilita el acceso por tierra, va desde el pueblo de Barra Grande hasta la aldea de Maraú ,cerca del Rio de Contas, por el sur. Barra Grande, ocupa el extremo norte y es un pequeño pueblo con calles de arena y casas muy sencillas y que está en pleno proceso de crecimiento turístico.

CÓMO LLEGAR

El acceso más fácil es vía Camamu, donde se puede dejar el coche y coger un barco que puede llegar a Barra Grande en media hora si es una lancha rápida o en hora y media si es lento. El aeropuerto más cercano es el de Ilhéus a 140 km al sur.

Desde Ilhéus hay que salir en dirección norte a Uruçuca; después de coger la BR 101, son 50 km hasta Travessão, donde hay que ir a la derecha hasta coger la BA 001. De Travessão hasta Camamu son 40 km. En Camamu hay que dejar el coche en el aparcamiento y coger un barco, que aquí llaman *lancha*. Durante el verano salen cada hora durante todo el día, en la temporada baja se reduce la frecuencia, conviene preguntar ya que los horarios cambian continuamente.

Desde Salvador lo mejor es llegar en avión, que llega en 40 minutos y pasa por encima de Morro de São Paulo e Boipeba. Otra forma es en ferry hasta Itaparica, y después 190 km por la BA 001, hasta Camamu donde se deja el coche y se coge el barco a Barra Grande.

Desde Itacaré, se puede hacer por carretera que son 205 km o contratar un 4x4, mucho más rápido pero más movido.

PLAYAS

PRAIA DE BARRA GRANDE: Es donde llegan los barcos, orientada hacia el norte y con chiringuitos de playa en los que ver la puesta de sol.

TAIPUS DE FORA: hay que consultar la tabla de mareas antes de visitarla ya que con la marea alta es una playa bonita pero como otras, con olas fuertes arena dorada y cococteros, pero con marea baja, se convierte en una piscina natural delimitada por arrecifes que comienzan al lado derecho de la playa y avanzan en dirección al mar protegiéndola de las olas. Muy buena para bucear. Hay algunos chiringuitos bastante animados entre ellos la Barraca do Francês que ofrece buen marisco y la Barraca das Meninas con música y tumbonas.

PRAIA DO CASSANGE. Es la playa que está en los margenes da Lagoa do Cassange. La parte más bonita es cuando la playa se separa de la laguna por una fila de cocoteros. Se puede llegar en bugi.

ALOJAMIENTO

(B) **POUSADA DA BARRA:** R. do Cais s/n. ☎ 3258 6009. Situada en la calle principal muy cerca del atracadero. Habitaciones sencillas algunas de ellas cuentan con aire acondicionado, televisión y minibar

(M) **POUSADA DOS TAMARINDOS:** R. José Mello Pirajá, 21. ☎ 3258 6017. www.pousadadostamarindos.com.br Situado cerca del centro del pueblo. Formada por chalets distribuidos por un jardín tropical muy cuidado. Habitaciones muy bien decoradas con un estilo oriental y equipamiento muy completo, con televisiones de pantalla grande y minibar.

(M) **POUSADA PONTA DO MUTÁ:** Praia de Barra Grande. ☎ 3258 6028. www.pousadapontadomuta.com.br A pie de playa y cerca del atracadero, es una pousada de dos pisos muy cuidada y llena de detalles, habitaciones con aire acondicionado, televisión y minibar. Jardín con un sitio de masajes y restaurante.

(GI) **KIAROA BEACH RESORT:** Loteamento Três Coqueiros, Barra Grande. ☎ 3258 6215; tel. reservas, 3272 1320. www.kiaroa.com.br Un sofisticado Resort con 240.000 m^2 implantado en una zona privilegiada al lado del mar y rodeado de bosque atlántico. Dispone de lujosas suites y bungalows, así como bar, restaurantes, tiendas, piscinas, spa, cancha de tenis, etc. Así como pista de aterrizaje privada y helipuerto.

RESTAURANTES

(M) **BISTRÔ** Rua da Igreja, s/n. ☎ 3258 6136. Ocuapa una pequeña casa cerca de la iglesia. Cuenta con una cocina original con combinaciones muy atrevidas. También platos tradicionales.

COSTA DO CACAU

Continuando hacia el sur por la costa se llega a la conocida como Costa do Cacau, una zona que conserva verdaderos santuarios ecológicos tropicales, es una zona rica los manglares, plantaciones de cacón y selva y que en muchos lugares llega hasta el borde mismo de playas. Los núcleos de población se concentran en las ciudades de Itacaré, Ilhéus, Itabuna, Una, santa Luzia, Camacã, Uruçá y Canavieiras.

Es la mejor costa para el surf de todo el litoral de Bahía. Desde uno de los extremos de la bahía de ilhéus, el Morro de Pernambuco, hasta Canavieiras, son en total 110 kilómetros de playas de todo tipo, enttre ellas muchas desiertas y con aguas cristalinas, arrecifes, ensenadas y una gran cantidad de estuarios de ríos que cruzan la región.

ILHÉUS

Situado a 460 km de Salvador, cuenta con unos 225.000 habitantes y es una ciudad alegre y colorista. Para llegar por carretera desde la capital hay que coger la BR-342 la BR-101, hasta la BA-262. También se puede llegar en ferry hasta la isla de Itaparica, de sonde tomar la carretera BA-001 hasta la BR-101, con dos posibilidades: por Uruçuca, o por Itabuna, por la BR-415.

Existen también algunos vuelos que salen de Salvador para Ilhéus. También al puerto de la ciudad llegan algunos cruceros que hacen allí escala.

Es la ciudad más extensa del litoral bahiano. Se la considera la capital del cacao. Su economía se basa en la agricultura, el turismo y las industrias. Era famosa por haber sido el centro del comercio del cacao en las décadas 20 y 30 del siglo pasado. hasta que una enfermedad conocida como *vassoura-de-bruxa* infectó las plantaciones, , También es conocida por ser el lugar de nacimiento de Jorge Amado, el escritor brasileño más popular y que fue uno de los principales causantes motivos de que la ciudad sea conocida. El lo cuenta en sus memorias

"*Aqui transcorreu a minha adolescência, vivi minha infância, corri nas ruas solto, livre, capaz de amar a liberdade sobre todas as coisas.*"

Ilheus es una ciudad amable y atractiva con una situación privilegiada, rodeada de una costa de 100 Km de playas idílicas, de todo tipo, para hacer surf, pescar o pasear y en las que el bosque atlántico llaga hasta el mar.

LA VISITA

CAMINHOS DE JORGE AMADO: En el centro de Ilhéus, se puede recrear la vida y obra del escritor empezando por su antigua casa transformada en la Casa de Cultura, situada en la calle Jorge Amado, 21, ☎ 3634 8986. Entrada de pago, muy barata Se puede también visitar O Bar Vesúvio en la Pça. D. Eduardo, 190, ☎ 3634 2164, famoso por aparecer en la novela "Gabriela Cravo e Canela" y que todas las noches durante el verano, a las 21.00 h organiza una escenificación con los personajes *Gabriela* y N*acib*. Cerca de allí está el Bataclan en la Av. 2 de Julio 77. ☎ 3633-7670, que es el antiguo cabaré descrito por Amado y que todos los miércoles a las 20.30 h tiene una representación teatral.

FAZENDAS DE CACAU: Se pueden visitar las antiguas haciendas del cacao en las que conocer la historia y el proceso de preparación del cacao. Entre ellas la Fazenda Riere, en la carretera Ilhéus-Itabuna, en el km 11,5, ☎ 3656 5054. También la Fazenda Primavera en la carretera Ilhéus-Itabuna, en el km 20, ☎ 3613 7817. Conviene reservar con antelación.

DATOS PRÁCTICOS

PREFIJO TELEFÓNICO: 73.

AEROPUERTO JORGE AMADO: ☎ 231 76 29. Es la puerta de entrada para destinos como Itacaré, Barra Grande, Canavieiras, Ilha de Comandatuba y la propia ciudad de Ilhéus.

ALOJAMIENTO

Ⓜ **PRAIA DO SOL:** Rod. Ilhéus-Canavieiras, km 0 Praia do Sul, 4. ☎ 3234 7000 www.praiadosol.com.br Está cerca del aeropuerto y ha sido recientemente reformado, habitaciones equipadas con dos camas de gran tamaño y televisión d epantalla plana. Muebles de bambú.

Ⓒ **RESORT TORORROMBA:** Rod. Ilhéus-Canavieiras, km 20 Praia de Canabrava, 24,5 km ☎ 733234-1400 www.tororomba.com.br un hotel de ambiente familiar al lado de una playa con el mar bastante fuerte. Habitaciones y servicio de primera calidad. Hay una pasarela suspendida entre los aárboles que da la vuelta a un bonito lago de aguas medicinales, en donde tomar un baño de barro.

Ⓒ **CANA BRAVA RESORT:** Rod. Ilhéus-Canavieiras, km 20,5 Praia de Cañabrava. ☎ 3269 8000. www.canabravaresort.com.br Un buen hotel que combina la tranquilidad y la diversión. Cuenta con una enorme piscina y al lado del mar. Desayuno servido en la habitación para empezar bien el día.

Ⓛ **FAZENDA DA LAGOA:** aceso por km 42 de la carretera Ilhéus-Canavieiras. ☎ 3236 6137. www.fazendadalagoa.com.br Es un hotel que tiene un aire secreto y exclusivo, no está señalizado, no hay carteles. No es una fazenda, como su nombre indica, es más bién un aprque temático cuyo motivo es el lujo mismo, con habitaciones de 140 m² con camas de gran tamaño con dosel, decoración lujosa con el suelo de color blanco incienso, etc.

RESTAURANTES

Por toda la ciudad y alrededores hay restaurantes de marisco y de cocina bahiana e internacional.

DA GIOVANNI: Av. 2 de Julho, 1067. ☎ 3634 4459. www.dagiovanni.ta10.com.br Un restaurante de cocina italiana, con una buen variedad de platos.

ARMAÇÃO: Carretera Ilhéus Canavieiras, km 4,5 Praia dos Milionários, ☎ 3632 1817. Un buen restaurante cuyo fuerte son los platos de pescado y de marisco.

COSTA DAS BALEIAS

Situada en el extremo sur de Bahía, comprende los pueblos de Prado, Alcobaça, Caravelas, Nova Viçosa, Mucura y el Archipiélago dos Abrolhos. Es una costa de aguas cristalinas en la que se puede bucear alrededor de barcos hundidos, cuevas subacuáticas y barreras con 17 tipos distintos de coral.

EL ARCHIPIÉLAGO DE ABROLHOS

Se encuentra a 52 kilómetros del puerto de Caravelas, Está formado por cinco islas: Santa Bárbara, Siriba, Sueste, Redonda y Guarita que forman parte del Parque Nacional Marinho dos Abrolhos, que fue el primer parque marino protegido por el gobierno brasileño. La primer expedición científica que llegó a Abrolhos fue la del Beagle en 1832, en la que viajaba Charles Darwin.

El archipiélago, de origen volcánico y formado por rocas volcánicas y bancos de arena, es uno de los mejores puntos de buceo del Brasil y cuenta con los mayores arrecifes de coral del Atlántico sur, algunos de ellos con alturas superiores a los veinte metros, como el arrecife Chapeirões da Sueste formado por columnas de coral de hasta 20 metros de altura que se yerguen bruscamente desde del fondo y se abren en arcos hasta cerca de la superficie, pudiendo llegar hasta 50 metros de diámetro, son como enormes setas submarinas. El nombre del parque proviene de la expresión: *abram os olhos* (abre los ojos), utilizada por los marinos para avisar sobre la presencia de un área de casi 1000 km cuadrados de arrecifes que por su cercanía con la superficie del agua eran un gran peligro para los barcos. El agua cristalina, de color turquesa y de temperatura templada, con una gran visibilidad, permite apreciar la gran variedad de fauna y flora submarina y, especialmente, las exuberantes formaciones de coral y los restos de naufragios. No existe infraestructura turística en el archipiélago, debido a la prohibición de desembarcar en las islas por ser Parque Natural protegido, la única excepción es la isla de Santa Bárbara, que dispone de un faro, construido en 1861, y también de algunas edificaciones, donde vive de forma permanente un soldado Marina brasileña con su familia, por lo que para bucear en Abrolhos hay que permanecer todo el tiempo a bordo de los barcos que van al archipiélago. La pesca submarina no está permitida.

Otro de los grandes atractivos de las islas es la migración animal ya que Abrolhos es un santuario ecológico con varias especies de peces, aves, tortugas y moluscos. Cada año, de julio a noviembre es la temporada de las ballenas, entre 1000 y 1300 ballenas "jorobadas" emigran desde el Atlántico Sur, recorriendo 5000 km para llegar a procrear y amamantar lejos de los predadores en sus cálidas aguas. Normalmente, las ballenas permanecen en Abrolhos los últimos meses del año.

Aparte del archipiélago, el Parque también incluye dos grandes bloques de arrecifes de corales: el Parcel dos Abrolhos y el Recife das Timbedas. Este último fue incluido en la área protegida por Ibama, por ser uno de los bancos de arrecifes más ricos de la región. Su diversidad, además, es su mayor atractivo.

ALOJAMIENTOS Y RESTAURANTES. No hay opciones de hospedaje en las islas de Abrolhos. Durante las excursiones que duran más de un día, los viajeros duermen en las embarcaciones. Las comidas están normalmente incluidas en los paquetes turísticos de los paseos al archipiélago. En las ciudades vecinas hay varios restaurantes. La mayor parte de ellos son simples y ofrecen principalmente platos de pescado

BUCEO. La visibilidad dentro del agua alcanza los 25 m y la temperatura media del agua se mantiene alrededor de los 25ºC, por lo que bucear es la atracción principal de Abrolhos. Sin típicos los chapeirões, que son formaciones raras de corales de colores en forma de hongo de hasta 20 metros de altura así como una gran cantidad de peces de colores, barracudas, meros, guazas, anguilas, moreas, pargos y tiburones, además de delfines, tortugas, crustáceos y moluscos que habitan en las profundidades del mar alrededor de las islas. Uno de los atractivos para los buceadores son los restos del barco italiano Rosalinda, hundido en 1955, cuando transportaba cerveza y cemento y cuya popa está a 20 metros de profundidad, mientras que la proa aparece en la superficie durante la marea baja. No es necesario tener experiencia en buceo para visitarlo. Es suficiente usar un equipo básico (gafas y aletas) para poder apreciar las maravillas naturales submarinas del archipiélago. La mejor época del año para hacer inmersiones va de diciembre a febrero, cuando el mar está más transparente. Hay muchas agencias de turismo en Caravelas y Nova Vinosa que organizan excursiones que incluyen el transporte y el equipo de buceo.

LAS BALLENAS. Cuando llega el invierno a la Antártida, un grupo de ballenas jorobadas deja el frío del sur y viene a pasar una temporada en las aguas poco profundas y calientes de Bahía. Pasan los meses de julio a noviembre en Abrolhos, reproduciendose y dando a luz. Al nacer, después de 12 meses de gestación, los ballenatos miden entre cuatro y cinco metros de largo y pesan hasta cinco toneladas. Son siempre hijos únicos. Para crecer y ganar peso, durante los primeros nueve meses de vida, el ballenato mama cien litros de leche por día. Durante casi todo un año depende completamente de la madre, que le enseña a explorar el ambiente. Estas ballenas también son conocidas como ballenas cantoras, debido a que el ritual de apareamiento les exige a los machos mucha habilidad vocal, los más habilidosos son los que conquistan a la hembra.

COSTA DEL DESCUBRIMIENTO

Localizada al sur de las Costa das Baleias. Cuenta con aproximadamente, 150 kilómetros de playas muy bien conservadas y protegidas por barreras de corales, con ríos, ensenadas y bahías todo siempre rodeado por verdes cocoteros, pantanos y manglares de la selva Atlántica La carretera BA-001 y los barcos sobre los ríos Jobo de Tiba y el Buranhém, comunican entre si a los pueblos de la costa.

Se llama Costa do Descubrimiento por que su ciudad principal es Porto Seguro, donde oficialmente fue descubierto Brasil, una ciudad, que dispone de aeropuerto internacional y una vasta infraestructura turística. Los otros núcleos principales de esta costa son Trancoso y Arraial d´Ajuda, los dos con una animada vida nocturna y gran cantidad de bares y restaurantes.

En esta costa que se preserva casi intacta hay muchas posibilidades de estar en contacto con la de naturaleza, tanto por tierra como por mar, por el sur, desde la Barra do Cai, el Parque Nacional del Monte Pascual, Caraiva, Trancoso, Arraial d'Ajuda, San Antonio, Coro a Vérmela, la desembocadura del río Jobo de Tiba, el río Jequitinhonha o Santa Cruz de Cabrália, un pueblo pequeño, con un mercado de artesanía de los indios Pataxós, que aún mantienen sus actividades económicas tradicionales, la plantación de mandioca y piña.

PORTO SEGURO

Para llegar por la autopista BR-101, hay que tener en cuenta que la salida hacia Porto Seguro se encuentra en Eunápolis.

Porto Seguro cuenta con una costa de casi 90 kilómetros de playas de arena fina, blanca y sin polución. Posee cerca de 100.000 habitantes y conserva bien su patrimonio histórico, no permitiendo la construcción de edificios con más de tres plantas. La desembocadura río Buranhém, con cerca de 500 m de ancho divide al municipio en litoral norte y sur. El clima es siempre cálido en verano y suave en invierno, con medias de 25° y temperaturas mínimas de 15°C.

Durante años era el sitio de la costa de Bahía que recibía más turistas, atraídos por las playas y un ambiente musical y festivo durante casi todo el año.

LA VISITA

CIDADE ALTA: Hay tres iglesias muy bien conservadas, una del siglo XVII, y las otras dos del XVIII.

MEMORIAL DA EPOPÉIA DO DESCOBRIMENTO: Av. Beira-Mar, 800 (Praia do Cruzeiro). ☎ 3268 2586. Horario: de lunes a sábado de 8.30 h a 12.30 h y de 13.30 h a 17.00 h. Se muestra una réplica de tamaño natural de una de las naves que llegó a Brasil en el año 1500. Se puede subir por una escalera y entrar en la embarcación.

BARRACAS DE PRAIA: son enormes chiringuitos de playa con música constante y varios ambientes, actuaciones en directo intercaladas con espectáculos de humor, bar y restaurante con una amplia oferta. La más grande es Barramares, que está un poco más allá de la playa de Taperapuã. Otras muy frecuentadas son Axé Moi y Vira-Sol, que están cerca una de otra. Por el día la entrada es libre, por la noche muchas de ellas cobran una entrada.

PASSARELA DO ÁLCOOL: La zona donde se concentra la actividad nocturna de la ciudad, es como un gran mercado a cielo abierto con tiendas, restaurantes, bares, artesanos con sus mercacías y en donde probar una

de las bebidas locales la *capeta* (guaraná, cacao, leche condensada y vodka), el sitio más famoso para probarla es la Capeta do Marcelinho. Durante el dia se encuentran la agencias de viajes que organizan excursiones por los alrededores y donde se pueden comprar las entradas para las fiestas y eventos nocturnos.

PLAYAS: Al norte de la ciudad están la Praia Curuípe Itacimirim, Mundaí y Taperapuá son muy animadas y abundan los chiringuitos y clubs. Son playas de arena es blanca y aguas tranquilas.

TRANSPORTE

AEROPUERTO INTERNACIONAL DE PORTO SEGURO: ☎ 2881880. Situado unos 2 km al nordeste de la ciudad. No hay ningún servicio de autobuses al aeropuerto. Vuelos directos y regulares de São Paulo, Salvador y Belo Horizonte y conexiones a cualquier destino del país.

LA ESTACIÓN DE AUTOBUSES: ☎ 288 1914. Está situada a algo más de un kilómetro de la ciudad, en la carretera a Eunápolis.

AUTOBÚS A LA PLAYAS: Desde la ciudad Para ir a la playa hay que tomar los autobuses con destino a Riacho Doce, Alto do Mundaí, Campinho-Barramares o Cabralia. A la vuelta hay que estar atento para bajarse en la rotonda si el autobús se dirige a la estación de autobuses.

ALOJAMIENTO

(B) **PONTAL DO MUNDAÍ PRAIA:** R. do Telégrafo, 335 (acesso pelo km 4,5 da av. Beira-Mar) (Mundaí), 5 km. ☎ 3679 1586. www.pontaldomundai.com.br Está localizado aproximadamente a 5 km del centro de la ciudad en dirección norte y a 100 metros de la playa. Cuenta con 48 habitaciones con aire acondicionado, minibar, televisión, teléfono y terraza individual.

(M) **VILLAGGIO ARCOBALENO:** Av. Beira-Mar, km 67 (Praia de Taperapuã). ☎ 2105 5050 / 3679 2000. www.hotelarcobaleno.com.br Situado a unos 4 kilómetros al norte de la ciudad, dispone de estaciones termales, saunas, gimnasio, pistas de tenis y un chiringuito en la playa situado frente al hotel. Las habitaciones están en diferentes bloques pintados cada uno con los colores del arco iris. Cuenta con una enorme piscina. Habitaciones bien equipadas.

RESTAURANTES

ANTICARO: Passarela do Álcool, 26. ☎ 3288-2683. Abre de 13.00 h a 16.00 h y de 18.00 h a 23.00 h. Tranquilo y agradable restaurante en la Passarela do Álcool, que sirve platos típicos brasileños .

PRETO VELHO: Praça da Bandeira, 20, al final de la Passarela do Álcool. ☎ 3288 2752. Abre a partir de las 18.00 h. Ocupa una casa amarilla con mesas en la calle, la especialidad, los mariscos y moquecas. La estrella de la casa es la langosta preparada de diversas formas.

FIESTAS Y CELEBRACIONES

CARNAVAL: Después del de Salvador el carnaval de Porto Seguro es el más famoso de Bahía. Es una celebración, formada por varios trios elétricos desfilando por el centro con música axé a todo volumen. Los grupos más famosos de Bahía actúan aquí después de hacerlo en Salvador.

ARRAIAL D'AJUDA

Situado a 4 kilómetros al sur de Porto Seguro, y al otro lado del Rio Buranhém. La mejor forma de llegar es en los barcos que continuamente hacen el viaje de ida y vuelta, desde Porto Seguro. La travesía dura 15 minutos. Por carretera hay una distancia de 60 kilómetros, pero en temporada alta y especialmente en fin de semana, a veces el viaje resulta más rápido que esperar el barco. Desde Trancoso se puede llegar por carretera asfaltada después de 50 km de viaje. El aeropuerto más cercano es el de Porto Seguro.

Arraial d'Ajuda es un pueblo precioso con un inconfundible aire tropical, de calles sin asfaltar y con una plaza central rodeada de casas de poca altura pintadas de vivos colores, todo muy limpio y bien cuidado y además es uno de los lugares más animados de todo el Estado de Bahía. Desde el barco hasta el centro hay unos 4 kilómetros que van en paralelo a las playas de Apaga Fogo y Araçaípe, en donde se ven muchos hoteles y un parque acuático.

LA VISITA

Las playas y la naturaleza son su principal atractivo, ya que su pequeño centro histórico situado sobre una pequeña colina y mirando para el interior, apenas ocupa dos manzanas que están alrededor de la igreja de Nossa Senhora d'Ajuda. Desde allí la ciudad fue creciendo en dirección al mar por la Rua do Mucugê, que en realidad, es el auténtico centro de la ciudad, allí están los restaurantes, centros comerciales tiendas y bares nocturnos.

PASEO EN BARCO POR EL RIO BURANHÉM: Se puede remontar el Rio Buranhém, en unas pequeñas embarcaciones que van pasando por islotes y manglares.

ILHA DOS AQUÁRIOS: Es un islote del Rio Buranhém con jardines, acuarios en donde ver tiburones y peces tropicales, eso durante el día, los viernes por la noche se transforma en un club nocturno. Antes de ir, conviene confirmar los horarios en ☎ 3575 3240.

PLAYAS

Descendiendo por Rua do Mucugê se llega hasta la playa central de Mucugê. Desde allí y a la izquierda se puede ir a las playas del norte: Delegado, Araçaípe y Apaga-Fogo, o ir a la derecha y llegar caminando a las playas del sur: Pitinga y Taípe. Parracho y Mucugê, son playas bastante llenas con chiringuitos y música constante.

ARAÇAÍPE: Es la playa más tranquila de Arraial y una de las más agradables, con marea baja se forma una especie de piscina natural, se puede llegar caminando desde el centro del pueblo en algo más de media hora.

PITINGA: A partir de la playa de Mucugê, en dirección sur, caminando puede tardarse unos 45 minutos, también se puede llegar en unas furgonetas-kombis. que hacen el trayecto todo el día y tardan unos 10 minutos.

TAÍPE: A partir de la anterior y continuando en dirección sur, en una hora de paseo se llega a esta playa con altos acantilados y poco frecuentada.

DELEGADO: Está de camino entre el centro y la Playa do Araçaípe, llena de barcos y un chiringuito que es conocido por su pescado frito.

ALOJAMIENTO

Es recomendable para los que vayan sin coche, y quieran conocer la animación nocturna de Arraial D'ajuda, que es mejor que se alojen en la zona del Caminho da Balsa, que en las pousadas de las playas Parracho y Mucugê, ya que a estas últimas apenas llegan autobuses ni furgonetas.

(B) **POUSADA MAR ABERTO:** Rua do Mucugê, 554. ☎ 3575 1153. www.maraberto.arraialdajuda.com Situada al lado de la playa. Habitaciones sencillas pintadas en colores alegres, con aire acondicionado, televisión y minibar. Piscina.

(B) **POUSADA PRIVILLAGE:** Estrada da Pitinga, 1800. ☎ 3575 1646. Parracho. www.privillage.com.br Situado en Parracho a unos pocos minutos caminando de la playa de Pitinga. Habitaciones agradables y bien decoradas con televisión, aire acondicionado, teléfono y minibar.

(M) **POUSADA COQUEIROS:** Alameda dos Flamboyants, 55. ☎ 3575 1229. www.pousadacoqueiros.com.br Decoración de estilo tropical, muebles modernos, paredes de colores alegres, piscina y un bar muy animado componen esta pousada con habitaciones equipadas con televisión de pantalla plana, aire acondicionado, teléfono, y minibar.

(C) **CASA GRANDE DE SAO VICENTE:** Alameda Gustavo Carneiro. Corais do Arrabal. ☎ 3575 3249. El hotel Casa Grande de Sao Vicente es un hotel pequeño con el estilo de una hacienda colonial clásica. Cuenta con habitaciones bien decoradas, algunas de ellas con vistas de la piscina o el mar como fondo.

(C) **BEIJO DO VENTO:** Travessa da Estrada do Mucugê, 730. www.beijodovento.com.br ☎ 3575 1349. Un hotel con vistas privilegiadas. Habitaciones muy bien decoradas en torno a una agradable piscina todos ellos con aire acondicionado, teléfono, televisión y minibar.

(C) **POUSADA MANACÁ:** Estrada para Trancoso, 500. ☎ 3575-1442. www.pousadamanaca.com.br A 300 m del centro, es una pousada muy cuidada y muy bien decorada. Todas las habitaciones con aire acondicionado, teléfono, televisión y minibar. Piscina con vistas ala playa y bonito comedor de desayunos.

(L) **ARRAIAL D'AJUDA ECO RESORT:** Ponta do Apaga-Fogo. ☎ 3575 8500. www.arraialeco.tur.br Localizado en la esquina del Rio Buranhém con el mar en la Ponta do Apaga-Fogo. Es el hotel más lujoso de la zona, es un resort pequeño y muy cuidado con jardines al borde del río, con esculturas de *orixás* de Tati Moreno y con piscina y sauna. Habitaciones con todo tipo de detalles, spa y varios restaurantes.

RESTAURANTES

Ⓑ **PAULO PESCADOR**: Praça Sao Braz 116. ☎ 575 1242. Platos de pollo y pescado, además de algunas especialidades bahianas.

Ⓑ **DON FABRIZIO:** Estrada do Mucugê, 370. ☎ 3575 1045. Un clásico en la ciudad, cocina italiana, pasta con marisco y pescados a la sal. Los sábados música en directo.

Ⓑ **BOI NOS ARES:** Estrada do Mucugê, 200. ☎ 3575 2554. Carne argentina de buena calidad y a precios moderados.

Ⓜ **CIBOULETTE & CIBOLETO:** Estrada do Mucugê, 200. ☎ 3575 2050. En la plaza de Erva Doce y en frente de Beco das Cores. Mesas al aire libre y especialidades italianas y francesas.

Ⓜ **A PORTUGUESA**: Estrada do Mucugê, 306. ☎ 3575 8353. Cocina portuguesa bacalhaus y bifes y también algunas especialidades bahianas: moquecas y picanhas.

Ⓜ **ESTRELA:** Rua do Mucugê, 201. Beco das Cores. ☎ 3575 2655. Restaurante muy bien montado en Beco das Cores y que ofrece una cocina con cierto aire de vanguardia.

Ⓒ **ROSA DOS VENTOS:** Avda. dos Flamboyants, 225. ☎ 3575 1271. Ocupa una antigua casa del pueblo y ofrece una cocina sofisticada, muchos de sus platos hay que pedirlos con un día de antelación. A destacar el *peixe recheado com lagosta e molhos de espinagre e abóbora.*

VIDA NOCTURNA

La vida nocturna de Arraial es muy intensa durante el verano, con fiestas continuas organizadas en general por los chiringuitos y clubs de la playa continuos. En temporada baja, la actividad continúa los fines de semana.

TRANCOSO

Es un pequeño pueblo famoso sobre todo por su animada vida nocturna, especialmente por las fiestas en las playas. Desde Arraial d'Ajuda se puede llegar por carretera, son 20 km si se viene por una pista de tierra y 50 km si se hace el viaje por la carretera asfaltada, que a pesar de la distancia es mucho más rápido. Desde el aeropuerto de Porto Seguro está a 80 kilómetros por asfalto, la salir del aeropuerto hay que ir en dirección a Eunápolis, a unos 30 kilómetros aparece la señalización para girara a la izquierda para coger la BA 001.

La vida de Trancoso gira en torno al Quadrado, una enorme plaza peatonal, de forma rectangular fundada por los jesuitas hace más de 400 años, con una fila de casas de colores, muy sencillas en donde hay tiendas y restaurantes y una iglesia blanca enfrente de la cual, al atardecer se suelen organizar partidos de fútbol. A poca distancia se puede ver la playa y también algunas casas escondidas entre los árboles. Trancoso es muy tranquilo y relajado durante casi todo el año, únicamente desde finales de diciembre hasta el 15 de enero se llena de visitantes. Así que durante gran parte del año, Trancoso es uno de los mejores destinos de playa de Bahía, en donde caminar por playas salvajes tanto en dirección norte hasta el Rio da Barra, o al sur hasta la Ponta da Itapororoca.

PLAYAS

Tomando como punto de partida la playa dos Coqueiros, que está en el centro del pueblo, a derecha, en dirección sur están las playas do Rio Verde, Pedra Grande, Itapororoca, Pati-Mirim y Itaquena. Y en dirección norte están Praia dos Nativos, Rio da Barra y Taípe, a estas se puede llegar por la antigua carretera de tierra que va a Arraial d'Ajuda.

PRAIA DOS COQUEIROS: es la más próxima a Quadrado, a unos 15 minutos a pie, al volver un poco más por la subida, en coche se tarda unos tres o cuatro minutos. Es la más popular con animados chiringuitos en los que comer y beber. A la izquierda de la playa, a unos quince minutos, después de atravesar un riachuelo y se llega a playa dos Nativos.

RIO VERDE: Una playa tranquila y muy recomendable, a la que en general no llegan los excursionistas que van a pasar unas horas a Trancoso, Hay chiringuitos de playa y un paisaje idílico. Está a unos quince minutos caminando desde la Praia dos Coqueiros, que es la que está en el centro del pueblo enfrente del Cuadrado. En coche, son unos dos kilómetros y está indicada con un cartel que pone*: Bahia Bonita, Tostex ou Pé na Praia*

PEDRA GRANDE: Probablemente la más bonita de Trancoso, con marea baja aparecen las piedras que le dan nombre. A 40 minutos caminando desde la Praia dos Coqueiros o a 20 minutos desde Rio Verde.

PONTA DA ITAPOROROCA: A una hora de camino a pie desde la Praia dos Coqueiros y a unos 45 minutos de las playas de rio verde. Con marea baja entre sus arrecifes se forma una piscina natural ideal para el baño y la pesca.

RIO DA BARRA: Es la última playa de Trancoso, el límite está marcado por el Rio da Barra. El mar es más fuerte en esta zona. Se puede llegar en coche por la carretera de tierra que va para Arraial d'Ajuda, está señalizada o caminando e desde la Praia dos Coqueiros, se tarda una hora aproximadamente.

PATI-MIRIM: Playa extensa y poco frecuentada Con un riachuelo que desemboca al comienzo de la playa. A una hora y media caminando desde Praia dos Coqueiros.

ITAQUENA: Totalmente salvaje, aunque a veces está muy transitada por los paseantes en 4x4 que vienen de Espelho.

ALOJAMIENTO

Si se va a pasar una temporada larga la mejor opción es alquilar una casa, ya que la oferta es bastante amplia y hay carteles por el pueblo, también ofrecen alquieleres y pousadas al llegar a la estación de autobuses. En enero y febrero conviene tener alguna reserva ya todo está muy lleno.

(B) **POUSADA HIBISCO:** Saída para Arraial d'Ajuda. ☎ 3668 1117. www.pousadahibisco.com.br Situada en un terreno amplio y con muchos árboles en la antigua entrada de la ciudad y a pocos minutos a pie de Cuadrado. Habitaciones duplex con cama de matrimonio y piscina.

(M) **MATA NATIVA:** Carretera para Arraial, próximo la puente del Rio Trancoso. ☎ 3668 1830. www.matanativapousada.com.br En un terreno con muchos árboles al lado de Rio Trancoso, en el descenso de Quadrado en dirección à Praia dos Nativos. Habitaciones muy agradables, gimnasio y sala de masaje. Organizan excursiones en barco por los alrededores.

(C) **POUSADA DO QUADRADO:** Quadrado, s/n. ☎ (73) 3668 1808. www.pousadadoquadrado.com.br Enfrente de Cuadrado y con un exuberante jardín tropical, es una combinación de Bahía y Oriente. Decoración u jardín muy cuidados. Habitaciones sencillas, con aire acondicionado, nevera pero sin televisión. No hay piscina.

L ETNIA: R. do Bom Jesus, s/n. ☎3668 1137. www.etniabrasil.com.br Situado muy cerca de Quadrado, varios chalets repartidos por un terreno en desnivel con muchos árboles. Cada chalet tiene un nombre y una decoración alusiva: Bahia, Marrocos, Mediterrâneo, Tribal, Campo. Kyoto, Cigano e Goa. Todos ellos equipados de forma lujosa con ropa de cama italiana y algodón egipcio entre otros detalles. Piscina muy bonita y en donde están el bar y el restaurante.

GI ESTRELA D'ÁGUA: Estrada Trancoso-Arraial d'Ajuda, a 1 km de Quadrado. Praia dos Nativos. ☎ 3668 1030. Un hotel situado www.estreladagua.com.br en un entorno idílico y construido alrededor de un asombroso bar de playa, con sofás y almohadones. Un poco retirada se encuentra la antigua casa de la cantante Gal Costa que fue adaptada para el hotel con una sucesión de salas de estar, un restaurante y una suite.. las habitaciones están por detrás de la casa distribuidos por un jardín muy cuidado. Las habitaciones están muy bien equipadas con y las más tranquilas son las del "ala nova" del jardín. La suites son muy lujosas, con bañeras de hidromasaje y una de ellas la numero 16 cuenta con una piscina privada de estilo oriental. Otra de las suites era la habitación de Gal Costa. Un hotel con un servicio que une lo que en Brasil se considera la excelencia, la simpatía bahiana y la efectividad paulista.

GI CLUB MED: Praia do Taípe. ☎ 3575 8400; reservas: 0800-707-3782. www.clubmed.com.br A 7 kilómetros de Cuadrado, sobre un acantilado de la playa de Taípe. Un hotel sumamente lujoso con una piscina que produce la sensación de estar en un barco en medio del mar , sapa y habitaciones con todo tipo de detalles. Spa muy completo.

RESTAURANTES

La mayoría de los restaurantes abre al atardecer.

B BARRACA DO JONAS: Praia dos Coqueiros. Un chiringuito con una buena oferta de pescados fritos acompañados por la farofa de banana.

B A PORTINHA: Cuadrado. Un restaurante por kilo con precios imbatibles en cualquier otro restaurante de Quadrado.

B SILVANA & CIA: Quadrado. ☎ (73) 3668 1049. Es el más tradicional de Quadrado, al aire libre y a la sombra de un árbol, es la mejor terraza para ver la vida cotidiana de Trancoso. Comida casera, pescado frito y moquecas.

M MARITACA: R. Carlos Alberto Parracho, s/n. ☎ 3668-1258. En el centro en una de las callejuelas que salen de Quadrado, pizzas y platos de influencia italiana. Entre los postres; *cocada mole o pizza de banana com sorvete.*

C CAPIMSANTO Quadrado. ☎3668 1122. Cierra el domingo. Cocina de aire oriental y de buena calidad, el plato estrella es *camarão com curry e capimsanto.*

C EL GORDO: Quadrado. ☎ 3668 1193. Abre a mediodía y por la noche. Cocina de calidad que se puede probar en el bar desde el que hay muy buenas vistas.

ESTADO DE SERGIPE

Sergipe es el Estado más pequeño de Brasil, con una extensión de 22.050, kilómetros cuadrados, y está localizado en la región Nordeste al norte de Bahía y también tiene como límites Alagoas y el Océano Atlántico. La capital es la ciudad de Aracaju y las ciudades más importantes, aparte de la capital son: Lagarto, Laranjeiras, Itabaiana y Estância. Su mayor riqueza ha sido la caña de azúcar, que aún se sigue cultivando, aunque ya no represente su principal fuente de ingresos, ya que ha sido sustituida por el petróleo. A lo largo de sus historia ha tenido dos capitales: São Cristóvão y, a partir de 1855, Aracaju.

HISTORIA. A finales del siglo XVI, los jesuitas intentaron colonizar las tierras del actual estado de Sergipe, derrotando a los indígenas en 1590. Entre 1637 y 1645, Sergipe estuvo bajo el dominio de los holandeses, siendo posteriormente recuperadas las tierras por los portugueses, época en la que se desarrolló la cultura de caña de azúcar y la ganadería.

Con la independencia de Brasil, Sergipe fue transformado en provincia y durante el siglo XIX, las plantaciones de algodón pasaron a tener importante papel en la economía local. En 1855, la capital fue transferida de São Cristóvão para el pueblo de Aracaju.

ARACAJU

Está situada a orillas del río Sergipe y en la costa, sobre una colina desde la que se domina el mar. La ciudad tiene unos 498.619 habitantes, pero sumando toda su área metropolitana, con las poblaciones de los municipios que forman el Grande Aracaju (São Cristóvão, Nossa Senhora do Socorro y Barra dos Coqueiros), la población ronda los 800.000 habitantes.

Fue urbanizada según un trazado cuadriculado, monótono y sin sorpresas agradables desde el punto de vista urbanístico. Es una ciudad moderna, rodeada de industrias derivadas del petróleo y con pocas cosas que mostrar.

DEL AEROPUERTO Y LA RODOVIÁRIA A LA CIUDAD

AEROPUERTO: en la Praça Santos Dumont, Atalaia Velha, a once kilómetros de la ciudad. Hay autobuses para llegar a Aracaju.

ANTIGUA ESTACIÓN: Praça João XXIII (en el centro). Desde aquí salen autobuses para Laranjeiras y São Cristóvão. El resto de los autobuses salen y llegan a la *rodoviária*, a unos cuatro kilómetros de la ciudad. Desde ella hay un servicio de autobuses urbanos frecuentes para el centro. Ambas estaciones también están conectadas por autobuses.

LA VISITA

La **Catedral Metropolitana** y la **igreja de São Salvador** son relativamente recientes, construidas en el siglo XIX. Así que los mayores atractivos de Aracajú son las cercanas playas **Treze de Julho**, **Atalaia** y **Atalaia Nova,** a las que se puede ir en autobuses urbanos.

ATALAIA NOVA. Ubicada en la Ilha de Santa Luzia ha sido el punto elegido por la mayoría de los hoteles y restaurantes para instalarse. Se puede venir en barco dando un paseo por el rio Sergipe. Los barcos salen del Terminal Hidroviário (Avenida Rio Branco, 15) y de la rampa del mercado.

PLAYA ATALAIA NOVA: con cerca de treinta kilómetros de extensión (de ahí que tenga varios nombres), se va volviendo solitaria a medida que nos alejamos del núcleo urbano.

PRAIA COROA DO MEIO: junto a la desembocadura del río no es muy recomendable para el baño.

ATALAIA VELHA: A unos once kilómetros de Aracaju, se extiende en la margen derecha de la desembocadura. Es una zona veraniega con su correspondiente infraestructura turística.

PRAIA ARUANA: a unos 12 kilómetros. Dunas y cocoteros, y chiringuitos.

PRAIA DO ROBALO: el paisaje de dunas y cocoteros se repite. Mucha gente y los correspondientes chiringuitos.

DOS NÁUFRAGOS: a 15 kilómetros. Dunas bajas, algo de verde y cocoteros.

DO REFÚGIO: muy tranquila. Arenas oscuras, algunas dunas, cocoteros y aguas verdes.

MOSQUEIRO: en la desembocadura del río Vaza Barris. Desde aquí se puede salir en barco para São Cristóvão y las islas vecinas.

CAUEIRA: en la margen contraria. Algunas dunas, un pueblecito de pescadores y oleaje más bien fuerte.

DATOS PRÁCTICOS

PREFIJO TELEFÓNICO: 79.

INFORMACIÓN TURÍSTICA: Emsetur, Rua Propiá. ☎ 3214 8848. Praça Olímpio Campos.

MEDIOS DE TRANSPORTE

TERMINALES RODOVIÁRIAS

TERMINAL NOVA: Avenida Presidente Tancredo Neves. En Contorno. A unos 4 kilómetros. ☎ 3238 3900.

TERMINAL VELHA: Praça João XXIII, ☎ 3238 2900.

ALOJAMIENTO

(B) **POUSADA DO SOL:** Eng. Manoel da Costa 8 (Antiga Rua Atalaia 43). Atalaia. ☎ 3 266 55 00. Estacionamiento y piscina. 27 habitaciones con aire acondicionado, tele y minibar.

(B) **POUSADA ALGAS MARINHAS:** Avenida Santos Dumont 690. Praia de Atalaia. ☎ 3 243 19 83. www.algasmarinhas.com.br Con piscina y dieciséis habitaciones con aire acondicionado, tele y minibar.

(B) **GRANDE HOTEL:** Rua Itabaianinha 371 (Centro). ☎ 3 211 13 83. Con restaurante y bar, tiene 67 habitaciones con teléfono, televisión, aire acondicionado y frigorífico.

(B) **NASCIMENTO PRAIA HOTEL:** Avenida Santos Dumont 1.813 (Atalaia Velha, a 11 kilómetros). ☎ 3 255 20 90. www.nascimentopraiahotel.com.br Con restaurante, bar y piscina. Tiene 58 habitaciones con teléfono, televisión, aire acondicionado y frigorífico.

(M) **DEL CANTO:** Rua Alferes José Pedro de Brito, 67 - Farolândia, ☎ 3243 4090. www.delcantohotel.

Mata Grande
Canapi
Ouro Branco
Marabilha
Inhapi
Água Branca
Cariè
Volta
Poço das Trincheiras
Delmiro Gouveia
Santana do Ipanema
Cacimbinhas
S. José da Tapera
Olivença
Olho-d`Água do Casado
Cabocio
Major Isidoro
Pão de Açúcar
Jacaré dos Homens
Canindé de S. Francisco
Palestina
Batalha
Poço Redondo
Belo Monte
Arapiraca
Girau do Ponciano
Porta da Folha
Monte Alegre de Sergipe
Gararu
Campo Grand
S. Mateus da Palestina
São Brás
Gracho Cardoso
Itabi
N. Sra. da Gloria
Propiá
Aquidabã
Feira Nova
BAHIA
Carira
S. Miguel do Aleixo
Cumbe
N.S. Aparecida
Muribeca
Ribeirópolis
Pacatuba
Capela
Pinhão
Frei Paulo
Boita Bonita
Siriri
Japaratuba
Malhador
Paripiranga
Poco Verde
Itabaiana
Rosario do Catete
Simão Dias
S. Domingos
Domingos
Campo do Brito
Maruim
Pirambu
Sto. Amaro das Brota
Nossa Senhora do Socorro
Lagarto
Samambaia
Ilha de Sta. Luz
Barra dos Coqueiro
SERGIPE
Salgado
São Cristóvão
ARACAJU
Riachão do Dantas
São José
Boquim
Mosqueiro
Baía do Vaza Barrís
Tobias Barreto
Pedrfinhas
Praia da Caueira
Itabaianinha
Praia da Abais
Arauá
Estância
Santa Cruz do Abais
Tomar do Geru
Umbaúba
Ponta do Mato
Praia do Saco
Cristinápolis
Indiaroba
Praia do Coqueiro
Praia Costa Azul
Praia de Poças

Praia do Porto
Ibateguara
Jundiá
S. José da Laje
Maragogi
Barra Grande
São Bento
Japaratinga
Barreiras
Porto de Pedras
Passo de Camaragibe
S. Miguel dos Milagres
Barra do Camaragibe
Praia do Morro
União dos Palmares
Joaquim Gomes
Flexeiras
Quebrângulo
Murici
S. Luís do Quitunde
Cajueiro
Messias
Barra de Sto. Antônio
Paripueira
Rio Largo
Floriano Peixoto
Atalaia
Riacho Doce
Boca de Mata
Anadia
MACEIÓ
Praia do Sobral
Praia do Francês
San Miguel dos Campos
Barra de São Miguel
Teotônio Vilela
Roteiro
Praia do Gunga
Praia Barra do Jequiá
Jequiá da Praia
Coruripe
Pontal do Coruripe
Barreiras
Miaí de Cima
Feliz Deserto
Praia do Poço
Pontal do Peba
Praia do Toço
Pontal da Barra
OCÉANO ATLÁNTICO
N
O
E
S
ESTADOS DE ALAGOAS Y SERGIPE

com.br Bien situado, cuenta con restaurante, bar, piscina, gimnasio y sauna. Tiene habitaciones con teléfono, televisión, aire acondicionado, frigorífico.

C CELI PRAIA HOTEL: Avenida Oceânica 500 (Atalaia Velha). ☎ 2107 8000. www.celihotel.com.br Con restaurante, bar y piscina. Tiene habitaciones con teléfono, televisión, aire acondicionado, frigorífico, etc.

C QUALITY HOTEL ARACAJU: Av. Delmiro Gouvêa, 100, Coroa do Meio. ☎ 3234 7000-2107 4350. www.atlantica-hotels.com El hotel forma parte del complejo del Beira-Mar, muy frecuentado por ejecutivos y gente que va a trabajar.

C STARFISH ILHA DE SANTA LUZIA: Barra dos Coqueiros (Ilha de Santa Luzia), ☎ 2104 8500. Tel. reservas: 0800 704 3210. Situado en la isla de Santa Luzia a unos 6 kilómetros de Aracaju. Tiene 183 habitaciones y 25 chalets (para 6 personas cada uno) con teléfono, televisión, aire acondicionado, frigorífico, etc. Restaurante, bar, piscina, sauna, instalaciones deportivas, alquiler de motos y caballos, sala de juegos, excursiones programadas, mini-zoo, servicio de playa.

C RADISSON HOTEL ARACAJU: Rua Dr. Bezerra de Menezes, 40. ☎ 3711 3300. www.radisson.com Localizado justo enfrente de la playa de Atalaya y muy cerca de la zona de restaurantes. Habitaciones muy bien equipadas y piscina es con vista al mar. Desayuno buffet muy variado. Restaurantes, jacuzzi, solarium y gimnasio.

RESTAURANTES

En Aracaju se comen muy buenos mariscos, y en especial cangrejos (*carangeijos*).

B SURUBIM NA BRASA: Rua Des. Otávio de Souza Leite 74 (Atalaia Velha). Excelentes cangrejos y mariscos en general.

B TABERNA DO TROPEIRO: Avenida Oceânica (Santos Dumont) 6. ☎ 3 243 14 66. Abierto hasta las 23.30 h. En Atalaia Velha. Tres comedores diferentes para una cocina sabrosa, especializada en pescados.

M PARATI: Praia do Refúgio, 49, 18 km. ☎ 3227 2100. Un restaurante de playa con una amplia oferta de pescados.

M CHAPÉU DE COURO: Avenida Oceânica 128 (Atalaia Velha). Pescado y mariscos en general, vistas al mar.

M CACIQUE-CHÁ: Praça Olímpio Campos (Centro). ☎ 3 211 08 42. Cierra los domingos. Cocina regional.

M RAÍZES: Avenida Beira Mar 250 (Atalaia). ☎ 3 223 15 76. Cierra los domingos noche. Cocina regional, aunque su fuerte son los pescados.

M GRALHA AZUL: Avenida santos Dumont 146 (Praia de Atalaia). ☎ 3 243 10 91. Cierra los domingos por la tarde. Buen churrasco ofrecido en *rodízio.*

M LA MAISON: Avenida Ivo do Prado 1.214 (Praia 13 de Julho). ☎ 3 224 10 61. Abierto todos los días hasta la medianoche. Cocina internacional.

C O MIGUEL: Av. Antônio Alves, 340 (Atalaia Velha). ☎ 3243 1444. www.restauranteomiguel.com.br Un clásico en la ciudad, es un restaurante familiar y que mantiene una calidad constante. La especialidad es el pescado, entre ellos, la *carne de sol*, servida con *pirao* o el *surubim*, un pecado típico del rio São Francisco, que se presenta asado a la brasa y servido con salsa tártara.

COMPRAS

CENTRO DE TURISMO: Rua 24 Horas, esquina Praça Olímpio Campos. Artesanía local, cerámica, bordados, objetos de cuero, madera, etc.

MERCADO DE ARTE: Praça Tobias Barreto (San José). Los domingos por la tarde.

LLEGAR Y PARTIR

EN AUTOBÚS. Desde la Rodoviária Velha salen y llegan los autobuses para recorridos locales: São Cristovao, Laranjeiras, etc; de la Nova salen los de largo recorrido.

EN BARCO. Los ferries del Terminal Hidroviario enlazan con Barra dos Coqueiros y Praia Atalaia Nova.

EN AVIÓN. Desde Aracajú hay vuelos a Río de Janeiro, Salvador, Recife, São Paulo, Brasília, Curitiba, etc.

SÃO CRISTOVÃO

Situada a 17 kilómetros al sur de Aracaju, si se va por la *rodovia* João Bebe Agua, y a 28 por la BR-101, esta localidad de unos 60.000 habitantes fue fundada en 159 y capital del Estado hasta 1855.

São Cristovão conserva hermosas casas coloniales y algunas iglesias por las que ha sido declarado Monumento Nacional.

LA VISITA

En la plaza de São Francisco están la **Igreja de la Misericordia**, construida en 1627, y el **Museu do Estado de Sergipe** (ver Museos).

En la Praça do Senhor dos Passos se levanta la **Igreja del Senhor dos Passos**, construida entre 1739 y 1743, que contiene una sala llena de exvotos

MUSEOS

MUSEU HISTÓRICO DE SERGIPE. Praça S. Francisco. Antiguo Palácio do Governo. Este museo en un edificio del siglo XIX muestra una serie de objetos coloniales entre los que destaca la colección de muebles.

MUSEU DE ARTE SACRA. Praça S. Francisco. Situado en el convento de São Francisco, en la plaza del mismo nombre, las más de quinientas piezas que se exhiben datan de entre los siglos XVII y XIX. Destacan las hermosas tallas de madera de cedro.

DATOS PRÁCTICOS

PREFIJO TELEFÓNICO: 79.
TERMINAL RODOVIÁRIA: Praça Lauro de Freitas.

RESTAURANTES

(B) **SENZALA DO PRETO VELHO:** Rua Messias Prado 84. ☎ 3261 13 10. Abre hasta las 21.30 h. También está situado en otro edificio histórico. Su oferta está basada en el buen pescado.

LLEGAR Y PARTIR

EN AUTOBÚS. Desde Aracaju hay frecuentes autobuses, cada media hora, y hacen el recorrido en 45 minutos.

LARANJEIRAS

Esta pequeña ciudad, situada a 23 kilómetros al noroeste de Aracaju, a orillas del río Cotinguiba, conserva muchos edificios de su pasado. Durante el ciclo del azúcar la ciudad tuvo mucha importancia por su puerto fluvial, a través del cual se daba salida a la producción de las plantaciones.

En los alrededores de Laranjeiras, con unos veinte mil habitantes, hay siete colinas, cada una de ellas coronada por una iglesia.

LA VISITA

En la oficina del Centro de Tradições, Praça Samuel de Oliveira, os informarán sobre los edificios históricos y las actividades culturales de la ciudad.

CASA DE CULTURA JOÃO RIBEIRO: en la calle del mismo nombre. Abierto de lunes a viernes de 8.00 h a 22.0 h; los sábados de 8.00 h a 13.00 h. Tiene una hermosa biblioteca y un museo donde se muestran documentos, objetos y obras del escritor. En otras salas se pueden apreciar muestras de la artesanía de la zona, en la que destacan sus bordados.

CAPELA DE SANT'ANINHA: Sítio de Sant'Aninha. Aquí podréis contemplar su altar mayor recubierto con láminas de oro y las imágenes de porcelana diseñadas en el siglo XVIII.

MUSEOS

MUSEU AFRO-BRASILEIRO: Rua José do Prado Franco 70. ☎ 3281 2418.Abierto de martes a viernes de 8.00 h a 17.00 h y los fines de semana, de 13.00 h a 16.00. Contiene objetos que recuerdan cómo fue la vida de los esclavos, tanto en su trabajo como en la práctica de sus ritos africanos.

MUSEU DE ARTE SACRA: Rua Dr. Francisco Bragança. Abierto de martes a domingo de 10.00 h a 17.00 h. está instalado en la igreja N.S. da Conceição y muestra piezas hechas entre los siglos XVIII y XIX.

DATOS PRÁCTICOS

PREFIJO TELEFÓNICO: 79.

RODOVIÁRIA: Praça da Bandeira.

OFICINA DE INFORMACIÓN: Centro de Tradições, Avenida Rotary.

ALOJAMIENTO

BOA LUZ PARQUE RESORT: BR-235 p/ Itabaiana, km 16, 15 km. ☎ 3281 4848. www.boaluz.com.br Muy frecuentado los fines de semana.

POUSADA VALE DOS OUTEIROS: Avenida José do Prado Franco 124. ☎ 3281 1384. Diez habitaciones sencillas para pasar una noche sin lujos y a un precio ajustado. También tiene restaurante. parque temático.

LLEGAR Y PARTIR

EN AUTOBÚS. Hay un servicio diario de autobuses desde Aracaju.

ESTANCIA

Otra ciudad histórica, a unos 20 kilómetros de la costa y a setenta al sur de Aracaju. La localidad aún conserva algunos edificios coloniales portugueses. Otro de sus atractivos, son sus floridas plazas que le han valido el sobrenombre de Cidade Jardim.

DATOS PRÁCTICOS

RODOVIÁRIA: ☎ 3522 14 66.

ALOJAMIENTO

Ⓑ **ESTANCIANO HOTEL TURISMO:** Praça Br. do Rio Branco 176. ☎ 3522 14 04. Dispone de 25 habitaciones con aire acondicionado, frigo y tele. Servicio de restaurante.

ALREDEDORES DE ESTANCIA

MANGUE SECO. En la desembocadura del río Piauí y a unos cuarenta kilómetros al sureste de Estáncia, Mangue Seco es una de esas playas con las que siempre se sueña: extensiones interminables de arena blanca, de cerca de 30 kilómetros, algunas dunas, cocoteros, palmeras y casi solitaria, la mejor forma de recorrerla es contratar un bugi de los que se ofrecen para alquilar, el precio hay que negociarlo, pero ronda los 15 euros. El paseo entre dunas merece la pena, hay también algunos chiringuitos de aire muy rústico y generalmente no tienen música, como si respetaran el silencio y el clima relajado (Ver Estado de Bahía).

ESTADO DE ALAGOAS

Situado al norte de Sergipe y al sur de Pernambuco, el Estado de Alagoas ocupa una extensión de 27.731 kilómetros cuadrados.

Al igual que Sergipe, Alagoas ha vivido de las plantaciones de caña de azúcar y algodón, que todavía siguen siendo cultivos muy importantes como fuentes de ingresos. Sin embargo, las expectativas están puestas en el petróleo descubierto hace algunos años en estas costas. Desde el punto de vista turístico, cuenta con unas inmejorables playas de arena fina y agua cristalina donde se pueden practicar todos los deportes acuáticos. También tiene ciudades históricas, como Penedo y Marechal Deodoro, próximas a Maceió, la capital.

MACEIÓ

Cerca del puerto de esta ciudad costera de casi 800.00 habitantes se encuentra el pequeño núcleo de calles y plazas más antiguas de Maceió que lo podéis recorrer a pie. Por las plazas Deodoro y Dom Pedro II pasan los autobuses que deberéis coger para trasladaros a la zona playera de **Pajuçara** o a la laguna de **Mundaú**. También el resto de las innumerables playas están conectadas por líneas de autobuses urbanos. Pero antes de explorarlas, hay unos cuantos puntos de interés en el casco más antiguo.

DEL AEROPUERTO Y LA RODOVIÁRIA A LA CIUDAD

AEROPUERTO INTERNACIONAL DE MACEIÓ/ZUMBI DOS PALMARES: Rodovia BR 104 Km 91 Tabuleiro Maceió. ☎ (82) 3036 5200. Se encuentra en el municipio de Rio Largo, a 23 kilómetros de Maceió. Para ir, tomad los autobuses que salen de la estación ferroviaria. Los mismos buses van al centro desde el aeropuerto.

RODOVIÁRIA: Avenida Leste-Oeste, a unos cuatro kilómetros de la zona central. Desde aquí sí podréis trasladaros en cualquiera de los autobuses que lleven el cartel de *Serraria Mercado* o *Ouro Preto*.

LA VISITA

IGREJA DE NOSSA SENHORA DO ROSARIO: Rua João Pessoa. Fue construida en 1829 y en sus dependencias mantiene un obligado Museu de Arte Sacra.

PRAÇA DOS MARTÍRIOS: también conocida como **Praça Floriano Peixoto**, aquí se levanta la **igreja Bom Jesús dos Martírios**, construida en 1870 y revestida de azulejos portugueses. En esta misma plaza encontraréis el **Palácio do Governador**, sede de la máxima autoridad de Alagoas.

MUSEOS

MUSEU DO INSTITUTO HISTÓRICO E GEOGRÁFICO DE ALAGOAS: Rua do Sol. ☎ 82 3223 7797. Ocupa una bonita casa del siglo XIX, en ella se muestra la historia del Estado en forma de documentos y fotografías.

MUSEU THÉO BRANDÃO: Praça Sinimbú - Espaço Cultural, 206 - Centro. Horario: abre de lunes a sábados de 8.00 h a 12.00 h y de 14.00 h a 17.00 h. Se ubica en un bonito edificio y reúne la colección donada por el médico y profesor de la universidad de Alagoas Théo Brandão. En los tres pisos del edificio se muestran con una visita guiada, diversas salas te-

máticas, en las que hay una gran muestra de la artesanía popular de Alagoas, algunos de los objetos están relacionados con las tribus indígenas que poblaron la región. Los viernes a partir de las 20.00 h hay música folclórica en directo.

LAS PLAYAS

Las playas en las cercanías de Maceió son su mayor atracción turística. Están protegidas por una barrera de arrecifes que forman piscinas naturales muy curiosas cuando baja la marea. Hay un servicio de autobuses que recorren toda la costa (salen desde la antigua rodoviária con destino a Barra Santo Antõnio).

Al sur de Maceió se encuentran:

PRAIA DA AVENIDA: la más céntrica, aunque no es adecuada para los baños.

DO SOBRAL: también urbana y algo contaminada por la proximidad de la desembocadura del río.

PONTAL DA BARRA: junto al Lagoa Mundaú, donde podéis montar en barca y ver la isla de Santa Rita, cubierta de vegetación. Las aguas están algo sucias. Los habitantes de este barrio se dedican a hacer trabajos artesanales con cáñamo.

PAJUÇARA: también urbana, pero al norte del faro. Es la más popular. En ella se han instalado numerosos chiringuitos, restaurantes y hoteles. Su atractivo son los arrecifes y las piscinas naturales que durante las mareas bajas se forman a dos kilómetros mar adentro. Si alquiláis alguna barca podréis ver de cerca la impresionante formación de corales. También hay barcos-restaurantes que realizan excursiones por este litoral.

SETE COQUEIROS: suele estar frecuentada por gente joven durante los fines de semana. Todos los días se monta un mercadillo de artesanía en la acera.

Al norte, y a partir de Maceió:

JATIUCA: cinco kilómetros al norte. Algo contaminada en la zona de la desembocadura del lago das Antas y con algunos arrecifes.

CRUZ DAS ALMAS: a dos kilómetros de la anterior. Fuerte oleaje y frecuentada por muchos surfistas que acuden aprovechando la circunstancia.

JACARECICA: junto a un pueblecito de pescadores y con algunos cocoteros. Es una estrecha franja de arena.

GUAXUMA: una ancha franja de arena, cocoteros y arrecifes.

GARÇA TORTA: a 14 kilómetros de Maceió. Junto a otro pequeño puerto de pescadores, arena amarilla, arrecifes y muy tranquila.

RIACHO DOCE: algunas piscinas naturales, algo peligrosas por los corales, y al lado de otro puertecito pesquero.

PRATAGI: o del Mirante da Sereia. Arrecifes formando piscinas naturales, cocoteros y arena blanda.

IPIÓCA: Arena amarilla y fuerte oleaje en algunas zonas.

DATOS PRÁCTICOS

PREFIJO TELEFÓNICO: 82.

INFORMACIÓN TURÍSTICA: Antônio Gouveia 1.143, Praia da Pajuçara. ☎ 3336 4409; Aeropuerto y Rodoviária.

ALOJAMIENTO

Los hoteles baratos de los alrededores de la rodoviária son recomendables sólo para cuando vuestro presupuesto esté en las últimas. Hay infinidad de hoteles de todos los precios en la playa Pajuçara, a la que se puede llegar en los autobuses *Pajuçara*, *Ponta da Terra* o *Ponta Verde*.

(B) **POUSADA RIACHO DOCE:** Rua da Praia 55 (Praia do Riacho Doce, a 17 kilómetros). ☎ 3355 2096. www.riachodoce.com Tarifas nada altas para sus buenas prestaciones.

(B) **COQUEIROS EXPRESS:** Rua Desp. Humberto Guimarães 830. ☎ 4009 4700. www.coqueirosexpress.com.br En Ponta Verde. Dispone de habitaciones con teléfono, televisión y aire acondicionado. Piscina y terraza.

(B) **PARAÍSO DAS ÁGUAS:** Avenida Dr Antônio Gouveia 261. (Praia de Pajuçara). ☎ 82 2121 6767. www.hotelparaisodasaguas.com.br Con cincuenta habitaciones con televisión, aire acondicionado, frigorífico, etcétera.

(M) **MARINAS MACEIÓ:** Rua José Luis Calazans 30. En Jatiúca. ☎ 3355 20 01. www.marinashotel.com.br Con piscina y sauna, está en muy buena ubicación y 56 habitaciones con aire acondicionado, tele y minibar. Precios muy altos, que rozan los de caros.

(M) **SOLARA PRAIA:** Avenida Dr. Antônio Gouveia 113 (Praia de Pajuçara). ☎ 3231 43 71. www.hotelsolara.com.br Piscina y 42 habitaciones con teléfono, televisión, aire acondicionado, frigorífico, etc.

(M) **PRAIA HOTEL SETE COQUEIROS:** Avenida Dr Antônio Gouveia 1.335. Praia de Pajuçara. ☎ 3231 85 83. Bar, restaurante y piscina. 107 habitaciones con todo y precios moderados.

(M) **MACEIÓ MAR:** Avenida Alvaro Otacílio 2.991 (Praia de Ponta Verde). ☎ 3217 80 00. www.maceiomarhotel.com.br Con restaurante, bar, piscina, sauna, alquiler de coches, etc, tiene 121 habitaciones con teléfono, televisión, aire acondicionado, frigorífico, caja de seguridad, etc.

(C) **ENSEADA:** Avenida Dr. Antônio Gouveia 171. Praia de Pajuçara. ☎ 3231 47 26. www.hotelenseada.com.br Bar, restaurante y piscina. Cuenta con un centenar de habitaciones con baño, aire acondicionado, tele, minibar, etc.

(C) **MATSUBARA:** Avenida Brig. Eduardo Gomes 1.551 (Praia de Lagoa da Anta). ☎ 235 30 00. Con restaurante, bar, piscina, sauna, instalaciones deportivas, sala de juegos, alquiler de coches, etc. Tiene 110 habitaciones con teléfono, televisión, aire acondicionado, frigorífico, caja de seguridad, etc.

(C) **JATIÚCA RESORT:** Rua Lagoa da Anta 220 (Praia de Jatiúca). ☎ 21 22 2000. www.hoteljatiuca.com.br Con restaurante, bar, piscina, instalaciones deportivas, sala de juegos, lago, organiza excursiones. Tiene 96 habitaciones con teléfono, televisión, aire acondicionado, frigorífico, caja de seguridad, etc.

(L) **RITZ LAGOA DA ANTA:** Av. Brigadeiro Eduardo Gomes, 546 (Praia de Cruz das Almas). ☎ 2121 4000 www.ritzlagoadaanta.com.br Un hotel muy confortable a pesar de tener un aire inconfundiblemente turístico. Habitaciones agradables con una decoración temática inspirada en Bali. Piscina, gimnasio y spa. Música en directo todas las noches

RESTAURANTES

En Maceió se come mucho pescado y marisco. Tienen fama sus ostras, que todavía mantienen unos precios asequibles. Hay numerosos restaurantes con terrazas en las playas donde las podréis probar.

(B) **BODEGA DO SERTÃO:** Av Júlio Marques Luz, 62 ☎ (82) 3327 4446. Cocina casera tradicional .

(B) **BON GRILLE RESTAURANTE:** Av Com Gustavo Paiva, ☎ (82) 3357-1301 Compagina la cocina italiana con la *mineira*

(B) **BOM FILÉ:** Rua José Alencar, 345 A Farol ☎ (82) 3336 7577. Platos sencillos y zumos naturales.

(B) **O PEIXARÃO:** Avenida Julio Marquês Luz 50. ☎ 3325 70 71. Ofrece pescados y mariscos de su propio vivero.

(M) **BAR DAS OSTRAS II:** Rua Professor Teonilo Gama 200. En Trapiche da Barra. El paraíso de los amantes de las ostras. También pescados y langosta.

(M) **LAGOSTÃO:** Avenida Duque de Caxias 1.384. En Praia da Avenida. Su especialidad es la langosta cocinada de varias formas diferentes.

(M) **REPÚBLICA DOS CAMARÕES:** Avenida Sandoval Arroxelas, 671. En Ponta Verde. ☎ 3231 82 62. Abierto hasta las 23.00 h. Todo tipo de mariscos y pescados frescos.

(M) **GSTAAD:** Rua Valdo Omena, esquina Avenida Robert Kennedy 2.167, 1º piso. En Praia de Ponta Verde. Cierra los domingos. Una dirección que se mantiene a pesar del paso del tiempo gracias al buen hacer de sus encargados de cocina. Especialidades francesas.

(C) **DIVINA GULA:** Rua Eng. Paulo Brandão Nogueira 85, Stella Maris. ☎ 3235 10 16. www.divinagula.com.br Un clásico de la ciudad. Abre hasta la 1.00 h y cierra los lunes. Los buenos platos de pescado se intercalan con la cocina *mineira*, carne do sol, *feijão tropeiro, galinha d'Angola y una de las estrellas de la casa, picanha com macaxeira.*

COMPRAS

En Maceió son muy apreciados los bordados y encajes confeccionados por las mujeres de los pueblos cercanos, así como los licores a base de frutas de la región. Para adquirir artesanía:

MERCADO DE ARTESANATO: Parque Rio Branco. Centro. Abierto de 8.00 h a 18.00 h. Cerámica, pintura, tallas de madera, etc.

NÚCLEO ARTESANAL: en el Pontal da Barra, a unos ocho kilómetros del centro.

LICORES: Professor Virgínio Campos 598, Farol. Licores de fruta de la región.

PASTELARIA: Avenida Gustavo Paiva 2.411 (Mangabeiras). Dulces típicos de la zona.

LLEGAR Y PARTIR

EN AUTOBÚS. Hay muchos autobuses diarios en dirección norte y sur. Así, hay cuatro horas a Recife, diez a Salvador, cinco a Aracaju y la friolera de 36 a Río.

EN AVIÓN. Desde Maceió hay vuelos para todas las capitales del Nordeste del país y a Brasília, Río de Janeiro, Salvador y São Paulo.

VIDA NOCTURNA

No faltan lugares de diversión en la ciudad, entre ellos:

FELLINI: en la Praia de Ponta Verde Con música en directo, cuenta con un piano de cola y todo al lado del mar.

BYE BAR BRASIL: Rua Dr. Odilon Vasconcellos, 102. Jatiúca. Música rock. Con tres ambientes diferentes, recomendable la *caipifruta.*

PÍER JARAGUÁ: Rua Sá e Albuquerque, 614. Jaraguá. ☎ 221-8320. Unos de los imprescindibles de la ciudad.

LAMPIÃO: Avenida Álvaro Otacilio, 47. ☎ 3325 4376 Chiringuito en Jatiúca con música en directo, generalmente un acordeonista (sanfoneiro) tocando *xote, maracatu, lambada y forró.*

MARECHAL DEODORO

Marechal Deodoro es una ciudad histórica a 21 kilómetros al suroeste de Maceió, que ofrece al visitante el atractivo de sus viejas y restauradas mansiones. Capital del Estado hasta 1839, se llamó Alagoas hasta que algún gobernante estimó más conveniente ponerle el nombre del más ilustre de sus hijos, el mariscal Deodoro da Fonseca. Autor del primer golpe militar de Brasil, hizo abdicar a Pedro II e instauró la república en el país. A pesar de todo, su mandato no se caracterizó por el buenhacer.

LA VISITA

IGREJA MATRIZ DA NOSSA SENHORA DO CONCEIÇÃO: en la Praça João XXIII, fue edificada entre 1755 y 1783.

MUSEOS

CASA DO MARECHAL DEODORO: Rua Marechal Deodoro 92. Abierta todos los días de 9.00 h a 17.00 h. Es el museo que le ha dedicado el pueblo en su casa natal al mariscal golpista. Muestra sus efectos personales y otros recuerdos.

MUSEU DE ARTE SACRA: Convento de São Francisco, Praça João XXIII. Abierto de lunes a sábado de 9.00 h a 13.00 h. Aquí se guardan imágenes de valor procedentes de las iglesias de todo el Estado de Alagoas. Esta medida fue adoptada para evitar los robos que, desgraciadamente, suelen ser bastante frecuentes en los templos abiertos al público.

LAS PLAYAS

DO FRANCÉS: a 10 kilómetros. Debe su nombre a que era el lugar donde acudían los franceses para hacer contrabando con la madera de *pau brasil.* Arena clara y aguas bastante limpias. Cuenta con todo tipo de instalaciones. Es muy concurrida y en la ensenada se forman piscinas naturales entre los arrecifes de coral.

SACO DA PEDRA: al norte de la anterior, en dirección a Maceió. Se puede venir andando desde la Playa del Francés o en barco desde el lago Manguaba (diez minutos). Cinco kilómetros de arena.

DATOS PRÁCTICOS

PREFIJO TELEFÓNICO: 82.
RODOVIÁRIA: Praça Pedro Paulino.

ALOJAMIENTO

Si decidís pasar una noche en esta localidad, deberéis recurrir a los hoteles de la **praia do Francês**, que se encuentra a unos diez kilómetros.

Hay un **cámping, Villa da Lagoa**, en Sítio Cajazeira, a tres kilómetros aproximadamente de la ciudad, y la **Hospedaria Deodorense,** junto a la Praça Paulino y con precios muy baratos.

COMPRAS

Deodoro tiene fama por sus encajes y bordados que se venden por todo el Nordeste. Merece la pena comprarlos aquí por sus precios.

COOPERATIVA ARTESANAL: Rua Dr. Ladislau Neto. Aquí podréis encontrar una amplia variedad.

LLEGAR Y PARTIR

EN AUTOBÚS. Hay una línea de autobuses frecuentes desde Maceió. También se puede ir en barco, aunque no existen los viajes regulares.

BARRA DE SÃO MIGUEL

Barra de São Miguel es una población a 16 kilómetros al sur de Marechal Deodoro, donde se cuenta que el obispo Pero Fernandes Sardinha fue devorado por los caníbales de la zona. De aquella época conserva una **iglesia** de estilo colonial.

LAS PLAYAS

BARRA DE SÃO MIGUEL: junto al pueblo, es una de las más frecuentadas. Aguas claras, arena fina y una piscina natural en los arrecifes. Desde el puerto de esta playa salen los barcos que recorren la costa y van hasta el Lago do Roteiro.

GUNGA: para venir a darse un baño tranquilamente, bucear y disfrutar de la playa.

LAGOA AZEDA: a 15 kilómetros al sur. Junto a un pueblecito de pescadores, son seis kilómetros de arena en una zona bastante pedregosa.

BARRA DO JEQUIÁ: a 14 kilómetros al sur de la anterior. También junto a un poblado de pescadores y en una zona con acantilados donde acude la gente para pescar con caña. Más de cinco kilómetros de arena.

ALOJAMIENTO

(B) **LUA POUSADA:** Avenida Moema Cavalcanti 385. En Barra Mar. ☎ 3272 13 59. www.luapousada.com.br Restaurante y piscina. Precios no muy altos y habitaciones (once) sencillas.

Ⓑ **DOCE MAR:** Rua João Mamede 334. ☎ 3272 15 87. www.pousadadocemar.com Con quince sencillas habitaciones, muy baratas, con aire acondicionado y tele.

Ⓒ **VILLAGE BARRA HOTEL:** Rua Senador Arnon de Mello. En Praia da Barra de São Miguel. ☎ 3272 10 00. www.villagebarrahotel.br Hotel ya más elegante con restaurante, piscina, bar, con cuarenta habitaciones con aire acondicionado, tele y minibar. Al lado de una playa protegida por la barrera de arrecifes y muy buena para bañarse.

RESTAURANTES

Ⓑ **DO TIO:** Praça São Pedro en la playa. ☎ 3272 18 81. Cierra los lunes y jueves. Un local tan sencillo como agradable donde sirven unas buenas mariscadas y otros platos de pescados. Tampoco hay que olvidar las gambas.

Ⓜ **LA TABLITA:** Rua Salvador Aprato. ☎ 3272 19 44. Abre hasta las 23.oo h y cierra lunes y jueves en temporada baja. Establecimiento siempre lleno, ya que no es muy caro y sirven unas abundantes raciones que pueden servir para dos personas. Cocina muy variada: desde especialidades portuguesas a paellas pasando por regionales como la carne do sol.

LLEGAR Y PARTIR

EN AUTOBÚS. Hay una línea de autobuses frecuentes desde Maceió y desde Marechal Deodoro.

CORURIPE

A poco más de 70 kilómetros de Barra de São Miguel y a casi cien al sur de Maceió, Coruripe es otro pueblo que sabe sacar partido a sus costas, a pesar de seguir manteniendo su vocación agrícola, como demuestra sus grandes extensiones de cañas.

LAS PLAYAS

PONTAL DO CORURIPE*:* la más cercana al núcleo urbano y cerca del puerto donde atracan los barcos la gente del pueblo. Tiene algunos chalés junto a la arena y los cocoteros. En la zona del faro se forman algunas piscinas naturales entre los arrecifes.

LAGOA DO PAU: a 10 kilómetros al norte. Junto al río do Pau, que discurre un tramo paralelo al mar, y cerca de un lago interior. Cuatro kilómetros de arena blanda y fuerte oleaje.

GAMELEIRA: al norte de la anterior. Más cañaverales, un pequeño poblado y arrecifes de coral.

PITUBA: a unos 20 kilómetros al norte. Cerca de un pueblucho de pescadores, Ooxim, se accede desde la Praia da Lagoa do Pau. Bastante solitaria. Piedras y una estrecha y larga franja de arena. Suele ser frecuentada por los pescadores de caña.

ALOJAMIENTO

Ⓑ **UMUARAMA:** Rua Projetada 200. ☎ 3273 90 49. Precios muy moderados y tiene piscina. Un lugar de descanso.

BARRA DE SANTO ANTÔNIO

A 45 kilómetros al norte de Maceió, Barra de Santo Antônio es un pueblo de pescadores de casi diez mil habitantes, con mucha actividad turística y con tradición pesquera y agrícola. En el centro urbano aún se pueden apreciar algunos vestigios de construcciones dejadas por los holandeses.

LAS PLAYAS

De norte a sur, empezando desde la Ponta da Gamela, a unos 12 kilómetros, y terminando en la Ponta do Prego, a 22 kilómetros al sur:

PEDRA DO CEBOLA: muy tranquila, el acceso se hace desde Carro Quedrado. Arena fina, cocoteros y olas fuertes.

CARRO QUEBRADO: a 6 kilómetros. Arena blanca y un alto acantilado que favorece la soledad, de ahí que haya algunas zonas nudistas.

BARRA DE SANTO ANTÔNIO: cerca del núcleo urbano. Arrecifes, arena blanda y cocoteros. Se accede en una balsa que cruza el río Santo Antõnio Grande.

ILHA DA CROA: frente al pueblo. Se accede en barca y con algunas playas y piscinas entre los arrecifes de coral.

TABULA: a cuatro kilómetros al sur. Se accede desde el pueblo de Santa Luzia. Ancha franja de arena, cocoteros, algunos chalés y una piscina natural en las inmediaciones.

SONHO VERDE: zona protegida por su fauna marina. Hay una urbanización y duchas.

PARIPUEIRA: A nueve kilómetros al sur, muy llana, lo que hace que surjan piscinas naturales al bajar la marea y que no cubra hasta que uno se interna bastante en el mar.

COSTA BRAVA: llena de gente que acude para jugar al *volei.*

OTRAS PLAYAS

Toda la costa, en dirección norte, puede decirse que es una sucesión de playas. Además de las citadas anteriormente, a partir de la Ponta do Gamela, tenéis:

DO MORRO: a unos 15 kilómetros de Santo Antõnio. Se accede en barca. Cercada por una hacienda y muy tranquila, apenas hay gente.

BARRA DO CAMARAGIBE: cerca de la desembocadura del Camaragibe y un pueblo de pescadores. Mucha vegetación.

MARCENEIRO: junto a la anterior y también con algunos pequeños puertos pesqueros donde podréis alquilar alguna embarcación.

SÃO MIGUEL DOS MILAGRES: junto al pueblo del mismo nombre, presenta una paisaje similar, arena clara, cocoteros y arrecifes.

PATACHO Y **TATUAMUNHA:** siguiendo la misma tónica, cocoteros, arrecifes y la proximidad de las haciendas.

PORTO DE PEDRAS: a 74 kilómetros de Barra de santo Antõnio. También junto a un pueblo de pescadores. Muy larga, con cerca de nueve kilómetros.

ALOJAMIENTO

Ⓜ **HOUSE OF LEÍA:** Rua Eugênio Costa 1.162. Praia de Paripueira. ☎ 293 13 62. Hotel barato a siete kilómetros del centro con diez habitaciones sencillas. Servicio de bar y tiene piscina.

Ⓒ **D'ALDEIA VILLAGE HOTEL:** Praia da Barra de Santo Antõnio.

☎ 291 21 45. En la isla de Croa, hay que acceder en barca. Precios altos, pero muy buenas instalaciones: piscina, diversas pistas para practicar deporte, sauna y restaurante.

RESTAURANTES

Ⓑ **PEIXADA DA ALAÍDE:** Rua Antõnio Baltazar 103. ☎ 291 13 08. Abierto hasta las 20.00 h. Pescados baratos y platos de marisco a precio medio.

Ⓑ **PEIXADA DA RITA:** Rua Antõnio Baltazar 36. ☎ 291 11 10. Abierto todos los días hasta las 21.00 h. Cocina típica de la zona, con estupendos platos de marisco.

LLEGAR Y PARTIR

EN AUTOBÚS. Hay frecuentes autobuses a Maceió, a una hora de camino.

PENEDO

A 168 kilómetros al sur de Maceió se encuentra esta atractiva localidad colonial de unos 40.000 habitantes y situada a orillas del río São Francisco, muy cerca de su desembocadura. Posee varias iglesias barrocas.

LA VISITA

Se puede empezar la visita por la **igreja de N.S. da Corrente**, en la Praça 12 de abril. Abierta de martes a domingo de 8.00 h a 12.00 h y de 14.00 h a 18.00 h. Fue construida en el XVIII y su altar mayor está recubierto de oro.

Otra que merece igualmente la pena es la **igreja do Rosário dos Pretos**, en la Praça Mal. Deodoro. Abierta de martes a domingo de 8.00 h a 18.00 h. Fue construida por esclavos entre 1775 y 1816, aunque no está del todo terminada.

Y además, merece la pena visitar un convento: **São Francisco,** con la **Igreja Nossa Senhora dos Anjos**, del siglo XVIII y decoración barroca.

DATOS PRÁCTICOS

PREFIJO TELEFÓNICO: 82.

OFICINA DE TURISMO: Casa da Aposentadoria. Praça Br de Penedo. ☎ 3551 27 27.

TERMINAL RODOVIÁRIA: Avenida Duque de Caxias. ☎ 3551 26 02.

ALOJAMIENTO

(B) **POUSADA COLONIAL:** Praça 12 de Abril 21. ☎ 3 551 23 55. Tiene restaurante. Habitaciones sencillas y muy económicas.

(M) **SÃO FRANCISCO:** Avenida Floriano Peixoto. ☎ 3 551 22 73. El hotel está en el centro de la parte histórica de Penedo, el hotel conserva un inconfundible aire arquitectónico de los años 60. El hotel tiene 6 pisos y se recomienda tratar de conseguir una habitación tan alta como sea posible. Piscina y aire acondicionado en sus habitaciones. Bar y restaurante.

RESTAURANTES

(B) **RESTAURANTE FORTE DA ROCHEIRA:** Rua da Rocheira, frente al río. ☎ 3 551 32 73. Sirve buenos pescados, pero la especialidad es la carne de yacaré.

COMPRAS

En Penedo han proliferado los talleres de restauración de obras de arte que se pueden visitar. Uno de ellos:

ANTÕNIO FRANCISCO: Avenida Duque de Caxias. Hay otro en la Avenida Nilo Peçanha, 165.

LLEGAR Y PARTIR

EN AUTOBÚS. Desde Maceió hay varios autobuses cada día a Penedo. También hay, con menos frecuencia, desde Aracaju, Recife, Río de Janeiro, Salvador de Bahia y São Paulo.

ALREDEDORES DE PENEDO

EL RÍO SÃO FRANCISCO. Lo mejor, para navegar por este río, es ponerse en contacto con los barqueros del puerto. Algunos barcos regulares llegan hasta el pueblo de **Carrapicho,** situado al otro lado del río y, por lo tanto, en el Estado de Sergipe. Allí podréis ver trabajar a los alfareros, cuya cerámica se vende en toda la región.

Frente a Penedo está **Neópolis**, que también pertenece al Estado de Sergipe. Río abajo podéis llegar hasta la desembocadura del São Francisco y conocer el pueblecito de pescadores de **Piassabussú**.

MARAGOJI

En el extremo norte de la costa de Alagoas y ya sólo a 52 kilómetros al sur de Recife, Maragoji (o Maragogi) es una población de unos trece mil habitantes, que día a día es más turística gracias a un mar azul y tranquilo y a unas fenomenales playas con algunos istmos.

LAS PLAYAS

SÃO BENTO: 5 kilómetros al sur. Altos arrecifes delante de los cuales al bajar la marea quedan unas amplias extensiones de arena. También hay un pueblecito pesquero.

MARAGOJI: muy extensa, unos 10 kilómetros, y muy ancha, dando origen a numerosas piscinas naturales al bajar la marea. Bastante urbanizada.

BARRA GRANDE: menos urbanizada y del mismo estilo que la anterior.

PONTA DE MANGUE: cocoteros y arrecifes, a los que puede irse andando por los bancos de arena al bajar la marea.

PEROBA: cocoteros, arrecifes y playa muy llana donde se originan piscinas al bajar la marea.

ALOJAMIENTO

(B) **VILA TROPICAL:** Praia Ponta de Mangue, km 9. ☎ 3296 91 07. Con bar y restaurante, tiene doce habitaciones con aire acondicionado y minibar.

(M) **PRAIA DOURADA:** Praia do Bugalhau. A ocho kilómetros. ☎ 3296 61 61. www.hotelpraiadourada.com.br Piscina, varias pistas (tenis, volei), caballos, barcas. Habitaciones) con aire acondicionado, tele y minibar.

RESTAURANTES

(M) **RESTAURANTE DO MANO:** Praia de São Bento. A 5 km. ☎ 3296 71 06. Abre hasta las 22.00 h. Buena cocina basada en los pescados.

LLEGAR Y PARTIR

EN AUTOBÚS. Desde Maceió hay varios autobuses cada día hasta Maragoji, mientras que desde Recife hay dos diarios, en principio a las 9.30 h y 12.30 h.

JAPARATINGA

Jarapatinga es otra pequeña localidad de veraneo, con sólo 2.500 habitantes y situada a diez kilómetros al sur de Maragoji. Ya se han construido varios hoteles y otros establecimientos para atender a los turistas.

JAPARATINGA: junto al núcleo urbano. Arena clara, cocoteros y arrecifes. A partir de esta playa, y en dirección sur, se suceden los altos acantilados, algunos alcanzan hasta los cien metros. Desde esta playa salen los barcos que llevan a las playas que se indican a continuación.

BITINGUI: a unos cuatro kilómetros, junto a un pueblo de pescadores y con mar agitado.

BARREIRAS DO BOQUEIRÃO: hay un par de manantiales de aguas minerales, casi en la playa, que han recibido los nombres de Hombre y Mujer. Para que el agua no pierda sus propiedades medicinales, cosas de la piel, no se permite el baño mixto.

DO PONTAL: la más alejada y también al lado de un puerto pesquero.

LLEGAR Y PARTIR

EN AUTOBÚS. Los mismos autobuses desde Maceió y Recife que van a Maragoji sirven para venir a Japaratinga.

ESTADO DE PERNAMBUCO

Pernambuco, entre los estados de Alaogas y Paraíba, en el cabo más oriental de Brasil, ocupa una extensión de 98.281 kilómetros cuadrados. Este Estado tiene una forma estrecha y larga, una especie de túnel que va desde la fértil costa al desértico *sertão* pasando por las zonas intermedias *da mata* y *agreste*. Lógicamente, el clima cambia también conforme a estas zonas: cuanto más al interior del continente se vuelve más cálido y seco.
Su primera fuente de riqueza provino de la producción de caña de azúcar. Precisamente éste fue el motivo por el que los holandeses se interesaron en el territorio. Anteriormente franceses y británicos también intentaron su conquista sin éxito.

Sin embargo, en 1630 llegaron 3.000 soldados holandeses, destruyeron la ciudad de Olinda –entonces capital del Estado– y construyeron Recife sobre un pequeño pueblo de pescadores y un puerto estratégico. Durante dos décadas dominaron gran parte de la costa nordestina, hasta que los portugueses consiguieron derrotarlos después de protagonizar duras batallas.

Pernambuco tiene una gran riqueza cultural que se manifiesta tanto en su música –con variantes locales como el *forró* y, sobre todo, el *mangue beat*– como en la artesanía, el folclore o la práctica de ritos importados de Africa.

Los atractivos mayores para el turismo residen en sus localidades costeras y sus playas, así como en las ciudades y pueblos interiores de Igarassu, Goiana, Caruaru, todos ellos fieles guardianas de su esplendor colonial.

RECIFE

Nadie que conozca las ciudades de Venecia y Recife puede encontrarlas parecidas. Sin embargo, hubo alguien que halló similitud en los canales de ambas y bautizó a Recife como *la Venecia brasileña*. Cuando llegaron los holandeses interesados por las plantaciones de caña de azúcar, Recife no era más que un pueblecito de pescadores instalado en la isla que actualmente ocupa el *Bairro Recife*. Ellos se encargaron de hacerla crecer tras la construcción del puerto y las obras de desecación de las marismas. Rebasadas las fronteras y tendidos puentes hacia el continente, la ciudad se convirtió en un importante puerto por el que se daba salida al azúcar y algodón cultivado en las tierras interiores. Hoy en día, Recife con casi un millón y medio de habitantes, sigue teniendo gran importancia como centro comercial para el Nordeste.

ORIENTACIÓN

La ciudad actual se extiende entre los ríos Capibaribe y Beberibe, que forman numerosos brazos en la desembocadura y a orillas del Atlántico. **Santo Antônio**, **Boa Vista** y el **Bairro de Recife** son tres islas completamente urbanizadas que se comunican entre sí y con el resto de la ciudad a través de numerosos puentes.

Junto a la costa se suceden una serie de playas y barrios: **Boa Viagem**, **do Poço**, **Derbi** y **Costa Amarela** son zonas residenciales, algunas de ellas llenas de hoteles y restaurantes turísticos. Recife ha conservado infinidad de iglesias barrocas construidas en el siglo XVII que quedan realzadas en medio de los insulsos edificios modernos. También posee varios museos interesantes. Sus atractivas playas con arrecifes cercanos que son los que le dieron el nombre representan un aliciente turístico, al igual que la cercanía de la rival y fascinante Olinda.

DEL AEROPUERTO Y LA RODOVIÁRIA A LA CIUDAD

AEROPUERTO INTERNACIONAL DE RECIFE– GUARARAPES: el nombre oficial es el Aeropuerto Internacional Gilberto Freyre, está situado a diez kilómetros de Recife (Praça Min. Salgado). Desde él salen autobuses frecuentes con el cartel *Aeroporto* que conducen a la ciudad.

LA RODOVIÁRIA: más alejada que el aeropuerto, a unos 15 kilómetros al sur del centro por la BR-232. El sistema más barato para llegar a la zona céntrica es coger el Metro, que os conducirá a la *Estação Central* (antigua estación de tren). Por la cercana Avenida Dantas Barreto pasan numerosos autobuses que van a las distintas zonas de la ciudad.

CÓMO MOVERSE

EN METRO. Funciona por la superficie de la ciudad y con un recorrido que une la antigua estación *ferroviária* con el municipio de Jaboatão, con un ramal en la estación Coqueiral a Curado que es el que se utiliza para desplazarse de la *rodoviária* al centro o viceversa. El horario es de 5.00 h a 23.00 h.

EN AUTOBÚS. Si os alojáis en Boa Viagem, la manera más práctica de ir al centro, donde están los monumentos y edificios históricos, es en autobús urbano o taxi. Una vez allí, podéis caminar.

LA VISITA

Para conocer el **Recife colonial**, que se concentra entre Santo Antônio y São José, podéis seguir un itinerario a pie. La **Avenida Dantas Barreto** une estas dos zonas situadas en la misma isla y desemboca en la **Praça da República**, sombreada por inmensas palmeras imperiales, presidida por el **Palacio del Gobernador**, cerrado al público, y por el **Teatro de Santa Isa-**

ESTADO DE
PERNANBUCO
CEARÁ
CEARÁ
PIAUÍ
BAHIA
ALAGOAS
OCEANO
JACUMÁ
Goiana
Timbaúba
Igarassu
Taquaritinga
do Norte
Paudalho
Tracunhaém
Carpina
Olinda
RECIFE
São José
do Egipto
Araripina
Exu
Triunfo
Ouricuri
Serrita
Salgueiro
Serra Talhada
Poção
FACENDA
NOVA
Bezerros
Gravata
Caruarú
Vitória de
Sto Antao
Cabo de
Sto.
Agostinho
Pesqueira
Bonito
Arcoverde
Buíque
Beléna de
S. Francisco
Sta. Maria
da Boa
Garanhuns
Palmares
Ipojuca
Porto de
Galinhas
Brejão
Barreiros
São José da
Coroa Grande
Lagoa
Grande
PETROLINA
Porto de
Pedras

bel, construido en 1850 (abierto de lunes a viernes de 13.00 h a 17.00 h). En otro lateral de la plaza se alza el impresionante edificio del **Tribunal de Justicia**, de color crema.

La ancha avenida Dantas Barreto os servirá de referencia para seguir el recorrido. Partiendo de la Praça da República hacia el sur, os encontraréis con el conjunto barroco formado por la **igreja da Ordem Terceira de São Francisco e Convento Franciscano de Santo Antônio**, que contienen la **Capela Dourada** y un **Museu de Arte Sacra**, ambos anexos.

RECIFE COLONIAL

PRAÇA DE LA INDEPENDENCIA: aquí podréis ver el edificio del Diario de Pernambuco, que tiene el honor de ser el primero de toda Latinoamérica y que todavía se edita diariamente. En esta misma plaza merece una visita la **igreja Matriz de Santo Antônio**, construida entre 1753 y 1791.

Tampoco dejéis de conocer el **Pátio de São Pedro** y sus bellos edificios coloniales, entre los que destaca la **igreja de São Pedro dos Clerigos**.

En cualquiera de los bares de esta plazoleta podréis retomar fuerzas antes de seguir con el recorrido y visitar los edificios restantes: la **igreja e convento do Carmo** y en la Rua Nova, la **igreja de Nossa Senhora de Conceição dos Militares**.

CASA DE LA CULTURA: Rua Floriano Peixoto. www.casadaculturape.com.br Junto al río Beberibe, próxima al puente Velha. En esta antigua cárcel, reconvertida en mercado artesanal en 1975, hay una oficina de turismo. En ella os informarán sobre los espectáculos folclóricos y las actividades culturales que organizan en este recinto. Las celdas son ahora tiendas o bares, en los que se pueden ver todavía las rejas de ventanas y puertas. Ésta es una idea que se repite en Fortaleza, Natal, Parati y otras ciudades. Procurad visitarla antes del anochecer porque la zona está poco iluminada y suele haber frecuentes robos.

OTROS MONUMENTOS E IGLESIAS

IGREJA DA ORDEM TERCEIRA DE SÃO FRANCISCO E CONVENTO FRANCISCANO DE SANTO ANTÔNIO: Praça da Independencia/Rua do Imperador 206 (Santo Antõnio). Este conjunto arquitectónico, en el que se incluye también la Capela Dourada y el Museu de Arte Sacra –con piezas de los siglos XVII y XVIII de gran valor hechas en madera, oro, plata y marfil–, tiene el mismo horario de visitas, de lunes a sábado de 7.00 h a 12.00 h y de 14.00 h a 18.00 h. Fue construido en 1606 y restaurado en 1859. La fachada barroca eliminó su atrio para dar más amplitud a la calle de enfrente. También fueron eliminados los altares originales y varias tallas del XVIII, pero aún conserva unos bellos azulejos portugueses. En su parte izquierda está la Capela Dourada. La iglesia de Santo Antônio estaba restaurándose en el 2004.

CAPELA DOURADA: Abre de lunes a viernes de 8.00 h a 11.30 h y de 14.00 h a 17.00 h y los sábados hasta las 11.30 h. La capilla de la iglesia de la Orden Tercera de San Francisco, de finales del siglo XVII, está forrada de pan de oro sustentado sobre madera de jacarandá y cedro. Es un derroche de lujo que pudieron permitirse durante los años dorados del ciclo del azúcar. Esta capilla fue terminada en 1697 y constituye una de las obras cumbre del arte colonial brasileño. Las pinturas anónimas del techo están dedicadas a San Francisco.

IGREJA NOSSA SENHORA DO ROSÁRIO DOS HOMENS PRETOS: Rua Estreita do Rosário. Abierta de lunes a viernes de 9.00 h a 13.30 y de 14.30 h a 18.00 h; sábados de 8.00 h a 12.00 h y cierra domingos. Construida y frecuentada por esclavos, tiene una rica imaginería del XVIII.

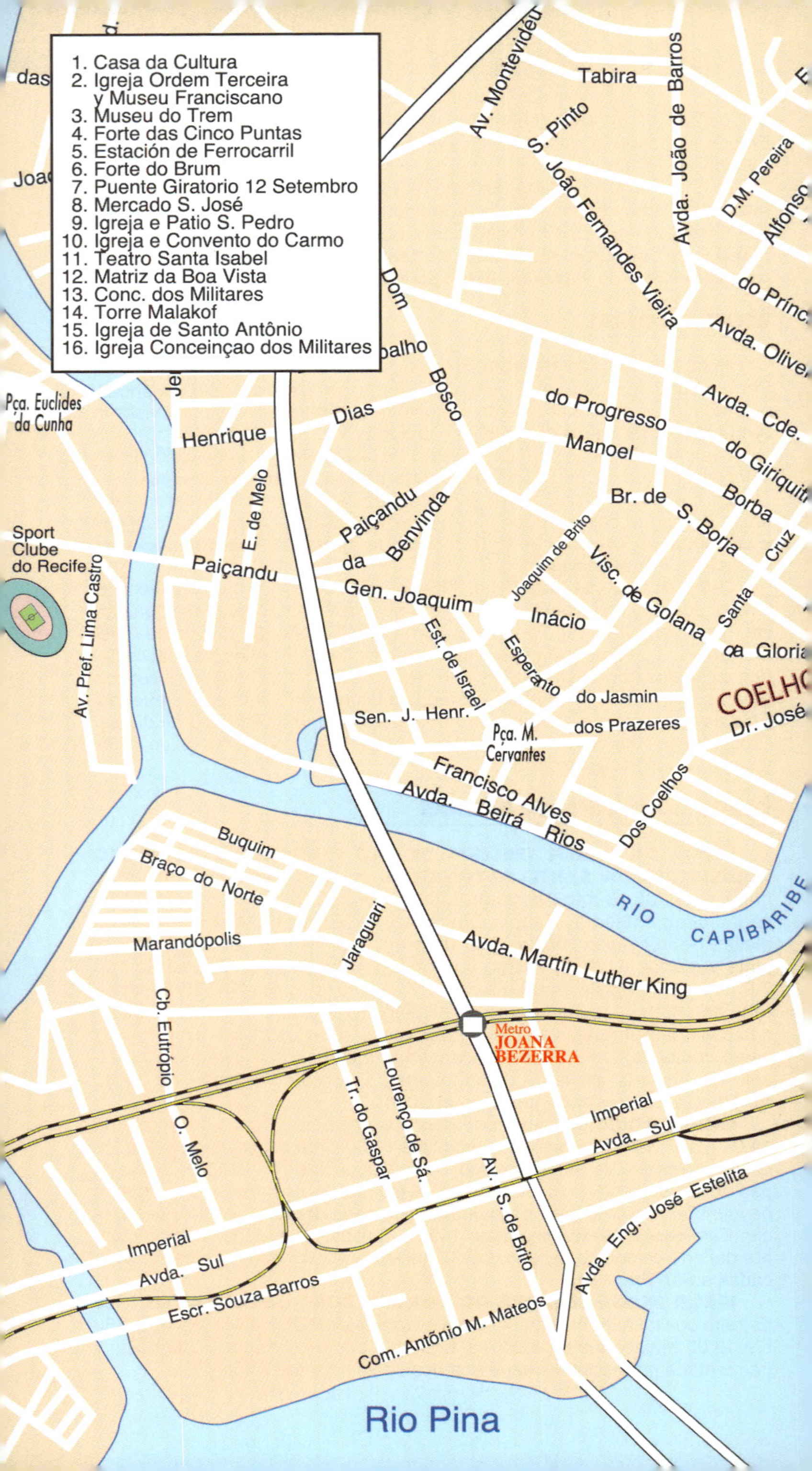
1. Casa da Cultura
2. Igreja Ordem Terceira y Museu Franciscano
3. Museu do Trem
4. Forte das Cinco Puntas
5. Estación de Ferrocarril
6. Forte do Brum
7. Puente Giratorio 12 Setembro
8. Mercado S. José
9. Igreja e Patio S. Pedro
10. Igreja e Convento do Carmo
11. Teatro Santa Isabel
12. Matriz da Boa Vista
13. Conc. dos Militares
14. Torre Malakof
15. Igreja de Santo Antônio
16. Igreja Conceinçao dos Militares
Av. Montevidéu
Tabira
S. Pinto
João Fernandes Vieira
Avda. João de Barros
D.M. Pereira
Alfonso
do Prínc
Avda. Oliver
Avda. Cde.
do Giriquiti
Dom Bosco
Pça. Euclides da Cunha
Henrique Dias
do Progresso
Manoel Borba
Br. de S. Borja
Cruz
E. de Melo
Paiçandu
da Benvinda
Sport Clube do Recife
Av. Pref. Lima Castro
Gen. Joaquim Inácio
Joaquim de Brito
Visc. de Golana
Santa da Gloria
Est. de Israel
Esperanto
do Jasmin
dos Prazeres
COELHO
Dr. José
Sen. J. Henr.
Pça. M. Cervantes
Francisco Alves
Avda. Beirá Rios
Dos Coelhos
Buquim
Braço do Norte
Marandópolis
Jaraguari
Rio Capibaribe
Avda. Martín Luther King
Cb. Eutrópio
Metro JOANA BEZERRA
O. Melo
Tr. do Gaspar
Lourenço de Sá
Imperial
Avda. Sul
Av. S. de Brito
Avda. Eng. José Estelita
Escr. Souza Barros
Com. Antônio M. Mateos
Rio Pina

2 de Julho
13 de Maio
Coelho Eite
Avda. da Saudade
Avda. Cruz Cabugá
Araripina
de Suassuna
Avda. Mário Melo
Fundição
da Aurora
João Lira
da
asio Pires
Saudable
Princ. Isabel
da União
da
do Hospício
7 de Setembro
6
Cais do Apolo
do Brum
B. Vieira de Melo
Tr. Tiradentes
Tr. Bom Jesus
11
Praça da República
do Sol
16
15
S. Campos
Avda. Rio Branco
Av. Mq. de Olinca
mp. T. Cristina
13
2
Nova
1 de Março
Cais do Porto
1
Mq. de Herval
Av. N.S. do Carmo
9
10
Br. de Vitória
Barreto
da Prada
7
P. de Pátria
Vidal de Negreiros
Pe. Floriano
Tr. do Macedo
8
de S. João
Dantas
Nogueira
Sta. Rita
RECIFE
Avda.
Imperial
4
Cais de
5
Ilha Antônio Vaz

IGREJA SÃO PEDRO DOS CLERIGOS: Pátio de São Pedro, abierta de lunes a viernes de 8.00 h a 11.30 h y de 14.00 h a 16.00 h. Se empezó a construir en 1728 y las obras terminaron en 1782. La originalidad de este templo está en su planta dodecagonal. La piedra de cantería de su fachada fue traída de Portugal. Las puertas barrocas son de madera de jacarandá y las pinturas del techo son obra del artista João de Deus Sepúlveda.

IGREJA E CONVENTO NOSSA SENHORA DO CARMO: Praça do Carmo, esquina Avenida Dantas Barreto 646. Abierto de lunes a viernes de 7.00 h a 19.00 h, y sábados y domingos hasta las 12.00 h. Ambos monumentos fueron construidos en el siglo XVIII sobre las ruinas del antiguo palacio de Boa Vista. Lo más destacable son sus tallas revestidas de láminas de oro blanco.

IGREJA NOSSA SENHORA CONCEIÇÃO DOS MILITARES E MUSEU DE ARTE SACRA ROBERTO BARBALHO: Rua Nova 309. Abierto de lunes a viernes de 8.00 h a 16.00 h. Con un interior barroco y un gran mural que representa la victoriosa batalla de portugueses y españoles contra los ocupantes holandeses en 1648, sobresalen las tallas de madera de la nave y las pinturas del techo dedicadas a la Virgen. El museo es pequeño pero tiene piezas interesantes del siglo XVII.

RECIFE ANTIGO

Es un barrio interesante, donde se fundó la ciudad original, y se extiende en la otra orilla del río Beberibe. Cruzad por el puente de la Avenida Rio Branco y volved por el de la Avda Marquês de Olinda, o viceversa. Allí, calles como rua Bom Jesus o Apolo muestran preciosos edificios neoclásicos o vagamente coloniales. En la Praça Arsenal do Marina, adonde se llega siguiendo la antigua rua dos Judeus, como se llamaba en el siglo XVII, se alza la **Torre Malakoff**, un antiguo observatorio que hoy es centro cultural, y a su lado el hermoso edificio de la **Prefeitura.** En la plaza hay una pequeña Oficina de Turismo.

SÃO JOSÉ

Desde el Bairro Antigo volved en dirección sur y atravesad el barrio de São José, con su espectacular y colorista **Mercado**, donde veréis muchos puestos de fruta y, más fascinantes, de objetos de santería y *orixás.*

Una vez en esta zona, podéis acercaros al **Forte das Cinco Pontas**, obra de los holandeses en 1630, y hacer una visita al **Museu da Cidade** (ver Museos). Podéis llegar caminando por la Rua São João, que atraviesa la arteria Dantes Barreto.

MUSEOS

MUSEU DA CIDADE DO RECIFE: Forte das Cinco Pontas. Fotografías y pinturas dan una idea de cómo fue creciendo Recife desde su núcleo inicial hasta convertirse en la gran urbe de hoy en día.

MUSEU DO HOMEN DO NORDESTE: Avenida 17 de Agosto 2.187. Es un conjunto del museo antropológico e histórico de la región. Se muestra el folclore, su artesanía y otras manifestaciones culturales como la literatura de cordel, de la que todavía pueden encontrarse ejemplos en los mercados. Se trata de una serie de historietas con dibujos que se encuadernaban y se les colocaba una cuerda, de ahí su nombre, para que pudieran colgarse en la pared. Sus autores anónimos relataban sucesos de actualidad o historias mágicas e ingeniosas. En el apartado dedicado a la artesanía merece la pena detenerse en la cerámica. El alfarero Mestre Vitalino creó escuela con su forma de reproducir personajes diminutos y ha sido imitado por cientos de alfareros que venden sus piezas en todo Brasil. También merece la pena la colección de *cachaças*, algunas de ellas con nombres divertidísimos. También están representadas las prácticas y ritos africanos del Nordeste. Hay una sala dedicada a explicar la influencia que ejerció el ciclo del azúcar en toda la región.

MUSEU DO ESTADO DE PERNAMBUCO: Avenida Rui Barbosa, 960 (Graças). Abierto de martes a viernes de 9.00 h a 17.30 h; sábados y domingos de 14.00 h a 17.30 h. Sirve el mismo autobús que para el museo anterior. Colección de mobiliario y enseres de la época colonial, grabados y una buena muestra del pintor Teles Junior.

MUSEU DO TREM: Praça Visconde de Maua s/n. Abierto de martes a sábado de 9.00 h a 12.00 h y de 14.00 h a 17.00 h, y domingos de 14.00 h a 17.00 h. Aquí podréis comprobar el papel que ha jugado el ferrocarril en la economía de esta región. Con el tren se transportaba la producción de la caña de azúcar desde las plantaciones hasta la costa para su exportación.

LAS PLAYAS

PRAIA DE BOA VIAGEM: Con un paseo marítimo que se llama Avenida Boa Viagem en la misma ciudad, pero fuera del centro, está repleta de hoteles y restaurantes con terrazas, chiringuitos, quioscos, todo tipo de puestos ambulantes, duchas y aseos. Esta playa tiene una extensión de siete kilómetros de largo. Cuando la marea está alta hay que tener cuidado con los arrecifes que quedan bajo el agua. Durante la bajamar es menos peligroso porque las rocas permanecen al descubierto y entre ellas se forman balsas o piscinas naturales donde se puede nadar tranquilamente. Pero en todo caso, no está muy limpia ni es muy atractiva.

PRAIA DE PINA: Tampoco se recomienda para el baño en la zona que rodea el canal do Pina. Tiene casi cinco kilómetros.

PIEDADE: queda a unos 20 kilómetros de Recife. Arena blanca, algunas piedras y zonas contaminadas, por ejemplo frente al hospital aeronaval.

CANDEIAS: muy urbanizada. Con coteros y fuerte oleaje.

DO PAIVA: al otro lado de Candeias. Se accede desde la playa de Itapuana. Buena para el surf.

DATOS PRÁCTICOS

PREFIJO TELEFÓNICO: 81.

INFORMACIÓN TURÍSTICA

EMPETUR: Tiene sus oficinas en el Centro de Convenções, en el Complejo de Salgandinho. Complexo Viário Vice-Governador Barreto Guimarães, s/n, Salgadinho, Olinda-PE ☎ (81) 3182-8000 empetur@empetur.com.br www.empetur.com.br Además, hay oficinas en la Casa de Cultura, Rua Floriano Peixoto; en la Praça Arsenal da Marinha (☎ 32 24 23 61, abierta todos los días de 9.00 h a 23.00 h), en el Aeropuerto y en la Terminal de Pasajeros o Rodoviária (TIP).

INFORMACIÓN EN INTERNET: www2.recife.pe.gov.br/ www.guiametropole.com.br ésta última más especializada en vida cultural, espectáculos, vida nocturna, etcétera.

CASAS DE CAMBIO: podéis recurrir a las agencias de viajes, donde suelen cambiar euros y cheques de viaje. También lo hace (a precios más desfavorables) el Banco de Brasil, en sus oficinas del aeropuerto y de la Avenida Rio Branco 240-4º (Centro).

MEDIOS DE TRANSPORTE

AEROPUERTO INTERNACIONAL GUARARAPES: a diez kilómetros de Recife (Praça Min. Salgado). ☎ 34 64 41 88.

RODOVIÁRIA TIP: más alejada que el aeropuerto, a unos 15 kilómetros al sur del centro por la BR-232. ☎ 34 52 28 24. El sistema más barato para llegar a la zona céntrica es coger el Metro.

RADIOTAXIS: Disk-Táxi: ☎ 34 24 50 30. **Chame Vip Táxi:** ☎ 34 42 60 32. **Tele Táxi:** ☎ 34 29 42 42.

ALOJAMIENTO

En el centro hay hoteles pequeños a precios económicos, algunos poco recomendables. Lógicamente, la zona de Boa Viagem (en la que hay numerosos hoteles) es más cara, por estar junto al mar.

Ⓑ **NAVEGANTES PRAIA:** Rua dos Navegantes 1.997 (Boa Viagem). ☎ 33 26 96 09. www.navegantespraiahotel.com.br Con una peqqueña piscina, está en segunda línea de playa y tiene 25 habitaciones correctas pero pequeñas y algo incómodas, con teléfono, televisión, aire acondicionado y nevera. En temporada alta se mete un poco en los precios medios.

Ⓑ **DIPLOMATA RESIDENCE HOTEL:** Rua Visc. de Jequitinhonha 336 (Boa Viagem). ☎ 3341 5742. Tiene habitaciones con teléfono, televisión, aire acondicionado y frigorífico.

Ⓑ **HOTEL CENTRAL:** Rua Manoel Borba 209 (Centro). ☎ 34 23 64 11. Céntrico y en un edificio de la década de los treinta. Los cuartos con baño privado se meten ya en la categoría de medios.

Ⓜ **ACONCHEGO:** R. Félix de Brito e Melo, 382 (Boa Viagem). ☎ 3464 2989, www.hotelaconchego.com.br A pocos pasos de la playa de Boa Viagem, un hotel con una agradable piscina entorno a un patio interior. Habitaciones muy desiguales, las nuevas son las más recomendables. Bar muy agradable y buen desayuno.

Ⓜ **ARCADA:** Avenida Cons. Aguiar 3.500 (Boa Viagem). ☎ 34 67 01 62. www.arcadahotel.com.br En Boa

Viagem y con restaurante, bar, piscina y sauna. Tiene habitaciones con teléfono, televisión, aire acondicionado, frigorífico y caja de seguridad.

M COSMOPOLITAN HOSTEL: Rua Paulo Setúbal, 53 ☎ 3204 0321. www.cosmopolitanhostel.com A pocos minutos del aeropuerto de Recife, cerca del Shopping Center Recife, en una zona con hipermercados, restaurantes etc. Habitaciones correctas y tranquilas. Trato amable.

M RECIFE PLAZA: Rua da Aurora 225 (Boa Vista). ☎ 32 31 12 00. www.recifeplazahotel.com.br Restaurante y bar. Tiene ochenta habitaciones con teléfono, televisión, aire acondicionado y frigorífico.

C CANARIU'S PALACE: Rua dos Navegantes 435 (Boa Viagem). ☎ 34 65 15 32. www.hotelcanarius.com.br Con restaurante, bar, piscina y sauna. Tiene 140 habitaciones con teléfono, televisión, aire acondicionado y frigorífico.

C PARK HOTEL: Rua dos Navegantes 9 (Boa Viagem). ☎ 34 65 46 66. www.park.com.br Tiene restaurante, bar y piscina, y 193 habitaciones con teléfono, televisión, aire acondicionado, etc.

C RECIFE MONTE HOTEL: Rua Petrolina/Rua dos Navegantes, 363 (Boa Viagem). ☎ 21 21 09 09. www.recifemontehotel.com.br Con restaurante, bar, piscina y sauna, tiene 171 habitaciones con teléfono, televisión, aire acondicionado, frigorífico, caja de seguridad, etcétera.

C MAR RECIFE: Rua Br. de Souza Leão 451 (Boa Viagem). ☎ 33 02 44 44. www.marhotel.com.br Con tres restaurantes, bar, piscina y habitaciones con teléfono, televisión, aire acondicionado, frigorífico, caja de seguridad... y precios altos.

L HOTEL GOLDEN TULIP RECIFE PALACE: Avenida Boa Viagem 4.070 (Boa Viagem). ☎ 3201 8200 www.goldentuliprecifepalace.com Tiene habitaciones con teléfono, televisión, aire acondicionado, frigorífico, caja de seguridad, y dos restaurantes, bar, piscina, sauna, masajes, etcétera.

L DORISOL RECIFE GRAND HOTEL: Av. Bernardo Vieira de Melo, 1624 (Praia de Piedade). ☎ 2122 2715, www.dorisol.com Todas las lujosas habitaciones de este hotel tienen vistas a la playa de Piedade. Piscina, spa, masajes, sauna, etc.

RESTAURANTES

Como en toda zona costera, en Recife la gastronomía está basada en el buen pescado y el marisco. Tienen fama sus langostas, cocinadas con salsas o a la plancha. Si vais entre diciembre y marzo es posible que no las encontréis en muchos restaurantes. Es la temporada de la reproducción y su pesca suele estar prohibida. Algunos establecimientos tienen viveros propios y sirven durante todo el año este delicioso manjar. En la zona de Boa Viagem encontraréis muchos lugares agradables con vistas al mar donde saborearlo.

B MESA FARTA: Rua Marquês de Olinda 117. (Santo Antõnio) Comida a peso para elegir entre varios platos calientes y fríos.

B NOSSA SENHORA DAS GRAÇAS: Rua do Fogo 175. Abierto hasta las 21.00 h. Muy cerca de la iglesia y convento de San Pedro, en el centro, muy barato y con cocina casera. Cada día tienen *prato feito*, a base de carne o pescado.

B RECANTO DO PICUÍ: Praça do Derby 253 (Derby). Es un local muy frecuentado por personas de Recife, lo cual es una garantía de que su cocina regional es auténtica.

B ILHA DA KOSTA: Rua Padre Bernardo Pessoa. ☎ 34 66 22 22. Pizzas y pasta baratas y platos de carne o pescado a precios medios en Boa Viagem.

B LAPINHA: Praça Boa Viagem 16 (Boa Viagem). Platos regionales para compartirlos entre dos personas.

B DA MIRA: Avenida Dr Eurico Chaves 916. ☎ 32 68 62 41. Abre hasta las 18.00 h. Cocina típica pernambucana, muy bueno.

(B) **FREGUEISA DO POÇO:** Avenida Sete de Agosto 1.761 (Casa Forte). Cocina internacional con predominio de platos brasileños.

(M) **PORCÃO:** Avenida Engº Domingos Ferreira 4.215 (Boa Viagem). ☎ 34 65 39 99. Abierto hasta las doce y media de la noche. Churrasco en *rodízio* y bufé en el magnífico restaurante de la conocida cadena.

(M) **RECANTO LUSITANO:** Rua Antõnio Vicente 284 (Boa Viagem). ☎ 33 41 97 90. Abre hasta las 15.00 h y de 19.00 h a medianoche; domingos hasta las 16.00 h. Cocina del norte de Portugal. Los mediodías prepara un menú *executivo* que está muy bien. Tiene una buena bodega de vinos portugueses.

(M) **CAMARADA CAMARAO:** En Boa Viagem en Rua Baltazar Pereira, 130. ☎ 704 8868 Un agradable restaurante especializado en marisco. La especialidad las gambas que preparan demás de 50 formas diferentes, los platos son muy abundantes y el trato muy amable.

(C) **LEITE:** Praca Joaquim Nabuco, 147. Santo Antonio, ☎ 3224 7977. Situado a poca distancia a pie de la Casa da Cultura. El restaurante de 1882 dicen que es el restaurante más antiguo de América del Sur) ocupa una antigua mansión histórica con una decoración elegante y con un piano en una esquina. Las mesas con manteles y servilletas blancos nuevos. Los camareros vestidos con chaquetas blancas ofrecen una cocina de aire tradicional y muy cuidada.

(C) **BARGACO:** Avenida Antonio de Goes, 62, Pina. Cocina bahíana en un establecimiento con más de 30 años de historia y con excelentes cocineros e ingredientes frescos , a destacar la moqueca es de excepcional calidad y los precios son muy razonables. Comedor con estupendas vistas de Recife.

(C) **CHEZ GEORGES:** Avenida Antõnio de Goes 183 A (Pina). Cierra domingos y lunes. Una buena dirección por al variedad de los platos y su elaboración. A mediodía se propone una excelente *sugestão*.

(C) **LA TASCA:** Rua Dom José Lopes 165 (Boa Viagem). ☎ 33 26 63 09. Abre de 18.30 h a medianoche y domingos de 12.00 h a 17.00 h. Cierra los lunes. Cocina tradicional portuguesa, con unos buenos arroces y mejores bacalaos.

(C) **É:** R. do Atlântico, 147 (Pina). ☎ 3325 9323. Restaurante moderno, con poca luz, música y una decoración de tonos rojizos. Cocina contemporánea de inspiración turca con varios platos muy bien presentados. Los postres son una sorpresa que depende de la inspiración del chef.

VIDA NOCTURNA

Los lugares de diversión nocturna están en Boa Viagem y muchos noctámbulos se trasladan hasta la cercana ciudad de Olinda, donde también hay una buena oferta.

En Polo Bom Jesus, Recife Antigo, hay varios clubes y bares de copas muy agradables, como el muy británico **London Pub** (Rua Bom Jesus 207), el **Calypso**, en el 147 de Bom Jesus, o el **Zeppelin**, en el 206. Son bares, muchos de ellos con terrazas muy agradables y frecuentados por los chicos y chicas con más *posibles* de Recife, gente *guapa*, vamos.

Los grandes hoteles de Boa Viagem tienen sus salas de fiesta a las que puede acceder cualquier persona. Las terrazas del paseo marítimo suelen estar muy animadas, sobre todo los fines de semana. En el centro, el Pátio de São Pedro es la zona de más jolgorio.

Los sábados suele haber bailes populares en la plaza de San Pedro. Uno de estos bailes es el *forró*, suele practicarse en las discotecas y en las *casas de forró*. Hay muchas por toda la ciudad. Podéis consultar las páginas de espectáculos de los periódicos locales. Una de las más populares es **Belo Mar**, en la Avenida Bernardo Vieira de Melo (Candeias).

COMPRAS

CASA DE CULTURA: Rua Floriano Peixoto (Santo Antõnio). Abierto de lunes a sábado de 9.00 h a 19.00 h; domingos y festivos de 14.00 h a 19.00 h. La antigua prisión que ha sido convertida en Mercado contiene unos puestos instalados en las antiguas celdas. En casi todos venden los mismos objetos: bordados, tallas de madera, figuras de barro, etc. Esta zona es algo peligrosa por la noche, suelen cometerse numerosos robos, así que si os cae la oscuridad, volved en taxi.

PATIO DE SAN PEDRO: un edificio colonial que alberga un buen número de tiendas de artesanía. Abierto de 9.00 h a 19.00 h.

MERCADO DE SÃO JOSÉ: Praça D. Vital, João José. Horario: de lunes a sábado de 5.30 h a 17.30 h; domingos y días festivos, de 5.30 h a 12.00 h. Aquí podéis comprar objetos de santería y candomblé, como imágenes de *orixás*.

FUNAI: Avenida João de Barros 668 (Boa Vista). Artesanía indígena.

CASA DO CARNAVAL: Rua de São Pedro (Santo Antõnio). Mercado de artesanía y espectáculos folclóricos los fines de semana.

PERNAMBUCO: Rua do Bom Jesus 215. En la isla de Recife Antigo, objetos de artesanía muy muy bonitos. Una tienda muy recomendable.

LLEGAR Y PARTIR

EN AUTOBÚS. Desde la rodoviária TIP, a quince kilómetros del centro, id en Metro, hay varios autobuses cada día para y desde Maceió, (cuatro horas), Natal (cinco horas), Fortaleza (doce horas), Río (36 horas), Belem, etcétera.

Para ir a **Olinda** lo mejor es que toméis un autobús en el centro de Recife, con la leyenda *Rio Doce*. Algunos de éstos circulan también entre Olinda y Boa Viagem.

EN AVIÓN. Recife está conectado por vía aérea con todas las localidades importantes del Nordeste y, haciendo escala, con Belem, Manaus, Brasília, Río, Salvador, etcétera. También hay vuelos a Lisboa con la TAP.

OLINDA

Olinda está a sólo siete kilómetros al norte de Recife. Declarada Patrimonio Histórico de la Humanidad por la Unesco, conserva casi intactas las reliquias de su pasado dominado por portugueses y holandeses. Estos últimos la quemaron casi por completo en 1631 y prefirieron sentar sus bases en Recife. Una vez que abandonaron el país,
Olinda recuperó parte de la importancia que había tenido y se convirtió en la sede del arzobispado.

Olinda es mucho más grande de lo que parece, tiene 360.000 habitantes, pero vosotros os alojaréis y moveréis en el distrito histórico, en una colina donde se hayan las iglesias y edificios erigidos originalmente en el siglo XVI, pero reconstruidos en el XVII después de que los incendiaran los holandeses en su huida.

EL CARNAVAL OLINDA-RECIFE. El Carnaval que se celebra simultáneamente en ambas poblaciones contiguas está considerado como uno de los más interesantes de Brasil. Entre sus particularidades están sus ritmos *frevo* y *maracatú* y la presencia constante de los *bonecos*, grandes muñecos

OLINDA

IGLESIAS Y MONASTERIOS

1. Iglesia y Monasterio de Nuestra Señora del Monte
2. Nuestra Señora del Rosario
3. San Juan Bautista de los Militares
4. Nuestra Señora de Guadalupe
5. Nuestra Señora del Amparo
6. Iglesia y Convento de Conceição
7. Nuestra Señora de la Misericordia
8. Nuestra Señora de la Buena Hora
9. Señor Jesús del Buen Fin
10. Capilla San Pedro Advíncula
11. Nuestra Señora del Destierro. Convento de Santa Teresa
12. Nuestra Señora de la Granja. Seminario de Olinda
13. San Salvador del Mundo
14. Nuestra Señora de las Nieves. Convento de San Francisco
15. San Pedro Apóstol
16. San Sebastián
17. Monasterio de San Bento
18. Convento de San Antônio do Carmo
19. San José de los Pescadores
20. Los Milagros

Hoteles

21. Albergue de Olinda
22. Pousada São Francisco
23. Hotel 7 Colinas
24. Pousada d`Olinda
25. Pousada Saude
26. Pousada dos Quatro Cantos
27. Pousada do Amparo

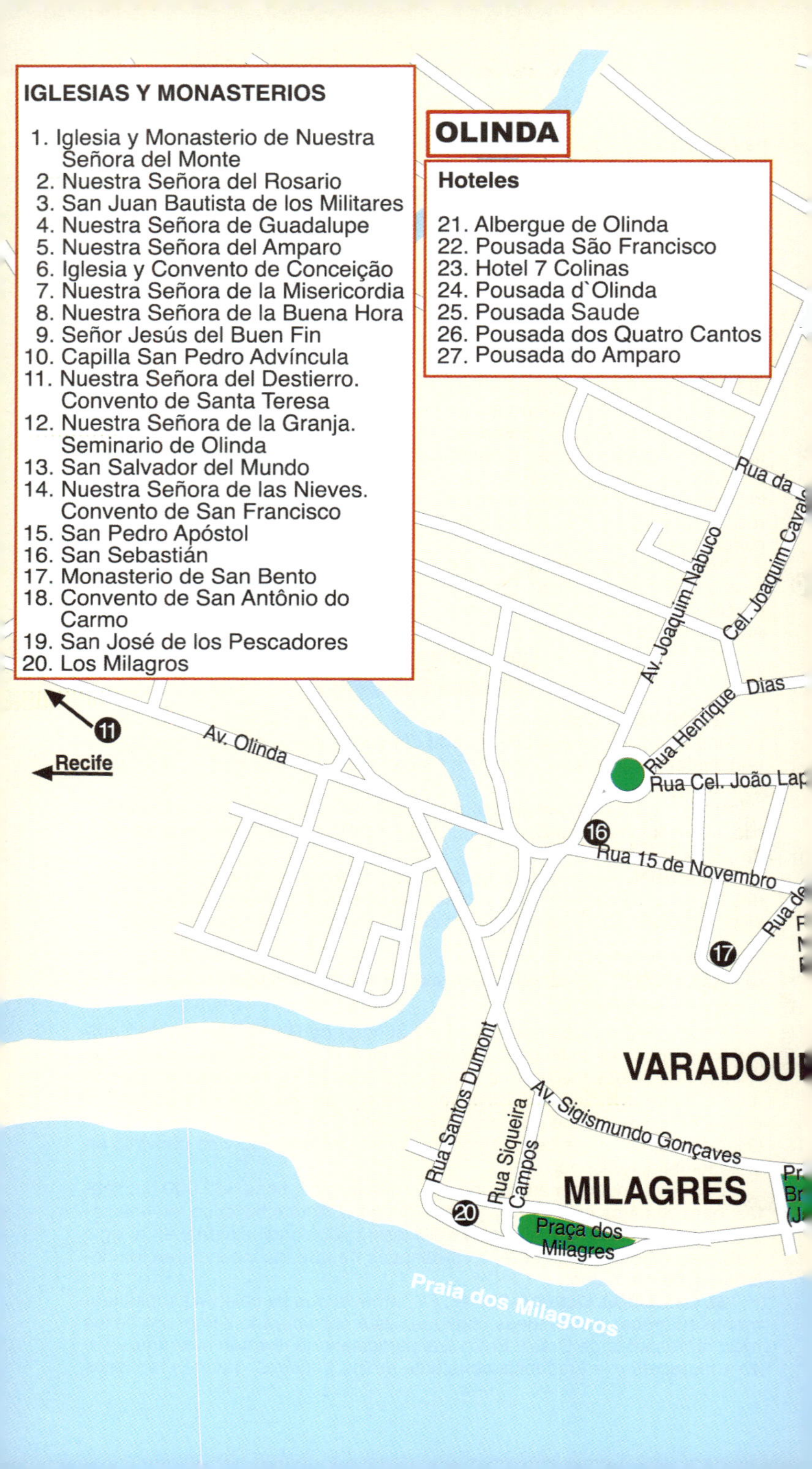

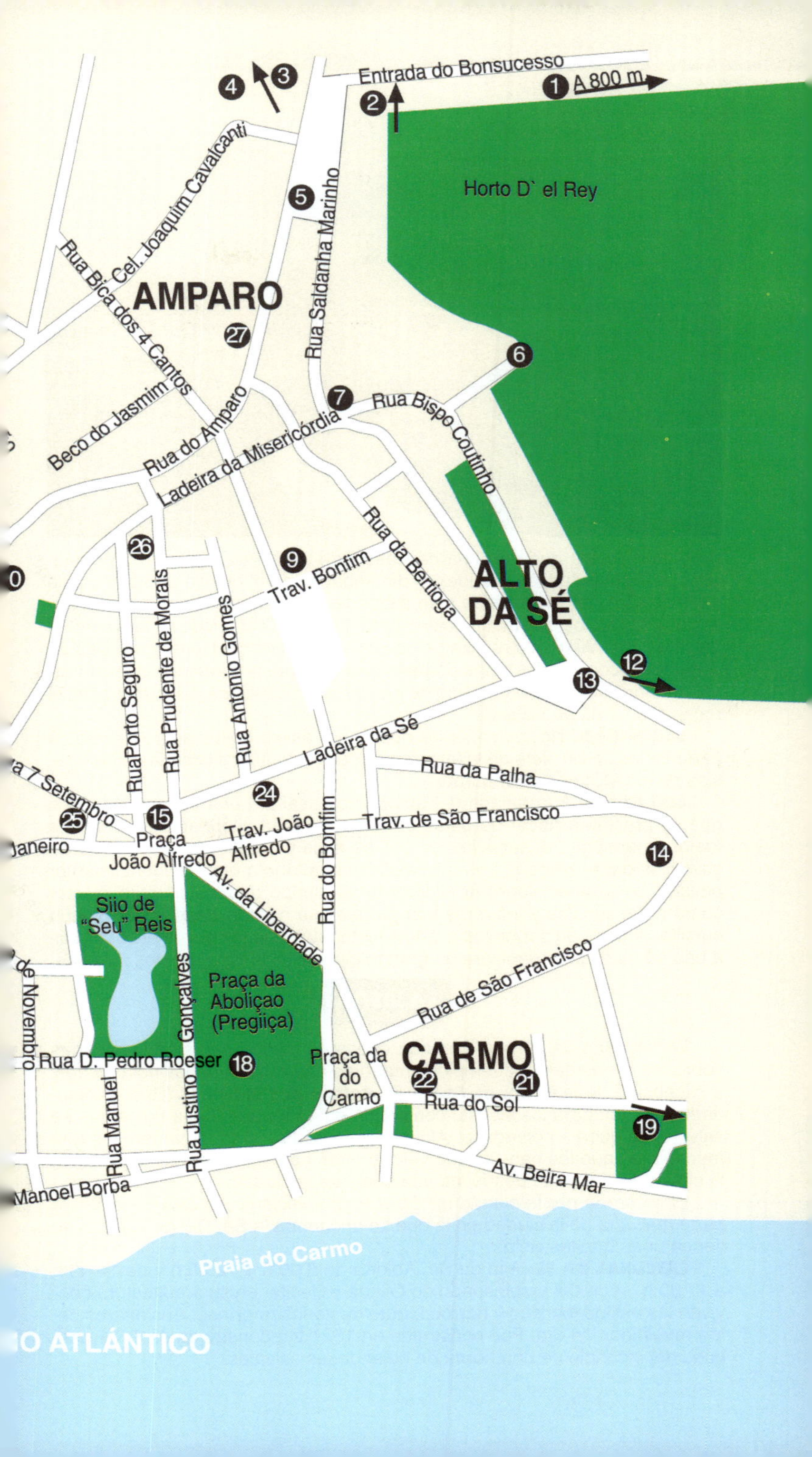

Entrada do Bonsucesso
A 800 m
1
2
3
4
Horto D` el Rey
Cel. Joaquim Cavalcanti
Rua Bica dos 4 Cantos
AMPARO
27
5
Rua Saldanha Marinho
6
7
Rua Bispo Coutinho
Beco do Jasmim
Rua do Amparo
Ladeira da Misericórdia
Rua da Bertioga
26
9
Trav. Bonfim
ALTO DA SÉ
12
13
RuaPorto Seguro
Rua Prudente de Morais
Rua Antonio Gomes
Ladeira da Sé
Rua da Palha
24
7 Setembro
25
15
Praça João Alfredo
Trav. João Alfredo
Rua do Bomfim
Trav. de São Francisco
14
Janeiro
Av. da Liberdade
Siio de "Seu" Reis
Praça da Aboliçao (Pregiiça)
Rua Justino Gonçalves
de Novembro
Rua D. Pedro Roeser
18
Rua de São Francisco
CARMO
Praça da do Carmo
22
21
Rua do Sol
19
Rua Manuel
Manoel Borba
Av. Beira Mar
Praia do Carmo
O ATLÁNTICO

de cartón piedra que son una caricatura de personajes ilustres o populares. Da inicio a sus festividades el día sábado con el desfile de apertura de llamado *Galo da Madrugada* y se extiende de forma ininterrumpida durante tres días en los que la música no para. Los tríos eléctricos se sitúan en la playa de Boa Viagem y realizan el recorrido a través de diferentes zonas de la ciudad y convocan a miles de personas. El ritmo predominante es el Frevo, una música tradicional y uno de los reyes indiscutibles del carnaval es el músico local *Alceu Valença*.

SEGURIDAD. No caminéis de noche por calles solitarias y oscuras. A partir de las seis o siete de la tarde no es conveniente ir a la zona de las iglesias de los Militares y Amparao.

LOS GUÍAS. A la bajada del autobús os asaltará una decena de niños que se prestan a hacer de guías por una pequeña cantidad de dinero. Lo mejor es aceptar los servicios de uno de ellos y de esta forma la nube de chiquillos desaparecerá. Los que van con una tarjeta que los identifica han pasado un examen sobre la historia de la ciudad que les permite *ejercer* como guías locales y los otros son *piratas* que no han pasado por ningún cursillo, aunque se saben las mismas historietas que los otros. Si contratáis a uno de éstos se organizará un gran follón entre los *legales* y los *intrusos*.

LA VISITA

La veintena de iglesias con que cuenta la ciudad han sido levantadas sobre las ruinas de otros templos anteriores a la llegada de los holandeses, a excepción de la **igreja de São João Batista dos Militares** (Rua da Saudade, cerrada para las visitas) construida en 1580, que fue la única que se salvó de la quema holandesa. Algunas iglesias han sufrido numerosas restauraciones que les han restado valor y otras permanecen majestuosas en la cima de las colinas desde las que dominan la ciudad.

El recorrido por la ciudad histórica puede iniciarse en el Alto da Sé, la parte más alta de la ciudad en la que se encuentra la Sé. Desde la plaza se tienen unas bonitas vistas.

CATEDRAL DA SÉ: Alto da Sé. Abierta de 8.00 h a 12.00 h y de 14.00 h a 17.00 h. sede del arzobispado de Olinda y Recife, en su arquitectura conviven los estilos morisco y barroco, fruto de varias reformas. Sus altares están revestidos de oro. Fue construida en 1531 y reconstruida en 1631 después del incendio de una horda de holandeses salvajes.

SEMINARIO DE OLINDA: Rua Bispo Coutinho. Una construcción de 1551 que sólo puede visitarse de diciembre a febrero (de 8.00 h a 12.00 h y de 14.00 h a 17.00 h).

IGREJA DE N. SENHORA DA GRAÇA: Rua Bispo Coutinho. junto al seminario y con un sobrio altar de piedra. Data de 1552.

IGREJA y CONVENTO DE SÃO BENTO: Rua São Bento. Abierto de 8.00 h a 11.30 h y de 14.00 h a 16.00 h. La más lujosa de todas las iglesias de Olinda, junto con el convento se construyó en 1599, pero fue restaurada en 1654, después del incendio. Pertenece al monasterio de su mismo nombre. Destacan las tallas de madera de los púlpitos y el altar mayor bañado en oro.

IGREJA DE NOSSA SENHORA DO MONTE: Largo Nossa Senhora do Monte. Abierto de 8.30 h a 11.30 h y de 14.30 h a 18.00 h. Si sois aficionados al canto gregoriano, podéis venir a esta iglesia donde los monjes suelen interpretar estos relajantes y espirituales cánticos. Preguntad los horarios en Turismo.

IGREJA DO CARMO: Praça do Carmo. Data de 1588 y es la más antigua de la Orden Carmelita en Brasil. Se halla sobre una colina en la parte baja del centro histórico.

IGREJA Y CONVENTO DE NOSSA SENHORA DA CONCEIÇAO: En un callejón de Rua Bispo Coutinho. Visitas previa cita en el ☎ 34 29 31 08. Destaca en su interior los murales del techo, que se consideran los más hermosos de Pernambuco.

PALÁCIO DE GOVERNADORES: Praça Monseñor Farbricio. Un hermoso edificio en esta recoleta plaza entre las *ruas* de São Bento y 27 de Janeiro.

MUSEOS

MUSEU DE ARTE SACRA DE PERNAMBUCO: Rua Bispo Coutinho 726. Abierto de lunes a viernes de 9.00 h a 12.45 h. En el antiguo Palacio Episcopal, una construcción de finales del XVII alberga este museo que suele organizar exposiciones temporales y exhibe una rica muestra permanente de tallas policromadas y doradas de los siglos XVII y XVIII.

MUSEU DE ARTE CONTEMPORÂNEA: Rua 13 de Maio 157. Abierto de martes a viernes de 9.00 h a 12.00 h y de 14 h a 17 h; sábados y domingos de 14.00 h a 17.00 h. El edificio fue una cárcel en la que permanecían los sospechosos juzgados por la Inquisición. Reúne obras de autores nacionales y extranjeros y es uno de los más interesantes de la ciudad.

MUSEU DO MAMULENGO: Rua do Amparo 59. Abre de 9.00 h a 17.00 h y cierra los lunes. Un museo que exhibe más de setecientas marionetas de los antiguos teatrillos típicos de Pernambuco.

CASA DOS BONECOS GIGANTES: Rua do Amparo 45. Abre de 8.00 h a 13.00 h y de 14.00 h a 18.00 h. Aquí se pueden visitar las *bonecos*, o cabezudos que se utilizan en el Carnaval de Olinda-Recife.

LAS PLAYAS

DOS MILAGRES, **DO CARMO** Y **DO FAROL:** las tres urbanas y contaminadas. Hay algunos arrecifes artificiales.

BAIRRO NOVO: también urbana y muy concurrida, aunque algunos tramos estén sucios.

CASA CAIADA: urbana, a la altura del supermercado Bompreço, y con arrecifes artificiales.

DO RIO DOCE: no suele ser muy buena para el baño por el fuerte oleaje. Hay un espigón para contener los embates.

DA JANGA: a unos quince kilómetros de Olinda. Urbana y a veces contaminada.

PAU AMARELHO: de las mejores de la zona. Cocoteros, algunas piscinas naturales en alta mar (se accede en barca) y mar tranquilo. Con chiringuitos, el castillo en las inmediaciones data de 1719.

DA CONCEIÇÃO: muy agradable, con cocoteros, aguas claras y arrecifes.

MARIA FARINHA: a 23 kilómetros de Olinda. Arrecifes cocoteros y una playa muy horizontal que permite adentrarse bastante lejos en el mar. Con mucha gente practicando deportes.

DATOS PRÁCTICOS

PREFIJO TELEFÓNICO: 81.

INFORMACIÓN TURÍSTICA: Avda Liberdade 100. ☎ 33 05 10 48. Está en la Biblioteca Pública. Si queréis os pueden facilitar un guía gratuito, un estudiante al que se le debería dar una propina. Con un personal muy amable, buenos mapas y mucha información.

TERMINAL RODOVIÁRIA: Praça do Carmo.

ALOJAMIENTO

Los hoteles de la parte histórica son más caros que los de la parte nueva, pero no tengáis duda a la hora de alojaros en ella, pues es la zona que tiene interés. Hay muchas plazas y, salvo en su famoso Carnaval, en que todas las camas están ocupadas, el resto del año no hay problemas de alojamiento. Durante la semana anterior al Carnaval los precios son disparatados, por lo que resulta mejor alojarse en alguna casa particular. En la oficina de turismo suelen tener una lista de las personas que alquilan habitaciones privadas. Si no disponéis de mucho presupuesto podéis ir al albergue.

ALBERGUE DE OLINDA: Rua do Sol 233. ☎ 34 29 15 92. www.albergue deolinda.com.br Tiene piscina y aunque los dormitorios son correctos, las habitaciones privadas no merecen la pena.

Ⓑ **POUSADA D'OLINDA:** Praça João Alfredo 178. ☎ 34 94 25 59. www.pousadadolinda.com.br Muy céntrico y con un jardín y una pequeña piscina muy agradable. Cuartos acogedores, los de aire acondicionado a precio medio.

Ⓑ **COSTEIRO OLINDA:** Avenida Min. Marcos Freire 681 (Bairro Novo). ☎ 34 29 48 77. Con restaurante, bar y piscina. Tiene habitaciones con teléfono, televisión, aire acondicionado, frigorífico y caja de seguridad.

Ⓜ **POUSADA DOS QUATRO CANTOS:** Rua Prudente de Morais 441. ☎ 34 29 02 20. www.pousada4cantos.com.br Un precioso caserón del siglo XVIII, Patrimonio Histórico, con catorce habitaciones magníficas por su precio. Todas con baño, teléfono, aire acondicionado, frigorífico y caja de seguridad. Tiene un jardín con piscina, en pleno centro colonial.

Ⓜ **POUSADA SÃO FRANCISCO:** Rua do Sol 127 (Carmo). ☎ 34 29 21 09. www.pousadasaofrancisco.com.br Cuartos muy cómodos, con aire acondicionado y baño, y con un buen jardín y piscina.

Ⓜ **SAMBURÁ:** Avenida Min. Marcos Freire 1.551 (Bairro Novo). ☎ 34 29 36 66. www.samburahotel.com.br En la parte nueva, un hotel con restaurante, bar y piscina. Tiene 63 habitaciones con teléfono, televisión, aire acondicionado, frigorífico, etc.

Ⓜ **POUSADA DO AMPARO:** Rua do Amparo 199. ☎ 34 29 68 89. www.pousadadoamparo.com.br Otro asombroso alojamiento en el centro monumental, con precios muy moderados para unas habitaciones tan acogedoras, amuebladas con antigüedades. Tiene jardín y piscina.

Ⓒ **HOTEL SETE COLINAS:** Ladeira de São Francisco 307. ☎ 34 39 77 66. ww.hotel7colinas.com.br Con piscina y jardín, en pleno centro histórico y con cuartos muy acogedores.

RESTAURANTES

Como buena ciudad costera, también en Olinda se encuentran restaurantes donde sirven excelente pescado y mariscos. Desafortunadamente los precios van subiendo y ya no queda casi local alguno donde se pueda comer langosta a bajos precios.

Ⓑ **PONTOCERTO:** Ladeira da Sé 15. Abre hasta las 22.00 h y los domingos hasta las 19.30 h. Un bar, cibercafé y con bocadillos y sandwiches. En el centro histórico.

Ⓜ **JARDINS DO MOURISCO:** Rua 27 de Janeiro 7 (Carmo). ☎ 34 29 13 90. Abre hasta las 15.00 h y de 19.00 h a 22.00 h. Un agradable local instalado en una casa histórica, con un almuerzo barato *a quilo*, y cena ya a precio medio, en un estupendo jardín. Tiene unos postres riquísimos.

Ⓜ **CREPERÍA:** Praça João Alfredo 169. ☎ 34 29 29 35. Abre de martes a domingo de 16.00 h a 23.00 h. Un restaurante en el barrio monumental, con estupendas ensaladas (probad la de bacalao o camarones) y crêpes dulces y saladas.

Ⓒ **MAISON DO BONFIM:** Rua do Bonfim 115. ☎ 34 29 16 74. Cocina francesa de calidad. Durante la semana sólo abre por la noche.

OFICINA DO SABOR: Rua do Amparo 335. ☎ 34 29 33 31. Excelentes platos de la cocina regional que son elaborados en una cocina a la vista del cliente y servidos en un comedor de excelentes panorámicas al centro histórico. Especialidad en postres caseros.

MARIO VIEIRA E SILVA: Avenida Min. Marcos Freire 1.255 (Bairro Novo). ☎ 3451 3083. Especializado en marisco. Lo sirve de muchas maneras, aunque lo mejor es tomarlas sin que ninguna salsa pueda disfrazar su sabor.

SAMBURÁ: Avenida Min. Marcos Freire 1.551 (Bairro Novo). Restaurante tradicional, dentro del hotel, con buenas vistas sobre el mar y excelente marisco.

VIDA NOCTURNA

Por las noches se concentra mucha gente joven en Olinda, algunos vienen de la vecina Recife y otros pertenecen a un numeroso grupo de artistas, intelectuales y bohemios que ha fijado su residencia en Olinda, atraído por la tranquilidad de sus calles y la fuerte tradición artística y artesana local que siempre ha tenido la ciudad.

En el **Alto da Sé** se concentra el núcleo noctámbulo, en torno a los numerosos locales con animadas terrazas en las se puede tomar una copa o cenar.

El **Janela**, en Rua do Sol 225, es un bar donde acuden muchos público gay masculino y femenino, pero está abierto a heterosexuales.

COMPRAS

MERCADO DA RIBEIRA: Rua Bernardo Vieira de Melo (Ribeira). Es el antiguo mercado y prisión de esclavos. Si no os interesan las compras disfrutaréis de las panorámicas que se ven desde aquí (abierto de lunes a sábado de 9.00 h a 18.00 h; los domingos también abren algunos puestos).

MERCADO POPULAR DO VARADOURO: Largo do Varadouro. De lunes a sábado, de 9.00 h a 12.00 h y de 14.00 h a 18.00 h, podréis encontrar bordados y tallas de madera.

FEIRA DE ARTESANATO E COMIDAS TÍPICAS: mercado callejero que se instala todos los días frente a la Catedral da Sé. Esta misma plaza, los domingos se suele animar con la presencia de grupos musicales y de *capoeira* (de 9.00 h a 18.00 h).

Varios artistas tienen instalados talleres que podéis visitar aunque no tengáis intención de comprar sus obras. En el Alto da Sé y en las calles São Bento, Treze de Maio o Prudente de Morais tendréis la oportunidad de verlos trabajar en sus cuadros, esculturas o con el barro.

LLEGAR Y PARTIR

EN AUTOBÚS: Hay un servicio muy frecuente de autobuses urbanos desde Recife. No sólo los que tienen el cartel de *Olinda* van a la vecina ciudad, sino también los que indican *Casa Caiada, Pau Amarelo, Janga* y *Rio*

Doce. Desde Boa Viagem, el ónmnibus *Doce Piedade* va directamente a la parada de la Praça do Carmo, en el centro histórico. Un taxi entre ambas poblaciones es barato.

Ojo, si venís a Olinda desde el norte, no sigáis hasta Recife, pues la Rodoviária está a 15 kilómetros al sur de la ciudad, y por tanto, a 22 de Olinda. Decid al conductor que os baje en una pequeña localidad a siete kilómetros de Olinda, desde donde podéis tomar un autobús urbano, o un taxi si es de noche.

IGARASSU

Esta pequeña ciudad histórica está situada a 36 kilómetros al norte de Recife y a 29 de Olinda, a pocos kilómetros de la costa. Dicen que cuando los indios vieron atracar por primera vez las naves de Duarte Coelho en este lugar comentaron sorprendidos: *Igar-açu*, que en *tupí* significa *gran barco*. Aquí se levantó la primera iglesia de Brasil, la igreja de São Cosme e São Damião.

LA VISITA

IGREJA DE SÃO COSME E SÃO DAMIÃO: la más antigua de Brasil. Fue levantada en 1535 y restaurada en los siglos XVIII y XIX.

CONVENTO DE SANTO ANTÔNIO: Construido en 1588, de puro estilo barroco colonial.

LOS INGENIOS: si queréis saber cómo eran las primitivas *fazendas* donde se cultivaba la caña de azúcar, acercáos hasta el cámping Engenho Monjope por la BR-101 Sul, en cuyas inmediaciones veréis el **engenho Monjope** (1756), en el que se puede visitar sus dependencias: el pabellón de los esclavos, la casa principal, la capilla, etc.

MUSEOS

MUSEU HISTÓRICO: Largo São Cosme e São Damião. Abierto de 7.30 h a 17.00 h, los sábados y domingos de 9.00 a 12.00 h. Un museo con armas, objetos litúrgicos, herramientas, etcétera.

LAS PLAYAS

PRAIA DA GAVOA: de arena gruesa y mar bastante tranquilo. Desde aquí salen los barcos que llevan a los excursionistas a la Isla de Itamaracá y a la Playa de Maria Farinha.

ALOJAMIENTO

Ⓜ **POUSADA PORTO CANOAS:** Estrada do Ramalho. Praia da Gavoa, a 13 kilómetros. ☎ 34 24 28 45. Muy buenas instalaciones, dado el precio, y la opción de poder elegir entre habitaciones o apartamentos (hasta para cinco personas). Tiene restaurante y piscina.

LLEGAR Y PARTIR

EN AUTOBÚS. Desde la Avenida Martins de Barros de Recife salen autobuses cada hora. Desde la *rodoviária* salen cada treinta minutos otros con destino a la isla de Itamaracá que también pasan por Igarassú.

ILHA DE ITAMARACA

La isla de Itamaracá está a 49 kilómetros al norte de Recife, unida a tierra firme por el puente de Getúlio Vargas. Fue elegida por los holandeses como plaza estratégica y construyeron en ella el **Forte Orange** en 1631.

Ha sido una isla muy próspera gracias a la fertilidad de su tierra, de la que todavía se obtiene fundamentalmente caña de azúcar. Sus habitantes han vivido durante años de la agricultura y la pesca. Actualmente han sido invadidos por el turismo, atraído por sus atractivas playas y cocoteros.

LA VISITA

En la carretera de acceso a Itamaricá está el **Engenho São João**, en el que podréis asistir al proceso de fabricación artesanal del azúcar, tal y como se hacía en los siglos pasados.

El núcleo urbano más antiguo se llama **Vila Velha**, en torno al cual está el puerto, las iglesias de **N. S. da Conceição** (del siglo XVI) y **Nossa Senhora do Pilar** (del siglo XIX).

LAS PLAYAS

Saliendo de la **Praia do Forte** en dirección norte hay once playas seguidas:

DO FORTE ORANGE: en el embarcadero se pueden alquilar embarcaciones, y también es el punto de donde salen los barcos para la Isla Corioa do Avião. También se encuentra en esta playa el Centro de Preservão do Peixe Boi Marinho.

FORNO DA CAL, RIO ÂMBAR Y **BAIXA VERDE:** tres playas similares con arena fina y aguas tranquilas.

PILAR Y **CUATRO CANTOS:** ambas urbanas y no muy buenas para bañarse, a veces al subir la marea cubre toda la zona de arena.

JAGUARIBE Y **PONTAL DE JAGUARIBE:** la primera con aguas donde suele haber muchas algas y la segunda algo peligrosa por la proximidad de la desembocadura del río. En agosto es escenario de un concurso de pesca.

LANCES DOS CAÇÕES: junto a un pueblo de pescadores. Arena fina, cocoteros, arrecifes y bancos de arena cuando baja la marea. De aquí salen barcos para el Pontal de Jaguaribe.

DO FORTINHO: cocoteros y un mar tranquilo. También junto a un puerto pesquero.

PONTAL DA ILHA: el acceso es restringido ya que los propietarios de las urbanizaciones han montado un control.

DATOS PRÁCTICOS

PREFIJO TELEFÓNICO: 81.

ALOJAMIENTO

(M) **ITAMARACÁ PARQUE:** Estrada do Forte, km 1. Rio do Âmbar. ☎ 35 44 12 55. Con buenas instalaciones, bar, restaurante, piscina, sauna. Habitaciones con baño y aire acondicionado.

(M) **POUSADA DE ITAMARACÁ:** Rua Fernando Lopes 205. En Pilar. ☎ 35 44 11 52. www.pousadadeitamaraca.com.br Bar, restaurante y piscina. En total 35 habitaciones con aire acondicionado, tele y minibar.

(C) **ORANGE PRAIA:** En la carretera de Praia do Forte Orange, km 8. ☎ 35 44 11 70. http://hotelorange.

com.br/ Tiene restaurante, piscina y varias pistas para tenis, *volei*. 52 habitaciones con aire acondicionado, *tele* y minibar.

RESTAURANTES

(M) A PETI TOSA: Estrada do Forte, km 7,5. Praia do Forte Orange. Cierra los lunes. Precios asequibles y platos, sobre todo, de pescados.

(C) PORTO BRASILIS: Vila Velha. La reserva es casi obligatoria en este local con una cocina muy personal y creativa ofrecida en bufé, con muchos platos de mariscos.

COMPRAS

Si queréis comprar artesanía, en muchos puntos de las playas venden objetos hechos por los presidiarios de la Penitenciaría Agrícola. Son objetos de cuerda, paja, madera y barro. Esta prisión modelo, situada en la Praia do Orange, está abierta al público. En ella residen los presos con sus familias en régimen semi-abierto.

LLEGAR Y PARTIR

EN AUTOBÚS. Cada media hora salen autobuses de la *rodoviária* de Recife con destino a la isla-península.

GOIANA

Goiana está a 66 kilómetros al norte de Recife, hacia el interior, y a 53 al sur de João Pessoa. Esta histórica ciudad fue famosa por el enfrentamiento que protagonizaron sus mujeres contra los holandeses, a quienes derrotaron en una batalla. Así lo recuerda el **Obelisco de las heroínas** erigido en las proximidades de Goiana.

En la actualidad, su mayor interés radica en los talleres de alfareros y ceramistas.

LA VISITA

En Goiana se conservan varias iglesias y conventos barrocos, como el **do Carmo e Convento de Santo Alberto dos Carmelitas** (siglo XVII), la **igreja do Nossa Senhora do Rosário dos Pretos** (del siglo XVI) o la de **Santa Teresa da Ordem Terceira**.

LAS PLAYAS

ATAPUZ: frente a la Ilha do Celeiro y junto al Canal de Santa Cruz.

CATUAMA Y **BARRA DE CATUAMA:** cocoteros, algunos puertos pesqueros, aguas tranquilas, arrecifes y arena oscura.

DATOS PRÁCTICOS

PREFIJO TELEFÓNICO: 81.

RODOVIARIA: Avenida Marechal Castelo Branco. ☎ 626 01 28.

RESTAURANTES

No hay hoteles donde pasar una noche, por lo que deberéis continuar viaje. Para comer, aquí van dos direcciones.

RESTAURANTE TROPICAL: Avenida Nunes Machado. Una churrascaria con platos muy sabrosos.

BURACO DA GIA: Rue Pe. Batalha 100. ☎ 36 26 01 50. Especializado en pescados.

COMPRAS

CASA DA CULTURA: Rua Deodoro da Fonseca 25. Donde se ponen a la venta algunas de las piezas típicas.

También podréis visitar los talleres de Zé do Carmo (cerámica y pintura), instalados en la Rua Pe. Batalha, número 103 ó el de Luiz Gomes Correira (restaurador y pintor), en la Rua dos Martírios.

LLEGAR Y PARTIR

EN AUTOBÚS. Hay varios autobuses diarios desde Recife y João Pessoa a Goiana.

LA COSTA SUR

De Recife hacia el sur hay 80 kilómetros de paradisíacas playas que llegan hasta la frontera con el Estado de Alagoas. Aquí el mar va cambiando de color entre el verde esmeralda y azul turquesa, rodeado de palmeras y cocoteros que más de un publicista desearía fotografiar para el lanzamiento de cualquier tentador producto de consumo.

Los arrecifes forman balsas caprichosas en las que se puede bucear y los pescadores aún utilizan en estas aguas limpísimas sus *jangadas* o barcos de vela para salir a pescar. Si queréis gozar de todas estas maravillas de la Naturaleza, aprovechad antes de que las constructoras levanten horrendas urbanizaciones en estos parajes.

Si habéis alquilado un coche no vayáis por la autopista BR 101 que discurre hacia el sur porque lo hace por el interior, alejada de la costa. Es mucho más atractiva la carretera costera PE 60 que se coge en Cabo y de esta forma podréis elegir el lugar que queráis para acampar o daros un baño.

Hay autobuses que salen de la *rodoviária* de Recife y van parando por los pueblos.

A partir de Candeias, a 21 kilómetros desde Recife (para las anteriores consultad el apartado Boa Viagem en Recife), vais a encontrar:

ITAPUAMA: buena para la práctica del surf.

PEDRA DO XARÉU: piscinas naturales y algunos tramos de piedra.

ENSEADA DOS CORAIS: arena fina junto a los acantilados, el acceso es controlado por los habitantes de las urbanizaciones.

GAIBBU: la primera playa interesante, con su pueblecito de pescadores y sus fotogénicas palmeras. Podréis comer en cualquiera de los chiringuitos de la playa un excelente marisco.

CALHETAS: a veinte kilómetros de Candeias. en el Cabo de Santo Agostinho. Arena gruesa y buena para el submarinismo.

CABO DE SANTO AGOSTINHO: un buen punto para hacer fotos bonitas del litoral con puestas de sol increíbles. Una placa conmemorativa instalada en el cabo indica que el español Vicente Pinzón desembarcó aquí en 1500, en busca de refugio cuando se hallaba perdido en medio de una tormenta, y lo hizo antes de Cabral. Si Pinzón se hubiera adentrado más, probablemente el Brasil hubiera pertenecido a la Corona española. Este paisaje se tiñó de sangre durante la reconquista de estas tierras a los holandeses. Hay unas cuantas ruinas y fuertes quemados que lo atestiguan.

PARAÍSO Y **SUAPE:** la primera muy pequeña y rocosa y la segunda ya más arenosa y junto a un pueblecito de pescadores.

PORTO DE GALINHAS

A 64 kilómetros al sur de Recife, Porto de Galinhas es un pueblo con hoteles y restaurantes donde podréis deteneros para hacer excursiones desde aquí. Su nombre no se deriva de la abundancia de gallinas, sino del grito que lanzaban los negreros cuando llegaban los barcos cargados de esclavos africanos después de que se hubiera abolido la esclavitud. Al estar prohibido este tráfico, la contraseña para los *fazenderos* compradores era: *Chegaram as galinhas d'Angola*.

LAS PLAYAS

CAMBOA: se accede desde la Praia do Cupe. Arena fina, cocoteros y algunas piscinas naturales al bajar la marea.

MURO ALTO: su nombre se debe a un muro de arena con cocoteros. Se accede igualmente desde la Praia do Cupe. Piscinas naturales entre los arrecifes.

DO CUPE: cocoteros y más arrecifes. Punto de partida del barco para las demás playas.

PORTO DE GALINHAS: cuatro kilómetros de larga, hay arrecifes cercanos a los que se puede llegar en jangadas alquiladas.

MARACAÍPE: ha sido incluida en el circuito brasileño de surf. Cuando baja la marea surge una cadena de piedra que permite adentrarse hasta cinco kilómetros en el mar. Esto sucede en el Pontal.

ENSEADINHA: arrecifes y vegetación.

PONTA DE SERRAMBI: muy buena para el surf. El acceso vuelve a ser restringido por los vecinos de las urbanizaciones. A unos cien metros de la playa hay unas preciosas formaciones coralinas.

CACIMBAS: con una piscina natural y numerosas grutas excavadas en la roca.

ALOJAMIENTO

Ⓜ **POUSADA PÉROLA DO PORTO:** Loteamento Merepe I - Quadra E2 - Lote 1 ☎ 3552 5353. www.peroladoporto.com.br contato@peroladoporto.com.br Con buenas habitaciones con aire acondicionado y vistas al mar. Roza los precios de caros, sobre todo en temporada alta.

Ⓜ **POUSADA DOS COQUEIROS:** Rua Projetada, Praia de Maracaípe. ☎ 35 52 12 94. www.pousadadoscoqueiros.com.br Con 16 habitaciones con a/c y hay una piscina, todo ello al lado de una playa magnífica.

Ⓒ **BEST WESTERN SOLAR PORTO DE GALINHAS:** Praia de Porto Galinhas. ☎ 35 52 00 00. www.solarportodegalinhas.com.br Un lujoso hotel con 82 habitaciones bien equipadas, con todo lo necesario, y tiene bar, restaurante, piscina y posibilidad de practicar actividades con caballos, bicicletas y otros deportes.

Ⓛ **NANNAI BEACH RESORT:** Acceso por el km 2 de la carretera PE-009 (Praia de Muro Alto). ☎ 3552 0100. www.nannai.com.br Está formado por lujosos bungalows de madera suspendidos sobre piscinas y a pocos pasos de la playa, todo ello inspirado en las islas del Pacífico. Entre las actividades, paseo en jangada, kayak buceo y minigolf.

RESTAURANTES

Ⓑ **A FRITADA DA DETE:** Rua do Colegio. Nossa Senhora do O. ☎ 35 27 92 10. Cierra a las 23.00 h. A unos 10 km, cocina casera regional.

PEIXE NA TELHA: Avenida Beira-Mar. ☎ 35 52 12 23. Cierra a las 22.00 h. Pescados y mariscos en un restaurante con prestigio entre los locales.

PICANHA DO TIO DADÁ: R. da Esperança, 167 (Porto de Galinhas). ☎ 3552 1319, Un restaurante alegre y colorista, en que la especialidad son los platos de carne, sobre todo la picanha. Todo de primera calidad.

LLEGAR Y PARTIR

EN AUTOBÚS. Hay varios autobuses diarios que salen de Recife, en la parada de Avda Dantas Barreto con Rua do Peixoto, y van a Porto de Galinhas. El camino se hace en una hora y media.

ALREDEDORES DE PORTO DE GALINHAS

SIRINHAÉM. A unos 30 kilómetros al sur de Porto de Galinhas, Sirinhaém es otro centro de veraneo por su playas, aunque todavía su infraestructura hotelera no esté muy desarrollada.

PLAYAS DA BARRA DE SIRINHAÉM, **GUAIAMUM** Y **GAMELA:** frente a la isla de Santo Alexio, donde se suele ir para bucear. Muy frecuentadas para la práctica de deportes náuticos.

PLAYA GUADALUPE: olas más flojas y acceso restringido o prohibido por las urbanizaciones.

SÃO JOSÉ DA COROA GRANDE

Esta localidad está a 119 kilómetros al sur de Recife, en la frontera con el Estado de Alagoas. Es una pequeña localidad de pescadores que ha heredado su nombre de una formación rocosa circular situada en medio de la bahía.

Aquí podréis practicar la pesca submarina o hacer paseos en jangadas.

En la **Peixada do Maurício,** en Avenida João Francisco de Melo 215, podéis tomar unos buenos platos de pescados.

LAS PLAYAS

VÁRZEA DO UNA: a unos 11 kilómetros al norte de São José. Junto a un pueblo de pescadores de cuyo puerto salen los barcos que cruzan el río.

GRAVATÁ: siete kilómetros al norte. Arena y cocoteros aunque el acceso es dificultoso y además en invierno suele haber muchos mosquitos.

COROA GRANDE: junto a la población. Muy buena para la pesca submarina. Estrecha franja de arena y cocoteros.

EL INTERIOR Y EL SERTÃO PERNAMBUCANO

Desde Recife podéis hacer excursiones al interior de Pernambuco, donde el paisaje y el clima son completamente diferentes, más seco y caluroso cuanto más lejos de la costa, hasta llegar al desértico *sertão*.

Si vais a adentraros en el *sertão*, tened presente que los pueblos no están preparados para el turismo, lo que quiere decir que no suelen disponer de pensiones ni hoteles. Hay alguna ciudad en la que podéis establecer el cuartel general y recorrer las resecas tierras desde ella.

CARUARÚ

A 138 kilómetros de Recife en dirección oeste, Caruarú es la puerta del *sertão* pernambucano, el mercado más importante del Nordeste y la mayor ciudad del interior de Pernambuco.

También es un centro artesanal con numerosos talleres de alfarería que le han dado fama a la ciudad por sus *figurinhas* de barro que se venden en todo Brasil a precios más elevados.

Los artesanos han instalado sus talleres en **Alto do Moura**, un pueblecito situado a seis kilómetros al que deberéis llegar si queréis verlos trabajar o comprar algún objeto directamente. Aquí vivió Mestre Vitalino, de quien se guarda una buena muestra en el Museo do Homen de Nordeste de Recife. Su familia ha abierto al público el taller y aunque no cobra una entrada no viene mal dejar una propina.

Caruarú tiene hoy unos 215.000 habitantes.

DATOS PRÁCTICOS

PREFIJO TELEFÓNICO: 81.

RODOVIÁRIA: Carretera BR-104, a tres kilómetros del centro. ☎ 37 21 38 69. Comunicada con el centro por autobuses urbanos y taxis.

ALOJAMIENTO

Ⓑ **HOTEL CENTRAL:** Rua Vig. Freire 71. ☎ 37 21 58 80. Es sencillo y barato, con cuartos limpios y correctos.

RESTAURANTES

Ⓑ **BRASILEIRINHO:** Praça José Martins 78-84. Restaurante popular y económico.

Ⓜ **MAESTRE VITALINO:** Rua Leão Dourado, 13 (São Francisco). ☎ 721 04 99. Abierto hasta las doce de la noche. Cocina internacional.

COMPRAS

Las obras de estos artistas-artesanos también se venden en la **Feira de Artesanato** (todos los días de 7.00 h a 17.00 h en el Parque 18 de Maio). La artesanía se ha separado del resto del mercado. Ahora los puestos son más turísticos y están dentro de un edificio.

El **Mercado** ocupa toda la ciudad y está dividido según los géneros: las ropas se venden en el Parque 18 de Maio los martes y jueves (de 7.00 h a 14.00 h); los puestos de alimentación se extienden por las calles céntricas a partir de la Rua do Comércio. Sus mejores días son los miércoles y sábados (de 6.00 h a 15.00 h).

Junto al mercado de artesanía se instalan los puestos de *troca-troca*, donde no se compra con dinero sino que se hace un intercambio de mercancías. Este particular mercado se celebra los sábados por la mañana.

FESTIVALES

SEMANA INTERNACIONAL DE ARTESANÍA Y FESTIVAL INTERNACIONAL DE FOLCLORE: todos los años en la primera quincena de abril. Este festival da motivo a que se desplacen numerosas personas del Nordeste, en especial, pero también de todo el país.

LLEGAR Y PARTIR

EN AUTOBÚS. Hay autobuses diarios que salen cada media hora de la Rodoviária TIP de Recife para Caruaru; hacen el camino en dos horas. Además, hay autobuses entre Caruaru y Fazenda Nova.

FAZENDA NOVA (NOVA JERUSALEM)

A 51 kilómetros al oeste de Caruaru, Fazenda Nova tiene unos cuatro mil habitantes.

En la ciudad, un escenario construido en los años setenta en el que se reproducen varios lugares de Jerusalén, **Nova Jerusalem,** sirven para escenificar la Pasión de Cristo durante los días de Semana Santa (martes, miércoles, jueves, viernes y sábado), que es cuando hay que venir aquí. Estas representaciones, en las que intervienen medio millar de extras y actores aficionados locales, son muy populares y han sido incluidas en los circuitos de muchas agencias de turismo de Recife.

Nova Jerusalém ocupa una extensión de 70.000 metros cuadrados, rodeados por una muralla con siete entradas. El resto del año se celebran otras representaciones de teatro, sobre todo en verano, y también algunos festivales folclóricos.

LA VISITA

PARQUE DAS ESCULTURAS: a dos kilómetros. Se visita de 7.00 a 17.00 h. Un campo en el que se han colocado gigantescas obras de granito de escultores locales.

ALOJAMIENTO

Si queréis venir en las fechas clave, en Semana Santa, es conveniente reservar habitación con tiempo.

(B) **GRANDE HOTEL:** Avenida Poeta Carlos Pena Filho. ☎ 37 32 11 37. Tiene restaurante y piscina. Sus 62 habitaciones suelen ocuparse al completo durante Semana Santa.

LLEGAR Y PARTIR

EN AUTOBÚS. Hay autobuses regulares desde Caruaru y Recife durante la Semana Santa. Durante el resto del año, Fazenda Nova está comunicada con Caruaru.

PETROLINA

A 739 kilómetros de Recife, a orillas del São Francisco, el único río que corre por el *sertão* de Pernambuco.

La ciudad no tiene nada de particular, a excepción del **Museu do Sertão** (Praça de Santos Dumont. Aquí podréis constatar la dureza de esta inhóspita región.

Los viernes y sábados se organizan animados mercados a los que acuden compradores de toda la zona.

DATOS PRÁCTICOS

PREFIJO TELEFÓNICO: 87.

AEROPUERTO: Estrada para Casa Nova. A diez kilómetros. ☎ 38 63 33 66.

RODOVIÁRIA: Avenida Governador Nilo Coelho. ☎ 38 61 35 12.

LÍNEAS AÉREAS NORDESTE: ☎ 38 63 06 70.

ALOJAMIENTO

Ⓜ **HOTEL DO GRANDE RIO:** Avenida das Nações. ☎ 38 62 33 44. Servicio de bar, restaurante y piscina. Habitaciones con aire acondicionado.

Ⓜ **PETROLINA PALACE:** Avda Cardoso de Sá 845. ☎ 38 62 15 55. www.petrolinapalace.com.br Con bar y restaurante, tiene 51 habitaciones con a/c, baño, etcétera.

RESTAURANTES

Ⓑ **O BARRANQUEIRO:** Rua Rio Beberibe 50. José e Maria, a cuatro kilómetros. ☎ 38 64 53 46. Cierra los domingos después de las 18.00 h. Excelente cocina regional casera. Sus propietarios crían las gallinas y se ocupan directamente de la cocina.

Ⓑ **CANTINA DE NONA:** Rua V.S. Francisco 511. Abierto hasta las once de la noche. Cocina italiana.

LLEGAR Y PARTIR

EN AUTOBÚS. Hay tres autobuses diarios que salen de Recife y pasan por Caruarú para llegar a Petrolina.

EN AVIÓN. Petrolina está conectada por vía aérea con Brasília, Recife y Salvador.

ARCHIPIÉLAGO FERNANDO DE NORONHA

Perteneciente al Estado de Pernambuco, este archipiélago de 21 islas, Parque Nacional Marino, se halla a 350 kilómetros al nordeste de Natal y a 525 de Recife, a una hora diez y a una hora cuarenta minutos, respectivamente, de ambas capitales.

El archipiélago se ha convertido en los últimos años en una *meca* de los viajeros más sibaritas, por la maravilla de su entorno virgen.

Fernando de Noronha ocupa 26 kilómetros cuadrados y sólo pueden visitarlo un máximo de 480 personas a la vez, por lo que hay restricciones en los vuelos, aunque de momento sólo para los viajeros en grupos turísticos.

La isla fue descubierta en 1503 por el cántabro Juan de la Cosa, quien la llamó Cuaresma. El rey de Portugal la regaló años más tarde al noble luso Fernando de Noronha, quien le dio su actual nombre. Después sería abandonada y ocupara sucesivamente por holandeses y franceses, hasta que en 1737 fue recuperada por Brasil.

ORIENTACIÓN

En principio sólo se visita la isla más grande, la única habitada y llamada propiamente igual que el archipiélago. Los poco más de 2.000 habitantes viven sobre todo en el pueblo de Vila dos Remédios.

TASA DE INGRESO. Cuando desembarquéis tendréis que pagar una tasa para la mantener la conservación y preservación ambiental de unos

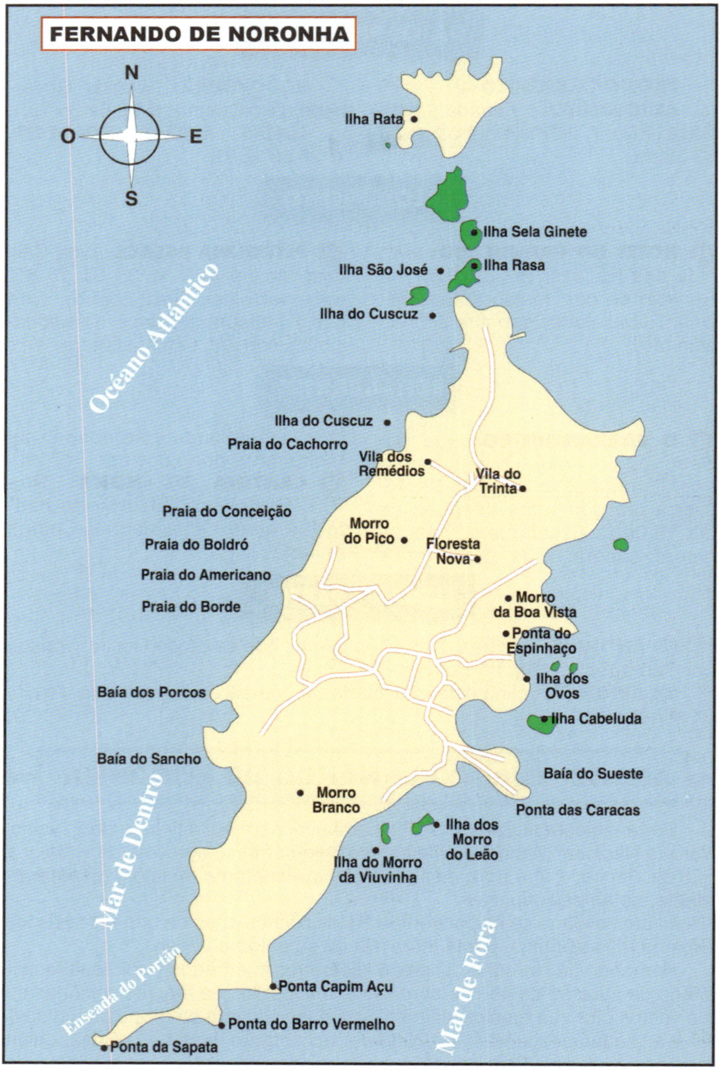

50 reales diarios durante la primera semana, para ir aumentando progresivamente.

Otro dato que debéis tener en cuenta es que no se puede ir a todas partes y que está absolutamente prohibido llevarse nada de la isla, no siquiera una insignificante concha.

CÓMO MOVERSE

Aquí es fundamental alquilar o bien un vehículo de cuatro ruedas (unos 60 euros al día, con chófer) o una moto, que cuesta unos 30 euros diarios. También se pueden alquilar, mucho más económicas, bicicletas.

Si viajáis en temporada alta procurad hacer la reserva con un par de días de antelación ya que no hay muchos vehículos en la isla y además el combustible está racionado.

Por lo demás, también hay taxis, pero salen caros.

LAS PLAYAS

La mayor parte de las playas se ubica en la costa oeste, entre la Bahía de Santo Antonio y la Bahía de Gollinhos. En la costa este, apenas hay cuatro, pero muy atractivas.

DA BIBOCA: muy pequeña pero ideal para el submarinismo. Mar adentro es posible practicar el surf.

DO CACHORRO: muy frecuentada por su proximidad a Vila Dos Remédios y con una buena infraestructura para los visitantes, sin que falte el típico mercadillo de artesanía. La mejor atracción turística es el llamado *Urro do Leão*, un hueco en la roca donde se produce un ruido similar al rugido de un león.

Junto a ésta, tenéis la playa **do Meior**, muy buena para el surf.

CONCEIÇAO: junto al Morro do Pico, donde se sube para contemplar la panorámica. Fijaos en la piedra *O Pião*, en perfecto equilibrio. En cuanto a la playa en sí, es de arena fina y está azotada por grandes olas, aptas para el surf.

BOLDRÓ: también junto a un **mirador** y cerca de la sede de Ibama, la empresa gestora del parque. Los arrecifes resultan tan interesantes para el submarinismo como peligrosos para el baño.

DO AMERICANO, BODE Y **QUIXABA:** las tres seguidas y más bien pequeñas. Cuando baja la marea se puede ir andando de unas a otras y cuando sube algunas quedan bajo el agua, caso de Quixaba.

CACIMBA DO PADRE: frente a la isla Dois Irmãos. Cercada de morros cubiertos de vegetación y con unas olas impresionantes.

BAÍA DOS PORCOS: también rodeada de morros y protegida por unos arrecifes donde está prohibido el buceo.

BAÍA DO SANCHO: arenas blancas y aguas verdes bajo la presencia de un mirador. Muy bonita. También se forman piscinas naturales que invitan por la transparencia de sus aguas a la inmersión libre.

BAÍA DOS GOLFINHOS: no es una playa, pero sí un lugar al que os invitamos a ir por la belleza del paraje. En lo alto hay un mirador desde donde puede verse a los golfinhos (delfines) hacer piruetas en el agua. Está prohibido bañarse, bucear y el paso de embarcaciones.

DO LEÃO: frente a las islas do Morro (la **Ilha do Morro da Viuvinha** es un santuario de aves), ya en la costa este. El paso se suele restringir o prohibir a veces cuando llegan las tortugas a desovar. Hay dos miradores. Arena amarilla y agua con un precioso color verde-azulado.

BAÍA DO SUESTE: al fondo de una gran ensenada. De fácil acceso, mar tranquilo y arena clara.

ATALAIA: con unas seductoras piscinas naturales invadidas de peces de colores que invitan al buceo libre.

ENSEADA DA CAIERA: al otro lado de la Baía de Santo Antonio. Pequeña y con muchos arrecifes. Hay un mirador, **Mirante do Raquel**.

EL PARQUE NATURAL MARINO

Otro paseo que hay que hacer sin falta es la excursión en barco por la costa y las islas para ver su exuberante fauna: delfines, aves acuáticas, tortugas, tiburones y hasta ballenas.

Los barcos salen del Porto de Santo Antônio, en el norte de la isla. Los barcos llevan diez personas como máximo y emplean cinco horas en el trayecto.

Hasta hace un tiempo, se podía subir, por una escalera de hierro hasta el **Morro do Pico**, con 325 metros de altura, pero tras una serie de desperfectos se ha optado por impedir el paso.

DATOS PRÁCTICOS

PREFIJO TELEFÓNICO: 81.

INFORMACIÓN TURÍSTICA: V. dos Remédios. ☎ 36 19 13 52. www.noronha.com.br

CAMBIO DE DINERO: En Fernando de Noronha es difícil cambiar euros, y mucho menos obtener buena tasa de cambio, así que venid con vuestros *reais* ya cambiados.

AEROPUERTO: en el centro de la isla. ☎ 36 19 13 11.

ALOJAMIENTO

Los alojamientos se concentran en las dos poblaciones de la ciudad Vila do Trinta y Vila dos Remédios. Hay casi ochenta hoteles y *pousadas*, además de que los isleños alquilan habitaciones en sus casas. Pero no hay alojamientos de precio barato y ni siquiera de precio medio.

(B) **POUSADA BARCELAR:** Vila do Trinta. ☎ 36 19 12 49. www.pousadabarcelar.com.br De las más económicas, todo muy sencillo.

(B) **POUSADA PARAÍSO ATLÂNTICO:** Vila do Trinta. ☎ 36 19 15 38. Tiene sólo cinco habitaciones, con a/c, baño, etcétera. Tiene restaurante.

(L) **ECO-POUSADA TEJU-AÇU:** Estr. da Alamoa (Boldró). ☎ 3619 1277. www.pousadateju.com.br Una Pousada que apuesta por la ecología y el medio ambiente. Construida con madera de reforestación y con un sistema de aprovechamiento del agua de lluvia que se utiliza en baños y riegos de plantas. Habitaciones muy confortables, con cama king-size y televisión de plasma. Restaurante y zona de masajes.

(GL) **POUSADA MARAVILHA:** Sueste. ☎ 36 19 0028. www.pousadamaravilha.com.br Tres habitaciones y cinco bungalows a precios entre mil y 1.500 reales sobre la preciosa bahía y todo de autentico lujo.

RESTAURANTES

(M) **EKOLOGIKU'S:** Vila dos Remédios. ☎ 36 19 14 04. Abre hasta las 15.00 h y de 19.00 h a 22.30 h. Platos de marisco y pescado.

(M) **TARTARUGÃO.** Al. do Boldró 238. ☎ 36 19 13 31. Abre de 18.00 h a medianoche y cierra algunos lunes. Cocina variada.

DE COPAS

En Vila dos Remédios funciona un bar de copas muy popular: el **Bar do Cachorro.**

LLEGAR Y PARTIR

EN AVIÓN. A la isla principal se puede ir en avión desde Natal (una hora diez) y Recife (una hora cuarenta minutos.

EN VIAJE ORGANIZADO. Desde varias capitales de Brasil, sobre todo desde Recife y Natal, algunas agencias organizan viajes a Fernando de Noronha, con todo incluido.

ESTADO DE PARAÍBA

El Estado de Paraíba, de 56.300 kilómetros cuadrados, es el gran desconocido para los turistas. Está situado al norte del de Pernambuco y encajonado entre éste, Rio Grande do Norte y Ceará, al oeste.

Sin embargo, en otro tiempo este territorio fue uno de los más codiciados por franceses y holandeses, con quienes los portugueses tuvieron que luchar duramente para recuperarlo. Años antes, los indios *tabajaras* y los *tapuias* se habían enfrentado a los lusitanos para no dejarse arrebatar sus tierras.

Paraíba ha sido la cuna de grandes revolucionarios como Amaro Continho, José Peregrinos de Carvalho y João Pessoa, de quien tomó el nombre la capital del Estado.

La principal fuente de riqueza sigue siendo el cultivo de la caña de azúcar, junto con el algodón y la piña. A lo largo de sus 132 kilómetros de costa encontraréis hermosas playas. Cabo Branco es una de ellas. Situada junto a João Pessoa, es el punto más oriental de toda América. Campina Grande es la puerta hacia el desolado *sertão* de Paraíba.

JOÃO PESSOA

João Pessoa es una ciudad costera tranquila, de unos 595.000 habitantes y que ha crecido sin las prisas de las otras capitales brasileñas, por lo que no se han cometido desastres urbanísticos ni se han levantado desafiantes rascacielos junto a edificios coloniales.

La ciudad ha llevado un ritmo pausado a orillas del río Sanhauá y junto a las espléndidas playas de Tandaú, Manaíra y Cabo Branco.

DEL AEROPUERTO Y LA RODOVIÁRIA A LA CIUDAD

AEROPUERTO CASTRO PINTO: en Bayeux, a once kilómetros de João Pessoa. Hay autobuses que os dejarán en el Anel Viário, cerca de Lagoa y desde donde se cogen los autobuses para las playas y otras zonas de la ciudad.

RODOVIÁRIA: Rua Francisco Londres (Varadouro). No muy lejos del centro. Está justo enfrente de la estación de autobuses urbanos, un poco al oeste del centro, pero cerca.

ORIENTACIÓN

El centro de João Pessoa gira en torno al lago circular conocido como **Lagoa**, que está situado en medio del Parque Sólon de Lucena. En su parte este están las calles y plazas más antiguas de la ciudad.

LA VISITA

La Praça João Pessoa fue dominio de los jesuitas y en ella construyeron un colegio (1585) que, una vez expulsada la Órden de Brasil, se conver-

RÍO GRANDE DO NORTE/PARAIBA
N
O
E
S
Praia Manibu
Praia de Tibau
Praia das Manuelas
Tibau
Grossos
Porto do Mangue
Carnaubais
Ipanguaçu
Assu
Upanema
Itajá
Paraú
São Rafael
Caraúbas
Campo Grande
Umarizal
Portalegre
Pau dos Ferros
Janduís
Patu
Lucrecia
Encanto
Almiro Alfenso
Jucurutu
Florânia
Pilões
Marcelino Vieira
João Dias
São Vicente
Poço Dantas
Brejo do Cruz
São Fernando
Piranhas
Caicó
Paraná
Mato Grosso
Paulista
Jardim do Seridó
Serra Negra do Norte
Junco do Seridó
Taperoá
Amparo
Sumé
Monteiro
Camalaú
São João do Tigre
S. Sebastião do Umbuzeiro
CEARÁ
PERNAMBUCO

OCÉANO ATLÂNTICO
Caiçara do Norte
Galinhos
São Bento do Norte
Reduto
São Miguel do Gostoso
Touros
Praia da Camaubinha
Praia de Perobas
Rio do Fogo
Pedra Grande
Parazinho
Jandaíra
Pititinga
Maracajaú
Praia de Caraúbas
Pureza
Maxaranguape
Pedra Preta
João Câmara
Prainha
Muriú
Bento Fernandes
Taipu
Praia de Jacumã
Lajes
Genipabu
Redinha
Caiçara do Rio Vento
Riachuelo
NATAL
Praia de Areia Preta
Parnamirim
Praias de Pirangi do Norte e do Sul
S. Tome
Bom Jesus
Vera Cruz
S. José de Mipibu
Búzios
Sitio Novo
Serra Calada
Nísia Floresta
Tangará
Sta. Cruz
Brehinho
Espirito Santo
Tibau do Sul
Praia da Pipa
S. Bento do Trairi
S. José do Campestre
Serrinha
Várzea
Cunhaú
Praia de Barra
Japi
Nova Cruz
Baía Formosa
Praia do Sagi
Praia doGuaju
Damião
Cacimba de Dentro
PedroRégis
Jacaraú
Mataraca
Caicara
Barra de Camaratuba
Praia do Giz Branco
Barra de Sta. Rosa
Bananeiras
Baía da Traição
Arara
Praia da Campina
Guarabira
Itapororoca
Rio Tinto
Praia do Oitero
Alagoinha
Guarabira
Mamanguape
Lucena
Areia
Mulungu
Cabedelo
Areial
Alagoa Nova
Praia de Camboinha
Caldas Brandão
Sapé
Praia de Tambaú
CAMPINA GRANDE
Santa Rita
JOÃO PESSOA
Riachão do Bacam
Queimadas
Faguntes
Itapalana
Pedras de Fogo
Conde
Jacumã
Juribiranga
Praia de Tambaba
Boqueirão
Alhandra
Pitimbu
Gado Bravo
Caaporã
Goiana
Tejucopapo
Ponta de Pedras
Tapissuma
Igarassu
Maria Farinha
Paulista
OLINDA
RECIFE
JABOATÃO DOS GUARARAPES
Candeias
Ohã Grande
Ponte dos Carvalhos
Primavera
Escada
Cabo de Santo Agostinho
Caruaru
Gaibu

tiría en Escuela de Medicina, mientras que el convento donde residieron se transformó en **Palácio da Redenção**.

La Avenida Dom Pedro I, algo más al norte, es el punto de referencia para conocer la **Casa de Pólvora** (ahora alberga un museo de fotografías sobre la ciudad. Abierto de 7.00 h a 12.00 h y de 13.00 h a 17.30 h), la **igreja de São Francisco** con el **convento de Santo Antônio** y su **museu de arte popular**. Este conjunto arquitectónico fue construyéndose a lo largo de los siglos XVI, XVII y XVIII. Está situado en la Praça de São Francisco y abre todos los días de 9.00 h a 12.00 h y de 14.00 h a 17.00 h. En la iglesia destaca la cúpula de estilo oriental con la que está coronada la torre. Alrededor del templo hay un precioso patio cerrado por una tapia decorada con azulejos portugueses. Es de gran valor la cruz de piedra y el conjunto de pelícanos situados a sus pies que simbolizan el amor desinteresado de Cristo. El claustro del convento y su fuente crean el ambiente de sosiego buscado por los monjes franciscanos que construyeron este bello rincón. El Centro Cultural creado aquí ha abierto un museo de arte popular y un espacio para albergar exposiciones de artistas de la región.

IGREJA DA MISERICÓRDIA: en la cercana Rua Duque de Caxias. Fue construida a principios del XVII.

Desde aquí, merece la pena acercarse a la Praça Pedro Américo para admirar el pequeño **Teatro Santa Rosa**, edificado a finales del siglo XIX bajo las órdenes del arquitecto francés Vauthier.

LAS PLAYAS

Desde el Anel Viario, próximo al Parque Sólon de Lucena, salen los autobuses para las playas de Tambaú y Cabo Branco.

TAMBAÚ: es la preferida de los jóvenes. La urbanización que parece una base de despegue para naves espaciales es el Tropical Hotel Tambaú (citado entre la lista de los hoteles caros), en cuyos alrededores se organiza diariamente un mercado de artesanía. Si no os gusta tostaros al sol podréis comer pescado y mariscos en uno de los numerosos restaurantes instalados a lo largo del paseo marítimo.

CABO BRANCO: zona residencial de la alta burguesía, fue hasta hace un tiempo el punto más oriental de América. Es decir hasta que se destruyó aquel acantilado. Ahora ese título corresponde a la Praia de Seixas. Arena fina y varios clubes.

DATOS PRÁCTICOS

PREFIJO TELEFÓNICO: 83.

INFORMACIÓN TURÍSTICA

DISQUE TURISMO: ☎ 0800-281-9229.

PBTUR: Centro Turístico Tambaú, Avenida Alm. Tamandaré 100. Abierta de 8.00 h a 20.00 h y hasta las 19.00 h en invierno. ☎ 3214 8270.

OFICINA EN LA RODOVIÁRIA: Abierta de 8.00 h a 20.00 h.

OFICINA EN EL AEROPUERTO: abierta de 10.00 h a 16.00 h.

MEDIOS DE TRANSPORTE

AEROPUERTO CASTRO PINTO: en Bayeux, a once kilómetros de João Pessoa. ☎ 3232 1200.

RODOVIÁRIA: Rua Francisco Londres (Varadouro). ☎ 3221 96 11.

RADIOTAXIS: DISK TÁXI: ☎ 3223 1700. **Ligue Táxi:** ☎ 3241 6800. **Radio Táxi:** ☎ 3241 6500. **Tele Táxi:** ☎ 3241 5656.

ALQUILER DE COCHES: Localiza: ☎ 3225 25 33. **Avis:** ☎ 3247 30 50. **Unidas:** ☎ 3244 33 37.

ALOJAMIENTO

Los hoteles más baratos están en las cercanías de la *rodoviária* y los más caros se concentran en la zona de las playas.

(B) **MAR AZUL:** Avenida João Maurício 315. ☎ 3226 26 00. Con enormes habitaciones muy económicas con nevera y una pequeña cocina.

(B) **LAGOA PARK:** Rua Pe. Meira 19. Parque Sólon Lucena. ☎ 3015-1400. Céntrico y con 42 habitaciones con baño, aire acondicionado, tele y minibar. Tiene restaurante.

(M) **JR HOTEL:** Rua Rodrigues Chaves 887. ☎ 3 241 62 62. jrhotel@bomguia.com.br www.bomguia.com.br/jr Una calle que sale de la Praça Venâncio Neiva. 67 habitaciones con aire acondicionado y tele.

(M) **POUSADA GAMELEIRA:** Avenida João Maurício 157 (Manaíra). ☎ 3 226 15 76. Frente a la playa y con buenos cuartos con aire acondicionado. Precios moderados en esta categoría.

(M) **DOM FELIPE PRAIA:** Rua Isidro Gomes 257 (Tambaú). ☎ 3 247 12 40. www.hoteldomfelipe.com.br Tiene 16 habitaciones con teléfono, televisión, aire acondicionado y frigorífico.

(M) **IBIS JOÃO PESSOA:** Avenida Cabo Branco, 4350. Cabo Branco. ☎ 2108 9200. ibisjoaopessoa@accorhotels.com.br Habitaciones correctas y a precios moderados con teléfono, televisión, aire acondicionado y frigorífico.

(M) **POUSO DAS AGUAS:** Avenida Cabo Branco 2.348 (Praia de Cabo Branco). ☎ 3 226 50 03. www.pousodasaguas.com.br Piscina. Tiene 24 habitaciones con teléfono, televisión, aire acondicionado, frigorí-fico, etc.

(C) **XENIUS:** Avenida Cabo Branco 1.262. Praia de Cabo Branco. ☎ 3226 3535. xeniushotel@terra.com.br www.xeniushotel.com.br Bar, restaurante, aparcamiento y piscina. 54 habitaciones con todo lo necesario.

(C) **LITTORAL:** Avenida Cabo Branco 2.172 (Praia de Cabo Branco). ☎ 21 06 11 00. www.hotellittoral.com.br Restaurante, bar, piscina, sauna y sala de juegos en un hotel de cuatro estrellas que tiene algo más de cien habitaciones con teléfono, televisión, aire acondicionado, frigorífico, etc.

(C) **HARDMAN PRAIA:** Avenida João Maurício, 1.341 (Praia de Manaíra). ☎ 3246 88 11. diretoria@hotelhardman.com.br www.hotelhardman.com.br Tiene 120 habitaciones muy bien equipadas, junto a la playa. Además, hay restaurante, bar y piscina.

(C) **TROPICAL TAMBAÚ:** Avenida Almirante Tamandaré 229 (Praia de Tambaú). ☎ 2107 1900 / reservas: 0800 701 2670. www.tropicaltambau.com.br El hotel más caro de este rango, una especie de *resort* con restaurante, bar, piscina, sauna, instalaciones deportivas, sala de juegos, etc. Tiene 175 habitaciones con todo lo habitual: teléfono, televisión, aire acondicionado, frigorífico, caja de seguridad, etc.

RESTAURANTES

(B) **MANGAÍ:** Avenida Édson Ramalho, 696. Manaíra. ☎ 3 226 16 15. Abre hasta las 22.00 h y cierra los lunes. Cocina *sertaneja* que se sirve en un bufé de más de treinta platos. Buena calidad y precio.

(B) **FRAMBOÁ:** Avenida Flávio Ribeiro Coutinho (Manaíra). Abre hasta las 22.00 h. Con un popular bufé de comida *a quilo* variado.

(B) **TÁBUA DE CARNE:** Avenida Rui Carneiro 648 (Tambaú). ☎ 3247 59 70. Abre hasta las 23.00 h. Platos regionales que se pueden compartir con otra persona.

(B) **TERERE:** Avenida Rui Carneiro 797. Praia de Manaíra. Cierra a las 23.00 h. Churrascaria.

(B) **A PEIXADA DO DUDA:** Rua Coração de Jesus 147 (Tambaú). ☎ 3247 24 98. Restaurante luminoso, especializado en pescados que pueden compartirse entre dos y marisco no muy caro.

(B) **CASINO DA LAGOA:** Parque Sólon de Lucena (Centro). ☎ 2221 42 75. Su mayor encanto son las vistas sobre el lago y la ciudad.

(B) **LAGO'S:** Rua Pe. Meira 19 (Parque Sólon de Lucena, Centro). Local agradable donde hay *self-service* a peso.

(B) **TIA NILA:** Avenida Epitácio Pessoa 2.324 (Centro) Self-service de platos variados.

(B) **MARINAS BAR:** Avenida Cabo Branco 4.924 y 5.100 (Cabo Branco). El mismo propietario regenta dos bares y un restaurante donde hay buena cerveza y pescado.

(B) **RECANTO DO PICUÍ:** Avenida José Américo de Almeida (Beira-Rio). Cierra las noches de sábado y domingo Cocina del *sertão*, platos gigantescos.

(M) **ADEGA DO ALFREDO:** Rua Coração de Jesus 22 (Tambaú). ☎ 3226 43 46. Abre hasta las 15.00 h y de 19.00 h a medianoche; cierra los lunes. Cocina portuguesa y variada de calidad en el hotel Royal Praia. A veces hay música en directo.

(M) **GULLIVER:** Avenida de Olinda 590 (Tambaú). ☎ 3247 14 95. Abierto todos los días hasta las 16.30 h y de 18.30 h a medianoche. Los sábados, de 18.00 h a dos de la noche. Cocina variada.

(M) **BARGAÇO:** Av. Cabo Branco, 5160 (Praia de Cabo Branco). ☎ 3247 1837. www.restaurantebargaco.com.br Cocina bahiana con especial atención a los platos de mariscos, recomendable la moqueca.

COMPRAS

MERCADO DE ARTESANATO Nº 1: Avenida Rui Carneiro en la confluencia con Rua Coração de Jesus. Abierto de lunes a sábado de 8.00 h a 18.00 h. Aquí podéis encontrar objetos de cuero, madera, paja y bordados.

MERCADO DO ARTESANATO PARAIBANO: Avenida Sen. Rui Carneiro (de lunes a sábado de 10.00 h a 19.00 h). Con el mismo tipo de artesanía que en el anterior.

CASA DO ARTESÃO: Avenida Maciel Pinheiro 670 (Cidade Baixa). Horario: de lunes a viernes de 8.00 h a 18.00 h; sábados de 8.00 h a 13.00 h.

CENTRO TURÍSTICO BOSQUES DOS SONHOS: Cabo Branco. Diariamente de 8.00 h a 17.00 h.

LLEGAR Y PARTIR

EN AUTOBÚS. En autobús hay dos horas a Recife, algo más a Natal, diez a Fortaleza, etcétera.

EN AVIÓN. João Pessoa está conectado por vía aérea con todas las ciudades con aeropuerto del Nordeste y Norte: Recife, Salvador, Fortaleza, Belem, etcétera, además de con Río y São Paulo.

ALREDEDORES DE JOÃO PESSOA

SIGUIENDO LA COSTA Y SUS PLAYAS. Pasado Cabo Branco, a unos 15 kilómetros de João Pessoa. Encontraréis las playas de:

SEIXAS: dentro del Cabo Branco, es el punto más oriental del Continente Americano. Aguas tranquilas y vegetación, con algunas urbanizaciones.

PENHA: arrecifes, cocoteros, arena fina y un mar tranquilo. hay un pueblo de pescadores, con una iglesia del siglo XIX a la que se accede por una larga escalinata.

ARRAIAL: en una zona de acantilados. También cocoteros y otros árboles. Hasta este punto se puede venir siguiendo la carretera de la costa.

CAMURUPIN Y DO SOL: dentro de la misma línea de la anterior.

CONDE

Conde es una pequeña población a unos 35 kilómetros de João Pessoa y a quince de la costa, que se hizo famosa debido a que en su término municipal se creó la primera playa nudista (Tambaba) del país. Pero hay otras más que igualmente merecen la pena, y en las que hay que resaltar la constante presencia de arrecifes.

LAS PLAYAS

BARRA DO GRAMAME: algunas casas de pescadores y la posibilidad de darse un baño en las aguas del río Gramame. Arena clara y tranquila.

JACUMÂ: junto al pueblo del mismo nombre. Muy bonita por sus acantilados de colores, la Pedra Furada (una roca donde el agua ha excavado un túnel), las fuentes de agua mineral y las piscinas naturales.

CARAPEBUS: acantilados, arrecifes y algunas viviendas.

TABATINGA: muy similar a la anterior, pero beneficiándose de la proximidad de la playa de Tambaba.

TAMBABA: la primera playa nudista oficial de la zona. El acceso a dicha zona está bastante controlado para evitar intrusos y mirones, y no dejan ir a hombres sin pareja. Hay otra zona para gente con traje de baño.

BARRA DO GARAU: el problema de esta playa como el de las dos siguientes, **Bela** y **Abiaí**, son los accesos, que se realizan por caminos que discurren entre las fincas.

PITIMBU

A 74 kilómetros al sur de João Pessoa, Pitimbu es otra ciudad que sabe sacar partido a su costa, buena para la práctica del surf y el submarinismo. En Pitimbu no hay alojamiento, pero parece que uno se puede quedar en casas particulares. La iglesia del pueblo data del siglo XVIII.

CAMPINA GRANDE

Campina Grande está situada a 130 kilómetros de João Pessoa hacia el interior, en lo que se considera como entrada del *sertão*. Sus calles están llenas de almacenes que sirven para abastecer a campesinos y ganaderos. La ciudad se anima durante los días de mercado –miércoles y sábados– que tiene lugar en los alrededores de la catedral y del mercado municipal.

LA VISITA

La **Estação Velha** (antigua estación) es un centro turístico con restaurantes, tiendas de artesanía y un museo en el que podréis observar los aperos de campo que se utilizaban en la época del algodón, incluidos los instrumentos de tortura de los esclavos que se utilizaban en las *fazendas*. En este mismo centro hay una **oficina de turismo**.

MUSEOS

MUSEU DE ARTE ASSIS CHATEAUBRIAND (MAC): Parque do Açude Novo. http://museu.uepb.edu.br/mac/museu-assis-chateaubriand/ El museo más interesante de Campina Grande, tiene una exposición permanente de pintores contemporáneos y otro espacio dedicado a los artistas locales. En ella se organizan muestras habitualmente.

DATOS PRÁCTICOS

PREFIJO TELEFÓNICO: 83.

OFICINA DE TURISMO: Estação Velha (antigua estación).

RODOVIÁRIA: Avenida Senador Argemiro de Figueiredo. Catolé. ☎ 3337 30 01.

AEROPUERTO DE JOÃO SUASSUNA: Av. Uberaba, s/n. Distrito Industrial. ☎ 3331 11 49.

LÍNEAS AÉREAS NORDESTE: ☎ 3331 53 01.

ALOJAMIENTO

(B) **HOTEL DO VALE EXPRESS:** Rua Janúncio Ferreira 10 (Alto Branco). ☎ 3341 31 11. Un hotel muy grande con habitaciones con baño, aire acondicionado y tv. Servicio de restaurante.

(M) **ONIGRAT HOTEL EXPRESS:** Rua Coronel João Lourenço Porto, 20 ☎ 3341 29 29. reservas@onigrathotel.com.br Estacionamiento privado, restaurante, bar y sauna. Tiene habitaciones con teléfono, televisión, aire acondicionado, frigorífico .

(M) **SERRANO:** Rua Tavares Cavalcanti 27. ☎ 3341 31 31. Restaurante, bar y piscina. Tiene habitaciones con teléfono, televisión, aire acondicionado y frigorífico.

(M) **HOTEL VILLAGE CAMPINA GRANDE:** Otacio Nepomuceno 1285, Bairro Catole, Campina Grande ☎ 83 3310-8000. Bien situado a la entrada de la ciudad, es quizá el hotel más completo de Campina Grande, bien decorado con suelo de madera habitaciones bien equipadas y piscina.

RESTAURANTES

(B) **MANOEL DA CARNE-DE-SOL:** Rua Félix de Araújo 263. ☎ 3231 28 77. Abierto hasta la medianoche. Platos del *sertão* bien cocinados y servidos en generosas raciones. Destaca la *carne de sol grelhada*.

(M) **TÁBUA DE CARNE:** Avenida Manoel Tavares 1.040 (Alto Branco). ☎ 3341 10 08. Abre hasta las 23.00 h. Cocina regional.

(M) **DONA NINA:** Rua Augusto dos Anjos 183. También especializado en cocina regional.

FIESTAS Y FESTIVALES

FESTAS JUNINAS: durante el mes de junio, fiesta de San Juan, y se prolongan 30 días. Se organizan encuentros folclóricos, se baila *forró* y se degustan comidas típicas en puestos callejeros.

FESTIVAL DE INVERNO: en julio. Tiene como protagonistas a grupos de teatro, música popular y danza.

Es una buena época para conocer las costumbres de estas austeras personas que suelen mostrarse muy interesadas por los foráneos.

COMPRAS

MERCADO MUNICIPAL Y FEIRA PERMANENTE: Rua Cristóvão Colombo. Artesanía diversa, cerámica, terracota, madera, etc.

LLEGAR Y PARTIR

EN AUTOBÚS. Hay líneas regulares de autobuses desde las principales capitales del país, incluidas las cercanas João Pessoa (sale uno cada hora de la *rodoviária*), Recife y Natal.

EN AVIÓN. El aeropuerto, a siete kilómetros, conecta Campina Grande con Brasília, Recife, Goiânia, Juazeiro do Norte, Petrolina y São Paulo.

ESTADO DE RIO GRANDE DO NORTE

Rio Grande do Norte es uno de los estados más pobres de Brasil, debido a que la mayor parte de sus 53.015 kilómetros cuadrados está ocupada por el *sertão*.

El Estado se encuentra situado entre los de Paraiba y Ceará. La fértil franja costera de los otros Estados del Nordeste en éste queda reducida a una estrecha zona en la que sólo se cultiva algodón. De las dunas costeras se pasa al estéril *sertão*, sin las tierras de transición del *agreste*.

A sus habitantes desde siempre les ha quedado el forzoso recurso de la emigración porque la pesca, el algodón y la producción de sal –principales fuentes de riqueza– no da para todos. En la última década se ha ido creando una infraestructura hotelera que hasta el momento sólo ha conseguido interesar a un turismo regional. Las mejores ofertas de Rio Grande do Norte son sus playas vírgenes y su rica gastronomía.

NATAL

La capital de Rio Grande do Norte, con más de 700.000 habitantes, está situada sobre una lengua de tierra que discurre entre la desembocadura del río Potengí y el Atlántico. Recibe su nombre del día de Navidad de 1597 en que los portugueses expulsaron a los franceses que se habían introducido en estas costas.

Natal es una de las pocas grandes ciudades de Brasil que cuenta con playas limpias en el núcleo urbano, aptas para el baño.

DEL AEROPUERTO Y LA RODOVIÁRIA A LA CIUDAD

AEROPUERTO INTERNACIONAL AUGUSTO SEVERO: Rua Rio Xingu, s/n - Bairro Emaus - Parnamirim. ☎ 3087 1270 / 3087 1310 está a 15 kilómetros de Natal. Hay un servicio de autobuses que llegan hasta la Praça Augusto Severo, donde está la estación de autobuses locales.

RODOVIÁRIA: bastante lejos del centro. Muy bien comunicada por varias líneas de autobuses urbanos. Hay que cogerlos al otro lado de la calle, frente a la entrada. Los que van al centro circulan con los letreros *Cidade Alta* y *Avenida Rio Branco*. Para ir a la zona de las *pousadas* económicas cerca de Praia dos Artistas, alojaos aquí, es lo mejor, coged el bus nº38.

LA VISITA

Natal apenas conserva edificios coloniales. Los pocos que se han salvado de la fiebre constructora están en la **Cidade Alta**, considerada como el corazón de la ciudad.

PRAÇA JOÃO MARIA: aquí se levantan el **Ayuntamiento**, el **Palacio del Gobernador** y la **Catedral**.

IGREJA DE SANTO ANTÕNIO: en la cercana Praça de Santo Antõnio. Construida en 1779, tiene unas bellas tallas de madera en su altar mayor

y un pequeño **Museu de Arte sacra** (abierto de martes a domingo de 9.00 h a 17.00 h).

FORTE DOS REIS MAGOS. Praia do Forte; abierto diariamente de 8.00 h a 16.30 h. Construido por los portugueses como punto de vigilancia, el Forte fue fundado oficialmente el 6 de enero de 1598. Tiene una original forma de estrella y se supone que es la construcción más antigua de Natal. Su museo instalado en la planta baja recoge objetos de la época colonial, no es muy valioso pero sí merece la pena una visita al fuerte, sobre todo por las espléndidas vistas que se observan desde él: a un lado el río y al otro el Atlántico.

PUENTE NEWTON NAVARRO: Construido recientemente permitió la integración entre la zona Norte y las demás áreas urbanas de Natal, uniendo las playas do Forte y la de Redinha, descongestionando así el único acceso que existía por carretera, el Puente de Igapó. Es el puente más alto sujetado con cables de acero de Brasil, mide 55 metros de altura y aproximadamente 1,8 Km. de longitud.

PARQUE DE LAS DUNAS: con 1.172 hectáreas de vegetación nativa es uno de los más grandes parques urbanos de Brasil y forma un inmenso parque natural que protege a la ciudad y guarda diversas especies de la fauna y flora de la región.

El Parque está abierto al público, a través del Bosque dos Namorados, y ofrece senderos ecológicos y también una agenda cultural de eventos. Allí se pueden apreciar especies originales como el Coleodactylus Natalensis, el lagarto más pequeño de América del Sur, con apenas 3 cm.

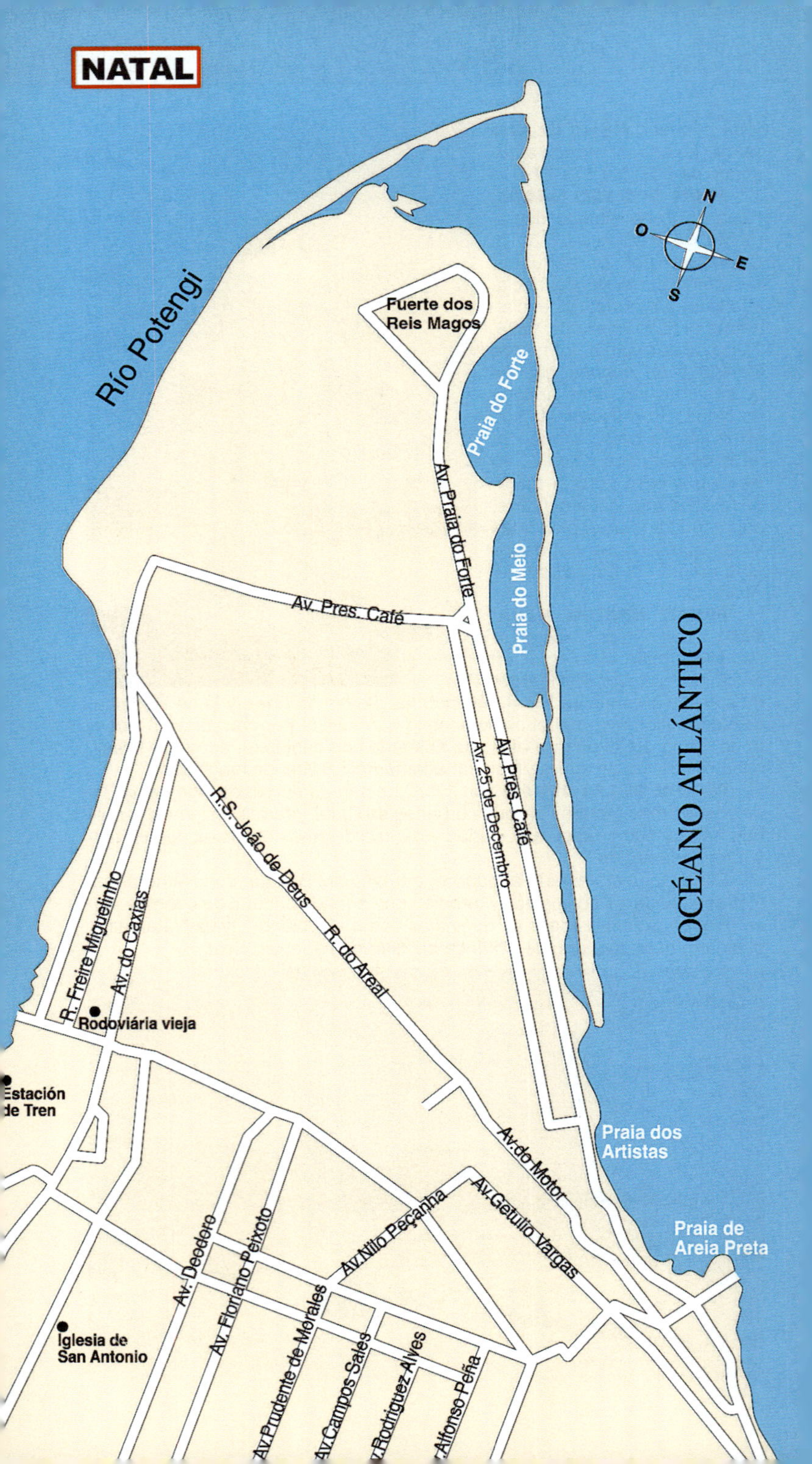

NATAL
N
O
E
S
Río Potengi
Fuerte dos Reis Magos
Praia do Forte
Av. Praia do Forte
Praia do Meio
Av. Pres. Café
OCÉANO ATLÁNTICO
Av. Pres. Café
Av. 25 de Decembro
R.S. João de Deus
R. do Areal
R. Freire Miguelinho
Av. do Caxias
Rodoviária vieja
Estación de Tren
Av. do Motor
Praia dos Artistas
Praia de Areia Preta
Av. Getulio Vargas
Av. Nilo Peçanha
Av. Deodoro
Av. Floriano Peixoto
Av. Prudente de Morales
Av. Campos Sales
Av. Rodriguez Alves
Av. Alfonso Peña
Iglesia de San Antonio

PETRÓPOLIS Y TIROL

Son dos barrios tranquilos que se extienden al este de la Cidade Alta en dirección a las playas urbanas.

TIROL

MUSEU CÂMARA CASCUDO, Avenida Hermes da Fonseca 1.398. www.mcc.ufrn.br Es un museo de antropología, etnología, folclore, artesanía y costumbres del Nordeste. También reúne una sección de arte sacro.

PETRÓPOLIS

ANTIGA CASA DE DETENÇÃO: Rua Aderbal de Figueiredo (abierto diariamente de 9.00 h a 19.00 h), transformada en el **Centro de Turismo**, que reúne un pequeño teatro, una biblioteca, una oficina de información turística y un mercado de artesanía. Los fines de semana suele animarse con representaciones teatrales de grupos locales.

LAS PLAYAS

En la zona de las playas, como en la mayoría de las ciudades costeras brasileñas, se han construido grandes edificios de hoteles, restaurantes y bares que sirven de punto de encuentro nocturno. Esta zona es muy frecuentada por jóvenes hispanos: argentinos, sobre todo. Pero ya hemos dicho que las de Natal son limpias y hermosas. Todas están flanqueadas por un maravilloso paseo marítimo en el que hay varios chiringuitos para tomar y beber algo.

De norte al sur en la ciudad se extienden:

DO FORTE: junto al Forte dos Reis Magos, es la playa más al norte de las urbanas; tiene un mar tranquilo bueno para el baño y es la más limpia.

DO MEIO: Inmediatamente al sur de la anterior, también es muy recomendable para el baño.

DOS ARTISTAS: al sur de do Meio, es buena, pero hay que tener cuidado al entrar en el mar, pues hay muchas rocas. Tiene arrecifes y un mar ideal para el surf. Por la noche, el paseo marítimo está muy animado.

AREIA PRETA: fuerte oleaje y franja más bien estrecha de arena. Muchas rocas, donde el mar ha excavado cuevas.

A partir de aquí, ya son playas en las zonas residenciales al sur del centro, adonde hay que ir en autobús urbano.

MÃE LUISA: junto al faro, desde donde se tienen unas bonitas vistas.

PINTO: con arena blanda y algunos arrecifes.

BARREIRA D'AGUA: con una zona de dunas y arena blanda.

PONTA NEGRA: a trece kilómetros al sur del centro –id en autobús– es una de las más frecuentadas, ya que hay una zona buena para baños, otra para hacer surf y una duna con más de cien metros de altura.

DATOS PRÁCTICOS

PREFIJO TELEFÓNICO: 84.

INFORMACIÓN TURÍSTICA

CENTRO DE TURISMO: Rua Aderbal de Figueiredo 980. ☎ 3 211 61 49. En la Antiga Casa de Detençao. Pero está lejos y a desmano, al final de una alta colina de la ciudad, por lo que es mejor que vayáis al **ponto da informaçao** en la Praia dos Artistas.

PONTA NEGRA

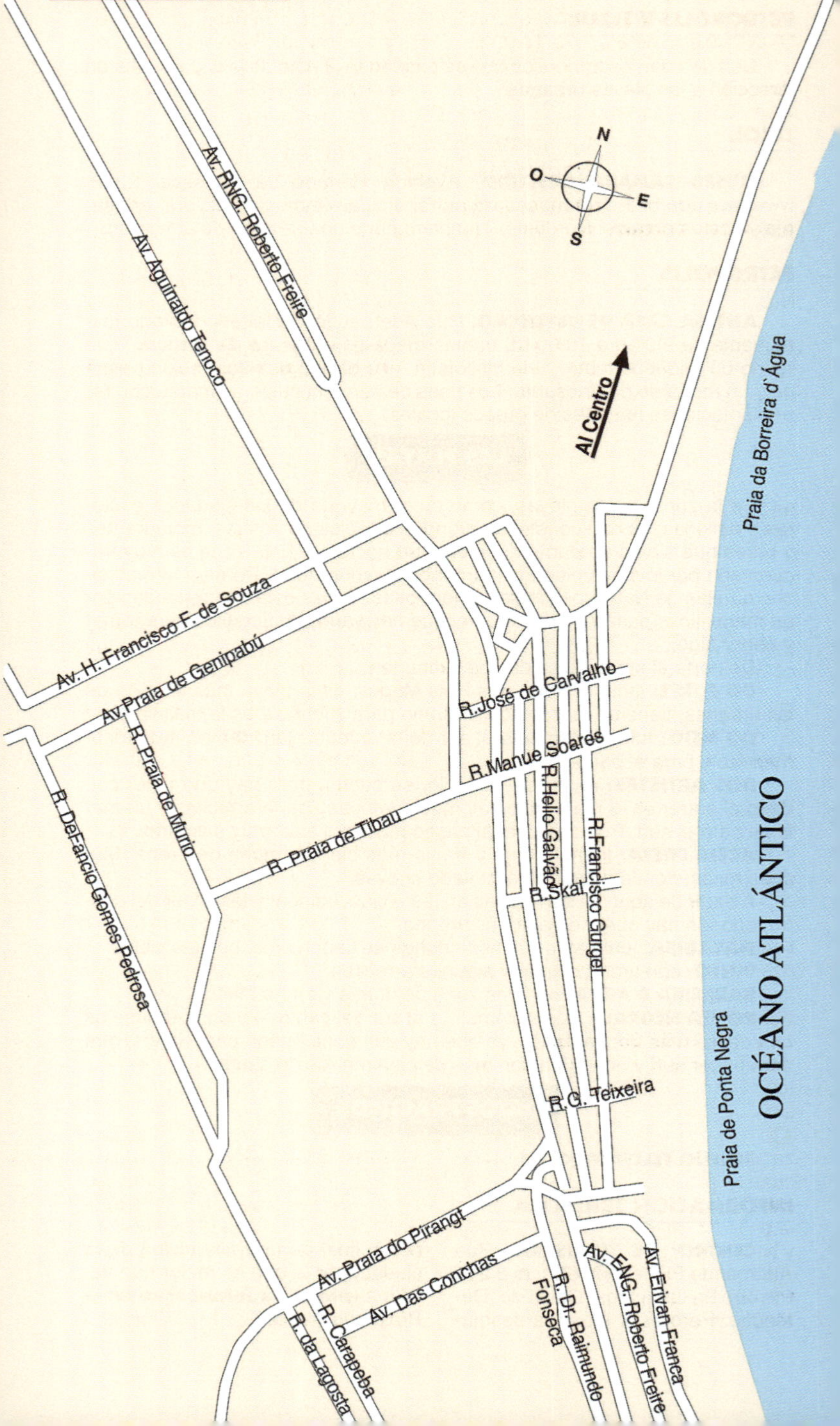

N
O
E
S
Al Centro
Av. RNG. Roberto Freire
Av. Aguinaldo Tenoco
Av. H. Francisco F. de Souza
Av. Praia de Genipabú
R. José de Carvalho
R. Manue Soares
R. Praia de Tibau
R. Praia de Murio
R. DeFancio Gomes Pedrosa
R. Helio Galvão
R. Francisco Gurgel
R. Skal
R. G. Teixeira
Av. Praia do Pirangt
Av. Das Conchas
R. Carapeba
R. da Lagosta
R. Dr. Raimundo Fonseca
Av. ENG. Roberto Freire
Av. Erivan Franca
Praia da Borreira d`Água
Praia de Ponta Negra
OCÉANO ATLÁNTICO

EN LA RODOVIÁRIA: ☎ 3205 10 00. Abierto de 8.00 h a 18.00 h.

CASAS DE CAMBIO: Podéis cambiar euros en las agencias de viajes más importantes. En el Banco de Brasil, Avenida Rio Branco 510, es posible que tengáis que hacer una cola de horas y os cobren una gran comisión.

MEDIOS DE TRANSPORTE

AEROPUERTO INTERNACIONAL AUGUSTO SEVERO: ☎ 3644 1000 3087 1270 3087. www.infraero.gov.br Está a 15 kilómetros al sur de Natal.

TERMINAL RODOVIÁRIA: Avda Capitão Mor Gouveia, 1.237, a 6 kms del centro Barrio de la "Cidade da Esperança". ☎ 3232 7310.

COMPAÑÍAS AÉREAS: Transbrasil: Avda Deodoro 363. ☎ 3643 11 35. **TAM:** ☎ 3643 16 24.

ALQUILER DE COCHES: Avis: ☎ 3644 25 00. **Interlocadora:** ☎ 3643 15 22. **Localiza:** ☎ 3206 52 96. **Unidas:** ☎ 3643 20 72.

RADIOTAXIS: Disque-Táxi: ☎ 3223 73 88. **Radiotáxi:** ☎ 3221 56 66.

ALOJAMIENTO

La mayor oferta de hoteles se concentra en la zona de las playas, que es también la zona más vital durante las noches y los fines de semana. Hay hotelitos medios en Petrópolis y a lo largo de la Avenida Rio Branco (Centro). En Natal funcionan tres albergues juveniles situados cerca de las playas y unos campings no muy alejados de la ciudad.

A nosotros la zona que más nos gusta, por situación y relación de calidad y precio de las *pousadas*, es entre las playas de los Artistas y de Areia Preta. Para venir o ir a la Rodoviária desde esta zona hay un autobús muy cómodo, el 38, que os deja frente a la Pousada Ibérica.

(B) **LUA CHEIA:** Rua Dr Manoel A. B. de Araujo 500 (Praia de Ponta Negra). ☎ 3236 36 96. luacheia@luacheia.com.br www.luacheia.com.br Desde la rodoviária, coged el autobús nº 66 y bajad en Ponta Negra, junto a la Boata Liverpool. El albergue se reconoce fácilmente por su aspecto de castillo, torre incluida. Tiene 40 camas en seis dormitorios, también dispone de dos habitaciones dobles, lavandería y restaurante. Está a 200 metros de la playa.

(B) **PRAIA DE MIAMI :** Silvio Pedroza 24. ☎ 3202 33 77. En el extremo sur de Praia dos Artistas, cuartos correctos, con a/c y baño, pero sin ventana.

(B) **NATAL NAUTILUS:** Silvio Pedroza 34. ☎ 3202 41 31. Un hotelito de cuartos algo desastrados, pero con cierto encanto y con buenas vistas a la playa. Tienen a/c, balcón, nevera y tv, y hay una pequeña piscina.

(B) **POUSADA MARINA:** Avenida Presidente Café Filho 860 (Praia do Meio). ☎ 3202 16 77. Cuartos con aire acondicionado y nevera en un hotel un poco viejo pero muy bien situados. En temporada baja, en invierno, son muy baratos y en verano suben a precio medio.

(B) **BEIRA MAR:** Avenida Presidente Café Filho 886 (Praia do Meio). ☎ 3202 14 70. Cuartos siempre baratos, con a/c y algunos con ventilador y balcones, en un hotel muy bien situado.

(B) **CHALE DO FRANCÊS:** Avenida Presidente Café Filho 886-B (Praia do Meio). ☎ 3202-8224. Un hotel anexo y que comparte la recepción con el anterior, es algo más barato y los cuartos son también correctos.

(M) **HOTEL BRUMA:** Avenida Presidente Café Filho 1.176 (Praia dos Artistas). ☎ 202 4303 / 202 2847. www.hotelbruma.com.br Piscina. Tiene 25 habitaciones con televisión, aire acondicionado y frigorífico, en un hotel bien situado y barato en esta categoría.

(M) **NOVOTEL LADEIRA DO SOL:** Rua Fabrício Pedrosa 915 (Praia dos

Artistas), ☎ 4006 6600. comercial@novotelnatal.com.br www.novotelnatal.com.br Con restaurante, bar y piscina, tiene cien habitaciones con teléfono, televisión, aire acondicionado, frigorífico, caja de seguridad, etc.

(C) **VILLAGE PORTO MIRIM:** Avenida Presidente Café Filho 682 (Praia dos Artistas). ☎ 3220 1620. www.villageportomirim.com.br Un buen hotel a precios medios en temporada baja, pero que se duplican convirtiéndose en caros, en alta.

(C) **IMIRÁ PLAZA:** Avenida Dinarte Mariz 4.077 (Via Costeira, Parque das Dunas). ☎ 4005 0505. hotel@imiraplaza.com.br A 7,5 kms del centro, tiene restaurante, bar, piscina, instalaciones deportivas y sala de juegos. Tiene 118 habitaciones con teléfono, televisión, aire acondicionado, frigorífico, caja de seguridad, etc.

(C) **NATAL MAR:** Av. Sen. Dinarte Mariz, Ponta Negra. ☎ 3203 4500. hotel@natalmarhotel.com.br www.natalmarhotel.com.br En Praia Barreira d'Água, a 12 kms. 219 21 21. Bar, restaurante, piscina, sauna y con 149 habitaciones con baño, aire acondicionado, caja fuerte.

(C) **VILA DO MAR:** Avenida Dinarte Mariz 4.233 (Via Costeira, Praia de Barreira d'Agua). ☎ 4009 4900. viladomar@viladomar.com.br www.viladomar.com.br A 8 kms, con dos restaurantes, bar, piscina, sauna, pista de tenis, sala de juegos y servicio de playa. Tiene 210 habitaciones con teléfono, televisión, aire acondicionado, frigorífico, caja de seguridad, etc.

(L) **PARQUE DA COSTEIRA:** Avenida Dinarte Mariz (Via Costeira, Parque das Dunas). ☎ 3203 4800. www.parquedacosteira.com.br A 5,5 kms del centro, Tiene 330 habitaciones con teléfono, televisión, aire acondicionado, frigorífico, caja de seguridad. Además restaurante bar, piscina, instalaciones deportivas, área de juegos infantiles, etc.

(L) **PESTANA NATAL:** Av. Sen. Dinarte de Medeiros Mariz, 5525 Via Costeira. ☎ 3220 8900. pestananatal@pestananatal.com.br www.pestananatal.com.br A doce kilómetros del centro, el Pestana es el segundo hotel más caro de la ciudad después del Ocean Palace. Tiene cinco estrellas y casi 200 habitaciones muy completas, además, naturalmente, de piscina, sauna, etcétera.

(L) **OCEAN PALACE:** Av. Via Costeira, s/n. Ponta Negra. ☎ 3220 4144 www.oceanpalace.com.br reservas@oceanpalace.com.br El hotel más caro de la ciudad, frente al mar y con más de 200 habitaciones a todo lujo, además de piscina, sauna, restaurantes, etcétera.

EN PONTA NEGRA

(B) **POUSADA GALO DOS VENTOS:** R. Pedro Fonseca Filho, 8821, trevo de Ponta Negra. ☎ 219-3680. Queda a unos doce kilómetros del centro y tiene restaurante y bar. Tiene ocho habitaciones sencillas.

(M) **MIRAMAR:** Av. da Praia, 3398 Ponta Negra. ☎ 3219 2131 3219 2350. miramar@digi.com.br www.miramar.com.br A unos quince kilómetros del centro y con restaurante, bar y piscina. Tiene 67 habitaciones con teléfono, televisión, aire acondicionado y frigorífico.

(C) **MANARY PRAIA HOTEL:** R. Francisco Gurgel, 9067. Praia de Ponta Negra. ☎ 3204 2900. www.manary.com.br manary@manary.com.br Lo mejor la tranquilidad y el servicio, con un desayuno muy bueno y un restaurante de calidad. Habitaciones correctas con una pequeña terraza y aire acondicionado, televisión, minibar, secador de pelo, caja fuerte electrónica, teléfono y acceso gratuito a Internet de banda ancha. Piscina.

RESTAURANTES

Como en toda la parte del litoral del Nordeste, en Natal se come muy buen pescado y hay numerosos restaurantes que preparan cocina del *sertão*, en la que destaca la carne seca, *carne de sol*, algo parecida a la cecina.

(B) **RIVIERA:** Avenida Roberto Freire 3.084 (Ponta Negra). Buen pescado, música en directo los fines de semana.

(B) **TOMBADILHO:** Rua Dr. Silvino de Sá Bezerra 1 (Ponta Negra). Comida rápida en la planta baja y algo más elaborada en la de arriba. Raciones enormes.

(B) **STRAVAGANZA:** Silvio Pedroza 15. ☎ 3202 37 36. Abre de 18.00 h a medianoche. *Rodizio* de pizzas a ocho reales. Tienen pizzas de camarones, chocolate, banana, etcétera.

(B) **CHAMINÉ:** Avenida Hermes da Fonseca 696 (Tirol). *Self-service* a peso, con unos treinta platos para elegir, contando también los postres.

(B) **MAMMA ITALIA:** Rua Silvio Pedroza 43, Praia dos Artistas. ☎ 3202 16 22. Abre de 18.00 h a medianoche y de jueves a domingos hasta las 1.00 horas. Pizzas baratas y platos de pasta que, depende lo que bebáis, pueden subir la cuenta hasta la categoría de medios. Con muy buena reputación entre la colonia y veraneantes italianos de Natal.

(B) **MANGAI.** Avda Amintas Barros 3.300 (Lagoa Nova). ☎ 3206 33 44. Abre hasta las 22.00 h y cierra los lunes. Un local y decorado con artesanía nordestina y con una excelente cocina regional, con un gran bufé de gastronomía tradicional sertaneja. Está considerado el mejor restaurante de cocina regional de la ciudad.

(B) **BAR DO BIDOCA:** Rua São José 1.197, en el Centro comercial de Lagoa Nova. ☎ 3231 97 48. Abre hasta medianoche y domingos hasta las 17.00 h. Cierra los lunes. No es nada caro y sirven una buena cocina regional.

(M) **ÂNCORA CAIPIRA:** Rua Seridó,745. Petrópolis. ☎ 3202 9364. Muebles antiguos y fotografías de familia, forman parte de la decoración de esta casa en que la oferta se centra en la cocina regional de calidad. No perder la picanha na chapa. Todos los días hay un rico bufé de desayuno.

(M) **FAROL BAR:** Avenida Silvio Pedroza 105. (Praia de Areia Preta). ☎ 3202 20 05. Abre de 10.00 h a 22.00 h. Un restaurante con una gran terraza, muy bien situado y con buen servicio, pero hay que ir al menos dos o tres comensales, pues las raciones son enormes y no tienen individuales.

(M) **TÁBUA DE CARNE:** Av. Eng. Roberto Freire, 3241. ☎ 3642-1236 Abre de 11.00 h a 23.00 h. Junto al Farol, un restaurante con un personal amabilísimo y con platos baratos, como *galetos*, y otros ya a precio medio, especialidades nordestinas como *picanha, carne do sol, macaxeira* (a base de *feijão verde)*... Buenas y baratas *cipirinhas* para acompañar.

(M) **PEIXADA DA COMADRE:** Avenida Praia de Ponta Negra, 9048. Ponta Negra. ☎ 3219-3016 Abre hasta las 15.30 h y 18.00 h a 22.30 h; domingos hasta las 16.00 h. Cierra los martes. Especializado en pescados y mariscos. Buena vista sobre el mar.

(M) **CHAPLIN:** Avenida Presidente Café Filho 27 (Praia dos Artistas). ☎ 3202-1199. Lo mejor son las vistas, la cocina es internacional y por la noche es un bar de copas y de baile con los mejores D'js de Natal.

(M) **CARNE ASSADA DO LIRA:** Rua Mipibu 657 (Petrópolis). Carnes en general, es una buena dirección para probar la *carne de sol assada*.

(M) **CASA DE MÃE:** Rua Pedro Afonso 230 (Praia do Meio). Platos regionales, muy apreciado entre los turistas nacionales.

(C) CAMARÕES POTIGUAR: R. Pedro Fonseca Filho, 8887. Ponta Negra. ☎ 3209 2425. www.camaroes.com.br La especialidad de la casa son las recetas de camarones. También sirven platos de la cocina regional. Todo de primera calidad.

(C) AGARICUS: Avenida Afonso Pena, 529 Petrópolis. ☎ 32114796. Restaurante de cocina contemporánea cuyas recetas mezclan carnes, frutas y especias. También cuenta con una buen oferta de marisco, a destacar *el camarão com gengibre, cebolinha e aspargos*. De postre, la tarta de musse de chocolate

EN LAS CERCANÍAS

CASA MINEIRA: Rua São Sebastião 6.011. En Pirangi do Norte, municipio de Paramirim, a 27 kms. ☎ 3238 30 21. Abre hasta las 22.00 h y cierra los lunes. Cocina típica de Minas Gerais y precios baratos.

CARNES & GALETOS: Avenida Eng. Roberto Freire 295. En Punta Megra, a 12,5 kms. ☎ 3219 41 98. Churrasco y galetos.

RECANTO DO GARCIA: Estrada de Pirangi (Pium), en el municipio de Paramirim, a 27 kms. Precios medios y buena cocina internacional.

(B) VIAGGIO: Avenida Eng. Roberto Freire 9.100. En Ponta Negra, a 13 kms. Vistas bonitas, precios nada altos y buenas especialidades italianas.

COMPRAS

CASA DO ARTESÃO: Avenida Prudente de Morais 470 (Petrópolis). Para comprar artesanía diversa.

CENTRO DE TURISMO: Avenida Pres. Café Filho. Praia dos Artistas. Precios más ajustados.

COOPERCRUTAC: es una cooperativa de artesanos instalada en la Avenida Rio Branco 743 (abre de lunes a viernes de 7.30 h a 11.30 h y de 14.00 a 17.00 h; los sábados de 8.00 h a 12.00 h).

COPALA: Rua Floriano Peixoto 381. Otra dirección aconsejable.

PROJETO PAPAJERIMUN: Avenida Prudente de Moraes 470 (Petrópolis).

En todos estos locales vais a encontrar las típicas botellas llenas de arenas de colores que forman paisajes tropicales, cerámica, objetos de cuero y de fibras vegetales como el *sisal, osso* y *carnaúba*.

LLEGAR Y PARTIR

EN AUTOBÚS. Hay líneas regulares de autobuses desde las principales capitales del país, incluidas las cercanas João Pessoa (sale uno cada hora de la *rodoviária*), Recife, Fortaleza, etcétera.

EN AVIÓN. Vuelos con las principales capitales del Nordeste y con Río, Brasília, etcétera. Natal ha sido elegido por varios turoperadores españoles que organizan paquetes que en temporada baja pueden salir baratos. Así que suele haber un vuelo directo desde Madrid.

ALREDEDORES DE NATAL

PARNAMIRIM. Parnamirim es un pueblo a unos 20 kilómetros de la costa y al sur de Natal, pero en cuyo término hay otras playas igualmente encantadoras. Hay cámping y varios hoteles y restaurantes. Las playas son:

PIUM: aquí se encuentra la Barreira do Inferno, una base de lanzamiento de cohetes. En la playa: dunas, arrecifes y cocoteros.

COTOVELO: mar tranquilo, arena, dunas, cocoteros y acantilados.

PIRANGI DO NORTE Y **PIRANGI DO SUL:** la primera es muy solicitada para la práctica de deportes náuticos. Además cuenta con arrecifes de corales donde se forman piscinas naturales al bajar la marea. La segunda, es muy similar. Hay un servicio de barcos para ir a otros puntos de la costa.

NÍSIA FLORESTA. Otra población, cuya costa, a unos cuarenta kilómetros al sur de Natal, es muy frecuentada por sus playas. Tierra adentro, a pocos kilómetros de la playa, hay una zona con pequeños lagos. Las playas de los alrededores son:

BÚZIOS: la imagen típica de las playas de esta zona, zonas con dunas, amplia franja de arena, arrecifes y un mar tranquilo en algunas parte y con oleaje en otras.

BARRA DE TABATINGA: acantilados, altas dunas y una ancha franja de arena con algunas rocas.

CAMURUPIM: a 50 kilómetros de Natal. Otra playa seductora, cocoteros, arrecifes que forman piscinas naturales, dunas, etc.

BARRETA: un mar tranquilo que la bajamar deja al descubierto piscinas naturales entre los arrecifes de coral. Amplia zona de arena.

GUARAÍRA: acceso en balsa desde Tibaudo Sul, lo que la hace algo más solitaria.

TIBAU DO SUL-PRAIA DA PIPA

En la costa a 80 kilómetros al sur de Natal, y junto al Lago Guaraíara –formado en la desembocadura del río– Tibau do Sul es otra población que sabe sacar partido de sus bellezas naturales hasta el punto de convertirse en una de las zonas más visitadas en verano. Y la verdad, es que no falta razón.

Un poco al sur está la alucinante playa de Pipa, una de las favoritas entre los viajeros.

LAS PLAYAS

TIBAU DO SUL: junto a la desembocadura del río y el lago. Arenas blancas, cocoteros y altos acantilados. Muy agradable.

MADEIRO: se accede por unas escalinatas improvisadas, andando por la Praia de Pipa cuando baja la marea o en barco (a la zona llamada Praia do Curral).

DA PIPA: a 8 kilómetros de Tibau. Playa que se está comenzando a urbanizar a pasos agigantados, pero donde todavía es posible ver algunas tortugas marinas y delfines en ciertas zonas más alejadas.

DO AMOR: junto a un acantilado, se accede igualmente por una escalera improvisada. Dunas y un mar que se presta para la práctica del surf.

SIBAÚMA: a 15 kilómetros. Aquí encontraréis una balsa que cruza el río Catú.

BARRA DE CUNHAÚ: a 25 kilómetros al sur de Tibau. Cerca de cinco kilómetros de arena, piscinas naturales al subir la marea, arrecifes y una playa fluvial, en la desembocadura del río Curimataú.

ALOJAMIENTO

(B) **BPOUSADA DA PIPA:** Rua do Cruzeiro, s/n. Praia da Pipa. Tibau do Sul. ☎ 3246 2271. pousadapipa@yahoo.com.br A 20 metros de la Playa y a 30 metros de la calle principal. Cuartos con vista al mar y correctamente equipados.

(M) **HOTEL DA PIPA:** Rua Praia do Amor, 50. Praia da Pipa. ☎ 3246 2331. reservas@hoteldapipa.com.br

Frente a la Praia do Amor, en un área de 5.000 m² en ambiente tranquilo A 300 mts del centro y próximo a los clubs nocturnos de Pipa. Son 29 habitaciones con aire acondicionado, ducha de agua caliente, terraza con hamaca. Tres piscinas, bar panorámico con servicio 24 hs y salón de juegos con televisión. Parking.

C POUSADA OASIS. Av. Bahia dos Golfinhos 672. Praia de Pipa. ☎ 3246 2330. www.pipa.com.br/oasis oasis@digi.com.br En el centro de la playa de Pipa, a 60 metros del mar, alojamiento con 11 chalets y 5 habitaciones con vistas a un bonito jardín tropical y que están equipados con aire acondicionado, televisión, nevera, ducha eléctrica, servicio de lavandería, parking privado, piscina para adultos y niños y servicio de wi-fi. Por la mañana se sirve un buen bufé de desayuno con zumos de frutas naturales, huevos, bacon, cuzcuz, tapioca, frutas, tartas caseras, etc.

RESTAURANTES

B LUNA BISTRO: en la Praia da Pipa, a 8 kilómetros. Preciso asequibles y cocina variada.

B CALÍGULA: Praia da Pipa. Una buena pizzería.

B CASARÃO: Praia da Pipa. Vistas bonitas y cocina de pescados. Precios bajos.

ACTIVIDADES

Pueden contratarse en la misma pousada Oasis o en cualquier agencia de viajes.

PESCA EN EL MAR. organiza salidas en el barco Sororoca, de 35 pies. Cuestan algo más de 4 mil reales con las comidas incluidas. Se pescan atunes, pez vela, barracudas, etcétera.

BUGUIS. Toda esta zona es muy apropiada para hacer excursiones a las playas cercanas en *bugui.* Que es considerado como la mejor forma de transporte playero.

También se puede hacer paseos a caballo, *kayaking,* baños con los delfines, buceo, etcétera. En la Pousada Oasis, que informarán de todo.

LLEGAR Y PARTIR

EN AUTOBÚS. Desde la rodoviária de Natal tenéis media docena de autobuses diarios a Pipa, que hacen el recorrido en dos horas.

BAÍA FORMOSA

Baía Formosa es un antiguo pueblo de pescadores en el extremo sur del Estado, a 35 kilómetros al sur de Tibaú, que ahora vive de los recursos turísticos de sus playas. El nombre, que ya nos dice bastante sobre el paisaje, se debe a la sorpresa de los portugueses cuando descubrieron la región.

LAS PLAYAS

BAÍA FORMOSA*:* con quince kilómetros de arena, ofrecerá a cada uno lo que vaya buscando: tranquilidad, bullicio, posibilidad de practicar deportes...

SAGI: a 15 kilómetros al sur de Baía Formosa. Dividida en varias zonas, cada una recibe un nombre, ofrece un mar tranquilo de aguas claras, cocoteros y zonas con dunas. El acceso por la parte norte sólo puede hacerse andando o en coches de playa.

LLEGAR Y PARTIR

EN AUTOBÚS. Desde la rodoviária de Natal hay varios autobuses al día.

LA COSTA AL NORTE DE NATAL

GENIPABU

Genipabu es un municipio perteneciente a Estremoz (18 kilómetros tierra adentro), que se encuentra a 24 kilómetros al norte de Natal. Sus playas hay que incluirlas entre las mejores del Estado. Por otra parte, dispone de una completa infraestructura hotelera.

LAS PLAYAS

REDINHA: al sur de Genipabu, muy cerca de la desembocadura del río Potengi, donde hay otras playas fluviales. Hay un pueblo de pescadores.

SANTA RITA: 12 kilómetros al sur de Genipabu. Lo más interesante son las espectaculares dunas desde las que se tienen unas amplias vistas de Genipabu y Redinha.

GENIPABU: tal vez la más espectacular de todas las playas de la zona gracias a unas dunas que alcanzan los cincuenta metros de altura y que invitan al paseo en *bugui* de playa.

Otro de sus atractivos es el lagoa de Genipabu, con muchos chiringuitos (algunos dentro del agua) y trampolines.

BARRA DO RIO: seis kilómetros al norte de Genipabu, junto a un pueblo de pescadores y una urbanización. Si habéis alquilado un coche, de aquí salen las balsas que cruzan el río.

GRAÇANDU: cerca de tres kilómetros de arena blanda y arrecifes que forman piscinas naturales.

PITANGUI: 16 kilómetros al norte de Genipabu. Más arena blanca, algunas urbanizaciones y casas de pescadores, arena blanca, piscinas naturales y la posibilidad de volar en ultraligeros.

JACUMÁ: 24 kilómetros al norte. Arena blanca con dunas y cocoteros. Se puede llegar en coche de playa por la costa o por un sendero desde Muriú.

Tierra adentro, tenéis el **lagoa de Jacumá**, en cuyas cristalinas aguas pueden verse bancos de peces de colores. También la posibilidad de practicar "esquí de arena".

PORTO MIRIM: aguas tranquilas, arena y cocoteros. Dos kilómetros al norte de la anterior.

MURIÚ: más dunas y cocoteros. En los arrecifes costeros, un kilómetros más adentro, se forman piscinas naturales al bajar la marea. La gente suele ir a pescar langostas a alta mar.

PRAINHA: a 30 kilómetros de Genipabu. Algunas casas, arena y muchos cocoteros.

BARRA DE MAXARANGUAOE: seguimos en dirección norte. Urbanizada y con arrecifes, dunas y cocoteros. De aquí sale una barca para la Praia de Muriú.

CARAÚBAS: arena blanda, arrecifes y una zona muy frecuentada junto al poblabo caiçara.

MARACAJAÚ: otra playa con dunas y cocoteros y un grupito de lagos junto a las carreteras de acceso.

PITITINGA: junto a un poblado *caiçara*. Arena clara, cocoteros y los restos de un barco naufragado.

ALOJAMIENTO

Ⓜ **POUSADA SOLEIL:** Av. Beira-Mar, 91. ☎ 3225 2064. www.pousadasoleil.com.br Habiatciones sencillas y luminosas, muy cerca de la playa.

Ⓒ **POUSADA VILLA DO SOL:** Enseada de Genipabu, 1 km. ☎ 3225 2132. www.villadosol.com.br Situado en la barra del rio Ceará-Mirim, en un lugar en el que pasar el tiempo dejándose llevar por el ir y venir de los barcos. Cuenta con 24 habitaciones de las que 9 son de lujo y están dotadas de ventilador de techo, aire acondicionado, televisión y minibar. Todas mirando al mar y con terrazas individuales.

RESTAURANTES

BAR 21: Praia de Genipabu. ☎ 3224 2484. Abierto hasta las 18.00 h. Está en la playa y su oferta principal son los pescados frescos preparados de forma sencilla.

Ⓑ **O PEDRO:** Praia de Genipabu. Abierto todos los días hasta las 17.00 h. Cocina de la zona y precios moderados.

LLEGAR Y PARTIR

EN AUTOBÚS. Desde la rodoviária Velha de Natal hay varios autobuses al día.

TOUROS

A 91 kilómetros de Natal, Touros ocupa el punto más nororiental de Brasil. Aparte de los encantos de sus playas, ofrece al visitante un interesante legado histórico: una iglesia con una fachada barroca colonial y, en la misma plaza, unos cuantos cañones utilizados durante la invasión holandesa de 1640.

LAS PLAYAS

RIO DO FOGO: 9 kilómetros al sur. Fuerte oleaje, arrecifes y algas. Vegetación baja.

PEROBAS: a 6 kilómetros. Se accede desde Touros. La típica postal: arena, cocoteros y fuerte oleaje.

CARNAUBINHA: a 3 kilómetros. Poca gente, algunos cocoteros y arrecifes. La gente suele ir a pecar langosta.

TOUROS: estrecha franja de arena frente a la ciudad. Dunas al fondo y urbanizaciones.

CALCANHAR: 4 kilómetros al norte, junto al faro. Por cierto, considerado de los más grandes del mundo.

CAJUEIRO: 12 kilómetros al norte. Un pueblo de pescadores y tramos de arena.

MONTE ALEGRE: cerca de São Miguel do Gostoso, a 22 kilómetros de Touros. Cerca de un poblado caiçava y muy tranquila ya que no tiene infraestructura. Lo mismo sucede con la siguiente, **Ponta de Santo Cristo,** que tiene algunas dunas de arena.

SÃO MIGUEL DO GOSTOSO: a 26 kilómetros. Arena y piedras y una oferta de hoteles y restaurantes que bastan para cubrir las necesidades del veraneante.

REDUTO: a 29 kilómetros. Al tres kilómetros de un pueblo de pescadores, Tabua do Reduto. Mar muy tranquilo por la proximidad de los arrecifes.

DOS MORROS: se accede por unas carreteras en no muy buen estado. Dunas y un centro de veraneo.

DOS MARCOS: 31 kilómetros al norte. Aprovechad para dar una vuelta por el marco colonial.

PEDRA GRANDE: municipio tierra adentro, que cuenta en su término con la playa de **Exu Queimado**, que comienza a ser explotada y conocida turísticamente.

PONTA DOS TRES IRMÃOS: 70 kilómetros al norte. Junto al pueblo de São Bento do Norte, lo mismo que la playa de **Caiçara**. Muy solitarias y con la presencia de un faro.

GUAMARÉ: junto a este pueblo, encontraréis otras tres interesantes playas: **Galos, Galinhos** y **Minhoto**.

ALOJAMIENTO

B POUSADA RIO DO FOGO: Praia Rio do Fogo, a 12 kilómetros. ☎ 3221 58 72. Piscina. Dispone de quince habitaciones.

C POUSADA SINOS DO VENTO: Acceso por la carretera de Perobas (Praia das Garças). ☎ 3263 2353. www.sinosdovento.com.br Habitaciones alegres y luminosas, cerca de la playa. Piscina y relax.

RESTAURANTES

B RESTAURANTE DA POUSADA DO GOSTOSO: Praia Ponta de Santo Cristo, a 27 kilómetros, en el municipio de São Miguel. Una buena dirección para probar unos ricos pescados, en cuyas recetas se aprecia una cierta influencia bahiana.

B SAMBURÁ: Av. José Penha de Souza. ☎ 3263 2326. Especializado en pesacado y marisco. Cierra a las 23.00 h.

LLEGAR Y PARTIR

EN AUTOBÚS. Desde la Rodoviária Nova de Natal hay varios autobuses a Touros cada día, que hacen el recorrido en una hora y media.

MACAU

A 190 kilómetros al norte de Natal, Macau es una población que ha vivido de la explotación de la sal, iniciada hace siglos por los portugueses, y que ha sabido añadir la pesca y el turismo.

Para pasar la noche, tenéis el Hotel Sousa Center: R. Amaro Cavalcante, 110. ☎ 3521 2378. Barato y sencillo, y para comer el Restaurante Maré Mansa, en la Rua São José, 901 (Valadão). Con platos de pescado.

LAS PLAYAS

DIOGO LOPES: 27 kilómetros al este. En la isla de Turbarão, cubierta de vegetación y despoblada.

BARREIROS: 24 kilómetros al este. En otra isla solitaria, **Ilha da Casqueira**. Otra playa en esta misma isla es la de **Pontal do Ajo**.

CAMAPUN: en la isla de **Alagamar**. Arena oscura y servicio de duchas y aseos.

PORTO DE MANGUES: a unos treinta minutos en barco. Junto a un pueblo de pescadores, sólo podréis bañaros en una pequeña zona.

AREIA BRANCA: la última zona de playas que encontramos al norte del Estado. Aquí podréis ir a las de: **Ponta do Mel**, con el faro; **São Cristóvão**, junto a una aldea del mismo nombre y una de las mejores playas de la zona; **Morro Pintado**, con otro pequeño pueblo de pescadores. Algunas dunas y algunas rocas; **Baixa Grande**, cerca de tres kilómetros de arena, y **Upanema**, con otro faro y un mar de fuerte oleaje.

LLEGAR Y PARTIR

EN AUTOBÚS. Desde la Rodoviária Nova de Natal hay autobuses cada día a Macau.

ESTADO DE CEARÁ

Este Estado de 148.000 kilómetros cuadrados ha sufrido históricamente los azotes de las sequías, la emigración y la pobreza. Sus tierras no son adecuadas para el cultivo de la caña de azúcar, principal riqueza del Nordeste, por lo que los *fazendeiros* se dedican a la cría de ganado fundamentalmente.

Desde 1986 Ceará ha dado un giro hacia el progreso, gracias al buen hacer de dos gobernadores: Tasso Jereissati y su sucesor Ciro Gomes, que fueron capaces de poner en marcha un ambicioso programa de industrialización consistente en premiar con incentivos fiscales a los industriales que instalen sus empresas en Ceará. Estas medidas interesaron, entre otros, a un grupo de empresarios de Taiwan especializados en la fabricación de productos de alta tecnología y que llegaron a crear cinco mil puestos de trabajo directos en Acarape, una pequeña localidad situada a 70 kilómetros de Fortaleza que a veces pasa hasta tres años sin ver una gota de agua.

A partir de ahora, es posible que sus habitantes puedan hacer frente a la sequía y a otros problemas generados por la pobreza. El plan de progreso también se ha extendido al campo de la salud y en poco tiempo se ha registrado un éxito rápido con la reducción a la mitad de la mortalidad infantil, un problema preocupante en esta región.

Los políticos vieron en el turismo una fuente de ingresos y por ello emprendieron una campaña de promoción de su litoral. Su oferta se ha basado en 573 km de playas y hoteles gigantes construidos frente al mar. Los resultados han sido positivos con el turismo interior, que nunca se cansa de tomar el sol.

Pero Ceará puede ofrecer más, al margen de la costa y el *sertão*. Su Serra da Ibiapaba, en la parte occidental del Estado, es un bello y extraño paraje, una especie de oasis en medio del desierto. El valle de Carirí, donde se encuentra el centro de peregrinación de Juazeiro do Norte, representa el corazón de la religiosidad de los nordestinos.

FORTALEZA

La capital de Ceará es un activo puerto que fundaron los holandeses en 1634 durante su ocupación del litoral nordestino. Los holandeses construyeron un fuerte defensivo –de ahí el nombre de la capital– y se aposentaron durante veinte años.

Los portugueses habían llegado con anterioridad a este lugar, a principios del siglo XVI –y desde hace poco se dice que el español Yáñez de Pinzón desembarcó aquí en 1500, dos meses antes que Cabral–, pero se encontraron con unos indígenas muy beligerantes que los derrotaron en sucesivas batallas.

En 1654 los lusitanos arrebataron el fuerte a los holandeses y lo llamaron **Forte de Nossa Senhora de Assunção**. A principios del XIX fue reconstruido y actualmente está abierto al público.

DEL AEROPUERTO Y LA RODOVIÁRIA A LA CIUDAD

El aeropuerto Pinto Martins está situado a diez kilómetros de Fortaleza y a un par de la Rodoviária. Para ir al centro tendréis que tomar primero un autobús a la Rodoviária y después otro a la ciudad.

Océano Atlántico
Chaval
Barroquinha
CAMOCIM
Parazinho
JERICOACOARA
Cruz
Acaraú
Itarema
Bela Cruz
Granja
Martinópole
Morrinhos
SERRA DO IBIAPABA
Uruoca
Senador Sá
Santana do Acaraú
Amontada
TRAIRI
PARACURU
Paraipaba
MERUOCA
Massapê
Itapipoca
Pecém
Viçosa do Ceará
Miraíma
S. Luis do Curu
TIANGUÁ
SOBRAL
Itapagé
CAUCAIA
FORTALEZA
Frecheirinha
Pentecostes
São João da Fronteira
UBAJARA
Mucambo
Groaíras
Apuiarés
Açude Pentecostes
MARACANAÚ
AQUIRAZ
Maranguape
São Benedito
Pacujá
Tejuçuoca
Gal. Sampaio
Itaitinga
Paramoti
Gualúba
CAPONGA
Carnaubal
Varjota
SERRA DO MACHADO
Pacoti
Horizonte
Guaraciaba do Norte
Açude Gal. Sampaio
CASCAVEL
GUARAMIRANGA
Pacajus
BEBERIBE
Açude Araras
SANTA QUITÉRIA
Redenção
Chorozinho
Ipu
Croatá
Hidrolândia
Canindé
Baturité
Ocara
Fortim
Itatira
Capistrano
Ipueiras
Canoa Quebrada
Itaplúna
ARACATI
Nova Russas
Ararendá
Madalena
Palhano
Tamboril
Mons. Tabosa
Choró
Ibaretama
Jaguaruana
Ipaporanga
Tibau
RUSSAS
Ibicuitinga
QUIXADÁ
Boa Viagem
Baraúna

ESTADO DE CEARÁ
PIAUÍ
PERNAMBUCO
PARAÍBA
GRANDE DO NORTE
Senador Pompeu
Acopiara
Milhã
Jaguaretama
Jaguaribara
Solonópole
Alto Santo
Potiretama
Apodi
Rodolfo Fernandes
Iracema
Jaguaribe
Erere
Dep. Irapuan Pinheiro
TAUÁ
ACOPIARA
Catarina
Parambu
Arneiroz
Quixelô
Açude Orós
Orós
IGUATÚ
ICÓ
Poço Dantas
Saboeiro
Jucás
Cariús
Aiuabá
Cedro
Umari
Tarrafas
Antonina do Norte
VÁRZEA ALEGRE
Lavras da Mangabeira
SOUSA
CAJAZEIRAS
Campos Sales
Altaneira
Farias Brito
Aurora
Potenji
Nova Olinda
Cariiriaçu
São José de Piranhas
Salitre
Araripe
Santana do Cariri
CRATO
JUAZEIRO DO NORTE
Missão Velha
Milagres
MAURITI
Barbalha
ARARIPINHA
Exu
Porteiras
Brejo Santo
Jardim
Conceição
Jati

LA VISITA

Como en la mayoría de las ciudades costeras del Nordeste, Fortaleza tiene un centro urbano que vive de espaldas al mar y otro más moderno situado junto a las playas, creado para desarrollar el ocio y el turismo, con hoteles, restaurantes y bares.

El centro colonial de Fortaleza es muy reducido, los edificios que quedan de esa época están aislados y medio camuflados entre los bloques nuevos. La ciudad resulta algo decepcionante y pocos son los lugares de interés. Empecemos nuestra visita por uno de ellos:

PRAÇA JOSÉ DE ALENCAR: llamada así en honor del ilustre escritor nacido en esta ciudad. Aquí se celebran las tertulias, se instalan numerosos puestos ambulantes y operan los populares *repentistas* o improvisadores de versos cantados sobre una melodía fija. Estos personajes utilizan una técnica similar a la empleada por los *bertsolaris* vascos. Normalmente se establece un juego entre dos con los papeles repartidos: uno dice cosas agradables y el otro es más pícaro y atrevido. Las letras suelen estar inspiradas en la gente que se para a escucharlos y en muchos casos los ripios se repiten. No os escandalicéis si os cantan que tenéis *cara de virgen y cuerpo de pecadora*, se lo dicen a todas las mujeres. Después de cada improvisación esperan recibir dinero y lo piden de forma descarada, con la amenaza de dedicar versos casi insultantes si no se es generoso. Hacia el atardecer es cuando más animada está la plaza. Después de escuchar estos versos, podéis acercaros al:

TEATRO JOSÉ DE ALENCAR: Praça José de Alencar. Visitas de 8.00 h a 17.00 h de lunes a viernes. Típica construcción de mediados del XIX con la tradicional estructura metálica modernista. las piezas fueron traídas una a una de Escocia. Durante los fines de semana suelen celebrarse recitales de música folclórica.

ANTIGUA CÁRCEL (CENTRO DE TURISMO): Rua Senador Pompeu 350. Aquí encontraréis la oficina de turismo de Setur, una tienda de artesanía y el Museu de Arte e Cultura Popular e Mineralogia (ver Museos). El recinto de la cárcel es muy agradable y fresco. En el patio está instalada una terraza de bar donde podréis almorzar o beber un delicioso *suco*. Los puestos de venta están instalados en las antiguas celdas. La mayoría de ellos ofrece bordados y unos pocos objetos de cuero. Podéis consultar los precios, pero resultan más caros que los del mercado nocturno de la Praia de Meireles.

ANTIGUA ESTACIÓN DE FERROCARRIL: Rua Castro E.Silva. Si venís a la antigua prisión, acercaos –está a cinco minutos– a la antigua estación de trenes. Es un precioso edificio de primeros del siglo XX.

La Avenida Dr. João Moreira, en dirección este, desemboca en la Avenida Alberto Nepomuceno. Aquí se encuentra la Catedral y el Mercado Central.

LA CATEDRAL DA SÉ: su fachada principal está en la Praça da Sé. Es una moderna construcción de cemento.

MERCADO CENTRAL: entrada principal por la Rua General Bezerril. Abierto de lunes a sábado de 7.00 h a 18.00 h. Además de vender productos alimenticios, tiene una gran sección de puestos de artesanía, en la que destacan sus famosas hamacas a buenos precios.

FORTE NOSSA SENHORA DE ASSUNÇÃO: desde la Avenida Alberto Nepomuceno, en dirección norte, se llega a la Avenida Presidente Castelo Branco, próxima al mar, donde está la fortaleza. El primer núcleo de la ciudad, ocupado en la actualidad por los militares. Lo podréis visitar si solicitáis permiso a la entrada.

El centro posee algunas calles peatonales rodeadas de comercios y almacenes en los que se venden objetos de uso diario y mucha ropa de algodón a precios asequibles.

MEMORIAL CASTELO BRANCO: Avenida Barão Studart. Aldeota. Aquí, fuera de la zona céntrica, reposan los restos mortales de este presidente, autor del golpe militar que le mantuvo en el poder desde 1964 hasta 1966. Nacido en Fortaleza, murió de un accidente de aviación, después de haber renunciado a la presidencia del país. En el museo de enfrente se exponen los restos de la avioneta causante de su muerte y una serie de fotografías históricas de Ceará y Fortaleza.

MUSEOS

CENTRO CULTURAL DRAGÃO DO MAR: Rua Dragão do Mar, 81, ☎ 3488 8600. De 14.00 h a 21.30 h, De martes a domin-

FORTALEZA
PRAIA DE IRACEMA
BARRA DO CEARÁ
Av. A. Caminha
Av. Alm. Barroso
CENTRO
R. São Paulo
R. Gal Sampaio
R. Sen. Pompeu
Av. Tristão Gonçalves
R. Pedro Pereira
R. Pedro Primeiro
Av. Duque de Caixas
JOSÉ BONIFÁCIO
R. Meton de Alencar
R. António Pompeu
Av. Domingos Olimpio
R. Quintino Bocaiúva
R. Jaime Benévolo
R. Cons. Tristão
R. Pero Coelho
R. 25 de Março
Av. Dom Manuel
R. Rodrigues Júnior
R. Dona Leopoldina
R. Dom Joaquim
R. Nogueira Acioli
R. Pinto
R. Tenente
Benévolo
R. António Augusto
R. Ildefonso Albano
R. Dep. Moreira da Rocha
R. Costa Barros
Av. Santos Dumont
R. Pde. L. Figueira
R. Pinto Madeira
R. Fiúza de Pontes
R. C. Vasconcelos
R. Mons. Bruno
Av. Rui Barbosa
ALDEOTA
Av. Heráclit Graça
R. Rocha Lima
R. Bárbara de Alencar
Av. António Sales
R. J. M. Torres
R. João Brígido
Av. Rui Barrosa
R. Afons
R. João Carvalh
R. Catão Mamede
R. de Valdevir
Av. Visconde do Rio Branco
JOAQUIM TÁVORA
R. Alves Teixeira
R. M. Pereira
R. Dr. José Lourenço
Av. Barão de Studart
R. Joaquim S
R. Marondes Pere
R. Júlio Siqueira
R. Barão do Rio Branco
R. Major Facundo
R. da Assunção
R. Barão de Aratanha
Av. Aguanambi
R. Felino Barroso
R. Mons. O. de Barroso
R. Dom. S. Leme
R. Lauro Maia
R. Cel. P. Ferreira
Av. 13 de Maio
Av. Soriano Albuquerque
R. Castro Alves
R. F. Bernardino
R. António Furtado
Parque Rio Branco
R. N. Laureano
FÁTIMA
R. Juv. Carvalho
R. P. Rodriguez
R. M. Rodriguez
R. Joã Filho
Av. Pontes Vietra
R. Eduardo Bezerra
R. Tibúrcio Frota
R. Mons. Salazar
Av. Pon
R. Mons. S
R. Char
DION
TOR
1
2
3
4
5
6
7
8
9
10
11
12
13
16
17

1. Teatro José de Alencar
2. Praça do Ferreira
3. Palacete Ceará
4. Praça Gral. Tibúrcio
5. Igreja do Rosário
6. Palácio da Luz
7. Museu do Ceará
8. Paço Municipal de Fortaleza
9. Fortaleza de Nossa Senhora da Assunção
10. Museu das Secas
11. Igreja do Carmo
12. Estaçao Ferroviária João Felipe
13. Teatro São José
14. Museu da Imagem e do Som
15. Farol do Mucuripe
16. Museu de Arte da UFC
17. Catedral Metropolitana
18. Casa de José de Alencar
19. Mausoléu Castelo Branco
20. Palácio de Iracema

go Es un bonito centro cultural en donde hay cines, exposiciones un planetario y varios bares y restaurantes muy animados por la noche, entre ellos el Café Orgânico Santa Clara, ☎ 3219 6900, www.santaclara.com.br También está allí el Museu de Arte Contemporânea.

MUSEU DE ARTE E CULTURA POPULAR E MINERALOGIA: Abre de lunes a viernes de 8.00 h a 18.00 h y los sábados de 8.00 h a 12.00 h. Se exponen ejemplos de la artesanía popular, que incluye las tradicionales barcas *jangadas*, y el arte actual de los artistas locales. Es una buena muestra, que eleva a otra categoría los materiales utilizados en la vida diaria: cartón, cuerda, telas de saco, etc.

MUSEU DO CEARÁ: Rua São Paulo 51. Abre de lunes a viernes de 8.30 h a 17.00 h, los sábados de 8.30 h a 12.30 h y los domingos, de 9.00 h a 12.00 h. Muebles, indumentarias, objetos de los *cangaceiros,* etc.

LAS PLAYAS

Para visitar las playas urbanas de **Iracema** y su continuación **Meireles** deberéis coger los autobuses *Circular Praia* que pasan por el centro. No suelen estar en muy buenas condiciones para el baño, debido a la proximidad de los muelles y a las constantes salidas de aguas residuales sin depurar.

PRAIA DO FUTURO. Para bañaros con tranquilidad en una playa hermosa y limpia, coger un autobús que os lleve hasta la **Praia do Futuro**, al este del centro. tiene una extensión de ocho kilómetros y podéis llegar hasta aquí en uno de los frecuentes autobuses urbanos que pasan por el centro y por la zona de Iracema o Meireles con el letrero *Praia do Futuro*. Aquí encontraréis muchos chiringuitos con sombrillas de paja donde sirven comidas y bebidas.

Iracema y Meireles están animadas por un paseo marítimo bordeado de altos edificios de hoteles y restaurantes que cobran vida durante los fines de semana y en las horas nocturnas.

Entre éstas y do Futuro está la de **Mucuripe**, desde cuyas dunas podréis contemplar la llegada de las *jangadas* de los pescadores al atardecer.

PRAIA DE CUMBUCO: algo más alejada y en dirección oeste, queda a unos 30 kilómetros de Fortaleza. Sin duda alguna la más interesante de la zona. Hay autobuses jardineras con un horario caprichoso y que tardan una hora y cuarto en hacer el recorrido porque hacen constantes paradas. Durante el trayecto se pasa por varios suburbios y una zona pantanosa. Una vez en Cumbuco os asaltarán con ofertas de alquiler de caballos o coches todoterreno en los que se llega a unas dunas cercanas. Es más salvaje que praia do Futuro, aunque también se han instalado chiringuitos de comidas. Atención al horario de autobuses de vuelta: el último no sale muy tarde.

DATOS PRÁCTICOS

PREFIJO TELEFÓNICO: 85.

INFORMACIÓN TURÍSTICA

SETUR: Rua Senador Pompeu 350 (Centro de Turismo). ☎ 3231 35 66. En la oficina de turismo no disponen de material impreso, sólo algún mapa fotocopiado, pero las personas que la atienden están informadas y son muy eficientes y amables. Hay otras oficinas en el aeropuerto y en la Rodoviária.

Los mejores planos de la ciudad los conseguiréis en los hoteles: las letras de las calles son legibles y abarcan amplias zonas.

CORREOS: Avenida Mister Hull 5.063 y Praça Capistrano de Abreu (Centro).

TELÉFONOS: Avenida Duque de Caxias (Centro). Para hacer llamadas internacionales.

INTERNET: Telemar, Avda Beira Mar 740, Iracema, abre hasta medianoche.

CAMBIO DE DINERO: El Banco de Brasil es lento y cobra una comisión alta. Y tampoco hay muchos sitios céntricos para cambiar.

HOSPITALES DE URGENCIAS

PRONTO SOCORRO DE ACIDENTADOS: Avenida Des. Moreira 2.283 (Aldeota). ☎ 3244 21 44.

HOSPITAL GERAL: Avenida Ávila Goulart 900 (Papicu).

MEDIOS DE TRANSPORTE

RODOVIARIA: A seis kilómetros del centro. ☎ 3230 1111.

AEROPUERTO PINTO MARTINS: Av. Senador Carlos Jereissati 3.000. Bairro Serrinha ☎ 3392 1030-3477 12 00. A seis kilómetros del centro de la ciudad.

ALQUILER DE COCHES: Avis: ☎ 3477 13 03. **Localiza:** ☎ 3477 50 50. **Hertz:** ☎ 3477 50 55. **Unidas:** ☎ 3477 14 00.

RADIOTAXIS: Ceará: ☎ 3243 81 11. **Fortaleza:** ☎ 3254 57 44.

ALOJAMIENTO

El esquema de distribución de hoteles es similar al resto de las ciudades costeras brasileñas: los más caros se sitúan en la zona playera y los baratos en el centro, aunque en nuestra zona favorita para alojarse, en la Praia de Iracema, hay albergues y *pousadas* económicas; y además, allí está la zona de marcha joven.

Tened en cuenta que la temporada más alta en Fortaleza se extiende entre diciembre y finales de enero, y los precios pueden subir.

PRAIA DE IRACEMA: Avenida Almirante Barroso 998 (Praia de Iracema). ☎ 3 219 32 67. contato@alberguepraiadeiracema.com.br Tiene 80 camas, cocina equipada y lavandería. Para ir desde la rodoviária, coged el autobús Aguanambi y bajaos en la Praça Cristo Rei (Redentor).

CÁMPING FORTALEZA CAMPING CLUB: Rua Ver. Pedro Paulo Moreira 505 (parque Manibura, bairro da Agua Fria, a 10 kilómetros de Fortaleza). ☎ 3273 25 44. Terreno llano, de hierba y tierra, sombreado por árboles frutales. En temporada alta funciona un restaurante.

(B) **POUSADA ARCOÍRIS:** R. Livreiro Colares Maia, 325. Praia do Futuro. ☎ 3262 1571. www.pousadarcoiris.com A pocos metros de la playa, con piscina y habitaciones equipadas con aire acondicionado y baño. En algunas hay camas y literas.

(B) **POUSADA NOSSA CASA:** R. Castro Monte, 923 (Varjota). ☎ 3267 4440 Habitaciones dobles con a/c, con minibar y económicas.

(B) **POUSADA ENCONTRO DAS ÁGUAS:** R. Alberto Monteiro, 301. Praia do Futuro. ☎ 3262 1571. www.pousadaencontrodasaguas.com.br Localizada a 200 metros del mar, dispone de 21 habitaciones con televisión, aire acondicionado y frigorífico. Estilo rústico.

(B) **IDEAL PRAIA:** Rua Antonele Bezerra 281. ☎ 3248 75 04. www.hotelideal.com.br En Meireles, cuartos con a/c y hay sauna y piscina. Con precios moderados.

(B) **IBIS:** R. Atualpa Barbosa de Lima, 660 Iracema. ☎ 3219 0000 tel. reservas: 0800 703 7000. www.accorhotels.com.br Es uno de los primeros hoteles de esta cadena Ibis en Brasil, situado en una zona tranquila, cerca de la praia de Iracema, Cuartos correctamente equipados y alguno con vistas al mar.

(M) **LISBOA PRAIA HOTEL:** Avda Dioguinho 3.860. ☎ 3486 40 00. www.lisboapraiahotel.com.br Está muy cerca de la Praia do Futuro, se puede ir caminando, y es bonito y barato para su calidad. Tiene una pequeña piscina y restaurante. Es de cuatro estrellas.

(M) **FORTALEZA PRAIA:** Avda Zezé Diogo 7.201. Praia do Futuro, a 14 kilómetros. ☎ 3234 68 68. www.fortalezapraiahotel.com.br Buenas prestaciones: bar, restaurante, sauna, etc, con setenta habitaciones bien equipadas y cerca de la playa.

(M) **PRAIA MAR:** Avda Beira Mar 3.190. ☎ 3242 00 77. www.praiamarfortaleza.com.br Un hotel algo viejo, de dos plantas, con buen precio, incluido el desayuno, y con los mejores cuartos dando a la playa.

(M) **CAXAMBU:** Rua General Bezerril 22 (Centro). ☎ 3231 03 39. Junto a la Praça da Sé. Con restaurante y bar. Tiene 64 habitaciones con teléfono, televisión, aire acondicionado y frigorífico.

(M) **POUSADA SONHO DE FAMÍLIA:** Av. Zezé Diogo, 2790 (Praia do Futuro). ☎ 3265 3717. www.pousadasonhodefamilia.com.br Son 20 habitaciones con teléfono, televisión, aire acondicionado y frigorífico. Conexión a Internet.

(M) **POUSADA JARDIM:** Rua Ildefonso Albano 950 (Aldeota). ☎ 3226 97 11. Con diez habitaciones con aire acondicionado, televisión y frigobar, y con una muy buena relación de calidad y precio.

(M) **SAMBURÁ PRAIA:** Av. Beira-Mar, 4530. Praia de Mucuripe. ☎ 3208 3999. www.samburapraiahotel.com.br A pocos pasos de la playa.Tiene 180 habitaciones con teléfono, televisión, aire acondicionado y frigorífico.

(C) **HOTEL MAREDOMUS:** Almirante Barroso 1.030. Praia de Iracema. ☎ 4005 4500. www.maredomushotel.com.br Un hotel moderno con piscina, restaurante, sauna y cuartos decorados con tonos suaves con a/c, baño, Caja fuerte. Conexión a Internet.

(C) **PLAZA PRAIA SUITES:** R. Br. de Aracati, 94. Iracema.Tel. 3455 1500 www.plazasuites.com.br Cerca de la playa de Iracema. Las habitaciones tienen Internet y vistas al mar.

MARINA PARK: Avenida Presidente Castelo Branco, 400 (Centro). ☎ 4006 95 95. www.marinapark.com.br Con una arquitectura inspirada en un transatlántico, Estacionamiento privado, dos restaurantes, bar, piscina con cascada de agua, sauna e instalaciones deportivas, entre ellas cuatro pistas de tenis. Tiene 315 habitaciones, es un hotel cuyos precios rozan los de lujo.

PONTA MAR: Avenida Beira-Mar, 2.200 (Praia de Meireles). ☎ 4006 22 00. www.pontamar.com.br Tiene 260 habitaciones con aire acondicionado y televisión por cable, mini-bar, cajas fuertes individuales y secador de pelo. Además piscina, bar y restaurante. Dos habitaciones equipadas y adaptadas para discapacitados.

PRAIA CENTRO: Avenida Mons. Tabosa 740 (Iracema) ☎ 30 83 11 11. Tiene 190 habitaciones con todo lo habitual en la categoría y restaurante, bar y piscina.

PRAIANO PALACE: Avenida Beira-Mar 2.800 (Praia de Meireles). ☎ 4006 2222. Tel. reservas 4006 2223. www.praianopalace.com.br Tiene 189 habitaciones bien equipadas y restaurante, bar y piscina.

GOLDEN TULIP IATE PLAZA: Av. Beira-Mar, 4753. Praia de Mucuripe. ☎ 3466 4600. www.iateplazahotel.com.br Con una espectacular vista del mar de Mucuripe. La piscina parece que se continúa con el mar. Habitaciones amplias, algunas con una pequeña cocina con microondas. Las habitaciones de los pisos más altos cuentan con las mejores vistas.

SEARA PRAIA: Avenida Beira-Mar 3.080 (Praia de Meireles). ☎ 4011 2200. www.hotelseara.com.br Del mismo grupo que el Praiano y el Ponto, con cinco estrellas y más de 200 habitaciones en veinte plantas. Tiene restaurante, el Azul de Prata, con un bufé de cena, y el bar Acquamarine. Piscina con cascada de agua, jacuzzi y sauna.

LUZEIROS: Avenida Beira-Mar 2.600 (Praia de Meireles) ☎ 4006 8585. Tel. eservas: 4006 8586. www.luzeiros.com.br Hotel de arquitectura moderna con un diseño atractivo, con cuartos y suites frente al mar en un hotel de 21 plantas. Tiene piscina, sauna, gimnasio y el restaurante Tremembé en el vestíbulo, de cocina brasileña e internacional.

VILA GALÉ FORTALEZA: Av. Dioguinho, 4189. Praia do Futuro. ☎ 3486 4400.Reservas: 0800-280-4050. www.vilagale.com.br Es una de las mejores alternativas de hospedaje en la Praia do Futuro. A pie de playa y con una salida para un chiringuito que lleva el mismo nombre. Un hotel ideal para ir con niños.

OTHON PALACE FORTALEZA: Av. Beira-Mar, 3470. Praia de Meireles. ☎ 3466 5500. www.othon.com.br Tiene restaurantes, bar, piscina, sauna, salón de belleza y masajes, etcétera. Tiene 118 habitaciones, las standard a precios moderados, las suites tienen bañera de hidromasajes y terraza con vistas al mar.

BLUE TREE PREMIUM: R. Atualpa Barbosa de Lima, 500. Praia de Iracema. ☎ 4008 4008. www.bluetree.com.br En Iracema, en el barrio más animado de la ciudad, situado en una calle tranquila con piscina y habitaciones bien equipadas.

GRAN MARQUISE: Av. Beira-Mar, 3980 Praia de Mucuripe. ☎ 4006 5000. www.solmelia.com Un lujoso hotel con vistas espectaculares al mar de Mucuripe. En el hall hay un jardín y una escultura de Burle Marx. Las habitaciones son espaciosas con baño muy grande y televisión de pantalla plana. Spa con sauna y baño turco, salas de masaje y jacuzzi. Su Restaurante Nostradamus es uno de los mejores de la ciudad.

RESTAURANTES

En Fortaleza podéis probar la carne seca típica del *sertão*, el pescado y variados mariscos. Es tradicional la *peixada con pirão*, que consiste en un guiso de pescado con papilla de harina de mandioca. También son muy populares los *colhos*, un híbrido entre la cuajada y el queso fresco. Los restaurantes situados en las playas urbanas suelen estar muy animados a la hora de la cena. Y la tradición local marca los viernes y sábados como los días de ir a comer carangejos (cangrejos) a las barracas (Chiringuitos de playa).

Ⓑ **LA FIORENTINA:** Osvaldo Cruz 8. ☎ 3242 20 64. Abre hasta la medianoche. En la esquina con Beira Mar, una terraza muy agradable con churrascos baratos y otros platos medios.

Ⓑ **TROPICAL:** Avda Beira Mar 2.580. ☎ 3242 13 68. Un local que parece un calco del anterior y muy próximo. Tiene platos de carne, pescado y marisco a precio medio, y pizzas muy baratas.

Ⓑ **PANELA DO BARRO:** Avenida Eng Santana Jr. 1410 (Aldeota). ☎ 3234 06 35. Abierto todos los días hasta las 24 h. Buena cocina regional.

Ⓑ **BUONGUSTALO:** Rua Torres Câmara 51 (Aldeota). Sólo sirve comidas. Está decorado como una gran choza y ofrece una carta variada.

Ⓑ **CARNE-DE-SOL DA PARAÍBA:** Avenida Santos Dumont 1.226 (Aldeota). Platos del *sertão* que pueden compartirse con otra persona.

Ⓑ **LAGOSTA D'OURO:** Rua Costa Barros 1.650 (Aldeota). Es el restaurante del Centro Artesanal Luiza Távora, especializado en pescados.

Ⓑ **LA FARINELA:** Avenida Almirante Barroso 944 (Praia de Iracema). Cierra los lunes. Cocina italiana basada en la pasta casera.

Ⓑ **BOI DO SERTÃO:** Rua Pontes Vieira 2.340. ☎ 3272 03 01. Abre hasta medianoche. En Aldeota y con buenos platos regionales.

Ⓑ **PORTOFINO:** Tabajaras 450. ☎ 3 219 74 94. Un restaurante italiano en Iracema, con pizza, pasta, pero también *rodízio* de carne.

Ⓑ **CAPITÃO DO MAR:** Rua Cordeiro esquina Beira Mar. En Iracema y con un poco de todo

Ⓑ **JOÃO BRANCO:** Rua Olga Barroso 404 (Mucuripe). Cierra los lunes. Local sencillo en una calle escondida donde se propone una más que correcta cocina a base de pescados.

Ⓑ **O BARRICA:** Rua Santana 222 (Mucuripe). Cierra los domingos. Acogedor local y buenos platos de pescado.

Ⓑ **ALFREDO DO MIRANTE:** Rua do Mirante 21 (Mitantão). Abierto hasta la medianoche. Vistas muy bonitas y cocina de pescados.

Ⓑ **O OSMAR:** Rua São João 147 (Mucuripe). Cierra los domingos. Agradable patio en el que su propietario sirve excelente pescado.

Ⓜ **CANTINHO DO FAUSTINO:** Rua Delmiro Gouveia 1.520 (Varjota). ☎ 3267 53 48. Abre hasta las 15.00 h y de 18.00 h a medianoche. Cierra los lunes, y los domingos a las 16.00 h. Cocina regional en un restaurante sencillo con excelente reputación en todo el Nordeste.

Ⓜ **PULCINELLA:** Rua Osvaldo Cruz 640 (Aldeota). ☎ 3261 34 11. Abre hasta las 15.00 h y de 18.30 h a medianoche. Además de las pastas hay otros platos típicos italianos, como la *perdiz com polenta*.

Ⓜ **SAL E BRASA:** Av. Abolição, 3500 (Meireles). ☎ 3261 8888. www.salebrasa.com.br Rodizio, platos de carne y sushis.

Ⓜ **CBARGAÇO:** Av. Beira-Mar, 3821 (Meireles). ☎ 3263 1530. www.restaurantebargaco.com.br Esmerada cocina de corte bahíano en la que no faltan los platos de marisco y las moquecas.

Ⓜ **LE DINER:** Rua Afonso Celso 1.020 (Aldeota). ☎ 3224 26 27. Abre de 19.30 h a medianoche y cierra los domingos. Reserva aconsejada. Gracias al buen hacer de sus propietarias se ha convertido en una de las mejores referencias gastronómicas de la zona. Cocina imaginativa con influencias asiáticas y francesas.

VIDA NOCTURNA

LUNES PIRATAS

BAR PIRATA: rua dos Tabajaras, en Iracema, Rua dos Tabajaras, 325. ☎ 4011.6161. Si estáis en Fortaleza un lunes no dejéis de acudir al donde hay actuaciones de grupos de *forró* en directo. Se anuncia como los lunes más locos del mundo.

Los demás días también hay marcha en los bares de esa zona, como el **Bikini**, en rua dos Potiguaras 192 y con *happy hour* entre las 22.00 h y la medianoche.

La zona de las playas se anima muchísimo durante las noches. Incluso la actividad comercial se desplaza hacia el mercado nocturno de artesanía que se organiza diariamente junto a la playa de Meireles. Los *repentistas* suelen terminar su jornada cantando sus versos en las terrazas de los restaurantes y bares, al igual que cientos de chiquillos vendedores o mendigos.

Pero la mejor diversión para cualquier habitante de Fortaleza es ir a bailar el *forró* a uno de los locales especializados en este tipo de ritmo popular. Si queréis ver bailar el auténtico *forró* deberéis desplazaros un miércoles hasta el **Clube do Vaqueiro**, a 15 kilómetros de la ciudad, por la autopista BR 116 dirección Natal.

COMPRAS

Fortaleza ofrece muchas posibilidades de compras a los turistas y en Ponta Negra hay un magnífico Shopping Centre.

MERCADO CENTRAL: Rua Gen. Bezerril (de lunes a sábado de 7.00 h a 18.00 h).

CEART (CENTRO DE ARTESANOS LUIZA TÁVORA): Rua Costa Barros 1.650 (Aldeota).

FEIRA DO ARTESÃO: Praça de Esportes. Domingos y lunes de 16.00 h a 21.00 h.

FEIRA NOTURNA DE ARTESANATO: Calçadão da Avenida Beira-Mar, en la playa de Meireles, todos los días de la semana.

CENTRO DE TURISMO: Rua Senador Pompeu 350. Antigua cárcel. Abierto de lunes a sábado de 7.00 h a 19.00 h; domingos de 8.00 h a 13.00 h.

LLEGAR Y PARTIR

EN AVIÓN. Desde Fortaleza hay vuelos para Belém, Brasília, Florianópolis, Goiânia, João Pessoa, Maceió, Manaus, Natal, Porto Alegre, Recife, Río de Janeiro, Salvador, Santarém, São Luís, São Paulo, etcétera. Tened en cuenta que muchos vuelos hacen escalas, así que a Brasília, por ejemplo, si no tomáis uno directo podéis tardar una buena friolera de horas.

EN AUTOBÚS. De Fortaleza hay autobuses a Recife (doce horas), Natal (ocho horas) Canoa Quebrada (tres y media), Jericoara (seis y media), Río de Janeiro (48 horas), etcétera.

PARACURU

A 106 kilómetros al noroeste de Fortaleza, Paracuru, con 18.000 habitantes, tiene fama de ser una de las ciudades más marchosas del Estado, especialmente durante los Carnavales. Durante el verano, aprovechando la afluencia de turistas a sus playas, se suceden los festivales y concursos.

La mayor parte de las playas de las inmediaciones son de arena clara con dunas y abiertas al mar. Suelen ser muy frecuentadas para practicar el surf: **Barra, Carnaubinha, Pedra do Meio, Munguba, Ronco do Mar, Pedra Rachada, Buraco** y **Coqueiros**.

ALOJAMIENTO

(B) **POUSADA DA PRAÇA:** Praça da Matriz. ☎ 3 344 12 71. Dobles básicas pero limpias y correctas.

LLEGAR Y PARTIR

EN AUTOBÚS. De Fortaleza hay una docena de autobuses diarios a Paracuru, que hacen el camino en dos horas y media.

LA SERRA DE IBIAPABA

Ceará guarda en su parte noroccidental una joya poco explotada turísticamente: la sierra de Ibiapaba, donde crece una vegetación tropical que contrasta con el vecino desierto. En unos pocos kilómetros cambia el paisaje y la temperatura desciende unos cuantos grados. **Sobral**, **Tinguá** y **Ubajara** (esta última muy próxima al Parque Nacional del mismo nombre) son tres localidades que merece la pena conocer, aunque sea de paso.

SOBRAL

Sobral está situado a 238 kilómetros al oeste de Fortaleza. Posee un conjunto de casas coloniales muy bonitas, la mayoría en torno a la Praça da Sé, en la que está enclavada la **Catedral**, construida en 1783. No dejéis de visitar el **Museu D. José de arte sacra**, Avenida D. José, 878 (abierto de lunes a sábado de 8.00 a 11.00 h y de 14.00 h a 17.00 h). Lleva el nombre del primer obispo de la ciudad, que fue quien reunió las piezas religiosas que hoy se muestran.

También es muy bonito el **Teatro São João**, en la plaza del mismo nombre, construido en 1880 en estilo neoclásico.

DATOS PRÁCTICOS

PREFIJO TELEFÓNICO: 88.

RODOVIÁRIA: Rua Cons. Rodrigues Jr. ☎ 3 611 15 54. Hay un servicio diario de autobús desde Fortaleza.

ALOJAMIENTO

(B) **BVISCONDE:** Av. Lúcia Sabóia, 473. ☎ 3611 5800. www.viscondehotel.com En el centro de la ciudad, cuenta con 48 habitaciones con aire acondicionado, televisión y ducha.

(B) **YTACARANHA:** Estrada para Meruoca; Estancia São Pedro, a 18 kilómetros. Bar, restaurante, piscina, pistas deportivas. Cuenta con 69 habitaciones, baño, aire acondicionado, tele y frigobar.

RESTAURANTES

(B) **RESTAURANTE CASA GRANDE O LOURO:** Rua Tab. Ildefonso Cavalcante 611. ☎ 3611 03 04. Abierto todos los días.

(B) **RESTAURANTE CHICÃO:** Estrada para Fortaleza, km 211. A cuatro kilómetros. ☎ 3 611 20 00. Cierra los lunes por la tarde. Precios asequibles y cocina variada.

LLEGAR Y PARTIR

EN AUTOBÚS. Sobral y Fortaleza están comunicadas por autobuses cada día.

TIANGUÁ

Esta pequeña localidad agrícola está situada a 800 metros de altitud sobre el nivel del mar, por lo que disfruta de una temperatura muy agradable. Está a una 330 kilómetros de Fortaleza y a 93 kilómetros de Sobral, muy próxima al Estado de Piauí.

Como núcleo urbano apenas tiene interés, pero el paisaje y sus alrededores merecen la pena.

DATOS PRÁCTICOS

PREFIJO TELEFÓNICO: 88.

RODOVIÁRIA: Avenida Pref. Jacques Nunes. ☎ 3671 2306.

ALOJAMIENTO

(M) **HOTEL SERRA GRANDE:** a 2 kilómetros de Tianguá, por la BR 222. ☎ 3671 18 18. Es una buena dirección ya que dispone de bar, restaurante, piscina, varias pistas deportivas. Habitaciones muy correctas. Desde aquí tendréis la oportunidad de conocer alguna de las plantaciones de caña.

RESTAURANTES

(B) **BOI NA BRASA:** Avenida Pref. Jacques Nunes. ☎ 3 671 13 28. Abre hasta las 22.00 h. Barato y con buenos churrascos y *rodízio*.

LLEGAR Y PARTIR

EN AUTOBÚS. Tianguá y Fortaleza están comunicadas por autobuses cada día.

PARQUE NACIONAL DE UBAJARA

La localidad de Ubajara está a 18 kilómetros de Tinguá, 112 de Sobral y 348 al oeste de Fortaleza. Su principal atractivo es el Parque Nacional, que se encuentra a unos cinco kilómetros del pueblo.

En sus 40.000 metros cuadrados protegidos encontraréis rincones muy agradables, *mirantes* (miradores), cascadas y paseos sombreados. Uno de los mayores reclamos son sus cuevas, divididas en nueve salas bautizadas cada una con un nombre diferente: *de Pedra do Sino, dos Brilhantes, das Danças, da Rosa, do Cachorro, do Presépio, do Cavalo, do Riacho* y *das Maravilhas*.

Las visitas son dirigidas por guías del Parque y duran alrededor de dos horas. Contactadlos en las oficinas del Ibama.

DATOS PRÁCTICOS

PREFIJO TELEFÓNICO: 88.

OFICINAS DEL PARQUE (IBAMA): En la entrada al parque. ☎ 3634 13 88. Aquí debéis contactar con los guías para la visita.

RODOVIÁRIA: a un kilómetro, por la carretera de Tianguá. ☎ 3634 12 42.

ALOJAMIENTO

Ⓜ **POUSADA DA NEBLINA:** carretera del Teleférico, a dos kilómetros, a mitad de camino entre el parque y Ubajara. ☎ 3634 12 70. Tiene 22 habitaciones con aire acondicionado, restaurante y piscina.

LLEGAR Y PARTIR

EN AUTOBÚS. Ubajara está comunicada mediante autobuses con Tianguá, Fortaleza, Teresina, Río de Janeiro, São Paulo y Brasília.

EL VALLE DEL CARIRI: JUAZEIRO DO NORTE

Este valle desértico situado al sureste del litoral, es conocido por el centro de peregrinación de **Juazeiro do Norte**. En realidad está más cerca de João Pessoa, capital de Paraíba, o de Piauí, que de Fortaleza –que está a 600 kilómetros al norte–, pero pertenece al Estado de Ceará.

En esta localidad vivió el milagrero sacerdote Cícero Romão Batista, cuyos prodigios nunca fueron reconocidos por la Iglesia católica de Roma. A pesar de todo, los habitantes del *sertão*, han seguido creyendo en su cura y lo han elevado a la categoría de santo desde su muerte en 1934.

El padre Cícero está presente en todos los rincones de la ciudad de 200.000 habitantes: en la calle que lleva su nombre; en la estatua de 25 metros de altura que le dedicaron sus seguidores; en la iglesia **Matriz Nossa Senhora das Dores**, donde celebró su primera misa; en la **igreja del Perpetuo Socorro**, donde está su tumba; en el **Museu Histórico Religioso,** en el que se exhiben numerosos objetos personales, y hasta en la **Basílica dos Capuchinos**, que fue construida gracias a las limosnas de los fieles de esta figura controvertida.

De entre las muchas festividades que sirven para congregar a los peregrinos, destacan dos fechas: el 2 de febrero, día de Nossa Senhora das Candeias, se celebra una fiesta popular y tienen lugar procesiones y romerías; el 15 de septiembre o *Dia do Romeiro e Festa do Cícero*, también se organizan actos religiosos y este motivo da origen a otra fiesta pagana. Son las mejores ocasiones para observar el fervor religioso del hombre nordestino.

DATOS PRÁCTICOS

PREFIJO TELEFÓNICO: 88.

AEROPUERTO DO CARIRI: a seis kilómetros. ☎ 3572 21 18.

RODOVIÁRIA: Avenida Delmiro Gouveia. ☎ 3571 2143.

ALOJAMIENTO

Ⓑ **PANORAMA:** Rua Santo Agostinho 58. ☎ 3566 31 50. Con restaurante y piscina, tiene 75 habitaciones con baño, aire acondicionado y tv.

RESTAURANTES

Ⓑ **RESTAURANTE JARDIM:** Avenida Leão Sampaio, salida para Barballa, a 6 kilómetros. ☎ 3571 77 68. Abre hasta las 15.00 h y de 18.00 h a medianoche. Cocina variada a muy buen precio.

LLEGAR Y PARTIR

EN AUTOBÚS. Hay autobuses diarios desde João Pessoa, Fortaleza (nueve horas) y Recife.

EN AVIÓN. Vuelos para Brasília, Campina Grande, Petrolina y Recife.

CANOA QUEBRADA

Canoa Quebrada es un pequeño pueblo pesquero y playero a 167 kilómetros al sureste de Fortaleza, a unas cuatro horas de autobús de la capital de Ceará, vía la localidad de Aracati, que está sólo a nueve kilómetros.

Canoa Quebrada se ha convertido en otro destino favorito de mochileros y viajeros individuales, por la belleza de sus playas kilométricas, salvajes y con enormes dunas por las que aventurarse en bugi o practicar *snow-sand*.

Además, en el pueblo, sobre un alto acantilado, hay numerosas *pousadas* a buen precio y un buen número de restaurantes, además de algunos bares nocturnos con buenos ritmos de *reggae*, *forró* y hasta para nostálgicos del rock de los setenta.

También es una buena parada para cortar el camino entre Fortaleza y Natal, aparte de que gran parte de este viaje se puede hacer en una preciosa excursión en *bugui* por las playas.

Canoa Quebrada es apenas una calle principal, Dragão do Mar, y algunos callejones perpendiculares.

ACTIVIDADES

Ya hemos dicho que la maravillosa playa, que sigue toda la línea costera casi hasta Natal, es la principal razón para venir aquí. Bajo las escale-

ras que la comunican con el pueblo hay unos cuantos chiringuitos con buena comida y bebida y hamacas.

En la misma playa –o en el minúsculo pueblo– podéis contactar con agencias que os organizan las excursiones en *bugui*, que pueden durar desde dos hasta varias horas y que os llevarán a enormes dunas para deslizaros por ellas sobre tablas de *snow*, windsurf arrastrado por una enorme cometa, navegaciones en *jangada*, etcétera.

DATOS PRÁCTICOS

PREFIJO TELEFÓNICO: 88.

INTERNET: Cibercafé Planet Canoa, rua principal, abierto hasta las 23.00 h.

ALOJAMIENTO

(B) **POUSADA CALIFORNIA:** Rua Nascer do Sol 136. ☎ 3 421 70 39. www.californiacanoa.com Una pensión decente, barata y con una pequeña piscina, a pesar de estar al lado de la playa.

(B) **HOTEL TROPICALIA:** Rua Dragão do Mar (Principal). ☎ 3421 70 17. Cuartos muy diferentes, algunos a precio medio, que lleva un italiano muy amable. Algunos tienen aire acondicionado.

(B) **POUSADA IGUANA:** R. Aurora, 2. ☎ 9927 9813. www.pousadaiguana.com.br Al lado de la playa, habitaciones con aire acondicionado con grandes camas, minibar, televisión y ducha con agua caliente.

(M) **POUSADA DO TOBY:** Rua Nascer do Sol. 148. ☎ 3421 70 94. www.pousadadotoby.com Con piscina, jardín, etcétera.

(M) **POUSADA OASIS DO REI:** Rua Nascer do Sol 112. ☎ 3421 70 81. www.pousadaoasisdorei.com.br Muy buena, cuartos acogedores y económicos y tiene piscina y restaurante en el jardín. Los cuartos con a/c cuestan el doble, y quizá no merezcan la pena si no estáis en el mes más caluroso.

(M) **TRANQUILANDIA VILLAGE:** ☎ 3421 70 12. www.tranquilandia.it Cuartos con ventilador o a/c, que suben apenas treinta reales en temporada alta. Hay piscina y restaurante en medio de un hermoso jardín.

(M) **LONG BEACH VILLAGE:** R. Quatro Ventos. ☎ 3421 7404.

www.longbeachvillage.com.br Localizada a pocos metros de la playa y a escasos pasos de la calle principal (Broadway). Cuenta con veinte chales y veintidós habitaciones, todos los chales con camas *king size,* televisión vía satélite, minibar, agua caliente, aire acondicionado, ventilador de techo, y teléfono. Algunos chales tienen una terraza en la parte superior. La piscina es el centro del hotel.

RESTAURANTES

(B) **SABOR DAS ONDAS:** Rua Principal. Sopas, *panqueques* y platos de pasta caseros.

(B) **SÓLO LANCHES:** Rua Principal. *Sanduiches*, hamburguesas y *sucos.*

(B) **MAR AZUL:** Rua Principal. Bocadillos y sandwiches.

(M) **DALÍ:** Rua Principal. Un restaurante decorado con carteles que reproducen cuadros del gran pintor catalán. Hay platos de pasta, pizzas, ensaladas, carne y pescado.

(M) **CAFÉ HABANA:** Rua Principal. Otro local bastante nuevo, donde antes se ubicaba la Casa Verde. Con una bonita decoración.

(M) **FEITIÇO DA LUA:** Rua Principal. Carne a la brasa, pescado y cocina creativa en uno de los restaurantes con mejor reputación del pueblo.

(M) **NATURAL BISTRÔ:** R. Dragão do Mar, 52 (Broadway). ☎ 3421 71 62. Abre de 17.00 h a medianoche. Magnífico restaurante donde abundan los platos vegetarianos, excelentes, y las especialidades de su tierra, como la *moqueca.* Los *sucos* son indispensables.

(M) **COSTA BRAVA:** R. Dragão do Mar, 2022 (Broadway). ☎ 3421 7088 Abre de 17.00 h a medianoche. Manuel, un cocinero catalán, inauguró este restaurante donde la especialidad es la paella. Además, hay gazpacho, carne, camarones y langosta.

EN LA PLAYA

En la franja de arena bajo el pueblo hay varios chiringuitos que sirven platos, sobre todo de pescado o marisco, a precios baratos o medios, como el **Freedom**, el **Café del Mar** o la **Barraca do Paulinho.**

VIDA NOCTURNA

En Canoa Quebrada hay varios bares de copas en la rua Broadway y, a veces, fiestas en los chiringuitos playeros. Entre los primeros, el bar la **Caverna** es, sobre todo, reggae, así como en el Bar do Reggae mientras que en frente, en **Todo Mundo** suenan éxitos de rock de los setenta. Los aficionados al forro pueden ir al **Bar Meu Xodó.** El Canoa Central ofrece rock, blues y el **Bar do Meio** es el território del pagode y de dance music.

COMPRAS

Por las tarde-noches se instalan algunos puestos de artesanía en la rua principal. En esta misma calle, **Arte en Joias** es una tienda especializa en preciosa bisutería en plata, con diseños muy originales.

LLEGAR Y PARTIR

EN AUTOBÚS: Para venir o salir de Canoa Quebrada tenéis que ir a Aracati, a nueve kilómetros, desde donde el autobús a Fortaleza o Natal hace el camino en cuatro horas. A Natal salen a las 8.00 h, 11.30, 15.00 h y hay otro nocturno muy bueno, con a/c y asientos reclinables.

Si tenéis que pasar unas horas en Aracati esperando, id a ver la **Igreja Matriz de NS do Rosário**, del siglo XVIII.

Para venir de Aracati a Canoa Quebrada, caminad desde la terminal hasta la parada de furgonetas, frente a la iglesia mencionada, de donde parten cuando se llenan.

ESTADO DE PIAUÍ

El Estado de Piauí, con un pequeño tramo de costa al norte y encajonado entre Ceará, Pernambuco, Bahia, Maranhao y Pará, ocupa una extensión similar a la mitad de España, 250.934 kilómetros cuadrados.

Es el Estado con menos densidad de población de todo el Nordeste. Además de este récord, tiene otros dos en su haber: es el que menos costa posee de esta región y el más pobre de todo el país. Hasta finales del XIX Piauí no tuvo acceso al mar y los 60 kilómetros del litoral que goza en la actualidad fueron conseguidos tras una cesión de tierras a su Estado vecino de Ceará.

La mitad sur de Piauí está ocupada por unas tierras desérticas que en otros tiempos fueron selvas. Así lo atestiguan las pinturas rupestres encontradas en el asentamiento prehistórico de São Raimundo Nonato, el más antiguo de todos los hallados en Brasil.

El río Parnaíba, que hace de frontera con el Estado de Maranhão, fue hasta hace relativamente poco tiempo la única vía de comunicación. Prueba de ello es que los núcleos urbanos más importantes –la propia capital Teresina y las ciudades de Parnaíba y Floriano– han crecido a su orilla. En la actualidad, Piauí posee una red de carreteras y autopistas que permiten la comunicación entre sus ciudades y con el resto de Brasil.

Su clima es muy caluroso y seco, con una media que alcanza los 40 grados durante todo el año. Las sequías son la norma de este Estado, aunque a veces se registran lluvias excepcionales y torrenciales que llegan a inundar las calles de las ciudades.

Piauí vive del ganado, el algodón, las nueces y la cera que se obtiene de las palmeras denominadas *carnaubas*.

Lo más interesante desde el punto de vista turístico es el Parque Nacional das Sete Cidades y el delta del río Parnaíba, en el que se forman islas y playas fluviales muy bellas.

TERESINA

Teresina, en el interior del Estado y con 675.000 habitantes, es la capital de Piauí desde 1852, año en que cambió su antiguo nombre de São João do Parnaíba por el actual en honor de la emperatriz Teresa Cristina.

La ciudad está situada en la confluencia de los ríos Parnaíba y Poti, a 634 kilómetros de Fortaleza y 446 de São Luís. Es la única capital de los estados del Nordeste que no está situada en el litoral.

Ciudad moderna, ha destruido la inmensa mayoría de sus edificios coloniales, de los que apenas quedan un par de ejemplos testimoniales.

DEL AEROPUERTO Y LA RODOVIÁRIA A LA CIUDAD

El aeropuerto está a seis kilómetros de Teresina, no hay servicio de autobuses pero se puede tomar uno cruzando al otro lado de la Avda Centenario. Un taxi no sale caro.

La *rodoviária* se encuentra a las afueras, también a seis kilómetros del centro; desde allí podéis coger cualquiera de los frecuentes autobuses que van hasta el centro.

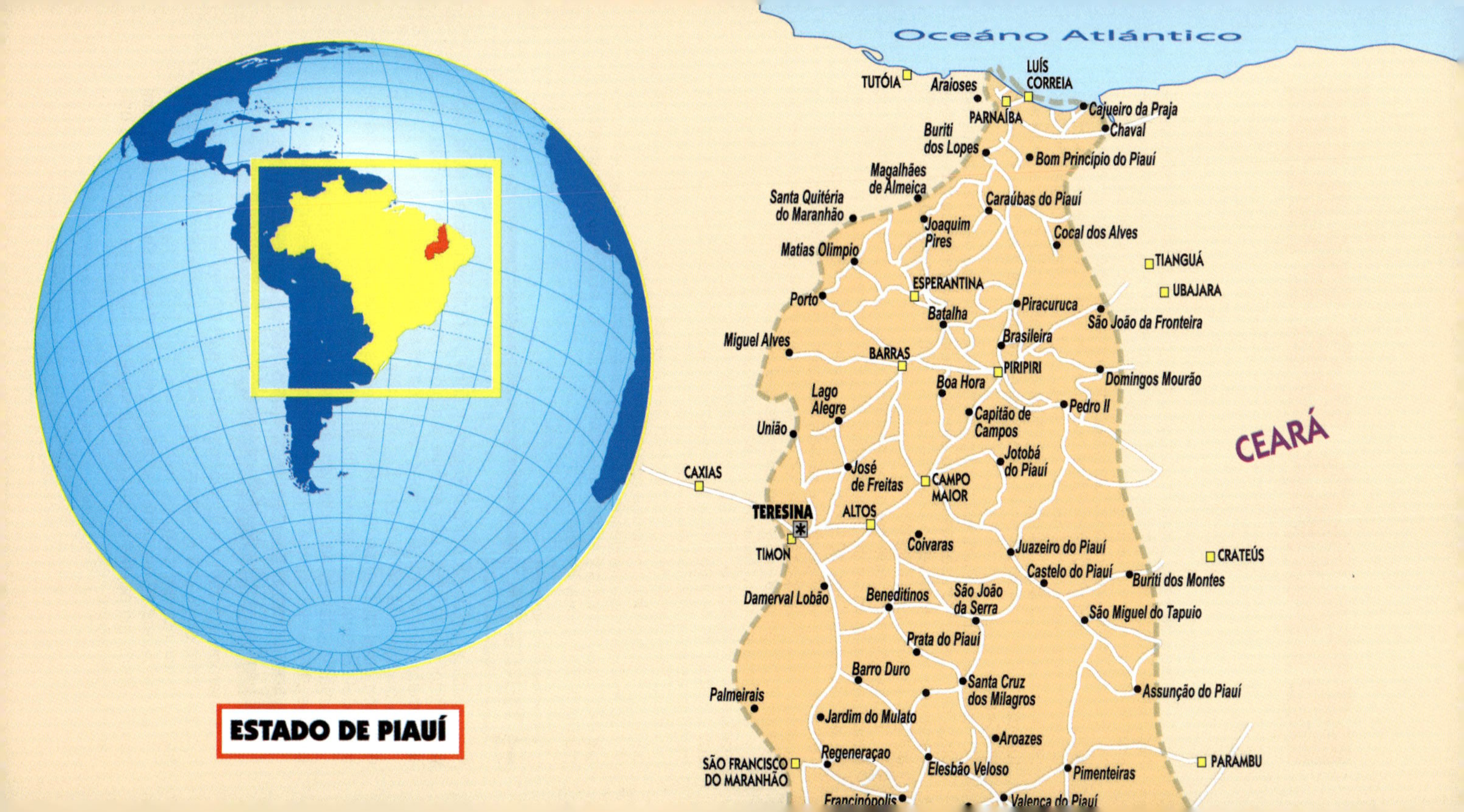

ESTADO DE PIAUÍ
Oceáno Atlántico
CEARÁ
TUTÓIA
Araioses
LUÍS CORREIA
PARNAÍBA
Cajueiro da Praja
Chaval
Buriti dos Lopes
Bom Princípio do Piauí
Magalhães de Almeica
Santa Quitéria do Maranhão
Caraúbas do Piauí
Joaquim Pires
Cocal dos Alves
Matias Olimpio
TIANGUÁ
UBAJARA
ESPERANTINA
Porto
Piracuruca
Batalha
São João da Fronteira
Brasileira
Miguel Alves
BARRAS
PIRIPIRI
Domingos Mourão
Boa Hora
Lago Alegre
Pedro II
Capitão de Campos
União
Jotobá do Piauí
José de Freitas
CAMPO MAIOR
CAXIAS
TERESINA
ALTOS
Coivaras
Juazeiro do Piauí
TIMON
CRATEÚS
Castelo do Piauí
Buriti dos Montes
Damerval Lobão
Beneditinos
São João da Serra
São Miguel do Tapuio
Prata do Piauí
Barro Duro
Santa Cruz dos Milagros
Palmeirais
Assunção do Piauí
Jardim do Mulato
Aroazes
SÃO FRANCISCO DO MARANHÃO
Regeneraçao
Elesbão Veloso
Pimenteiras
PARAMBU
Francinópolis
Valença do Piauí

PERNAMBUCO
BAHIA
TOCANTINS
PARQUE NACIONAL
SERRA DAS CONFUSÕES
Represa de SOBRADINHO
CAMPOS SALES
ARARIPINA
PICOS
SIMPLÍCIO MENDES
SÃO JOÃO DO PIAURÍ
SÃO RAIMUNDO NONATO
REMANSO
CAMPO ALEGRE DE LURDES
CRISTINO CASTRO
CORRENTE
Alegrete do Piauí
Marcolândia
Jaicós
Massapê
Patos do Piauí
Carridade do Piauí
Curral Novo do Piauí
Jacobina do Piauí
Paulistana
Itainópolis
Conceiçao do Canindé
Wall Ferraz
Colônia do Piauí
Sto. Inácio do Piauí
Pedro Laurentino
Queimada Nova
Campo Alegre do Fidalgo
Dom Inocêncio
João Costa
Coronel José Dias
São Lourenço do Piauí
Dirceu Arcoverde
Fartura do Piauí
Nazare do Piauí
Itaueira
Pajeú do Piauí
Brejo do Piauí
Tamboril do Piauí
Canto do Buriti
Pavussu
Jurema
Caracol
Jerumenha
Canavieira
Eliseu Martins
Marcos Parente
Landri Sales
Bertolínia
Manuel Emídio
Colônia do Gurguéla
Sebastião Leal
Antônio Almeida
Urucuí
Ribeiro Gonçalves
Baixa Grande do Ribeiro
Tasso Fragoso
Bom Jesus
Currais
Monte Alegre do Piauí
Morro Cabeça no Tempo
Avelino Lopes
Curímata
Júlio Borges
Parnaguá
Riacho Frío
Sebastião Barros
São Gonçalo do Gurguéia
Cristalândia do Piauí

LA VISITA

La vida de Teresina se desarrolla alrededor de tres plazas: la de Pedro II, la de Rio Branco y la Praça Marechal Deodoro.

MERCADO CENTRAL: Praça Marechal Deodoro, muy cerca del museo. Abierto de lunes a viernes de 8.00 h a 17.00 h; sábados y domingos de 8.00 h a 12.00 h. En el primer piso podéis pasear entre puestos de medicamentos caseros, narradores de literatura *de cordel* y artesanía. La planta baja está dedicada a la venta de alimentos.

En sus alrededores, junto al río Parnaíba, se celebra todos los domingos la **Feira do Troca-Troca**, un mercado en el que se intercambian las mercancías sin dinero de por medio.

PRAÇA DE PEDRO II: otra de las referencias de la ciudad. Aquí podréis admirar el **Teatro 4 de Setembro**, construido en 1894.

PALÁCIO DO KARNAK: en la Avenida Antônio Freire, algo más al nordeste. Es la sede del Gobierno y uno de los pocos edificios del pasado que se ha respetado. Al parecer hace unos quince años un gobernador saliente arrampló con muchas de las preciosas antigüedades que cobijaba este palacio neoclásico.

IGREJA DE SÃO BENEDITO: Praça da Liberdade. Abierta diariamente de 8.00 h a 12.00 h y de 15.00 h a 19.00 h. Fue construida en 1886.

MUSEOS

MUSEU DO PIAUÍ: Praça Marechal Deodoro. ☎ 3221 60 27. Está instalado en el antiguo palacio del gobernador, donde se muestra la historia de la región a través de su artesanía y de su arte. Hay una sala dedicada a los artistas de Piauí.

DATOS PRÁCTICOS

PREFIJO TELEFÓNICO: 86.

INFORMACIÓN TURÍSTICA: Piemtur, Centro de Convenções; Centro de Artesanato, Praça Dom Pedro II. ☎ 3216 5510.

MEDIOS DE TRANSPORTE

AEROPUERTO: Avenida Centenário, a seis kilómetros. ☎ 3133 6270.

RODOVIÁRIA: BR-343, a seis kilómetros.

ALQUILER DE COCHES: Localiza: ☎ 3223 55 99. **Unidas:** ☎ 3214 40 50.

RADIOTAXIS: Teletáxi: ☎ 3218 30 30.

ALOJAMIENTO

Es preferible que os privéis de cualquier capricho antes de prescindir de un hotel con aire acondicionado. El agobiante calor no os dejará dormir si no refrescáis la habitación con este sistema. Ni siquiera los ventiladores os aliviarán el calor.

Ⓑ **ROYAL PALACE:** Rua 13 de Maio 233 (Centro) ☎ 3221 77 07. Con restaurante y bar, con precios bajos para sus cualidades, tiene 25 habitaciones con teléfono, televisión, aire acondicionado y frigorífico.

Ⓜ **TERESINA PALACE:** Rua Paissandu 1.219 (Centro) ☎ 3221 27 70. Con restaurante, bar y piscina. Tiene 56 habitaciones con teléfono, televisión, aire acondicionado, frigorífico y caja de seguridad.

Ⓜ **REAL PALACE:** R. Areolino de Abreu, 1217. ☎ 2107 2700. www.realpalacehotel.com.br Muy bueno por su precio y con restaurante, bar y piscina. Tiene 50 habitaciones con teléfono, televisión, aire acondicionado y frigorífico.

Ⓜ **LUXOR DO PIAUÍ:** Praça Mariscal Deodoro 310 (Centro) ☎ 3131 3000. www.luxorhotels.com.br Con restaurante, bar y piscina. Tiene 83 habitaciones con teléfono, televisión, aire acondicionado y frigorífico, y es algo más caro que los anteriores.

Ⓜ **RIO POTY:** Avenida Mariscal Castelo Branco 555 (Ilhota) ☎ 4009 4009. Con dos restaurantes, bar, piscina y sauna. Tiene 120 habitaciones con teléfono, televisión, aire acondicionado, frigorífico y precios casi idénticos al anterior.

Ⓒ **METROPOLITAN:** Avda Frei Sarafim 1.696. ☎ 3 216 80 00. www.metropolitan.com.br En pleno centro, el hotel más caro de Teresina apenas sobrepasa los precios medios. Tiene 124 habitaciones con lo necesario para pasar un buen rato aquí.

RESTAURANTES

En Teresina tienen fama de saber preparar el cabrito asado, que en algunos restaurantes lo acompañan con *leite de coco*. También es muy popular la *canelada*, a base de carne y maíz.

Ⓑ **BAIÃO DE DOIS:** Rua 7 de Septembro 64. Cierra los domingos. Cocina regional. Las mesas del jardín son más agradables por la noche, cuando el calor deja de apretar un poquito.

Ⓑ **RIO POTY:** Avenida Mariscal Castelo Branco 555 (Ilhota). Prepara un bufé a buen precio. Vistas sobre el río en el restaurante del hotel.

Ⓑ **CELSO'S:** Rua Angélica, 1.069 (Fátima). Buena comida regional.

Ⓑ **LE GOURMET:** Rua Coelho de Resende 551. En la Galería Brarim, Local 9. Sólo sirve comidas. Está muy bien y no es nada caro. Platos variados.

Ⓜ **CAMARÃO DO ELIAS:** Avenida Pedro Almeida 457 (São Cristóvão). ☎ 3232 50 25. Abre de 17.30 h a 3.00 h y los domingos de 11.00 h a 17.00 h. Por si sentís nostalgia de la costa, este restaurante sirve deliciosos pescados mariscos. A veces hay música en directo.

Ⓜ **O PESQUEIRINHO:** Rua Domingos Jorge Velho 6.889 (Poti Velho, a 7 kilómetros). ☎ 3225 22 68. Abre de 11.00 h a medianoche. Con decoración rústica y vistas sobre el río, está alejado del centro pero merece la pena llegar hasta aquí para probar su pescado y mariscos.

COMPRAS

MERCADO CENTRAL: Praça Mariscal Deodoro, primera planta. Para comprar artesanía de Piauí (cuero, cestos y otros objetos de paja), a buenos precios.

CENTRO DE ARTESANATO: Praça Dom Pedro II. Es un antiguo cuartel reconvertido en centro para *lojas* de artesanía.

LLEGAR Y PARTIR

EN AVIÓN. Teresina está conectada mediante vuelos con Brasília, Fortaleza, Goiânia, Río de Janeiro, São Luís y São Paulo.

EN AUTOBÚS. En autobús tenéis seis horas a Sobral, siete a São Luís, quince a Belém, diez a Fortaleza, etcétera.

PARQUE NACIONAL DAS SETE CIDADES

Este parque nacional se encuentra a 180 kilómetros al norte de Teresina y se llama de las Siete Ciudades porque visto desde las alturas parece que las formaciones rocosas son siete ciudades en ruinas.

Ocupa una extensión de 7.700 metros cuadrados en los que se desarrolla una vegetación típica del *sertão,* compuesta por matojos, cáctus y arbustos espinosos. Pero la mayor belleza del Parque está en las caprichosas formas que han ido adquiriendo las rocas a través de millones de años por los efectos de la erosión. La imaginación popular ha dado nombres a estas formaciones: la *tortuga*, el *mapa de Brasil*, la *cabeza del rey*, la *cabeza del viejo negro*, el *arco del triunfo*, etc.

En las cavernas podréis contemplar las pinturas prehistóricas plasmadas con tintes de origen animal, figuras geométricas en su mayoría. En esta reserva están protegidas muchas especies de aves y reptiles.

Para disfrutar mejor de estos paisajes áridos, deberéis salir a hacer el recorrido al amanecer, cuando todavía el sol no achicharra los sesos. Un paseo al mediodía puede ser un tormento.

DATOS PRÁCTICOS

PREFIJO TELEFÓNICO: 86.
CENTRO DE VISITANTES: a 6 kms de la entrada al parque. ☎ 3343 13 42.

ALOJAMIENTOS EN EL PARQUE

Si queréis pasar una noche en el Parque, hay dos hoteles y el **albergue restaurante del Centro de Visitantes** (☎ 3343 13 42, barato).

La Fazenda Sete Cidades (☎ 3276 22 22), a precio medio, situada a la entrada del parque y con restaurante y piscina; el **Hotel Martins** (en el cruce de la BR-222 y la ruta a Piripiri, ☎ 3 276 12 73), bastante más barato que el anterior.

CÓMO LLEGAR

No hay autobuses directos hasta el parque, por lo que tendréis que coger uno en Teresina con dirección a Piripiri (tres horas) a 26 kilómetros del parque. Allí, el autobús de Ibama sale de la Praça da Bandeira cada mañana a las 7.00 h hasta el parque. Regresa a las 17.00 h.

EL DELTA DEL RIO PARNAÍBA

El río Parnaíba antes de llegar al Atlántico forma un delta con cerca de 70 islas, lagunas y dunas que merece la pena conocer. La ciudad de Parnaíba es un buen punto de partida para acceder a estos parajes fluviales y atlánticos, aunque como núcleo urbano no ofrece encanto alguno.

PARNAÍBA

Este puerto fluvial, situado en la desembocadura del río Parnaíba, se encuentra a 354 kilómetros al norte de Teresina y es la segunda ciudad del Estado de Piauí.

Su puerto tuvo gran importancia en el siglo XIX, ya que por él se daba salida al algodón y entraba el pescado hacia el interior del Estado. En los años de mayor apogeo hubo empresarios británicos que instalaron industrias algodoneras en esta ciudad, pero se cerraron al quedarse obsoletas.

LA VISITA

Hoy en día, la vida gira en Parnaíba, de 125.000 habitantes, en torno a la agradable Praça da Graça, en la que se levantan la **Catedral N.S. das Graças**, construida en 1770, y la **igreja do Rosário**, también del siglo XVIII. Aquí podréis tomar el fresco al atardecer, a la sombra de las palmeras.

DATOS PRÁCTICOS

PREFIJO TELEFÓNICO: 86.
OFICINA DE TURISMO: Piemtur, rua Oscar Clark 575. ☎ 3321 15 32.

MEDIOS DE TRANSPORTE

AEROPUERTO: ☎ 3323 5052.
RODOVIÁRIA: Avenida Dep. Pinheiro Machado. ☎ 3323 73 00.
ESTACIÓN DE BARCAS: Via Carnaubeiras.

ALOJAMIENTO

CAMPING PRAIA DE ATALAIA: Avenida Presidente Tancredo Neves 2.871. En el pueblo de Luís Correia, a 16 kilómetros.
Ⓑ **POUSADA MACAPÁ:** Praia de Macapá. ☎ 3983 16 35. En Luís Correia, tiene 16 habitaciones sencillas y tiene un magnífico restaurante de pescado.
Ⓜ **HOTEL CÍVICO:** Avenida Governador Chagas Rodrigues, 474. ☎ 322 24 70. Habitaciones bien equipadas a precios algo elevados y tiene restaurante y piscina.
Ⓜ **RIO POTY HOTEL PRAIA:** Avenida dos Magistrados 2.350 (Praia de Atalaia). ☎ 3367 12 77. También con restaurante y piscina, tiene 40 habitaciones muy bien preparadas.

RESTAURANTES

Ⓑ **PORTO DAS BARCAS:** situado en un almacén reformado del puerto. Un restaurante muy agradable, especializado en pescado y mariscos. Precios asequibles y vistas al río.
Ⓑ **ZE GROSSO:** en Ilha Grande de Santa Isabel, se accede por el Ponte de Pedra do Sal. ☎ 983 15 30. Queda a tres kilómetros, un restaurante de ambiente familiar donde se sirve una buena cocina casera, en la predominan los pescados del río vecino. También algunas aves.
Ⓑ **ALÕ BRASIL:** Praia do Coqueiro, en Luís Correia. A 20 kilómetros. Esta muy bien y no es caro. Especialidades a base de pescados.

LLEGAR Y PARTIR

EN AUTOBÚS. Hay una línea regular de autobuses de Teresina (seis horas). También está conectada con Luís Correia, Belém, Brasília, Fortaleza, Goiânia, São Luís y São Paulo.
EN BARCO. Un ferry navega cada día el Delta del Parnaíba hasta Tutóia, a unas seis horas.

ALREDEDORES DE PARNAÍBA

PRAIA PEDRA DO SAL. A 15 kilómetros de distancia, en la Ilha Grande de Santa Isabel. Tiene cerca de 8 kilómetros de arena y está protegida por morros y dunas. Ideal para practicar el surf.

DELTA DO PARNAÍBA. La mejor forma de conocer este delta es yendo al **Posto da Piemtur** (☎ 3321 15 32), en el puerto de las barcas, ya que allí suelen organizar excursiones de ocho horas con escalas en las islas de **Caju** y **do Meio**. Esta excursión será una buena excusa para darse una vuelta por el complejo turístico de **Porto das Barcas**.

Esta excursión merece la pena por la belleza del paraje: una maraña de isla surgida en la desembocadura del río Parnaíba. Son cerca de setenta, unas cubiertas de árboles, otras de dunas, otras están cultivadas, y habitadas por un gran número de aves exóticas, monos, etc.

Si buscáis playas, tenéis la de **Ponta Canarias**, ya en el Estado de Maranhão, pero con acceso desde Parnaíba. Se encuentra en una isla junto a la desembocadura del río Parnaíba. Es una zona con dunas y buena para pescar.

Otro paseo más corto, de dos horas de duración, os conducirá hasta el puerto pesquero de **Luís Correia**. Una tercera posibilidad es que lleguéis a un acuerdo con un barquero sobre el recorrido que mejor os parezca y alquiléis su servicio.

En la costa de esta población hay unas cuatas playas muy agradables, algunas están urbanizadas, otras tienen zonas de dunas, otras cocoteros y tampoco faltan los chiringuitos. A partir de Luís Correia: **Atalai**, una de las más frecuentadas; **Coqueiro**, con dunas y cocoteros; **Itaqui**, más dunas y vegetación rastrera; **Carnaubinhas**, junto a una aldea de pescadores y a 6 kilómetros del lago de Sobradinho (uno de los muchos de la zona); **Macapá**, en la desembocadura del río Camurupim y con algunos quioscos; **Barra Grande**, **Cajueiro da Praia**, muy grande (11 kilómetros de arena) y junto a un pueblo de pescadores.

LAGOA DO PORTINHO. A 14 kilómetros de distancia a través de la BR-343 en dirección hacia Luís Correia, se trata de un lago de agua dulce donde podréis practicar deportes náuticos. Hay una zona de dunas móviles.

ESTADO DE MARANHÃO

Maranhão es el Estado puente entre la Amazonia y el Nordeste. Ocupa una extensión de 324.600 kilómetros cuadrados entre Piauí y Pará, y tiene alrededor de 500 kilómetros de costa.

Sus tierras son fértiles, regadas en su parte occidental y central por numerosos ríos, algunos pertenecientes a la cuenca del Amazonas. Esto no significa que sea un Estado rico, pero al menos sus habitantes no se han visto obligados a emigrar de forma masiva como en el resto de la región. Se cultiva el arroz, el maíz y el algodón. Su principal fuente de riqueza la obtienen del *babaçú*, un tipo de palmera de la que se extrae aceite, madera y fibras vegetales con las que realizan objetos de cestería. El aceite se extrae de las semillas que llevan en su interior los frutos, similares a una nuez gigante.

La población también difiere del resto del Nordeste: aquí se han mezclado blancos, indios y negros desde los primeros años de la colonización, de tal forma que la gama de colores de la piel humana es variadísima. Curiosamente, esta riqueza de mestizaje se ha dado en uno de los estados más aislados de Brasil. La carretera costera que une las capitales del Nordeste termina en Fortaleza y para llegar a São Luís, capital de Maranhão es obligado desviarse en dirección sur hasta Teresina para nuevamente remontar hasta la costa.

Históricamente ha sido un territorio muy disputado por los europeos. Entre 1612 y 1615 los franceses se apoderaron de Maranhao. Los historiadores galos, tan dados a dulcificar sus puntos negros del pasado, dicen que con sus *expediciones* trataron de establecer una *Francia equinoccial* entre Maranhão y las Guayanas. Lo cierto es que su sueño no duró más de cuatro años: los portugueses y los indios *tupinambas* consiguieron expulsarlos. También los holandeses intentaron apoderarse de estas tierras unos años más tarde y lo consiguieron durante los años 1641 y 1644.

El clima de Maranhão es tropical y húmedo, con una estación de lluvias que suele centrarse entre los meses de enero y abril. Las temperaturas son soportables, en torno a los 25°C, nunca llegan a los excesos que padecen en la Amazonia.

SÃO LUÍS

São Luís, la capital de Maranhao, está situada en la isla de su mismo nombre, próxima a la desembocadura de los ríos Itapicuru y Alunim, a 446 kilómetros de Teresina y a 806 de Belém. Tiene una población de unos 836.000 habitantes.

El centro histórico ocupa la parte noroccidental. Los edificios coloniales y los puntos de interés histórico están situados muy cerca unos de otros, por lo que podréis realizar el recorrido a pie. Comprobaréis que, al contrario que en el resto de ciudades coloniales de Brasil, en São Luís no son abundantes las iglesias. Es posible que la presencia de franceses y holandeses tenga que ver en esta escasez de templos religiosos.

Océano Atlántico
N
O
E
S
PARÁ
Bahia do Muruoca
Bahia de Turiaçú
Bahia do Lençóis
Amapá do Maranhão
Bacuri
Cururupu
Junco do Maranhão
Maracaçumé
Serrano do Maranhão
Bahia do Cumá
Bahia de São José
Gobernador Nunes Freire
Sta. Helena
ALCÂNTARA
Presidente Médici
Santa Luzia do Paruá
Pinheiro
SÃO LUIS
P.N. DOS LEÇOIS MARANHENSES
Caburé
Paulino Neves
Bahia de São José
Tutoia
Berreirinas
Nova Olinda do Maranão
Pedro do Rosário
São José de Ribamas
Araguanã
Olinda Nova do Maranhão
Matinha
Cana Brava
Viana
Belágua
Cocalinho
Doca
Penalva
VITÓRIA DO MEARIM
Reserva Biológica Gurupi
Gobernador Newton Bello
Monção
Bom Jardim
Arari
Niranda do Norte
Igarapé do Meio
Santa Inês
Conceição do Lago Açu
Chapadinha
Buriti
Santa Luzia
Lago Verde
São Mateus do Maranhão
Altamira do Maranhão
Bacabal
Coroatá
Duque Bacelar
Coelho Neto
Timbiras
Brejo de Areia
Afonso Cunha
Codó
Arame
Caxias
Lagoa Grande do Maranhão
Itapava do Grajaú
TERESINA
Jenipapo
Jatobá

Campestre do Maranhão
Lajeado Novo
Papagalo
Genipapo
Colinas
Lagoa do Mato
Passagem
Franca
San Francisco
de Maranhão
Porto Franco
Formosa
Serra Negra
Estreito
aguiarnópolis
Mirador
Sucupira do Norte
Paraibano
São João
dos Patos
Caraiba do
Norte
Pastos
Bons
Rocado
Orozimbo
Novalorque
São Pedro
dos Crentes
Santa Teresa
São Raimundo
das Mangabeiras
São Domingos
do Azeitãco
Loreto
Floriano
Feira Nova
do Maranhão
Sambaiba
Carolina
Riachão
Balsas
PIAUÍ
Coqueiro
Lajeado
Agua Blanca
ESTADO DE MARANHÃO
Tasso Fragoso
Salinas
Amaro Leite
Alto
Parnaíba
TOCANTINS
Curupa
PARQUE NACIONAL
NASCENTES DO
RIO PARNAINA
BAHIA

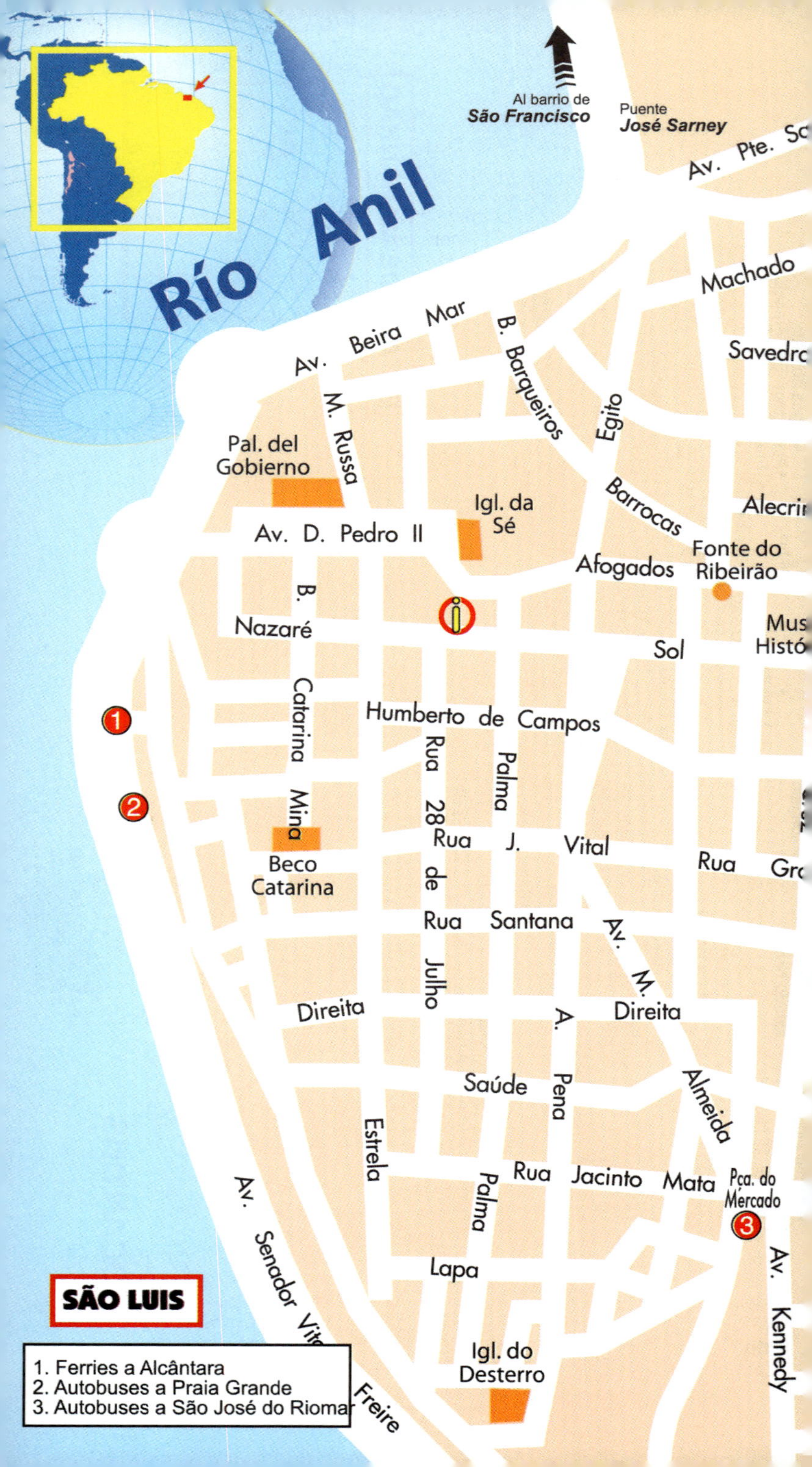
Al barrio de
São Francisco
Puente
José Sarney
Av. Pte. Sa
Río Anil
Machado
Savedra
Av. Beira Mar
B. Barqueiros
M. Russa
Egito
Pal. del
Gobierno
Barrocas
Alecri
Igl. da
Sé
Av. D. Pedro II
Fonte do
Ribeirão
Afogados
B.
Nazaré
Mus
Histó
Sol
Catarina
Humberto de Campos
Rua
Palma
Mina
28
Rua J. Vital
Rua Gra
Beco
Catarina
de
Rua Santana
Av.
M.
Julho
Direita
A.
Direita
Saúde
Pena
Almeida
Estrela
Rua Jacinto Mata
Pça. do
Mercado
Palma
Av.
Senador Vito
Freire
Lapa
Av.
Kennedy
Igl. do
Desterro
SÃO LUIS
1. Ferries a Alcântara
2. Autobuses a Praia Grande
3. Autobuses a São José do Riomar

La ciudad abarca un gran número de suburbios pobres y *favelas* miserables, adonde no es aconsejable acercarse.

HISTORIA. La capital de Maranhão fue llamada São Luís por los franceses, que fueron quienes la fundaron en 1612 y le pusieron este nombre en honor de su rey. Sabedores de que podían ser atacados en cualquier momento por los portugueses, la primera construcción que levantaron fue el fuerte de São Luís.

La presencia gala ha dejado huellas en algunos nombres de sus calles, en ciertos apellidos y en almacenes y tiendas. Sin embargo, de la época holandesa no queda nada. Quizá el aislamiento en el que ha permanecido Maranhão ha permitido que no se derribaran los bellos edificios coloniales de São Luís, caracterizados por los azulejos de sus fachadas. El estado en que se encuentran muchos de ellos es penoso, pero la mayoría podía recuperarse con un buen plan de restauración similar al llevado en el Pelourinho de Salvador de Bahia.

EL FESTIVAL BUMBA MEU BOI. Durante la segunda quincena de junio, São Luís celebra la fiesta del *bumba-meu-boi*, que goza de más popularidad que el propio Carnaval. Se trata de una serie de representaciones folclóricas callejeras basadas en un argumento perteneciente a la cultura popular, cuyos personajes van vestidos ricamente. El protagonista principal es un toro de fieltro que muere mientras está al cuidado de un esclavo y resucita para que éste no sea castigado.

Hay un solista que interpreta la historia y a continuación el estribillo es contestado por todo el grupo, acompañado de los rítmicos tambores. Cada barrio tiene un grupo, al estilo de las escuelas de samba, que sale a recorrer las calles y luego todos se concentran en la Praça de Santo Antõnio. Estas representaciones no son exclusivas de São Luís, se celebran en casi todos los pueblos de Maranhão y, por extensión, en algunas otras localidades del Nordeste, aunque son originarias del Estado de Maranhão.

DEL AEROPUERTO Y LA RODOVIÁRIA A LA CIUDAD

El aeropuerto Mariscal Cunha Machado está a quince kilómetros de São Luís y dispone de un servicio de autobuses que os conducirán a la ciudad, a la Praça Deodoro.

La *rodoviária* se encuentra a ocho kilómetros, en el barrio de Santo Antõnio y también está conectada con el centro por medio de frecuentes autobuses.

LA VISITA

El centro histórico ha sufrido un proceso de deterioro similar al Pelourinho de Salvador de Bahia. En ambos barrios, las casas señoriales construidas por burgueses europeos cambiaron de propietarios en cuanto comenzaron los años de vacas flacas. Los comerciantes que las habitaban se cambiaron de barrio y éstas fueron ocupadas por personas sin medios económicos para mantenerlas y restaurarlas.

En el caso de São Luís, en estas calles hay que tomar precauciones por la noche. Lo más sobresaliente de este núcleo de calles es el llamado **Conjunto de Casarões Azulejados**. Hay quien asegura que los azulejos llegaron a São Luís como lastre de los buques de carga. La mayoría fue fabricada a principios del siglo XIX, aunque hay otros que datan de mediados del siglo XVIII. Los ejemplos más bellos se conservan en las ruas **28 de Julho** (antigua Rua do Giz), **do Sol**, **Praça de Portugal**, **Cândido Mendes**, y **Rua do Trapiche**. Encontraréis muchos *becos*, denominación que se utiliza para los callejones, algunos de ellos sin salida.

PALÁCIO DE GOVERNO: también llamado **Palácio dos Leões**, Avenida Dom Pedro. No se puede visitar el interior. Es la residencia oficial del gobernador y una parte de este hermoso edificio está dedicada a albergar la pinacoteca del Estado de Maranhão. En su interior se aprecia el gusto francés, reflejado en los espejos, lámparas y muebles, así como en la magnífica madera empleada en los suelos. Fue construido en 1612 por Daniel La Touche, bajo el rey de Francia Luis XIII.

PREFEITURA: frente al palacio. Actual sede del Ayuntamiento, en otros tiempos hizo las funciones de prisión y Cámara de Diputados. En 1985 los ciudadanos prendieron fuego al edificio en protesta por la elección fraudulenta de su alcalde.

En la plaza hay un busto dedicado a **Daniel de la Touche**, considerado por los franceses como héroe, que ideó el nombre de la ciudad.

CATEDRAL METROPOLITANA: Praça Dom Pedro II. Fue construida por los jesuitas en 1629, aunque su *capela* es muy posterior (de 1860). Es muy bello el conjunto del altar barroco y sus tallas.

BECO CATARINA MINA: se accede por las escaleras que hay frente al palácio do governo. Desde este punto podéis empezar a recorrer las calles y plazas adoquinadas del denominado *conjunto de casarões azulejados*.

TEATRO ARTHUR AZEVEDO: Rua do Sol 180. Visitas guiadas de miércoles a domingos a las 15.00 h.Fue construido en 1815 y es uno de los más hermosos del país.

Tampoco dejéis de ver la **fonte do Ribeirão**, en el cercano Largo de Ribeirão, una de las más bellas de la ciudad, construida en 1796.

MUSEOS

MUSEU DO NEGRO: Rua Jacinto Maia 43. Abre de martes a sábados de 9.00 h a 18.00 h. Creado en el antiguo mercado de esclavos, también conocido como **Cafua das Mercês**, en este edificio permanecían los esclavos hasta que eran subastados. La planta baja muestra la realidad de la esclavitud: instrumentos de tortura y las duras condiciones de vida impuestas en las plantaciones. El piso superior está dedicado a la cultura africana trasplantada a Brasil, sus ritos y sus prácticas religiosas. En São Luís las ceremonias de *candomblé* se denominan *tambor de minas*.

MUSEU DO CENTRO DO CULTURA POPULAR: Rua 28 de Julho 221. Abierto de 9.00 h a 19.00 h y cierra domingos y lunes. Este espléndido edificio colonial restaurado, sin salir del centro histórico, posee una muestra completa de la artesanía propia de Maranhão. La parte más llamativa corresponde a los trajes utilizados durante la celebración de la fiesta *bumba-meu-boi*.

MUSEU HISTÓRICO E ARTÍSTICO DO MARANHÃO: Rua do Sol 302. Abierto de martes a sábado de 9.00 h a 18.00 h y fines de semana, de 14.00 a 18.00 h. Otro de los museos que deberéis conocer, es una colección de piezas de arte sacro y colonial expuesta en un soberbio edificio restaurado.

DATOS PRÁCTICOS

PREFIJO TELEFÓNICO: 98.

INFORMACIÓN TURÍSTICA: ☎ 3212 6211. En el aeropuerto también hay una oficina de información, ☎ 3244 4500. Tiene mapas y folletos.

CASAS DE CAMBIO: las agencias de viaje cambian euros y cheques de viaje. El Banco de Brasil está en la Av. Dom Pedro II 76.

MEDIOS DE TRANSPORTE

RODOVIÁRIA: Avenida Dos Franceses, a 8 km. ☎ 3249 2488.

AEROPUERTO HUGO DA CUNHA MACHADO: Avenida Santos Dumont. ☎ 3217 6133 / 6110 - 3217 6101. En Tirirical, a 15 kilómetros.

BARCOS COJUPE: los barcos con destino a Alcântara salen de la Rampa Campos Melo, situada junto al Palácio dos Leões. ☎ 3232 7259.

ALQUILER DE COCHES: Avis: ☎ 3217 61 80. **Localiza:** ☎ 3245 15 66. **Unidas:** ☎ 3 245 28 88.

RADIOTAXIS: Cocoma: ☎ 3231 10 10. **Confiança:** ☎ 3221 22 22.

ALOJAMIENTO

ALBERGUE JUVENIL SOLAR DAS PEDRAS: Rua da Palma 127. ☎ 3221 7191. solardaspedras@hostel.org.br En una casa colonial del centro histórico. Cuenta con 44 plazas distribuidas en 4 habitaciones dobles (con baño), 1 habitación familiar (con niños de hasta 10 años de edad), 7 habitaciones para cuatro personas, todas ellas equipadas con armarios individuales y ventiladores. Ambiente e instalacones sencillas y limpias.

(B) **POUSADA TIA MARIA:** QD 1, lote 12. En Praia Ponta d'Areia, 4,5 kilómetros. ☎ 3227 15 34. Tiene 11 habitaciones con televisión, aire acondicionado y frigorífico.

(B) **POUSADA COLONIAL:** Rua Afonso Pena 112 (Centro). ☎ 3232 28 34. Tiene 26 habitaciones con teléfono, televisión, aire acondicionado y frigorífico en un caserón colonial con buenos precios.

(B) **POUSADA DO FRANCÊS:** Rua Sete de Setembro 121; esquina Rua Saavedra, 160 (Centro). ☎ 3231 4844. Restaurante y bar en una buena casa colonial. Tiene 29 habitaciones con teléfono, televisión, aire acondicionado y frigorífico.

(B) **SESC OLHO D'AGUA:** Avda São Carlos. En Praia Olho d'Agua, a 12 kilómetros del centro. ☎ 3248 8332. Restaurante y bar. Tiene 53 habitaciones con aire acondicionado y hay piscina.

(M) **SKINA PALACE:** Avenida Mariscal Castelo Branco 512. En São Francisco. ☎ 3216 40 00. Restaurante y bar. Tiene 64 habitaciones con teléfono, televisión, aire acondicionado, frigorífico y caja de seguridad.

(M) **PRAIA PONTA D'AREIA:** Avenida dos Holandeses QD 13. En Ponta d'Areia, a 4 kilómetros de São Luís. ☎ 3235 32 32 Con piscina y 114 habitaciones con teléfono, televisión, aire acondicionado y frigorífico.

(C) **RIO POTY SÃO LUÍS HOTEL:** Av. dos Holandeses, Lote 2/5, Qd. 32 - Ponta d'Areia. ☎ 32154 1500. riopotysaoluis@riopoty.com.br, www.riopotysaoluis.com.br Con 142 habitaciones muy bien equipadas y con vistas al mar. Piscina, de 420 metros cuadrados. Es un hotel nuevo con un moderno área de negocios.

(C) **LA RAVARDIÈRE:** Avenida Marechal Castelo Branco 375. En São Francisco, a 3 kilómetros. ☎ 3235 22 55. hotelr@terra.com.br www.hotellaravardiere.com.br Restaurante, bar y piscina. Tiene 105 habitaciones con teléfono, televisión, aire acondicionado, frigorífico, etc.

(C) **PESTANA SÃO LUIS:** Av. Avicênia, 1 - Praia do Calhau. ☎ 2106 0505 reservas@pestanasaoluis.com.br En la Playa del Calhau, a 10 minutos del Centro Histórico y a 20 minutos del aeropuerto. Cuenta con 124 confortables habitaciones y 2 suites, todas equipadas con televisión por cable, radio, teléfono, caja fuerte, minibar, Internet y terraza. Spa, gimnasio, piscina y pista de tenis.

RESTAURANTES

En São Luís no faltan los buenos mariscos y pescados. El arroz, producido en el propio Estado, está presente en casi todos los platos, ya sea como guarnición o como protagonista. El de *cuxa* es excelente, con gambas trituradas con ajo y una salsa de hierbas de la región. En casi todos los restaurantes encontraréis la *carne do sol* típica de todo el Nordeste; es carne secada al aire libre.

No dejéis de tomar *sucos*, que en esta ciudad son especialmente deliciosos y de frutas de la zona: *buriti, bacuri, graviola, cajá, cupuaçu* o *abrico* son algunas de las más exóticas.

(B) **CASA DA PEIXADA:** Rua Dep. João Henrique 257 (Fátima). Una tentación para los forofos del pescado y los mariscos.

(B) **XIQUE XIQUE:** Avenida Colares Moreira (São Francisco). Local muy frecuentado, cocina regional servida en inmensas raciones.

(M) **SENAC:** Rua de Nazaré 242. ☎ 3232 63 77. Cierra los domingos. Estilo clásico y cocina variada. A mediodía hay un menú recomendable.

(M) **BASE DA LENOCA:** Praça Dom Pedro II 181 (Centro). ☎ 3231 05 99. Abre hasta medianoche. Situado junto al Palacio de los Leones, ofrece buenos platos regionales que pueden ser compartidos entre dos personas.

(M) **A VARANDA:** Rua Genésio Rego 185 (Monte Castelo). ☎ 3232 84 28. Abre hasta medianoche y cierra los domingos. Local agradable, con una terraza, que se ha especializado en pescado. Destaca la *caldeirada de camarão*.

(M) **BASE DO RABELO:** Avenida dos Holandeses 144 (Calhau). ☎ 3233 68 14. Abre hasta la medianoche. Buena cocina regional.

(M) **TIA MARIA:** Avenida Nina Rodrigues, 1 (Ponta d'Areia). ☎ 3235 69 79. Abre hasta medianoche. Especializado en pescados.

(M) **CHEIRO VERDE:** Avenida São Luís Rei de França 135. ☎ 3248 16 41. En Olho d'Água, a 13 kilómetros. Buena cocina de pescados.

(M) **BASE DO GERMANO:** Avenida Wenceslau Braz (Canto do Fabril). Amplio local que suele llenarse habitualmente por su buena reputación en la ciudad. Platos regionales.

COMPRAS

CENTRO DE ARTESANATO (CEPRAMA): Rua São Pantaleão (Madre de Deus), en la antigua fábrica de Cânhamo. Para comprar artesanía.

MERCADO CENTRAL: Praça do Mercado. Abierto de lunes a sábados de 7.00 a 16.00 h.

LLEGAR Y PARTIR

EN AVIÓN. La ciudad está conectad por vía aérea con Araguaíana, Belém, Brasília, Fortaleza, Imperatriz, Maceió, Manaus, Marabá, Recife, Rio de Janeiro, Salvador, Santarém, São Paulo, Teresina, Trombetas, Tucumã, etc.

EN BARCO. Los barcos con destino a Alcântara salen de la Rampa Campos Melo diariamente a las 7.00 h y a las 9.30 h y regresan entre las 12.00 h y las 14.00 h (depende de la marea). La travesía dura una hora y cuarto.

EN AUTOBÚS. Hay autobuses a Teresina (siete horas), Belém (doce horas), Fortaleza (18 horas), Recife, etcétera.

ALREDEDORES DE SÃO LUÍS

LAS PLAYAS. Las playas atlánticas cercanas a São Luís todavía no están muy explotadas turísticamente.

Da Guía: lo más interesante son las vistas de São Luís. Luego arena, dunas, vegetación rastrera y cocoteros.

Ponta d'Areia: a 3,5 kilómetros. Es la más frecuentada durante los fines de semana. A veces suele estar sucia.

Marcela (São Marcos): olas bravas e ideal para practicar el surf. Podréis visitar el **forte de São Marcos**, construido en el siglo XVIII.

Calhau: tiene una arena fina y numerosas dunas. Algunos vecinos de São Luís se han construido aquí sus casas de vacaciones. Está a diez kilómetros.

Olho d'Agua: peligrosa por su oleaje, sobre todo durante los meses de julio a diciembre.

Ponta Grossa: arena amarilla, algunas dunas, cocoteros y fuertes vientos en verano.

Araçají: a 19 kilómetros de São Luís. Comunicada por un servicio de autobuses. Mucha gente y buena para el surf.

Da Raposa: a 30 kilómetros. Junto a un puerto pesquero no es muy propia para baños ya que suele haber bastante suciedad en el agua. En el paso veréis muchas mujeres vendiendo artesanía.

ALCÂNTARA

Alcântara está situada frente a São Luís, al otro lado de la bahía de São Marcos. La antigua capital de Maranhão fue fundada en 1648 y rápidamente llegó a ser una de las ciudades más prósperas del norte. En ella vivían ricos hacendados que poseían hasta 8.000 esclavos trabajando en sus plantaciones de caña. Con la abolición de la esclavitud, Alcântara se vino abajo, los moradores de los mejores edificios se trasladaron a vivir a São Luis y poco a poco fueron arruinándose.

En 1948 la ciudad fue declarada Patrimonio Histórico y Artístico Nacional, lo que ha permitido restaurar algunas de sus 300 casas solariegas, aunque harán falta muchos millones más para recuperar estos testimonios del pasado. Desde que se construyó el Centro Aeroespacial –a seis kilómetros de aquí– parece que la ciudad ha pasado a pertenecer al futuro.

LA VISITA

La **Praça da Matriz**, también denominada **Gomes de Castro**, es el núcleo central. En ella se levantó el *pelourinho*, la columna en la que eran azotados públicamente los esclavos; se construyó la cárcel, edificio ocupado ahora por la **Prefeitura e Câmara Municipal** (Ayuntamiento,) y se edificó la **Matriz de São Matias**, actualmente en ruinas.

En uno de los edificios restaurados de esta plaza se ha instalado el **Museu Histórico de Alcântara** (abierto de 9.00 h a 13.45 h) para mostrar su arte sacro y otros objetos de la época colonial.

Para completar la visita, podéis entrar en dos iglesias: la **igreja de Nossa Senhora do Carmo**, en la Rua Grande, edificada en 1748 y que posee un bello altar barroco, y la **igreja do Desterro**, situada en la Rua Pequena.

DATOS PRÁCTICOS

PREFIJO TELEFÓNICO: 98.

INFORMACIÓN TURÍSTICA: no hay oficina, así que informaos en São Luís.

BARCOS A SÃO LUÍS: Puerto de Jacaré. ☎ 3 232 0692.

ALOJAMIENTO

Ⓑ **POUSADA DO MORDOMO RÉGIO:** Rua Grande 134. ☎ 337 11 97. Dispone de habitaciones con tele, frigobar y con cuartos con o sin baño.

Ⓑ **POUSADA DOS GUARÁS:** Praia da Baronesa. ☎ 3337 13 39. Con diez chalés con ducha de agua fría y ventilador. Tiene restaurante.

RESTAURANTES

Ⓑ **JOSEFA:** Rua Direita. ☎ 3337 11 09. Restaurante sencillo y con una oferta basada en los pescados.

Ⓑ **ESTALAGEM ENSEADA DO GUARÁ:** Praia da Baronesa. ☎ 3337 13 39. Abierto hasta las 22.00 h. Precios asequibles y platos de pescados en el restaurante de la *pousada.*

COMPRAS

En muchas casas particulares venden licores y dulces elaborados con frutas de la región de excelente calidad.

ARTESANÍA Y RECUERDOS: Rua das Mercês 401. Artesanía, dulces, licores, etc.

LLEGAR Y PARTIR

EN BARCO. Los barcos con destino a Alcântara salen de São Luís diariamente a las 7.00 h y a las 9.30 h y regresan entre las 12.00 h y las 14.00 h (depende de la marea). La travesía dura una hora y cuarto.

ALREDEDORES DE ALCÂNTARA

LAS PLAYAS DE ALCÂNTARA. Se concentran en una zona de aproximadamente treinta kilómetros. De norte a sur son:

Perus: 30 kilómetros al norte. Con muy malos accesos, lo más interesante es que recibe corrientes marinas de África, que acaban dejando en su arena cantidad de objetos.

Tapireí: a 10 kilómetros. Pertenece al Ministerio da Aeronáutica por lo que los accesos son muy restringidos.

Itatinga: apenas a tres kilómetros. Arena clara y fina. Buena para el baño y el surf.

Baronesa: tiene cerca de tres kilómetros de arena y rodeada de acantilados. Muy frecuentada por su proximidad a la ciudad. Ideal para nadar cuando sube la marea.

Ilha do Livramento: a quince minutos en barco de Alcântara. Un buen lugar para ira a dar un paseo. Poca gente, un faro y una capilla.

REESTRÂNCIAS MARANHAENSES

Se da este nombre a una zona de costa comprendida entre Alcântara y Carutapera que se caracteriza por los acantilados, las bahías, ensenadas, islotes y una rica fauna, tanto aves como peces.

Los turistas que visitan la zona no dejan de acercarse hasta la **Ilha dos Lençois**, una isla de pescadores sin ningún tipo de infraestructura turística (para dormir habrá que preguntar a la gente y ver quién alquila o deja una habitación).

CÓMO IR. También se puede venir a la isla desde São Luís, el viaje en barco dura unas doce horas.

PARQUE NACIONAL DOS LENÇOIS MARANHENSES

Se encuentra en el municipio de Barreirinhas, a 332 kilómetros de São Luís. Se trata de una impresionante extensión de dunas móviles que ocupa una superficie de 155.000 ha, componiendo uno de los paisajes más alucinantes de todo el país.

Durante las épocas de lluvias se forman lagunas que contribuyen aún más al encanto del paraje.

CÓMO LLEGAR

Se viene en autobús desde São Luís hasta Barreirinhas; el viaje dura cerca de nueve horas debido al mal estado de la carretera. Otra opción es en avión desde São Luís (preguntad por los charter que se organizan).

BARREIRINHAS

Es la población que se utiliza de referencia para visitar el parque. En la oficina de turismo os informarán sobre las posibles opciones (☎ 098– 3349 11 44). Aquí encontraréis un sencillo hotel barato: **Pousada Lins,** ☎ 3349 1494 y otro caro y bueno el **Solare Lençois Flat Residence**, ☎ 3349 6000. y algún que otro restaurante, recomendable el **Marina Tropical** Av. Beira-Rio. ☎ 3349 1143. Algo típico de la población es la artesanía elaborada con hoja de palmera, como sombreros, redes, bolsos, etc.

En el puerto podéis preguntar por los barcos que recorren el río Preguiça y que permiten descubrir los encantos del parque.

PARCEL DE MANOEL LUÍS

Es otro paraje asombroso, esta vez a cien millas náuticas de São Luís, es decir en alta mar, y declarado Parque Estadual en 1991. Considerado una de las "Siete Maravillas del Mundo Submarino", por la riqueza de sus fondos marinos, impresionantes corredores abiertos entre gigantescas algas petrificadas por donde transitan innumerables bancos de peces.

Otro de sus atractivos, y motivo por el cual se restringen las visitas, son los numeroso barcos hundidos en sus aguas, naufragios provocados por las altas olas y las fuertes corrientes marinas, desde carabelas de los siglos XVII y XVIII a modernos barcos de tan sólo hace unos años.

Para visitar el parque se necesita una autorización de la Secretaria Estadual do Meio Ambiente do Maranhão.

ESTADO DE AMAZONAS

El Estado de Amazonas es el mayor de Brasil, ocupa una extensión de 1.564.445 kilómetros cuadrados, lo que equivale a más de tres veces el territorio español.

Su escasa población se concentra en las orillas de los ríos, donde practica la pesca y una rudimentaria agricultura. La tribu de los *tupíes* es la más numerosa. Algunos indios se han ido acercando a la civilización y otros todavía viven aislados en las profundas selvas. Los ríos siguen siendo las principales vías de comunicación entre los poblados del interior y Manaus (o Manaos, en español), su capital.

Desde aquí parten las carreteras que comunican con el resto del país y con su vecina Venezuela: en dirección norte hacia Boa Vista y la frontera con Venezuela hay una carretera asfaltada, la BR-174, que funciona siempre satisfactoriamente.

Pero la BR-319, en dirección sur, que pasa por Porto Velho y se une a la Transamazónica que conduce a Rio Branco y Perú, ha quedado prácticamente intransitable desde 1991 y sólo la recorren en época seca algunos camiones y vehículos todo terreno.

El aeropuerto internacional de Manaus está conectado con la mayoría de las capitales brasileñas y tiene vuelos regulares con Miami, Bogotá, La Paz, Santa Cruz, Caracas y algunas ciudades europeas, mientras que la navegación fluvial permite remontar el río Amazonas hasta Perú y, sobre todo, hacia su desembocadura en los alrededores de Belém.

El Ecuador atraviesa el Estado de Amazonas. En su parte oriental tienen un uso horario (una hora menos que en la costa atlántica y el centro del país) y en la parte más occidental se utiliza otro uso, semejante al Estado de Acre (dos horas menos que en la costa).

MANAUS

Manaus, capital del Amazonas, está situada a orillas del río Negro, próxima a la confluencia de este río con el Solimões. A partir de este punto es cuando los brasileños consideran que se forma el Amazonas.

Su puerto fluvial ha sido vital para el desarrollo de la ciudad y de la región y desde que el Gobierno lo declaró puerto franco, Manaus se ha llenado de almacenes y tiendas en los que venden cualquier producto extranjero libre de impuestos y cientos de aparatos electrónicos nacionales más baratos que en cualquier otra ciudad brasileña. Al llegar al aeropuerto comprobaréis la cantidad de televisores y ventiladores que los turistas nacionales se llevan de Manaus.

Manaus es hoy una gran ciudad de un 1.700.000 habitantes, centro neurálgico para visitar y emprender las excursiones por la selva amazónica, y casi la única localidad habitada del Estado que visitan los turistas. Manaus es un foco industrial y comercial de gran importancia. Casi todos los días desembarcan cruceros en su congestionado puerto, el cual dista aproximadamente 2000 kilómetros del océano.También se está empezando a construir un novedoso puente que atravesará el Río Negro y que conectará a Manaus con Manacapuru. Manaus cuenta con dos carreteras que la conectan con Boa Vista, en Roraima y con Porto Velho, en Rondônia, pero para recorrer esta última se debe atravesar el Río Amazonas en barco.

Además, es una urbe bastante segura –excepto en los alrededores del puerto y al oeste de la Praça Matriz después del atardecer–, ya que si se comete un crimen no es fácil escaparse de la policía, por la escasez de rutas transitables.

HISTORIA. La ciudad fue fundada en 1669 como puerto estratégico para dar salida y entrada a mercancías y personas. Empezó a cobrar impor-

AMAZONAS, RORAIMA Y ACRE
COLOMBIA
Vista Alegre
Cucuí
São Marcelino
Içana
São Joaquim
São Gabriel da Cachoeira
Villa Bittencourt
Japurá
Belo Horizonte
Tonantins
Jutaí
Amaturá
Santa Rita do Weill
Juruá
PERÚ
Letícia
Atalaia do Norte
Espirão do Ecuador
Caxias
Benjamin Constant
São Paulo do Olivença
Carauari
Bom Jesus
Bom Jesus
Rodrigues
Foz do Tarauacá
Itamarati
Eirunepé
Fortaleza de Ituxi
Ipixuna
Guajará
Envira
Teuini
Pauini
Cruceiro do Sul
São João
Tarauacá
Feijó
Boca de Acre
ACRE
Floriano Peixoto
Triunfo
Oriente
Granada
Santa Rosa do Purus
RIO BRANCO
Acrelândia
Vila Santo Antônio
Guanabara
Francisco Conde
Capixaba
Assis Brasil
Brasiléia
Quixadá
PERÚ

NEZUELA
SANTA ELENA
Uramutã
Contão
Normandia
Conceição do Maú
Bonfim
Vista Alegre
BOA VISTA
SURINAM
RORAIMA
Mirizal
GUYANA
Cantá
Nova Cintra
Iracema
Cujubim
Caracaraí
Missão Catrimani
Poco Iriruba
Nova Paraiso
São Luís
Caroebe
São João da Baliza
Rorainópolis
Santa María
São Benedito
Barcelos
Reserva Indígena Waimiri Atroari
Carvoeiro
Moura
Parque Nacional do Jaú
Presidente Figueiredo
Balbina
RIO AMAZON
Faro
Nhamundá
Mocambo
Urucará
Mocambo
Parintins
Santo Antônio
Novo Airão
Ponta Negra
Rio Preto da Eva
Silves
Barreirinha
Santa Maria
MANAUS
Pedras
Itapiranga
Freguesia do Andirá
Careiro de Várzea
Ariaú
Badajós
Caapiranga
Iranduba
Murutinga
Maués
Foz
Copéa
Anamã
Camará
Anori
Autazes
Repartimento
Beruri
Careiro
Mujacá
Coari
Mamiá
Canumã
Entre Rios
José
Andrade
Paricatuba
Borba
Reserva Biológica de Abufari
Novo Aripuanã
Mandurucus
PARÁ
Jaburu
Tapauá
São João
Itatuba
Marmelos
São Cristóvão
Auxiliadora
Sucunduri
Capitari
Três Casas
Apuí
Prainha Nova
AITÁ
Samaúma
Jacaretinga
PORTO VELHO
MATO GROSSO
RONDÔNIA

Rio Cueiras
Ilha Anavilhana
ARCHIPIELAGO
DE LAS
ANAVILHANAS
Paraná
Anavilhanas
Ilha Tumbira
Cachoeira
das Araras
Ilha Sacada
Praia
do Tupé
RIO NEGRO
Ig. Acajatuba
Praia
Grande
Lago
Ajacatuba
Rio Ariaú
Praia
do Gued
Cachoeira
do Paricatuba
Lago do
Ubim
Lago do
Limão
Lago
do Miriti
Lago do
Matias
Lago
Santana
Ilha da
Paciência
RIO SOLIMÕES
MANACAPURO
Lago
do Mirajá
Lago
Baixio
Lago
Grande
Lago
Redondo
Lago
Grande
MANAQUIRI
Paraná do
Manaquiri

BR 174
AM-010
RIO PRETO
DA EVA
Rio Tarumã Agu
Praia
do Lua
Cachoeira
das Almas
Cascantinha
do Amor
Ponta
Negra
MANAUS
RIO
AMAZONAS
Ilha do Careiro
CEREIRO
DA VARZEA
Encontro
das Aguas
Lago do
Arroz
Lago
do Rei
Paraná do Cambixi
Paraná do Careiro
Ilha Xiborema
Ilha Machantaria
Costa da Iranduba
Ilha do
Curari
Lago do
Capitari
Lago
Jassiuá
Lago
Alveres
AMAZONAS

tancia cuando se descubrieron las posibilidades de la savia del *hevea brasiliensis*, un árbol que abundaba en la región. De este líquido precioso se obtiene el látex. Cuando Charles Goodyear dio con el proceso de vulcanización, la demanda mundial de látex aumentó y cuando Dunlop patentó el neumático, en 1888, explotó la fiebre del caucho.

Llegaron empresarios europeos que se adueñaron rápidamente de esta industria. Mientras los *seringueiros* (sangradores de heveas) se adentraban en la selva para recolectar la savia, los empresarios se dedicaron a introducir unas costumbres y un lujo que nunca se habían visto en Manaus. El capitán ingeniero Eduardo Gonçalves Ribeiro, gobernador del Estado, mandó adoquinar las calles, introdujo la electricidad, el teléfono, el sistema de alcantarillado y el primer tranvía eléctrico de toda Latinoamérica.

Los barcos no sólo transportaban el caucho, sino que traían de Europa los materiales nobles para la construcción de palacios privados, del mercado municipal y del Teatro de la Ópera: cristales de Venecia, columnas de hierro fundido en Inglaterra, telas de Alsacia, mármoles de Carrara... Las inmensas fortunas que se manejaban permitían a algunos mantener los más absurdos caprichos.

En 1910 se habían exportado 38.000 toneladas de látex y cinco años después se produjo el *crack*. Henry Wickham, un ciudadano británico que se había aposentado con su esposa desde hacía unos cuantos años en la Amazonia, extrajo clandestinamente del país algunas semillas del *hevea*, las congeló en el jardín botánico de Kew y se trasplantaron metódica y ordenadamente en la Península Malaya, colonia británica.

De esta forma consiguió en poco tiempo que la recolección de la savia fuera mucho más efectiva, al estar los árboles unos cerca de otros y no aislados como en la selva amazónica. La competencia asiática fue feroz, los precios bajaron de forma alarmante para los productores y en cinco años acabó la fiebre del caucho. Los empresarios abandonaron sus mansiones, el Palacio de la Ópera cerró sus puertas y Manaus entró en un proceso de letargo que duró hasta 1967, año en que el Gobierno brasileño declaró a la ciudad zona franca. Esta medida sirvió para que se instalaran comerciantes y se abrieran industrias relacionadas con la electrónica.

Con la modernización del puerto y la inauguración del aeropuerto, la ciudad ya no permanecía tan aislada del resto del país. Un turismo nacio-

nal viene hasta aquí a comprar productos extranjeros libres de impuestos y aparatos electrónicos nacionales. El turismo extranjero, sin embargo, llega en busca de la selva y de emociones que le hagan salir de la rutina.

ORIENTACIÓN

La vida de Manaus es muy activa durante la semana y el domingo se paraliza hasta el extremo de que os puede resultar difícil encontrar un restaurante abierto donde comer. Todo se desarrolla en su puerto, donde se encuentra el **Mercado Municipal**, y en las cercanas calles comerciales que se extienden hasta la Avenida Sete de Setembro, que por cierto suele despistar bastante al turista ya que su trazado es muy irregular.

DEL AEROPUERTO, EL PUERTO Y LA RODOVIÁRIA A LA CIUDAD

Si llegáis al aeropuerto internacional Eduardo Gomes –a 13 kilómetros al norte de la ciudad– podéis coger el autobús 306 que para en el centro, Praça Matriz, junto a la Praça do Relogio. Emplea entre 35 y 40 minutos en el trayecto.

El mismo autobús, si avisáis al conductor, para muy cerca de la *rodoviária*, situada al final de la Rua Recife, a ocho kilómetros del centro. En todo caso, sólo utilizaréis la estación de autobuses si vais hacia Boa Vista y Venezuela.

El puerto, por su lado, está muy cerca del centro de la ciudad.

LOS GUÍAS

Al llegar al aeropuerto suelen acercarse a los turistas una serie de personas con una identificación ofreciendo sus servicios, entre los que se incluyen la búsqueda de un hotel e incluso la visita turística. Por lo general se trata de gente muy amable que se gana la vida de esta manera y que en un momento dado os pueden resolver el problema del alojamientos. Si ya habéis contratado un hotel os podrán acompañar o indicaros la forma de ir, pero no os metáis al llegar en ningún coche de desconocidos. Esperad a contratar guías o servicios en una agencia recomendable.

LA VISITA

El recorrido por la ciudad hay que hacerlo temprano, cuando todavía al sol no le ha dado tiempo de derretir la brea del asfalto y cuando el penetrante olor a fruta fermentada mezclado con gasoil no es tan acusado.

En el **puerto** la actividad empieza desde el amanecer y algunas noches no se detiene: hay que descargar los barcos o cargarlos para que continúen viaje. Y no se usa otra fuerza que la humana. A golpe de riñón se llenan las bodegas de los barcos o se transportan los grandes fardos traídos de otros lugares por el río al Mercado Central. De allí se distribuyen al Mercado Municipal y a otros mayoristas.

Manaus controla el 87% del tráfico fluvial de la Amazonia. Cuando lo visitéis, enteraos de las distintas posibilidades para viajar en barco. El edificio de la **Alfândega**, o Aduana, fue construido en 1906 con materiales traídos de Europa. Justo detrás están los muelles flotantes, diseñados de tal forma que se acoplan al nivel del agua del río, que suele fluctuar en casi 20 metros de altura.

MERCADO MUNICIPAL: Rua do Barés, muy cerca del puerto. Abierto de 6.00 h a 18.00 h. Merece la pena una visita detenida, si conseguís soportar el olor. Es un edificio de 1882, de estilo modernista, con vidrieras de colores,

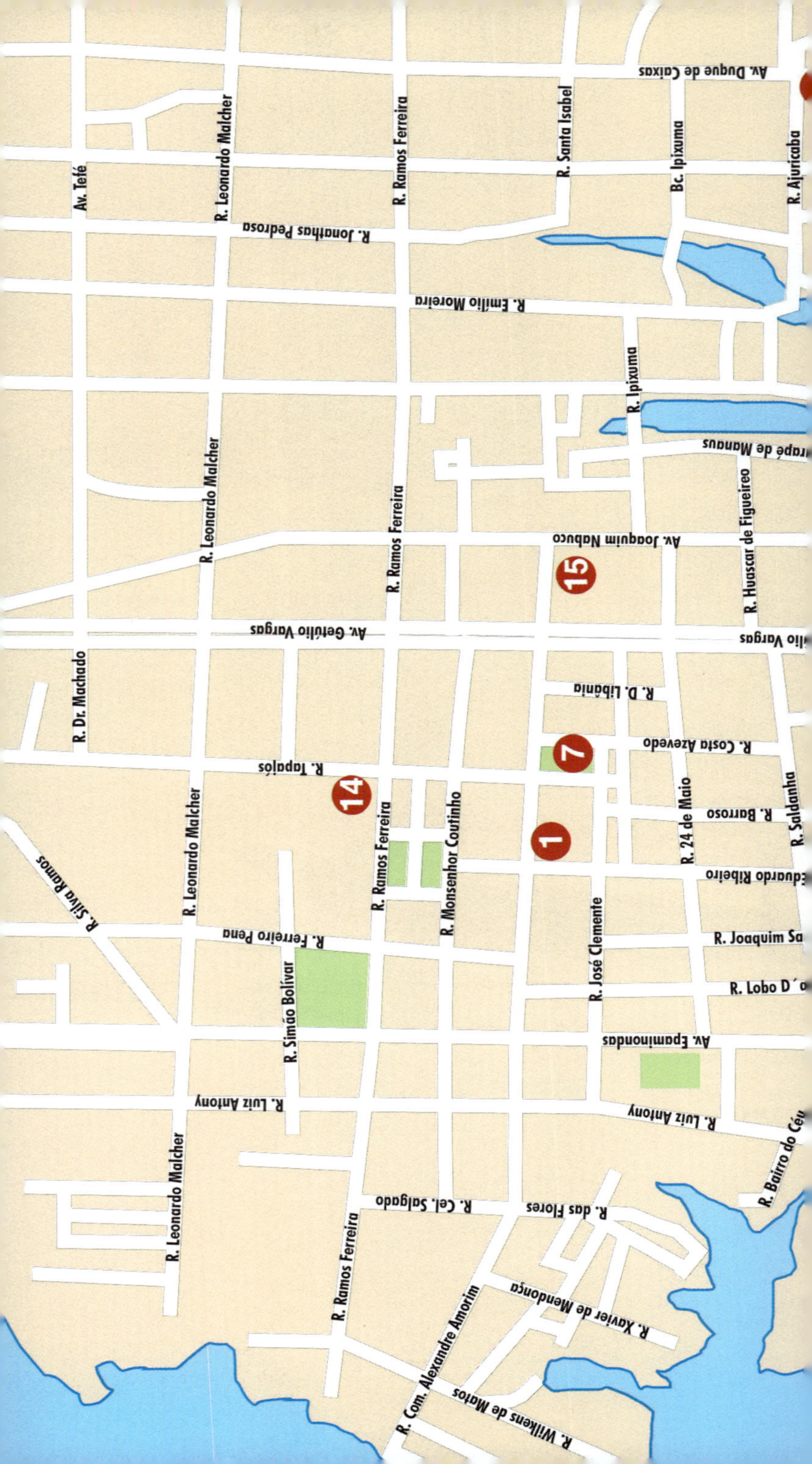
Av. Duque de Caixas
R. Ajuricaba
Bc. Ipixuma
R. Santa Isabel
R. Ramos Ferreira
R. Leonardo Malcher
Av. Tefé
R. Jonathas Pedrosa
R. Emílio Moreira
R. Ipixuma
rapé de Manaus
R. Huascar de Figueireo
Av. Joaquim Nabuco
15
Av. Getúlio Vargas
lio Vargas
R. Dr. Machado
R. D. Libânia
R. Costa Azevedo
7
R. Tapajós
14
R. Barroso
R. 24 de Maio
R. Saldanha
R. Monsenhor Coutinho
1
Eduardo Ribeiro
R. Silva Ramos
R. Ferreiro Pena
R. José Clemente
R. Joaquim Sa
R. Lobo D´a
Av. Epaminondas
R. Simão Bolívar
R. Luiz Antony
R. Luiz Antony
R. Bairro do Céu
R. Cel. Salgado
R. das Flores
R. Xavier de Mendonça
R. Com. Alexandre Amorim
R. Wilkens de Matos

MANAUS
1. Teatro Amazonas
2. Puerto de Manaus
3. Mercado Municipal
4. Palacio Rio Negro
5. Reloj Municipal
6. Catedral
7. Igreja São Sebastião
8. Teatro da Instalação
9. Teatro Chaminé
10. Galeria de Arte do Estado
11. Museu Numismático
12. Museu de Imagem e Som
13. Museu do Índio
14. Museu Amazônico
15. Museu da Sociedade Portuguesa
Av. Sete de Setembro
R. Gov. Vitór
Praça da Matriz
Praça Heliodoro Balbi
R. Marechal Deodoro
R. Guilherme Moreira
R. Marcílio Dias
R. Dr. Moreira
Av. Floriano Peixoto
R. José Paranaguá
R. Lima Bacuri
R. Dr. Almínio
R. Quintino Bocaiúva
Av. Joaquim Nabuco
R. dos Andradas
R. Rocha dos Santos
R. Cel. Sérgio Pessoa
R. Leovegildo Coelho
R. Miranda Leão
R. Pedro Botelho
R. Izabel
R. dos Barés
R. Barão de São Domingos
Av. Lourenço da Silva Braga
Av. Lourenço da Silva
R. Cândido Mariano
Av. Visconde
R. Delcídio do Amaral
Boulevard Sá Peixoto
de Miranda
R. Manoel Urbano
R. Inocêncio de Araújo
R. Inácio Guimarães
R. Amancio
Av. Rio Negro

inspirado en Les Halles de París. Su estructura de hierro fundido fue transportada desde Inglaterra. Aquí vienen a parar todos los pescados del río Negro y otros afluentes, las frutas con las que se elaboran los *sucos* y *vitaminas* más exóticos que en ninguna otra ciudad, hierbas medicinales y aromáticas, verduras y hasta artesanía. Durante el día se puede pasear tranquilamente por esta zona. Sin embargo, por la noche resulta peligrosa.

Las calles comerciales se concentran entre la Avenida Sete de Setembro y el puerto. Son un auténtico zoco lleno de tiendas, almacenes y puestos ambulantes sin gran interés para el viajero, a no ser que queráis añadir varios kilos de peso a vuestro equipaje. Los perfumes, relojes y cosméticos de multinacionales muy conocidas, a veces son vulgares imitaciones. Los vendedores ambulantes están tan habituados a la lluvia que ni siquiera se guarecen cuando empieza a caer uno de los seis o siete chaparrones diarios con que les obsequia la temporada de lluvias. Se limitan a colocar un plástico sobre la mercancía y siguen conversando o jugando a las damas hasta que escampe. Saben que apenas son diez minutos de aguacero, que no servirá para que descienda ni un grado la temperatura y que el sol lo seca todo muy rápido.

En la sombreada **Praça Heliodoro Balbi** hay unos puestos ambulantes donde sirven el popular *tacacá*, una sabrosa sopa caliente y picante a base de *jambu* (verdura similar a los berros) y gambas y que puede ser muy tóxica si no se ha cocido lo suficiente. La ofrecen en cuencos negros hechos de calabaza y se toma con una cuchara y un palillo que ayuda a pescar las gambas.

TEATRO AMAZONAS: Praça São Sebastião. ☎ 622 24 20. Visitas guiadas de lunes a sábados entre las 9.00 h y las 16.00 h. Este hermoso edificio rosa es, sin duda, la mayor atracción turística de la Manaus urbana. Este teatro fue construido a instancias del gobernador Eduardo Gonçalves Ribeiro con el fin de atraer a las grandes figuras de la ópera hasta este rincón de la Amazonia. Domenico de Angelis diseñó su estructura y eligió el estilo renacentista italiano para su construcción. Las obras duraron doce años y el teatro se inauguró en 1896. Se contrató a Crispim do Amaral, que trabajaba en la Comedie Française como decorador de interiores. Con él llegaron de Europa los pintores

Silvio Centofani, Adalberto Andreis, Francisco Aleghini y Enrique Mazzolani, que se ocuparían de la decoración interior y exterior. No se escatimaron gastos y los materiales más ricos fueron importados del continente europeo. Algunos detalles de las pinturas del techo son de oro de catorce quilates. Cada musa representa una manifestación artística. Se utilizaron maderas preciosas como el pino de riga, el jacarandá y el *carvalho*. Las columnas de hierro fundido y las balaustradas llegaron por barco desde Inglaterra. Los espejos del Salón Noble que forman una proyección de imágenes hasta el infinito fueron diseñados en Francia. El telón del escenario, titulado *Encontro das Aguas*, fue pintado en París por Crispim do Amaral. Las tejas de la cubierta abovedada son alsacianas y los mármoles, de Verona. El 31 de diciembre de 1896 la Compañía Lírica italiana lo estrenaba interpretando *La Gioconda*, ópera de Amilcar Pomchielli. Durante los años de esplendor fue un punto obligado en las giras de las grandes figuras, pero cerró sus puertas cuando se produjo el *crack* y las volvió a abrir años después, cuando el dinero ya no corría alegremente.

PALACIO DE JUSTICIA: detrás del teatro. Un edificio majestuoso, al igual que el de **Correos**, situado en la Rua Marechal Deodoro.

PALÁCIO RIO NEGRO: Avenida Sete de Setembro 1.546. Abre de 10.00 h a 17.00 h de martes a viernes y de 16.00 h a 21.00 h en fin de semana. La sede del Gobierno del Estado hasta 1990 es hoy un centro cultural. Esta mansión perteneció a un rico comerciante alemán, Waldemar Scholz, que abandonó Manaus tras el hundimiento de la industria del caucho. Se construyó a principios del siglo XX. Está en medio de un agradable jardín donde se ubican una pinacoteca, biblioteca y un museo de numismática.

IGREJA DE SÃO SEBASTIÃO: Praça São Sebastião. Es la iglesia más interesante de la ciudad y se eleva casi frente al Teatro Amazonas. En su interior que destacan las pinturas de la nave central, obra de Domenico de Angelis. Observad los ángeles pintados en la linterna de la cúpula, que parecen sobresalir del fondo azul. En frente, en la plaza se erige un monolito con cuatro esculturas de piedra, cuatro continentes; es el Monumento Conmemorativo del IV Centenario del Descubrimiento de Brasil.

MERCADO DE LA PANAIR: Puerto, a partir de las 23.00 h. Conviene ir acompañado por alguien de la ciudad. Se trata del puerto donde llegan los barcos de pesca y donde se descarga la mercancía a la luz de las lámparas de queroseno. Un espectáculo impresionante.

ZOOLÓGICO DO CIGS: Estrada da Ponta Negra (S. Jorge). ☎ 3625 1966. Horario: de martes a viernes de 9.00 h a 16.30 h, sábados y domingos de 9.00 h a 18.00 h. Está un poco abandonado pero se pueden ver algunos animales típicos de la zona, entre ellos macacos y, jacarés.

BOSQUE DA CIÊNCIA: R. Otávio Cabral, s/n (Petrópolis). ☎ 3643 3293 - 3643 3192. bosque@inpa.gov.br Un pedazo de selva dentro de la ciudad. Es un parque en el que se puede pasear entre los árboles y con un pequeño recorrido de selva. También se exhibe fauna local, a destacar el *peixe-boi.*

JARDIM BOTÂNICO ADOLPHO DUCKE: R. Uirapuru, 1 (Cidade de Deus). ☎ 3681 2282. http://jardimbotanicodemanaus.org. A 28 km de la ciudad, en el límite del área urbana con la selva. Tiene ocho senderos para recorrer, en los que con suerte se puede ver algún animal.

MUSEOS

MUSEU DO INDIO: Rua D. de Caxias 356. ☎ 3635-1922. Abierto de lunes a viernes de 8.30 h a 11.30 h y de 14.00 h a 16.30 h; los sábados de 8.30 h a 11.30 h. Contiene cerca de dos mil piezas pertenecientes a las tribus del alto Rio Negro. Está dirigido por los Salesianos y muchas de las piezas que se exhiben han sido recopiladas en las misiones fundadas en territorio de los *tukanos*. Algunos de estos utensilios han sido reproducidos y se venden en la tienda del museo.

MUSEU DO HOMEN DO NORTE: Avenida Sete de Setembro 1.385. ☎ 232 53 73. Dependiente de la Fundación Joaquim Nabuco, el museo ocupa un edificio que hasta no hace mucho era el cuartel de bomberos. Este museo etnográfico y antropológico muestra la dura vida que ha llevado el hombre en la Amazonia para sobrevivir.

En la planta baja, a la derecha, según se entra, hay una sala para exposiciones temporales muy interesantes, ya que todas se relacionan con Manaus y el Amazonas.

MUSEO DE CIÊNCIAS NATURAIS DA AMAZONIA: Colonia Cachoeira Autobús nº 519. Colônia Cachoeira Grande. Museo privado de la colonia japonesa donde se exhiben muestras relacionadas con la flora y fauna amazónica: un gran acuario con peces *piracucu* de hasta dos metros, colecciones de insectos –particularmente rica la de mariposas–, etcétera.

INSTITUTO GEOGRÁFICO E HISTÓRICO DO AMAZONAS: Rua Bernardo Ramos 117 ☎ 3232 70 77. Contiene una biblioteca especializada y guarda también una hemeroteca sobre asuntos relacionados con esta región.

MUSEU SERINGAL VILA PARAÍSO: Igarapé São João (Tarumã Mirim). ☎ 633 2850 – 234 8755. Se llega en barco que sale de la Marina do David en Ponta Negra son 25 minutos para atravesar el río Negro. En el museo se muestra como fue la industria del caucho, aprovechando el escenario utilizado para el rodaje de la película “A Selva”, que reproduce un escenario real del siglo XIX.

LA VISITA A LA SELVA

La razón por la que se acude a Manaus por lo general es siempre la misma: visitar el Amazonas. Así que la capital se ha convertido en el punto de partida de numerosos itinerarios por el río, ofrecidos en todas las agencias de viajes.

Vuestra elección dependerá en gran medida del tiempo que dispongáis, son olvidar evidentemente el presupuesto, tanto para un día como las de varios con alojamiento incluido en alguna de las cabañas que hay a orillas del río, y cuyas comodidades varían mucho de unas a otras.

Hay muchas agencias que organizan vuestro viaje a la Amazonia y todas tienen unas propuestas muy similares. Lo único es la diferencia en la forma de vender su paquete, es decir aquella que mejor pueda convencer al turista y le haga sentirse descubridor de caminos transitados a diario por cientos de personas. Incluso algunos agentes que van por libre muestran vídeos de remotos parajes o bien ofrecen rutas aún sin explorar. Como vuestra excursión por el Amazonas dependerá sobre todo del tiempo que dispongáis, preguntad en varias y comparad. Una buena idea para comprobar si la agencia que elegís es legal es ver si se incluye en la *web* de Embratur: www.cadastro.embratur.gov.br

BRAZILIAN SAFARIS: ☎ 8101 5288 - 3649 1425, info@braziliansafaris.com Expertos en la cultura amazónica y su especialidad es las salidas por la selva en embarcaciones locales. Tienen una buena infraestructura, con vehículos, varios tipos de embarcaciones para recorridos por el Amazonas. Organiza el viaje según el presupuesto del viajero. Los precios oscilan entre 45 y 85 euros por persona y día, según el tipo de viaje y el número de participantes.

Las diferentes opciones son: jornadas de pesca, salidas en canoa a motor, en las que se duerme en casas de *caboclos* ribereños o se acampa en la selva; en barco regional de madera, en las que se pernocta en el barco com hamacas o en un *lodge*, situado a 70 kilómetros de Manaus, en el área del lago Mamori, donde existe estructura para hacer varios tipos de actividades.

Todas las opciones permiten estas actividades: Visitas a casas de caboclos y a comunidades, salidas en canoa a remo o a motor por la selva inundada, caminatas po la selva, pesca de pirañas, *cacería* pacifica de *jacarés* (caimanes) y baños en cascadas o playas.

También organizan excursiones por la Transamazónica BR-174 a Presidente Figueredo, municipio situado a 107 kilómetros y famoso por su gran cantidad de cascadas y grutas. Son excursiones de entre uno y tres días, durmiendo en *pousadas* locales.

Otras direcciones recomendables son:

PLANET TOURS: Av. Eduardo Ribeiro, 125 - Room 1 - Centro ☎ 3087 0561 - 9995 8894. info@planettours.com.br reservations@planettours.com.br

IGUANA VIAGENS E TURISMO: Hotel Dez de Julho, rua 10 de Julho 679, ☎ 3633 65 07. www.amazonbrasil.com.br Un montón de años de experiencia avalan esta agencia con buena reputación.Si tiene presupuesto, no lo dude: Amazonia Expeditions le organiza un vuelo panorámico para dos o tres personas sobre la ciudad de Manaos, la selva, el río y el archipiélago de las Anavilhanas. Los aficionados a la pesca deportiva están en el paraíso. Entre julio y moviembre, Tupana (www.amazontupana.com) les lleva en hidroavión hasta sus bungalows flotantes sobre el río Madeirinha (40 minutos) y les organiza dos días de pesca inolvidables en los que podrán luchar con el tucunaré, el más bravo de todos los peces amazónicos. Eso sí, el 100 por 100 de las capturas es devuelta inmediatamente al agua. Las riveras del Amazonas están salpicadas de playas de finísima arena blanca. Evitando las horas de más sol, puede recrearse a sus anchas e incluso aventurarse a nadar en las aguas del río sin ningún temor a las piranhas, anacondas o jaca

ENCONTRO DAS AGUAS

La excursión más fácil y la más ofrecida por todas las agencias de viajes es la que lleva hasta el punto de unión entre el Rio Negro y el Solimões, a partir del cual los brasileños lo empiezan a llamar Amazonas. Este punto está a diez kilómetros del centro de Manaus corriente abajo. Durante cerca de seis kilómetros las aguas de uno y otro río no se mezclan del todo, debido a sus diferentes densidades y velocidad, y se puede distinguir perfectamente el color oscuro que aporta el Rio Negro –por los minerales en suspensión– y el terroso del Solimões.

Para bañarse es mejor hacerlo, naturalmente, antes de que el caudal de cualquiera de ambos ríos pase por Manaus. Los barcos que organizan estas excursiones suelen acercarse a algún poblado, por lo general el **Parque January**, una reserva con una tienda de artesanía y un restaurante improvisado. Los niños muestran pequeños caimanes, perezosos y culebras a cambio de unas monedas. En esta misma excursión podréis ver las *vitórias régias*, nenúfares gigantes capaces de soportar el peso de una persona.

Los grandes barcos de turistas suelen llevar consigo una lancha de motor con la que se adentran por uno de los infinitos *igarapés,* o brazos del río, para observar más de cerca la impresionante naturaleza. Estas excursiones duran unas seis horas y cuestan unos 40 euros con la comida incluida.

Si no queréis gastar tanto dinero y os contentáis sólo con ver la unión de ambos ríos, coged en Manaus el autobús nº 713 en Praça Matriz. Os llevará hasta el transbordador próximo al lugar. En *canoeiro* (ver Excursiones por el río, más adelante) también os saldrá carillo, pero económico si sois tres o cuatro para compartir gastos.

DATOS PRÁCTICOS

PREFIJO TELEFÓNICO: 92.

OFICINAS DE INFORMACIÓN TURÍSTICA

AEROPUERTO: abierta hasta las 23.00 h, ☎ 3652 11 20.

CENTRO DE ATENDIMENTO AO TURISTA: Avda Eduardo Ribeiro. 666. Centro. ☎ 3622 0767.

MANAUSTUR: Av. Floriano Peixoto, s/n, - Centro. ☎ 3215 2320.

CASAS DE CAMBIO: Amazônia Turismo: Rua Dr Moreira 88. **Banco 24 horas,** en el aeropuerto.

MEDIOS DE TRANSPORTE

AEROPUERTO EDUARDO GOMES: Avenida Santos Dumont, 1350. Tarumã ☎ 3652 1217 - 3652 1210. A 14 kilómetros de la ciudad.

ESTAÇÃO RODOVIÁRIA HUASCAR ANGELIM: Av. Recife, s/n ☎ 3642 5808. A 8 kilómetros del centro.

COMPAÑÍAS AÉREAS

TAM: Rua João Valério, 123. ☎ 3652 1300/1381 www.tam.com.br

GOL: ☎ 0800 280 0465, 0300 789 2121 3652 1634 / 1632. www.voegol.com.br faleconosco@golnaweb.com.br

BARCOS POR EL AMAZONAS

AMAZON EXPEDITIONS: Rua Miguel Ribas, 1.339 - Santo Antonio. ☎ 3625 2090, 3671 2731. amex@bsp.com.br

AMAZON CLIPPER CRUISES: Rua Sucupira, 249 - Cj. Kíssia. ☎ 3656 1246. info@amazonclipper.com.br www.amazonclipper.com.br

AMAZON NUT SAFARIS: Cj. Manauense, Q/G, Casa 01 N. S. das Graças. ☎ 3234 5860, 3233 3280. am.safaris@hotmail.com www.amazonnut.com

RADIOTAXIS

ABETAM: Av. Eduardo Ribeiro, 22 - Centro. ☎ 3234 4686.

CIDADE NOVA RÁDIO-TÁXI: Rua 26, 46, Box 05 - Cidade Nova. ☎ 3645 3211.

ESPECIAL RÁDIO-TÁXI: Av. Eduardo Ribeiro, 342. Centro. ☎ 3232 6812.

RIO NEGRO RÁDIO-TÁXI: Av. Eduardo Ribeiro, 522-523. ☎ 3671 5619 - 3673 9946.

ALQUILER DE COCHES

AVIS: ☎ 3652 15 79.

AUTO LOCADORA: ☎ 3233 6056.

LE MANS: ☎ 2126 7000.

LOCALIZA: ☎ 3233 4141.

ALOJAMIENTO

No todos los hoteles de Manaus disponen de agua caliente, lo cual no es grave porque el agua fría sale templada. Lo que sí es importante es que las habitaciones dispongan de aire acondicionado. Antes que nada, comprobad si funciona el sistema, a veces los aparatos de aire acondicionado parece que sólo están de adorno.

Os recomendamos que echéis un vistazo a la rua 10 de Julho, donde hay tres o cuatro hoteles muy baratos y decentes y os quedéis con lo que más os guste. Nuestro favorito es el hotel Dez de Julho.

(B) **HOTEL DEZ DE JULHO:** Rua 10 de Julho 679. ☎ 3232 62 80. www.hoteldezdejulho.com.br Cuartos muy económicos con a/c en este hotelito muy recomendable y favorito de los viajeros individuales. Moderno, limpio, con una buena agencia de viajes y el desayuno incluido. Algunas habitaciones son hasta cuádruples.

(B) **SOMBRA PALACE:** Av. 7 de Setembro, 1325. ☎ 3234 8777. www.hotelsombra.com.br Situado en el centro de la ciudad. Las habitaciones son pequeñas y disponen de baño, caja fuerte individual, aire acondicionado, televisión, teléfono y minibar.

(B) **REI SALOMÂO:** Rua Dr. Moreira 119 (Centro). ☎ 3234 73 74. reservas@reisalomaohotel.com.br www.reisalomaohotel.com.br Tiene 28 habitaciones con teléfono, televisión, aire acondicionado y frigorífico. Bueno para el precio,

(B) **HOTEL KRYSTAL:** Rua Barroso 54 (Centro). ☎ 3233 75 35. www.krystalhotel.com.br En una calle comercial cerca de la Praça da Matriz. Habitaciones, sencillas, dobles y triples, no muy amplias con un mobiliario moderno y funcional dotadas de baño, aire acondicionado, tele, frigobar y caja fuerte.

(B) **ANA CÁSSIA:** Rua dos Andradas, 14. ☎ 3303 3637. www.hotelanacassia.com.br En el centro, al lado del puerto y del mercado, ocupa un edificio de nueve plantas con piscina y terraza en la azotea. Las habitaciones están algo descuidadas y el aire acondicionado es bastante ruidoso, pero está bien situado. Tiene conexión a Internet al lado de la recepción y una oficina en donde está la caja fuerte y a la que se llega por oscuros pasillos. El desayuno se sirve en el comedor del piso más alto y la cena en el pequeño restaurante del hotel, pero es muy poco recomendable

(M) **HOTEL BRASIL:** Avda Getúlio Vargas 657. ☎ 3622 2600. www.hotelbrasil.tur.br Cuartos cómodos, amplios, con a/c, baño, tv y teléfono. Hay una pequeña piscina, cafetería y, en la terraza de recepción un restaurante y puesto de riquísimos *sucos*, muy a mano para comer algo por la noche.

Ⓜ LÍDER: Avenida Sete de Setembro 827 (Centro). ☎ 3621 97 00. www.liderhotelmanaus.com.br Cerca del teatro Amazonas, en una calle con mucho movimiento. Un edificio moderno que tiene 60 habitaciones con teléfono, televisión, aire acondicionado, frigorífico y restaurante.

Ⓜ MÕNACO: Av. Constantino Nery, 2020 (Centro). ☎ 21 21 00 04. monaco@internext.com.br www.hotelmonacomanaus.com.br Con restaurante, bar y piscina, tene 126 habitaciones con teléfono, televisión, aire acondicionado y frigorífico.

Ⓜ HOTEL PALACE: Avenida Sete de Setembro 593. ☎ 3622 46 21. reservas@hotelpalacemanaus.com www.palacemanaus.com Junto a la Praça da Matriz. Algunas habitaciones tienen balcón a la plaza y han sido amuebladas con muebles de color gris. Ambiente y servicio muy atento. Habitaciones con ducha, televisión, teléfono y frigorífico.

Ⓒ PLAZA: Avenida Getúlio Vargas 215 (Centro). ☎ 3232 77 66. reservasplaza@grupotajmahal.com.br www.grupotajmahal.com.br Con restaurante, bar y piscina cubierta, tiene 80 habitaciones, muy buenas y amplias, con todo el equipamento de rigor: teléfono, televisión, aire acondicionado y frigorífico.

Ⓒ TAJ MAHAL: Avenida Getúlio Vargas 741 (Centro). ☎ 3627 37 37. www.grupotajmahal.com.br Muy céntrico y con bar, piscina al aire libre (en el ático), sauna, salón de masajes, restaurante giratorio en la azotea, con bonitas vistas del Teatro Amazonas. tarda unos 45 minutos en dar una vuelta completa. Tiene habitaciones con terraza abierta hacia la ciudad con baño completo, a/c y bien equipadas.

Ⓒ IMPERIAL: Avenida Getulio Vargas 227. ☎ 622 31 12. Del mismo propietario que el anterior, ofrece un servicio y unas instalaciones similares. Es decir habitaciones con teléfono directo, baño, tele y frigobar. Restaurante y piscina.

Ⓒ HOTEL MANAÓS: Avenida Eduardo Ribeiro 881; esquina 10 de Julho. ☎ 3633 57 44. www.hotelmanaos.com.br Céntrico y moderno hotel, inaugurado en 1994, que ofrece unas habitaciones no muy caras y buenas prestaciones, aire acondicionado, teléfono, minibar y tele.

Ⓒ DA VINCI: Rua Belo Horizonte 240. ☎ 3663 12 13. reservas@davincihotel.com.br www.davincihotel.com.br En Adrianópolis, tiene restaurante, bar y piscina y 113 habitaciones con teléfono, televisión, aire acondicionado, frigorífico, caja de seguridad, etc.

Ⓒ NOVOTEL: Avenida Mandii 4 (Bola da Suframa, Distrito Industrial, a 5 kilómetros del Centro). ☎ 2123 1211. Tel. reservas: 0800 703 7000. www.novotel.com.br Con restaurante, bar, piscina muy grande, pista de tenis y campos de deporte. Tiene 169 habitaciones con teléfono, televisión, aire acondicionado, frigorífico, caja de seguridad, etc. El desayuno no está incluido en el precio de la habitación.

Ⓛ TROPICAL BUSINESS: Avda Cel. Teixeira, 1320 carretera de Ponta Negra (Praia Ponta Negra, a 18 kilómetros). ☎ 2123 3000. www.tropicalhotel.com.br El hotel más elegante de Manaus está en Ponta Negra y tiene dos restaurantes, bar, piscina, sauna, área de juegos, pista de tenis, gimnasio, masajes, zoo, helipuerto y embarcadero privado.

HOTELES EN LA SELVA

Ⓛ ARIAÚ: ☎ 2121 5000 - 0800 702 5005. treetop@ariautowers.com.br www.ariau.tur.br A dos horas de navegación desde Manaus, en plena selva, se halla este peculiar hotel, un extraño complejo de palafitos de madera, unidos por altísimas pasarelas que permiten pasear entre la copa de los árboles y observar con detalle las rarezas botánicas y las habilidades de los abundantes y sociales macacos. El precio, variable, pero nunca barato, incluye transporte en barco desde Manaus, excursiones guiadas por la selva y todas las comidas.

RESTAURANTES

En casi todos los restaurantes sirven pescados de agua dulce, cocidos, asados o fritos. Hay una inmensa variedad (dicen que hasta 2.000 especies). Algunos son enormes, como el *pirarucu* o *bacalhau da Amazônia*, con cuyas duras escamas se fabrican objetos decorativos de artesanía. También son sabrosos el *tucunaré* y el *tambaqui*, sin apenas escamas. Si te gusta el sabor popular, apreciará cenar en la playa de Punta Negra, la zona chic de la ciudad, muy cerca del hotel Tropical. Hay numerosos restaurantes al aire libre que brindan los platos más típicos de la región a precios realmente baratos. Además, todas las noches hay un espectáculo de bailes indígenas mientras se cena.

SORVETERIA GLACIAL: Avenida Getulio Vargas 188. Con todo tipo de helados con los sabores de las frutas amazónicas. Tipo autoservicio, se elige el recipiente –barquillo o copa de cristal– se llena, se pesa y se paga en caja. Con muchas mesas en la sala y en la terraza. Tiene otra sucursal, más pequeña, enfrente.

SKINA DOS SUCOS: Rua 24 de Maio, esquina Avenida Eduardo Ribeiro. Una visita inevitable, ya que sirven todo tipo de zumos a partir de frutas amazónicas: maracujá, beteraba, genipapo, manga, acerola (parecido a la cereza), seriquela (parecido a la ciruela), cupuaçu, tapereba...

BRUNELLA'S: Avenida Sete de Setembro y también en Getúlio Vargas. *Sanduiches,* bocadillos y *pratos feitos.*

MANÍA DE GUARANÁ: Dr Moreira 250. *Sucos* con guaraná, la planta mágica, enfrente de Ecoplanet y al lado del hotel Central. Buenísimos.

KAT KERO: Avenida Sete de Setembro 389. Bar moderno para tomar unos *petiscos* en la terraza.

SUBWAY: Avenida Eduardo Ribeiro. Un local pensado para una clientela de *guiris* que buscan la comida rápida y basura conocida. Ensaladas y bocadillos con diferentes panes: *baguete*, integral y hasta "bimbo".

ⓑ **BOB'S:** Avenida Eduardo Ribeiro, esquina rua Saldanha Marinho. Tipo hamburguesería, con perritos y bocadillos.

Ⓑ **CURIOSITY:** Getúlio Vargas 657. Cierra de madrugada. Una agradabilísima terraza afuera del Hotel Brasil, con platos ligeros indios y chinos, y regentada por una pareja de Surinam.

Ⓑ **KI-TEMPERO:** Getúlio Vargas 715. Bufé de 11.00 a 15.00 h y a la carta de 15.00 a 23.00 h. Una gran terraza cubierta con buenos platos de carne y pescado. Hay actuaciones de cantantes muchas noches, a veces suena demasiado alto para cenar.

> Ⓑ **GTH:** Rua Saldanha Marinho 410. ☎ 3215 7180. Sólo comidas. Se trata de un centro cultural con una escuela de cocina con un agradable comedor que ofrece un rico bufé de especialidades locales, con un servicio esmerado y precios muy asequibles.

Ⓑ **BIG FRANGO:** Joaquim Nabuco 497; esquina José Paranaguá. Pollos preparados de diversas maneras y algunos pescados. El ambiente de la zona por la noche cambia un poco ya que suele haber mujeres en busca de compañía.

Ⓑ **CURRASCARIA GAUCHA:** Avenida Getulio Vargas esquina 10 de Julho. Mesas sencillas cubiertas con un simple mantel, ventiladores cansinos y autoservicio al peso nada caro. El *rodízio* está francamente bien.

Ⓑ **DONA CAMILA:** Rua Huascar de Figueiredo 25. Sólo comidas de lunes a sábados. Subiendo por Getulio Vargas desde Sete de Setembro, está en la segunda calle a la derecha. Ocupa un pequeño chalé muy acogedor con una pequeña terraza. Trato y ambiente familiar, tipo *paladar* cubano. Cada día se ofrece un plato diferente muy barato, siempre dentro de la mejor cocina casera. También refrescos, zumos y desayunos.

Ⓑ **CAFETERÍA ALEMÁ:** Rua José Paranaguá 126. Centro. No cierra ningún día. Se trata de un local moderno, tipo autoservicio, muy frecuentado por los turistas, ya que no es caro y hay una buena variedad de platos.

Ⓜ **LA BARCA:** Rua Recife 684. Parque 10. ☎ 3642 30 40. Los domingos, hasta las 16.00 h. Cocina regional y actuaciones musicales en directo algunas noches a todo volumen.

Ⓜ **SCAROLA:** Rua 10 de Julho 739. Una terraza cubierta con precios bastante caros para su calidad. Lo mejor es su situación, en la esquina con Getúlio Vargas. Tiene raciones de queso y embutidos y pizzas, churrasco, pollo, pescados, etc.

Ⓜ **BÚFALO:** Rua Joaquim Nabuco 628 A, semiesquina a José Paranaguá (Centro). ☎ 3633 37 73. En realidad se trata de tres locales juntos, cada uno con su especialidad: una cafetería, un autoservicio al peso y una churrascaria.

La churrascaria ocupa una amplia sala tipo cantina y es para recomendar a todos los amantes de la carne en cantidad, ya que ofrecen un abundante *rodízio*, que se acompañará con un gran surtido de ensaladas y otras guarniciones. Para beber: cerveza, zumos o algunos vinos. No resulta caro para su calidad.

Ⓜ **XALACO:** Avenida Pedro Teixeira, 300 (Shop Kyssia. Planalto). Cierra los domingos. Especializado en pescados.

Ⓜ **GALO CARIJO:** Rua Pedro Botelho 536. Frente al Hotel Dona Joana. Una cantina muy agradable que goza de una numerosa clientela gracias a sus buenos platos de pescados, fritos, del Amazonas.

> Ⓜ **CANTO DA PEIXADA:** Rua Emílio Moreira 1.677 (Praça 14). ☎ 3234 30 21. Es un local sencillo, pero su comida, a base de pescados locales, es muy sabrosa. Destacan la peixada de tucunaré, el tambaquí a la brasa y los filetes de pirarucú, el famoso bacalao amazónico, a la parrilla. No dejar de probar las sardinas.

Ⓜ **PANORAMA:** Boulevard Rio Negro 199 (Educandos). Vistas al río y platos de pescado para dos personas.

Ⓜ **PARAMAZON:** Rua Santa Isabel 1.176 (Cachoeirinha). Mesas al aire libre, buen servicio y platos de la cocina regional para dos personas.

Ⓒ **BISTRÔ ANANÃ:** Tr. Pe. Ghisland, 132. ☎ 3234 0056. En el centro de Manaus escondido en una callejuela cercana al colégio Dom Bosco. Cocina moderna con ingredientes amazónicos que se combinan en platos originales y sugestivos.

DE COPAS

BAR DO ARMANDO: Rua 10 de Julho 593. Casi frente a los jardines del teatro de la ópera y la Praça de São Sebastião, es un café de los de antes, con su decadencia y todo su encanto, que pertenece a un portugués de Coimbra, Armando. Unas cuantas mesas en la acera frente a los jardines. Clientela de bohemia local y turistas que beben cerveza, refrescos y una auténtica *caipirinha* con *cachaça* de verdad.

QUIOSCO DE LA PRAÇA DO RELOGIO: Una terraza muy animada y siempre llena de gente. También es *lanchería.*

PRAÇA FERREIRA ARANHA: cerca de la Praça do Mercado. Terraza en torno al quiosco, con música y mucho ambiente.

COMPRAS

En Manaus podréis encontrar de todo, pero si queréis viajar cómodos, limitaos a los productos que sólo aquí pueden adquirirse, como la artesanía.

MERCADO MUNICIPAL: en sus puestos podréis encontrar objetos de madera como tucanes o monos, fibras vegetales y cerámica a buenos precios.

INDIA MAUÉS: 10 de Julho 632. Una buena dirección para adquirir artesanía preciosa: *artesanato caboclo*, que es el tipico artesanato amazonense manufacturado con productos extraídos de la selva, y *artesanato* indígena, traódo a Manaus por indios de varias etnias, como los Waimiri Atroari, Yanomame, Sateré Mawé, Ticuna, Apuriná, Wai wai, etc. También pueden encontrarse trabajos hechos con semillas, dientes y plumas; collares, pulseras, anillos, pendientes, *cocares*, arcos, flechas, cerbatanas, remos, esculturas de madera, etc.

PRAÇA TENREIRO ARANHA. Al sur de la Praça da Matriz. Aquí se monta todos los días un mercadillo con *barracas* que venden artesanía muy interesante y a buenos precios.

CENTRAL DE ARTESANATO: Rua Recife 1.999. También venden artesanía.

TIENDA DEL MUSEU DO INDIO: Rua D. de Caixas 356.

ARTESANATO DA AMAZÔNIA: Rua José Clemente 500. Muy cerca del Teatro Amazonas. Cantidad de recuerdos del Amazonas, sobre todo artesanía india, y algunas piedras semipreciosas.

EXCURSIONES POR EL RÍO

EMBARCADERO FLOTANTE TRES ESTRELLAS: detrás del Mercado Central. De aquí salen los *barcos correo.* Aceptan pasajeros a precios reducidos. No todos hacen el mismo recorrido, preguntad a dónde se dirigen.

CANOEIROS. Son los capitanes de las canoas que recorren el río. Se trata de pequeñas embarcaciones que no suelen llevar más de cuatro personas. Por lo general se contratan a través de agencias, pero también existe la posibilidad de que os acerquéis al puerto y contactéis con ellos directamente. Sin duda os saldrá mucho más barato.

PRAIA DE PONTA NEGRA. Una agradable excursión es una visita a esta playa donde os podéis bañar en aguas limpias, pues está a unos quince kilómetros río arriba, y en la que se ha instalado un Zoológico donde viven animales de la selva amazónica.

La playa fluvial desaparece durante la temporada de lluvias, pero el paseo hasta aquí no es del todo inútil porque en la orilla del río hay numerosos bares y restaurantes en los que podréis comer buen pescado. Los autobuses que salen cada media hora de la Rua Tamandaré, os dejan en la misma playa. Aquí está el Hotel Tropical, un lujo cercano a la selva.

EXCURSIONES POR LIBRE. Otro opción que no debe descartarse es que os mováis todo lo que podáis por vuestra cuenta. Para ello, lo mejor es intentar contactar directamente con los *canoeiros* en el puerto, ya que muchos de ellos además de trabajar para las agencias se lo montan por su propia cuenta para sacarse un extra.

Así, la excursión os saldrá mucho más barata y siempre se hará a vuestra medida o según vuestros intereses. Otra posibilidad es que el propio *canoeiro* os ofrezca alguna cabaña de su propiedad, para que os quedéis algunas noches en ella, aprovechando el día para pescar y visitar los alrededores.

LLEGAR Y PARTIR

EN BARCO. Hay barcos regulares para Alenquer, Almerim, Belém, Breves, Gurupá, Monte Alegre, Obitos, Oriximiná, Parintins, Prainha, Santarém, Tabatinga y Porto Velho.

DE MANAUS A BELÉM

Una de las excursiones más interesantes que pueden hacerse, tanto en este sentido como en el contrario, aunque no de las más confortables. Los barcos hacia Belém zarpan los lunes, miércoles y viernes. El viaje dura cuatro días, durante los cuales se duerme en camarotes (entre 300 y 400 reales) o en hamacas (entre 80 y 90 reales). Se hacen varias escalas, en Parintins, Santarem, etc.

Si vais en camarote, está bien para dejar las cosas cerradas durante el día, pero por la noche tendréis que dormir con todo abierto por el calor. En cubierta, pues no hay intimidad, por supuesto, y hay que vigilar la mochila, pero es una gran experiencia. Necesitáis, claro, comprar una hamaca.

EN AVIÓN. De Manaus tenéis vuelos para las principales ciudades de Brasil, aunque a veces haciendo muchas escalas: Altamira, Belém, Boa Vista, Borba, Brasília, Campo Grande, caracas, Carauari, Cuiabá, Fortaleza, Itaituba, João Pessoa, Lábrea, Manicoré, Maués, Natal, Porto Alegre, Porto velho, Recife, Rio Branco, Río de Janeiro, Salvador, Sierra, Santarém, São Luís, São Paulo, etc.

EN AUTOBÚS. Olvidaos de partir en dirección sur en autobús de larga distancia. El servicio terminó en 1991, con el práctico abandono de la carretera, que está imposible. Sí tenéis autobuses para Boa Vista (doce horas), Silves, hacia el este (siete horas); Itacoatiara (cinco horas también en dirección este); Manacapuru, al suroeste, y Presidente Figueiredo, a 120 kilómetros al norte.

ESTADO DE PARÁ

Los *tupíes* llamaron Pará a sus tierras, que en su idioma significa *Grande*. El nombre es acertado porque aquí todo es grande: el Estado ocupa 1.248.042 kilómetros cuadrados y es el segundo mayor de Brasil, después de Amazonas. La desembocadura del Amazonas es también inmensa y las distancias entre unas poblaciones y otras, también. Pará está al norte del país y es fronterizo con la Guyana y Surinam.

Pará fue protagonista de una de las revueltas más sangrientas del país. Acaeció en 1835, al tiempo que Pedro I abdicaba, y se le denominó la **Rebelión de Cabanagem**. La protagonizaron los *cabanos*, un sector desprotegido de la población formado por indios, negros y mestizos que sobrevivían en durísimas condiciones. Llegaron a dominar la ciudad de Belém y pusieron en jaque a los *fazendeiros*, a quienes quemaban sus posesiones y los asesinaban si no habían huido antes.

El movimiento fracasó porque, una vez satisfechas sus ansias de venganza, los rebeldes no tenían un programa político. Las mieles del triunfo terminaron a los cuatro meses, cuando un ejército que llegó desde el sur los redujo en poco tiempo. En menos de medio año había muerto la tercera parte de la población de Pará.

El *boom* del caucho también llegó a Pará, aunque la riqueza seguía estando en manos de unas cuantas familias. El *crack* de 1915 no fue tan duro como para el Estado de Amazonas, porque se había introducido la explotación de la madera y la producción de nueces brasileñas.

En la actualidad se han iniciado unos proyectos industriales que han creado mucha polémica por su efecto destructor de la riqueza selvática. Se trata de la explotación del yacimiento de hierro de Grande Carajás y de la presa hidroeléctrica de Tucuruí, para la que se han inundado territorios indígenas. Hace unos cuantos años se produjo un éxodo hacia Serra Pelada,

BELÉM
Ilha das Onças
Río Guamá
R. Siqueira Mendes
Rua Dr. Assis
Rua do Arsenal
Av. Almirante Tamandaré
Av. Portugal
Av. Castilhos França
Rua 15 de Novembro
Rua João Alfedro
Rua 28 de Setembro
Rua Manoel Barata
Tv. Padre Eutíquio
Tv. Campos Sales
Tv. F. Guimarães
Tv. Padre Prudêncio
Av. Presidente Vargas
Av. Marecha
Rua Veiga Cabral
Rua Cesário Alvim
Av. 16 de Novembro
Av. Conselheiro Furtado
Av. Assis de Vasconcelos
R. Gaspar Viana
R. 28 de Setembro
Tv. Piedade
Tv. Rui Barbosa
Rua dos Tamoios
Rua dos Mundurucus
Rua dos Paraquis
Rua dos Caripunas
Rua dos Timbiras
Tv. São Pedro
Tv. Padre Eutíquio
Tv. Presidente Pernambuco
Tv. Serzedelo Corrêa
R. Tiradentes
Tv. Quintino Bocaiúva
Tv. Benjamin Constant
Av. Visconde d
R. Domingos Marr
Av. Braz de Aguiar
Av. Nazaré
Av. Gentil Bittencourt
Av. Conselheiro Furtado
Av. Governador José Malcher
Rua João Balbi
R. Generalíssimo
Tv. 14 de M
Av. Roberto Camelier
Tv. Tupinambás
Tv. Apinagés
Tv. Dr. Moraes
Rua dos Mundurucos
Rua dos Pariquis
Rua dos Caripunas
Tv. Quintino Bocaiúva
Tv. Padre Eutíquio
Av. Alcindo
Tv. 9 de Jan
Av. Magalhães Barata
Av. Bernardo Sayão
Av. Alcindo Cacela
Tv. 9 de Janeiro
Rua Fernando Guilhon
Tv. 3 de Maio
Tv. 14 de Abril
Tv. Castelo Branco
Av. Gentil Bittencourt
Av. José Bonifácio
Tv. Barão de Mamoré
Rua Barão de Igarapé Miri
1. Terminal Rodoviário
2. Museo Emílio Goeldi
3. Basílica de Nazaré
4. Praça Batista Campos
5. Teatro da Paz
6. Belém Shopping Iguatemi
7. Espaço São José Liberto
8. Mangal das Garças
9. Iglesia da Sé
10. Complexo Feliz Luzitânia
11. Ver-O-Peso
12. Estação das Docas
13. Ver-O-Rio

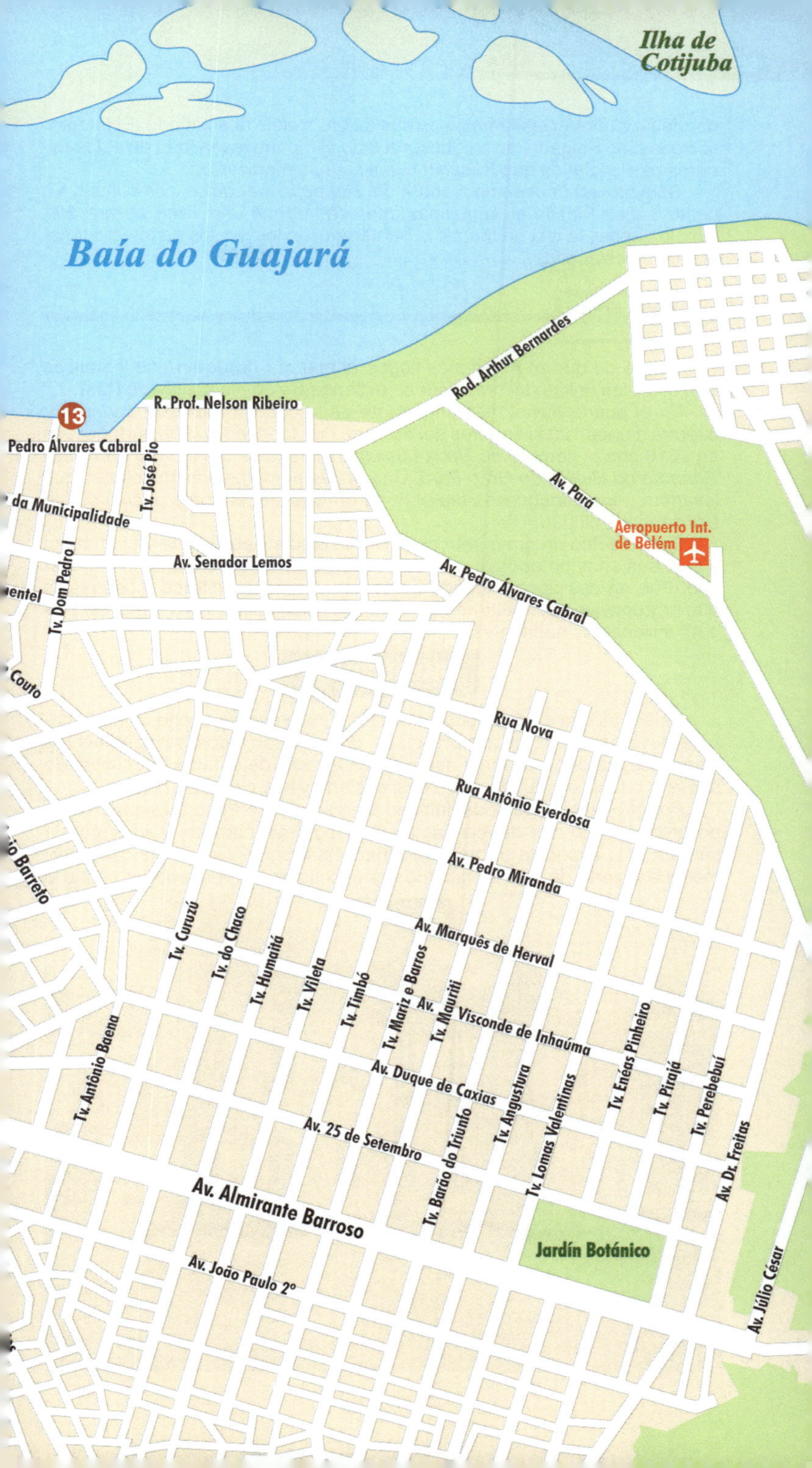
Ilha de Cotijuba
Baía do Guajará
13
R. Prof. Nelson Ribeiro
Pedro Álvares Cabral
Tv. José Pio
da Municipalidade
Rod. Arthur Bernardes
Av. Pará
Aeropuerto Int. de Belém
Av. Senador Lemos
Tv. Dom Pedro I
entel
Av. Pedro Álvares Cabral
Couto
Rua Nova
Rua Antônio Everdosa
Av. Pedro Miranda
io Barreto
Av. Marquês de Herval
Tv. Curuzú
Tv. do Chaco
Tv. Humaitá
Tv. Vileta
Tv. Timbó
Tv. Mariz e Barros
Tv. Mauriti
Av. Visconde de Inhaúma
Tv. Antônio Baena
Av. Duque de Caxias
Tv. Angustura
Tv. Lomas Valentinas
Tv. Enéas Pinheiro
Tv. Pirajá
Tv. Perebebuí
Av. 25 de Setembro
Tv. Barão do Triunfo
Av. Dr. Freitas
Av. Almirante Barroso
Jardín Botánico
Av. João Paulo 2º
Av. Júlio César

donde se explotan las famosas minas de oro a cielo descubierto. El fotógrafo Sebastião Salgado dio a conocer a todo el mundo la realidad de estos mineros casi esclavos que trabajan con sistemas medievales.

Sólo por ver la desembocadura del *Río de la mar dulce*, como llamó Vicente Yáñez Pinzón al Amazonas, merece la pena una visita a Pará. Belém, la capital, la isla de Marajó y Santarém son los puntos de interés turístico más destacados.

BELÉM

Antes de que el Amazonas llegue al mar, se divide en dos inmensos brazos. A las orillas del brazo sur se extiende Belém, la capital de Pará.

Es el puerto fluvial más importante de la cuenca amazónica y se encuentra a unos 120 kilómetros del océano. Fue fundado por los portugueses en 1616 con el nombre de *Nova Lusitania* y luego se transformó en *Nossa Senhora do Belém do Grão Pará*. Una de las primeras construcciones que levantaron los portugueses fue el Forte do Castelo, en torno al cual se fue edificando la ciudad.

Belém sufrió un grave retroceso con la citada Rebelión de Cabanagem y tuvo sus años de apogeo a finales del siglo XIX, con la industria del caucho. Fue en esa época cuando se construyeron los edificios modernistas que hoy conviven perfectamente con los de estilo colonial en esta ciudad de 1,47 millones de habitantes.

PRECAUCIONES

Belem es una ciudad poco iluminada y peligrosa de noche, cuando debéis moveros en taxi. La zona histórica, donde están todos los monumentos coloniales, no debe visitarse después de las seis de la tarde ni en fines de semana o festivos, cuando está casi desierta y hay cierta delincuencia.

Por otro lado, la zona del famoso Mercado Ver o Peso es siempre algo peligrosa, por lo que debéis caminar por aquí sin nada de valor y con la cámara sólo expuesta un momento para hacer una foto. El mercado permanece abierto de noche, cuando los pescadores y vendedores cenan o

se toman unas *cachaças*, muy pintoresco pero, según recomienda todo el mundo, imposible para *visitantes*, que harán mejor en ir a cenar y beber a la *Estação das Docas*, anexa al mercado y muy segura.

ORIENTACIÓN

La zona situada junto al puerto antiguo está considerada como la **Cidade Velha**. Es donde se levantó el **Forte do Castelo**, en el que ahora hay un agradable restaurante con vistas al río, la **Catedral**, el **Palacio Antônio Lemos**, el **Palácio Lauro Sodre**, la **igreja das Mercês** y el antiguo mercado de esclavos **Mercado Ver o Peso**, hoy abastecedor de la ciudad.

Algo más hacia el este, siguiendo el curso del río, se encuentra la oficina de Enas y la Capitanía del Puerto, lugares donde os podréis informar sobre viajes fluviales y barcos. Justo hasta este punto llega la Avenida Presidente Vargas, que conduce al **Teatro da Paz** y a la **Praça da República.** En esta zona, llamada Comércio, se concentra un buen número de hoteles y es donde os debéis alojar.

LA VISITA

CENTRO

Podéis iniciar el recorrido por el puerto, donde comprobaréis la gran actividad que genera. Reservad la visita al **Forte do Castelo** para el atardecer, para poder ver la puesta de sol. El resto del día también es un buen lugar para contemplar el río y el cercano **Mercado Ver-O-Peso.**

Dentro de las instalaciones del fuerte hay una terraza muy agradable desde la que se disfrutan unas maravillosas vistas del río y del mercado Ver-O-Peso. Aunque consumáis algo, hay que sacar una entrada para poder pasar. Merece la pena.

MERCADO VER-O-PESO: Cais do Porto. Aquí hubo primeramente un puesto de control portugués para las mercancías que circulaban por el río, de ahí su nombre de *ver o peso*. Años más tarde se utilizó para la compraventa de esclavos. El edificio actual data de finales del siglo XIX y presenta la arquitectura típica de las construcciones públicas modernistas con estructura de hiero. Fue fabricado en Inglaterra a principios del siglo XX y traído pieza a pieza en barco para inagurarse en 1901.

Tiene cuatro torretas en las esquinas donde suelen posarse los urubúes, buitres negros que esperan para lanzarse sobre los desperdicios del mercado.

Hoy no tenéis que dejar de hacerle una visita, por ser un lugar lleno de colorido donde se vende el pescado recién sacado del río –observad a los pescadores en el muelle–, una infinita variedad de frutas y verduras vistosas, carne, hierbas aromáticas y hasta objetos para practicar rituales afro-brasileños; hay hasta cabezas reducidas de monos. También podréis encontrar artesanía de la región a precios más asequibles que en las tiendas para turistas. Pero haced la visita con precauciones y sin ostentación alguna. No es un lugar muy seguro.

CATEDRAL DA SÉ: Praça Frei Caetano Brandão. Construida en el siglo XVIII, con dos torres parejas, en su interior destacan los cuadros del italiano *D'Angelis* (Roma 1891) dentro del mejor estilo iconografía de estampita. A la salida, yendo hacia el museo, hay un cartel que dice: "Comprando un nicho se ayuda a la conservación de la catedral".

IGREJA DE SANTO ALEXANDRE: Praça Frei Caetano Brandão. Al lado de la Catedral y de la misma época, con la que forma un conjunto arquitectónico muy hermoso. Es la iglesia más antigua de Belém, de principios del siglo XVII, luego restaurada, y en su interior contiene bellísimas esculturas de madera y yeso. En el edificio anexo, un antiguo convento o Palacio Episcopal, está el excelente Museu de Arte Sacra (ver Museos).

PALACIO ANTÔNIO LEMOS : Praça Dom Pedro II. El antiguo palacio del gobernador, de finales del siglo XIX, ha sido convertido en museo (ver Museos), aunque tan interesante o más que las piezas expuestas es el propio edificio que conserva gran parte de su mobiliario original: suelos de madera, grandes tablones blancos y negros, zócalos pintados al fresco, paredes tapizadas y alguna que otra pintura. La más llamativa, por el tamaño, es *La conquista del Amazonas*, de A. Pereira.

PALACIO LAURO SODRE: Praça Dom Pedro II. Actual sede del Museu do Estado de Pará (ver Museos), está junto al monumento anterior y ambos forman una de las postales más bonitas de la ciudad. Se construyó entre 1762 y 1772.

A lo largo de la **Avenida 15 de Novembro** y **Gaspar Viana** podréis contemplar algo más de la Cidade Velha, aunque en peor estado de conservación. Las mansiones coloniales con sus fachadas forradas de azulejos portugueses y algunas iglesias barrocas.

Si queréis seguir visitando templos, podéis dirigiros a la **igreja do Carmo**, situada en la Praça do Carmo, y a **Nossa Senhora das Mercês**, en la Traversa Frutuoso Guimarães 31.

CASA DAS ONZE JANELAS: Rua Siquiera Mendes s/n. Es un sólido edificio al lado del rio, en su interior un moderno restaurante, cafetería y un pequeño museo con obras de Lasar Segall, Cícero Dias, Alfredo Volpi o Tarsila do Amaral.

TEATRO DA PAZ: Praça da República. Al igual que el de Manaus, este teatro, uno de los mejores edificios de la ciudad, fue construido en pleno apogeo de producción del caucho, entre 1868 y 1874. El proyecto es obra de José Tibúrcio Pereira, que eligió el estilo neoclásico para levantar este símbolo de la riqueza momentánea de Belém. Se utilizaron mármoles de Carrara, espejos y lámparas de cristal veneciano y de Bohemia. Las pinturas del techo son de Domenico de Angelis –el autor de las pinturas de la Catedral– y muestran a un Apolo en su carro triunfal. La sala tiene 1.100 butacas.

MANGAL DAS GARÇAS: Un parque situado en el corazón de la ciudad, en los márgenes del Rio Guamá y que ocupa un área de aproximadamente 40.000 m^2, contiguo al Arsenal de Marinha y en el que se recrea el ambiente amazónico, entre sus atracciones un restaurante y un museo.

ESTAÇÃO DAS DOCAS: Puerto, al norte del Mercado Ver-o-Peso. Cierra los lunes. De reciente construcción, son cinco antiguos almacenes portuarios que se extienden a lo largo de 500 metros, muy bien restau-

rados y donde se han instalado bares, restaurantes con terrazas, tiendas y un hermoso paseo fluvial, con unas cuantas gruas amarillas de adorno. Es un lugar excelente para venir a cenar o a tomar una copa, un magnífico proyecto para regenerar una zona que ha tenido un considerable éxito.

NAZARÉ

Nazaré, al este del centro, es el barrio moderno donde se encuentra el principal centro de culto religioso de toda la ciudad, la basílica de Nossa Senhora de Nazaré, algún museo interesante y un minizoo.

BASÍLICA DE NOSSA SENHORA DE NAZARÉ: Praça Justo Chermont. Fue construida en 1908 a semejanza de la iglesia de San Pedro de Roma, con mármol en su fachada, suelo y columnas interiores. Está dedicada a la Virgen de Nazaret, por la que aquí sienten auténtica veneración. La imagen fue construida en Nazaret y trasladada por los jesuitas a Brasil. Extraviada en la selva, fue recuperada nuevamente, ya con la fama de imagen milagrera.

MUELLE PRAÇA KENNEDY. Es una plaza de trazado semicircular, presidida por una estatua en bronce de Pedro Teixeira, donde debéis acercaros si queréis llegaros a la isla de Marajó y otras poblaciones costeras, ya que aquí se encuentran las taquillas de casi todas las compañías que actúan por la zona.

PARQUE EMÍLIO GOELDI: Avenida Magalhães Barata 376. (Nazaré). ☎ 3219 33 69. www.museu-goeldi.br Entrada de pago. Es un amplio museo que alberga un parque zoobotánico de fauna amazónica: tortugas, caimanes, los manatíes o *boi de mar*, y un acuario de peces también amazónicos. Posee también una exposición permanente dedicada a la arqueología, botánica –con ejemplares de *vitória régia*–, etnología, mineralogía y zoología. Merece la pena acercarse hasta él para aprender a valorar la vida de las tribus amazónicas y para contribuir en algo a mantener los proyectos de investigación que se llevan desde este centro.

JARDIM BOTÂNICO (BOSQUE RODRIGUES ALVES): Av. Alm. Barroso, 2305 (B. do Marco) Horario: de miércoles a domingo de 8.00 h a 17.00 h. Con 2 500 especies vegetales amazónicas, lagos artificiales con peces de la región, senderos y una zona de orquídeas.

MUSEOS

MUSEU DE ARTE SACRA: Praça Frei Caetano Brandão. ☎ 4009 8802. Abre de martes a domingo, de 10.00 h a 18.00 h. Este excelente museo de objetos religiosos se ubica en el antiguo Palacio Episcopal, anexo a la iglesia del Santo Alexandre.

MUSEU DE ARTE DE BELEM (MABE): Praça Dom Pedro II. ☎ 3283 4687. Abre de 10.00 h a 18.00 h de martes a viernes y de 9.00 h a 13.00 h en fin de semana. En el Palácio de Antônio Lemos, reúne una buena colección de arte moderno brasileño, con obras, por ejemplo, del gran Cândido Portinari.

MUSEU DO ESTADO DE PARÁ: Palacio Lauro Sodré. Praça Dom Pedro II. Abre de 10.00 ha 16.00 h de martes a sábados y hasta las 14.00 h los domingos. En realidad, tiene más interés el edificio que lo que expone.

DATOS PRÁCTICOS

PREFIJO TELEFÓNICO: 91.

INFORMACIÓN TURÍSTICA

POSTO MABE: Praça Dom Pedro II, N° S/N esquina da Rua 16 de Novembro. ☎ 3283 4817. Horario: de 8.00 a 12.00 y de 14.00 h a 18.00 h.

BELEMTUR: Avda Governador José Malcher 592. ☎ 3283 4853. Abre de 8.00 h a 18.00 h de lunes a viernes.

CASAS DE CAMBIO: la mayoría de las agencias de viajes os cambiarán euros.

MEDIOS DE TRANSPORTE

AEROPUERTO INTERNACIONAL VAL DE CANS: Avenida Júlio César. Tel 3210 6000. Está a 12 kilómetros de la ciudad. Es el que concentra los vuelos internacionales y nacionales. Está conectado con el centro de Belém por un servicio de autobuses frecuentes.

TERMINAL RODOVIÁRIO DE BELÉM: Av. Almirante Barroso, s/n. Praça Operário - entre Av. Cipriano Santos y Av. Ceará. São Bra. ☎ 3266 2625 - 3228 3213. A unos tres kilómetros del centro.

ALOJAMIENTO

Ⓑ **VIDONHO'S:** Rua de Almeida, 476 (Centro). ☎ 3242 14 44. Tiene 48 habitaciones con teléfono, televisión, aire acondicionado y frigorífico. Los cuartos son correctos.

Ⓑ **UNIDOS:** Rua Ó de Almeida 545. ☎ 3224 06 00. Céntrico y el más recomendable de los baratos, con cuartos con a/c, baño, nevera y tv.

Ⓑ **AVIZ:** Rua dos Mundurucus 1.014 (Jurunas). ☎ 3212 2106. Muy barato y con 44 habitaciones con a/c y nevera.

Ⓜ **LE MASSILIA:** R. Henrique Gurjão, 236 (Reduto). ☎ 3222 2834. www.massilia.com.br Situado cerca del Theatro da Paz. Es un hotel pequeño y agradable con una piscina y jardín alrededor de los cuales están las habitaciones, repartidas en dos plantas y muy bien equipadas, aunque un poco oscuras.

M **FERRADOR:** A. Lobo 485. ☎ 4009 0409. www.hotelferrador.com.br Un hotel con cuartos correctos, pero oscuros y tristes, en un edificio de ocho plantas.

M **ITAOCA:** Avenida Presidente Vargas 132. ☎ 3241 34 34. Muy cerca del puerto, frente a la Estação das Docas. Un alto edificio, lo que permite a sus habitaciones de disfrutar de vistas al río. Tienen baño, aire acondicionado, televisión, música ambiental, caja fuerte y frigobar. Servicio de bar y restaurante. También se encargan de organizar excursiones por la isla de Marajó. Son muy amables.

C **REGENTE:** Avenida Governador José Malcher 485 (Nazaré). ☎ 31 81 50 00. reserva@hregente.com.br www.hotelregente.com.br Con restaurante, bar y piscina. Tiene 219 habitaciones bien equipadas.

C **SAGRES:** Avenida Gov. José Malcher 2.927 (São Brás, junto a la *rodoviária*). ☎ 4005 0005. Restaurante, bar, piscina y sauna. Tiene 276 habitaciones con teléfono, televisión, aire acondicionado y frigorífico. Las mejores habitaciones son la 11 y la 12 con muebles nuevos y televisión de plasma.

C **VILA RICA BELÉM:** Avenida Júlio César 1.777. En Val-de-Cans, a nueve kilómetros. ☎ 3167 3200 3210 2000. www.hotelvilarica.com.br Con helipuerto, restaurante, bar, piscina, lago, pista de tenis y campos de deportes. Tiene 108 habitaciones con todo, pero no es muy caro.

L **BELÉM HILTON:** Avenida Presidente Vargas 882 (Praça da República, Centro). ☎ 4006 7000 / reservas: 0800 728 0888 www.hilton.com De lo mejor de la ciudad, claro, y más céntrico imposible, en frente del Teatro da Paz. No es muy caro, sin embargo. Tiene dos restaurantes –el bufé de almuerzo es barato y riquísimo–, bar, piscina a la que se puede ir a bañar si se toma un refresco o una cerveza, sauna y gimnasio. Tiene 361 habitaciones muy completas.

L **CROWNE PLAZA BELÉM:** Av. Nazaré, 375 (Nazaré). ☎ 3202 2000. www.crownebelem.com.br Seguramente es el mejor hotel de la ciudad, con maplias habitaciones un bonito comedor de desayunos y un bar al lado de la piscina desde donde se ve la puesta de sol Baía do Guajará.

RESTAURANTES

En Belém se come buen pescado de río y también exquisitas aves sazonadas con hierbas de la región. Son famosos sus patos. Probad el *pato no tucupi* y si os gusta experimentar nuevos sabores, el *pirarucu no coco*, pescado gigante del Amazonas. En Belém hay muchos restaurantes magníficos a muy buen precio. Hay numerosos locales de cocina japonesa, debido a la gran colonia oriental existente en la Amazonia.

En la Estação das Docas tenéis varios restaurantes, la mayoría de precio medio, para ir a cenar.

B **MIXTURA PAULIXTA:** Avenida Serdezêlo Corrêa 15. Muy cerca de la Praça da República, es un local muy amplio de techos altos donde se ofrecen unos asequibles platos al peso: churrasco, *peixe*, *galetos*, etcétera. Un poco más adelante tenéis el bar O Garrafao, un bar de los de antes, con una clientela de asiduos acodados al mostrador.

B **CHURRASCARIA GAÚCHA:** Avenida Governador José Malcher 2.725 (São Brás). Aunque algo alejada, esta churrascaria es la más antigua de la ciudad y merece la pena probar su excelente carne.

M **PICANHA & CIA:** Av. Bernal Couto, 260 (Umarizal). ☎ 3224 3343. Abre hasta la medianoche. La especialidad es la carne, especialmente la *picanha*.

Ⓜ **BOTECO DAS ONZE:** Forte do Castelo, Praça Frei Caetano Brandão. ☎ 3224 85 99. Abierto de martes a domingo de 12.00 h hasta la madrugada. Es una buena dirección para probar la cocina regional, además gozaréis de unas hermosas vistas sobre el río. Servicio muy atento y profesional. Ideal para ir al caer la tarde.

Ⓜ **PANELA DE BARRO:** Avenida Duque de Caxias 602 (Marco). Tel.3 246 61 45. Cierra los domingos noche. Platos regionales, predominando el pescado, traído directamente del puerto.

Ⓜ **SPAZIO VERDI:** Braz de Aguiar 824. Un magnífico restaurante vegetariano, limpio, amplio y bien decorado. Lo reconoceréis por su llamativa fachada verde.

Ⓜ **ESTAÇÃO DAS DOCAS:** Cierra los lunes. Aquí tenéis una serie de restaurantes de precio medio muy recomendables. Cierran a las 23.00 h y entre ellos se cuentan una sucursal de **Lá Em Casa**, el japonés Hatoba (☎ 3212 3143), el italiano **Capone**, el **Marujo's Grill**, con mesas sobre el muelle y *batidas* de frutas y *cachaça*, etcétera.

Ⓜ **LÁ EM CASA:** Boulevard Castilhos França (Estação das Docas). ☎ 3212 5588. Horario: de 12.00 h a 24.00 h. R. D. Pedro I, 546 (Umarizal) ☎ 3242 4222. www.laemcasa.com Son dos restaurantes cuyo proprietário Paulo Martins, es uno de los grandes divulgadores de los productos amazónicos como jambu y el tucupi. Para probar esta cocina se puede pedir: *pirarucu grelhado, patas e casquinha de caranguejo, farofa de pirarucu, salada de feijão-manteiga, pato no tucupi e maniçoba*. El segundo está considerado el mejor restaurante del país de cocina paraense. Tiene un comedor en la terraza y otro en el interior. De martes a viernes al mediodía hay también un bufê variado a precio razonable.

Ⓜ **REMANSO DO PEIXE:** Tr. Barão do Triunfo, 2590, casa 64 (Marco). ☎ 3228 2477. Un buen restaurante de pescado, está alejado del centro dentro de un chalet.

Ⓜ **MANJAR DAS GARÇAS:** Mangal das Garças (Cidade Velha). ☎ 3242 1056. En pleno parque Mangal das Garças, y con una vista privilegiada del rio Guamá.

UNA HELADERÍA

SORVETERIA CAIRU: Travessia 14 de Março 1570. ☎ 3267 2749. Horario: de 9.00 h a 21.00 h. Un clásico repartido por toda la ciudad, más de 50 sabores diferentes, especialmente recomendables los de frutas del Amazonas.

VIDA NOCTURNA

Una vez más os recomendamos que vengáis a los bares de la Estação das Docas a tomar algo. En la cervecería Amazonas elaboran su propia bebida.

COMPRAS

La artesanía más representativa es la cerámica, difícil de llevar entre el equipaje. Son piezas copiadas de la rica tradición ceramista de los indios *tapajós* y de los *marajoaras*; esta última tribu vivió en la isla de Marajó. También encontraréis cestos y otras piezas hechas con productos

vegetales como la *juta, jupati* y *tuturi*; perfumes naturales a base de hierbas aromáticas, hamacas y joyas realizadas con *hematites,* unas piedras de color grisáceo.

MERCADO VER O PESO: en la parte no cubierta, a orillas del río, hay bastantes puestos con piezas de la alfarería regional. En el interior, toda clase de productos.

MERCADO PÚBLICO DE SÃO BRÁS: Praça Lauro Sodré (São Brás). Un mercado enorme, cerca de la estación de autobuses (*rodoviária*) con toda clase de cosas.

TIENDA DEL FORTE DO CASTELO: objetos artesanales, postales y recuerdos de todo tipo en un local pequeño.

COOPERATIVA DOS ARTESÃOS DE ICOARACI: Praça da Matriz, distrito de Icoaraci. A 22 kilómetros.

ESTAÇÃO DAS DOCAS: En las tiendas de la galería comercial tenéis artesanía, libros de Brasil, etcétera. Cierra los lunes.

FESTIVIDADES

EL CIRIO DE NAZARÉ. Fiesta que se celebra todos los años el segundo domingo de octubre. Ese día la imagen de la Virgen de Nazaré es paseada por las calles de la ciudad en una especie de urna acristalada repleta de flores.

De ella salen dos largas cuerdas, una destinada a los hombres y otra a las mujeres, que simbólicamente hacen avanzar a la imagen. La multitud de gente enfebrecida empuja y se abre paso hasta conseguir un trozo de cuerda a la que asirse. Otros fieles acompañan la procesión con velas encendidas y numerosos niños vestidos de ángeles también hacen el mismo recorrido, subidos en pequeñas carrozas.

La procesión suele durar unas tres horas y a ella acuden descalzos los que han hecho alguna promesa. El cortejo lleva el *Carro dos Milagres*, en el que los devotos introducen exvotos por los favores concedidos por la Virgen. Para esta fiesta vienen miles de personas de todo Brasil y hay que reservar habitación con mucha antelación.

LLEGAR Y PARTIR

EN AVIÓN. Vuelos a y desde Altamira, Belo Horizonte, Brasília, Breves, Caiena (Guayana Francesa), Campo Grande, Carajás, Conceição do Araguaiana, Cuibá, Curitiba, Fortaleza, Goiânia, Imperatriz, Itaiuba, João Pessoa, Macapá, Manaus, Marabá, Natal, Oiapoque, Paramaribo, Porto Nacional, Recife, Redenção, Río de Janeiro, Salvador, santarém, São Luís, São Paulo, Tucumá, Tucururí.

EN BARCO: Desde aquí podéis zarpar hasta Manaus en una travesía de cuatro días que pasa por Santarem. Mirad este mismo apartado en el espacio dedicado a Llegar y partir de Manaus para más detalles. En principio los barcos zarpan los lunes, miércoles y viernes, pero confirmad los horarios.

EN AUTOBÚS: En autobús tenéis doce horas a São Luís, 25 a Fortaleza, 35 a Recife, 36 a Salvador, etcétera.

ALREDEDORES DE BELÉM

Belém ofrece la oportunidad de conocer bellas playas fluviales, como la de **Outeiro**. Hay varios autobuses diarios que salen de la *rodoviária.*

También podéis acercaros en autobús al pueblecito de **Icoaraci**, (a 18 kilómetros) para ver los talleres de cerámica en los que se moldean y cuecen las piezas que se venden allí mismo y en las tiendas de Belém. Algo más alejada, a 86 kilómetros, está la isla fluvial de **Mosqueiro,** situada entre la bahía de Guajara y la isla de Marajó. Sus mayores atractivos son las playas, el resto no merece la pena. Aunque hay hoteles y restaurantes, podéis volver a Belém en el día, hay autobuses frecuentes que tardan unas dos horas en recorrer el trayecto.

ILHA DO OUTEIRO

Outeiro es una isla fluvial separada por un estrecho canal de tierra firme, a pesar de su proximidad a Belém, sus playas no son muy frecuentadas ya que no están en las mejores condiciones de limpieza debido al cercano polígono industrial. De todas formas podéis venir a dar una vuelta. Las playas son:

ICOARACI: no está en la isla, sino en tierra firme. Algunas urbanizaciones y una estrecha franja de tierra y arena.

BRASÍLIA: muy pequeña y punto de partida de las barcas que van a la isla do Cruzeiro.

GRANDE: arena, piedras y algo de vegetación.

DO AMOR: entre dos pequeños canales.

ILHA DO MOSQUEIRO

A unos cuarenta y cinco minutos en coche al norte de Belém, es una isla fluvial con cerca de veinte kilómetros de playas que la convierten en el principal lugar de veraneo de Belém.

Como habréis venido por sus playas de agua dulce y aspecto oceánico, éstas son:

AREIÃO: en el centro de Mosqueiro y muy cerca del puerto lo que la hace impropia para el baño. En el muelle de madera suele haber gente pescando.

DO BISPO: a dos kilómetros de Mosqueiro, lo que hace que siempre haya gente. Buenas instalaciones.

GRANDE: arena oscura, zona de piedras y un pueblecito pesquero. No es muy frecuentada.

DO FAROL: debe su nombre al faro de la isla. Suele recibir mucha gente. Posibilidad de practicar el surf si acompaña el viento.

PORTO ARTUR Y CHAPÉU VIRADO: antes de llegar al faro. Ambas urbanizadas, la segunda es una de las más frecuentadas de la isla.

MURUBIRA: con la misma forma de todas y muy frecuentada por la juventud que va a practicar deportes, volei sobre todo. hay varias pistas.

SÃO FRANCISCO Y ARIRAMBA: en la primera se puede acampar, junto al pueblo de pescadores, donde se puede comprar pescado recién sacado del mar. Aptas para el baño.

CARANANDUBA: también junto a un pueblo de pescadores y la posibilidad de acampada. Arena clara y vegetación.

MARAHÚ: a 21 kilómetros de Mosqueiro. Un poblado de pescadores, arena gruesa, algunas dunas y a veces se puede hacer surf.

PARAÍSO: también con forma de concha y muy tranquila. Arena gruesa, algunos cocoteros y la posibilidad de practicar el surf cuando se levanta viento.

BAÍA DO SOL: junto a un pueblo de pescadores ocupa la parte norte de la isla, cerca de la Ponta do Andorinha. Forma de concha y arena clara y gruesa.

CÓMO IR

Desde tierra firme se accede por la PA 391 cruzando el puente Sebastião R. Oliveira sobre el Furo das Marinhas. Salen autobuses desde Belém.

ILHA DE MARAJÓ

Marajó es una isla situada en el estuario del Amazonas y ocupa una extensión mayor, por ejemplo, que Bélgica. Es un campo perfecto para los arqueólogos, debido a que se conocen pocos aspectos de las distintas tribus que la han poblado desde el año 1000 antes de nuestra Era. Los *marajoaras* han sido sus últimos pobladores antes de que llegaran los jesuitas a la isla y han dejado muchos vestigios a través de su curiosa cerámica con di-

bujos de colores rojo, negro y blanco; se puede ver una hermosa colección de piezas en el museo Emilio Goeldi de Belém.

La parte occidental de la isla es una zona selvática, mientras que su extremo oriental es una sabana en la que se han instalado multitud de *fazendeiros* que cultivan la tierra y crían búfalos, caballos y vacas. Hay quien asegura que los primeros búfalos de la isla proceden de un barco que se dirigía a la Guayana francesa y encalló en estas costas. Sin embargo, parece ser que la introducción de estos animales fue calculada, ya que se crían muy bien en terrenos pantanosos.

CÓMO MOVERSE

Entre enero y mayo muchas zonas quedan anegadas. Sólo hay una carretera que une Souré con Afua, localidad al norte. Furgonetas y coches de línea recorren las carreteras de la isla, que está rodeada por infinidad de islitas a las que no podréis llegar, a no ser que algún pescador os acerque a ellas.

SOURÉ

Es el puerto principal de la isla y punto obligado de llegada. Con una población que ronda los veinte mil habitantes, se podría considerar la capital de la isla. No obstante, es una ciudad que no ofrece grandes atracciones turísticas, aunque tiene, eso sí, unas bonitas playas.

ALOJAMIENTO

Para hospedaros, deberíais reservar habitación desde Belém. Algunas posibilidades son:

(B) **ILHA DE MARAJÓ:** Trav. Segunda, 10, entre 7ª y 8ª rua. ☎ 37 41 13 15. www.iaraturismo.com.br Un bonito hotel moderno de aspecto rústico con unas buenas instalaciones: restaurante, piscina y pistas deportivas. Dispone de 32 habitaciones con aire acondicionado.

RESTAURANTES

(B) **RESTAURANTE MINHA DEUSA:** Estrada do Araruna. Una buena dirección, gracias al saber hacer de su dueño y unas materias primas de primera siempre de la zona, como la carne de búfalo y los pescados.

COMPRAS

Si queréis comprar algo de cerámica id al *Bairro Novo*, a dos kilómetros de Souré, donde además encontraréis objetos confeccionados en cuero.

LAS PLAYAS DE SOURE

MATA FONE: junto al faro, es la primera playa que se encuentra yendo en dirección norte desde Soure. Cerca de kilómetro y medio de arena y cocoteros.

ARARUNA: a unos 3 kilómetros de Soure, se accede por un puente peatonal sobre el río Araruna. Cerca de ocho kilómetros de arena, algunas dunas y a veces fuertes vientos.

PESQUEIRO: muy frecuentada, ya que está comunicada con Soure por un servicio de autobuses. De todas formas no es la única razón: arena, dunas, cocoteros y cerca de diez kilómetros.

CAJU UNA: junto a un pueblo de pescadores. El acceso se efectúa por una propiedad privada, lo que hace que no siempre sea posible.

DO CÉU: muy solitaria, por lo alejada y el difícil acceso. Es la última playa al norte.

SALVATERRA: al sur de Soure, cruzado el río Paracauari. Cercada de cocoteros y con kilómetro y medio de arena. Hay un faro.

JOANES: a unos 20 kilómetros al sur. Mucha gente, sobre todo en verano. Hay unas ruinas de una fortaleza del siglo XVIII.

MOSARÁS: muy pequeña pero muy agradable. Queda a unos cinco kilómetros de la anterior.

CÓMO IR

Del puerto de Belém salen varios barcos por semana (ved *Barcos* en el apartado de DATOS PRÁCTICOS de Belém). Los barcos tardan unas seis horas en llegar a Souré, su principal puerto.

Si no podéis esperar la salida del barco y disponéis de dinero, las agencias de viajes organizan la excursión completa con taxi aéreo incluido y estancia en la isla y hospedaje en alguna *fazenda*.

Otra posibilidad es la combinación autobús-balsa. Todos los días sale un autobús de la rodoviária de Belém, atraviesa la bahía de Marajó en un transbordador y llega a Camará, a treinta kilómetros de Salvaterra, desde donde combina con otra balsa que llega hasta Souré.

ALGODOAL

Algodoal es un pueblo de pescadores a 179 kilómetros al nordeste de Belém, situado en la isla de Mainandeua y al que se accede en barco desde Maruda.

Una vez en la isla descubriréis unos paisajes maravillosos y una tranquilidad absoluta –el único medio de transporte son carros– y un bonito pueblo con casas de madera.

En el centro de la isla hay un lago, **Lagoa da Princesa**, al que os invitamos a ir, de agua dulce y vegetación autóctona. Se llega en un paseo de casi una hora.

ALOJAMIENTO

(B) **BELA MAR:** Avenida de Beira Mar, en la Praia da Vila do Algodoal. ☎ 3854 1128. www.belamar.hpgvip.com.br Sólo dispone de 16 habitaciones habitaciones muy sencillas. Tiene un restaurante especializado en pescados.

(B) **POUSADA CHALÉS DO ATLÁNTICO:** V. do Algodoal. ☎ 3854 1114. www.chaledoatlantico.algodoal.com Son 11 chalets de colores alegres con capacidad para cuatro personas equipados con aire acondicionado, televisión, minibar y baño.

LAS PLAYAS

DA VILA: en forma de concha, de arena gruesa, dunas y gente que va a hacer surf.

DA PRINCESA: junto al faro. Un igarapé separa la playa de la ciudad, se puede cruzar andando con marea baja. Arena, dunas y olas que se prestan al surf.

MARACANÁ: un pueblo de pescadores en la bahía del mismo nombre desde donde se accede en barco a las playas de **Fortalezinha**, de vegetación y aguas tranquilas, y **Mocoóca**, también junto a un pueblecito pesquero donde crían pescados en corrales.

CÓMO IR

Para venir a Algodoal debéis tomar un autobús en Belém hasta Marudá (tres horas y media) y allí embarcaros en el ferry que cruza hasta la isla en poco más de media hora.

SALINÓPOLIS

Situado a 222 kilómetros de Belém, en la costa atlántica y junto a la desembocadura del Amazonas, Salinópolis encontró su principal medio de vida en la explotación de las salinas.

Hoy en día tiene casi 30.000 habitantes que viven en gran parte de la pesca y el turismo, que acude a disfrutar de sus fuentes de agua mineral.

Sus playas son muy atractivas: en la de **Atalaia**, que está a 14 kilómetros de la ciudad, corre una brisa constante que suaviza el calor y sus aguas son tranquilas.

DATOS PRÁCTICOS

PREFIJO TELEFÓNICO: 91.

RODOVIÁRIA: Avenida Dr Miguel Santa Brígida. ☎ 3423 11 48.

LAS PLAYAS

MARIETA: acceso en barco desde Salinópolis (media hora). Muy tranquila y fuerte oleaje por estar a mar abierto.

MAÇARICO: urbana, con algunas plantas bajas y larga franja de arena que se alterna con piedras.

ATALAIA: en la isla del mismo nombre (a 14 kilómetros), a la que se accede desde la ciudad por un puente. Hay un servicio regular de autobuses. Muy agradable como ya se ha dicho, tiene arena, dunas y vegetación. Contigua a esta playa tenéis la de **Farol Velho**.

MARÍA BAIXINHA: acceso en barco desde Salinópolis o desde Cuiarana y está a mar abierto.

INAJÁ Y PORTO DA PRAIA: en el fondo de la bahía, hay que ir en barco y son muy tranquilas, con cocoteros, mangos y zonas de piedra y arena.

AREIÃO: de arena clara, con mangos y un pueblo pesquero. El acceso desde la carretera está prohibido.

CASTELO: debe su nombre a la forma de sus rocas, que recuerdan un castillo. Se accede en barco desde São João de Pirabas.

FORTALEZA: acceso en barco desde São João de Pirabas (una hora). Junto a un pueblo de pescadores, de arena fina y con mangos.

ALOJAMIENTO

Ⓜ **SALINÓPOLIS:** Avenida Beira-Mar 26. ☎ 423 12 39. Tiene restaurante, bar y aire acondicionado en las habitaciones.

Ⓜ **PARAÍSO DO ATLÂNTICO:** Rua 17, QD 123, Lote Balneário, Atalaia - Salinópolis ☎ 3423 2030 - 8193 4427 - 8147 8574. contato@paraisodoatlanticohotel.com.br ☎ 3423 2030. www.paraisodoatlanticohotel.com.br Habitaciones muy cómodas con todo lo necesario y tiene bar, restaurante, piscina y marina.

RESTAURANTES

(B) **MARUJO'S GRILL:** Avda Beira Mar s/n, Praia Farol Velho. ☎ 3464 11 01. Platos de carne, pescado y marisco y buenos cócteles de ***cachaça*** y frutas.

LLEGAR Y PARTIR

EN AUTOBÚS. Desde la Rodoviária de Belém tenéis varios autobuses cada día a Algodoal (tres horas y media de camino).

BRAGANÇA

Bragança es una ciudad histórica, en la costa y a 228 kilómetros de Belém, fundada en 1753 y que guarda algunos edificios de interés más unas bonitas playas salvajes en una zona del litoral muy recortada por las bahías.

Si dais una vuelta por el pueblo, por cierto la energía eléctrica, procede de generadores, veréis el **Ayuntamiento**, en la Praça Marechal Deodoro, del XIX lo mismo que la **Biblioteca**; y las **igrejas de Nossa Senhora do Rosario** y de ***São Benedito***, ambas del siglo XIX.

DATOS PRÁCTICOS

PREFIJO TELEFÓNICO: 91.
RODOVIÁRIA: Praça Aguinaldo Carneiro.

LAS PLAYAS

QUATIPURU MIRIM: en la isla de Tabuleiro y muy alejada de Bragança. Se accede en barco desde el pueblo de Quatipuru. Arena clara, algunas dunas y abierta.

DO GRILO: se accede en barco desde el pueblo de Taperaçu siguiendo el canal. Uno de los mejores lugares para ir a pescar.

DO PILÃO: al otro lado de la misma bahía que Grilo, el acceso se efectúa igualmente en barco. Muy solitaria, arena, dunas y vegetación.

AJURUTEUA

Pueblo de pescadores con algunas casas de veraneantes en cuyas inmediaciones hay unas cuantas playas que no están nada mal: **Da Vila**, en una isla a la que se accede en barco con marea alta o andando cuando baja; **Ajuruteua**, acceso en barco o coche, frecuentada por gente joven; **Chavascal**, con un pequeño puerto pesquero, y **Boiçucanga**, la última al norte y con un faro, algo de vegetación y nula infraestructura.

AUGUSTO CORRÊA

Otro pequeño pueblo junto al río Umarajo que servirá de punto de partida para las playas de **Perimirim**, muy tranquila y en una isla a la que se accede en barco desde Augusto Corrêa; **Coroa Comprida**, acceso en barco igualmente y no muy agradable (en invierno hay muchos mosquitos); **Camaraçu**, acceso en barco igualmente y muy parecida a la anterior, y **Grande**, una de las más agradables y junto a un pueblecito de pescadores, también se accede en barco.

LLEGAR Y PARTIR

EN AUTOBÚS. Hay autobuses desde Belém y desde Ajuruteua, a 38 kilómetros.

VISEU

Viseu es un pueblo cerca de la desembocadura del río Gurupí, a 119 kilómetros de Bragança y que sirvr de base para ir a las playas de esta zona de la costa. De oeste a este son:

SARNAMBI: frente a la Praia Grande e la isla del mismo nombre, se accede en barco desde Viseu (unas cinco horas). Arena clara y puerto pesquero.

TUCUNDEUA: acceso igualmente en barco desde Viseu y escasa o nula infraestructura turística. Pequeña, con cocoteros y buena para bañarse.

APEÚ: una de las mejores por sus dunas, su vegetación y el fácil acceso desde Viseu, a tres horas y media de barco. Muy cerca de ésta tenéis la de Cajueiro, bastante mala para bañarse.

TAPEREBATEUA: en la boca de otra ría, donde los pescadores han creado corrales para el pescados. Acceso en barco desde Viseu, a dos horas. En el otro extremo de la bahía tenéis la de **Lombo Branco**, algo peligrosa para el baño por las corrientes –sentiréis su efecto al cruzar la bahía en el barco– pero muy agradable, con arena y mucha vegetación.

GURUPI: en Ilha Nova, la isla que hay al principio de la bahía donde está Viseu. Algo peligrosa para el baño por las corrientes. Acceso en barco desde Viseu.

SARDINHA: a hora y media en barco de Viseu y muy agradable, de arena clara, vegetación abundante y con un pueblecito pesquero.

SANTARÉM

La segunda ciudad del Estado de Pará, Santarém, está situada en la confluencia de los ríos Tapajós y Amazonas, a mitad de camino entre Belém y Manaus, y el acceso por tierra es casi imposible, o muy complicado, por lo que la mayoría de los viajeros individuales vienen en barco, y los grupos turísticos lo hacen en avión.

Cerca de la ciudad se vuelve a producir otro ***encontro das águas*** similar al que ocurre en Manaus. Aquí los protagonistas son las limpias aguas del río Tapajós y las de color terroso del Amazonas. Éste es el mayor atractivo turístico, además de los islotes cercanos, sus playas e *igarapés*.

Este puerto fluvial es más tranquilo que Manaus y Belém. En su origen fue una Misión regida por los jesuitas que dio refugio a muchos esclavos huidos. Aquí tuvo gran eco la Rebelión de Cabanagem, ocurrida en 1835 y protagonizada por las capas más desfavorecidas de la población (ver el apartado dedicado al Estado de Pará). También acogió a numerosos confederados de los Estados Unidos que llegaron a estas tierras una vez finalizada su Guerra de Secesión, con la pretensión de restaurar un Estado esclavista, proyecto que no prosperó.

Santarém es hoy una ciudad de unos 178.000 habitantes, rodeada de unas playas fluviales maravillosas y que se ha convertido en otra *meca* de los viajeros individuales por el país.

DEL AEROPUERTO Y LA RODOVIÁRIA A LA CIUDAD

DESDE EL AEROPUERTO: está a 13 kilómetros de la ciudad y hay servicio de autobuses al centro hasta las 18.15 h, además de una parada de taxis.

DESDE LA RODOVIÁRIA: Está en la avenida Cuiabá, a unos tres kilómetros del centro y el trayecto está cubierto por una línea de autobuses urbanos.

LA VISITA

Al igual que Manaus y Belém, Santarém gira en torno a su puerto y ha sabido conservar algunos de sus bellos edificios coloniales con las fachadas de azulejos portugueses y dos museos interesantes.

MERCADO MODELO: muy próximo a los embarcaderos, centraliza todo el pescado del río y las frutas y verduras traídas de otras localidades fluviales.

CATEDRAL: Praça da Matriz. Es del siglo XVIII, aunque primero hubo un templo de un siglo antes. Se ve en seguida por el hermoso azul de su fachada. Desde aquí, daos un paseo por la orilla del río en dirección oeste, para ver los mercados y la animación de los barcos atracados.

MUSEOS

CENTRO CULTURAL JOÃO FONA: Praça Br. de Santarem. Abierto de lunes a viernes de 8.00 h a 17.00 h. Guarda piezas de las tribus *tapajós, tapuius* y *munducurus*.

DATOS PRÁCTICOS

PREFIJO TELEFÓNICO: 91.

CORREOS: oficinas centrales en la Rua Siqueira Campos, junto al Mercado Modelo.

MEDIOS DE TRANSPORTE

AEROPUERTO: está a 13 kilómetros de la ciudad, en Praia da Maria José. ☎ 3522 43 28.

RODOVIÁRIA: Avenida Cuiabá, a unos tres kilómetros del centro. ☎ 3523 4940.

ALQUILER DE COCHES: Bill Car: ☎ 3522 17 05.

BARCOS: Información de Barcos a Manaus y Belém: Docas do Pará, a 2,5 kms del centro. ☎ 3522 20 34 y 3522 17 57. **Compañía Enasa***:* oficinas en la Rua Senador Lameira Bittencourt 459. ☎ 3522 19 34.

ALOJAMIENTO

(B) **SANTARÉM PALACE:** Avenida Rui Barbosa 726. ☎ 3523 28 20. Con restaurante, tiene cuarenta habitaciones con teléfono, televisión, aire acondicionado y nevera.

(B) **SANDIS:** R. Floriano Peixoto, 609. ☎ 2101 2705. www.hotelsandis.com.br Localizado en el centro comercial. Son 39 habitaciones divididas en diferentes categorías. Todas ellas con acceso a Internet, climatizadas, con minibar y televisión.

(M) **BARÃO CENTER:** R. Br. do Rio Branco, 344. ☎ 3064 9950. www.baraocenterhotel.com Cuenta con 47 habitaciones de tres categorías y precios diferentes, todas ellas con aire acondicionado.

RESTAURANTES

(B) **O MASCOTE:** Praça do Pescador 10. Restaurante y cervecería situado a orillas del río, con gran animación por las noches. Tiene mesas al aire libre y en comedor cerrado. Buen pescado.

LUAR DA CIDADE: Tr. Silva Jardim 820. Aparecida. Cocina de pescados a precios moderados.

STORIL: Rua Turiano Meira 115. Sirve pescado de río y platos regionales. También es un local animado.

LLEGAR Y PARTIR

EN AUTOBÚS: En autobús, de junio a noviembre, con la estación seca, hay servicios diarios a Cuiabá, Itaituba y Rurópolis, a unas seis horas de viaje.

Durante las lluvias, de diciembre a mayo, no se puede ir más lejos de Rurópolis.

EN BARCO: Hay un servicio regular desde Belém y Manaus. Enasa tiene barcos regulares a ambas poblaciones. Se tarda de dos a tres días en ambos casos. También hay barcos correo que van a localidades más pequeñas y permiten llevar pasajeros. Echad un vistazo a Cómo llegar, en barco, en Belém y Manaus, para todo lo relativo a camarotes, hamacas en cubierta, etc. A Manaus zarpan todos los días menos domingos, mientras que a Belém suelen hacerlo de miércoles a domingos.

Para ir al Parque Nacional da Amazônia, desde el puerto de Praça Tiradentes sale un barco diario a las 18.00 h hacia Itaituba por el río Tapajós y el viaje dura unas quince horas.

EN AVIÓN: El aeropuerto de Santarém está conectado con vuelos con las localidades de Manaus, Belém, Altamira, Itacoatira, Itaituba, Macapá, Óbidos, Parintins, Trombetas, etcétera.

PARQUE NACIONAL DA AMAZÕNIA

El Parque Nacional da Amazônia ocupa una superficie de 994.000 hectáreas dentro del municipio de Itaituba, a 250 kilómetros al suroeste de Santarém.

Es muy interesante para conocer al vegetación de la selva: la *seringueira*, jacarandá, etcétera, y, sobre todo, la rica fauna, especialmente las aves por su número y variedad.

DATOS PRÁCTICOS

PREFIJO TELEFÓNICO: 91.

PERMISOS DE ENTRADA: son concedidos por Ibama. Avda Marechal Deodoro s/n, Itaituba. ☎ 3 518 15 30.

CÓMO IR

EN BARCO: desde el puerto de Praça Tiradentes, en Santarém, hay que ir en barco hasta Itaituba por el río Tapajós. Hay un servicio diario a las 18.00 h y el viaje dura unas quince horas.

EN AUTOBÚS: Desde Santarém, a 250 kilómetros, se puede ir en autobús a Itaituba, de junio a noviembre, durante la estación seca.

EN AVIÓN: Hay vuelos diarios desde Belém y Santarém a Itaituba. Desde allí hay que seguir en coche por la Trasamazónica y por una carretera de tierra hasta el parque, si el estado de las mismas lo permite...

ESTADO DE AMAPÁ

En el extremo septentrional de Brasil, la mayor parte de los 140.276 kilómetros cuadrados del Estado de Amapá están situados en el Hemisferio Norte. Amapá es es uno de los estados más pobres del país, aunque sus minas de manganeso explotadas en las últimas décadas y la exportación maderera lo están sacando de su letargo.

Amapá tiene frontera con la Guayana Francesa y con Surinam, la antigua Guayana Holandesa, pero las fronteras con este último país están cerradas.

Este territorio fue muy codiciado por Francia, que intentó conquistarlo en varias ocasiones. Las minas de oro que aparecieron en las cercanías de la colonia francesa fueron explotadas por empresas extranjeras que apenas dejaron beneficios en Amapá, que formó parte del Estado de Pará hasta 1943, cuando se convirtió en territorio dependiente del Distrito Federal de Brasília, y posteriormente fue declarado Estado con todos sus derechos.

MACAPÁ

La capital de Amapá está situada en el Hemisferio Norte –la línea del Ecuador pasa a cinco kilómetros– y en la orilla izquierda del Amazonas. Esta pequeña ciudad de 27.000 habitantes, con puerto fluvial, ha concentrado a las tres cuartas partes de la población del Estado. El resto se agrupa en pequeños poblados y en el puerto de Santana.

LA VISITA

En Macapá, los únicos puntos de interés son la dieciochesca **Igreja de São José de Macapá**, situada en la Praça Veiga Cabral, y el **Museu Histórico**, en la Avenida Independência, abierto de lunes a viernes de 8.00 h a 17.00 h; los sábados de 8.00 h a 12.00 h.

También podéis visitar la **Fortaleza de São José**, construida por los portugueses en 1764 como punto estratégico para controlar la desembocadura del Amazonas.

DATOS PRÁCTICOS

PREFIJO TELEFÓNICO: 96.

OFICINA DE TURISMO: Detur, Rua Independência 29. ☎ 3212 53 35 y en el Aeropuerto.

MEDIOS DE TRANSPORTE

RODOVIÁRIA: Bairro San Lázaro. A tres kilómetros del centro. ☎ 32 51 2009.

AEROPUERTO: Rua Hildemar Maia, en Santa Rita a 4 kilómetros. ☎ 3223 23 23.

COMPAÑÍAS AÉREAS: Penta: ☎ 3223 52 26. **Vasp:** ☎ 3223 24 11.

ALQUILER DE COCHES: Localiza: ☎ 3223 27 99. **Locauto:** ☎ 3222 10 11.

BARCOS: Barcos para Belém y Manaus. Rua São José 2.145. ☎ 3223 90 90.

RADIOTAXIS: Marco Zero: ☎ 3223 26 39.

ALOJAMIENTO

(M) **SAN MARINO:** Avenida Marcílio Dias 1.395. En Jesús de Nazaré. ☎ 3223 15 22. Con bar y piscina, tiene 29 habitaciones con teléfono, televisión, aire acondicionado, frigorífico, etc, a precios altos.

(M) **MACAPÁ:** Avenida Eng. Azarias Neto 17 (Centro). ☎ 3217 13 50. www.macapa.hotel.com.br Con restaurante, bar, piscina, sauna, campos de deportes, pista de tenis, etc. Son 77 habitaciones con teléfono, tv, aire acondicionado, frigorífico, etc.

RESTAURANTES

(M) **TROPEIRO:** Avenida Presidente Vargas 456 (Centro). Cierra los domingos tarde y lunes. Especializado en churrascos.

(M) **PEIXARIA:** Avenida Mãe Luzia 84 (Centro). Buenos pescados.

(M) **PARATI:** Avenida Sete de Setembro 1.226. En Santana, a 21 kilómetros. Cierra los lunes por la noche. Cocina variada.

(M) **FLORA:** Rod. Salvador Diniz, 1370 (Igarapé da Fortaleza) En Santana a 13 km. ☎ 3283 2858. Horario de 11.00 h a 16.00 h. Especialidades locales en un ambiente agradable. Trato muy amable.

(C) **RESTAURANTE ESTALEIRO:** Av. 1 Maio, 52 Trem. ☎ 3222 8375. Un restaurante muy agradable, ordenado y muy bien decorado. Su especialidad el pescado y el marisco. En su decoración no falta un barco de verdad que ya pasó por tres naufragios.

COMPRAS

NUCLEO ARTESANAL: Avenida Eng. Azarias Neto junto al Fuerte de São José. Abierto de lunes a sábados de 9.00 h a 18.00 h; los domingos de 18.00 h a 20.00 h. Para comprar artesanía.

EXCURSIÓN

Si tenéis tiempo podéis hacer una excursión curiosa al **Marco Zero do Ecuador**, el punto exacto por el que pasa el Ecuador. Está a cinco kilómetros de la ciudad, por la carretera de Santana.

LLEGAR Y PARTIR

EN AUTOBÚS. Hay autobuses regulares para la playa Fazendinha, Ferreria Gomes, Paredão, Porto de Santana y Porto Grande, además de para Oiapoque, en la frontera con Guayana Francesa y a 532 kilómetros y en un viaje de unas trece horas que en época de lluvias –entre enero y junio– es fácil que se cancele frecuentemente, ya que sólo los primeros 140 kilómetros están debidamente asfaltados.

EN AVIÓN. Hay aviones a y desde Belém, Brasília, Oiapoque, Cayena (Guayana Francesa), Foz de Iguaçu, Monte Dourado, Oiapoque, Río de Janeiro y São Paulo.

EN BARCO. Los barcos que van a Belém (doce horas con Arapari o veinticuatro en barcos regulares), Santarém (dos días y medio) y Manaus (cinco días) zarpan de Santana, a 25 kilómetros de aquí.

ALREDEDORES DE MACAPÁ

PRAIA DA FAZENDINHA. A 19 kilómetros, es una playa muy hermosa en las orillas del Amazonas, a la que se va por la misma carretera que a Santana.

Cómo ir: Hay autobuses regulares desde Macapá.

RÍO ARAGUARI Y RESERVA ECOLÓGICA DO LAGO PIRATUBA

En el extremo sur del Estado, cerca de la desembocadura del Amazonas, se halla esta reserva, que podéis conocer en una excursión organizada desde alguna agencia de Macapá.

RÍO ARAGUARI: en este río se produce un echo realmente asombroso. El agua del mar no puede entrar en la bahía porque se lo impide una barrera natural, pero cuando sube la marea coincidiendo con alguna fase determinada de la luna, el mar supera la barrera y crea una especie de riada a la inversa –las aguas alcanzan los tres metros de altura y una velocidad de cerca de quince millas por hora– que arrasa todo lo que encuentra a su paso.

RESERVA BIOLÓGICA LAGO PIRATUBA: en primer lugar hay que advertir que el acceso es muy restringido ya que se trata de un área protegida para animales en peligro de extinción que durante medio año queda cubierta por el agua.

LA FRONTERA CON LA GUAYANA FRANCESA

Los pocos turistas que se desplazan hasta Amapá lo hacen para continuar viaje a través de la Guayana Francesa. Hay una carretera que comunica con Oiapoque, justo en la frontera. En realidad, la carretera asfaltada sólo llega hasta Calçoene (a 359 kilómetros de la capital). Entre esta localidad y Oiapoque (210 kilómetros) hay una pista que queda inutilizada durante la temporada de lluvias.

Los autobuses que cubren el trayecto Macapá-Calçoene lo hacen sin problemas en ocho horas aproximadamente. El otro tramo es más inseguro, los autobuses no tienen un servicio regular y dependiendo del estado de la pista se puede tardar entre doce y catorce horas. Quedan otras dos posibilidades mejores: coger un barco de Macapá hasta la misma frontera (dos días de viaje) o un avión de Macapá a Cayena, la capital de la Guayana francesa. Si optáis por este último sistema (bastante más caro) el sello de entrada y de salida os lo pondrán en el mismo aeropuerto. De lo contrario, deberéis acudir a la Policía Federal de Oiapoque para que os sellen la salida de Brasil.

La policía de St. Georges os pondrá el de entrada. Desde la frontera a St. Georges hay constantes barquitos que tardan unos quince minutos en hacer el recorrido. Procurad gestionar todos estos trámites de día. En principio, los españoles no necesitamos visado para ingresar en Guayana Francesa.

ESTADO DE RORAIMA

Roraima, al norte de Brasil, ocupa una extensión algo mayor que media España. Sus 230.104 kilómetros cuadrados están situados en su mayor parte en el Hemisferio Norte y tiene frontera con Venezuela y Guyana, la antigua Guayana Británica.

Hasta hace unos años Roraima vivía de la agricultura y la ganadería, pero recientemente se han encontrado minas de oro que provocaron una auténtica fiebre en pleno siglo XX. La llamada del oro es tan atrayente como en la época colonial y sigue habiendo miles de *garimpeiros* dispuestos a jugarse la vida mientras intentan hacerse ricos en poco tiempo.

Se produjeron hallazgos en la sierra Pacaraima, en territorio de los *yanomamis* y la invasión de mineros ha provocado grandes conflictos que el Gobierno no ha sabido o querido resolver. El mayor peligro de esta conquista minera es la utilización de mercurio que contamina el agua de los ríos, los peces y, como consecuencia, a los propios habitantes de la zona.

BOA VISTA

Boa Vista, capital de Roraima, está situada a orillas del río Branco, a 805 kilómetros de Manaus, a 4.378 de Brasília y a tres horas y media de la frontera venezolana en autobús.

LA VISITA

Desde el punto de vista urbanístico, es una ciudad muy bien diseñada, con una gran plaza central, la Praça do Centro Cívico, a partir de la cual se abren en forma de abanico las grandes avenidas. En la plaza está el **Palácio do Governo** y, muy próxima, la **Catedral**.

La avenida Jaime Brasil, que va desde la plaza hasta el río, es una de las calles más comerciales, llena de gente durante las horas en que las tiendas están abiertas. Fuera de sus playas fluviales esta ciudad de 200.000 habitantes.

PARQUE NACIONAL DO MONTE RORAIMA: El Monte Roraima tiene 2 734 m de altura, hay algunas agencias que organizan trekkings y excursiones. Información en, agência Roraima Adventures, ☎ 3624 9611, www.roraima-brasil.com.br

DESDE EL AEROPUERTO Y LA RODOVIÁRIA A LA CIUDAD

DESDE EL AEROPUERTO INTERNACIONAL: está en la Praça Santos Dumont, a cuatro kilómetros de la ciudad. No hay servicio de autobuses, deberéis coger un taxi.

DESDE LA RODOVIÁRIA: Avenida das Guianas 1.627, a unos tres kilómetros del centro. Hay un autobús que os puede conducir hasta aquí, el que marca *Jockei Clube.*

DATOS PRÁCTICOS

PREFIJO TELEFÓNICO: 95.

INFORMACIÓN TURÍSTICA: Codetur, rua Coronel Pinto 241. ☎ 3623 12 30. Con un personal amable, pero con poca información impresa.

MEDIOS DE TRANSPORTE

AEROPUERTO INTERNACIONAL: está en la Praça Santos Dumont, a cuatro kilómetros de la ciudad. ☎ 3623 04 04.

RODOVIÁRIA: Avenida das Guianas 1.627, a unos tres kilómetros del centro. ☎ 3623 22 33.

ALQUILER DE COCHES: Localiza: ☎ 3224 52 22. **Yes:** ☎ 3224 37 86.

RADIOTAXIS: Aguia do Fogo: ☎ 3624 42 23. **Rio Branco:** ☎ 3224 48 23.

ALOJAMIENTO

Ⓜ **AIPANA PLAZA:** Praça Centro Cívico 53 (Centro). ☎ 3624 4700. Con restaurante, bar y piscina. Tiene 43 habitaciones con teléfono, televisión, aire acondicionado, frigorífico, caja de seguridad, etc .

RESTAURANTES

Ⓜ **VER O RIO:** R. Floriano Peixoto, 116. ☎ 3624 1683 .Buen pescado de río.

Ⓜ **PEIXADA DA QUELÉ:** Avenida Nossa Senhora da Consolata 512 (Centro). Especializado en pescados.

COMPRAS

ASSOCIAÇÃO DOS ARTESÃOS DE RR (ASARAR): Rua Floriano Peixoto 192 (Centro). Abierto de lunes a viernes de 8.00 h a 18.00 h. Artesanía indígena y regional.

LLEGAR Y PARTIR

EN AUTOBÚS. Hay una carretera entre Manaus y Boa Vista que en época de lluvias puede quedar cortada. Hace unos años esta vía resultaba peligrosa porque para su construcción se desplazó a los indios *waimiri-atroaris* de sus tierras y reaccionaron violentamente contra las personas que la utilizaban. Ahora están resignados a su suerte y no representan un peligro. Hay al menos una media docena de autobuses diarios en ambas direcciones, que hacen la ruta en doce horas.

A Santa Elena de Uairén, en la frontera venezolana, hay tres horas y media de viaje.

EN AVIÓN. Hay vuelos a Manaus, Brasília, Río, Santarém, Belém, Macapá y a algunas de localidades de Venezuela, entre ellas Caracas.

ALREDEDORES DE BOA VISTA

Boa Vista es un buen punto para emprender unas interesantes excursiones fluviales:

FORTE DE SÃO JOAQUIM: a dos horas de barco.

ILHA DE MARACÁ: se llega a través del río Uraricoera. Para ello, deberéis conseguir una autorización en Ibama. Es una reserva ecológica de 92.000 hectáreas de superficie.

PEDRA PINTADA: a unos 140 kilómetros al norte, aquí se puede ver unas pinturas rupestres precolombinas en una piedra de granito. Se accede a través de la carretera BR 174 en dirección a Santa Elena, por lo que sirve el autobús que va hacia Venezuela.

LA FRONTERA CON VENEZUELA Y GUYANA

Si habéis pensado pasar a Venezuela, deberéis acercaros a su consulado, en la Rua Benjamin Constant, 525. Allí os informarán de los trámites necesarios para continuar viaje. Hay épocas en las que exigen un certificado médico, una cantidad mínima de dinero o en su defecto, el billete de vuelta.

Todos los días salen de la *rodoviária* al menos tres autobuses con destino a la localidad venezolana de Santa Elena de Uarién, en la frontera. La duración del viaje es muy variable, depende del estado en que se encuentre la carretera que no está asfaltada, pero suele ser de alrededor de tres horas y media.

En la frontera deberéis bajaros para que os sellen el pasaporte, y el autobús espera a los pasajeros para continuar su recorrido. Una vez en Santa Elena, podéis coger un vuelo a Ciudad Bolívar (hay uno diario) o el autobús que sale al amanecer. En Santa Elena no hay problema de alojamiento, aunque seguramente no querréis permanecer más de una noche. El pueblo no ofrece ningún interés.

Para viajar a Guyana la frontera terrestre está cerrada. No es que por carretera sea imposible llegar al vecino país: a veces hay transporte desde Boa Vista hasta la frontera. El problema es que esta parte de la Guyana no está comunicada por tierra con la capital.

EL CENTRO-OESTE

La región del Centro-Oeste ocupa una extensión de 1.879.455 kilómetros cuadrados, lo que equivale al 22% de todo el territorio brasileño. La integran el Distrito Federal de Brasilia (o Brasília, en portugués) y los estados de Goiás, Mato Grosso y Mato Grosso do Sul.

En esta extensa zona apenas vive el 3% de la población. Muchas de sus riquezas están aún sin explotar, ya que hasta 1960 –año en que se construyeron la ciudad de Brasília y las dos autopistas que la han unido al resto del país– el Centro-Oeste estuvo de espaldas al desarrollo. En la actualidad sus mayores riquezas están basadas en los policultivos y en la ganadería.

Desde el punto de vista ecológico, posee una de las mayores reservas de vida animal del mundo: el Pantanal. Éste y la desconcertante Brasília son los dos focos mayores de atracción turística.

BRASÍLIA

La alucinante Brasília es la capital de Brasil desde 1960. Entre las ciudades satélites que han surgido en torno a ella y la propia Brasília, se calcula que viven alrededor de 2,4 millones de personas. Goza de un clima suave al estar situada en una meseta de 1.100 metros de altitud.

El Distrito Federal de Brasilia se encuentra en el Estado de Goiás, cuya capital es Goiânia.

Brasília cuenta con algunos de los más hermosos edificios de arquitectura contemporánea del planeta, por lo que es muy interesante para visitarla en al menos un par de días, aparte de su interés como experimento sociológico.

HISTORIA. Antes de que el presidente de Braslil Juscelino Kubitschek se decidiera a descentralizar el litoral y construir la capital del país en el interior, existieron otros proyectos de propósitos similares que fracasaron.

Las obras para construir Brasília se llevaron a cabo entre 1957 y 1960, a un increíble ritmo. Al mismo tiempo que se construía la ciudad, se abría camino para comunicarla a través de dos autopistas: la que conduce a Belém, en la desembocadura del Amazonas, y la que permite la conexión con Perú. La meseta elegida por el propio Kubitschek en la que se construiría la ciudad estaba incomunicada. Por eso hubo que transportar los materiales desde cientos de kilómetros; los primeros equipos humanos fueron trasladados en avión y lanzados en paracaídas porque tampoco había pistas de aterrizaje.

Hubo que ganar 5.820 kilómetros cuadrados a la selva virgen, conducir el agua y crear el lago artificial de Paranoá. Kubitschek encargó el proyecto a dos discípulos brasileños de Le Corbusier. El arquitecto Oscar Niemeyer diseño los edificios y el urbanista Lúcio Costa fue el artífice de los planos y de la concepción global de la ciudad.

El 21 de abril de 1960 Kubitschek había cumplido su promesa y se inauguraba Brasilia, todo un reto que había enfrentado a políticos y economistas. Sólo quedaba dejar pasar el tiempo para comprobar si el enorme gasto y esfuerzo quedaban compensados. Y quedaba lo más difícil: devolver los préstamos extranjeros, que ascendían a 2.000 millones de dólares.

Todavía hoy hay detractores y defensores del proyecto Kubitschek, pero en nuestra opinión, es todo un éxito. Ha servido para descongestionar Río con la ausencia de miles de funcionarios estatales y la mayoría de la población de Brasília está a gusto y orgullosa de una ciudad muy agradable, limpia y bien organizada, aunque en nada recuerde al resto de urbes brasileñas y esté desprovista, pues, de ese carácter que tienen aquéllas.

DEL AEROPUERTO A LA CIUDAD

EL AEROPUERTO: está a doce kilómetros al sur de la ciudad, unido por una autopista. El autobús número 102 os dejará en la *rodoviária*. También hay un autobús que comunica el aeropuerto con el Sector Hotelero, el 30. Tiene una parada, por ejemplo, frente al Shopping Brasília.

DE LA RODOVIÁRIA A LA CIUDAD: se encuentra en pleno centro de la ciudad. A este punto van a parar los autobuses internacionales y de larga distancia. Desde allí parten los autobuses en todas las direcciones.

ORIENTACIÓN

Brasília genera opiniones muy dispares y deja desconcertado, cuando menos, a quien la visita por primera vez. Hay que olvidarse del concepto tradicional de ciudad porque no encaja con la realidad de Brasília: las avenidas son autopistas con algún que otro semáforo, las zonas están delimitadas por su función (residencial, comercial, militar, hotelera, diplomática, financiera, política...), no posee un centro y apenas se ven peatones en la ciudad.

Si observáis su plano, comprobaréis que tiene forma de avión o ave con las alas extendidas en dirección este, hacia el Atlántico. Se han hecho muchas cábalas sobre las ideas que motivaron a Costa el diseño de este plano, pero no dejan de ser teorías sin fundamento.

Dos avenidas principales se cruzan a la altura de la antigua Ferrodoviária: El Eixo Monumental, en cuyos extremos están los principales edificios de interés, y el Eixo Ferroviário, que discurre de norte a sur.

En el extremo este, lo que equivaldría al fuselaje del avión imaginario, está el **Eixo Monumental Leste** en la Esplanada dos Ministérios, con los principales edificios civiles de Niemeyer, los ministerios, el palacio presidencial y el de Justicia así como la alucinante y preciosa Catedral.

BRASILIA
PUNTOS DE INTER
1. Catedral Metropolita
2. Palacio de Itamaraty
3. Palacio de Congres
4. Palacio de Justicia
5. Palaciode Planalto
6. Palacio de Huarada
7. Torre de Televisión
10. Shopping Brasilia
11. Memorial J. Kubists
Sector de Mansões do lago Norte
Lago Paranoá
Concha Acústica
SEN
Península Norte
SCEN
Sector de Clubes Esportivos Norte
Sector de Embaixadas Norte
Esplan dos Ministé
SAN
SBN
Eix Monum Lest
Via L4 Norte
Via L2 Norte
Rodovi
SDN
SCN
SHN
Eixo Rodo viário Norte
Asa Norte
SRTN
SHTN
Via W3, Norte
Sector Militar
SMU
Eixo Monume oeste
Estación de Fe

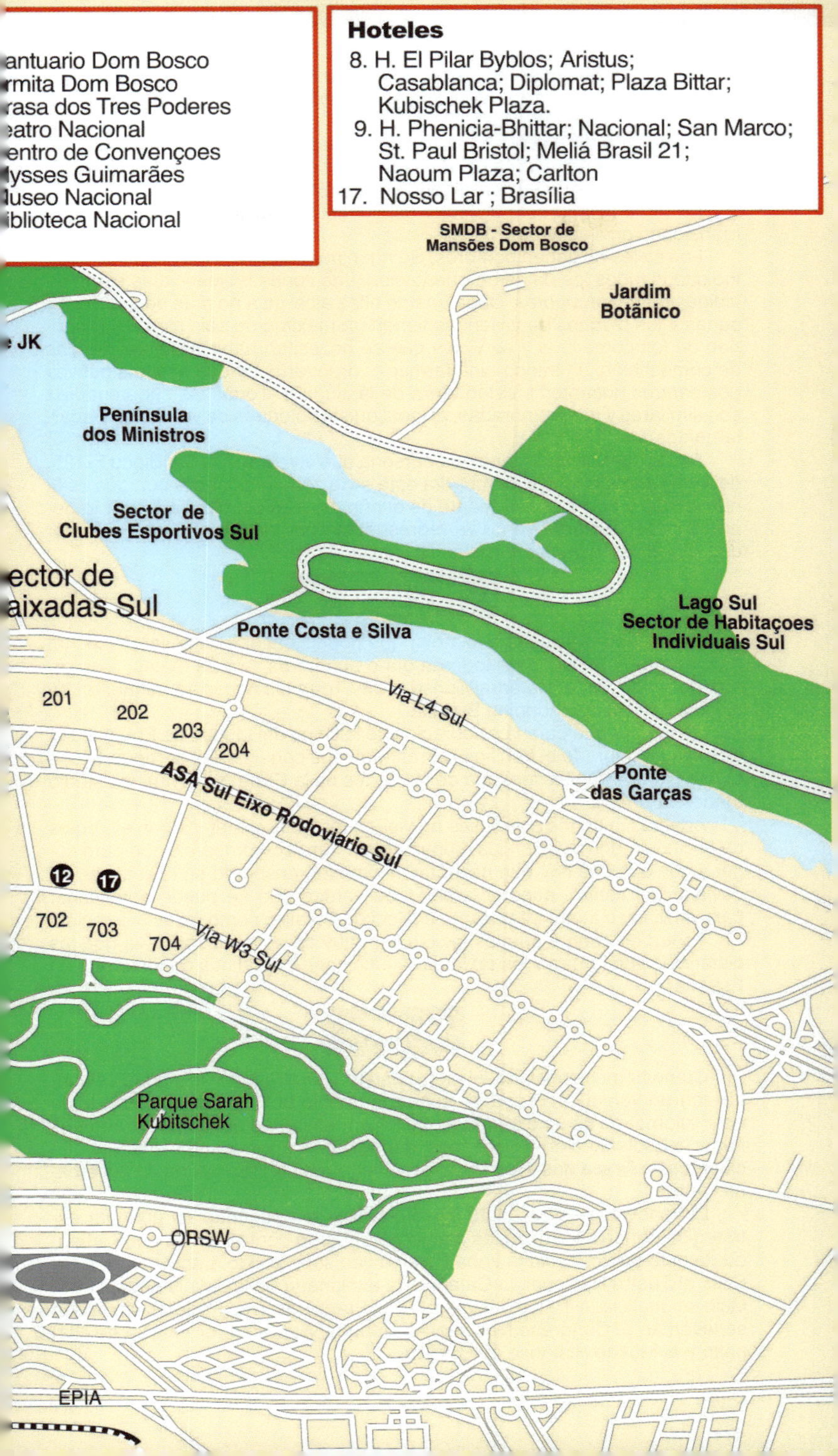
antuario Dom Bosco
rmita Dom Bosco
rasa dos Tres Poderes
eatro Nacional
entro de Convençoes
lysses Guimarães
luseo Nacional
iblioteca Nacional
Hoteles
8. H. El Pilar Byblos; Aristus; Casablanca; Diplomat; Plaza Bittar; Kubischek Plaza.
9. H. Phenicia-Bhittar; Nacional; San Marco; St. Paul Bristol; Meliá Brasil 21; Naoum Plaza; Carlton
17. Nosso Lar ; Brasília
SMDB - Sector de Mansões Dom Bosco
Jardim Botânico
JK
Península dos Ministros
Sector de Clubes Esportivos Sul
ector de aixadas Sul
Ponte Costa e Silva
Lago Sul Sector de Habitaçoes Individuais Sul
Via L4 Sul
201
202
203
204
ASA Sul Eixo Rodoviario Sul
Ponte das Garças
12
17
702
703
704
Vía W3 Sul
Parque Sarah Kubitschek
ORSW
EPIA

En la cola del avión, al oeste, en el **Eixo Monumental Oeste,** están situados los sectores militar y de industria y abastecimiento, también con algunos edificios interesantes.

En las alas se ubicarían los sectores residenciales, norte y sur. La norte va precedida de la zona universitaria y el sector de Embajadas Norte. El ala sur también tiene su correspondiente sector de Embajadas.

En torno al lago está el sector de clubes deportivos y hay una zona de mansiones privilegiadas.

Las calles no tienen nombres. Se rigen por unas iniciales en las que van indicados todos los datos de orientación. Las zonas residenciales están divididas en *supercuadras*. Cada una de ellas alberga a no más de 2.000 personas y los bloques de viviendas tienen un máximo de seis plantas. Disponen de los comercios y servicios que se necesitan habitualmente: tiendas de comestibles, un banco, una farmacia, droguería... y una escuela pública (los centros docentes s están fuera de la ciudad). Todas las supercuadras son similares y van numeradas, al igual que los bloques de viviendas y apartamentos.

Así, si queréis localizar a una persona que vive en SQS 50, Bloco F-125, deberéis saber que la supercuadra está en la zona residencial sur, que es la número 50 y que el apartamento es el número 125 del bloque F. Por lo general, la *supercuadra* ya no va representada por las iniciales *SQ,* sino por una *Q* y el *bloco* por las iniciales *Bl.*

CÓMO MOVERSE

Para recorrer la ciudad, lo mejor que podéis hacer es alquilar un coche, contratar a un taxista para todo un día o apuntaros, por 25 reales, a un recorrido en bus en el Catedral Turismo City Tour; los tiques se adquieren en el kiosco frente al Shopping Brasília.

Se espera que para la celebración de la Copa del Mundo de Fútbol 2014 se haya inaugurado el tren ligero Brastram, que conectará el aeropuerto con el Asa Norte. Brasília será una de las sedes de la Copa, en el nuevo estadio Mané Garrincha.

Además, algunos autobuses no vienen mal para visitar los dos extremos de la ciudad, donde están los monumentos. Pero comprobaréis que para coger algún autobús hay que hacer un incómodo transbordo en la antigua Rodoviária del centro, aunque también es verdad que se puede aprovechar para un vistazo a otro interesante edificio de Brasília, como es esta estación.

Tened en cuenta que los taxis salen muy caros en Brasília, ya que las distancias son largas y los taxímetros funcionan casi al mismo ritmo que en España.

LA VISITA

Como hemos señalado, el mejor sistema para recorrer la ciudad es contar con un vehículo. Tened en cuenta que sólo el **Eixo monumental** mide ocho kilómetros de un extremo a otro. Si no, empezad por coger un autobús hasta la Esplanada dos Ministérios, donde veréis unos cuantos edificios alucinantes, la Praça dos Tres Poderes y luego podéis caminar hasta la cercana Catedral.

La rodoviária es un punto de referencia, se encuentra en un lugar estratégico donde se cruzan las alas con el cuerpo central del avión. Partiendo de este punto, hacia la zona Este se van sucediendo a ambos lados del Eixo, el Teatro Nacional, la Catedral, la explanada de los Ministerios, el Palácio da Justicia, el Palácio Itamaraty y la Praça dos Tres Poderes, en la que se levantan el Congreso Nacional, el Tribunal Supremo, el Palácio de Planalto y el Museo Histórico de Brasília.

EIXO MONUMENTAL

ÁREA CENTRAL

TEATRO NACIONAL: Setor Cultural Norte. El Teatro Nacional es obra de Oscar Niemeyer; su forma de pirámide irregular cortada en el vértice la hace inconfundible. Alberga tres salas de espectáculos –la mayor con un aforo de 1.200 personas– y varias galerías que se utilizan para actos culturales.

TORRE DE TELEVISIÓN: al oeste de la rodoviária. Se trata de un alto mirador, visible desde todos los puntos de la ciudad, ya que tiene 224 metros de altura. Se puede subir en un ascensor de martes a domingos de 9.00 h a 18.00 h hasta un mirador con espléndidas vistas de la ciudad, a 75 metros de altura. La torre fue diseñada por Lúcio Costa y se construyó en dos etapas, entre 1959 y 1961 y de 1965 a 1967.

En la planta anterior al mirador, se accede por otros ascensor está el **Museu de Gemas**.

En la explanada que hay a sus pies, suele organizarse un mercadillo de artesanía los fines de semana.

ESTAÇÃO RODOVIÁRIA: Cruce del Eixo Monumental con el Rodoviário. La extensa Rodoviária, en pleno centro geográfico de la ciudad, es un proyecto de Lúcio Costa, quien ideó un conjunto de plataformas en cuatro niveles, con un total de 19.000 metros cuadrados. Por el nivel inferior pasa el Eixo Rodoviário y por el superior el Monumental, donde se sitúan las paradas de autobús.

PLANETARIO: algo más al oeste. Abierto sábados y domingos a las 16.00 h para niños y a las 17.30 h para adultos. Se distingue por su aspecto de platillo volante y es obra de Sergio Bernardes.

EIXO LESTE (ESTE)

CATEDRAL METROPOLITANA NOSSA SENHORA APARECIDA: Abierta todos los días de 8.00 h a 18.00 h. Esplanada dos Ministérios. Hay quien dice que la Catedral tiene forma de corona, el campanario de cáliz y la pila bautismal se asemeja a un pan gigante, pero Niemeyer no es católico y es de suponer que no buscó la simbología en todas estas obras. Tiene una capacidad para 4.000 personas. La luz tamizada que

entra a través de las cristaleras (reforzada por una capa acrílica para evitar el calor) ayuda a crear el clima de recogimiento adecuado.

Es una obra impresionante apoyada en una original estructura formada por doce pilares curvados. Los también impresionantes ángeles de aluminio que descienden del techo son obra de Ceschiatti, el mismo artista que esculpió los Cuatro Evangelistas situados a la entrada. Di Cavalcanti pintó los cuadros del Viacrucis y la cruz de madera que se levanta en mitad de la catedral fue testigo de la primera misa que se celebró el Brasília, el 3 de mayo de 1957. La copia de la Piedad de Miguel Ángel es de resina y mármol. Las campanas del campanario fueron donadas por la ciudad española de Toledo.

PALÁCIO DE ITAMARATY: Esplanada dos Ministérios. ☎ 34 11 66 40. Se visita de 15.00 h y 17.00 h y los fines de semana y festivos de 10.00 h a 14.00 h. Obra también del genio Oscar Niemeyer, es la sede del Ministerio

de Asuntos Exteriores, también rodeado por un espacio de agua en el que se refleja su estructura y los jardines del paisajista Burle Marx. Fijaos en el efecto que produce la escultura de Bruno Giorgi titulada *El Meteoro*, que parece flotar en el estanque. La extraña esfera representa al mundo con sus cinco continentes separados.

PALACIO DE JUSTICIA (MINISTERIO DE JUSTICIA): Esplanada dos Ministérios. Visita gratuita de 8.00 a 12.00 h y de 14.00 a 18.00. El agua es una constante en los proyectos de Niemeyer y aquí está presente en su fachada de cemento, por la que desciende formando una cortina. Durante la dictadura militar la fachada fue recubierta de mármol pero con la democracia recobró el carácter que le había dado su autor a este Ministerio de Justicia.

LA PLAZA DE LOS TRES PODERES. Esplanada dos Ministérios. En esta impresionante plaza proyectada por Lucio Costa es donde se toman las grandes decisiones que afectan al país, ya que aquí está la sede de los poderes legislativo, judicial y ejecutivo. En la plaza se yerguen dos estatuas famosas en todo el mundo, estilizadas, abrazadas y con sendos bastones o lanzas, son los *Guerreiros*, del escultor Bruno Giorgi.

CONGRESO NACIONAL: Abierto al público de lunes a viernes de 9.30 h a 12.00 h a 16.30 h; fines de semana, de 9.00 h a 13.00 h. Niemeyer lo diseñó, y está formado por dos edificios gemelos de 28 pisos, uno destinado para el Senado y el otro para la Cámara de los Diputados. A los lados de los dos rascacielos hay dos *platos* en forma cóncava y convexa, respectivamente. El primero pertenece al Senado y el segundo, a la Cámara de Diputados.

SUPREMO TRIBUNAL FEDERAL: se puede visitar de 10.00 a 16.00 h y cierra los lunes y jueves. No os dejarán pasar si vais en pantalón corto. En el lateral sur de la Praça dos Três Poderes la sede del poder judicial, también obra de Oscar Niemeyer, uno de sus primeros proyectos en la ciudad. Justo enfrente está la escultura de Ceschiatti dedicada a la Justicia y esculpida en granito.

PALÁCIO DO PLANALTO: Visita gratuita domingos de 9.30 a 14.30 horas. Es la sede del poder ejecutivo, donde trabaja Lula. En este original edificio Niemeyer jugó con las líneas rectas y curvas. Todos los viernes a las 17.30 se celebra la bajada de bandera con la presencia de la banda de dragones.

PANTEÃO DA PÂTRIA: Abre de 9.00 a 18.00 h y cierra los lunes. Se levantó en recuerdo del presidente Tancredo Neves y es obra de Niemeyer. Entrad para ver el **Salão Vermelho** y el **Salão Principal.** Junto a la entrada hay un busto de Tiradentes.

ESPAÇO LÚCIO COSTA Y MUSEO DA CIDADE: Abre de 9.00 a 18.00 h y cierra los lunes. Bajo un mural en piedra con un busto de Kubitschek, obra de José Pedrosa y conmemorativo de la inauguración de Brasília, se encuentra este espacio con una gran maqueta de la ciudad.

COMPLEXO CULTURAL DA REPÚBLICA: A pocos metros al este de la Catedral Metropolitana. Las dos últimas atracciones turísticas de Brasília son dos edificios contiguos que forman el Complejo Cultural de la República. Se trata del **Museu Nacional** y la más reciente **Biblioteca Nacional**.

El primer edificio (abierto de martes a domingos de 9.00 a 17.00 h) tiene forma de semicúpula esférica –obra de Niemeyer– a la que se penetra por una pasarela que lo rodea como si fuera un anillo de Saturno. Su contenido, de momento, no es muy interesante.

La Biblioteca Nacional es también un edificio notable.

Otros edificios sobresalientes del Eixo Leste son el **Instituto Rio Branco** y el **Tribunal Superior de Justicia**, en la Praça dos Tribunais.

EIXO OESTE

CENTRO DE CONVENCIONES DR. ULYSSES GUIMARÃES: algo alejado del centro. Para ir, coged el autobús 131. Se visita de lunes a viernes de 9.00 a 19.00 h. Uno de los pocos edificios que no lo proyectó Niemeyer. Es obra de Sérgio Bernardes y se inauguró en la década de los setenta. Tiene cuatro auditorios y varias salas menores. También alberga una Oficina de Turismo.

MONUMENTO A JUSCELINO KUBITSCHEK: Praça do Cruzéiro. De corte soviético, con un pequeño museo en la parte inferior donde se muestran fotos del presidente en la ciudad de sus sueños, es una estatua sobre una columna de 28 metros, en forma de hoz e inaugurada en 1981. El proyecto general es de Niemeyer y la estatua de Honório Peçanha. Bajo el monumento reposan los restos del presidente, que murió en 1976.

En el *Eixo* Oeste se encuentran también varios estadios de deportes muy interesantes, en el *Setor Esportivo*, construido entre 1969 y 1974 en un proyecto de Ícaro de Castro Mello. Se trata del **Estádio Mané Garrincha**, el **Ginásio de Esportes Nilson Nelson**, el **Autódromo Nelson Piquet** y el **Conjunto Aquático Cláudio Coutinho**.

MONUMENTOS FUERA DE LOS EIXOS

SANTUÂRIO DOM BOSCO. Asa Sul, Quadra 702 Bloque A. Abierta de 8.00 h a 16.00 h. No hay que confundirla con la Ermita, que está bastante lejos de aquí. Obra de Carlos Vasconcelos Naves en 964, el interior es una maravilla, con las paredes de vidrieras plomadas que producen una maravillosa luz azulada. Fijaos en la lámpara hecha con 5.000 piezas de cristal.

TEMPLO DA BOA VONTADE: Setor de Grandes Áreas Sul, Quadra 915, Lote 75-6. Para ir: autobús 105 ó 107. Fue inaugurado en 1989 y es un templo ecuménico, es decir dedicado a todas las religiones del mundo. El altar mayor está consagrado a los cuatro elementos naturales: agua, tierra, aire y fuego. El edificio tiene forma de pirámide de siete caras y en la parte superior, por donde entra la luz, se ha colocado un cristal puro de 21 kilogramos de peso. Ya en el interior, sobre el suelo se verá un laberinto en espiral que se recorrerá descalzo. Algunos pensarán que ya han visto una cosa similar en las iglesias góticas. Entre las salas, hay que destacar la dedicada a Egipto.

Este templo se construyó por que según una profecía de Dom Bosco: la legión de la buena voluntad, creada para lograr la fraternidad de todos los pueblos, debía levantar su templo en un lugar que se convertiría en capital de dicha espiritualidad. Y ese lugar no era otro que Brasília.

PALÁCIO DA ALVORADA: La mansión del presidente de Brasil, hoy ocupada por Lula. Es de Niemeyer y uno de los primeros edificios de la ciudad.

ERMITA DOM BOSCO: Estrada Parque Dom Bosco, Lago Sul. Abierta las 24 horas del día. A orillas del Lago Paranoá. No hay que confundirla con el Santuario Dom Bosco, que está en el centro. Esta ermita en forma piramidal fue erigida en 1957 en la otra orilla del lago al final del Eixo Este.

ZONA DE LAS EMBAJADAS

Esta visita se puede hacer si conseguís un coche, ya que si no es muy problemática. El Gobierno cedió a cada país un terreno de 10.000 metros cuadrados para que construyera su edificio con un estilo autóctono, lo que no se logró más que en muy pocos casos. Algunos países han mantenido el terreno y prefieren tener su sede en mansiones cercanas al lago.

Destacan las embajadas de Italia, Japón, México y la de España.

EMBAJADA DE ESPAÑA: Setor de Embaixadas Sul, Quadra 811, Lote 44. Preciosa, un proyecto del prestigioso arquitecto español Rafael Leoz, de 1976. Es una de las más interesantes y está formada por una agrupamiento de módulos de planta hexagonal.

MUSEOS

Como capital del país que es, Brasília cuenta con un gran número de museos. La mayor parte no valen gran cosa, pero ahí están:

ESPAÇO OSCAR NIEMEYER: Praça dos Três Poderes. Abierto de martes a viernes de 10.00 h a 18.00 h. Exposición sobre los planos de Brasília y de otras obras del genial arquitecto. El Espaço Lucio Costa ya lo hemos descrito en el apartado dedicado a dicha plaza.

MUSEU HISTÓRICO DA CIDADE: Praça dos Três Poderes. Abierto de martes a viernes de 9.00 h a 18.00 h. Inaugurado en 1960, muestra a través de fotografías y videos cómo se fue construyendo Brasília. En las paredes destacan algunas frases de personajes ilustres, como el Papa Pío XII y el propio Niemeyer.

MUSEU DE ARTE DE BRASÍLIA: Setor de Hotéis e Turismo Norte. Abierto de martes a viernes de 9.00 h a 18.00 h. Obras de artistas brasileños contemporáneos.

MUSEU DE GEMAS: Torre de Televisão. Abierto de martes a domingo de 10.00 h a 18.00 h. Entrada de pago. Exposición de piedras preciosas y joyas.

MUSEU DE ARTES E TRADIÇÕES DO NORDESTE: Casa do Ceará, Setor de Grandes Áreas Norte, Quadra 910. Abierto de lunes a viernes de 13 a 18 h. Objetos de uso cotidiano.

MUSEU POSTAL E TELEGRÁFICO: Setor Comercial Sul, Ed. Apolo, Quadra 04, 256, Bloco A. ☎ Abierto de 8.00 h a 12.00 h y de 13.00 a 17.00 h todos los días. Objetos y recuerdos relacionados con las telecomunicaciones desde la época colonial.

MUSEU DO TRABALHO: Esplanada dos Ministêrios, Bloco F. Abierto de lunes a viernes de 9.00 h a 17.00 h. Es más que nada un homenaje a Lindolfo Collor, primer ministro de Trabajo. Recuerdos y objetos personales.

MUSEU DE VALORES DO BANCO CENTRAL: Setor Bancário Sul, Quadra 03, Bloco A. Edificio Banco Central, Primer Subsolo. Además de las típicas colecciones de monedas, billetes, medallas y papel timbrado, un buen número de cuadros de Portinari, más la mayor pepita de oro hallada en Brasil, de 60 kilos.

MUSEU HISTÓRICO E ARTÍSTICO DE PLANALTINA: Praça Salviano Monteiro, 24. Setor Tradicional. La casa de la familia Guimarães, adquirida por el Gobierno y con todo el mobiliario original.

MUSEU VIVO DA MEMÕRIA CANDANGA: Estrada Parque Indûstria e Abastecimiento Sul, Lote D, Nucleo Bandeirante. Adquirido por el Patrimonio Artístico brasileño, exhibe algunas piezas del viejo hospital Kubitschek y del Palace Hotel.

DATOS PRÁCTICOS

PREFIJO TELEFÓNICO: 61.

EMBAJADA DE ESPAÑA. Av. das Nações, Q. 811, Lt. 44. 70429-900 Brasilia, D.F. ☎ (61) 370 11 600 emb.brasilia@maec.es

CENTRO CULTURAL BRASIL-ESPAÑA: SEPS 707/907. Lote D. 703990 078 Brasilia D.F.

INFORMACIÓN TURÍSTICA

EN EL AEROPUERTO: abierta siempre de 8.00 h a 22.00 h.

INFORMACIÓN TURÍSTICA: Aeropuerto y Rodoviaria. ☎ 33 64 91 02. www.vemviverbrasilia.com.br

CORREOS: las oficinas centrales están en el Sector Bancario Norte, edificio Sede, CEP 70040. Hay otra oficina en la rodoviária.

TELÉFONOS: Desde casi todas las cabinas se pueden hacer llamadas internacionales.

INTERNET: En el Shopping Brasília hay un cibercafé, en la planta subterránea.

CASA DE CAMBIO: Sector Hotelero Norte Quadra 2, Bloque J. Detrás del Hotel Pilar. Tienen muy buena tasa. Abren de lunes a viernes de 9.30 h a 18.00 h y los sábados hasta las 13.30 h.

HOSPITAL DE BASE*:* SMHS, Q101. ☎ 325 50 50.

MEDIOS DE TRANSPORTE

RODOVIÁRIA INTERESTADUAL: SMAS, Trecho 4, Conjunta 5/6. Es la nueva estación de autobuses, situada a tres kms al suroeste del final de Asa Sul.

AEROPUERTO: Está a doce kilómetros al sur de la ciudad, unido por una autopista. ☎ 33 64 90 37. www.aeroportobrasilia.net

COMPAÑÍAS AÉREAS: para cualquier gestión de billetes lo mejor es acudir a los bajos del Hotel Nacional,donde se hallan las sedes de las principales compañías.

ALQUILER DE COCHES: ITS: Hotel Nacional. ☎ 32 24 80 00. www.itsrentacar.com.br **Avis:** www.avis.com.br **Localiza:** www.localiza.com

ALOJAMIENTO

Los hoteles más baratos están fuera de Brasília, en las ciudades satélites, lo cual representa un problema si no disponéis de vehículo.

A nosotros la zona que más nos gusta para alojarnos si no disponemos de vehículo propio es el Sector Hoteleiro Norte, a la altura del Shopping Brasília. Hay varios hoteles de precio medio, moderado, y tenéis enfrente el Shopping para comer y cenar, ya que en Brasília no hay tantos restaurantes a mano. Es una zona céntrica y bien comunicada, y el autobús del aeropuerto para ahí mismo.

Por otro lado, los únicos alojamientos baratos son una serie de *pousadas* en W3 Sul, a la altura de la Quadra 7, bien situadas y también con parada del bus del aeropuerto. Pero si vais a alojaros en alguna, reservad con antelación, suelen estar completas. En esta zona evitad a toda costa la Pousada da Nilza, también en la Quadra 7, es cutrísima y con precios medios, una estafa, vamos.

La mayoría de los hoteles de cuatro y cinco estrellas se concentran en el Setor Hoteleiro Sul (SHS), al otro lado del Eixo Monumental y también están próximos al Shopping.

Recordad que en Brasília los hoteles hacen descuentos en fin de semana.

CÁMPING DE BRASÍLIA: Setor Areas Isoladas Norte. A dos kilómetros de la *rodoferroviária*, pero hay una parada de autobús frente a la puerta de acceso que os deja en la ciudad. Terreno de hierba sombreado, limpio y dotado de instalaciones.

CAMPING CLUB DO BRASIL: Setor de Áreas Isoladas Norte, s/n. Área Especial. Abierto todo el año.

(B) **POUSADA NOSSO LAR:** W 3 Sul, Quadra 703, Bloque B. ☎ 32 25 19 01. Los cuartos con baño y a/c son de precio medio, pero los que lo tienen compartido o con ventilador son baratos. También es correcta.

B **BRASÍLIA:** W 3 Sul, Quadra 703, Bloque A. ☎ 33 21 98 89. Limpia, baratísima y acogedora, pero los cuartos, muy pequeños, no tienen ni ventilador y son abuhardillados, por lo que puede hacer mucho calor. Muy familiar.

M En el SHN, frente al Shopping Brasília, hay un grupo de hoteles con precios similares, económicos, más baratos en fin de semana y con una bonísima relación de calidad y precio.

M **BRISTOL:** Setor Hoteleiro Sul, Quadra 4, Bloco F. ☎ 32 04 62 61 62. www.bristolhotel.com.br Con 139 habitaciones y dos suites lujosas, en un hotel de cuatro estrellas con cuartos bien equipados y con piscina con vistas, bar, gimnasio y restaurante de cocina internacional.

M **EL PILAR:** SHN Quadra 3, Bloque C. ☎ 35 33 59 00. www.elpilar.com.br Un hotel de dos estrellas muy bien situado, frente al Shopping Brasília y cerca de la Torre de Televisión, y con precios moderados para la calidad de sus habitaciones con baño, a/c, nevera y televisión.

M **CASABLANCA:** Setor Hoteleiro Norte, Quadra 3, Lote A. ☎ 33 28 85 86. www.casablancabrasilila.com.br De los mejores de la zona, pero también con precios algo más elevados. Los cuartos tienen teléfono, televisión, aire acondicionado y frigorífico, y el servicio es muy amable.

M **DIPLOMAT:** Setor Hoteleiro Norte, Quadra 2, Bloco L. ☎ 32 04 20 10. www.hoteldiplomatbrasilia.com Tiene 44 habitaciones a partir de 160 reales, con teléfono, televisión, aire acondicionado y frigorífico, otro más de este grupo de hoteles buenos y económicos y bien situados.

M **BYBLOS:** Setor Hoteleiro Norte, Quadra 3, Bloco E. ☎ 33 26 15 70. www.bybloshoteldf.com.br Cuartos económicos, algunos con a/c y otros con ventilador, en un hotel de extraña fachada.

C La mayoría de estos hoteles se encuentra al otro lado de la carretera de los anteriores, en el Setor Hoteleiro Sul (SHS).

C **ARISTUS:** Setor Hoteleiro Norte (Garagens Officiais), Quadra 2 Bloco O. ☎ 33 28 86 75. www.aristushotel.com.br Detrás de El Pilar, con tarifas a partir de 300 reales y cuartos, incluso, algo mejores, también con a/c, baño y tv, pero más grandes. Tiene conexión a internet.

C **PHENICIA BITTAR:** Setor Hoteleiro Sul, Quadra 5, Bloco J. ☎ 37 04 60 00. www.hoteisbittar.com.br/phenicia Un edificio rojo oscuro alberga este hotel con precios moderados en este rango –370 reales–, pero con muy buenas habitaciones. Se puede usar la piscina en otro hotel del grupo Bittar bastante próximo.

C **HOTEL AIRAM:** Setor Hoteleiro Norte, Quadra 5, Bloco A. ☎ 21 95 41 18. www.airamhotel.com.br Un hotel con 35 años, algo viejo, pero con un trato muy agradable y adquirido hace poco por un nuevo grupo. Tiene un restaurante panorámico en la planta 17.

C **ARACOARA:** Setor Hoteleiro Norte, Quadra 5, Bloco C. ☎ 32 52 52 52. www.aracoara.com.br Precios medios en fin de semana y caros, pero moderados, en días laborales. Tiene 114 cuartos y 16 suites con todo lo habitual.

C **NACIONAL:** Setor Hoteleiro Sul, Quadra 1 Bloque A. ☎ 33 21 75 75. www.hotelnacional.com.br Con restaurante, bar y piscina. Tiene 207 habitaciones desde 500 reales, con teléfono, televisión, aire acondicionado y frigorífico.

C **SAN MARCO:** Setor Hoteleiro Sul, Quadra 5, Bloco C. ☎ 21 03 84 84. www.sanmarco.com.br Con restaurante, bar, piscina y sauna, precios moderados.

C **ST. PAUL PLAZA:** Setor Hoteleiro Sul, Quadra 2, Lote 5, Bloco H. ☎ 21 02 84 00. www.hotelstpaul.com.br Con restaurante, bar, piscina, sauna, etc, tiene 275 habitaciones con teléfono, televisión, aire acondicionado, nevera, etc.

C **MELIÃ BRASÍL 21:** SHS, Quadra 6, Bloque F. ☎ 32 18 47 00. www.melia.com Dos hoteles pegados y comunicados entre sí, del grupo Meliá, y que además de tener habitaciones a tope tienen piscina, restaurante, el bar Churchill, con jazz en vivo, etc.

(C) **NAOUM PLAZA:** Setor Hoteleiro Sul, Quadra 5, Bloco H/I. ☎ 33 22 45 45. www.naoumplaza.com.br Un hotel muy moderno, con piscina, sauna, restaurante, etc. En fin de semana los cuartos descienden bastante.

(C) **CARLTON:** Setor Hoteleiro Sul, Quadra 5, Bloco G. ☎ 32 24 88 19. www.carltonhotelbrasilia.com.br Con restaurante, bar, piscina, sauna y gimnasio, tiene 195 habitaciones con todo lo necesario y habitual

(C) **PLAZA BITTAR HOTEL:** Setor Hoteleiro Norte, Quadra 02, Bloco M. ☎ 37 04 30 00. www.hoteisbittar.com.br/plaza Bueno, con a/c, tv por cable, baño, etcétera; tiene restaurante.

(L) **KUBITSCHEK PLAZA:** Setor Hoteleiro Norte, Quadra 2, Bloco E. ☎ 33 29 33 33. www.kubitschek.com.br Con restaurante, bar, piscina, sauna, etcétera, tiene 317 habitaciones bastante lujosas a partir de 800 reales la doble.

RESTAURANTES

Los restaurantes son algo más caros que en otras ciudades, sobre todo los que sirven platos de pescado. El *peixe* es casi un lujo que encarece la cuenta en cualquier local.

En los dos centros comerciales que hay cerca de la rodoviária hay un buen número de autoservicio al peso, pizzerías y cafeterías donde se puede comer por poco dinero.

Otro inconveniente es que los locales suelen estar bastante alejados entre sí, en diferente *Quadras*, así que nosotros recomendamos por una vez comer "a la americana", es decir, ir a un Shopping Centre con un buen patio de comidas, que siempre cuentan con locales mucho mejores que los típicos de la horrible *fast food* de Yanquilandia.

(B) **O PARAÍBA:** SCLS Quadra 405, Boco B, Loja 6. ☎ 32 44 22 21. Abre a 15.00 h y de 16.00 a 23.00 horas. Cocina nordestina muy apetitosa y económica.

(B) **CHEIRO VERDE:** Edificio Eldorado, SDS, Bloco D. Cierra los domingos. En la primera planta. Local amplio y luminoso, de comida *á quilo*. Platos muy variados, algunos vegetarianos (arroces) y también churrasco.

(B) **KI-MUQUECA:** Comércio Local Sul 203, Bloco D, Loja 35. Cocina bahiana, inmensas raciones que se pueden compartir entre dos o más personas.

(B) **COSTELLAS STEAK HOUSE:** Comercio Local Sul, Quadra 404, Bloco D, Cj 13-G. Cierra los domingos por la tarde.

(M) **PRAÇA DA ALIMENTAÇÃO:** Brasília Shopping Centre. SHS frente a los hoteles Pilar, Byblos, etcétera. Abierto todos los días hasta las 22.00 h. En este centro comercial hay un variado patio de comida, con restaurantes como el excelente **Carpe Diem**, con un riquísimo bufé hasta las 15.30 h por 27 reales, y locales de cocina japonesa, como el **Hikari Sushi.** Otros restaurantes son el brasileño **Bon Grill** o el **Dragón**.

(M) **GALETERIA GAUCHA:** Comércio Local Sul, Quadra 108, Bloco D, Loja 21-29. Centro de Atividades 7, Lago Norte (a unos 10 kilómetros). Ambos cierran los lunes. Dos buenas direcciones de la misma casa para unos sabrosos a asequibles rodízios.

(M) **FRITZ:** Comércio Local Sul, Quadra 404, Bloco D, Loja 35. Cierra los domingos por la noche. Especializado en cocina alemana, a base de salchichas y *goulash*.

(M) **MACAMBIRA:** Comércio Local Sul, Quadra 406, Bloco C, Loja 35. Cocina del Nordeste, raciones para compartir.

PAPPARDELLE: Comércio Local Sul, Quadra 404, Bloco C, Loja 27. Restaurante italiano, buena pasta y música en directo de jueves a domingo.

Ⓒ **PORCÃO:** Setor de Clubes Sul, trecho 2. ☎ 37 17 60 00. Abre hasta la medianoche todos los días. La fenomenal cadena de churrascarías tiene una sucursal en Brasília, con su riquísimo bufé y *rodízio.*

Ⓒ **FRANCISCO:** Comércio Local Sul, Quadra 402, Bloco B, Loja 9. Churrascos y carnes en general. Buena bodega.

Ⓒ **LAGASH:** Comércio Local Norte, Quadra 308/309, Bloco B, Loja 11/13. ☎ 32 73 00 98. Abre hasta las 16.00 h y 19.00 h a medianoche. Los domingos, hasta las 16.00 h. Buenísima cocina árabe, con excelente *cus cus* y platos de cordero. Está en el Asa Norte, en el lado opuesto a la mayoría de restaurantes en esta zona.

Ⓒ **FRANCISCO DO LAGO:** Setor de Clubes Esportivos Sul, Trecho 2, Cj 31. ☎ 33 24 84 29. A orillas del lago y con buenos platos de carne.

Ⓛ **LE FRANÇAIS:** Comércio Local Sul, Quadra 404, Bloco B, Loja 27. ☎ 32 25 45 83. Abre hasta las 15.00 h y de 19.30 h a 23.30 h; sábados y lunes, de 20.00 h a 0.30 h y domingos, de 12.00 h a 15.30 h. Cocina francesa, como es de suponer, bien elaborada y en un local agradable. También sirve algunos platos brasileños.

Ⓛ **LA CHAUMIÈRE:** Comércio Local Sul, Quadra 408, Bloco A, Loja 13. ☎ 32 42 75 99. Cierra los lunes. Pequeño restaurante y muy solicitado de cocina francesa.

Ⓛ **VILLA BORGHESE:** Comércio Local Sul, Quadra 201, Bloco A. ☎ 32 26 56 50. Abre hasta las 15.00 h y de 19.00 h a medianoche. Pastas de elaboración propia y carta muy variada.

VIDA NOCTURNA

Ésta no es una ciudad que destaque por su vida nocturna. Para tomar una copa, los bares de los hoteles de lujo son lugares confortables. Hay algunas discotecas en el centro comercial **Conjunto Venâncio**. Los más jóvenes acostumbran a reunirse en el centro comercial Gilberto Salomão, que concentra varios bares y discotecas con precios asequibles.

COMPRAS

CENTROS COMERCIALES

ALAMEDA SHOPPING: CSB 2-Lotes 1/4. Abierto de lunes a sábado de 10.00 h a 22.00 h.

BRASÍLIA SHOPPING CENTRE: SHS frente a los hoteles Pilar, Byblos, etcétera. Abierto todos los días hasta las 22.00 h. Muy moderno, un hermoso edificio acristalado, con todo tipo de tiendas y un cibercafé.

CENTRO COMERCIAL GILBERTO SALOMÃO: SHIS QI 5. Abierto todos los días.

CONJUNTO NACIONAL BRASÍLIA: Setor Diversoes Norte-Sur. De lunes a viernes de 9.00 h a 22.00 h. Sábados de 10.00 h a 21.00 h.

PARK SHOPPING: SAI/SO Área 6.580. De lunes a sábado de 10.00 h a 22.00 h.

SUPER CENTER VENÂNCIO 2.000: Setor Comercial Sul, Quadra 8. De lunes a sábado de 9.00 h a 22.00 h.

SUPER CENTER VENÂNCIO 3.000: Setor Comercial Norte, Quadra 1. De lunes a sábado de 9.00 h a 22.00 h.

FERIAS (MERCADOS)

FEIRA DE ARTESANATO: Torre de Televisión. Los sábados, domingos y días festivos, de 8.00 h a 18.00 h.

FEIRA DE ANTIGÜEDADES: SHIS QI 05. El último sábado y domingo de cada mes, de 8.00 h a 18.00 h.

PARQUES Y JARDINES

PARQUE DA CIDADE: tiene varias puertas de entrada y está abierto desde las 5.0 h hasta la medianoche. Autobús 109.9. Con 420 hectáreas de superficie, tiene varias instalaciones deportivas, chiringuitos, una piscina con oleaje artificial, un anfiteatro, una pista de karts, un centro hípico, etcétera.

PARQUE NACIONAL DE BRASÍLIA: Al norte del centro. Autobús nº128.1 desde la Rodoviária. ☎ 233 53 22. Abre de 8.00 h a 16.00 h. Con piscinas naturales y una variada fauna, es un lugar estupendo para relajarse de la gran ciudad. Pedid un mapa e informaos de lo que podéis hacer y ver en el Centro de Atención al Visitante, a la entrada.

JARDIM ZOOLÓGICO: Estrada Parque Industria e Abastecimiento, Salida Sul. Guará. Abierto de martes a domingos de 9.00 a 17.00 h. Entrada de pago. Autobús nº 178.1. Se puede entrar en coche. Co más de mil especies de animales y especial énfasis en la fauna de Suramérica.

LLEGAR Y PARTIR

EN AVIÓN. Como es lógico, Brasília está conectada con vuelos con todas las principales ciudades del país.

EN AUTOBÚS. Desde la Rodoviária Interestadual parten autobuses a Goiânia (tres horas), São Paulo (catorce horas), Belém (34 horas), Río de Janeiro, etcétera, prácticamente hacia todo Brasil.

ESTADO DE GOIÁS

El Estado de Goiás, en pleno centro de Brasil y rodeando al Distrito Federal de Brasília, tiene una superficie de 355.386 kilómetros cuadrados, la mayor parte de ellos ocupados por tierras cultivables. Es el primer Estado del país productor de arroz y uno de los primeros en soja, café y algodón.

Desde que Brasília se convirtió en capital, Goiás ha asistido a un renacer y, aunque es una zona de paso, sus ofertas para practicar un turismo ecológico son tentadoras. El río Araguaia y su **ilha do Bananal**, declarada Parque Nacional, además de los manantiales de agua caliente de **Caldas Novas** o las mansiones coloniales de **Goiás Velho,** pueden ser las excusas para permanecer en este Estado unos cuantos días.

GOIÂNIA

Esta ciudad moderna, situada a 210 kilómetros de Brasília y con más de un millón de habitantes, es la capital de Goiás. No ofrece grandes atractivos, pero es un nudo importante de comunicaciones. Sus calles forman círculos concéntricos que engloban distintos sectores: el Setor Central reúne un buen número de hoteles de precios medios; en el Setor Oeste hay numerosos restaurantes, al igual que en el Sul. El Setor Universitário está situado al este y, claro, alberga la Universidad. Las plazas y avenidas tienen nombres, mientras que la mayoría de las *ruas* se designa por números.

DEL AEROPUERTO Y LA RODOVIÁRIA A LA CIUDAD

El aeropuerto Santa Genoveva está a seis kilómetros de la ciudad y hay un servicio de autobuses que lo conecta con el Centro.

También desde la *rodoviária*, situada en el Setor Norte Ferroviário, hay frecuentes autobuses al Setor Centro.

LA VISITA

El **Parque Mutirama**, situado en la parte nororiental, reúne varias curiosidades que podéis visitar, entre ellas:

MUSEO ORNITOLÓGICO: Avenida Pará, 395, Setor Campinas. Abierto diariamente de 8.00 h a 17.00 h. Aquí está representada la fauna de varios países, pero sobre todo llama la atención su colección de 14.000 aves disecadas.

PLANETARIO: abierto los sábados y domingos, con sesiones demostrativas a las 15.30 y 16.30 h.

MUSEU ANTROPOLÓGICO DA UFG: Praça Universitária, Setor Universitário. Abierto todos los días excepto sábados de 9.00 h a 17.00 h. Expone material arqueológico y etnográfico sobre los indios de la región Centro-Oeste.

DATOS PRÁCTICOS

PREFIJO TELEFÓNICO: 62.

INFORMACIÓN TURÍSTICA

AEROPUERTO: oficina de información.

CORREOS: Praça Cívica, 11, Setor Central. Oficinas centrales.

HOSPITAL UGO, URGÊNCIA GOIÂNIA: Avenida 1ª Radial, via 90 (Setor Pedro Ludovico).

MEDIOS DE TRANSPORTE

RODOVIÁRIA: Avenida Goiás (Setor Norte Ferroviário). ☎ 32 29 00 70.

RADIOTAXIS: Anhangüera: ☎ 32 59 30 00. **Araguaia:** ☎ 32 85 22 22.

AEROPUERTO: Praça Cap. Frazão. Setor Santa Genovev, a 6 kilómetros. ☎ 32 65 15 00.

ALOJAMIENTO

CLUBE DI ROMA: Avenida Princesa Carolina (Setor Mansões do Campus), a 13 kilómetros de la ciudad. Dentro de un complejo hotelero con piscina, pistas deportivas, bar, restaurante.

TANGARÁ: Jardim Rosa do Sul, final de la avenida das Palmas, a 18 kilómetros.

Ⓑ **LA ROCA:** Avenida L./R. 8 A, 27. Setor Aeropuerto. Tiene 34 habitaciones con televisión, aire acondicionado y frigorífico.

Ⓜ **LORD:** Avenida Anhangüera 4.999 (Setor Central). ☎ 32 24 03 85. Tiene 30 habitaciones con teléfono.

Ⓜ **METRÓPOLE:** Avenida Anhangüera, 4.093 (Setor Universitário). ☎ 32 24 16 00. Tiene 56 habitaciones con teléfono, televisión y frigorífico.

Ⓜ **CABIÚNA PALACE:** Avenida Paranaíba, 698 (Setor Central). ☎ 32 12 50 01. Bar-restaurante. Tiene 40 habitaciones con teléfono, televisión, aire acondicionado y frigorífico.

Ⓜ **VILA RICA:** Avenida Anhangüera, 3.456 (Setor Central). ☎ 32 23 27 33. Tiene 43 habitaciones con teléfono, televisión, aire acondicionado y frigorífico.

Ⓜ **PRESIDENTE:** Avenida Anhangüera 5.646 (Setor Central). ☎ 32 24 05 00. Ochenta habitaciones con baño, teléfono (directo), televisión y frigobar.

Ⓜ **TUCANOTEL:** Avenida Anhangüera 1.756 (Trevo da BR 153). En Vila Morais, a unos tres kilómetros. ☎ 32 61 20 13. Tiene 45 habitaciones (aire acondicionado, teléfono, minibar) y restaurante.

Ⓜ **CLUBE DI ROMA:** Avenida Princesa Carolina (Setor Mansões do Campus). A 13 kilómetros de Gioânia. ☎ 32 83 59 96. Conjunto hotelero con cincuenta chalés (con capacidad hasta seis personas) y numerosas instalaciones deportivas.

Ⓜ **POUSADA JURITI:** en Vela Vista de Goiás, pueblo a 30 kilómetros de Goiânia. Una vieja hacienda convertida en hotel. Piscina, sauna, sala de gimnasia, pistas deportivas (tenis, *volei*, baloncesto), caballos, bicicletas. Veinte habitaciones.

Ⓜ **KANANXUÊ:** Rua 28 27 (Setor Central). ☎ 32 12 17 17. Restaurante, bar, piscina y sauna. Tiene 136 habitaciones con teléfono, televisión, aire acondicionado, frigorífico, caja de seguridad, etc.

Ⓒ **AUGUSTUS:** Avenida Araguaia 702, Praça Antônio Lisita (Setor Central). ☎ 32 24 10 22. Servicio de

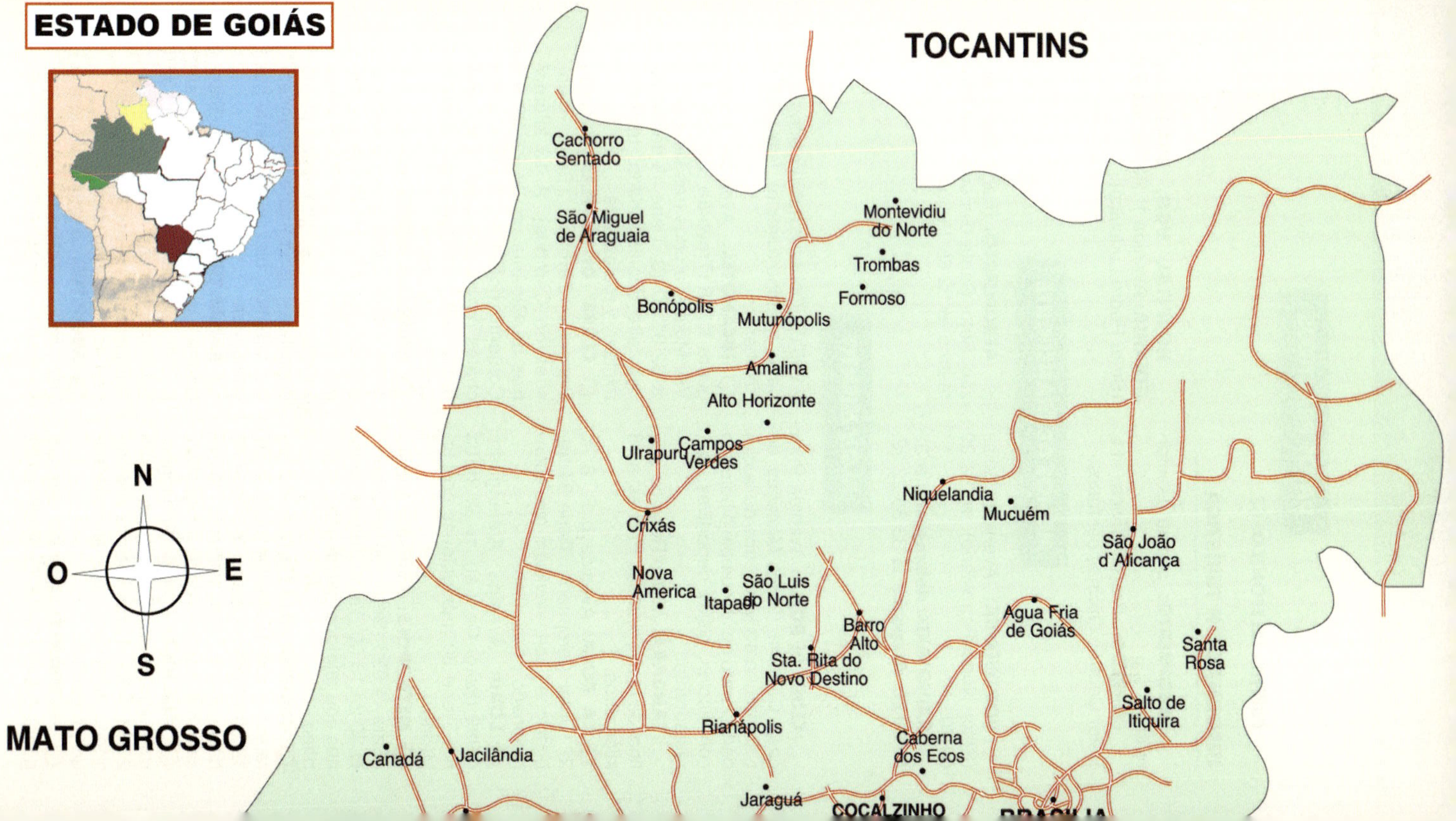
ESTADO DE GOIÁS
TOCANTINS
MATO GROSSO
N
S
O
E
Cachorro Sentado
São Miguel de Araguaia
Bonópolis
Mutunópolis
Montevidiu do Norte
Trombas
Formoso
Amalina
Alto Horizonte
Ulrapuru
Campos Verdes
Crixás
Nova America
Itapaci
São Luis do Norte
Niquelandia
Mucuém
São João d`Alicança
Agua Fria de Goiás
Barro Alto
Sta. Rita do Novo Destino
Santa Rosa
Salto de Itiquira
Rianápolis
Caberna dos Ecos
Canadá
Jacilândia
Jaraguá
COCALZINHO

Jussara
do Brasil
GOIÂNIA
Aparecida
de Goiâna
Cristalloa
Novas
Varjão
Cromínia
Acreúna
Sto. Antonio
da Barra
Mineiros
Rio Verde
Jataí
Rio Querente
Caldas
Novas
Ipameri
Catalão
Itumbiara
Aparecida
do Rio
Quirinópolis
Gouvelândia
Serranópolis
Chapadão
do Céu
Itumirim
Itaruma
Itaja
Uberlândia
MINAS GERAIS
MATO GROSSO
DO SUL

bar y restaurante en un hotel muy grande con 122 habitaciones equipadas con todo lo necesario.

C CASTRO'S PARK: Avenida República do Líbano 1.520 (Setor Oeste). ☎ 32 23 77 66. Restaurante, bar, piscina, sauna y salón de juegos. Tiene 177 habitaciones con teléfono, televisión, aire acondicionado, frigorífico, etcétera. Es el más caro de esta lista.

C PAPILLON: Avenida República do Líbano 1.824 (Setor Oeste). ☎ 32 19 15 00. Restaurante, bar, piscina, sauna y gimnasio. Tiene 102 habitaciones con teléfono, televisión, aire acondicionado y frigorífico.

RESTAURANTES

B O BOIADEIRO: Rua T-6, esquina Rua T 1, 148. Setor Bueno. ☎ 251 77 76. Cierra los lunes pro la mañana. Cocina brasileña.

B AROEIRA: Rua 146 570. Setor Marista. Abierto todos los días. Cocina regional.

B CARRO DE BOI: Rua 22, esquina Rua 15, 539. Setor Oeste. Cierra los domingos por la noche. Una buena *churrascaria*.

M LE STEAK GRILL: Rua 85 352 (Setor Sul). ☎ 32 15 30 43. Cierra los domingos a las 18.00 h. Una buena dirección si os gusta la carne asada. También sirve algunos platos de cocina francesa.

M VERA CRUZ: Almirante Ricardo Paranhos 439 (Setor Marista). ☎ 32 41 13 13. Churrascos y carnes en general, platos abundantes.

M ALGARVE: Rua 7 1.152 (Setor Oeste). Cocina portuguesa, el bacalao es el rey de los platos.

M CAFÉ MADRID: Rua 101 357 (Setor Sul). Cocina española bien servida. Música en directo.

M PIQUIRAS: Rua 139 esquina Rua 146, 464 (Setor Marista). ☎ 32 81 43 44. Abierto todos los días. Pescados.

M LANCASTER GRILL: Rua 89 117 (Setor Sul). ☎ 32 42 03 11. Cierra los domingos a las 16.00 h. Churrasco en *rodízio*.

COMPRAS

CENTRO DE TRADIÇÕES E ARTESANATO: Praça do Trabalhador, antigua Estación de Ferrocarril (setor Central). Cerámica, objetos de mimbre.

FEIRA DO ARTESANATO: Avenida Goiás, al final. Setor Central. Los domingos por la mañana.

LLEGAR Y PARTIR

EN AVIÓN. Vuelos para Belém, Belo Horizonte, Brasília, Cuiabá, Curitiba, Fortaleza, Porto Alegre, Porto Nacional, Recife, Rondonópolis, Salvador, São Paulo, Uberlândia, etcétera.

EN AUTOBÚS. Desde aquí hay autobuses a Brasília (tres horas), Goiás Velho (tres horas), Cuiabá (13 horas), etcétera.

GOIÁS VELHO (CIDADE DE GOIÁS)

Esta pequeña ciudad de 20.000 habitantes, declarada Patrimonio Histórico Nacional, fue fundada en 1727 y se convirtió en la capital del Estado hasta 1936. Está situada a 145 kilómetros de Goiânia en dirección noroeste.

Goiás Velho alcanzó su mayor esplendor durante el ciclo del oro, gracias al cual se pudieron construir las mansiones coloniales que hoy se conservan fielmente, las iglesias y las calles empedradas.

LA VISITA

PALÁCIO CONDE DOS ARCOS: Praça Dr Tasso de Camargo 1. Abierto de lunes a sábados de 8.00 h a 17.00 h, los domingos de 8.00 h a 12.00 h. Un palacio del XVIII con un jardín portugués y que aún conserva su mobiliario original.

Todas las iglesias siguientes son del siglo XVIII:

CAPILLA DA ABADIA: Rua da Abadia. Abierta de martes a domingo de 8.00 h a 12.30 h.

SÃO FRANCISCO DE PAULA: Praça Zaqueu Alves de Castro. Visitas de martes a sábado de 8.00 h a 17.00 h; domingos de 8.00 h a 12.00 h).

BOA MORTE: Praça Castelo Branco. Alberga el Museo de Arte Sacra.

DO CARMO: Rua Dr. Couto Magalhaes. Visitas de martes a domingo de 8.00 h a 17.00 h.

SANTA BARBARA: Rua Passo da Patria. Sólo puede visitarse el 4 de diciembre.

MUSEOS

MUSEU DAS BANDEIRAS: Praça Brasil Caiado. Abierto de 9.00 a 17.00 h; sábados de 12.00 h a 17.00 h y los domingos de 9.00 h a 13.00 h. Está instalado en la antigua cárcel y recoge parte de la historia de esta región, cuando los *bandeirantes* gobernaban tierras y personas en nombre de la Corona.

MUSEU DE ARTE SACRA: en la iglesia de Boa Morte, Praça Castelo Branco. Abierto de martes a sábados de 9.00 h a 17.00 h y los domingos de 9.00 h a 16.00 h. Colección de objetos de culto religioso y gran parte de la obra del escultor José Joaquim da Veiga Valle.

DATOS PRÁCTICOS

PREFIJO TELEFÓNICO: 62.
RODOVIÁRIA: Avenida Dario de Paiva.

ALOJAMIENTO

CAMPING CACHOEIRA GRANDE: a siete kilómetros de la ciudad, por la BR-070 en dirección Jussara. Junto al río Vermelho, con playa fluvial.

CHAFARIZ DA CARIOCA: a orillas del mismo río pero en el centro, junto a la fuente que le da su nombre. Algo abandonado. Es gratuito.

RIO BACALHAU: a tres kilómetros de la ciudad, en dirección hacia Goiânia. Instalaciones deficientes, playa fluvial. Es gratuito.

SANTO ANTÔNIO: a 12 kilómetros, carretera GO-070 hacia Goiânia. Está dentro de una *fazenda*, tiene piscina natural y terreno mitad de hierba y mitad de tierra.

Ⓑ **ARAGUAIA:** Avenida Dr. Deusdete Ferreira de Moura 8. ☎ 33 71 14 62. Tiene 21 habitaciones sencillas.

Ⓑ **POUSADA DO SOL:** Rua Americano Brasil 17. ☎ 33 71 17 17. Muy barato y con 17 habitaciones.

Ⓑ **SERRANO:** Avenida Dr. Deusdete Ferreira de Moura ☎ 33 71 18 25. Tiene 13 habitaciones con baños compartidos.

Ⓜ **VILA BOA:** Avenida Dr. Deusdete Ferreira de Moura (Morro do Chapéu do Padre), a un kilómetro. ☎ 33 71 10 00. Restaurante, bar, piscina, sauna y sala de juegos. Tiene 33 habitaciones con teléfono, televisión, aire acondicionado, etcétera.

RESTAURANTES

VILA BOA: Morro Chapéu do Padre, Jardim Vila Boa. Vistas a la sierra Dourada, platos regionales.

CASEIRO: Rua Dr. Cândido 31 (Centro). ☎ 371 16 99. Buena cocina casera regional.

TOKA: Praça Brasil Caiado 11. Hay platos del día y carne de calidad.

PALHOÇA CARNE DE SOL: Avenida Dr Deusdete Ferreira de Moura. ☎ 371 17 00. Cocina brasileña.

LLEGAR Y PARTIR

EN AUTOBÚS. Desde aquí hay autobuses a Brasília, Goiânia (tres horas), Cuiabá, etc.

CALDAS NOVAS

Esta pequeña población de menos de 50.000 habitantes al sur del Estado está situada a 295 kilómetros de Brasília y a 167 de Goiânia.

Sus manantiales de agua caliente, algunos con propiedades medicinales, lo han convertido en un codiciado balneario al que acude gente desde lugares lejanos. Hay fuentes en el mismo pueblo con temperaturas que oscilan entre los 37 y 42 grados. Los ríos cercanos Pirapininga y Quente también son de aguas cálidas. Ambos forman piscinas naturales y cascadas, aprovechadas por los bañistas como curas terapéuticas.

También algunos empresarios del sector turístico han sabido aprovechar esta riqueza y para sacarle partido han instalado numerosas piscinas en sus complejos hoteleros.

DATOS PRÁCTICOS

PREFIJO TELEFÓNICO: 64.

OFICINA DE TURISMO: Praça Mestre Orlando. ☎ 34 54 35 64. www.caldasnovas.com.br

RODOVIÁRIA: final de Rua Antônio Coelho de Godóy. ☎ 34 53 11 35.

ALOJAMIENTO

BERRO D'AGUA: Rua Mestre Orlando, bairro do Turista, a un kilómetro del Centro. Tiene una piscina termal para adultos y otra para niños, terreno plano y sombreado en parte.

CALDAS CAMPING CLUB: Rua Mal. Castelo Branco, Portal das Aguas Quentes, a dos kilómetros y medio del pueblo, terreno llano de hierba, bellas panorámicas.

REAL: Rua do Balneário, bairro do Turista, a un kilómetro. Dos piscinas termales. Terreno llano de hierba con áreas sombreadas.

SOLAR: Avenida Santo Amaro, salida para Morrinhos, a un kilómetro y medio. Una piscina termal para adultos con cascada y otra para niños. Terreno poco sombreado.

TROPICAL II: al final de la Rua Maj. Victor, Rua 100, Jd. Roma. Campos de deportes y varias piscinas termales con cascadas. Terreno plano pero poco sombrío.

DIADEMA: Avenida Expedicionário ☎ 34 53 13 27. Tiene 27 habitaciones con televisión, aire acondicionado y frigorífico.

SANTA CLARA: Rua América 226. ☎ 34 53 17 64. Tiene 26 habitaciones con televisión y frigorífico.

(B) **TRIÁNGULO:** Avenida Orozimbo Correia Neto 157. ☎ 34 53 17 09. Con bar, restaurante, piscina climatizada y sauna. 52 habitaciones bien equipadas.

(M) **ROMA:** Praça Mestre Orlando 368. ☎ 34 53 13 35. www.diroma.com.br Bar, restaurante y piscina térmica y sauna. Tiene casi 50 habitaciones a partir de 345 reales, con televisión, frigobar y caja fuerte.

(M) **PAINEIRAS:** Rua Pres. Castelo Branco 115. ☎ 34 53 12 10. Restaurante, bar, piscina termal, sauna y campos de deportes. Tiene 63 habitaciones con teléfono, televisión, aire acondicionado, frigorífico y caja de seguridad.

(C) **BOUGAINVILLE THERMAS CLUBE:** Portal das Aguas Quentes, a cinco Kilómetros. ☎ 34 53 17 21. Restaurante, bar, piscina termal, campos de deportes y sala de juegos. Tiene 41 habitaciones con teléfono, televisión, aire acondicionado y frigorífico.

(C) **THERMAS PRIVÉ DAS CALDAS:** Rua do Balneário. ☎ 34 55 95 00. Restaurante, piscina termal, sauna, etc. Tiene 135 habitaciones con teléfono, televisión, aire acondicionado, frigorífico y caja de seguridad.

(C) **TROPICAL:** Rua Cel. Cirilo. ☎ 34 53 11 20. Restaurante, bar, piscina termal y 162 habitaciones con todo lo habitual.

(L) **PARQUE DAS PRIMAVERAS:** Rua do Balneário, 1. ☎ 34 53 13 55. www.hpprimaveras.co.br Restaurante, bar, piscina termal, sauna y sala de juegos. Tiene 29 habitaciones con televisión, a/c y todo lo habitual a partir de 625 reales la doble.

RESTAURANTES

(B) **TRELIÇA**: Praça Monteiro Lobato 150. Comida a peso, local limpio y decoración rústica.

(M) **PICANHA NA BRASA:** Rua Luís Pereira 95. Cierra los lunes. Churrasco.

(M) **CASARÃO:** Rua Maj. Victor. Buena cocina en un local restaurado de casa antigua.

(M) **CLUBE DO ESPETO:** Alameda das Termas, Quadra 8; Lote 16. Cierra los lunes. Churrasco.

(M) **COMIDA CASEIRA E NATURAL:** Rua José Borges 550. Acogedor restaurante, las verduras que sirve son de su propio huerto.

LLEGAR Y PARTIR

EN AUTOBÚS. Desde aquí hay autobuses a Brasília (seis horas), Goiânia (tres horas), Cuiabá, Río de Janeiro y São Paulo.

ILHA DO BANANAL

Es la mayor isla fluvial del mundo y mide 340 kilómetros de largo por 140 kilómetros de ancho. Está situada en la confluencia de los ríos Araguaia y Javaés, en la parte nordeste del Estado, y actualmente es un **Parque Nacional**. Para visitarla es necesario obtener un permiso en las oficinas del Parque que están instaladas en la Rua 229, número 95 del Setor Universitario de Goiânia.

Esta isla es el territorio de los últimos indios carajás, una colonia de unas 800 personas. Todavía hay una flora y fauna muy ricas en la mitad de la isla aproximadamente, en el parque de Araguaia.

El mes de julio es cuando las aves están en celo y se produce una auténtica revolución en la naturaleza. La época más interesante para hacer una visita a la isla es entre los meses de mayo y septiembre.

CÓMO IR

No es sencillo llegar hasta la isla y quizá por este motivo se preserve mejor. Una vez obtenido el permiso en Goiânia, deberéis coger un autobús hasta Porangatú. Si llegáis a media tarde, lo mejor es que os quedéis a pasar noche en este pueblo y continuéis camino al día siguiente hasta São Félix, desde donde podréis coger un barco que os dejará en la isla

ALOJAMIENTO

ACAMPAMENTO SOL: en una playa del Rio Araguaia. ☎ (062) 32 25 37 27. Sólo abre durante el mes de junio y hay que reservar con un mes de antelación. Se encuentra en un "rancho".

HOTEL JABURU: en Luís Alves. ☎ (062) 32 71 53 55. Con habitaciones con ducha (*chuveiro elétrico* para el agua caliente) y aire acondicionado. Tiene bar, restaurante y piscina.

ESTADO DE MATO GROSSO

Hasta finales de la década de los setenta, Mato Grosso y Mato Grosso do Sul, en el centro del país y al oeste de Brasília, eran un mismo Estado y Cuiabá ejercía de capital de todo este vasto territorio que ocupa 903.357 kilómetros cuadrados.

Pero cuando la ciudad de Campo Grande empezó a crecer, el Gobierno estimó que había llegado el momento de dividir el Estado en dos. Ambos comparten el **Pantanal**, una maravillosa reserva de vida natural intacta de 230.000 kilómetros cuadrados de extensión, que debió ser un mar interior hace millones de años. Esta inmensa reserva de flora y fauna constituye el principal atractivo turístico del Mato Grosso.

Su escasa población vive del ganado vacuno y en menor escala de la agricultura. Hasta principios del siglo XVIII los indígenas vivieron tranquilamente en el Mato Grosso. Era un territorio sin interés para los portugueses, hasta que la aparición de oro en las cercanías de Cuiabá despertó la codicia de los lusitanos. Los *paiaguá* opusieron resistencia a la colonización y fueron exterminados casi en su totalidad.

Los *bororo* también eran guerreros, algunos se adentraron en las selvas y otros acabaron siendo cómplices de los portugueses. El tercer grupo, denominado *pareci,* fue el más sencillo de dominar, eran indios pacíficos, cultivaban la tierra y terminaron siendo esclavos en las minas de oro.

El progreso y la comunicación tardaron en llegar a Mato Grosso. La introducción de la primera línea telegráfica se llevó a cabo en 1890, a través de la cual Cuiabá quedaba comunicada con Goiás.

Hoy en día está bien conectada por tierra con las grandes ciudades del país, aunque esta vía resulta lenta, no porque las carreteras sean malas, sino por las inmensas distancias que las separan. La carretera BR-364 une Cuiabá con São Paulo. La autopista BR-163, que viene desde Paraguay, pasa por Campo Grande y Cuiabá hasta llegar a Santarém, en la región amazónica.

CUIABÁ

La capital de Mato Grosso es una ciudad moderna de algo más de medio millón de habitantes, sin interés turístico, pero su situación geográfica la convierte en la puerta más adecuada para explorar el Pantanal desde el norte y para adentrarse en el Amazonas desde el sur.

Cuiabá fue fundada en 1718, pero parece que no ha tenido pasado, a la vista de la ausencia de monumentos reseñables.

DEL AEROPUERTO Y LA RODOVIÁRIA A LA CIUDAD

DESDE EL AEROPUERTO MARECHAL RONDÓN: a siete kilómetros de la ciudad. Hay un servicio de autobuses frecuentes que os dejarán en una zona céntrica.

AMAZONAS
Panelas
Coiniza
Contriguaçu
Aripuanã
Juruena
Itapaiúna
Castanheira
Juara
Taba
Juína
Porto dos Gaúchos
Novo Paraná
Brasnorte
RONDÔNIA
Vilhena
Nova Maringá
Patronal
Campo Novo do Parecis
São José do Rio Claro
Campos de Júlio
Comodoro
Vila Alegre
Nova Lacerda
Conquista d`Oeste
Tangará da Serra
BOLIVIA
Nob
Pontes e Lacerda
Barra do Bugres
CUIA
VÁRCEA GRA
Porto Esperidião
Cáceres
Jacobina

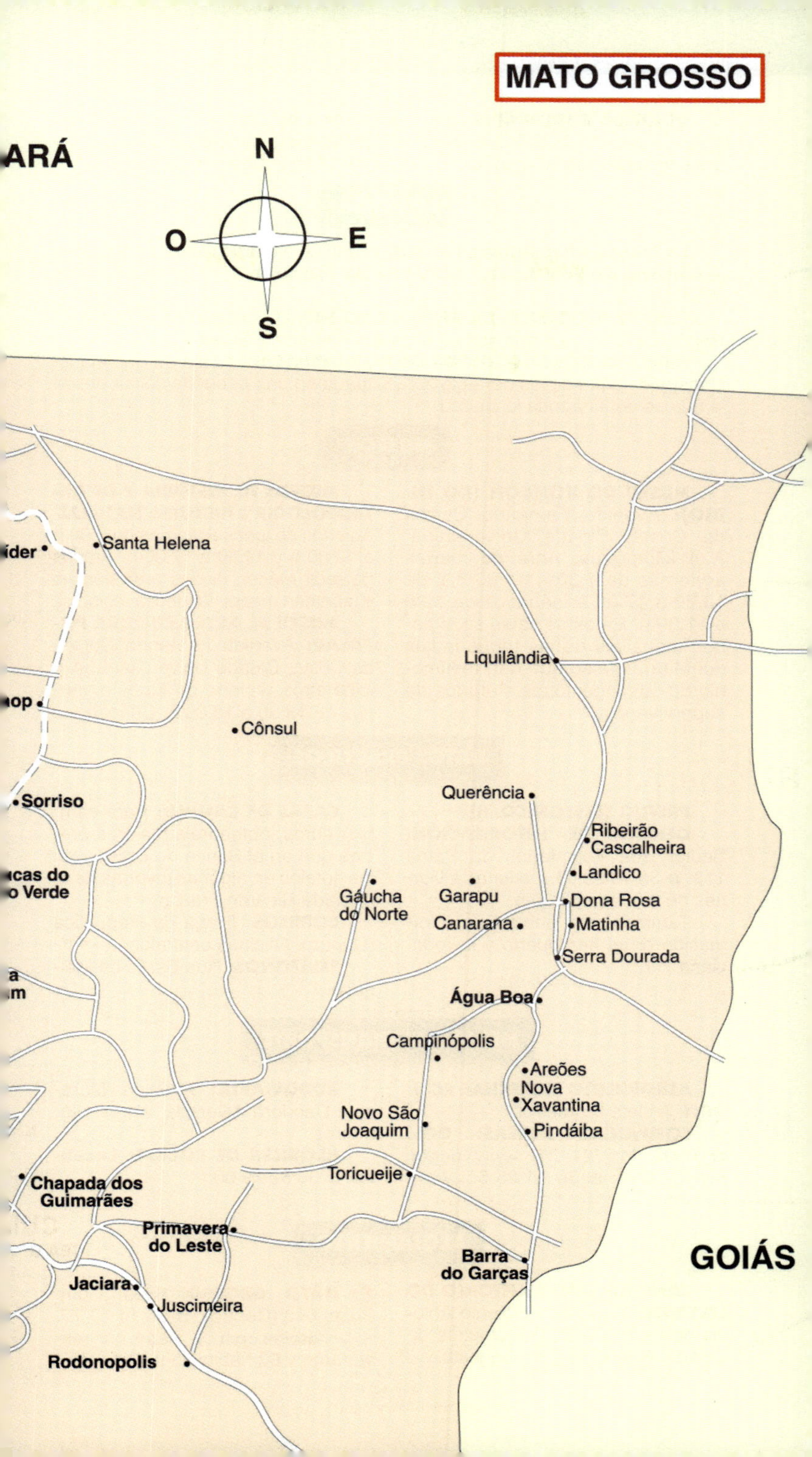
MATO GROSSO
ARÁ
N
O
E
S
ıder
Santa Helena
Liquilândia
ıop
Cônsul
Sorriso
Querência
Ribeirão
Cascalheira
Landico
ıcas do
o Verde
Gáucha
do Norte
Garapu
Dona Rosa
Canarana
Matinha
Serra Dourada
a
ım
Água Boa
Campinópolis
Areões
Nova
Xavantina
Novo São
Joaquim
Pindáiba
Toricueije
Chapada dos
Guimarães
Primavera
do Leste
Barra
do Garças
GOIÁS
Jaciara
Juscimeira
Rodonopolis

DESDE LA RODOVIÁRIA: a tres kilómetros del centro aproximadamente, en la avenida Jules Rimet (Senhor dos Passos). También desde aquí podréis desplazaros en autobús. El número 117 llega hasta el centro.

LA VISITA

La Praça da República es un punto céntrico en torno al cual se levantan la **Catedral do Bom Jesus** y el **Palácio da Instrução** con sus museos (ver museos).

CENTRO GEODÉSICO DA AMÉRICA DO SUL: al noroeste de la Praça da República. Un poste que señala el centro preciso de Suramérica.

IGREJA DE NOSSA SENHORA DO BOM DESPACHO: Praça do Seminário. Construida a principios del siglo XX y situada en una pequeña colina desde la que se domina toda la ciudad.

MUSEOS

MUSEU DO RONDÓN (DO ÍNDIO): Avenida Fernando Corrêa da Costa, Cidade Universitária. A 4 kilómetros. Abre de martes a viernes de 7.30 a 11.30 h y de 13.30 a 17.30 h; sábados de 7.30 a 11.30 h. En estas salas se exponen utensilios de las tribus indias del Mato Grosso que dan testimonio de sus ingeniosos métodos de supervivencia.

MUSEOS DE HISTORIA Y DE ANTROPOLOGÍA E HISTORIA NATURAL. Abiertos de lunes a viernes de 8.00 h a 12.00 h y 14.30 a 17.30 h. Ambos museos reúnen piezas prehistóricas y abarcan hasta la época colonial.

MUSEU DE ARTE E CULTURA POPULAR: Avenida Fernando Corrêa da Costa, Cidade Universitária. A 4 kilómetros. Abierto de lunes a viernes de 13.30 a 18.00 h. Curioso.

DATOS PRÁCTICOS

PREFIJO TELEFÓNICO: 65.

OFICINA DE INFORMACIÓN: Sedtur, rua Voluntarios da Pátria 118. ☎ 36 13 93 00. De lunes a viernes de 8.00 h a 18.00 h.

También hay puntos de información en el aeropuerto y la rodoviária.

CASAS DE CAMBIO: Para cambiar euros, obtendréis mejores precios que en el Banco do Brasil y en los hoteles en algunas joyerías de la Avenida Ricardo Franco.

CORREOS: Praça da República (Centro). Oficinas centrales.

TELÉFONOS: Rua Barão de Melgaço.

MEDIOS DE TRANSPORTE

AEROPUERTO MARECHAL RONDON: A siete kilómetros.

COMPAÑÍAS AÉREAS: GOL: ☎ 0300 115 21 21. www.voegol.com.br **TAM:** ☎ 36 14 25 55. www.tam.com.br

RODOVIÁRIA: Avenida Marechal Deodoro Alvorada, a tres kilómetros.

ALQUILER DE COCHES: Localiza: ☎ 36 82 79 00.

ALOJAMIENTO

CÁMPING SANTO ANTÔNIO DO LEVERGER: Municipio de Santo Antônio do Leverger, a 35 kilómetros de Cuiabá. Abierto de junio a agosto.

(B) **MATO GROSSO:** Rua Com. Costa 643 (Centro). ☎ 36 14 77 77. www.hotelmt.com.br Tiene bar-restaurante y 63 habitaciones con teléfono, televisión, aire acondicionado y frigorífico a partir de 125 reales.

(M) **ALMANARA:** Avenida Cel. Escolástico 510 (Bandeirantes). ☎ 36 14 13 00. www.hotelalmanara.com.br 67 habitaciones con aire acondicionado, teléfono, televisión y frigobar.

(C) **BEST WESTERN MATO GROSSO PALACE:** Rua Joaquim Murtinho 170 (Centro). ☎ 36 14 70 00. Tiene 130 habitaciones, restaurante y bar.

(C) **HOTEL DEVILLE CUIABÁ:** Avenida Isaac Povóas 1.000 (Centro). ☎ 33 19 30 00. www.deville.com.br También con restaurante, bar y piscina y más de cien habitaciones con todo lo habitual en los hoteles caros.

(C) **LAS VELAS:** Avenida Filinto Müller 62 (Aeropuerto). A 7 kilómetros de la ciudad. ☎ 36 88 76 00. Con bar, restaurante, piscina y sauna y sesenta habitaciones.

(C) **VENEZA PALACE:** Avenida Cel. Escolástico 738 (Bandeirantes) ☎ 33 17 60 00. www.venezapalace.com.br Con restaurante, bar, piscina y sauna.

(C) **PAIAGUÁS PALACE:** Avenida Rubens de Mendonça 1.718 (CPA). Bosque da Saudade. ☎ 36 24 53 53. Restaurante, bar, piscina y sauna. Tiene 121 habitaciones con televisión, aire acondicionado, etc.

RESTAURANTES

(B) **ARLECHINO:** Rua Cândido Mariano 874. Cierra los domingos tarde y los lunes. Ricas pastas italianas de elaboración propia.

(B) **CACIMBA:** Avenida Mato Grosso 383. Cocina regional.

(B) **CARAMBA:** Avenida Fernando Corrêa da Costa 2.511. Carne y pizzas, sobre todo.

(B) **JAIRO:** Rua Cândido Mariano 1.430. Pescado de agua dulce en inmensas raciones.

(B) **O REGIONALÍSSIMO:** Rua 13 de Junho/Praça João Bueno (Porto). Abre hasta las 14.30 h y cierra los lunes. *Self-service* de cocina regional y buenos licores caseros.

(B) **SAKURA:** Avenida Fernando Corrêa da Costa 2.465. Mezcla de cocina brasileña y japonesa.

(B) **GAUCHA:** Avenida João Ponce de Arruda, 877. Várzea Grande, Aeropuerto. A unos 7 km. *Churrascaria* con *rodízio*.

(M) **AL MANZUL:** Cachoeira das Graças, a unos nueve kilómetros, por la antigua estrada Molinho. ☎ 36 63 22 37. Abre de 19.00 h a 23.00 h; sábados de 11.00 h a 15.00 h y de 19.00 h a medianoche y domingos hasta las 16.00 h. Cierra lunes y miércoles. Una buena dirección para degustar una bien preparada cocina árabe.

(M) **CACALO PEIXARIA:** Avenida Lavapés 203. Santa Rosa. Cierra los sábados y domingos para la cena. Pescado de agua dulce bien preparado.

(M) **CASA SUIÇA:** Avenida Miguel Sutil 4.200 (Pico do Amor). ☎ 36 27 20 77. Abre de de 18.30 h a medianoche y cierra los domingos y los jueves. Un local agradable para venir a cenar, que sirve platos de cocina suiza, además de carnes.

COMPRAS

CASA DO ARTESÃO: Rua 13 de Junho y Praça Major João Bueno. Objetos de cerámica, madera, paja, licores y dulces caseros.

ARTÍNDIA: Rua Pedro Celestino 317. Una tienda regida por el FUNAI. Artesanía indígena.

LLEGAR Y PARTIR

EN AUTOBÚS. Hay autobuses a y desde Cáceres, Porto Velho, Brasília, Goiânia, etcétera.

EN AVIÓN. Desde aquí hay vuelos con muchísimas ciudades: Alta Floresta, Belém, Belo Horizonte, Brasília, Fortaleza, Goiânia, Maceió, Manaus, Natal, Río de Janeiro, etcétera.

VACUNAS

Recordad que para viajar por estos territorios exigen estar vacunado contra la fiebre amarilla. En algunas carreteras, el SUCAM (Superintendencia de la Campaña de Salud) suele instalar puestos de control, donde os la pondrán si no lleváis el certificado de vacunación. Es aconsejable vacunarse diez días antes de adentrarse en el Pantanal.

PARQUE NACIONAL CHAPADA DOS GUIMARÃES

Si disponéis de tiempo, no dejéis de visitar el espectacular paisaje de la **Chapada dos Guimarães**, donde las rocas presentan caprichosas formas y abundan las cascadas de río. La más conocida es la denominada **Veu da noiva** (velo de novia), con una caída de 65 metros de altura. Queda a 64 kilómetros de Cuiabá.

LA VISITA

Además de la cascada reseñada anteriormente, hay que destacar la belleza de sus formaciones rocosas, algunas de las cuales han sido bautizadas con nombres como Cidade de Pedra, Pedra Furada, Cogumelo de Pedra, Arca de Noé... También hay que mencionar los sitios arqueológicos donde se han descubierto pinturas rupestres y numerosos fósiles. Para completar el panorama, el parque cuenta con una rica vegetación y fauna.

DATOS PRÁCTICOS

CENTRO DE VISITANTES: ☎ (65) 33 01 20 45. www.chapadadosguimaraes.tur.br Abre todos los días de 8.00 h a 17.00 h.

RODOVIÁRIA: Rua Cipriano Curvo.

ALOJAMIENTO

Ⓒ **TURISMO:** Rua Fernando Corrêa 1.065. ☎ (65) 33 01 11 76. www.hotelturismo.com.br Bar, restaurante, piscina y 18 habitaciones con aire acondicionado a partir de 316 reales para dos personas.

Ⓒ **PARK ECO LODGE.** Autovía Km 52. ☎ (65) 33 91 13 46. www.pousadadoparque.com.br Bar, restaurante, piscina, sauna y pistas deportivas a 5 kms de la entrada al parque. 370 reales por la doble.

RESTAURANTES

Ⓑ **FELIPE:** Cipriano Curvo 596. Comida "a quilo", buenas y económica.

Ⓒ **DA MATA BISTRO:** Estrada do Mirante, km 1. ☎ (65) 33 01 34 83. Abre fines de semana. Cocina regional con vistas magníficas.

CÓMO LLEGAR

En los autobuses que salen de la *rodoviária* hacia la pequeña ciudad de Chapada y bajaros a unos seis kilómetros de Salgadeira. Desde la carretera hay un camino que conduce a un lugar próximo. Los conductores de autobús os lo indicarán.

EL PANTANAL

Los 230.000 kilómetros cuadrados del Pantanal le convierten en la región inundada más grande del continente. Entre los meses de octubre a marzo, la época de lluvias, el Pantanal recoge una enorme cantidad de agua procedente del río Paraguay y sus afluentes, que llega a cubrir las tierras hasta tres metros de altura. Los mamíferos se refugian en las tierras más altas y la fauna avícola espera la época seca para anidar.

Ésta no es la época más indicada para adentrarse en el Pantanal. Cuando las aguas bajan quedan al descubierto enormes extensiones de terreno en las que crecen gramíneas con un alto valor nutritivo para los animales. Las aves se posan en los árboles y de lejos parece que les han salido flores blancas a sus ramas. También los peces vienen aquí desde muy lejos a reproducirse en esta época.

Entre mayo y septiembre –hay años que hasta noviembre– es la mejor temporada para este viaje. El Pantanal constituye uno de los mayores refugios para numerosas especies de animales y plantas. Entre las aves, las hay con nombres muy onomatopéyicos, como el *tuiutú*, una zancuda de larguísimo pico o el *caracará*, y otras menos exóticas, como el *cardenal* o la *biguás*.

Es un hábitat natural para los *yacarés* y para 20 tipos de pirañas, pero sólo dos son peligrosas para las personas.

La caza está totalmente prohibida. Se permite la pesca no profesional, menos de 30 kilos por persona, de febrero a octubre con una licencia especial que en el Estado de Mato Grosso la otorga el IBAMA y en el de Mato Grosso do Sul, el INAMB.

CÓMO IR DESDE CUIABÁ

Desde Cuiabá hasta los puertos fluviales de Cáceres y Porto Jofre hay 200 kilómetros. La ventaja de acceder al Pantanal por el norte es que el recorrido por río se hace a favor de la corriente, mientras que si se entra por el sur, hay que remontar las aguas y se tarda mucho más tiempo.

RECORRER EL PANTANAL

Se pueden utilizar barcas con motor, piraguas, vehículos todoterreno o el sistema más caro, el taxi aéreo. La *Transpantaneira* es una carretera que comienza en Poconé y atraviesa el Pantanal hasta el río Cuiabá. En total, 145 kilómetros interrumpidos por numerosos puentes de madera que facilitan el paso por los ríos y arroyos que se cruzan en su camino.

EXCURSIONES ORGANIZADAS

Son muchas las agencias que organizan recorridos desde Cuiabá y Várzea Grande. Entre ellas:

NATURECO: Rua Benedito Leite 570, Cuiabá. ☎ (65) 33 21 10 01. www.natureco.com.br

EL PANTANAL
Poxoréu
Cáceres
Póconé
Río Barranco
Rondonópolis
Porto Jofre
Río Piquiri
Río Correntes
BOLIVIA
PANTANAL
Río Taquari
Coxim
Puerto Suárez
Corumbá
Camapuá
Barra Mansa
Mato Grosso do Sul
Miranda
Campo Grande
Serra de Bodoquena
Aquidauna
Bonito
Serra de Maracaju
PARAGUAY
Jardim
Porto Mourtinho
Bela Vista
Dourados

PANTANAL EXPLORER: Avda Gob Ponce de Arruda 670, Várzea Grande. ☎ (65) 36 82 28 00. www.pantanalexplorer.com.br

BARCOS

Una de las alternativas más interesantes, aunque pueda resultar algo cara.

BOTEL BEIRA RIO: Barra do Rio Aquidauana com Rio Miranda. Dispone de tres barcas con capacidad para ocho o doce personas.

BOTEL PANTANAL EXPLORER II: embarque desde Cáceres. Dispone de tres camarotes para cuatro personas. También organizan paseos y excursiones de pesca por el río Paraguay.

BOTEIS CIDADE BARÃO DE MELGAÇO E KAYAMÃ: excursiones de pesca por el río Paraguay en grupos de ocho a dieciséis personas. Camarotes para dos personas con *chuveiro elétrico*.

CORUMBI: barcos con cuatro camarotes (*chuveiro elétrico*, aire acondicionado).

SÃO PAULO: alquiler de barcos con cuatro camarotes (hasta ocho personas) con ducha.

UIRAPURU: alquiler de barcos con cuatro camarotes dobles (ducha de *chuveiro elétrico*).

ALOJAMIENTO

Recordad que deberéis hacer la reserva desde Cuiabá o incluso antes. Algunos teléfonos de contacto pertenecen a Rio y São Paulo (tienen todos sus respectivos prefijos).

POUSADAS

EN PANTANAL NORTE (MATO GROSSO)

Ⓒ **PASSÁRGADA:** Rio Piraim, a dos horas y media en barco desde Br. de Melgaço. ☎ (065) 33 31 11 28. Recorrido en barco por el río Piraim. Restaurante y barcos. Tiene 8 habitaciones para dos y tres personas.

Ⓒ **PIXAIM:** Río Pixaim, acceso por la Rodoviária Transpantaneira, km 65. ☎ (065) 33 45 20 91. A 166 kilómetros de Cuiabá y 64 kilómetros de Poconé. Tiene restaurante, barcos y caballos para alquilar. Tiene diez habitaciones para dos, tres y cuatro personas.

Ⓒ **PORTO CERCADO:** Rio Cuiabá, a 142 kilómetros de Cuiabá y 42 kilómetros de Pontoné. ☎ (065) 33 91 12 55. Con restaurante, piscina y barcos para alquilar. Tiene 30 habitaciones.

Ⓛ **ARARAS ECO LODGE:** Rodoviária Transpantaneira, km 32. ☎ (065) 36 82 28 00. www.votaraslodge.com.br A 132 kilómetros de Cuiabá y 30 de Poconé, por la Transpantaneira. Restaurante, piscina, barcos y caballos para alquilar. Tiene doce habitaciones para tres personas cada una. 675 reales para dos huéspedes.

HOTELES

Ⓜ **BARRANQUINHO:** Rio Jauru, a 67 kilómetros de Cáceres. ☎ 065) 32 23 10 81. Son tres chalés y ocho habitaciones que pueden dar cabida desde tres a cinco personas. Restaurante y barcos propios. Cierra los meses de diciembre y enero.

Ⓜ **CABANAS DO PANTANAL:** Rio Piraim, afluente del Cuiabá, a 152 kilómetros de Cuiabá. ☎ (065) 33 45 18 87. Piscina y barcos con motor para alquilar. Tiene 15 habitaciones triples.

Ⓜ **FAZENDA BEIRA-RIO:** Rio Pixaim, a 166 kilómetros de Cuiabá por la Transpantaneira. ☎ (065) 37 66 20 55. Bar, restaurante, barcos y caballos para alquilar. Tiene trece habitaciones (duchas con *chuveiro elétrico* y aire acondicionado).

Ⓜ **POUSO DA GARÇA:** en el Municipio de Br. de Melgaço, Rio São Lourenço. Acceso en avión desde Cuiabá (media hora). Once chalés para cuatro personas, bar, restaurante y piscina. Barcos propios.

Ⓜ **SAPÉ PANTANAL LODGE:** a orillas del Cuiabá, a una hora en barco de Porto Cercado. ☎ (065) 33 61 19 96. Restaurante y barcos con motor para alquilar. Tiene ocho habitaciones.

CONSEJOS PRÁCTICOS PARA VIAJAR POR EL PANTANAL

Deberéis vacunaros contra la fiebre amarilla, si no lo habéis hecho en España, acercaos a uno de los puestos instalados por la SUCAM en las ciudades y principales carreteras. Tened en cuenta que la vacuna empezará a ser efectiva diez días después de que os la hayan puesto.

Procurad llevar ropa de colores discretos, en consonancia con los colores de la naturaleza. Los tonos verdes y terrosos van bien. No os olvidéis de incluir en el equipaje algún producto repelente de insectos, un calzado adecuado para las caminatas, una linterna y un pequeño botiquín con lo más imprescindible.

Según aseguran las autoridades locales, la malaria ha sido erradicada del Pantanal.

ESTADO DE MATO GROSSO DO SUL

Mato Grosso do Sul es un Estado muy joven, existe como tal desde el 1 de enero de 1979. Anteriormente estuvo unido a Mato Grosso pero cuando Campo Grande, su actual capital, empezó a crecer, el Gobierno dividió el territorio en dos. Sus habitantes lo han agradecido, sobre todo porque ya no tienen que recorrer cientos de kilómetros para resolver problemas burocráticos como antes.

Como su vecino, Mato Grosso do Sul obtiene su principal riqueza de la ganadería. Todavía hoy está considerada como una tierra a medio descubrir, refugio de algunas tribus indígenas y salpicada de grandes *fazendas*. Tiene fronteras con Paraguay y Bolivia.

Además de Campo Grande, hay otras ciudades sin interés turístico pero de obligado paso: Corumbá es la entrada natural para el Pantanal por el sur, desde aquí se puede llegar en barco hasta Asunción; Ponta Porestá en la frontera paraguaya y Aquidauana y Miranda están de camino entre Campo Grande y Corumbá.

CAMPO GRANDE

Con menos de un siglo de historia, la capital es la ciudad más poblada de Mato Grosso do Sul. Está situada a 716 kilómetros de Cuiabá y se le conoce popularmente como la *Cidade Morena* por el color de su tierra.

Sus edificios modernos no están reñidos con el ambiente tranquilo que se respira en toda la urbe, ni con sus almacenes abastecedores de material agrícola-ganadero. Son tiendas muy curiosas, como las del siglo XIX del Oeste americano, en las que se venden sillas de montar, espuelas y otros útiles para los vaqueros. En la Rua 14 de Julho podréis ver algunas de ellas. La moderna Universidad es el motor cultural de esta urbe.

DEL AEROPUERTO Y LA RODOVIÁRIA A LA CIUDAD

DESDE EL AEROPUERTO INTERNACIONAL ANTÔNIO JOÃO: está a siete kilómetros de la ciudad y tiene un servicio de autobuses frecuente que terminan en la *rodoviária* y que paran en la carretera fuera del recinto.

DESDE LA RODOVIÁRIA: Rua Joaquim Nabuco 200, podréis ir andando hasta el centro.

LA VISITA

La importancia que juega la Universidad en la vida cultural de la ciudad se ve reflejada en el **Teatro Glauber Rocha**, que se mueve en torno a ella y organiza interesantes ciclos de autores brasileños.

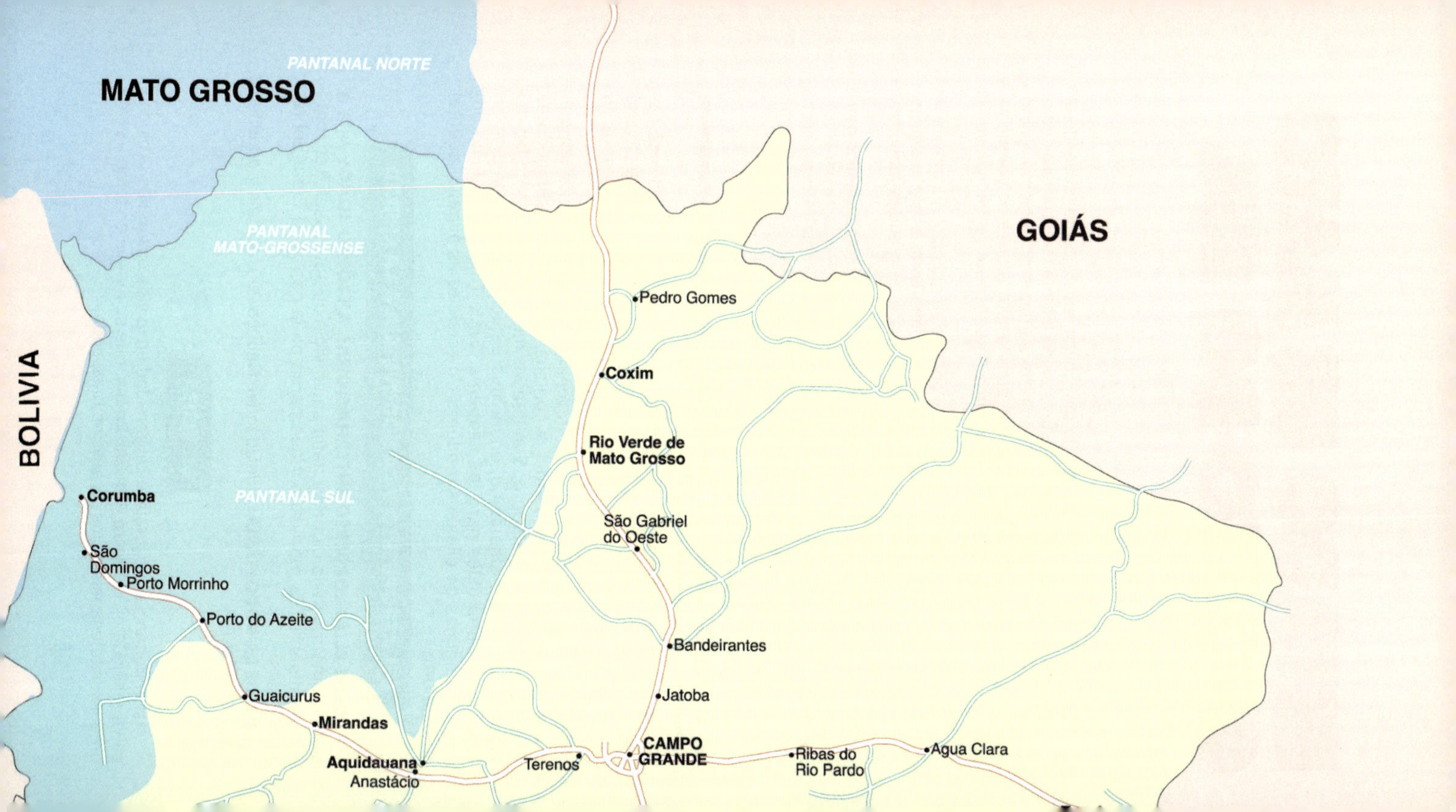
MATO GROSSO
PANTANAL NORTE
GOIÁS
PANTANAL
MATO-GROSSENSE
BOLIVIA
Pedro Gomes
Coxim
Rio Verde de
Mato Grosso
Corumba
PANTANAL SUL
São Gabriel
do Oeste
São
Domingos
Porto Morrinho
Porto do Azeite
Bandeirantes
Guaicurus
Jatoba
Mirandas
CAMPO
GRANDE
Ribas do
Rio Pardo
Agua Clara
Aquidauana
Terenos
Anastácio

SÃO PAULO
PARANÁ
PARAGUAY
MATO GROSSO DO SUL
Nova Alvorada do Sul
Destilaria Rio Brilhante
Continental
Angélica
Nova Andradina
Dourados
Indápolis
Deodápolis
Amandina
Fátima do Sul
Caarapã
Novo Horizonte do Sul
Campanârio
Porto Felicitao
Aral Moreira
Amambai
Cel. Sapucaia
Itaquiraí
Tacuru
Eldorado
Paranhos
Sete Quedas

MUSEOS

En cuanto a museos, el único recomendable es el **MUSEU DAS CULTURAS DOM BOSCO**, antes conocido como Museu do Indio. Está en Parque das Naçoes Indígenas. ☎ 33 26 97 88 y abre de martes a sábados de 8.00 h a 18.00 h y los domingos de 8.00 h a 12.00 h y de 14.00 h a 18.00 h. Expone una rica colección de fósiles de la región de Chapada do Araripe, una amplísima muestra de animales disecados y una sección de etnografía dedicada a las tribus que poblaron –algunas todavía pueblan– esta región, además de una colección de más de 10.000 insectos.

DATOS PRÁCTICOS

PREFIJO TELEFÓNICO: 67.

OFICINA DE TURISMO MORADA DOS BAIS: Avda Afonso Pena/Av Noroeste 5.140. ☎ 33 14 99 68. Abre de hasta las 19.00 h y domingos de 9.00 h a 12.00 h; cierra los lunes.

CORREOS: Cruce de la Avenida Calogeras con Dom Aquino. Abierto de lunes a sábado de 9.00 h a 17.30 h.

CONSULADOS: os pueden ser útiles los de Bolivia y Paraguay, por si pensáis viajar a estos dos países fronterizos.

CONSULADO DE BOLIVIA: Abraão Júlio Rahe 744.

CONSULADO DE PARAGUAY: Rua 14 de Julho 1.845.

MEDIOS DE TRANSPORTE

AEROPUERTO: Avenida Duque de Caxias, a siete kilómetros. ☎ 33 68 60 50.

RODOVIÁRIA: Avda Guri Marques 1.215. La nueva estación está a 6 kms del centro por la ruta a São Paulo.

COMPAÑÍAS AÉREAS: TAM: ☎ 33 68 61 59. **GOL:** ☎ 33 68 61 28.

ALOJAMIENTO

(B) **IGUAÇÚ:** Rua D. Aquino 761 (Amambaí). ☎ 33 84 46 21. Tiene 33 habitaciones con teléfono, televisión, aire acondicionado y frigorífico.

(B) **PARIS:** Avenida Costa e Silva, 4.175 (Zona Universidad, a 6 kilómetros de la ciudad). ☎ 33 87 17 95. www.hotelparis.com.br Piscina y campos de deportes. Tiene 55 habitaciones.

(M) **PALACE:** Rua D Aquino 1.501. ☎ 33 84 47 41. www.palacehotelcg.com.br Habitaciones con aire acondicionado y frigobar.

(M) **SAIGALI:** Rua do Rio Branco, 356 (Amambaí). ☎ 30 29 57 75. Tiene 30 habitaciones con teléfono, televisión, aire acondicionado, frigorífico, caja de seguridad, etc.

(M) **INDAIÁ PARK:** Avenida Afonso Pena 354 (Amambaí). ☎ 21 06 10 00. www.indaiahotel.com.br Restaurante, bar y piscina. Tiene 86 habitaciones con aire acondicionado, frigorífico, etc.

(M) **INTERNACIONAL:** Rua Alan Kardec, 223 (Amambaí). ☎ 33 84 46 77. www.hotelintermetro.com.br Tiene cien habitaciones con aire acondicionado y frigorífico más baratas que en el Indáia, y piscina.

(M) **ADVANCED:** Avenida Calógeras 1.909. ☎ 33 21 06 83. www.hoteladvanced.com.br También con precios moderados, tiene bar y piscina y cien habitaciones con frigobar.

(C) **CONCORD:** Avenida Calógeras 1.624 (Centro). ☎ 33 21 29 99. Tiene restaurante, bar y piscina, y 84 habitaciones con teléfono, televisión, aire acondicionado, frigorífico, etc.

(C) **BRISTOL EXCELER PLAZA:** Avenida Afonso Pena 444 (Amambaí).

☎ 33 12 28 00. www.bristolhoteis.com.br El más caro de este listado, tiene restaurante, bar, piscina, sauna y pista de tenis, y las habitaciones están equipadas con todo lo habitual.

RESTAURANTES

(B) **CORUMBAENSE:** Avenida Mato Grosso 2.762. Especializado en pescados de agua dulce.

(B) **CASA GRANDE:** Rua 14 de Julho 757. V. Gloria. Abierto todos los días. Cocina variada.

(B) **CASA COLONIAL:** Avenida Afonso Pena 3.997. Jardim dos Estados. Especializado en *galetos* y *rodízio* barato.

(B) **VITORIO'S:** Avenida Afonso Pena, 1.907 (Centro). Lugar ideal para los carnívoros. Excelente carne de vaca y música en directo para acompañarla.

(M) **CASA DO PEIXE:** Rua Dr João Rosa Pires 1.030. Cierra los domingos por la tarde. Cocina de la región, es decir, *pantaneira*.

(M) **CENTURION:** Rua da Paz 530 (Jardim dos Estados). Cierra los domingos por la tarde. Cocina de inspiración italiana con platos de varios tipos (carnes, pescados), además de pastas.

(M) **MR. WEST:** Avenida Afonso Pena 3.372 (Centro). Churrascos y buenas carnes en general.

COMPRAS

EME ENE: Avenida Afonso Pena 2.303. Todo tipo de artesanía regional e indígena.

CASA DO ARTESÃO (CENTRO CULTURAL): Avenida Calógeras, 2.050. Posee una pequeña tienda con objetos de artesanía.

FEIRA DO ARTESANATO: en la Praça Ari Coelho. Los sábados y domingos de 8.00 h a 20.00 h. En este mercado podréis encontrar el mismo tipo de artesanía, pero con la emoción del regateo.

TIENDA DEL MUSEO D. BOSCO: Rua Rio Branco 1.843.

LLEGAR Y PARTIR

EN AVIÓN. Desde Campo Grande hay vuelos para Corumbá, Cuiabá, Brasília, Londrina, Manaus, Porto Velho, Presidente Prudente, Rio Branco y São Paulo.

EN AUTOBÚS. Campo Grande tiene servicios diarios con las principales ciudades del Estado y de Brasil. También hay una línea que llega hasta Asunción, en Paraguay.

AQUIDAUANA

Aquidauna está situada a 136 kilómetros de Campo Grande, al oeste, en la ruta hacia Corumbá y Paraguay.

Muchos montañeros vienen aquí a explorar las cuevas de Bonito y los amantes de la pesca, a practicar su deporte en el río Aquidauana. Hay quien emprende su incursión por el Pantanal por esta pequeña ciudad.

DATOS PRÁCTICOS

PREFIJO TELEFÓNICO: 67.

RODOVIÁRIA: Rua Estevão Alvez Correa 2.000. Bairro Alto.

ALOJAMIENTO

(B) **AGUAPÉ:** a orillas del río Aquidauana. Acceso desde el punto kilométrico 467,5 de la BR 262 en dirección a Miranda. Sin luz eléctrica.

(B) **ARIZONA:** en dirección hacia Bonito, a orillas del río Miranda. Cierra de noviembre a enero. Alquila cabañas.

(M) **POUSADA CACHOEIRA DO CAMPO:** Estrada para Camisão, km 17. ☎ 99 91 83 58. Con restaurante y piscina, este alojamiento, a trece kms de la localidad tiene once habitaciones con a/c y baño, y hay restaurante, bar, sauna y piscina.

(M) **PORTAL PANTANEIRO:** Rua Pandiá Calógeras 1.067. ☎ 32 41 43 28. www.portalpantaneiro.com.br Estacionamiento y piscina. 28 habitaciones con aire acondicionado, teléfono y televisión.

(C) **POUSADA TOCA DA ONÇA:** Río Aquidauana. A trece kilómetros. ☎ 99 56 53 13. www.pesqueirotocadaonca.com.br Es un complejo con cinco cabañas con capacidad hasta para cuatro personas. Tiene restaurante, caballos y posibilidades de pesca.

RESTAURANTES

(M) **PALLADAR:** Rua Mal. Mallet. Churrascos.

(M) **PRINCESA DO SUL:** Rua Manoel Antõnio Paes de Barros 943. Como el anterior, con buenos platos de carne.

LLEGAR Y PARTIR

EN AUTOBÚS. Campo Grande tiene servicios diarios con Aquidauana, a 136 kilómetros.

MIRANDA

De camino hacia el Pantanal, a la misma distancia de Campo Grande que de Corumbá, 205 kilómetros, está Miranda, un tranquilo pueblo en el que también se puede practicar la pesca.

ALOJAMIENTO

(M) **AGUAS DO PANTANAL POUSADA:** Avenida Afonso Pena 367. ☎ 32 42 12 42. www.aguasdopantanal.com.br Con diez habitaciones con aire acondicionado y frigo bar, tiene piscina y restaurante.

RESTAURANTES

(B) **CANTINA DELL'AMORE:** Rua Lateral 147. Abre hasta las 23.00 h. Platos variados.

(B) **PANTANAL:** Rua Br do Rio Branco 555. Cierra domingos por la tarde. Cocina igualmente variada.

LLEGAR Y PARTIR

EN AUTOBÚS. Campo Grande tiene servicios diarios con Miranda, que está a 205 kilómetros.

CORUMBÁ

Este puerto fluvial del río Paraguay está estratégicamente situado: en la frontera con Bolivia, muy próximo a la de Paraguay y accesible para entrar al Pantanal por la zona sur.

Corumbá está a 435 kilómetros al noroeste de Campo Grande y su nombre significa *Lugar Distante* en tupi-guaraní, y el término es exacto. Se encuentra a 1.531 kilómetros de Brasília y a 1.411 de São Paulo. Su condición de puerto fluvial le ha ayudado a relacionarse con la capital argentina, con la que mantiene todavía un activo comercio a través del río Paraguay y con Asunción.

En Corumbá se vive con calma, al ritmo que dicta el sol. Sólo al atardecer, cuando el calor deja de apretar, parece que sus 100.000 habitantes recobran la actividad.

LA VISITA

Hay un museo interesante, el **Museu do Pantanal**, en la Praça da República. Abierto de lunes a viernes de 12.00 h a 17.00 h. Es una mezcla de museo etnográfico y de historia natural, en el que se exponen objetos de uso cotidiano de los indígenas y animales disecados que habitan en el Pantanal.

DATOS PRÁCTICOS

PREFIJO TELEFÓNICO: 67.

INFORMACIÓN TURÍSTICA: Mutum, Rua Frei Mariano 17. ☎ 32 31 18 18. Abierta de lunes a viernes hasta las 18.00 h, sábados hasta las 13.00 h.

CORREOS: Delamare 708. Abre de lunes a viernes de 9.00 h a 17.00 h.

POLÍCIA FEDERAL: Praça da República 51. ☎ 32 31 58 48.

CONSULADOS

CONSULADO DE BOLIVIA: Rua Antõnio Maria Coelho 852. ☎ 32 31 56 05.

CONSULADO DE PARAGUAY: Rua Cuiabá. ☎ 32 31 16 91.

MEDIOS DE TRANSPORTE

AEROPUERTO: Rua Santos Dumont, a 3 km. ☎ 32 31 33 22.

COMPAÑÍAS AÉREAS: TAM: ☎ 32 32 22 80.

RODOVIÁRIA: Rua Porto Carreiro. ☎ 32 31 20 33. En la Esplanada da Estação.

ALOJAMIENTO

(b) **ALBERGUE INTERNACIONAL CORUMBÁ:** Rua Colombo 1.419. ☎ 32 31 10 05. www.youth-hostel.com/brazil/corumba Dormitorios y habitaciones privadas.

(B) **POUSADA DO CACHIMBO:** Rua Alan Kardec 4. En Dom Bosco. A dos kilómetros por la carretera de Puerto Suarez. ☎ 32 31 48 33. www.pousadadocachimbo.com.br Con 21 habitaciones con aire acondicionado y frigobar, y tiene piscina.

(M) **HOTEL NACIONAL:** Rua América 936. ☎ 32 34 60 00. www.hnacional.com.br Con bar, piscina, campos de deportes, tiene 98 habitaciones a partir de 200 reales, con aire acondicionado, frigorífico, etc.

Ⓜ **SANTA MÔNICA PALACE:** Rua Antônio Maria Coelho 345. ☎ 32 34 30 00. www.hsantamonica.com.br Tiene 72 habitaciones con aire acondicionado y frigorífico desde 185 reales. Y tiene piscina.

Ⓜ **GOLD FISH:** Avenida Rio Branco 2.799. ☎ 32 31 51 06. A cinco kilómetros por la carretera de Ladário. Restaurante, piscina y 84 habitaciones con baño, aire acondicionado y televisión.

Ⓜ **INTERNACIONAL PALACE:** Rua D. Aquino Corrêa 1.457. ☎ 32 31 63 43. Con restaurante y piscina, son 64 habitaciones con teléfono, televisión, aire acondicionado y frigorífico.

Ⓒ **PANTANAL PARK:** en Porto Esperança, adonde se llega en barco (veinte minutos de travesía). ☎ 99 87 32 67. www.pantanalpark.com.br Se trata de un complejo hotelero con unas buenas instalaciones (piscina, pistas deportivas, sala de juegos, pesca...) y unas buenas habitaciones a precios altísimos.

RESTAURANTES

Ⓑ **PEIXARIA DO LULU:** Rua Dom Aquino 738. ☎ 32 32 78 55. Abre hasta las 15.00 h y de 18.00 h a medianoche; los domingos abre hasta las 16.00 h. Pescados de la zona y cocina *pantaneira.*

Ⓑ **CEARÁ:** Rua Alburquerque 516. Abre hasta las 14.30 h y de 18.00 h a medianoche; cierra los lunes. Sirve pescado de río, platos para compartir con otra persona.

Ⓑ **GAÚCHO:** Rua Frei Mariano 879. Amplio surtido en ensaladas y platos fríos, con un bufé muy económico.

Ⓑ **RODEIO:** Rua 13 de Junho 760. Cierra los domingos tarde. Churrasco y diferentes tipos de ensaladas.

Ⓑ **TARANTELLA.** Rua Frei Mariano 708. Local amplio, sirve cocina italiana, especializado en pastas.

COMPRAS

CASA DO ARTESÃO: instalada en la antigua cárcel, Rua D. Aquino 405. Abierto de lunes a viernes de 8.00 h a 12.00 h y de 14.00 h a 18.00 h. Bordados, cerámica, trabajos de cuerda, etcétera.

LLEGAR Y PARTIR

EN AUTOBÚS. Hay casi diez autobuses diarios entre Corumbá y Campo Grande (seis horas de camino), otros varios a Aquidauana (cinco horas), uno a Bonito (siete horas) y a algunas otras localidades cercanas.

EN AVIÓN. Hay vuelos para Campo Grande, Londrina, Presidente Prudente, São Paulo, Santa Cruz, La Paz y Cochabamba (Bolivia), etc.

LA FRONTERA CON BOLIVIA

Si queréis pasar a Bolivia desde Corumbá, tenéis que ir a la Policía Federal (Praça da República) y solicitar el sello de salida de Brasil. Desde la misma plaza salen cada hora autobuses que van hacia la frontera, situada a 10 kilómetros de la ciudad. Una vez en la frontera, deberéis conseguir el sello de entrada a Bolivia. También podéis ir en tren, que sale de la estación *La Brasilena* de Quijarro. Hay temporadas en que la frontera está muy vigilada por el contrabando de drogas, por lo que deberéis estar alertas. Si encontráis alguna dificultad, recurrid al Consulado Boliviano de Corumbá, Rua Porto Carrero 1.650. ☎ 32 31 56 05.

EL PANTANAL DESDE CORUMBÁ

VIAJES ORGANIZADOS

En Corumbá hay varias agencias de viaje que os pueden ofrecer un recorrido completo por el Pantanal, con estancia de varios días en alguna *fazenda*:

MUTUM: Rua Frei Mariano 17. ☎ 32 31 18 18. www.mutumturismo.com.br

PANTUR: Rua Frei Mariano 1.013. ☎ 32 31 20 00.

TAXIS AÉREOS

Suelen ser caros, pero es la forma más rápida de adentrarse en el Pantanal. Es cuestión de pedir presupuestos y llegar a un acuerdo:

OCOREMA: ☎ 32 31 38 23. Alquila también motos y vehículos todoterreno.

BARCOS

Salen de Corumbá y realizan excursiones por el río Paraguay para grupos reducidos de personas.

ALBATROZ: organiza safaris fotográficos para grupos de 30 a 72 personas. Tiene 18 camarotes para cuatro personas cada uno con aire acondicionado. Informaciones en el ☎ (067) 32 31 48 51.

ARARA PANTANEIRA II: realiza paseos para grupos de 12 a 28 personas. Tiene 14 camarotes dobles (ducha con *chuvéiro elétrico* y aire acondicionado). Informaciones en el ☎ (067) 32 31 58 88.

CABEXI II: Organiza excursiones para grupos reducidos. Tiene cuatro camarotes dobles (ducha con *chuvéiro*, televisión, aire acondicionado). Informaciones en el ☎ (067) 32 31 46 83.

PERALTA: dispone de seis barcos con motor de seis camarotes para dos personas (ducha con *chuvéiro elétrico* y aire acondicionado). Información: ☎ (067) 32 31 68 31.

SCORPIOM: dispone de siete camarotes para tres personas (ducha y aire acondicionado). ☎ (067) 32 31 33 72.

Hay un **barco ganadero** del Servicio de **Navegação da Bacia da Prata** (☎ 37 26 10 33) que hace el trayecto Corumbá-Cáceres por el río Paraguay dos veces al mes. A veces suele llevar pasajeros. Esta es una forma barata de conocer el Pantanal, aunque por una vía menos salvaje. Deberéis llevar comida y una hamaca porque el viaje dura tres o cuatro días. Si decidís hacer el viaje por vuestra cuenta, os hemos seleccionado una serie de hoteles y posadas instaladas en la zona sur del Pantanal, con las que deberéis poneros en contacto desde Corumbá.

ALOJAMIENTO

Ⓜ **PASSO DO LONTRA:** Rio Abobral, Passo de Lontra. ☎ (067) 32 31 94 94. A 129 kilómetros de Corumbá. Traslados desde Campo Grande. Dispone de diez habitaciones para cuatro personas. Alquiler de caballos y barcos.

Ⓜ **CACHOEIRA DO CAMPO:** Carretera hacia Paxixi, a 13 kilómetros de Aquidauana. ☎ (067) 99 91 83 58. Bar, restaurante, piscina, sauna y gimnasio. Tiene doce habitaciones con aire acondicionado y frigorífico.

(M) **BEIRA-RIO:** Rio Miranda, a siete kilómetros de Miranda. ☎ (067) 37 26 20 55. Restaurante, piscina, barcos con motor. Tiene 17 habitaciones triples y cuádruples.

(C) **CURUPIRA:** Baía de Albuquerque, municipio de Albuquerque. A 70 kilómetros de Corumbá. ☎ (067) 33 25 64 07. www.pousadacurupira.com.br Servicio de barco con capitán, restaurante y piscina. Trece habitaciones muy caras, con ducha (*chuvéiro elétrico*) y aire acondicionado.

(C) **ARARA AZUL:** Rio Negrinho, acceso por la carretera hacia Passo do Lontra, a 340 Kilómetros de Campo Grande. ☎ (067) 99 87 15 30. Restaurante, bar, piscina, barcos y caballos para alquilar. Tiene 22 habitaciones con aire acondicionado.

(C) **SÃO FRANCISCO:** Rio Negro, a 120 kilómetros de Aquidauna, o bien media hora en avión desde Aquidauana. ☎ (067) 33 82 59 26. Restaurante, piscina y barcos de motor. Tiene cinco habitaciones con aire acondicionado.

(C) **CABANA DO PESCADOR:** Rio Miranda, a 65 kilómetros de Aquidauana. ☎ (067) 32 45 36 97. Restaurante y barcos con motor. Tiene 14 habitaciones con baño y nueve sin baño.

(C) **FURNA DA ONÇA:** Río Paraguay, a 25 kilómetros de Corumbá. ☎ (067) 32 31 68 69. Restaurante, piscina y barcos con motor. Tiene 23 habitaciones con aire acondicionado y frigorífico.

(C) **PESQUEIRO DA ODILA:** Río Paraguay, a 65 kilómetros de Corumbá. ☎ (067) 99 87 56 87. Bar y restaurante. Alquiler de barcos. Tiene 25 habitaciones para cuatro personas con ducha, aire acondicionado y frigobar.

(C) **PESQUEIRO TARUMÁ:** Rio Paraguay, a 65 kilómetros de Corumbá. ☎ (067) 32 31 41 97. Restaurante, bar, piscina y barcos con motor. Tiene quince habitaciones para cuatro y seis personas con aire acondicionado y frigorífico. Cierra de noviembre a enero.

(L) **AGUAPÉ:** a orillas del río Aquidauana, acceso por la BR 262, km 497,5. A 59 kilómetros de Aquidauana. ☎ (067) 32 58 11 46. www.aguape.com.br Tiene 16 habitaciones a todo lujo. Tiene bar, restaurante y piscina y se puede alquilar caballos y barcos.

(E) **REFÚGIO ECOLÓGICO CAIMÁN:** a 36 kilómetros de Miranda y a 200 de Campo Grande. ☎ (011) 37 06 18 00. www.caiman.com.br Con restaurante, piscina, caballos y barcos para alquilar, organiza safaris fotográficos y tiene 29 habitaciones con aire acondicionado y a todo lujo. Muy caro.

ESTADO DE PARANÁ

Paraná es el Estado más septentrional de la región. Tiene una extensión de 199.554 kilómetros cuadrados y es fronterizo con Paraguay y Argentina. Su principal riqueza la obtiene de la agricultura –café, soja, trigo y maíz–, así como de la explotación de la madera de la araucaria, un tipo de árbol originario de Chile.

Su población está formada en su mayoría por descendientes de inmigrantes que poco a poco van perdiendo sus costumbres originarias: italianos, polacos, ucranianos, coreanos, rusos y quizá, los más numerosos, los japoneses.

Su litoral es muy apreciado por las suaves temperaturas que casi nunca sobrepasan los 30 grados. Su capital, Curitiba, es una ciudad poco turística pero muy agradable para hacer una etapa de descanso y continuar viaje hasta Iguaçu.

CURITIBA

La capital de Paraná se convirtió, con la segunda reelección consecutiva del arquitecto Jaime Lerner para la alcaldía de la ciudad, en un modelo de ciudad que más de un Ayuntamiento quisiera imitar.

Esta ciudad será sede de la Selección Española, campeona del Mundo, durante la primera fase de la Copa 2014.

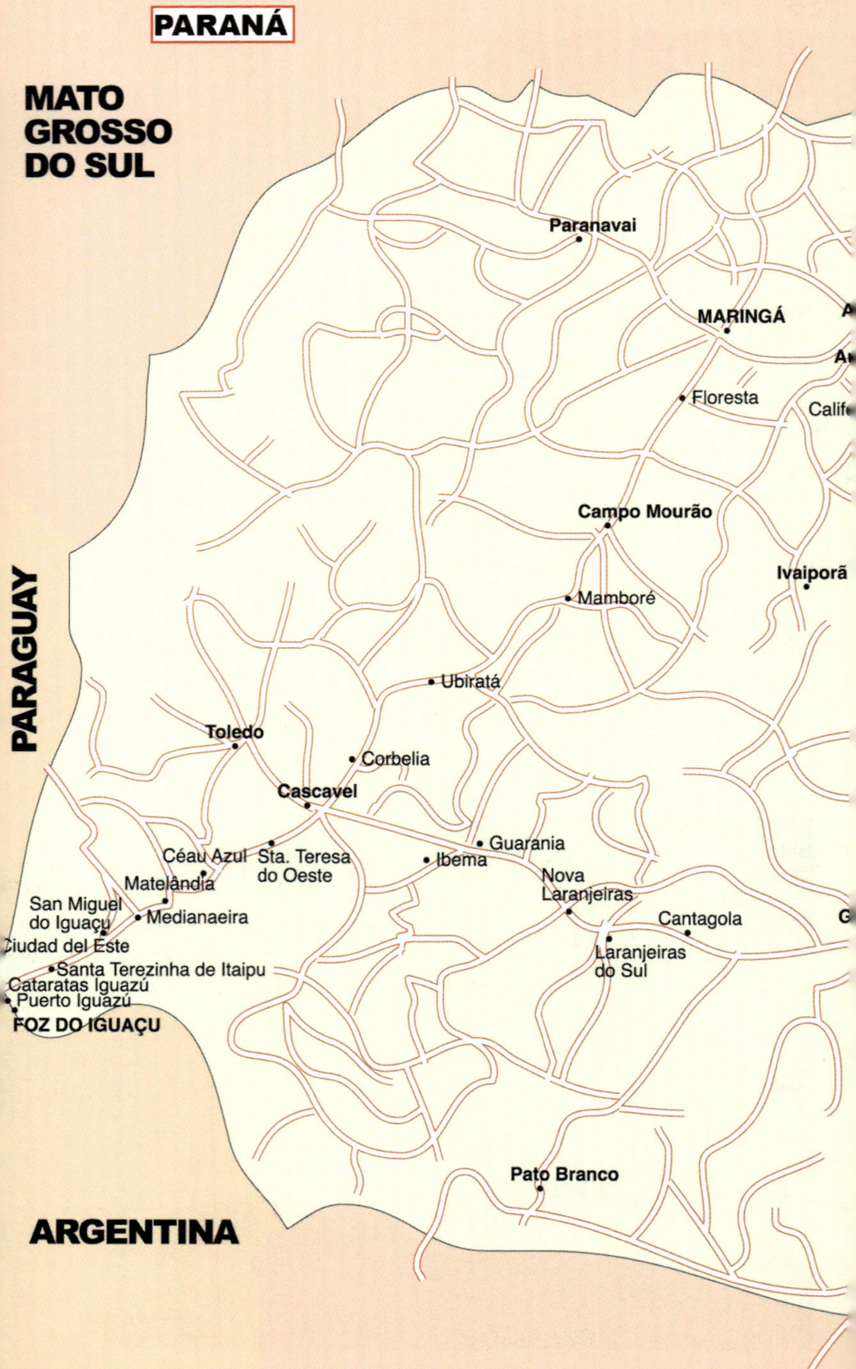

PARANÁ
MATO GROSSO DO SUL
PARAGUAY
ARGENTINA
Paranavai
MARINGÁ
Floresta
Campo Mourão
Ivaiporã
Mamboré
Ubiratá
Toledo
Corbelia
Cascavel
Guarania
Céau Azul
Sta. Teresa do Oeste
Ibema
Nova Laranjeiras
Matelândia
San Miguel do Iguaçu
Medianaeira
Cantagola
Laranjeiras do Sul
Ciudad del Este
Santa Terezinha de Itaipu
Cataratas Iguazú
Puerto Iguazú
FOZ DO IGUAÇU
Pato Branco

SÃO PAULO
N
O
E
S
ONDRINA
ndia
uá da Serra
Arapoli
Jaguarialva
eira
Imbaú
Boa Vista
Castro
Carambeí
Uvaia
Ponta Grossa
P.N. de
Vila Velha
Prudentópolis
Colombo
Guarqueçaba
P.N. do
Superagü
Antonina
CURITIBA
S. Luis de Purunã
Irati
Paranaguá
Ilha do Me
Campo Largo
Morretes
S. José dos Pinhais
Matinhos
Lapa
Calobá
Mallet
GUARATUBA
Itapoá
Joinville
S. Francisco
do Sul
Océano Atlántico
Barra Velha
SANTA CATARINA
Navegantes

Esta capital de algo más de un millón y medio de habitantes es la sexta ciudad más poblada de Brasil y, sin embargo, se vive sin agobios. De entre las grandes ciudades, es la que registra menor índice de asaltos y robos. En Curitiba se puede pasear sin temor por las numerosas calles peatonales. Las distancias no son grandes, por lo que se puede ir a pie de punta a punta de la ciudad. Lerner implantó el *ligerinho*, un eficaz sistema de autobuses utilizado por el 75% de los curitibanos que se desplazan diariamente al trabajo.

El tráfico está prohibido en el centro, que se ha transformado en un conjunto de calles peatonales muy agradables. Los autobuses viejos han sido reconvertidos en escuelas ambulantes llamadas *linhas do ofício*, donde los niños aprenden oficios, como mecánica, corte y confección, mecanografía, etc. Desde su puesta en marcha han formado más de treinta millares de alumnos que ya están colocados en empresas que colaboran con el Ayuntamiento.

En 1990 Curitiba recibió el premio del Programa de Medio Ambiente de las Naciones Unidas por uno de reciclaje de basuras puesto en marcha en la ciudad y denominado *Câmbio Verde*.

En las áreas más pobres hay 20.000 familias que se encargan de separar los desperdicios según su naturaleza: vidrio, cartón, papel o plásticos. Por esta labor reciben vales de transporte, material escolar y cestas de alimentos. De esta forma se recicla casi un 80% de la basura.

Los habitantes de Curitiba bautizarono como *prefeito maravilha* al alcalde Lerner, que puso en marcha todos estos planes partiendo de *a simplicidade*, tal y como él mismo aseguró.

ORIENTACIÓN

El centro es una zona peatonal que podréis recorrer tranquilamente. Tiene una serie de calles comerciales, como la Rua Flores, llena de bares y salones de té. Sus edificios están muy bien restaurados.

Hay varios museos que podéis visitar, como el **Museu Paranaense**, el **Museu Ferroviário** y el **Museu de Arte Contemporânea**. También tiene interés la **Catedral**. Muy próximo a ésta comienza el barrio histórico, que posee bellos edificios coloniales y varias iglesias de interés. No tenéis más que seguir la *Linha do Pinhão*, una línea pintada sobre la calzada que indica el camino para conocer los principales puntos de interés del centro.

En la Fundação Cultural, Praça Garibaldi 7, os facilitarán un folleto explicativo con un plano general de la ciudad.

Curitiba está rodeada de parques y bosques: **Bosques Gutierrez, Barigui**, **Barreirinha**, **João Paulo II**, **Jardim Botânico**, **Parque Inberê de Mattos**, **Passaúna**, **Passeio Público**, **Parque Regional do Iguaçu** y **São Lorenço**. Son amplias zonas de recreo con instalaciones deportivas, lagos, cascadas y árboles. Por algo se le denomina la capital ecológica de Brasil.

DEL AEROPUERTO Y LA RODOFERROVIÁRIA A LA CIUDAD

EL AEROPUERTO AFONSO PENA está a 17 kilómetros de la ciudad. Hay un servicio de autobuses, el Aeroporto-Centro que cubre el recorrido y para cerca de la Rodoviária.

LA RODOFERROVIÁRIA: la estación de trenes y autobuses, se encuentra en la Avenida Pres. Afonso Camargo 330. No muy lejos del centro. Podéis llegar a pie o coger uno de los autobuses que paran en el cruce de la las avenidas Sete de Setembro y Afonso Camargo.

LA VISITA

Como hemos indicado antes, para conocer el centro no tenéis más que seguir la *Linha do Pinhão*. Este recorrido es de aproximadamente tres kilómetros y hay que hacerlo a pie porque las calles son peatonales.

TEATRO GUAÍRA: Rua XV de Novembro. Es uno de los mayores de Suramérica, con tres salas de espectáculos, la mayor de ellas con capacidad para 2.173 personas. En la temporada de invierno suele organizar un buen programa de conciertos de música clásica, ballet y teatro.

CATEDRAL METROPOLITANA: Praça Tiradentes. Celebra misas diariamente a las 12.00 h y 18.00 h. De estilo neogótico, su autor se inspiró en la de Barcelona. Fue inaugurada en 1892. Destacan sus bellas vidrieras.

LARGO DA ORDEN: en este histórico barrio se concentran unos cuantos edificios interesantes, de esos que siempre hay que ir a ver. Empezamos por la **Igreja de Ordem**, que data de 1834 y que se levanta en el lugar dejado por otra construida en 1737 y que era la más antigua de la ciudad. En la actual podréis visitar el **Museu de Arte Sacra.** Frente a la iglesia tenéis la **Casa Romário Martins**, un edificio colonial de finales del XVIII donde suelen organizarse exposiciones temporales de arte.

La **Igreja de Nossa Senhora do Rosário**, en la Praça Garibaldi, fue construida en el siglo XVIII por los esclavos y restaurada totalmente en los años treinta.

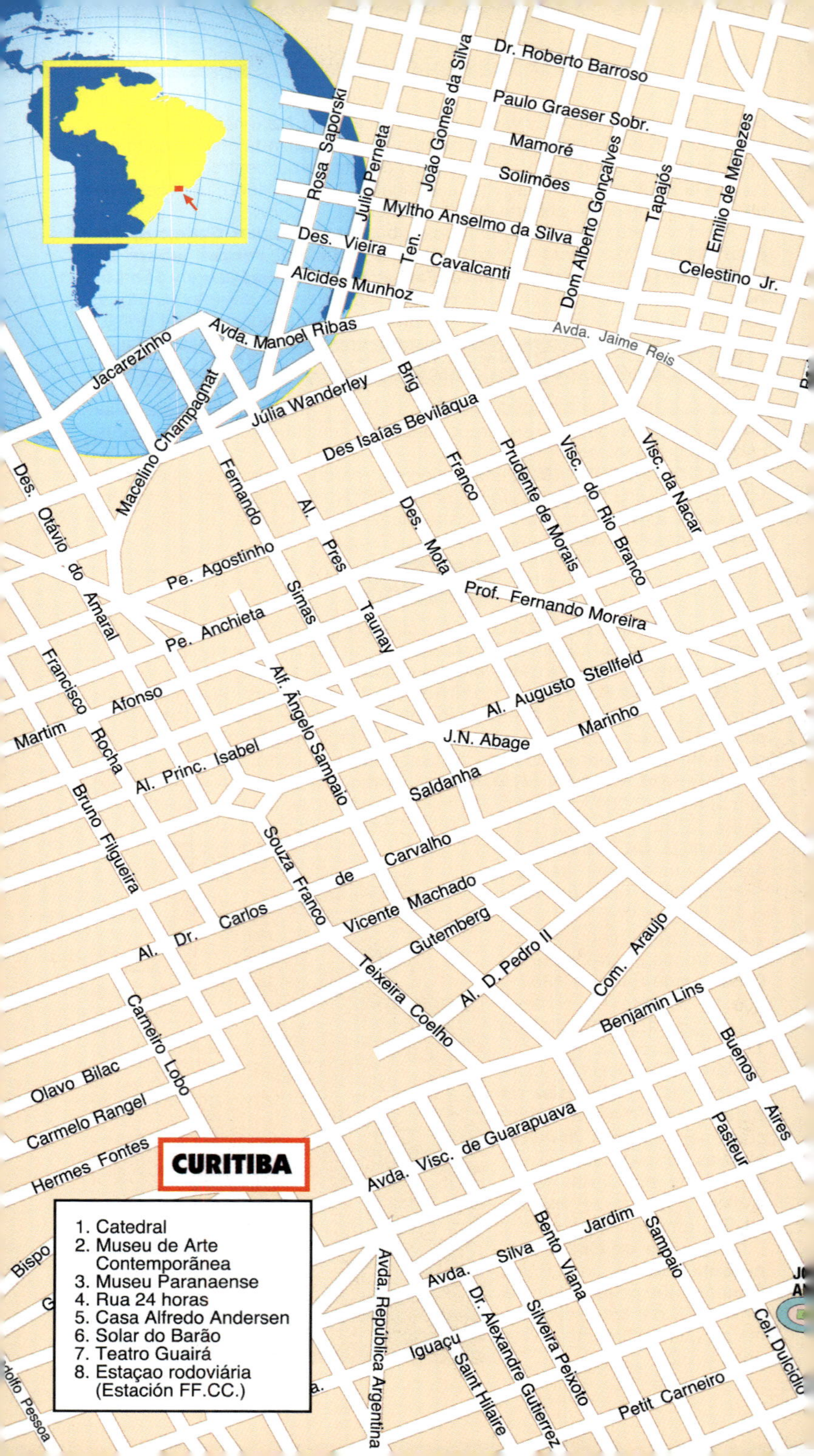
CURITIBA
1. Catedral
2. Museu de Arte Contemporânea
3. Museu Paranaense
4. Rua 24 horas
5. Casa Alfredo Andersen
6. Solar do Barão
7. Teatro Guairá
8. Estaçao rodoviária (Estación FF.CC.)
Dr. Roberto Barroso
Paulo Graeser Sobr.
Mamoré
Solimões
Myltho Anselmo da Silva
Des. Vieira
Ten. Cavalcanti
Alcides Munhoz
Celestino Jr.
Rosa Saporski
Julio Perneta
João Gomes da Silva
Dom Alberto Gonçalves
Tapajós
Emilio de Menezes
Avda. Manoel Ribas
Avda. Jaime Reis
Jacarezinho
Macelino Champagnat
Júlia Wanderley
Brig Franco
Des Isaías Beviláqua
Prudente de Morais
Visc. do Rio Branco
Visc. da Nacar
Des. Otávio do Amaral
Fernando Simas
Al. Pres Taunay
Des. Mota
Pe. Agostinho
Pe. Anchieta
Prof. Fernando Moreira
Francisco Rocha
Martim Afonso
Alf. Ângelo Sampaio
Al. Augusto Stellfeld
J.N. Abage
Marinho
Al. Princ. Isabel
Saldanha
Bruno Filgueira
Souza Franco
de Carvalho
Vicente Machado
Gutemberg
Al. Dr. Carlos
Teixeira Coelho
Al. D. Pedro II
Com. Araujo
Benjamin Lins
Buenos Aires
Carneiro Lobo
Olavo Bilac
Carmelo Rangel
Hermes Fontes
Pasteur
Avda. Visc. de Guarapuava
Bento Viana
Jardim
Sampaio
Avda. Silva
Bispo
Avda. República Argentina
Dr. Alexandre Gutierrez
Silveira Peixoto
Iguaçu
Saint Hilaire
Cel. Dulcidio
Petit Carneiro
dolfo Pessoa

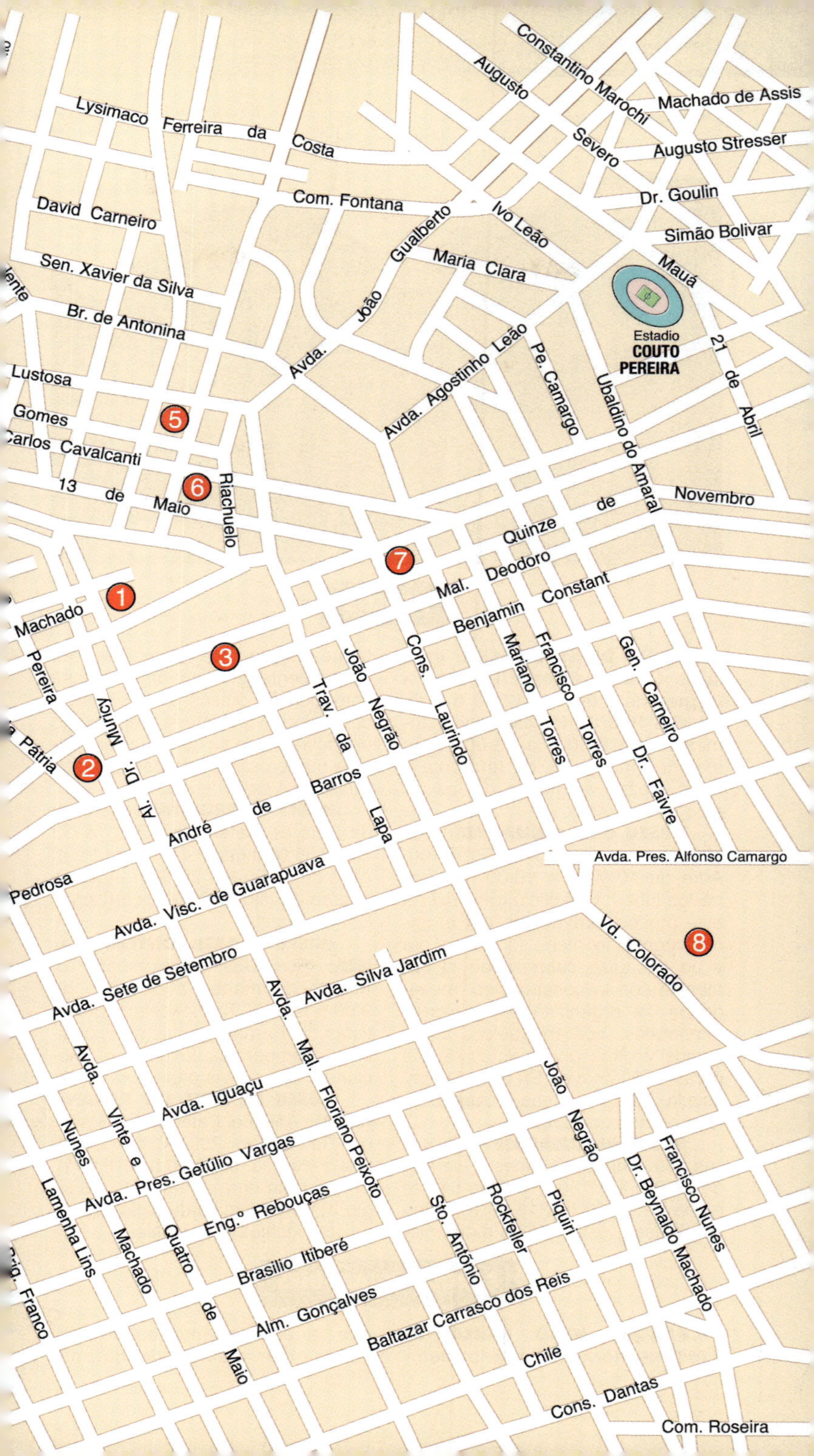
Constantino Marochi
Augusto
Machado de Assis
Lysimaco Ferreira da Costa
Severo
Augusto Stresser
Com. Fontana
Dr. Goulin
David Carneiro
Gualberto
Ivo Leão
Simão Bolivar
Maria Clara
Mauá
Sen. Xavier da Silva
Br. de Antonina
João
Estadio
COUTO PEREIRA
Avda.
Leão
21 de Abril
Lustosa
Pe. Camargo
Avda. Agostinho
Ubaldino do Amaral
Gomes
5
Carlos Cavalcanti
6
13 de Maio
Riachuelo
Novembro
de
Quinze
7
Deodoro
Mal.
1
Constant
Benjamin
Machado
3
Pereira
Cons.
João
Mariano
Francisco
Gen.
Carneiro
Trav.
Muricy
Negrão
Laurindo
Torres
Torres
Pátria
2
Dr.
da
Dr.
Faivre
Barros
Al.
de
André
Lapa
Avda. Pres. Alfonso Camargo
Pedrosa
Avda. Visc. de Guarapuava
Vd. Colorado
8
Avda. Sete de Setembro
Avda. Silva Jardim
Avda.
Avda.
Mal.
João
Avda. Iguaçu
Floriano Peixoto
Vinte
Nunes
e
Negrão
Avda. Pres. Getúlio Vargas
Francisco Nunes
Dr. Beynaldo Machado
Lamenha Lins
Sto.
Rockfeller
Piquiri
Eng.º Rebouças
Machado
Quatro
Antônio
Brasilio Itiberé
Franco
de
Alm. Gonçalves
Baltazar Carrasco dos Reis
Maio
Chile
Cons. Dantas
Com. Roseira

MUSEOS

MUSEU DE ARTE SACRA: Igreja de Ordem. Abierto de lunes a viernes de 9.00 h a 12.00 h y de 13.30 a 19.00 h; los sábados y domingos, de 9.00 h a 13.00 h. Se exponen imágenes de terracota y otras piezas religiosas de los siglos XVIII y XIX.

MUSEU OSCAR NIEMEYER: Rua Mal. Hermes 999. ☎ 33 50 44 00. Abre de 10.00 h a 18.00 h y cierra los lunes. El edificio principal de este museo, proyectado por el genial arquitecto, tiene forma de ojo y un pasadizo subterráneo lo comunica con la construcción anexa, donde se organizan exposiciones temporales, con maquetas, fotos, planos y otros documentos de las obras de Niemeyer. En el jardín hay esculturas de diversos artistas contemporáneos de Brasil.

MUSEU PARANAENSE: Rua Kelles 289. Abierto de lunes a viernes de 9.30 h a 17.30 h y fines de semana de 11.00 h a 15.00 h. Antes que museo, este edificio modernista fue el Ayuntamiento de la ciudad. Actualmente alberga una extensa colección de piezas que ayudan a comprender la historia del Estado desde antes de su colonización. Exhibe numerosas obras de los indios *guaranís* y *caigangues*.

MUSEU FERROVIÁRIO: Avenida Sete de Setembro 2.775. ☎ 33 22 53 36 (Antigua estación de tren). Abre de 14.00 h a 20.00 h. Aquí se guarda la historia del ferrocarril en el Sur de Brasil.

MUSEU DE ARTE CONTEMPORÂNEA: Rua Des. Westphalen 16. Abierto de martes a domingo de 9.00 h a 19.00 h. Pinacoteca de artistas del Paraná y salas de exposiciones temporales donde se promociona a las nuevas promesas.

MUSEU DE ARTE DO PARANÁ (MAP). Antiguo Palácio do Governo, Rua Kellers 289. Abierto de lunes a viernes de 10.00 h a 18.00 h. Se guardan obras de finales del siglo XIX y principios de siglo XX, de artistas locales y regionales.

PARQUES Y JARDINES

PARQUE JOÃO PAULO II: queda al norte del barrio histórico, a unos kilómetros de distancia. Fue inaugurado durante la visita que el Papa Juan Pablo II hizo a Curitiba en 1980. Son 40.000 metros cuadrados de zona verde.

DATOS PRÁCTICOS

PREFIJO TELEFÓNICO: 41.

INFORMACIÓN TURÍSTICA: En el aeropuerto funciona una oficina en la que informan sobre todo el Estado de Paraná. La Oficina Municipal está en rua da Glória 362 (☎ 32 50 77 28) y en la *rodoferroviária* hay otro puesto de información. www.viaje.curitiba.pr.gov.br

CONSULADO DE ESPAÑA: Rua Visconde do Cerro Frio 221 (Novo Mundo).

CORREOS: las oficinas centrales están en Rua 15 de Novembro 700.

TELÉFONOS: Rua Visconde de Nacar 1.388.

INTERNET: Rua 15 de Novembro 18.

CASAS DE CAMBIO: hay varias agencias de turismo en la Rua XV de Novembro en las que os cambiarán euros.

HOSPITALES DE URGENCIAS

PRONTO SOCORRO MUNICIPAL: Avenida São José 738.

MEDIOS DE TRANSPORTE

EL AEROPUERTO AFONSO PENA: Avda Rocha Pombo, a 17 kilómetros de la ciudad. ☎ 33 81 11 53.

LA RODOFERROVIÁRIA: Avenida Pres. Afonso Camargo 330. ☎ 33 20 31 21.

ALQUILER DE COCHES: Hertz: Rua Emiliano Perneta, 420. ☎ 32 82 25 71. **Localiza:** Avenida Cándido de Abreu 336. ☎ 32 53 03 30.

ALOJAMIENTO

ⓑ **CURITIBA ECO HOSTEL:** Rua Luiz Tramontin 1.693. ☎ 32 74 79 79. www.curitibaecohostel.com.br

ⓑ **CCB PR-03:** a 16 kilómetros de Curitiba, en la carretera BR-116. Terreno llano de hierba y sombreado. Tiene una piscina para adultos y otra infantil.

ⓑ **CAMPINHOS:** Parque Estatal de Campinhos, a 63 kilómetros de la ciudad, en el municipio de Bocaiúva do Sul. Es gratuito. Terreno plano, con hierba y sombreado.

Ⓑ **PLAZA HOTEL:** Rua Luiz Xavier 24 (rua das Flores). ☎ 38 88 09 00. www.plazahtl.com.br Un hotel muy céntrico, viejo pero muy correcto y limpio; con desayuno y un personal muy amable.

Ⓑ **DORAL TORRES:** Rua Mariano Torres 951 (Centro). ☎ 33 62 24 24. Con restaurante, tiene 80 habitaciones a precios muy moderados, con teléfono, televisión y frigorífico.

Ⓜ **GARDEN CURITIBA HOTEL:** Rua Ébano Pereira 405 (Centro). ☎ 32 22 25 24. www.gardencuritiba.com.br Tiene 45 habitaciones con teléfono, televisión y frigorífico a precios económicos (265 reales la doble).

Ⓜ **TREVI HOTEL & BUSINESS:** Rua Ébano Pereira 139. ☎ 32 24 01 11. www.trevihotel.com.br El Trevi es uno de los mejores hoteles en cuanto a relación calidad y precio que hemos encontrado en Brasil. Dobles a partir de 222 reales, cómodas y muy bien puestas; de hecho, en cualquier otra ciudad sería un hotel caro. Con un personal en recepción superamable, internet gratuito y un magnífico desayuno, donde hasta los zumos son naturales. Si venís en bus desde el aeropuerto, bajaos en la parada de la Biblioteca.

(M) **SAN MARTIN:** Rua João Negrão 169 (Centro). ☎ 32 22 52 11. www.sanmartin.com.br Estacionamiento privado, restaurante, bar, sauna y salón de belleza. Tiene 92 habitaciones con teléfono, televisión, aire acondicionado, calefacción y frigorífico. Dobles a 200 reales, pero con frecuentes descuentos y a partir de 340 durante la Copa del Mundo.

(M) **SLAVIERO BRAZ:** Avenida Luiz Xavier 67 (Rua das Flores). ☎ 33 22 28 29. www.hotelslaviero.com.br Con restaurante y bar. Tiene 89 habitaciones con teléfono, televisión, aire acondicionado, calefacción, frigorífico, etc, a unos 140 reales. Tiene tres estrellas.

(M) **SLAVIERO CONCEPTUAL PALACE:** Rua Alencar Guimarães 50 (Centro). ☎ 30 17 10 00. www.hotelslaviero.com.br Restaurante, bar y sauna en este hotel con precios muy moderados en esta categoría a pesar de ser de cuatro estrellas, 250 reales. Está a un minuto de la Praça Ossorio.

(C) **ROOCHELE PARK:** Rua Tibagi 307 (Centro). ☎ 0800 724 68 35. www.hotelroochelle.com.br Con restaurante y bar y casi cien habitaciones con todo lo habitual. Muy cerca del Trevi.

(C) **BOURBON CURITIVA CONVENTION:** Rua Cândido Lopes 102 (Centro). ☎ 32 21 46 00. www.bourbon.com.br Con dos restaurantes, bar, piscina, sauna, etc. Tiene 175 habitaciones con todo a todo.

(C) **DEVILLE RAYON:** Rua Visconde de Nacar 1.424/Rua 24 Horas (Centro) ☎ 21 08 11 00 www.deville.com.br Con dos restaurantes, bar, piscina y sauna. Tiene 136 habitaciones con todo lo necesario y precios no muy altos en este rango (330 reales).

RESTAURANTES

Los más numerosos son las *churrascarias*, donde podréis comer la cantidad de carne que queráis a un precio fijo. Esta modalidad, que se ha extendido a todo el país con algunas variantes, es originaria de la región sur. Por algo poseen excelentes materias primas.

De las numerosas colonias que se han instalado en Curitiba, los que más han destacado en restaurantes son los italianos, muchos de ellos concentrados en el barrio de Santa Felicidade y otros en el centro. También hay alemanes, japoneses y franceses, estos últimos resultan más caros.

A diferencia de otras ciudades brasileñas, hay muchos locales para tomar café, cafeterías, *confeitarias* o salones de té. Algunos, sobre todo los instalados en la Rua das Flores, con sabor a principios del siglo XX ya fenecido.

En la Rua das Flores esquina Ébano Pereira hay tres establecimientos muy similares en precio y comida, típica brasileña; son el **Triángulo, La Góndola** y **Savoy**.

(B) **PONTO GIRA:** Praça Andrade 219. Una churrascaria con bufé por 15 reales hasta las 15.00 horas y a base de carnes, ensaladas, *feijoada*, etc.

(B) **SCHWARZWALD:** Largo da Ordem 63 (Centro histórico). ☎ 32 23 25 85. Abierto todos los días hasta las 2.00 h. Platos alemanes y buena cerveza. Especialidad en pato asado.

(B) **STUART:** Praça Osório 427 (Centro). Cierra los domingos noche. Lleva abierto desde principios del siglo pasado y sirve inmensos platos de cocina regional que podéis compartirlos con otra persona.

(B) **ESTRELA DA TERRA:** Rua Lycio Grein de Castro Velloso 180 (Mercês). ☎ 32 22 50 07. Abre hasta las 15.00 h y los domingos hasta las 16.00 h. Los domingos por la mañana se sirve un rico bufé. El éxito de este popular local se basa en una bien elaborada cocina regional del interior, *arroz de cordeiro*.

(M) **SCAVOLLO:** Rua Emiliano Perneta 924 (Batel). ☎ 32 25 22 44. Abierto todos los días de 19.00 h a una de la noche. Una pizzería agradable.

(M) **CANTINHO DO EISBEIN:** Avenida dos Estados 863 (Agua Verde). ☎ 33 29 51 55. Abre hasta las 14.30 y de 18.30 a 23.30 h; los domingos sólo hasta las 15.30 h. Cierra los lunes. Sencillo restaurante en cuanto a precio pero grande en calidad. Cocina tradicional alemana, elaborada con amor y arte por esta familia desde hace más de diez años.

(M) **MINEIRA GOSTOSA:** Rua Mateus Leme 491. ☎ 30 29 52 78. Cierra los domingos por la noche. Autoservicio con platos baratos de la cocina llamada minera.

(M) **BADIDA:** Avenida Batel 1.486 (Batel). ☎ 32 43 04 73. Cierra los domingos por la tarde. Una buena *churrascaria*.

(M) **CASCANTINHA:** Avenida Manoel Ribas 4.455 (Santa Felicidade). ☎ 33 35 12 14. Cierra domingos tarde. Cocina italiana preparada con gusto y buen *rodízio*. Una dirección segura.

(C) **GALLA:** Rua Visconde de Nacar (Centro). Es el restaurante del Hotel Deville Rayon. Una buena dirección de cocina internacional.

(C) **ALPENDRE:** Rua Visconde do Rio Branco 1.046. No cierra ningún día. Por la zona de São Francisco. Una de las direcciones más elegantes de la zona. Cocina portuguesa a base de buenas materias primas. Preparan varias especialidades de bacalao.

(C) **BOULEVARD:** Rua Voluntários da Pátria 539 (Centro). ☎ 32 24 82 44. Cierra los domingos. Especialista en platos galos con delicadas salsas y buena materia prima. Excelentes postres.

(C) **LE PISTOU:** Rua Cel. Dilcídio 333 (Batel). ☎ 32 23 49 64. Cierra los domingos. Un local muy bonito, decorado con mobiliario antiguo, donde se sirve cocina francesa de calidad.

VIDA NOCTURNA

Centro Cultural do Portão: Avenida República Argentina, 3.430 (Portão). La programación es organizada por grupos culturales que saben lo que tienen entre manos. En la prensa local suele venir la cartelera.

Las terrazas y cafés de la **Rua das Flores** suelen estar llenos de gente durante el día y durante las primeras horas de la noche. Más tarde el ambiente se desplaza hacia la **Praça Garibaldi** y sus calles cercanas del barrio histórico, en Largo da Orden. Aquí hay locales que contratan grupos musicales durante los fines de semana. Otro lugar tradicional de vida nocturna es la **Galeria Schaffer**, un conjunto de restaurantes, cafeterías, sala de cine y la popular ***Confeitaria Schaffer***.

COMPRAS

Hay varios centros y ferias de artesanía coordinados por una central de artesanos instalada en la Rua 13 de Maio, 915. Podréis encontrar objetos realizados en la región en la **Casa do Artesanato**, Rua Mateus Leme, 22 (abierto de lunes a viernes de 9.00 h a 12.00 h y de 14.30 a 18.30 h; los domingos, de 10.00 h a 13.00 h).

Los domingos se celebra un mercado en la Praça Anita Garibaldi (de 10.00 h a 13.00 h). Los miércoles y sábados, la feria se instala en la Praça Rui Barbosa (de 9.00 h a 19.00 h).

Hay un centro de artesanía típica de Polonia en el **Bosque de João Paulo II**, donde esta colonia tiene un museo sobre la historia de su llegada a Brasil. Los ucranianos poseen otro centro artesanal en la Rua Brig Franco 898.

LLEGAR Y PARTIR

EN AUTOBÚS. En autobús tenéis unas siete horas a São Paulo, diez a Foz do Iguaçu, cuatro a Florianópolis, 18 a Asunción, 28 a Buenos Aires, etcétera.

EN TREN. Hay un precioso viaje en tren, casi el único que se puede hacer en Brasil en la actualidad, y es el que va de Curitiba a Paranaguá y que desciende desde los 900 metros hasta el nivel del mar. Son más de cien kilómetros, con trece túneles y 67 puentes. El tren parte cada día a las 9.00 h y vuelve a las 15.00 h. Son casi cuatro horas de viaje. Algunos días sale otro tren, la *Litorina,* a las 8.00 h.

EN AVIÓN. Curitiba está conectada por vía aérea con las principales ciudades de Brasil.

PARQUE NACIONAL DE VILA VELHA

El parque de Vila Velha está a 93 kilómetros de Curitiba. Posee unas curiosas formaciones rocosas que a fuerza de la erosión han cobrado la forma de inmensas esculturas, algunas abstractas y otras figurativas.

Los geólogos creen que estas formaciones están aquí desde hace 400 millones de años. Hay una zona próxima en la que abundan las cavernas, conocidas como *caldeirões do inferno*, con paredes verticales que descienden hasta una profundidad de 100 metros, la mitad cubiertas por el agua.

Las cavernas están comunicadas entre sí con la laguna *Dourada*. A través de un ascensor-descensor se puede acceder a una plataforma instalada a 54 metros y a partir de ahí se llega por una escalera a otra plataforma desde la que se puede contemplar un bellísimo panorama de juego de luces que se produce entre el agua y las rocas.

ALOJAMIENTOS EN PONTA GROSSA

El río São Jorge forma cascadas y recodos muy apropiados para acampar. Hay dos **campings:** el **Rio São Jorge**, al que se accede por la carretera de Alagados, en el kilómetro 14, acampada gratuita; el **Vila Velha CCB PR-2**, acceso por la carretera BR-376, km 510.

HOTELES

Ⓑ **SÃO MARCOS:** Rua Cel. Francisco Ribas 53. ☎ 32 24 19 44. Habitaciones con tele y frigobar.

Ⓜ **GENEVIEE PALACE:** Rua Balduíno Taques 703. ☎ 32 23 78 44. Bar, restaurante y habitaciones con baño, aire acondicionado, tele, frigobar y caja fuerte. Precios que se acercan peligrosamente a los de la categoría de caros.

Ⓒ **PLANALTO PALACE:** Rua Sete de Setembro 652. ☎ 32 25 21 22. Tiene 75 habitaciones bien equipadas.

RESTAURANTES EN PONTA GROSSA

Ⓜ **CAMPONESA:** Rua do Rosário 900. Cierra los domingos. Precios muy asequibles y cocina variada.

PAMPEANA: en la Carretera de Curitiba, km 393. A Siete kilómetros. Cierra los domingos por la noche. Churrasco en *rodízio.*

LA GONDOLA: Rua Com. Miró 969. Precios asequibles y platos variados.

CÓMO LLEGAR

Varias agencias de viajes organizan excursiones guiadas y también hay un servicio diario de autobuses frecuentes con destino a Ponta Grossa que pasan por la entrada del parque.

EL LITORAL

PARANAGUÁ

Paranaguá está situado en la costa, a 93 kilómetros de Curitiba. Su puerto es uno de los más importantes del país, a través del cual se exporta la producción de café de la región Sur.

Tiene un centro histórico interesante, que lo podéis recorrer a pie. Algunas de sus construcciones son del siglo XVI. Informaos en la Oficina de Turismo sobre las posibilidades de viajar a las islas y ciudades costeras cercanas.

LA VISITA

En la ciudad podéis visitar el **Mercado Municipal do Café**, en la Praça Leõncio Correia. Este edificio de principios del siglo XX y estilo *art nouveau* tiene una bonita estructura de hierro. Ahora lo ocupan puestos de artesanía y pequeños restaurantes donde se come buen pescado.

Junto a él está el **Colegio dos Jesuítas**, construido a petición de los ciudadanos de Paranaguá. Este centro docente no cumplió con su cometido más de cuatro años, porque después de este periodo los jesuitas fueron expulsados del país y el edificio se dedicó a otros fines. Ahora alberga el **Museu de Arqueologia e Etnologia** (abierto de martes a domingo de 12.00 h a 17.00 h). Se exponen objetos recogidos en excavaciones arqueológicas y en terrenos habitados por indígenas, sobre todo de los *tupi-guaraní.*

Entre las iglesias, merecen la pena una visita la de **São Francisco das Chagras**, construida en 1741; la de **São Benedito**, que fue levantada gracias a la hermandad de esclavos de la ciudad, y la de **Nossa Senhora do Rosário**, una de las más antiguas de Brasil.

PONTAL DO SUL

Desde este punto, extrema de la bahía, en dirección sur hay un par de playas: **Pontal do Sul**, no muy frecuentada por estar algo sucia ya que el lugar de donde salen los barcos para la isla do Mel, y **Leste**, amplia extensión de arena y buenas olas para el surf.

DATOS PRÁCTICOS

PREFIJO TELEFÓNICO: 41.
OFICINA DE TURISMO: Rua Des. Hugo Simas 373.

MEDIOS DE TRANSPORTE

RODOVIÁRIA: Rua João Estevam.

BARCOS PARA ILHA DO MEL: Muelle frente a la Oficina de Turismo.

ALOJAMIENTO

ARCO-ÍRIS: Rua Guaraguassu, a 150 m de la playa de Leste. Terreno llano, arenoso, situado en zona urbanizada. Alquila habitaciones.

PRAIA LESTE: Carretera das Praias, km 18,500. A 200 metros de la playa. Terreno con hierba y poca sombra. Alquila habitaciones.

(B) **ITIBERÊ:** Rua Princesa Isabel 24. ☎ 34 23 24 85. Con dieciséis habitaciones amplias, con baños compartidos. Muy barata.

(M) **DANTAS PALACE:** Rua Visc. de Nácar 740. ☎ 34 23 15 55. Bar y restaurante (**Le Bistrô**), que está bastante bien y además brinda unas bonitas vistas. Tiene 45 habitaciones con teléfono, televisión, aire acondicionado, frigorífico, etc.

(M) **PORTOFINO:** Avenida Atlântica, km 29. En la Praia de Leste, Balneario Porto Fino. ☎ 34 58 15 08. Con bar, restaurante y piscina.

RESTAURANTES

(B) **AQUÁRIO:** Praça João Gualberto 1.078. Pescado fresco de buena calidad.

(B) **JULIUS:** Rua Nestor Vitor 66. Excelentes churrascos a precios moderados.

(B) **MERCADO MUNICIPAL DO CAFÉ:** Praça Leõncio Correia. Hay cinco restaurantes de características parecidas en los que podréis comer buen pescado y mariscos a precios muy convenientes.

(M) **DANUBIO AZUL:** Rua 15 de Novembro 95. Precios medios, con buenas vistas y sirven buenos pescados.

(M) **LE BISTRÔ:** Rua Visconde de Nacar 740. Abre hasta las 14.00 h y de 19.00 h a 23.00 h y cierra domingos. Cocina variada en el restaurante del hotel Dantas Palace.

LLEGAR Y PARTIR

EN AUTOBÚS. Hay autobuses diarios y frecuentes desde Curitiba, a una hora y media de camino.

EN TREN. Dos trenes diarios salen hacia Curitiba, en ese viaje tan bonito, de jueves a domingo, a las 15.00 h y a las 16.00 h; el resto de los días sólo hay uno. Aunque el viaje es más largo por tren (unas tres horas y media), por esta vez es preferible cogerlo para gozar del paisaje. La vía transcurre por un impresionante camino de montañas y en algunos tramos discurre a 1.000 metros de altura.

EN BARCO. Hay dos salidas diarias a Ilha do Mel desde el muelle frente a la Oficina de Turismo y también a Nova Brasília.

ALREDEDORES DE PONTAL DO SUL

Desde Paranaguá podréis hacer excursiones en barco por la bahía. De la Rua do Mercado hay barcos que dan estos paseos de una hora y cuarto de duración, sólo durante la temporada de marzo a noviembre. Desde el muelle do Mercado salen otros barcos para conocer las islas Do Mel, da Cotinga, dos Valadares, das Cobras y Das Pedras. También tiene playas hermosas, aunque algo alejadas: Leste, Ipanema, Grajaú y Xangrila.

ILHA DOS VALADARES. Junto a la ciudad, puede accederse por un puente peatonal o en lancha a esta isla. Los vecinos de esta isla siguen manteniendo sus viejas tradiciones, como el baile *fandango,* y su artesanía tradicional de cestería y cerámica.

PARQUE NACIONAL DO SUPERAGÜÍ

Creado en 1989, ocupa una superficie de 21.400 ha al otro lado de la bahía de Paranaguá e incluye las islas de Superagüi y das Peças. La mejor forma de venir es desde Paranaguá en el barco que sale desde la gasolinera del porto del antiguo Mercado de Café.

Antes de ir informaos sobre las condiciones de acceso al turista en la sede de Ibama de Paranaguá (☎ 34 55 15 64) o en las oficinas del parque.

Las excursiones, por norma general, se dirigen a la isla de Superagüí, habitada por pescadores y labradores, y donde no hay luz eléctrica. También hay muchas playas solitarias. Ahora bien, el principal atractivo del parque, y el motivo porque se ha declarado su protección, es el gran número de aves que anidan aquí, algunas especies muy exóticas como el jacaré de *papo amarelo, jacutinga, mico leão da cara preta...*

CÓMO VENIR. Para venir aquí tenéis que ir a Guaraqueçaba en autobús desde Curitiba o en autobús y barco desde Paranaguá. Desde Guaraqueçaba zarpan barcas frente al antiguo mercado.

GUARAQUEÇABA

Guaraqueçaba es un pueblo de pescadores dentro de la bahía y junto al Parque Natural de Superagüí, con unos alrededores muy ricos en cuanto a fauna y flora respecta.

Así, destacan los viveros de peces, el Salto do Morato, una cascada con ochenta metros de altura, y el mirador que hay junto a la carretera para Antonina, a unos 24 kilómetros y desde donde se divisa toda la bahía.

CÓMO IR. Aquí se puede venir por carretera desde Curitiba o en autobús y barco desde Paranaguá.

ILHA DO MEL

Declarada Reserva Biológica, esta isla extiende sus 2.700 hectáreas de superficie justo en la boca de la bahía, entre la Ponta do Sul, de donde zarpan barcos para esta isla, y la Ilha das Peças.

En mayo de 1996 se produjo un hecho muy curioso en la isla: quedó dividida en dos al subir la marea. Hay cuatro pueblos (**Nova Brasília** o Brasília, **Encantada, Fortaleza** y **Praia do Farol**) y no hay carreteras, únicamente caminos. De todas formas existe la posibilidad de alquilar bicicletas.

En Ilha do Mel hay poco más de mil habitantes.

LAS PLAYAS

El principal motivo por el que se suele venir son las playas. Todas son muy agradables y con vegetación.

DA FORTALEZA: debe su nombre a las ruinas de la fortaleza, de Nossa Senhora dos Prazeres, levantada por los portugueses en 1770. Arena clara y vegetación.

FAROL DOS CONCHAS: junto a Nova Brasília, al lado del faro. Con vegetación.

GRANDE: al otro lado del faro. Muy buena para practicar el surf por el fuerte oleaje. Con arena y piedras.

DO MIGUEL: muy bonita pero algo peligrosa para el baño, ya que hay bastantes desniveles dentro del mar. No suele haber mucha gente.

DE FORA: muy cerca de la Gruta Encantada, donde según una tradición local hay sirenas que atraen por la noche a los pescadores con sus cantos. Arena clara y vegetación.

ENCANTADAS: junto al pueblo de pescadores. Mar tranquilo, queda en la parte interior y es de arena clara.

ALOJAMIENTO

EN NOVA BRASÍLIA

(B) **ESTALAGEM ANCORADURO:** Praia do Farol das Conchas, a kilómetro y medio. Con restaurante y cuartos básicos.

(M) **POUSADA PRAIA DO FAROL:** Praia de Nova Brasília. ☎ 34 26 80 14. www.praiadofarol.com.br Con bar, restaurante, siete habitaciones con baño y seis con ello compartido.

EN ENCANTADAS

(B) **POUSADA A ILHA VERDE:** Prainha. ☎ 34 26 90 36. www.ailhaverde.com.br Con diferentes habitaciones a precio barato o medio y con bar, restaurante, pista de volei y posibilidad de navegar en barca.

(B) **POUSADA TIA MARIA:** Prainha. ☎ 34 26 90 16. www.pousadatiamariailhadomel.com.br Con habitaciones y apartamentos con frigobar, ventilador

RESTAURANTES

EN NOVA BRASÍLIA

(B) **DAVI:** Praia do Farol de Conchas, a unos 600 metros. Agradable local que se ha especializado en pescados.

(B) **TOCA DO ABUTRE:** Praia do Farol de Conchas. Ya queda algo más lejos, pero no mucho. También está muy bien, y con platos de pescado.

EN ENCANTADAS

(B) **SONHO DO VERÃO:** Prainha. Abierto todos los días. Platos de pescados.

CÓMO VENIR

EN BARCO. Desde Paranaguá y Pontal do Sul zarpan barcos para esta isla.

MATINHOS

A 54 kilómetros al sur de Paranaguá y junto a la Baía de Guaratuba, Matinhos se ha convertido en un importante centro de veraneo por sus playas y su buena infraestructura, en la que se han creado, además, varios campings.

DATOS PRÁCTICOS

PREFIJO TELEFÓNICO: 41.
OFICINA DE TURISMO: Ponta da Pedra de Matinhos.

MEDIOS DE TRANSPORTE

RODOVIÁRIA: Rua Albano Müller 171.

BARCOS A GUARATUBA: Caiobá, a 8 kilómetros.

ALOJAMIENTO

FLAMINGO'S: Rua Cascavel. Se accede desde la Avenida Paranaguá en dirección a la playa de Leste. Queda a unos dos kilómetros.

MATINHOS: en la Praia do Flamingo. A kilómetro y medio.
CCB PR 04: Rodoviaria das Praias, kilómetros 27. En el balneario Solymar, a seis kilómetros.

RESTAURANTES

(B) **PILEQUINHO:** Rua Paranaguá 196. Abierto hasta las 23.30 h y cierra los lunes en marzo y noviembre. Especializado en pescado y marisco.

(B) **PORÃO ITALIANO:** Rua Ipiranga 67. En Caiobá. Cierra durante los meses de invierno. Cocina italiana.

LLEGAR Y PARTIR

EN AUTOBÚS. Hay autobuses diarios desde Curitiba, a 115 kilómetros, y Paranaguá.
EN BARCO. Desde Caiobá, a ocho kilómetros, zarpan barcos a Guaratuba.

GUARATUBA

Guaratuba, en la parte sur de la bahía, está comunicada con Matinhos por un servicio de barcos y es otro importante centro de veraneo por sus playas rodeadas de vegetación autóctona.
Está a 127 kilómetros de Curitiba. Si dais una vuelta por el pueblo veréis su **iglesia**, de finales del siglo XVIII.

DATOS PRÁCTICOS

PREFIJO TELEFÓNICO: 41.
OFICINA DE TURISMO: Avenida Visc. do Rio Branco, salida en dirección a Garuva.

MEDIOS DE TRANSPORTE

RODOVIÁRIA: Avenida Damião Botelho de Sousa.

BARCOS: desde el embarcadero de la Avenida Atlântica, a 2 kilómetros.

LAS PLAYAS

En los pocos kilómetros de costa existentes entre Guaratuba y la frontera con el Estado de Santa Catarina hay nada menos que siete playas. De norte a sur:

CAIEIRAS: junto al amarradero. Aguas tranquilas, ya que se encuentra protegida dentro de la bahía.

GUARATUBA: mala para bañarse por su proximidad a la desembocadura del río Brejatuba, pero muy buena para la práctica de la vela (aquí se celebra un campeonato).

MORRO DO CRISTO Y **BREJATUBA:** la primera, muy bonita por las vistas del morro y la segunda es ideal para bañarse.

NEREIDAS, COROADOS Y **BARRA DO SAÍ:** con poca gente, seguramente por su fuerte oleaje. La última es más frecuentada y cuenta con presencia de vegetación autóctona.

ALOJAMIENTO

(B) **GUARATUBA:** Rua Centenario, en Brejatuba. Junto al Terminal Turístico. Queda a seis kilómetros.

(B) **COSMOS:** Avenida Visconde do Rio Branco, 2.800. A 5 kilómetros.

(M) **HOTEL ROTA DO SUL:** Avenida Visconde do Rio Branco 2.995. ☎ 34 43 13 13. En Brejatuba, a 5,5 kilómetros. ☎ 34 43 13 13. Tiene 48 habitaciones con aire acondicionado, tele y frigobar y hay bar, restaurante y piscina.

(C) **HOTEL SANTA PAULA:** Avenida Visconde do Rio Branco 650. ☎ 34 43 12 99. www.santapaulahotel.com.br Con 109 habitaciones con aire acondicionado, y tiene bar, restaurante, dos piscinas (una térmica), sauna, etc.

RESTAURANTES

(M) **DECK:** Rua 15 de Novembro 45. Cocina de pescados.

(M) **SOL NASCENTE:** Avenida Vicente Machado 967. Cocina variada.

LLEGAR Y PARTIR

EN BARCO. En barco a Caiobá (Matinhos) se llega en diez minutos.

EL INTERIOR

FOZ DO IGUAÇU

La ciudad de Foz do Iguaçu está situada a 637 kilómetros al oeste de Curitiba y a 20 de las alucinantes Cataratas de Iguazú, las más hermosas del mundo.

Foz do Iguaçu, donde no hay nada realmente interesante que ver, ha crecido gracias al turismo que mueve las famosas cataratas –consideradas como las mayores del mundo– y a su proximidad con las fronteras con Paraguay y Argentina.

Es un núcleo urbano moderno de 300.000 habitantes, sin un centro histórico que merezca la pena verse. Tanto en la ciudad como a lo largo de la carretera que conduce a las cataratas abundan los hoteles de distintas categorías.

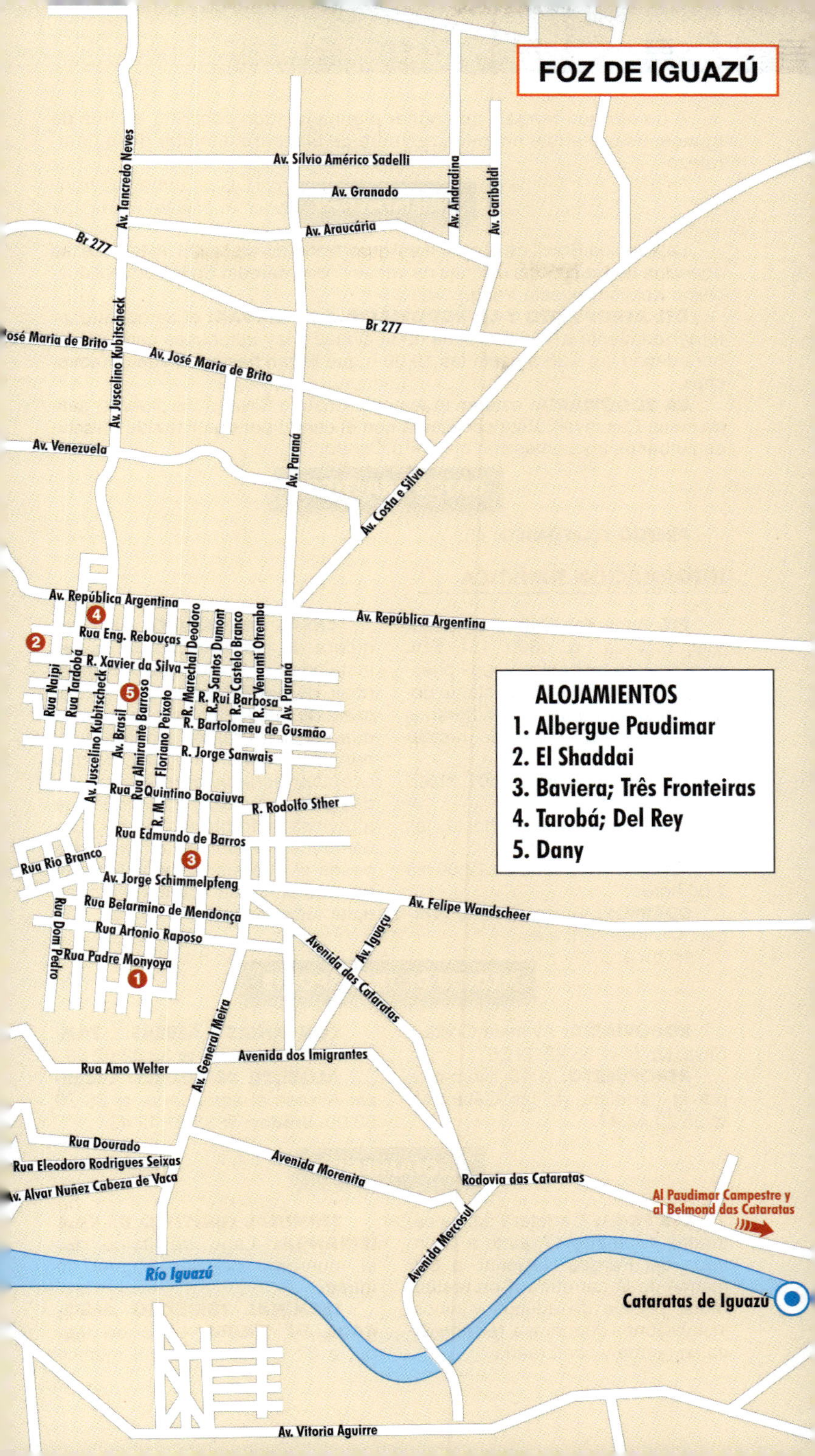
FOZ DE IGUAZÚ
ALOJAMIENTOS
1. Albergue Paudimar
2. El Shaddai
3. Baviera; Três Fronteiras
4. Tarobá; Del Rey
5. Dany
Av. Silvio Américo Sadelli
Av. Granado
Av. Araucária
Av. Tancredo Neves
Av. Andradina
Av. Garibaldi
Br 277
Br 277
Av. José Maria de Brito
Av. Juscelino Kubitscheck
Av. Venezuela
Av. Paraná
Av. Costa e Silva
Av. República Argentina
Av. República Argentina
Rua Eng. Rebouças
R. Xavier da Silva
R. Rui Barbosa
R. Bartolomeu de Gusmão
R. Jorge Sanwais
Rua Quintino Bocaiuva
R. Rodolfo Sther
Rua Edmundo de Barros
Rua Rio Branco
Av. Jorge Schimmelpfeng
Rua Belarmino de Mendonça
Rua Artonio Raposo
Rua Padre Monyoya
Rua Dom Pedro
Rua Naipi
Rua Tarobá
Av. Juscelino Kubitscheck
Av. Brasil
Rua Almirante Barroso
Floriano Peixoto
R. M.
R. Marechal Deodoro
R. Santos Dumont
R. Castelo Branco
R. Venanti Otremba
Av. Paraná
Av. Felipe Wandscheer
Av. Iguaçu
Avenida das Cataratas
Av. General Meira
Avenida dos Imigrantes
Rua Amo Welter
Rua Dourado
Rua Eleodoro Rodrigues Seixas
Av. Alvar Nuñez Cabeza de Vaca
Avenida Morenita
Rodovia das Cataratas
Avenida Mercosul
Al Paudimar Campestre y al Belmond das Cataratas
Río Iguazú
Cataratas de Iguazú
Av. Vitoria Aguirre

A no ser que tengáis que hacer alguna gestión concreta en Foz do Iguaçu, es preferible hospedarse fuera de ella para disfrutar de la naturaleza.

ORIENTACIÓN

La Avenida Brasil es la calle más importante, donde están instaladas las agencias de viajes y las oficinas de varias líneas aéreas. En la paralela Juscelino Kubitschek está Varig.

DEL AEROPUERTO Y LA RODOVIÁRIA A LA CIUDAD: el aeropuerto internacional está a 16 kilómetros de la ciudad. Hay autobuses cada media hora desde las 5.30 h hasta las 19.00 h que llegan hasta la Avda J Kubitschek.

LA RODOVIÁRIA: está en la Avenida Costa e Silva (a las afueras, salida hacia Cascavel). Está conectada con el centro por una línea de autobuses urbanos frecuentes con el letrero *Centro.*

DATOS PRÁCTICOS

PREFIJO TELEFÓNICO: 45.

INFORMACIÓN TURÍSTICA

PIT. Avda das Cataratas 2.330, Vila Yolanda. ☎ 0800 451 516. www.iguassu.tur.br Hay varios puestos de información con bastante documentación: alojamientos, horarios de autobuses, listados de restaurantes, etcétera:

Avda Costa e Silva 1.601, abierta hasta las 18.00 h.

Rodoviária, abierta hasta las 18.30 horas.

Aeropuerto, abierta de 12.00 h a 1.00 horas.

CORREOS: Praça Getúlio Vargas. Oficinas centrales.

CASAS DE CAMBIO: en cualquiera de las agencias de viajes instaladas en la Avenida J. Kubitschek os cambiarán euros y cheques de viaje. No merece la pena que cambiéis reales a guaranís si pensáis pasar a Paraguay, porque aceptan moneda brasileña en todas partes, incluido el autobús que atraviesa la frontera. Tampoco os compensa perder en el cambio a pesos si queréis viajar a Argentina. Los euros se aceptan en cualquier lugar.

MEDIOS DE TRANSPORTE

RODOVIÁRIA: Avenida Costa e Silva, km 5. ☎ 35 22 33 36.

AEROPUERTO: a 13 kilómetros por la carretera de las Cataratas. ☎ 35 23 42 44.

COMPAÑÍAS AÉREAS: TAM: Avda de Brasil 640. ☎ 35 32 62 46.

ALQUILER DE COCHES: Localiza: Acceso al aeropuerto. ☎ 35 29 63 00. **Unidas:** ☎ 35 21 42 43.

ALOJAMIENTO

CCB PR-01: Carretera de las cataratas, kilómetro 17, junto a la entrada del Parque Nacional, a 600 metros de la carretera. Con restaurante, piscina de adultos y niños, instalaciones deportivas, terreno llano de hierba y sombreado.

TERMINAL TURÍSTICO DE VILA IPIRANGA: Lago de Itaipu. En el municipio de São Miguel do Iguaçu.

TERMINAL TURÍSTICO ALVORADA DE ITAIPU: Lago de Itaipu, a 37 kilómetros en el municipio de Santa Terezinha de Itaipu. Muy agradable y con buenas instalaciones.

b PAUDIMAR CAMPESTRE: Rodovia das Cataratas, km 6. Remanso Grande. ☎ 35 29 60 61. www.paudimar.com.br Está a doce kilómetros de la ciudad. Al llegar a la rodoviária, llamad por teléfono para que os vayan a recoger. Buenas instalaciones: piscina, campo de fútbol, sala de juegos, restaurante (*churrascaria*), *lanchonette*, sala de televisión, acceso a internet, etc.

b ALBERGUE PAUDIMAR FALLS: Rua Antônio Raposo 820. ☎ 30 28 55 03. www.paudimarfalls.com.br El albergue Paudimar del centro está cerca de la Avda Jorge Schimmelpfeng y tiene dormitorios y habitaciones a 65 reales, cocina, lavandería, jardín, etcétera.

b POUSADA EL SHADDAI: Rua Rebouças semiesquina con rua dos Missoes. ☎ 30 25 44 93. www.pousadaelshaddai.com.br Un favorito de los mochileros, con la pega de que está un poco a desmano del centro, y en una zona sin restaurantes baratos, por ejemplo. Dobles a 90 reales y lo lleva una gente encantadora.

B REAL: Rua Mal. Deodoro 1.536. ☎ 35 72 45 01. www.hotelrealfoz.com.br Una *pousada* recomendable, con 40 habitaciones con teléfono, televisión y aire acondicionado. Está en una calle tranquila del centro, bien comunicada.

B EVELINA: Rua Irlan Kalichewski 171. ☎ 35 74 38 17. www.pousadaevelina.com.br Pequeña, con catorce cuartos, algunos con a/c, y a dos manzanas de la Avda de las Cataratas. Tiene una pequeña piscina. También recomendable.

M HOTEL BAVIERA: Avda Jorge Schimmelpfeng 697. ☎ 35 23 59 95. www.hotelbavieraiguassu.com.br Frente al famoso Biergarten, un hotel de estilo alemán, o bávaro mejor dicho, con dobles muy acogedoras a 200 reales.

M HOTEL TRÊS FRONTEIRAS: Avda Jorge Schimmelpfeng 695. ☎ 35 23 12 51. www.hotel3fronteiras.com.br Junto al Baviera, algo más económico, pero con bastantes fallos por mal mantenimiento. Prácticamente en cada habitación hay algo que no funciona, bien sea la luz, el aire acondicionado, la ducha, etcétera. Podría estar mucho mejor si se lo trabajaran un poco.

M BEST WESTERN TAROBÁ: Rua Tarobá 1.048. ☎ 21 02 77 70. www.hoteltaroba.com.br Cerca de la parada de autobús hacia el Parque Nacional, tiene 85 cuartos con a/c y hay una piscina.

M FOZ PRESIDENTE II: Rua Mal. Floriano Peixoto 1.851. ☎ 30 25 52 83. www.fozpresidentehoteis.com.br Con bar, restaurante y piscina, habitaciones con aire condicionado.

M LAWRENCE: Avda Paraná 463. ☎ 35 74 31 98. www.hotellawrence.com.br Con bar y piscina, muy barato en este rango y con 28 habitaciones con televisión y aire acondicionado.

M DANY HOTEL: Avenida Brasil 509. ☎ 35 23 15 30. www.hoteldany.com.br Habitaciones nuevas. Céntrico.

M SAN JUAN ECO HOTEL: Carretera de las Cataratas, kilómetro 8. ☎ 21 05 92 00. www.sanjuanhoteis.com.br Restaurante, bar, piscina, sala de juegos e instalaciones deportivas. Tiene 87 habitaciones con aire acondicionado, frigorífico, etcétera.

M HOTEL DEL REY: Rua Tarobá 1.030. ☎ 21 05 75 00. www.hoteldelreyfoz.com.br Económico dentro de los Medios y con habitaciones pulcras y acogedoras.

C SAN MARTIN: Carretera de las Cataratas, kilómetro 17. ☎ 35 21 80 88. Con restaurante, bar, piscina, sauna, instalaciones deportivas, etcétera. Tiene 142 habitaciones con todo lo habitual.

C GOLDEN TULIP INTERNACIONAL FOZ: Rua Almirante Barroso 2.006. ☎ 35 21 41 00. www.goldentulipinternacionalfoz.com Otro elegante hotel con toda clase de servicios y dos restaurantes, el **International** y otro francés, ya más caro, **La Cuisine du Ciel**. Tiene piscina y sauna.

(C) BOURBON CATARATAS: Carretera de las Cataratas, km 2,5. ☎ 35 21 39 00. www.bourbon.com.br Con tres restaurantes, bar, piscina, sauna, instalaciones deportivas, etcétera, es un gran hotel, con 311 habitaciones lujosas.

(E) BELMOND HOTEL DAS CATARATAS: Carretera de las Cataratas, kilómetro 25 (frente a las cataratas). ☎ 21 02 70 00. www.hoteldascataratas.com El mítico hotel Cataratas es una preciosidad, el único que está en pleno parque nacional y con maravillosas vistas a las cataratas desde sus mejores habitaciones. Es un edificio tipo palacete neoclásico de fachada rosácea. Tiene restaurantes, bar, piscina, instalaciones deportivas, etcétera. Las dobles cuestan a partir de 1.000 reales –aunque hay frecuentes promociones, sobre todo en temporada baja, que lo convierten en un chollo–, que incluyen la entrada y los desplazamientos a las cataratas. Una maravilla.

RESTAURANTES

El pescado de río, sobre todo el *suribí* y el *dorado*, que se pescan en el Paraná, son los platos más típicos. Hay muchos restaurantes a buen precio y no faltan las *churrascarias*.

(B) BIER GARTEN: Avenida José Schimmelpfeng 550. Una cervecería en un jardín, de estilo bávaro y con cocina típica brasileña y diferentes tipos de pizza.

(B) BIANCO: Rua Quintino Bocaiúva 839. Sin ser una *churrascaria* típica, su plato fuerte es la carne asada.

(M) REFAIN: Avenida José Schimmelpfeng 450. Cerca del Hotel Baviera, un local moderno que sirve cocina brasileña y también funciona como bar, con cócteles, café expreso, etcétera.

(M) ANTÔNIO MARÍA: Rua Almirante Barroso 1.466 (Galería Viela). Cierra los domingos por la tarde. Un buen restaurante portugués con más de un cuarto de siglo de experiencia. Ricas especialidades basadas en el *bacalhau*.

(C) SUSHI HOKKAI: Avenida José Schimmelpfeng esquina Marechal Deodoro. Un restaurante japonés moderno y elegante con aceptable cocina. Muy atractivo.

(C) LA CUISINE DU CIEL: Rua Almirante Barroso 2.006. ☎ 35 21 41 00. Cierra los domingos. El restaurante del Hotel Golden Tulip, además de brindar unas bonitas vistas, ofrece una buena cocina francesa.

LLEGAR Y PARTIR

EN AUTOBÚS. Hay autobuses a y desde Curitiba (nueve horas), São Paulo (16 horas), Río de Janeiro (22 horas) y Campo Grande (16 horas). Además, si cruzáis a Puerto Iguazú y Ciudad del Este podéis conectar con autobuses con otras ciudades de Paraguay o Argentina.

EN AVIÓN. Dado el interés turístico de las cataratas, a Foz do Iguaçu hay vuelos regulares desde Asunción (Paraguay), Buenos Aires, Curitiba, Río de Janeiro, Salvador y São Paulo.

PARA IR AL PARQUE NACIONAL Y AL AEROPUERTO. Los autobuses urbanos para el Parque Nacional y el aeropuerto (están muy próximos entre sí) tienen varias paradas en el centro de la ciudad y pasan cada veinte minutos. Una parada muy conveniente es la que está en la Avenida José Schimmelpfeng frente al Mc Donald's.

PARQUE NACIONAL DO IGUAÇU

El parque nacional que alberga las bellísimas cataratas (☎ 35 21 44 00, www.cataratasdoiguacu.com.br) es el mayor parque de Brasil y fue declarado Patrimonio de la Humanidad por la Unesco en 1986. Tiene una extensión de 170.000 hectáreas y el territorio continúa por la parte argentina, donde también se ha creado otro parque nacional. Permanece abierto para las visitas de 9.00 a 18.00 horas y hasta las 17.00 entre abril y septiembre.

Las cataratas se hallan a unos veinte kilómetros al sureste de la unión de los ríos Paraná e Iguaçu.

Hay numerosas posibilidades de adentrarse en esta reserva para ponerse en contacto con su rica fauna y flora. Con algún guía de la zona podréis remontar el río Iguaçu hasta las cataratas y llegar hasta la **ilha San Martin**, el lugar donde Robert de Niro rodó *La Misión* bajo la dirección de Roland Joffe. Si lo deseáis, también podréis pasar por barca al lado argentino.

A la entrada al parque se halla el **Centro de Visitantes** (cerca del puesto de la Policía Forestal, abierto de 8.30 h a 18.30 h). Aquí os podréis enterar de los nombres de los animales y plantas que vais a ver fuera, sacar dinero de los cajeros automáticos, comer en el fabuloso bufé con vistas a las cataratas o en un *lanchonete*, etcétera.

Además, a unos 300 metros de la entrada se halla el **Parque das Aves**, donde viven unas 800 especies de pájaros propios de la zona.

LAS CATARATAS. Las cataratas son un espectáculo grandioso que apabulla a cualquiera. Los *tupi-guaranís* las llamaron Iguaçu, que significa *aguas grandes*. Ellos nacieron allí y estaban habituados a contemplar esta fuerza de la naturaleza como algo cotidiano. Sin embargo, cuando los conquistadores portugueses llegaron aquí, creyeron que el estruendo que oían muchos kilómetros antes era el producido por una tribu indígena tocando los tambores guerreros. Esas primeras imágenes tuvieron que ser impresionantes.

El río se bifurca en 275 saltos y las aguas se precipitan desde una altura media de 65 metros. Al mayor salto se le denomina la **Garganta del Diablo** y mide 90 metros. Su caudal es de 6.200 metros cúbicos por segundo. Desde la parte más alta veréis cómo se forma una nube al evaporarse millones de minúsculas gotas de agua. Si sale el Sol contemplaréis el arco iris.

La mejor hora para disfrutar de este espectáculo es al amanecer o al atardecer. A partir de las 19.00 h cierran al tráfico el Parque Nacional, a excepción de los coches que van al hotel de las Cataratas. Los helicópteros dejan de funcionar a esta hora y es el mejor momento para dar un paseo en solitario.

El camino de descenso se inicia al pie de la carretera, frente al hotel Tropical das Cataratas. Todo el sendero que recorre la orilla brasileña está protegido por una valla de madera que forma miradores en los lugares más fotogénicos. Al pie de uno de los saltos hay un ascensor que conduce a una parte más elevada para contemplar desde allí un plano general. Una vez arriba no es necesario recorrer el mismo camino de ida, sino que se debe continuar por la carretera del parque hasta llegar al hotel. Justo en este lugar hay una empresa que se dedica a hacer paseos en helicóptero que duran unos siete minutos y que son muy contestados por los grupos ecologistas.

No dudéis en cruzar al lado argentino, donde se ofrecen otras perspectivas también muy bellas del parque.

Desde el lado argentino se tiene otra visión de las cataratas aunque no tan impactante. Según se dice por aquí: "se ven desde Brasil, pero se sienten desde Argentina". Se puede atravesar el río en cualquiera de las excursiones que organizan las agencias de viajes. Se suele incluir una visita a la **Presa de Iaipu**, un gran embalse, que bueno, tal vez no merezca la pena el desplazamiento a pesar de sus colosales dimensiones.

LA VISITA DESDE EL LADO ARGENTINO

PASEOS SUPERIOR E INFERIOR. El autobús desde Foz do Iguaçú os llevará hasta el Centro de Informes después de haber pagado a la entrada del Parque. En el Centro os conviene echar un vistazo a los mapas para aclararos y haceros con el folleto que os marca los recorridos: el Paseo Superior y el Inferior. Necesitáis al menos todo un día para ver bien las cataratas.

Las cataratas forman un amplio arco de tres kilómetros de extensión, en los que se distribuyen 275 cascadas individuales y son una frontera natural entre Argentina y Brasil.

Desde el lado argentino la vista es menos impresionante que del brasileño –donde os merece la pena ir otro día–, pero el sistema de pasarelas os permite acercaros tanto a los saltos que casi podréis tocarlos (además de empaparos). La contemplación de estas cataratas seduce por su belleza al más mostrenco de los seres humanos. Además, en vuestro recorrido por esta selva podréis admirar las diferentes especies de flora, con su cartel explicativo, y de fauna: aves, los revoltosos y tragones coatis (primos del oso hormiguero), miríadas de mariposas multicolores...

Si empezáis pronto por la mañana podéis hacer ambos paseos y llegaros en bote (gratis con el tique de entrada) hasta la **Isla San Martín**, donde merece la pena trepar y seguir el recorrido marcado. Desde **La Ventana**, una especie de mirador entre las piedras, tenéis una fantástica vista del lado brasileño.

Cuando hayáis finalizado esta ruta, tomad desde el Centro de Informes el bus a **Puerto Canoas** y allí el bote a la impresionante **Garganta del Diablo**, donde una pasarela os lleva hasta un salto de agua que casi os rodea. Desde aquí se filmó la escena de *La Misión* en la que un fraile cae por la catarata atado a una cruz. Os merece la pena llegar aquí entre las 13.00 y 14.00 horas, cuando hay menos turistas. A la vuelta podéis picar algo y beber una cerveza en un chiringuito de uno de los senderos (todo está muy bien señalizado).

Ni que decir tiene que no se os ocurra bañaros, si no es en los sitios permitidos, como en la playa de la Isla. Las corrientes son, claro, fortísimas y hay muchas rocas. A veces es posible dormir sin tienda en las cataratas, si se obtiene permiso en la Guardería Forestal. También hay un área de acampada detrás de la antigua escuela e, incluso, en la Isla San Martín si conseguís autorización. Dormir allí, al aire libre, con los murmullos de la selva y el estruendo de las cataratas es una experiencia que jamás olvidaréis; ni tampoco a los mosquitos, que intentarán aguaros la fiesta.

OTROS SENDEROS. En la Oficina de Turismo de Puerto Iguazú y en el Centro de Informes os asesorarán acerca de otros recorridos por el Parque, como el **Sendero Macuco**, que pasa por auténticos túneles de vegetación y donde con suerte podéis ver tucanes, cotorras, lagartos, coatíes, hormigas tigre, monos caí y distintas clases de serpientes.

El **Sendero Yacaratiá** consiste en 30 kilómetros que suelen recorrerse en un jeep, descubierto en honor de los amantes de la fotografía. Igualmente, el **Sendero Palo Rosa** también se recorre en vehículo. Son unos 25 kilómetros de parajes fabulosos, como los *palmitales* (árboles del palmito) naturales, los bosques de *palos rosas*, una enorme especie forestal que llega a medir 40 metros, para finalizar junto al *timbó gigante*, un árbol cuyo tronco mide 8,30 metros de perímetro y 45 de altura.

Aunque os digan lo contrario, el **Sendero del Alto Iguazú** no puede recorrerse sin autorización, ya que es peligroso a causa de los reptiles.

La visita a las cataratas también puede hacerse de modo organizado, contratándola en una de las numerosas agencias de viaje de Puerto Iguazú, pero realmente sale mucho más caro y le quita el encanto de hacérselo uno a su aire, que no tiene mayor dificultad.

CÓMO LLEGAR

Hay autobuses urbanos con salidas de la Terminal de autobuses urbanos de la Avenida J. Kubitschek o desde la Avenida José Schimmelpfeng de Foz do Iguaçu entre las 7.00 h y las 18.00 h.

La entrada es barata, 41,10 reales, para la maravilla que se va a contemplar.

CONSEJOS Y RECOMENDACIONES

El vuelo en helicóptero sobre las cataratas (unos siete minutos) puede resultar muy interesante, pero es caro y, parece ser, anti-ecológico.

Cuando vayáis a las cataratas, procurad llevar un chubasquero o algo que os proteja del agua.

Reservad al menos un día para visitar el parque desde el lado brasileño y otra jornada para hacerlo desde el argentino.

LAS FRONTERAS PARAGUAYA Y ARGENTINA

El lugar donde se fusionan el río Iguaçu y el Paraná es lo que se denomina **Marco das Três Fronteiras**, el punto donde se confluyen las fronteras de Brasil, Paraguay y Argentina. Para señalar este lugar cada uno de los tres países colocó un pilar con los colores de su bandera. Este simbólico triángulo equilátero que representa la fraternidad entre las naciones, se encuentra a unos seis kilómetros de Foz de Iguaçu en dirección hacia Porto Meira.

El Puente de la Amistad es la frontera oficial entre Brasil y Paraguay, el que conecta las ciudades de Foz de Iguaçu con **Ciudad del Este** (hasta hace unos años llamada Puerto Stroessner). Entre ambas hay siete kilómetros de distancia.

Si queréis pasar la frontera lo podéis hacer en cualquiera de los autobuses urbanos que salen de la *rodoviária* y pasan por la terminal de los autobuses urbanos. No os pedirán ninguna documentación pero si queréis continuar viaje en autobús hacia Asunción, deberéis solicitar en la frontera el sello de salida de Brasil y el de entrada en Paraguay. Ciudad del Este es un gran mercado callejero en el que se amontonan las mercancías y los compradores. Lo único que merece la pena son algunos objetos de cuero. Los robos son frecuentes. Procurad volver antes de la hora del cierre de los comercios, porque muchos dependientes y propietarios que trabajan aquí utilizan el autobús para regresar a sus hogares de Foz de Iguaçu y los últimos (a las 18.30 h) suelen ir a tope.

Pero si queréis ir a **Puerto Iguazú**, podéis coger un autobús en la *rodoviária* (salen cada media hora). El viaje dura unos veinte minutos, se atraviesa el puente Tancredo Neves, también conocido como el puente de la Integración. Desde Puerto de Iguaçu salen vuelos diarios a Buenos Aires y otras ciudades del país. También hay un servicio diario de autobuses hacia la capital bonaerense. Si decidís continuar viaje por Argentina deberéis conseguir el sello de salida de Brasil y el de entrada a este país.

PRESA ITAIPU

A catorce kilómetros al norte de Foz do Iguau, en el río Paraná, merece la pena visitar la gigantesca obra de ingeniería que es la presa de Itaipu (☎ 0800 645 46 45 www.itaipu.gov.br), la mayor planta hidroeléctrica del mundo.

La presa mide ocho kilómetros y provee nada menos que el 22% de toda la energía eléctrica consumida en Brasil y ¡el 90% de la que se utiliza en Paraguay!

Una vez que lleguéis aquí hay visitas guiadas gratuitas. Por supuesto, su construcción –que costó 18.000 millones de dólares entre 1971 y 1984– originó una gran controversia entre los círculos conservacionistas, que alegaron la destrucción de 700 kilómetros cuadrados de bosque. Pero, por otro lado, su funcionamiento permite el ahorro –con sus consecuentes emisiones de CO2 a la atmósfera– de la calentura de unos 450.000 barriles de petróleo.

CÓMO VENIR. En la Avda J. Kubitschek de Foz hay que pillar el autobús "Conjunto C". Pasa cada veinte minutos y hace el recorrido en media hora.

ESTADO DE SANTA CATARINA

El Estado de Santa Catarina, en el litoral sur del país, ocupa una extensión de 95.450 kilómetros cuadrados y está situado entre los de de Paraná y Rio Grande do Sul. Forma frontera con Argentina, país con el que se relaciona mucho, a través de los miles de turistas que vienen a disfrutar de estas costas.

Los primeros pobladores de Santa Catarina fueron inmigrantes llegados en el siglo XVI desde las Azores. Tres siglos después se asentaron otras colonias europeas procedentes de Alemania e Italia, fundamentalmente.

Debido a su clima y vegetación, que recuerda a los valles de los Alpes, los europeos se asentaron con facilidad en este Estado. Introdujeron cultivos propios de sus regiones de origen, como los viñedos y los frutales, y construyeron sus casas con un estilo de montaña muy característico. Las nuevas generaciones de estos inmigrantes todavía mantienen su lengua materna y sus costumbres, lo cual ayuda a olvidar que se está en Brasil.

En las montañas del oeste que alcanzan cotas superiores a los 1.500 metros suele nevar entre julio y septiembre, así es que si viajáis en esta época, acordaos de que, a pesar de la nieve, seguís estando en Brasil.

Santa Catarina vive de su agricultura y bosques de araucarias. Cultiva trigo, tabaco, centeno, arroz y los mencionados frutos europeos. También es uno de los estados más productores de carbón.

El interior es muy poco visitado por el turismo, al contrario de su litoral, que se llena de argentinos, uruguayos y paraguayos durante los meses veraniegos.

FLORIANÓPOLIS

Florianópolis es la capital del Estado y está situada en la isla de Santa Catarina, aunque la parte moderna de la ciudad ha crecido hacia el continente, gracias a los dos puentes que sirven de enlace, uno de ellos, colgante, es el más largo de Brasil.

Cuando los primeros pescadores de las Azores se instalaron aquí llamaron a la ciudad *Desterro*, no porque se consideraran en ello, sino por una capilla que levantaron en honor de *Nossa Senhora do Desterro*. En 1894 se le cambió el nombre en recuerdo de Floriano Peixoto, el presidente de Brasil que derrotó la insurrección de los federales en la ciudad, ocurrida ese mismo año.

Florianópolis es hoy una ciudad de algo más de 400.000 habitantes muy próxima y bien comunicada por medio de autobuses a las playas de la isla.

ORIENTACIÓN

La administración y comercio de la ciudad están en la parte del continente, mientras que los lugares históricos y turísticos se concentran en la isla. La **Praça XV de Novembro** es un buen punto de referencia y encuentro.

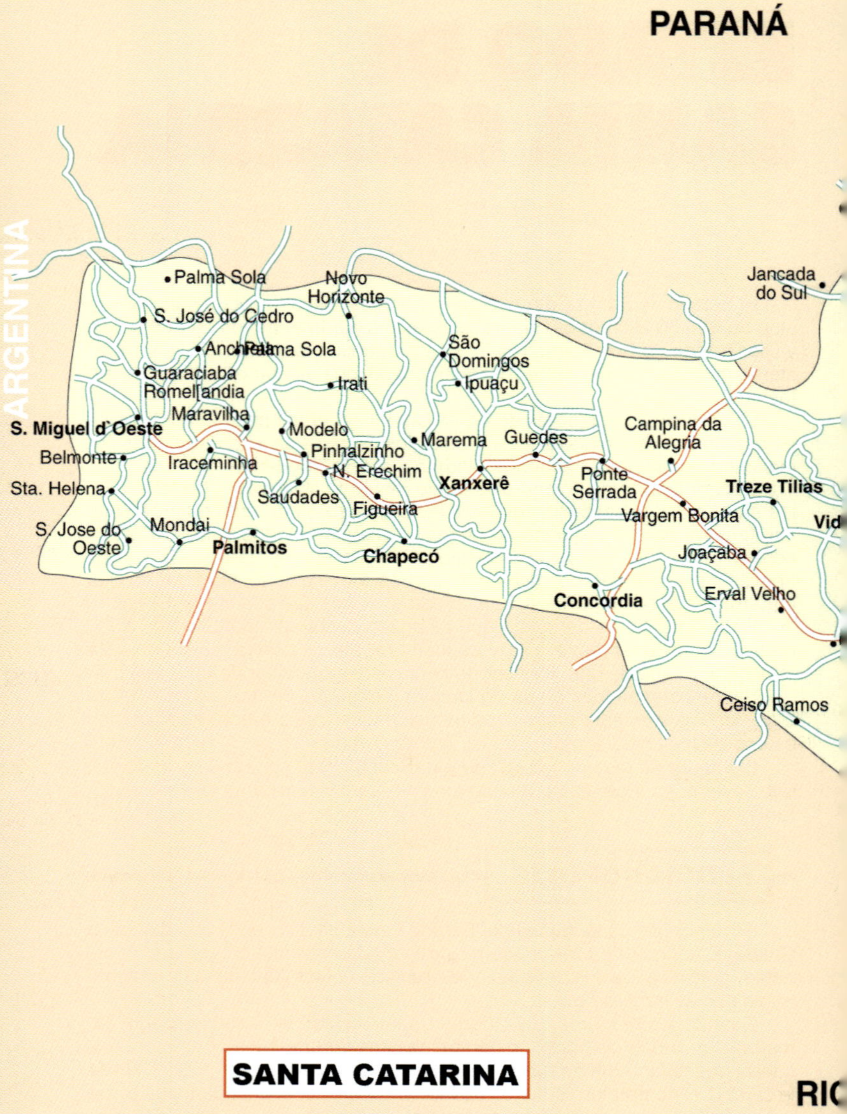

SANTA CATARINA

Iguaçu
Mafra
Garuva
Barra do Saí
Itapoa
Estaleiro
Ubatuba
S. Bento do sul
JOINVILLE
S. FRANCISCO DO SUL
Ilha de São Francisco
Italópolis
Rio Negrinho
Vila Noya
Major Vieira
Papanduva
Monte Castelo
Itaio
Corupa
Balneário Barra do Sul
Timbó Grande
Jaraguá do Sul
Praia da Península
Massaranduba
Barra Velha
Praia de Barra Velha
Itoupava
São João do Itaperiú
Praia do Grant
Sta. Terezinha
Pomerode
Picarras
Timbo
Benha
Rio do Campo
Victor Meireles
Navegantes
Lebpn Régis
Sta. Cecilia
Itajaí
Da Emma
BLUMENAU
Balneário Camboriú
Praia
Passo Manso
Apiúna
Praia do Pinho
Itapema
Bombinhas
Brusque
Porto Belo
Pouso Redondo
Rio do sul
Ponte Alta do Norte
Nova Trento
Trombudo Central
Gov. Celso Ramos
Agrolandia
Petrolândia
Leoberto Leal
FLORIANÓPOLIS
Ponte Alta
Correia Pinto
S. José
Palhoça
San José do Cerrito
Praia Campeche
Aguas Momas
Bom Retiro
Pantano do Sul
Bocaina do Sul
Lages
Ilha do Pagaio
Painel
S. Bonifácio
Guarda do Embaú
Urupema
Urubici
Anitápolis
Praia de Gamboa
Praia de Garopaba
Rio Fortuna
Garopaba
Pericó
São Martinho
Praia do Rosa
Grão Pará
Gravatal
IMBITUBA
São Joaquim
Bom Jardim da Serra
Imaruí
Praia do Gil
Praia do Iró
Praia da Teresa
Tubarão
LAGUNA
Siderópolis
Farol de Sta. Marta
Nova Veneza
Criciúma
Praia do Gilpraia Figueininha
Praia Campo Bom
Praia Esplanada
Timbé do Sul
Meleiro
Rincão
Turvo
ARARANGUÁ
Morro dos Conventos
Turvo
Balneario Arrolo do Silva
Lagoa do Cavera
Sombrio
Balneário Gaivota
Praia Valverde
João do Sul
Praia do Sombrio
Paso de Torres
TORRES
Praia Guarita
OCÉANO ATLANTICO

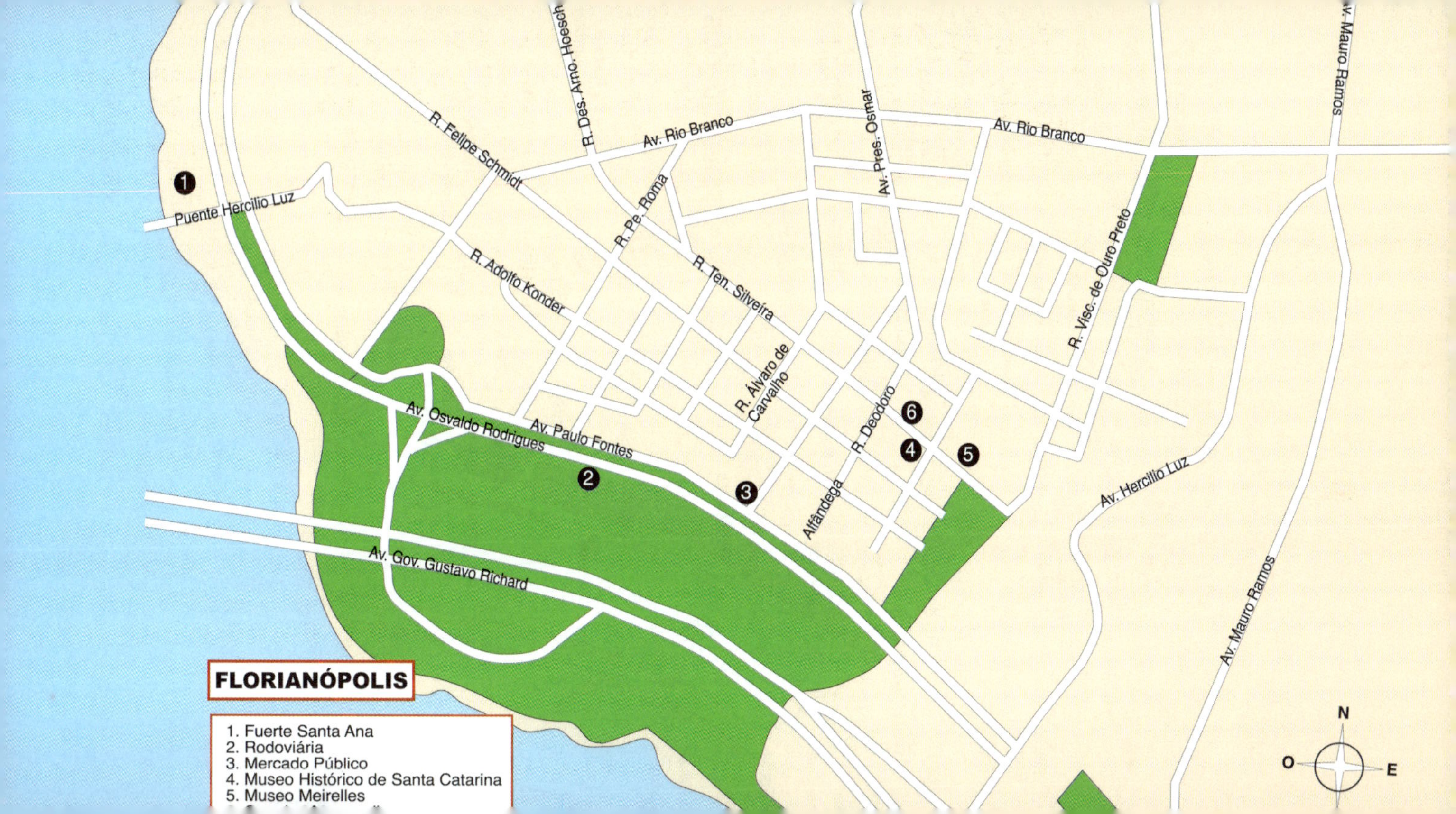
FLORIANÓPOLIS
1. Fuerte Santa Ana
2. Rodoviária
3. Mercado Público
4. Museo Histórico de Santa Catarina
5. Museo Meirelles
Puente Hercilio Luz
R. Felipe Schmidt
R. Des. Arno. Hoesch
Av. Rio Branco
R. Pe. Roma
R. Adolfo Konder
R. Ten. Silveira
Av. Pres. Osmar
R. Visc. de Ouro Preto
Av. Mauro Ramos
R. Álvaro de Carvalho
R. Deodoro
Alfândega
Av. Osvaldo Rodrigues
Av. Paulo Fontes
Av. Gov. Gustavo Richard
Av. Hercilio Luz
N
O
E

En sus calles próximas están el **Mercado Municipal** y la antigua **Aduana**, ahora centros de venta de artesanía y sede del **Museu de Historia e Arte**.

También podréis visitar el **Palácio de Cruz e Souza** donde está instalado el **Museu Histórico de Santa Catarina** y la **Catedral**.

Florianópolis conserva tres fuertes: el **Forte Santana**, situado junto al puente Hercilio Luz; el de **São José Ponta Grossa**, para el que tendréis que coger un autobús que os lleve hasta la playa do Forte (a 25 kilómetros), y el **Forte de Nossa Senhora da Conceição,** que también se encuentra algo alejado, a unos 14 kilómetros.

Si tenéis tiempo todavía podéis conocer el **Museo de Antropología**, situado en el campus de la Universidad, y el **Museu de Arte de Santa Catarina**, en el Centro Integrado de Cultura.

Florianópolis es, sin duda, un buen punto de partida para recorrer el resto de la isla y sus numerosas playas. Alquilar un coche puede resultaros muy cómodo si queréis hacer un recorrido rápido con paradas en lugares menos turísticos y, por lo tanto, peor comunicados.

DEL AEROPUERTO Y LA RODOVIÁRIA A LA CIUDAD

EL AEROPUERTO INTERNACIONAL HERCÍLIO LUZ está en la Avenida Deomício Freitas, a 12 kilómetros de la ciudad. Hay autobuses frecuentes que conectan con el centro.

LA RODOVIÁRIA está en la Praça da França, no muy alejada del centro. De todas formas, en el cercano Paseo Marítimo están las paradas de los autobuses que recorren la isla y otros que van por la ciudad.

LA VISITA

Empezad vuestra visita en la céntrica plaza 15 de Novembro, donde se alza la Catedral y el Museu Histórico. Desde aquí podéis recorre la peatonal –en su primer tramo– y concurrida rua Felipe Schmidt, donde se aglomeran las tiendas, restaurantes con menú del día y *lanchonetes*, además de las casas de cambio. Al pasar por la intersección con la Rua Trajano, a vuestra derecha se alza la **Igreja NS do Rosário**, sobre un alto y de estilo colonial.

Al sur de esta calle se halla el interesante **Mercado Municipal**, con varios bares y restaurantes y terrazas para comer y cenar, y la antigua Aduana o **Alfândega**.

CATEDRAL METROPOLITANA: Praça 15 de Novembro. Construida entre 1753 y 1773, fue restaurada y reformada en los años veinte, por lo que su estilo original ha quedado disfrazado. En la actualidad lleva varios años en restauración, con su fachada cubierta de andamios.

MUSEOS

PALÁCIO DE CRUZ E SOUZA (MUSEU HISTÓRICO): Praça 15 de Novembro 227. ☎ 30 28 80 91. Abierto de martes a viernes de 10.00

h a 18.00 h; sábados y domingos de 10.00 h a 16.00 h. Entrada dos reales. Este palacio dieciochesco sirvió como sede del Gobierno de Santa Catarina. En su interior se guardan documentos y objetos que pertenecieron a los gobernadores de este Estado.

MUSEU DE ARTE DE SANTA CATARINA: Avenida Governador Irineu Bornhausen 5.600 (Agronõmica). Abierto de martes a domingos de 9.00 h a 21.00 h. Este museo exhibe una muestra permanente y organiza exposiciones temporales de obras de artistas locales. Está instalado en el Centro Integrado de Cultura, en el que organizan ciclos de cine interesantes.

MUSEU DE ANTROPOLOGIA: Campus Universitario (Trindade). Abierto de lunes a viernes de 9.00 h a 12.00 h y 13.00 h a 17.00 h. Una curiosa colección de utensilios de las tribus indígenas que poblaban la región e instrumentos utilizados por los colonizadores.

DATOS PRÁCTICOS

PREFIJO TELEFÓNICO: 48.

CASAS DE CAMBIO: Hay varias a lo largo del tramo peatonal de la Rua Felipe Schmidt. En el resto del Estado de Santa Catarina es difícil encontrar buen cambio.

CORREOS: oficinas centrales, en la Praça 15 de Novembro 5.

OFICINAS DE TURISMO

ESTAÇÃO RODOVIÁRIA: Avenida Paulo Fontes (Aterro da Bahía Sul). ☎ 32 28 10 95. Abierta de 8.00 a 17.30 horas y atendida por un personal muy amable y eficiente.

HOSPITALES DE URGENCIAS

PRONTO SOCORRO: Rua Santos Saraiva 143.

UNIVERSITARIO: Campus Universitario (Trindade).

MEDIOS DE TRANSPORTE

RODOVIÁRIA: Avenida Paulo Fontes (Aterro da Bahía Sul). ☎ 32 12 31 00.

ALQUILER DE COCHES: Localiza: ☎ 0800 979 20 20.

AEROPUERTO HERCÍLIO LUZ: Avenida Deomício Freitas, a 12 kilómetros. ☎ 33 31 40 00.

ALOJAMIENTO

Hay que tener en cuenta que en temporada alta, es decir, en los meses que coinciden con nuestro invierno, es fundamental reservar alojamiento con antelación en todo Santa Catarina, ya que es uno de los lugares más de moda en Brasil, gracias a sus preciosas playas.

Hemos incluido una lista de campings instalados en toda la isla. Algunos de ellos alquilan cabañas o habitaciones. Es una buena solución que no os costará mucho dinero.

RIO VERMELHO: Carretera General de Rio Vermelho (Praia do Moçambique). ☎ 32 32 34 33. Abre de diciembre a marzo. A 300 metros de la playa, buenas instalaciones deportivas y terreno sombreado.

CACHOEIRA: Carretera general de Cachoeira (Cachoeira do Bom Jesus). Abre de diciembre a marzo. Está situado a 300 metros de la playa, terreno sombreado.

SUVACO DAS COBRAS: Carretera General de Jurerê 2630 (Jurerê). Abre de noviembre a Semana Santa. Muy cerca del mar.

COSTA DO SOL: Rua Clorinda Ventimiglia 1, Praia de Canasvieiras. (Cachoeira do Bom Jesus). Salida directa a la playa, terreno llano y sombreado por eucaliptos. Instalaciones deportivas, sala de juegos y salón de belleza. La mayor parte de las instalaciones sólo funciona durante el verano.

DOS AÇORES: Carretera general de Campeche 805. Praia do Campeche. 200 m después del Grupo Escolar. Abre de diciembre a marzo. Instalaciones deportivas, terreno con poca sombra. Alquila varias habitaciones para cuatro personas.

LAGOA DA CONCEIÇÃO: Avenida das Rendeiras 1480. Lagoa da Conceição. Instalaciones sencillas, buen terreno sombreado. Durante el verano organiza excursiones en barco.

RANCHO DO MAR: Av. Madre Maria Vilac 866 (Canasvieiras). Abre del 15 de diciembre al 15 de marzo.

(b) **ALBERGUE JUVENIL FLORIPA CENTRO:** Rua Duarte Schutel 227 (Centro). ☎ 32 25 37 81. www.floripahostel.com.br Para venir al Albergue Internacional desde la rodoviária seguid la rua Padre Roma y torced por la tercera calle a la izquierda, un poco más adelante veréis la calle del albergue. Abierto todo el año. Tiene 90 camas distribuidas en doce dormitorios con siete baños y 12 duchas.

(B) **MIRANTE DOS AÇORES:** Rua Tiradentes 167. ☎ 32 24 69 98. En pleno centro, muy cerca de la Praça 15 de Novembro, tiene 43 habitaciones con aire acondicionado, pero son un poco incómodas y demasiado estrechas.

(B) **VALERIM CENTER:** Rua Felipe Schmidt 554 (Centro). ☎ 32 25 11 00. www.hotelvalerim.com.br Tiene 64 habitaciones con teléfono, televisión y nevera al mismo precio que el Mirante, pero bastante mejores.

(M) **HOTEL FAIAL:** Avda Felipe Schmidt 603. ☎ 32 03 27 66. www.hotelfaial.com.br Dobles a 200 reales en un hotel de atractivo diseño. Tiene bar y restaurante.

(M) **FAROL DA ILHA:** Rua Bento Gonçalves (Centro). ☎ 32 03 27 60. www.hotelfaroldailha.com.br 35 habitaciones con aire acondicionado y frigorífico.

(M) **VALERIM PLAZA:** Rua Felipe Schmidt 705 (Centro). ☎ ☎ 21 06 02 00. www.hotelvalerim.com.br Con restaurante y bar, tiene 105 habitaciones y está muy bien.

(M) **INTERCITY PREMIUM:** Av. Paulo Fontes 1.210 (Centro). ☎ 30 27 22 00. www.intercityhoteis.com.br Con restaurante, bar, piscina, sauna y servicio de alquiler de coches, el renovado Intercity tiene 121 habitaciones con lo.

(M) **FLORIANÓPOLIS PALACE:** Rua Artista Bittencourt 14, esquina Visc. de Ouro Preto (Centro). ☎ 21 06 96 33. www.floph.com.br Tiene restaurante, bar y sauna, y sus 99 habitaciones están suficientemente equipadas, a unos 200 reales.

(M) **BRISTOL CASTELMAR:** Rua Felipe Schmidt 1.260 (Centro). ☎ 39 52 32 00. www.castelmarhotel.com.br Con restaurante, bar, piscina, sauna, etc, sus 192 habitaciones vienen equipadas con teléfono, televisión, aire acondicionado, frigorífico, caja de seguridad, etcétera. Precios moderados, a veces hasta solo 140 reales en temporada baja.

(C) **MARATEA MARE:** Avda Luis Boiteux Piazza 2.973. Cachoeira de Bom Jesus. ☎ 32 84 54 95. www.hotelmaratea.com Con 32 cuartos con cocina equipada, aire acondicionado y caja fuerte. Servicio de playa, y cierra en mayo y noviembre.

(C) **HOTEL ENGENHO ECOPARK:** Estrada Geral do Rio Vermelho, km 10. ☎ 32 69 70 00. www.engenhoecopark.com.br Se ubica en el distrito de São João do Rio Vermelho y es un complejo de treinta y tres cabañas con diferentes capacidades (de dos a cinco personas) y una amplia oferta de instalaciones, piscina, sala de juegos, paddle, tenis, *volei*, minigolf, hípica, bicicletas, caiques, pesca... Para disfrutar de la naturaleza y ejercitarse.

RESTAURANTES

En Florianópolis tienen fama los mariscos y pescados, sin olvidarse de los excelentes churrascos. Los langostinos son los reyes de la mesa.

(B) **CAFÉ DAS ARTES:** Rua Esteves Júnior 734. Abre hasta las 23.00 horas. Un café muy atractivo en la zona de Beira Mar Norte y donde tomar sándwiches y platos sencillos.

(B) **CASARÃO:** Praça XV de Novembro 320. Abre hasta las 23.00 h y cierra los domingos. Bufé a kilo en el típico lugar de estas características.

(B) **BOX 32:** Mercado Público (Centro). ☎ 32 24 55 88. Abre hasta las 22.00 h, sábados hasta las 15.00 h y cierra domingos. Sabrosos mariscos en un local muy concurrido por las noches y con un cuarto de siglo de historia. Con magnificas *caipirinhas* elaboradas con *cachaça* exclusiva de la casa.

(B) **PEIXE NA BRASA:** Travesia Harmonia 4 (Centro). ☎ 32 23 18 51. Abre hasta las 15.00 h y de 19.00 h a medianoche y cierra los domingos. Cerca de la parte de Praias Norte. Especialista en pescados asados. Los platos son suficientes para dos personas.

(B) **MACARRONADA ITALIANA:** Av. Rubens de Arruda Ramos 2.458 (Beira-Mar Norte). ☎ 223 26 66. Abre todos los días hasta la 1.00 h de la noche. Cocina italiana, con mesas al aire libre y en comedor cerrado, buen ambiente.

(B) **CASA DO CHICO:** Avda das Rendeiras 1.620, Lagoa da Conceição. A unos 16 kilómetros. ☎ 32 32 51 32. En esta población famosa por sus restaurantes y bares de copas de la isla, Casa do Chico es un estupendo local para tomar platos de pescado y camarones.

(C) **TOCA DA GAROUPA:** Rua Alves de Brito 178 (Centro). ☎ 32 23 12 20. Abierto hasta las 15.00 h y de 19.00 h a medianoche. Todos los platos de la casa giran en torno a la *garoupa*, preparada de mil maneras.

(C) **MAR MASSAS:** Rua Laurindo Januario 3.843. Morro do Badejo. Lagoa da Conceição. A unos 16 kilómetros. ☎ 32 32 61 09. Abre hasta las 23.30 h. Entre desenfadado y tradicional, disfruta de una numerosa clientela gracias a una cocina italiana personal y un atento servicio. A destacar la *lasagna de brocoli* o *gnocci com gorgonzola*.

COMPRAS

La artesanía de Florianópolis se puede comprar en **Casa Açoriana**, distrito de Santo Antõnio de Lisboa; en **FUCATE** (Fundação Catarinense de Artesanato), Rua Victor Meirelles; en **Alfadega** (junto al Mercado Público); hay una feria denominada **Feirarte**, que se instala en la Avenida Rubens de Arruda Ramos (Beira do Mar Norte) los domingos de 12.00 h a 20.00 h. Los mismos puestos se colocan los sábados de 8.00 h a 13.00 h en la Praça 15 de Novembro.

LLEGAR Y PARTIR

EN AVIÓN. Florianópolis está conectada mediante vuelos con Belo Horizonte, Brasília, Blumenau, Buenos Aires, Cascabel, Curitiba, Fortaleza, Joinville, Lages, Maringá, Porto Alegre, Rio de Janeiro, São Paulo, Teresina y Vitória.

EN AUTOBÚS. En autobús hay casi siete horas a Porto Alegre, casi cinco a Curitiba, 18 a Río, 24 a Buenos Aires y quince a Foz do Iguaçu.

LAS PLAYAS DE ILHA SANTA CATARINA

Desde Florianópolis podréis escoger la playa que más os guste entre las 42 repartidas por el litoral de la isla de Santa Catarina. A la mayoría de ellas se puede llegar en autobús. En el norte el mar es más tranquilo y el agua algo más cálida. Empezamos nuestro recorrido en esa dirección a partir del Morro de Santa Cruz.

CACUPÉ, SANTO ANTÔNIO DE LISBOA Y SAMBAQUI: ocasionalmente sucias, el mar suele ser fangoso aunque muy tranquilo. Pero es mejor seguir adelante.

DANIELA: cerca de una zona arbolada de mangos, tiene unos tres kilómetros de arena. Aguas tranquilas.

DO FORTE Y JURERÊ: a ambos lados de la Fortaleza de São José da Ponta Grossa, del siglo XVIII pero restaurada recientemente. En la primera encontraréis barcos de alquiler. La segunda es ideal para ir a darse un baño en sus tranquilas aguas.

CANASVIEIRAS: una de las playas preferidas por los argentinos, está bien servida de chiringuitos donde se puede comer. Desde aquí salen los barcos para la Ilha de Anhatomirim, y es escenario de un importante campeonato de vela.

CACHOEIRA DO BOM JESUS: en una ensenada muy tranquila. Ideal para bañarse.

PONTA DAS CANAS: junto a un poblado de pescadores. Muy buena para la práctica de deportes náuticos.

LAGOINHA: en el extremo norte de la isla. Aguas tranquilas gracias a la protección de los morros y tiene arena clara.

BRAVA: arena clara y fuerte oleaje que favorece la práctica del surf.

DOS INGLESES: la última de la parte norte y ya en la costa este. Debe su nombre a un barco inglés que encalló en sus aguas en el siglo XVIII. Enfrente está la isla de Mata Fonte. Desde aquí parten los barcos para el Parque Florestal do Rio Vermelho. La parte sur es muy interesante, por las dunas.

DO SANTINHO: en una zona pueden verse inscripciones indias de hace 1.500 años. Aguas agitadas muy buenas para el surf.

MOZAMBIQUE: es la más grande de la isla, con 11,5 kilómetros de longitud. Una parte de la playa queda dentro del Parque Florestal do Rio Vermelho.

LAGOA DA CONCEIÇÃO: se trata de un lago interior de agua salada muy bonito para visitar o para ir a darse un baño. Tiene muchos restaurantes y chiringuitos en sus orillas. La gente de esta zona hace artesanía muy bonita con redes.

Al sur, y separado por una estrecha franja de tierra, hay otro lago más pequeño llamado **Canto da Lagoa**.

BARRA DA LAGOA: entre el mar y el lago. Muy urbanizada. Aguas tranquilas y arena clara.

GALHETA Y MOLE: también a la altura del lago. La primera es frecuentada por nudistas, ya que está muy resguardada entre los *morros*, y la segunda suele tener un fuerte oleaje. Para acceder a la primera hay que seguir un sendero que sale de la Praia Mole.

JOAQUINA: zonas de dunas donde la gente practica el surf sobre arena en planchas de madera y fuerte oleaje, por lo que siempre está llena de gente practicando el surf.

CAMPECHE: cerca de once kilómetros de arena y algo de vegetación rastrera. Enfrente, y cubierta de vegetación, veréis la **Ilha do Campeche**, donde se puede ir para bucear.

MORRO DAS PEDRAS: dos kilómetros de arena y buena para el surf. Tiene buenas vistas desde lo alto del *morro*.

LAGOA DO PERI: otro lago interior, esta vez de agua dulce.

DA ARMAÇÃO: antiguo puerto ballenero y ahora punto de partida de los barcos para la isla de Campeche.

MATADEIRO: pequeña y una de las favoritas de los surfistas.

LAGOINHA DE LESTE: se accede por un sendero. Pequeña y protegida por un *morro*, está cortada por un riachuelo.

PÂNTANO DO SUL: junto a un importante pueblo pesquero. Arena oscura. Buena para el baño y el surf.

SOLIDÃO: arena clara y una piscina natural. Se accede por tierra desde Pântano do Sul.

NAUFRAGADOS: en la punta sur de la isla. Se accede a pie desde Caieiras da Barra do Sul, son tres kilómetros entre morros. Buena para bucear.

RIBEIRÃO DA ILHA: a la altura del Lago do Peri. Se trata de un bonito pueblo cuyas casas tienen las fachadas pintadas de colores vivos. Hay una iglesia del siglo XVIII y un museo etnológico.

TAPERA: otro pueblo de pescadores en la costa interior, con una playa de arena oscura.

LA COSTA AL SUR DE FLORIANÓPOLIS

PALHOÇA

Palhoça es una población a 25 kilómetros de Florianópolis que puede servir de punto de partida o estancia para frecuentar las playas de esta zona de la costa protegida de mar abierto por la Ilha de Santa Catarina.

LAS PLAYAS

Las primeras que se encuentran, siempre en dirección sur desde Palhoça, **Ponta do Tomé, Barra do Arririú, Pontal, Fora** y **Ponta do Cedro**, son muy buenas para la práctica de deportes náuticos y son frecuentadas gracias a su proximidad a la población.

ENSEADA DO BRITO: frente al pueblo del mismo nombre y que ha sido declarado de interés histórico. Aguas muy solicitadas para el baño y el surf.

PEDRAS ALTAS: playa privada frecuentada por nudistas.

SONHO: una larga franja de arena junto al Parque Estadual Serra do Tabuleiro.

PINHEIRA: cerca de diez kilómetros de arena y dunas y un mar tranquilo. Hay un criadero de mariscos (junto a la Ilha dos Papagaios) y una aldea pesquera.

DE CIMA: muy solitaria por el difícil acceso, está casi cerrada por *morros*.

GUARDA DO EMBÁU: se accede cruzando el río da Madre (en barco o andando). Lo más bonito son los *morros*, pero es algo peligrosa para el baño.

DATOS PRÁCTICOS

PREFIJO TELEFÓNICO: 48

TERMINAL RODOVIÁRIA: Avenida Rio Branco y Rua José Maria da Luz.

ALOJAMIENTO

CÁMPING FLORAMAR: en Praia de Fora, a 12 kilómetros. Abierto de diciembre a marzo.

CÁMPING PONTA DOS SONHOS: Praia do Sonho, a 29 kilómetros.

CÁMPING PONTA DOS PAPAGAIOS: También en la Praia do Sonho.

CÁMPING PINHEIRA: Praia de Cima, a 37 kilómetros.

Ⓒ **POUSADA ILHA DO PAPAGAIO:** Praia da Pinheira. ☎ 32 86 12 42. www.papagaio.com.br A 30 kilómetros. Muy cara, pero con unas excelentes instalaciones: bar, restaurante, piscina, pista de *paddle*, etcétera.

RESTAURANTES

Ⓜ **POTA DE BAIXO:** Avenida Assis Brasil 5.698. En el pueblo de São José, a cinco kilómetros. Cierra los lunes. No es caro y sirven unos buenos pescados.

GAROPABA

Esta población de veraneo de unos 13.000 habitantes y a casi cien kilómetros al sur de Florianópolis debe su nombre a los indios *carijos,* que habían dado a la zona el nombre de *Y Gara Paba*, que significa "mucha agua, muchos peces y mucho *morro*" (en el sentido de montículo en el mar. No vayáis a pensar en alguien...) Hoy es uno de los centros más frecuentados de toda esta costa por sus buenas playas, que por cierto fueron los viejos mochileros de los años sesenta quienes pusieron de moda. Está a 95 kilómetros de Florianópolis.

Durante la estancia, no dejéis de subir al **Morro do Ferraz** para disfrutar con las vistas.

LAS PLAYAS

Todas muy buenas para la práctica del surf y frecuentadas por grupos de jóvenes. De norte a sur:

SIRIÚ: junto a la desembocadura del río Siriú. Tierra adentro hay un pequeño lago muy bueno para darse un baño. Arena clara y dunas.

GAROPABA: junto a un pueblo de pescadores. Arena clara, dunas y un mar tranquilo. Se pueden alquilar barcos para ir mar adentro.

VIGIA: pequeña y con forma de herradura, debe su nombre a los pescadores que venían a este punto para ver la entrada de la bahía. Aguas tranquilas y buenas para bañarse.

SILVEIRA: tres kilómetros al sur. Arena amarilla, dunas, *morros* y vegetación. Es algo peligrosa por los hoyos en el mar.

FERRUGEM: al igual que la anterior, muy solicitada para el surf. Mucha animación nocturna en los bares de la urbanización.

BARRA: A nueve kilómetros al sur, junto al Lagoa de Garopaba y separada de la anterior por el morro da Barra, utilizado por los indios carijós como cementerio.

OUVIDOR: A 17 kilómetros al sur. Un trecho de arena de un kilómetro entre dos puntas rocosas.

ALOJAMIENTO

CÁMPING LAGOA MAR: Rua Lagoamar, Praia da Garopaba. ☎ 254 31 87. También abre de diciembre a marzo.

CÁMPING JARDIM DA LAGOA: Rua Rosalina de A. Lentz. Abierto de diciembre a marzo.

CÁMPING GAROPABA: Rua Nereu Ramos 115. Abierto de diciembre a febrero.

(M) **POUSADA BARRAMARES:** Rua Maria Antônia dos Santos. ☎ 32 54 34 16. Con veinte habitaciones con baño.

(C) **POUSADA DA LAGOA:** Rua Rosalina de Aguiar Lentz. ☎ 32 54 32 01. www.pousadadalagoa.com.br Con piscina, tiene diecisiete habitaciones con aire acondicionado y caja de seguridad a 213 reales en temporada baja y 305 en alta.

RESTAURANTES

(B) **RESTAURANTE CHAMPAGNE:** Avenida dos Pescadores 51. Barato y con bufé de pescado y marisco.

LLEGAR Y PARTIR

EN AUTOBÚS. Desde Florianópolis hay autobuses a Garopaba que hacen el camino en un par de horas.

IMBITUBA

Imbituba ha pasado de ser un importante puerto del Estado a convertirse en uno de los centros de veraneo más frecuentado, gracias a unas playas muy bonitas, sobre todo a la Praia da Rosa, que se halla entre esta población y Garopaba, y un mar que se presta a la práctica del surf.

Imbituba está a 31 kilómetros al sur de Garopaba y a 104 de Florianópolis.

LAS PLAYAS

PRAIA DO ROSA: con forma de concha y muy bonita, hasta tal punto que los asiduos se han movilizado para que se conserve igual y que haya sido nombrada antaño por una revista de viajes la playa más hermosa de Brasil.

Es una bahía donde viven unos 800 fijos y muchos más veraneantes y muy frecuentada por los surfistas. Para venir aquí tenéis un par de autobuses diarios desde Florianópolis (dos horas). En la playa hay algunas *pousadas* baratas y de precio medio.

LUZ: a 10 kilómetros al norte y unida al Lagoa do Quintino por un canal. Muy buen para el surf.

IBIRAQUERA: en la desembocadura del lago. Otra playa que se intenta salvar de la invasión urbanística. Muy buena para el surf.

RIBANCEIRA: a 6 kilómetros al norte. Arena blanca, dunas y buena para el surf.

DA AGUA: se accede por un sendero desde la Praia do Porto. Muy tranquila (poca gente) y muy bonita.

DO PORTO: a kilómetro y medio al norte de la población, por lo que es muy frecuentada. En el puerto se alquilan los barcos para las islas de Fora y santana. No es recomendable para el baño.

IMBITUBA: otra de las etapas del circuito brasileño de surf.

DA VILA: muy frecuentada por la gente de la zona. Amplia franja de arena.

DATOS PRÁCTICOS

PREFIJO TELEFÓNICO: 48
TERMINAL RODOVIÁRIA: Rua Ernâni Contrim 56. ☎ 255 04 39.

ALOJAMIENTO

CÁMPING ITAPIRUBÁ: Praia de Itapirubá. En Roca Grande, a 14,5 kilómetros.

Ⓜ **POUSADA MEVLANA GARDEN:** Barra da Lagoa Ibiraquera. A unos nueve kilómetros. ☎ 33 55 00 58. Con casi treinta cabañas donde se pueden quedar hasta cinco personas. Tiene restaurante.

Ⓜ **POUSADA HENRIQUE LAGE:** Avenida Álvaro Catão 70. ☎ 32 55 03 33. www.hotelhenriquelage.com.br Con bar y piscina, son 26 habitaciones con aire acondicionado y frigobar. Más barata que la anterior.

EN PRAIA DO ROSA

ⓑ **ALBERGUE EXPLORER PRAIA DO ROSA:** Caminho do Rei. ☎ 33 55 74 03. www.albergueexplorer.com Dormitorios con baños comunes en el centro de la localidad.

Ⓑ **POUSADA ROSA E CANELA:** Estrada General de Ibiraquera. ☎ 33 55 60 59. www.rosaecanela.com.br Cierra en abril y noviembre. Cabañas sencillas hasta para cinco personas, en medio de un jardín y a dos kilómetros de la playa.

Ⓜ **WATU KERERE:** Estrada General de Ibiraquera. ☎ 88 48 51 91. www.watukerere.com.br Habitaciones y una cabaña a precios moderados. Lo llevan unos surfistas y está a unos dos kilómetros de la playa.

RESTAURANTES

Ⓑ **RESTAURANTE O JANGADEIRO:** Rua Quintino Bocaiúva 10. Praia da Vila. Abierto todos los días hasta medianoche. Barato y con platos de pescado.

Ⓑ **SHANTI:** Estrada General do Ouvidor, a un kilómetro de Praia do Rosa. Abre sólo en verano. Cocina bien original, indígena y apetitosa.

LLEGAR Y PARTIR

EN AUTOBÚS. Entre Florianópolis, Imbituba y Praia do Rosa hay, al menos, dos autobuses cada día.

LAGUNA

A 111 kilómetros al sur de Florianópolis, Laguna debe su nombre a los tres lagos que engalanan su paisaje.

Es una ciudad histórica que jugó un importante papel en la lucha contra los españoles dentro del territorio de Rio Grande do Sul. En la primera mitad del siglo XIX fue nombrada capital de una efímera República Juliana, durante un intento de separación, y en ese periodo fue testigo de los amores entre una lugareña, Anita, y el italiano Giuseppe Garibaldi.

De todo ese rico pasado histórico ha sabido conservar algunos monumentos para mayor deleite del viajero.

LA VISITA

Laguna es una ciudad histórica que cuenta con varios monumentos de interés: **Igreja Santo Antônio dos Anjos,** de finales del siglo XVII); la **Casa de Anita Garibaldi**, en la Praça Vidal Ramos; el **Museu Anita Garibaldi**, en la Praça República Juliana; el **Marco do Tratado de Tordesillas**, en la Praça Tordesillas, la **Fonte Carioca** y la **Casa Pinto d'Ulyssées**, en la Praça Lauro Müller.

LAS PLAYAS

ITAPIRUBÁ: a 24 kilómetros al norte. Muy larga y con muchos *morros*. Buena para el surf. De arena oscura con zonas de dunas y vegetación rastrera.

SOL Y DO GI: a 6 y 5 kilómetros, respectivamente, en la segunda veréis la **Pedra do Frade**, llamada así por tener la forma de un fraile. La primera en cambio es mejor playa.

LAGOA DO IMARUÍ: un lago interior donde se puede pasear en barca. Por la noche sus aguas parecen iluminarse con los barcos pesqueros.

MAR GROSSO: a tres kilómetros al norte, después de pasar la **Praia do Iro**, apta para la pesca submarina. Una de las cosas más curiosas aquí es la pesca con la ayuda de delfines que conducen los bancos de peces a los redes de los pescadores. A una hora en barco tenéis la **Ilha dos Lobos**, donde se va para practicar el submarinismo.

DA TERESA: en esta zona se suceden varias playas, **Tamborete, Gravatá, Mané Lome**, de difícil acceso pero muy apreciadas por los surfistas.

GALHETA: a 17 kilómetros. Junto a las de **Ipuã** y **Grande,** es otro buen punto para el surf.

PRAINHA: lo más interesante es el faro del Cabo de Santa Maria. Considerado el más grande de Suramérica, fue levantado por los franceses a finales del siglo XIX con piedra, arena y aceite de ballena.

Un poco más adelante están las playas de **Cardoso** y **Cigana**, con dunas de arena y mar abierto.

DATOS PRÁCTICOS

PREFIJO TELEFÓNICO: 48

OFICINA DE TURISMO: Avda Calstrato Muller, Portinho. Abre de 8.00 h a 18.00 h y los domingos hasta las 13.00 h.

RODOVIÁRIA: Rua Arcângelo Bianchini.

BARCO A FAROL DE SANTA MARTA: Rua da Balsa, a dos kilómetros.

ALOJAMIENTO

SENHOR NATURALEZA: Morro da Gloria, a un kilómetro. En el parque. Abierto de diciembre a marzo.

VISUAL: Farol de Santa Marta, a unos 18 kilómetros. Se accede en balsa.

(M) **FAROL DE SANTA MARTA:** a 18 kilómetros, en el lugar del mismo nombre. ☎ 36 46 30 95. Con bar, restaurante, dos piscinas y 55 habitaciones con baño y frigobar.

(M) **TURISMAR:** Avenida Rio Grande do Sul 207. Praia do Mar Grosso. ☎ 36 44 00 24. Restaurante y piscina y tiene 61 habitaciones.

(C) **ITAPIRUBÁ RESORT:** Praia de Itapirubá, a 24 kilómetros. ☎ 33 56 02 22. Un gran complejo hotelero de más de doscientas habitaciones, con unas buenas instalaciones: piscina, sauna, pistas deportivas (tenis, *volei*, paddle), y tiene bar y restaurante.

RESTAURANTES

(M) **ARRASTÃO:** Avenida Senador Galotti 629. ☎ 36 47 04 18. En Mar Grosso. Cierra los domingos por la noche. Precios medios y buena cocina a base de pescados.

(M) **SPETTUS:** Avenida Senador Galotti 418. En Mar Grosso. Abierto hasta la medianoche. *Churrascaria* con *rodízio*.

LLEGAR Y PARTIR

EN AUTOBÚS. Hay varios autobuses diarios a Florianópolis, hacia el norte, y a las playas del sur.

ARARANGUÁ

A 217 kilómetros al sur de Florianópolis, y después de pasar las poblaciones de **Jaguaruna** e **Içara** con sus correspondientes playas, Araranguá es otra de las poblaciones veraniegas de la costa con unas playas muy bonitas y una completa infraestructura para atender las necesidades de los visitantes.

LAS PLAYAS

MORRO DOS CONVENTOS: junto a la desembocadura del río Araranguá, tiene cerca de cinco kilómetros de arena. Desde lo alto del *morro* se tienen unas bonitas vistas. En la costa es posible ver delfines.

ARROIO DO SILVA: muy grande y junto a una núcleo urbano. En verano se organiza en la playa una competición muy curiosa: *Quilõmetro de Arrancada de Caminhões.*

SOMBIO: hasta esta zona (32 kilómetros al sur por tierra adentro) las playas no dejan de sucederse. Aquí se halla otro lago interior, **Lagoa do Sombrio**, donde se puede pescar y practicar otros deportes náuticos.

ALOJAMIENTO

CÁMPING LAGO DOURADO: Estrada Morro dos Conventos, km 11.

(B) **CONVENTOS PARK:** Estrada Morro dos Conventos, km 13. ☎ 35 26 71 11. Cabañas con cuatro camas a precios medios muy moderados y habitaciones baratas.

(M) **HOTEL ARARANGUÁ TOURIST:** Avenida Pe. Antõnio Luís Dias 10. ☎ 35 22 05 92. www.novohoteltourist.com.br Junto a la Praça Hercílio Luz, tiene 64 habitaciones.

(C) **MORRO DOS CONVENTOS:** Morro dos Conventos, a 14 kms. ☎ 35 26 76 76. www.hotelmorrodosconventos.com.br En una de las playas más concurridas de la zona, cuartos bien equipados, con a/c, y tiene piscina y restaurante.

RESTAURANTES

(B) **RECANTO:** Trevo de aceso ao Morro dos Conventos, km 6. Abre hasta las 14.30 h y de 19.00 h a medianoche; los domingos, hasta las 14.30 h. Es barato y la carta variada.

(M) **PAQUETÁ GRILL:** Avda Getúlio Vargas 2.492 (Jd. Das Avenidas). Abre de 19.00 h a 22.30 h y fines de semana hasta más tarde. Cierra los lunes. Cocina variada también.

LLEGAR Y PARTIR

EN AUTOBÚS. Hay varios autobuses diarios a Florianópolis, hacia el norte, y a las últimas playas del sur.

LA COSTA AL NORTE DE FLORIANÓPOLIS

GOVERNADOR CELSO RAMOS

A 41 kilómetros al norte de Florianópolis, esta población se extiende junto a un cabo donde las playas vuelven a ser una constante, así como la existencia de una buena infraestructura hotelera.

LAS PLAYAS

Comenzando desde el sur, Ponta da Cruz (a 20 kilómetros aproximadamente), hasta el norte, Canto dos Ganchos (4 kilómetros), rodeando todo el cabo, se hallan:

CAIEIRA DO NORTE: pequeña y muy agradable.

ANTENOR: aguas tranquilas, algunos *morros* y con piedras y arena con conchas.

ILHA DE ANHATOMIRIM: con el Fuerte de Santa Cruz, levantado por los portugueses hacia 1740. Se puede venir desde Florianópolis o desde la Praia do Antenor.

ENSEADA DOS GOLFINHOS: a 17 kilómetros. Muy buena para el baño por la calma de sus aguas.

COSTEIRA: un pueblo de pescadores a 15 kilómetros. La playa es de arena oscura y aguas tranquilas.

TINGUÁ: a 11 kilómetros y a mar abierto, tiene algunas piedras, pero es de arena blanca. A un lado tenéis la **Praia das Cordas**, más pequeña, y al otro la de **Caravelas**, bastante solitaria y con *morros* y piedras.

DAS PALMAS: de arena blanca, aguas transparentes y con mucha gente. Desde el *morro* se tienen unas bonitas vistas.

DE FORA Y GANCHO DE FORA: una a cada lado del promontorio. Muy pequeña y la segunda junto a una aldea pesquera, que se extiende junto a la playa de **Gancho do Meio**.

CALHEIROS: de arena amarilla y muy buena para bañarse.

CANTO DOS GANCHOS: la última al norte. En una ensenada pedregosa y buena para pescar.

ALOJAMIENTO

Ⓜ **POUSADA DO ANHATOMIRIM:** Estrada Geral da Caieira do Norte. ☎ 39 14 00 25. Un complejo formado por diez cabañas equipadas correctamente, una piscina y restaurante.

Ⓜ **MARINA DOS GANCHOS:** Praia do Calheiros, a un kilómetro. ☎ 32 62 03 34. www.pousadamarinadosganchos.4t.com Veinte habitaciones con baño, teléfono y tv.

RESTAURANTES

Ⓜ **RESTAURANTE GOLFINHO:** Praia da Piedade. A 14 kilómetros. Sólo abre por la mañana. Buenos pescados y precios asequibles.

LLEGAR Y PARTIR

EN AUTOBÚS. Hay varios autobuses diarios que conectan con Florianópolis.

BALNEÁRIO CAMBORIÚ

A 84 kilómetros al norte de Florianópolis esta localidad uno de los puntos de veraneo más importantes de toda la costa, gracias a una completa infraestructura, toda clase de hoteles y restaurantes más una serie de actividades y montajes destinados a entretener su público, concretamente en el **Parque Balneario Camboriú**: acuarios, minizoo, criadero de aves, serpentario, etc.

Ojo, es la ciudad más cara de Santa Catarina.

LAS PLAYAS

MATA DO CAMBORIÚ: a 20 kilómetros al sur, es muy apreciada por los aficionados a la pesca submarina y es de arena clara.

ESTALEIRO: se accede por un camino de tierra. Con algunas piedras y es muy tranquila. Junto a ella está la **Praia Estaleirinho**.

TAQUARAS: a 12,5 kilómetros, ésta y su vecina de **Taquarinhas** son abiertas al mar, buenas para el buceo y la pesca.

LARANJEIRAS: a ocho kilómetros, son de aguas tranquilas y con gente que acude para bañarse. Desde aquí salen los barcos para las excursiones por mar.

CAMBORIÚ: con cerca de siete kilómetros de extensión y recorrida por la Avenida Atlântica, es la playa de la población.

BURACO: es pequeña y se accede por un sendero. A dos kilómetros al norte. No es recomendable para bañarse.

DOS AMORES: pequeña, es, en realidad, una estrecha franja de arena azotada por olas fuertes.

DATOS PRÁCTICOS

PREFIJO TELEFÓNICO: 47.

OFICINA DE TURISMO: Avda do Estado 5.041.

TERMINAL RODOVIÁRIA: Avenida Santa Catarina.

ALOJAMIENTO

CAMPING CAMBORIÚ: Avenida Beira Rio, en Barra do Sul.

(M) **VIEIRA'S:** Avenida do Estado 2.800; esquina Rua México. ☎ 33 67 14 66. www.hotelvieiras.com.br Tiene 114 habitaciones con aire acondicionado, tele y frigobar.

(C) **PIRES:** Avenida de Brasil 1.725. ☎ 30 56 91 50. www.hoteispires.com.br Con bar, restaurante y piscina, tiene 167 habitaciones con aire acondicionado.

(C) **FISCHER:** Avenida Atlântica 4.770. Barra Sul. ☎ 32 61 30 00. Buenas instalaciones: bar, restaurante, piscinas (una térmica), sauna, gimnasio, y 130 habitaciones bien equipadas.

RESTAURANTES

(B) **ATALIBA:** Rodovia Jorge Lacerda, 255. En Espinheiros (afueras de **Itajaí**, a unos 8,5 kilómetros). Churrasco en *rodízio*.

(M) RESTAURANTE VIEIRA'S: Avda Atlântica 5.700, en la Praia da Mata de Camboriú, a un par de kilómetros. Abre hasta medianoche y cierra los lunes de abril a noviembre. No es barato pero es una de las direcciones más seguras de la zona por la buena elaboración de los platos, a base de pescados.

(M) CANTO DA SEREIA: también en la Praia da Mata de Camboriú. Precios medios y cocina de pescados.

(M) ENGENHO: Rua Dom Afonso 230, Vila Real. Cierra los martes. Cocina de pescados y precios asequibles.

(M) MOENDA CALAMAR: Avenida Atlântica 5.340. Praia de Camboriú. Cierra los miércoles en temporada baja. Pescados y mariscos.

(C) CHEZ RAYMOND: Rua Marechal Floriano Peixoto 610. ☎ 33 48 70 32. En la Praia de Cabeçudas, a dos kilómetros de **Itajaí**. No es barato pero es una de las mejores direcciones de la zona. Cocina de calidad y muy variada, desde pescados a platos de caza.

LLEGAR Y PARTIR

EN AUTOBÚS. Para venir a Balneário Camboriú hay al menos doce autobuses diarios desde Bombinhas y varios desde Joinville y de Florianópolis.

ITAJAÍ

Itajaí es un transitado puerto comercial a diez kilómetros al norte de Balneário Camboriú. Es una población que cuenta con una importante infraestructura industrial, hay unos astilleros y empresas pesqueras.

También cuenta con unas cuantas playas en sus inmediaciones: **Brava**, separada de la Praia dos Amores por un lado y muy tranquila. No es buena para bañarse; **Morcegos**, con la Gruta dos Morcegos y a la que se accede andando desde el Morro do Farol; **Cabeçudas:** acceso desde el Morro do farol y muy frecuentada; **Geremias**, con la roca llamada el Bico do Papagaio, piedra que según la tradición era adorada por los nativos; **Atalaia**, con un puesto de socorro, y **Molhe**, limitada con piedras y buena para el surfing.

LLEGAR Y PARTIR

EN AUTOBÚS. En autobús se viene fácilmente aquí desde Balneário Camboriú.

PENHA

En la costa norte de Santa Caterina, ya cerca de Joinville y a 26 kilómetros más al norte de Itajaí, Penha fue fundada en el siglo XVIII por balleneros procedentes de las Azores. Hoy se dedica a la pesca artesanal y al turismo.

Se ha creado un parque infantil de atracciones muy popular y frecuentado. Se trata del **Beto Carrero World** y se encuentra en la carretera para Navegantes, a 7 kilómetros. El horario depende de la estación.

LAS PLAYAS

En torno a la pequeña península, a partir de **Navegantes**, otra población veraniega y a la vez centro industrial, es el tercer puerto pesquero de Suramérica, encontraréis:

NAVEGANTES, MEIA PRAIA Y GRAVATÁ: las tres junto a Navegantes y bastante frecuentadas ya que se extienden a lo largo de una gran ensenada. Al final, ya cerca de Ponta Negra, está la **Praia de São Miguel**.

VERMELHA: a 9 kilómetros de Penha. Una de las más agradables, tanto por paisaje como por cualidad de la arena, y no muy frecuentada ya que hay que acceder por un mal camino de tierra.

GRANDE: a 7 kilómetros. Abierta al mar y con algunas zonas de piedra. Buena para el surf.

PACIÊNCIA: en la Ponta da Vigia. Bonita y pedregosa.

ARMAÇÃO: a 5 kilómetros. Muy frecuentada y punto de partida de los barcos que van rumbo al Faro de Itapocóri, la Ponta da Vigia y las islas Feia e Itacolomi.

PRAINHA Y **QUILOMBO:** a ambos lados de un promontorio y en las inmediaciones de penha. En Prainha hay una zona muy agradable para bañarse, **Bacia da Vovó**.

ALEGRE: quinientos metros de arena entre la desembocadura de dos ríos.

LLEGAR Y PARTIR

EN AUTOBÚS. No hay autobuses interurbanos a Penha; tenéis que ir a Piçarras, a seis kilómetros más al norte, y allí tomar un urbano.

PIÇARRAS

Piçarras es una población a 25 kilómetros al norte de Itajaí y a seis de Penha, con su correspondiente oferta de playas y una tranquilidad que no encontraréis en las otras ciudades, ya que no hay más casas que las comprendidas entre el mar y la carretera.

Todas las playas de esta zona son muy agradables para el baño, ya que el mar no tiene un fuerte oleaje: **Piçarras**, punto de partida de los barcos para las islas vecinas y muy frecuentada; **Palmeiras** y **Ponta do Jacques**, la más solitaria.

LLEGAR Y PARTIR

EN AUTOBÚS. Piçarras está comunicada por autobuses frecuentes con las localidades más importantes de la costa.

BOMBINHAS

Bombinhas se extiende sobre una pequeña península a 79 kilómetros al norte de Florianópolis y tiene buenas hoteles y playas muy concurridas. De su puerto salen los barcos para la Reserva Ecológica do Arvoredo.

LAS PLAYAS

Empezando desde tierra firme, junto a la población de Santa Luzia, hasta terminar en otra población al norte, Itapema se hallan las siguientes playas:

ZIMBROS: a cinco kilómetros. Una de las mejores para practicar el submarinismo. A partir de esta playa, para ir a todas las que siguen en dirección sur es necesario hacerlo a pie desde este punto: **Cardoso, Lagoa, Triste, Vermelha** y **Ponta Grande**.

CANTO GRANDE: a 8 kilómetros, al fondo de una amplia ensenada. Con algunas piscinas naturales.

TAINHAS Y PORTO DA VÓ: a ambos lados del promontorio, cuando sopla el viento no son muy apropiadas para el baño.

MARISCAL: de arena fina y buena para baños. En el extremo sur tenéis la de **Conceição**, con piscinas naturales.

QUATRO ILHAS: ancha franja de arena entre dos morros y buenas olas para el surf, y cerca de Bombinhas.

DOS INGLESES: pequeña y con muchas piedras. Morros a ambos lados. También es conocida como **Praia do Retiro**.

BOMBINHAS: con aguas transparentes, arena fina y frecuentada por buceadores. Siguiendo la costa, daréis con la **Praia de Bombas**, a mar abierto.

ALOJAMIENTO

CÁMPING BOMBINHAS: Avenida Manoel José dos Santos.

CÁMPING PARAÍSO TROPICAL: Avda dos Coqueiros 385. (Canto Grande), a seis kilómetros.

CÁMPING COSTÃO: Rua Águia 332. En la praia de Bombas.

(M) **POUSADA AGUAS CLARAS:** Praia de Bombinhas, a tres kilómetros. ☎ 33 69 23 16. www.pousadaaguasclarasbbs.com.br Doce habitaciones sencillas con frigobar.

(M) **POUSADA ZIMBROS:** Rua da Praia 527. Praia de Zimbros, a cinco kilómetros. ☎ 33 93 32 97. www.pousadazimbros.com Once habitaciones con aire acondicionado y frigobar. Restaurante y posibilidad de montar en barco.

(M) **POUSADA DOS INGLESES:** Rua da Praia 527. Praia de Zimbros, a cinco kilómetros. ☎ 33 93 32 83. www.pousadadosingleses.com.br Conjunto de nueve cabañas (para cinco personas) con cocina equipada. Bar y restaurante. En temporada baja está en el rango de Baratos.

(C) **POUSADA DO ARVOREDO:** Rua Tilapia 99. ☎ 33 69 23 55. www.pousadadoarvoredo.com.br Con treinta habitaciones y veinte cabañas bien equipadas. Tiene bar, piscina, servicio de playa y su restaurante merece la pena, ya que es uno de los mejores de la zona. Dobles a 250 reales en temporada baja y más de 400 en enero.

RESTAURANTES

(M) **VILA GUGA:** Rua Tilapia 60. Abierto todos los días hasta tarde, la una o las tres de la noche según los días. Platos variados y precios medios.

LLEGAR Y PARTIR

EN AUTOBÚS. Para venir a Bombinhas hay que tomar un autobús desde Florianópolis, que también para en Porto Belo, a diez kilómetros, y sigue para Balneário Camboriú.

PORTO BELO

A 69 kilómetros al norte de Florianópolis y a sólo diez de Bombinhas, Porto Belo –con casi 10.000 habitantes– es la población más importante de esta pequeña península y otro importante centro de veraneo y punto del que parten los barcos para las islas de Gale y Arvoredo (en la Reserva Biológica Marina do Arvoredo) y João da Cunha.

LAS PLAYAS

PORTO BELO: urbana y en la desembocadura del río Porto Belo. Amplia extensión de arena oscura.

PEREQUÉ: en la desembocadura del río Perequezinho. También muy extensa y con un cámping.

ESTALEIROS: se accede en barca o por un sendero. Es la más alejada, está a seis kilómetros), y es muy tranquila. Desde esta playa se suceden otras tres muy pequeñas: **Caixa d'Aço, Prainha, Araça**.

DATOS PRÁCTICOS

PREFIJO TELEFÓNICO: 47

OFICINA DE INFORMACIÓN: Avenida Governador Celso Ramos 1.492. ☎ 33 69 56 38.

RODOVIARIA: Avenida Governador Celso Ramos 2.671.

ALOJAMIENTO

CAMPING DOLCE VITA MAR: Rua Manoel F. da Silva 521. En la Praia de Porto Belo. Abierto desde diciembre hasta Semana Santa.

Ⓜ **POUSADA RIO AMAZONAS:** Rua Wilson Belber 311 (Perqué). ☎ 33 69 85 48. A tres kilómetros y con precios mucho más moderados que la siguiente.

Ⓜ **POUSADA ENSEADA DAS GAROUPAS:** Avenida Governador Celso Ramos 1.112. ☎ 33 69 43 83. En la Praia de Porto Belo. Tiene bar y diez habitaciones bien equipadas, con aire acondicionado.

RESTAURANTES

Ⓜ **RESTAURANTE LA PONTE:** Avenida Governador Celso Ramos 1.988. Platos de pescado.

Ⓜ **RESTAURANTE ZUM RAUCHFISCH:** Avenida Senador Atílio Fontana 1.018. En la Praia de Perequé, a unos tres kilómetros. Abierto hasta la medianoche. Cocina de pescados y precios medios.

LLEGAR Y PARTIR

EN AUTOBÚS. Para venir a Porto Belo hay autobuses desde Florianópolis, que siguen hacia Bombinhas, a diez kilómetros.

ITAPEMA

A 76 kilómetros al norte de Florianópolis, esta pequeña ciudad fue fundada por portugueses procedentes de las Azores que han sabido conservar sus tradiciones y que hoy, al igual que el resto de poblaciones de la zona, vive del turismo.

LAS PLAYAS

ITAPEMA: muy frecuentada por su proximidad al centro urbano, es amplia y de arena oscura.

ILHOTA Y GROSSA: separadas por un saliente rocoso. A la primera se accede desde el hotel y a la segunda por un sendero.

CABEÇO: unos cinco kilómetros al sur. Muy tranquila y con zonas donde atracan las barcas de los pescadores, que aprovechan para vender sus pescados.

MEIA PRAIA: al lado de la anterior, es muy amplia y apta para la práctica de deportes.

ALOJAMIENTO

Ⓜ **VILLAGE:** Avenida Gov Celso Ramos 334. ☎ 33 68 20 13. www.hotelvillageitapema.com.br En la Praia de Itapema, tiene bar, restaurante, piscina (térmica) y sauna.

Ⓒ **ENSEADA ITAPEMA:** Avenida Nereu Ramos 3.363. ☎ 33 68 84 00. A tres kilómetros y medio. Tien bar, restaurante, piscina y pista de *paddle,* y son 69 habitaciones con aire acondicionado, tele y frigobar.

LLEGAR Y PARTIR

EN AUTOBÚS. Para venir a Itapema tenéis autobuses desde Florianópolis.

SÃO FRANCISCO DO SUL

En el extremo norte del Estado y dentro de la Bahía de São Francisco, es una ciudad de unos 30.000 habitantes, la cuarta más antigua del país y uno de los puertos mineros más importantes del país.

Merece la pena hacer un alto aquí, bien para visitar su casco antiguo o para disfrutar de sus playas.

LA VISITA

Lo más interesante es su **Museu Histórico**, en la antigua Casa de Câmara e Cadeia, un edificio del XVIII, y el **Museu Nacional do Mar**, Rua Manoel Lourenço de Andrade, donde se exponen todo tipo de barcos utilizados en Brasil y como estrella el barco *Piratii*, utilizada para una travesía a remo del Atlántico.

LAS PLAYAS

DENTRO DE LA BAHÍA: a partir de São Francisco y en dirección al mar tenéis **Dos Ingleses**, pequeña, tranquila y con sombras; **Figueira, dos Paulas**; **Calixto; Capri; do Forte**, junto a una fortaleza de 1915 que se puede visitar, y señalando la entrada de la bahía.

EN EL MAR: siguiendo en dirección sur, **Itaguaçu** e **Itatuba**, ambas compartiendo una amplia ensenada. La segunda es muy buena para el surf y muy frecuentada. Enfrente está la **Ilha da Paz**, con un barco sumergido y una de las mejores zonas para hacer inmersiones. **Prainha**, buena para el surf y con un puesto de socorro y la presencia de la tubería de un oleoducto.

A continuación viene una zona muy abierta donde se suceden las playas hasta llegar al Balneario Barra do Sul: **Grande**, **Grande do Ervino** y **Ervino**.

Pasado el **Balneário Barra do Sul** (30 kilómetros de São Francisco) aparece **Barra Velha**, población 32 kilómetros más al sur y junto a la cual hay otro grupo de playas: **Península**, en la desembocadura del lago; **Costão, Tabuleiro, Pedras Brancas e Pedras Negras, Itajubá** y **Grant**, junto a un puerto pesquero y una zona de chalés.

ALOJAMIENTO

UTATUBA: Rodovia Duque de Caxias, 1585. Praia de Unbatuba. A unos 15 kilómetros.

CLUB SUÍÇO: Rodovia Duque de Caxias 1.585. Praia de Unbatuba.

TONY: Rua Campos Bovos. Utatuba. A 16 kilómetros.

(M) **POUSADA VILA DA GLÓRIA:** Estrada para Vila da Glória. ☎ 34 49 50 261. Hay que cruzar en balsa la ría y luego seguir un kilómetro. Se trata de un conjunto con 16 habitaciones y seis chalés bien equipados. Tiene piscina, sauna y restaurante.

(C) **VILLA REAL:** Rua Francisco Machado de Sousa 1.135. En Paulas, a tres kilómetros. ☎ 34 71 58 00. Un hotel con 71 habitaciones equipadas con todo lo necesarios y tiene restaurante, bar y dos piscinas.

RESTAURANTES

(M) **PSIU VEM:** Praia da Figueira. En Paulas, a 3 kilómetros. Cierra domingos y lunes por la tarde. Cocina de pescados.

(M) **DO JACI***:* en Estaleiro, junto a la Estrada para Vila de Glória. La bahía se cruza en barca. No es caro y sirve unos buenos pescados.

LAS CIUDADES ALEMANAS

El valle de Itajaí os sorprenderá por sus contrastes entre las tradiciones mantenidas por sus habitantes, descendientes de los primeros inmigrantes alemanes, y la modernidad de sus industrias textiles. Blumenau y Joinville son dos ejemplos de esa convivencia un tanto esquizofrénica. Ambas están situadas en el interior, pero Joinville está muy cerca de la costa.

BLUMENAU

Blumenau es una ciudad de unos 290.000 habitantes en el interior del Estado y a sesenta kilómetros al oeste de Itajaí.

Está enclavada en medio de un valle colonizado por inmigrantes alemanes en la segunda mitad del siglo XIX y cuyos descendientes todavía conservan muchas tradiciones, entre ellas, una rememoración de la Fiesta de la Cerveza de Múnich, la *Oktoberfest*.

En la ciudad, la Praça Hercílio Luz es uno de los lugares más céntricos por los que se puede empezar a conocer la ciudad. Aquí está el **Biergarten**, desde el que las bandas de música ofrecen sus conciertos.

Desde los muelles de la Avenida Beira Rio salen barcos que recorren el río Itajaí. En una de sus orillas se encuentra el Museu Fritz Muller (ver Museos).

MUSEOS

MUSEU HISTÓRICO DA FAMILIA COLONIAL: Alameda Duque de Caxias 78 (abierto de martes a viernes de 9.00 h a 17.00 h y fines de semana de 10.00 a 16.00 horas. Entrada tres reales. Este museo muestra un repaso a la colonización de la región. A través de documentos y fotografías, se aprende sobre los primeros pobladores, los indios *kaingang,* y la llegada de los alemanes. Tiene una magnífica biblioteca y un jardín botánico.

MUSEU DE ECOLOGIA FRITZ MULLER: Rua Atajaí 2.195. Abierto todos los días de 8.00 h a 11.30 h y de 14.00 h a 17.00 h. En esta casa residió en el siglo XIX el naturalista Fritz Muller, que fue colaborador de Darwin. El museo muestra sus objetos personales, animales disecados y pequeñas reproducciones de hábitats naturales.

DATOS PRÁCTICOS

PREFIJO TELEFÓNICO: 47.

OFICINA DE TURISMO: Rua 15 de Novembro 1.050. ☎ 33 22 69 33.

RODOVIÁRIA: está a cinco kilómetros de la ciudad. Hay un servicio de autobuses frecuentes hasta el centro. ☎ 33 23 21 55.

ALOJAMIENTO

CÁMPING SPITZKOPF: Rua Bruno Schreiber 3.777, Progresso/Nova Rússia. A 15 kilómetros de la ciudad.

(b) **ALBERGUE JUVENIL POUSADA GRÜN GARTEN.** Rua São Paulo 2.457. ☎ 33 39 65 29. En Itoupava Seca, a seis kms del centro y perteneciente a Albergues Internacionales, tiene camas en dormitorio con baños colectivos y restaurante.

(B) **POUSADA SAN NICKOLAS:** Rua Pedro Zimmermann 9798. ☎ 33 37 10 01. De lo poco barato por aquí, pero está alejado, en Itoupava Central, aunque estáis comunicados por autobuses.

(M) **GLÓRIA:** Rua 7 de Setembro 954. ☎ 33 26 19 88. www.hotelgloria.com.br Con restaurante y 102 habitaciones con baño, teléfono, televisión, aire acondicionado, frigorífico, etcétera. Precios en el límite con la categoría de Baratos, a 160 reales.

(M) **HIMMELBLAU PALACE:** Rua 7 de Setembro 1.415. ☎ 30 36 58 00. Con restaurante, bar, piscina y sauna, tiene 120 habitaciones con teléfono, televisión, aire acondicionado, calefacción y frigorífico.

(M) **GARDEN TERRACE:** Rua Padre Jacobs 45. ☎ 33 26 35 44. Tiene 110 habitaciones, restaurante y bar. Cuartos a partir de 120 reales.

(M) **STEINHAUSEN COLONIAL:** Rua Buenos Aires 275 (Ponta Aguda). ☎ 33 22 52 76. Veintiocho habitaciones con aire acondicionado y bar y tiene piscina.

(M) **STEINHAUSEN:** Rua Minas Gerais 53 (Bairro da Velha). ☎ 33 29 24 37. Precios muy asequibles y veintiocho habitaciones con aire acondicionado y televisión.

(C) **GRANDE HOTEL BLUMENAU:** Alameda Rio Branco 21. ☎ 33 26 01 45. Con restaurante y bar.

(C) **PLAZA BLUMENAU:** Rua 7 de Setembro 818. ☎ 32 31 70 00. www.plazahoteis.com.br Con restaurante, bar y piscina y dobles a partir de 305 reales.

RESTAURANTES

En Blumenau tendréis oportunidad de probar auténticos platos alemanes cocinados en Brasil y acompañados de excelente cerveza.

(M) **FROHSINN:** Morro do Aipim, a un kilómetro de la ciudad. ☎ 33 26 60 50. Abre hasta las 0.30 h y cierra los domingos después de las 16.00 h. Con platos completos de embutidos alemanes a buen precio y hermosas vistas sobre Blumenau.

(M) **CAVALINHO BRANCO:** Alameda Rio Branco 165. A pesar de su nombre italiano, sirve especialidades alemanas.

(M) **GUTTEN APETIT:** Rua Getúlio Vargas 144 (Centro). Bufé de varios precios, según los platos escogidos. Cocina alemana.

ATALIBA: Rua Alberto Stein (Proeb). Cierra domingos por la noche. Un local económico para variar y tomarse un buen *rodízio*.

OKTOBERSFEST. Instituida en 1984, esta fiesta es uno de los acontecimientos turístico más importante del año y se celebra durante la segunda quincena de octubre. La colonia alemana ha querido afianzar sus costumbres y atraer un turismo alemán cada año más numeroso. Es una imitación de la Fiesta de la Cerveza de Munich, con desfiles de bandas, carrozas y grupos folclóricos ataviados con trajes típicos. La distribución de la rubia bebida es gratis, pero nosotros recomendamos moderación en su consumo, sobre todo si tenéis que conducir...

LLEGAR Y PARTIR

EN AUTOBÚS. Hay autobuses frecuentes desde Florianópolis (a 160 kilómetros), Curitiba, São Paulo y desde las ciudades vecinas de Rio Grande do Sul. También está conectada por un servicio de autobuses que vienen de Asunción y Ciudad del Este (Paraguay).

JOINVILLE

A Joinville, con más de 475.000 habitantes y en el norte del Estado, se le denomina la *Cidade dos Príncipes,* porque fue construida en unos terrenos que recibió como dote la princesa Francisca Carolina al casarse con el príncipe de Joinville.

Parte de estas tierras fueron cedidas a una compañía colonizadora de Hamburgo, que se encargó de traer los primeros colonos alemanes, suizos y noruegos. Esto ocurrió en 1851 y, en honor a la princesa, la colonia se llamó *Dona Francisca*.

Durante los primeros tiempos fue una ciudad agrícola, con casas de tejados inclinados y balcones y ventanas de madera. Aunque todavía quedan algunos de estos edificios, la ciudad ha ido perdiendo su carácter agrícola para convertirse en un centro industrial de empresas metalúrgicas y mecánicas.

Hay tres calles comerciales con mucha actividad durante el día: la Rua 15 de Novembro, su paralela Rua 9 de Março –ambas desembocan en el río– y la Rua Princesa Isabel.

La estación de tren es uno de los edificios públicos más bellos de Joinville, construido a principios del siglo XX en el estilo característico centroeuropeo.

MUSEOS

MUSEU NACIONAL DE IMIGRAÇÃO E COLONIZAÇÃO: Rua Rio Branco 229. ☎ 34 33 37 36. Abierto de martes a viernes de 9.00 h a 17.00 h y fines de semana de 11.00 h a 17.00 h. Entrada de pago. Este museo está instalado en el **Palácio dos Príncipes**, un edificio de 1870. La colección de objetos de uso cotidiano muestra la forma de vida de los colonos cuando llegaron a Santa Catarina.

Frente a este palacio se extiende la **Alameda das Palmeiras**, un hermoso paseo con inmensas palmeras imperiales.

MUSEU DE ARTE: Rua 15 de Novembro 1.400. ☎ 34 33 46 77. Abierto de miércoles a viernes de 9.00 h a 17.00 h y fines de semana, de 11.00 a 17.00 h. Entrada gratuita. Una colección de obras de artistas y artesanos locales. En el mismo edificio funciona un **cine** en el que suelen proyectar buenos programas.

MUSEU ARQUEOLOGICO DE SAMBAQUI: Rua Dona Francisca 600. Abierto de martes a viernes de 9.00 h a 17.00 h y fines de semana, de 11.00 h a 17.00 h. Expone muestras de la vida de los indios que habitaban estas tierras antes de ser colonizadas. Son 12.000 piezas, las más antiguas del año 2050 a. de C.

DATOS PRÁCTICOS

PREFIJO TELEFÓNICO: 47

OFICINAS DE TURISMO: XV de Novembro. ☎ 34 33 50 07. www.turjoinville.com.br Con sucursales en Casa Krüger y Aeropuerto.

MEDIOS DE TRANSPORTE

ESTAÇÃO RODOVIÁRIA: Rua Cuibá, salida sur por la BR 101. ☎ 34 33 29 91. Queda a unos dos kilómetros de la ciudad, trayecto que lo podéis recorrer a pie o en autobús si vais con equipaje.

AEROPUERTO: Avda Santos Dumont, a 13 kms del centro. ☎ 34 81 40 00.

ALOJAMIENTO

(B) **SABRINA:** Rua Ricardo Stamm Gomes 234. ☎ 38 01 94 00. www.hotelsabrina.com.br Una *pousada* en el barrio del Mercado Municipal, con 27 habitaciones con teléfono televisión y aire acondicionado, y de lo poco barato que hay por aquí, con dobles a partir de 120 reales.

(M) **JOINVILLE PALACE:** Rua do Príncipe 142. ☎ 34 33 61 11. Veintiséis habitaciones con aire acondicionado y televisión y a precios moderados.

(M) **NOVO HOTEL JOINVILLE:** Rua Abdon Batista 237. ☎ 34 33 39 62. Con 74 habitaciones con aire acondicionado y televisión.

(M) **HOTEL TANNENHOF:** Rua Visconde de Taunay 340. ☎ 34 33 80 11. www.tannehofhotel.com.br Tiene restaurante, bar y piscina y 103 habitaciones bien puestas a partir de 250 reales.

RESTAURANTES

También en Joinville podréis disfrutar de las salchichas, las patatas y la carne de cerdo. Pero la oferta de restaurantes no se limita a las especialidades alemanas: hay restaurantes brasileños, *churrascarias*, italianos y hasta vegetarianos.

(M) **ATALIBA:** Rua 15 de Novembro (Expoville). Está en Expoville, a unos 5 kilómetros. Cierra los domingos. Buen churrasco y *rodízio*.

(M) **BIERKELLER:** Rua 15 de Novembro 497. Cierra domingos y lunes. Cocina alemana, ambiente agradable y precios medios.

(M) **CASA DO BACALHAU:** Rua Mário Lobo 93. Cierra los domingos por la noche y los lunes. Cocina tradicional portuguesa haciendo honor al nombre.

LLEGAR Y PARTIR

EN AUTOBÚS. Hay autobuses diarios desde Blumenau, Florianápolis, Curitiba (dos horas), Porto Alegre (nueve horas), São Paulo (nueve horas), Río de Janeiro, Foz do Iguaçu (16 horas), etcétera.

ESTADO DE RIO GRANDE DO SUL

Rio Grande do Sul es el Estado más sureño de todo Brasil. Ocupa una extensión de 282.184 kilómetros cuadrados, algo más que la mitad de toda España. Su parte occidental es fronteriza con Paraguay y Argentina y tiene muchos aspectos similares a los de la Pampa de este último país: las grandes extensiones dedicadas al ganado vacuno, la forma de vida de los gauchos, semejante en ambos lados de la frontera, y la alimentación, basada también en la carne.

Si visitáis el interior podréis ver en su elemento natural a estos legendarios hombres vestidos con sus pantalones anchos atados en los tobillos, un poncho y un sombrero. Además de la ganadería, Rio Grande do Sul produce frutas, verduras y vino. Este tipo de agricultura mediterránea se practica en los valles donde se instalaron italianos y alemanes.

La madera de pino es otra de sus riquezas que se exporta junto a la carne, lana, pieles y tabaco. La zona costera es rocosa y el paisaje se alterna con grandes extensiones de dunas. Su litoral posee 500 kilómetros de playas. Como podréis ver, es un Estado muy variado y rico en el que no falta la industria derivada de los curtidos y la metalúrgica.

PORTO ALEGRE

Fundado hace más de 200 años, este puerto situado a orillas de un lago dulce próximo al mar, es la capital del Estado y hoy tiene un millón cuatrocientos mil habitantes.

En el **Lagoa dos Patos**, como se denomina a este gigantesco lago alimentado por cinco ríos, pueden entrar barcos de 7.000 toneladas. Por él sale una buena parte de los productos de la región, fundamentalmente carne y madera.

DEL AEROPUERTO Y LA RODOVIÁRIA A LA CIUDAD

EL AEROPUERTO INTERNACIONAL SALGADO FILHO: está a 6 kilómetros de la ciudad. ☎ 33 58 20 00. Hay una línea de Metro (tren de cercanías) que comunica con el Mercado Público, situado en una zona céntrica. Al salir del aeropuerto, girad a la izquierda y cruzad la pasarela que cruza la autovía y que conduce directamente a la estación. La línea de autobuses 5126 también os dejará en el Centro.

RODOVIÁRIA: Largo Vespasiano Júlio Veppo Cerca del puerto, tiene una conexión con el Metro.

ORIENTACIÓN

La ciudad está construida sobre varias colinas, de tal forma que en la parte baja queda la zona comercial y de servicios y la alta está reservada para los barrios residenciales. A orillas del río Guaíba se desarrolla la vida ociosa de la ciudad.

A lo largo de las playas fluviales abren sus puertas infinidad de bares, restaurantes y clubes privados. Todos los puntos de interés se concentran en un área reducida que la podréis visitar a pie.

CÓMO MOVERSE

El centro histórico se patea muy bien y todos los monumentos están próximos entre sí.

En Porto Alegre hay un eficiente Metro, que funciona de lunes a viernes de 5.30 h a 23.00 h; sábados, domingos y días festivos de 5.30 a 22.00 h, pero a vosotros, en realidad, sólo os servirá para ir al aeropuerto, pues lo interesante de la ciudad queda fuera de su radio.

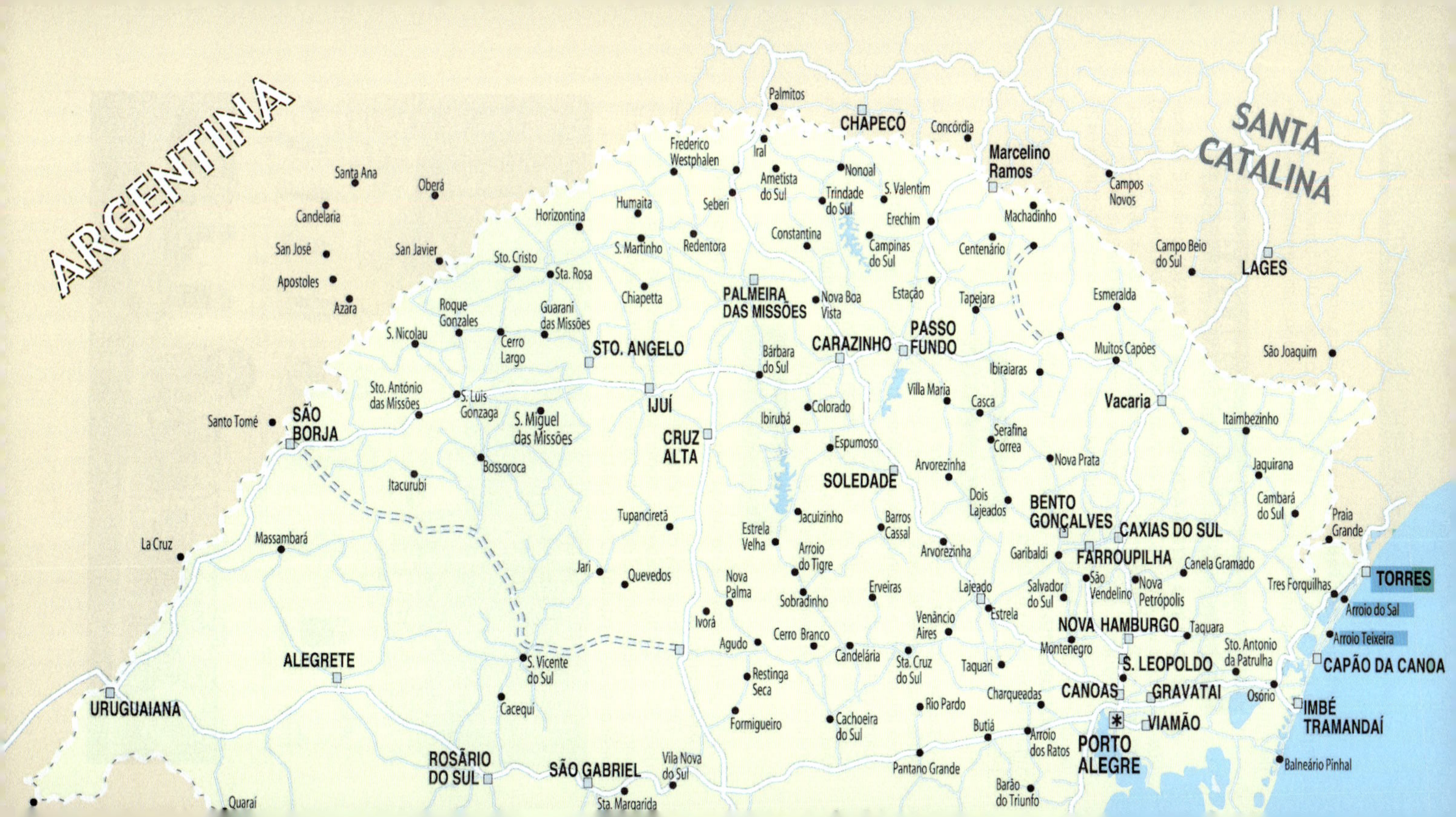
ARGENTINA
SANTA CATALINA
Palmitos
CHAPECÓ
Concórdia
Marcelino Ramos
Campos Novos
Campo Beio do Sul
LAGES
São Joaquim
Frederico Westphalen
Iral
Nonoal
Ametista do Sul
Trindade do Sul
S. Valentim
Erechim
Machadinho
Santa Ana
Oberá
Candelaria
San José
Apostoles
Azara
San Javier
Horizontina
Humaita
Seberi
Redentora
S. Martinho
Constantina
Campinas do Sul
Centenário
Sto. Cristo
Sta. Rosa
Chiapetta
PALMEIRA DAS MISSÕES
Nova Boa Vista
Estação
Tapejara
Esmeralda
Roque Gonzales
Guarani das Missões
Cerro Largo
S. Nicolau
STO. ANGELO
CARAZINHO
PASSO FUNDO
Bárbara do Sul
Muitos Capões
Ibiraiaras
Villa Maria
Casca
Vacaria
Itaimbezinho
Sto. António das Missões
S. Luis Gonzaga
S. Miguel das Missões
IJUÍ
Colorado
Ibirubá
Espumoso
Serafina Correa
Nova Prata
Santo Tomé
SÃO BORJA
CRUZ ALTA
SOLEDADE
Arvorezinha
Jaquirana
Bossoroca
Itacurubi
Dois Lajeados
BENTO GONÇALVES
CAXIAS DO SUL
Cambará do Sul
Praia Grande
Tupanciretá
Jacuizinho
Barros Cassal
La Cruz
Massambará
Estrela Velha
Arroio do Tigre
Arvorezinha
Garibaldi
FARROUPILHA
Canela Gramado
Jari
Quevedos
Nova Palma
Sobradinho
Erveiras
Lajeado
Salvador do Sul
São Vendelino
Nova Petrópolis
Tres Forquilhas
TORRES
Arroio do Sal
Ivorá
Estrela
NOVA HAMBURGO
Taquara
Arroio Teixeira
Agudo
Cerro Branco
Venâncio Aires
Montenegro
Sto. Antonio da Patrulha
ALEGRETE
S. Vicente do Sul
Candelária
Sta. Cruz do Sul
Taquari
S. LEOPOLDO
CAPÃO DA CANOA
URUGUAIANA
Restinga Seca
Charqueadas
CANOAS
GRAVATAI
Osório
Cacequi
Rio Pardo
IMBÉ
TRAMANDAÍ
Formigueiro
Cachoeira do Sul
Butiá
VIAMÃO
Arroio dos Ratos
PORTO ALEGRE
ROSÁRIO DO SUL
SÃO GABRIEL
Vila Nova do Sul
Pantano Grande
Balneário Pinhal
Quaraí
Sta. Margarida
Barão do Triunfo

URUGUAY
Dom Pedrito
BAGÉ
Hulha Negra
Pinneiro Machado
Piratini
Turuçu
S. LOURENÇO DO SUL
Lagoa dos
MOSTARDAS
Morro Redondo
PELOTAS
Pedras Altas
Isidoro Noblia
Herval
RIO GRANDE
CASSINO
Arroio Grande
Jaguarão
Chuy
Océano Atlántico
Río Grande do Sul

Río Guaíb
Modelo
Avenida
Praça XV do Novembre
Avenida Mauá
Gen. Camara
Siqueira Campos
Sete de Setembro
Andradas
Av. Sen. Salg
Riachuelo
Jerónimo Coelho
Duque de Caxias
Gen. João Manoel
Gen. Auto
Espirito Santo
Cel. Fernando Machado
Demetrio Ribeiro
Washington Luis
Avenida Loureiro da Silva
Estáncia da Harmonia
Av. Augusto de Carvalho
Parque dos Açorianos
Avenida Perimetral
Rua da
AVENIDA BEIRA RIO
Av. Aug. de Carvalho
Av. Aurelian
Avenida Borges de Medeiros
Avenida Praia de Velas
Avenida Borges de Medeiros
Avenida Praia de Velas
Marcil
Avenida
Avenida
Botafog
Para
Barbedo
Grão
Costa
PORTO ALEGRE
1. Catedral
2. Palacio Pirantani
3. Caja Cultural Mário Quintana
4. Museo Arte do Rio Grande do Sul
5. Usina do Gasômetrica
6. Parque dos Molinos Vento
7. Teatro São Pedro
8. Mercado Público
9. Rodoviária
10. Correos

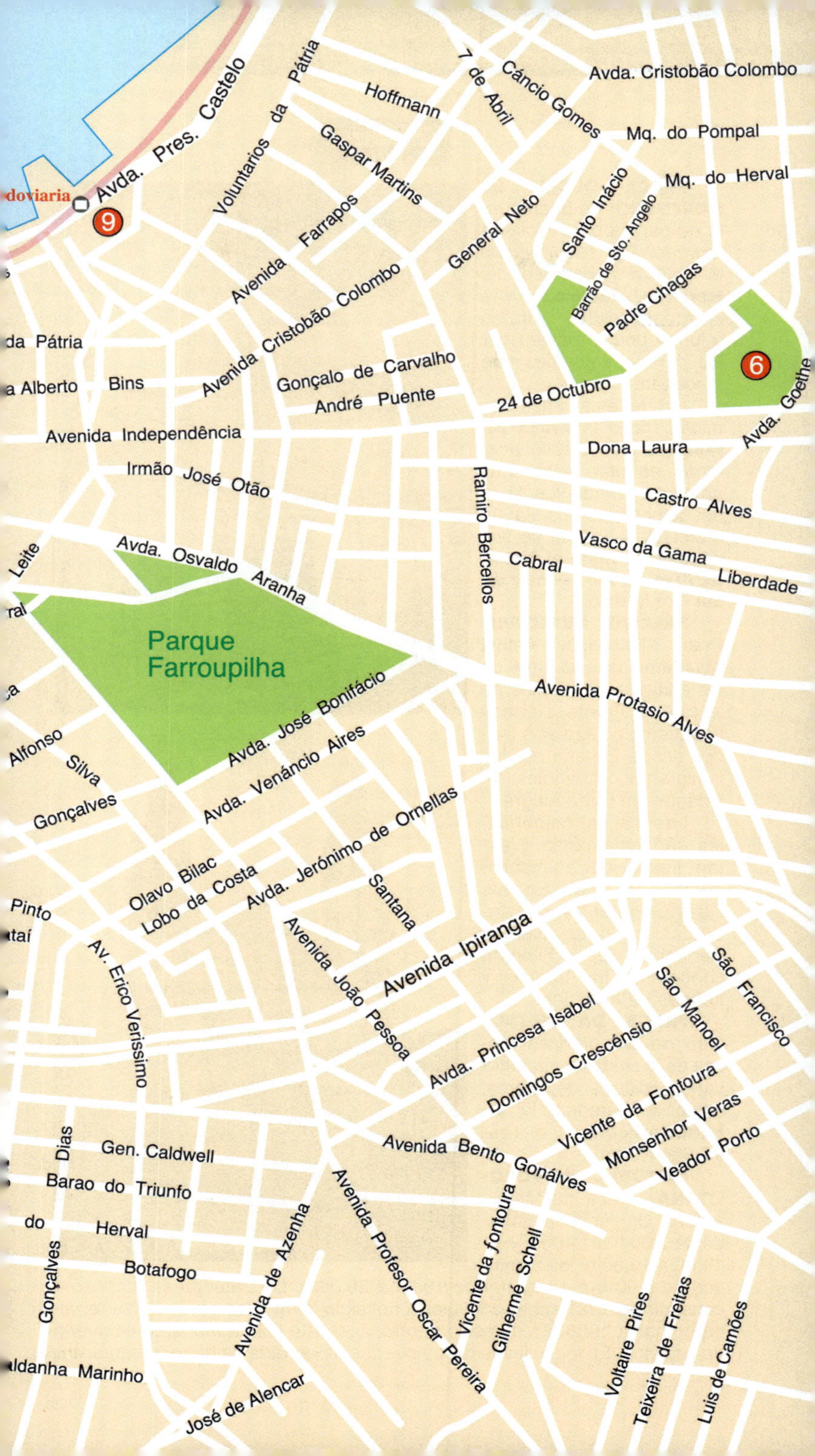
doviaria
Avda. Pres. Castelo
Voluntarios da Pátria
Hoffmann
7 de Abril
Cáncio Gomes
Avda. Cristobão Colombo
Mq. do Pompal
Mq. do Herval
Gaspar Martins
General Neto
Santo Inácio
Barrão de Sto. Angelo
Padre Chagas
Avenida Farrapos
Avenida Cristobão Colombo
da Pátria
a Alberto
Bins
Gonçalo de Carvalho
André Puente
24 de Octubro
Avda. Goethe
Avenida Independência
Dona Laura
Irmão José Otão
Ramiro Bercellos
Castro Alves
Vasco da Gama
Cabral
Liberdade
Leite
Avda. Osvaldo Aranha
Parque Farroupilha
Avenida Protasio Alves
Avda. José Bonifácio
Avda. Venâncio Aires
Alfonso
Silva
Gonçalves
Avda. Jerónimo de Ornellas
Olavo Bilac
Lobo da Costa
Avda.
Santana
Pinto
taí
Av. Erico Verissimo
Avenida João Pessoa
Avenida Ipiranga
São Francisco
São Manoel
Avda. Princesa Isabel
Domingos Crescênsio
Vicente da Fontoura
Monsenhor Veras
Veador Porto
Avenida Bento Gonálves
Dias
Gen. Caldwell
Barao do Triunfo
do Herval
Botafogo
Gonçalves
Avenida de Azenha
Avenida Professor Oscar Pereira
Vicente da fontoura
Gilhermé Schell
Voltaire Pires
Teixeira de Freitas
Luis de Camões
ldanha Marinho
José de Alencar
9
6

LA VISITA

PRAÇA QUINZE DE NOVEMBRO: un buen punto de partida para iniciar la *tournée*. De paso, veréis el edificio neoclásico del **Mercado Público** (www.mercadopublico.com.br) y luego podéis pasear por las calles peatonales que lo rodean.

Desde esta plaza caminad hasta la **Praça Alfândega** por la calle peatonal; es una plaza muy arbolada, donde los fines de semana se instala un mercado, y en uno de sus ángulos se erige el **Museu de Arte do Rio Grande do Sul** (ver Museos).

PALÁCIO MUNICIPAL: Praça Montevideo. Actual Ayuntamiento, es uno de los edificios más bellos de la ciudad. Frente a él hay una fuente de azulejos traídos desde España por los inmigrantes españoles residentes en Porto Alegre.

Las calles comerciales son empinadas y están llenas de animación durante el día. En las Rúas General Vitorio, Andradas y en la Avenida Senador Salgado Filho se concentran los bancos y tiendas de todo tipo.

PRAÇA DA MATRIZ: Otra de las grandes plazas de la ciudad, concentra varios edificios de interés, como la Catedral, la **Biblioteca Pública** y el Teatro São Pedro.

CATEDRAL METROPOLITANA: Praça da Matriz. Abierta de lunes a sábado de 7.00 h a 11.00 h y de 14.30 a 19.00 h; los domingos de 8.00 h a 12.00 h y de 16.30 a 20.00 h. La Catedral se empezó a construir en 1921 sobre una iglesia del siglo XVIII y las obras no se terminaron hasta 1986. Es de estilo neorrenacentista con la fachada recubierta de azulejos. En los relieves de las puertas de entrada se ha representado a

San Pedro y Juan Pablo II. Una vez dentro, reparad en el colorido de las estatuas de los evangelistas que hay bajo la cúpula.

TEATRO SÃO PEDRO: Praça da Matriz. Abierto de 11.45 h a 19.00 h; los sábados y domingos de 16.00 h a 21.00 h. Visitas guiadas previa cita telefónica. Edificio barroco de mediados del siglo XIX, centro activo de grupos nacionales.

PALÁCIO PIRANTINI: Praça da Matriz. Abierto de lunes a viernes de 9.00 h h a 11.00 h y de 14.00 h a 17.00 h. Visitas guiadas con previa autorización. Sede del gobierno del Estado construido en estilo Luis XVI, el edificio posee elementos decorativos inspirados en los del Palacio de Versalles.

MUSEOS

MUSEU DE ARTE DO RIO GRANDE DO SUL (MARGS). Rua 7 de Setembro 1.010; entrada por la Praça da Alfândega (Centro). ☎ 32 27 23 11. Abierto de martes a domingo de 10.00 h a 19.00 h. Entrada gratuita. Suele haber una visita guiada a las 15.00 h. Sin duda, es el más interesante de todos los museos de la ciudad. Ubicado en un edificio de principios del siglo XX, reúne piezas de arte sacro, así como esculturas, cerámica y pintura de artistas regionales. Hay una sala de exposiciones temporales.

CASA DA CULTURA MÁRIO QUINTANA: Rua dos Andradas 736 (Centro). ☎ 32 21 71 47. La vida cultural en Porto Alegre es muy activa, alimentada por unos cuantos centros en los que se desarrollan actividades artísticas, y esta Casa de la Cultura es uno de esos lugares de encuentro. Este edificio sorprendente por sus formas arquitectónicas —realmente son dos, unidos por unas pasarelas que cruzan la calle–, fue concebido como hotel de lujo y en la actualidad acoge exposiciones, muestras de teatro, cine y un café-concierto.

Otro centro cultural es el **Solar dos Câmara**, que funciona como Biblioteca, auditorio y espacio abierto para exposiciones.

USINA DO GASÔMETRO: Avenida Presidente João Goulart, 515. ☎ 32 27 13 83. Abierto de martes a domingos de 10.00 h a 22.00 h. En este edificio se ha instalado un pequeño museo de vinos producidos en la región y se ha habilitado un espacio dedicado para espectáculos y encuentros culturales.

CENTRO MUNICIPAL DE CULTURA E LAZER: Avenida Erico Veríssimo 307 (Menino Deus). Otro lugar vivo de cultura frecuentados por los jóvenes de Porto Alegre.

PARQUES Y JARDINES

Los parques son otro de los encantos de la ciudad, por su tranquilidad y animación, llenos de familias con críos y gente que pasea o corre.

MOINHOS DE VENTO: hay un lago con un molino de viento y algunos patos. A veces organizan concursos y otras actividades.

PARQUE DE FARROUPILHA: con una exótica vegetación y un gran lago con barcas.

EXCURSIONES

Un paseo en barco por el río Guaíba es algo obligado durante una visita a Porto Alegre. Suelen salir de los muelles situados junto a la Usina do Gasõmetro (Barco Noiva do Caí y Conesul, peor y también mucho más barato) y del Portão Central do Porto (Barco Cisne Blanco). Algunos van por las islas do Pavão, Humaitá, Garças, do Oliveira, Grande dos Marinheiros, da Pólvora, do Chico Inglês y por el Canal de Maria Conga, para volver por el delta del Jacui.

DATOS PRÁCTICOS

PREFIJO TELEFÓNICO: 51.

INFORMACIÓN TURÍSTICA: hay un puesto en el Mercado Público y otro en el aeropuerto. ☎ 0800 51 76 86. www.portoalegre.travel

CASAS DE CAMBIO: os cambiarán euros y cheques de viajes en cualquiera de las agencias de viaje instaladas en las céntricas calles Andradas, General Vitorino y Avenida Senador Salgado.

CORREOS: Rua Siqueira Campos 1.100 y en la zona del Cais do Porto, Rua Sete de Setembro 1.020.

TELÉFONOS: Rua dos Andradas, junto al Cine Impêrial. Locutorio para llamadas internacionales.

CONSULADOS

ESPAÑA: Rua Carlos Gómes 222. ☎ 33 21 19 01. cog.portoalegre@maec.es

ARGENTINA: Rua Prof. Annes Dias 112, 1º. ☎ 32 24 68 10.

URUGUAY: Rua Siqueira Campos 1.171, 6º. ☎ 32 24 34 99.

PARAGUAY: Rua Quintino Bocaiúva 554, sala 302 (Moinhos de Vento). ☎ 33 46 13 14.

HOSPITAL PRONTO SOCORRO: Avenida Osvaldo Aranha 1.394 (Bom-Fim). ☎ 33 30 98 88.

MEDIOS DE TRANSPORTE

AEROPUERTO INTERNACIONAL SALGADO FILHO: Avenida Severo Dullins, a 6 kilómetros de la ciudad. ☎ 33 58 20 00.

RODOVIÁRIA: Largo Vespasiano Júlio Veppo ☎ 32 10 01 01. www.rodoviaria-poa.com.br

ALQUILER DE COCHES: Localiza: Avenida Farrapos 602. ☎ 33 58 20 45. **Avis:** ☎ 33 58 23 54.

RADIOTAXIS: Tele-Táxi: ☎ 32 26 19 19. **Táxi Gaúcha:** ☎ 32 66 36 36.

ALOJAMIENTO

CÁMPING VELUDO: Avenida Pinheiro Machado 165 (Belém Novo, a 28 kilómetros de Porto Alegre). Terreno llano de hierba y tierra, sombreado. Está situado junto al río Guaíba, en una zona apta para el baño. Abre del 15 de diciembre al 20 de marzo.

b **PORTO ALEGRE ECO HOSTEL.** Luiz Afonso 276. ☎ 30 19 24 49. www.portoalegreeco-hostel.com.br Literas en dormitorio a unos 40 reales y dobles a partir de cien en un atractivo albergue con un buen jardín.

b **HOTEL RITZ:** Avda André da Rocha 225. ☎ 32 25 06 93. www.hotel-ritz-portoalegre.com Barato (dobles a 80 reales) y correcto, aunque todo muy básico. Lo lleva un tipo muy majo.

B **HOTEL PRAÇA DA MATRIZ:** Largo João Amorim de Albuquerque 72. ☎ 32 25 57 72. Ocupa un edificio muy bonito, una antigua casa burguesa en la Praça da Matriz. Las habitaciones son sencillas pero tienen baño, teléfono y frigobar, y algunas son hasta cuádruples. El dueño es muy amable y los precios bastante bajos, a 70 reales la doble.

B **HOTEL AÇORES:** Rua dos Andradas 85. ☎ 32 25 22 22. www.acoreshotel.com.br Muy céntrico, sencillo y económico, aunque en la web el precio ya roza el de Medios: 149 reales. Correcto.

M **HOTEL CONTINENTAL BUSINESS:** Praça Otávio Rocha 49. ☎ 30 27 16 01. www.hotelcontinentalbusiness.com.br Un hotel céntrico y económico, con dobles a 160 reales en fin de semana y 260 los días laborales, con muy buena apariencia pero poco acogedor en general, cuartos algo incómodos y, en invierno, hace frío por todas partes, incluyendo el comedor para el desayuno.

M **ORNATUS PALACE:** Rua Gen. Vitorino 146 (Centro). ☎ 32 21 45 55. Con restaurante y bar, habitaciones con teléfono, televisión, aire acondicionado, calefacción, frigorífico, etcétera. Entre semana las dobles cuestan 120 reales y el fin de semana, cien.

M **EXPRESS MAUÁ:** Avda Julio de Castilhos 342 (Centro). ☎ 32 29 10 00. www.hotelexpress.tur.br/maua Habitaciones con aire acondicionado y en pleno centro.

M **PLAZA PORTO ALEGRE:** Rua Senhor dos Passos 154. ☎ 32 20 80 00. www.plazahoteis.com.br/plazinha También frente al Continental Business, cuartos a unos 230 reales. Muy correcto.

M **CONTINENTAL HOTEL:** Rua Vespasiano Júlio Veppo 77. ☎ 30 27 19 00. www.hoteiscontinental.com.br Un hotel con pinta de muy nuevo, frente a la Rodoviária y con precios muy buenos para su calidad: 230 reales la doble y más caro entre semana. Con un amplio lobby, piscina, restaurante y más de doscientas habitaciones bien puestas.

C **CITY HOTEL PORTO ALEGRE:** Rua Dr José Montaury 20. ☎ 32 12 54 88. www.cityhotelpoa.com Cerca del Mercado Público, tiene restaurante y habitaciones bien acondicionadas a 330 reales.

C **SHERATON PORTO ALEGRE:** Rua Olavo Barreto Viana 18. ☎ 21 21 60 00. www.sheraton-poa.com.br A unos tres kms al este del centro, en Mohinhos do Vento, el típico Sheraton, pero con precios moderados, a partir de 300 reales la habitación.

C **PLAZA SÃO RAFAEL:** Avenida Alberto Bins 514 (Centro). ☎ 32 20 70 00. www.plazahoteis.com.br Con dos restaurantes, bar, piscina, sauna y habitaciones con todo lo necesario.

C **EVEREST:** Rua Duque de Caxias 1357 (Centro). ☎ 32 15 95 00. Un moderno y lujoso hotel junto al paso elevado de la calle. Habitaciones amplias bien equipadas y con buenas vistas de la ciudad desde lo alto.

RESTAURANTES

Los churrascos son la base de la cocina de Rio Grande, y en Porto Alegre están las mejores *churrascarias* de la región. Su receta, según dicen, no tiene secretos: *boa carne, sal grosso e brasa viva*. No os preocupéis si no os gusta la carne, porque también hay restaurantes de otro tipo.

B **CENTER:** Praça XV de Novembro. Frente al Mercado Público, se puede comer muy barato y sabroso carnes a la brasa, pollo asado, etcétera.

B **TUTTY´S:** Centro Comercial Independéncia. Avda Independéncia 30, planta baja, Loja 15. Muy cerca de la Praça Otávio Rocha, *grelhados* (carne a la brasa) y arroz con feijao muy ricos.

B **SOLEDADE:** Rua Sete de Setembro 669 y Rua dos Andradas 809 (Centro). Dos locales amplios y cercanos entre sí donde se sirve un *espeto corrido* por muy poco dinero que incluye el postre. También bufé libre, aún más económico. Tiene algunos vinos nacionales, incluso en jarra.

B **QUINTANA:** Rua dos Andradas 811. Un restaurante contiguo y muy similar al Soledade en cuanto a cocina y precios.

B **SALVIA PIZZA:** Travessa da 24 d´Outubro. Una buena pizzería.

B **PRAÇA RUI BARBOSA:** En la terminal de autobuses, no en la rodoviária. En esta plaza hay cantidad de *lanchonettes* y otros restaurantes baratos. La oferta es muy similar en todos ellos: pollos asados, *espetones*, etc. Uno que no está mal es **Italianinha**.

B **PORTO ALEGRE:** Avenida San Pedro 934 (S. Geraldo). Cierra los domingos. Con un buen *churrasco*.

B **CHOPÃO:** Rua Pe. Cacique 891 (Estádio Meira Rio). Platos alemanes acompañados de música también germana.

B **SANTO ANTÔNIO:** Rua Dr. Timóteo 465 (Floresta). Abierto todos los días hasta la medianoche. Es una clásica *churrascaria* con más de medio siglo de experiencia y sirve más de veinte tipos de buena carne.

B **ZEQUINHA:** Avenida Assis Brasil 1.204 (Passo da Areia). Abierto todos los días hasta medianoche. Actuaciones en vino y buen *rodízio*.

SOLAR PALMEIRO (SENAC): Praça Marechal Deodoro 148 (Centro). Abierto de 11.30 a 15.00 h y de 19.30 a medianoche. Cierra los domingos. Junto a la Praça da Matriz, es un restaurante elegante y clásico donde se sirve una buena cocina basada en las recetas del norte: *bobó de frutas de mar* (plato típico de Bahía que lleva entre otras cosas calamares, almejas y gambas y se sirve sobre una especie de puré), *congrio ao molho roquefort, file ao molho de trufas*, etc. Con un servicio atento y profesional y hay vinos nacionales, argentinos, chilenos, italianos, franceses y portugueses. A mediodía se tiene menú. Al lado tienen una bonita cafetería para tomar una copa.

TARTA DE SORVETE: Padre Chagas 217. En Moinhos do Vento, una cafetería y tetería donde tomar tartas y pasteles caros, todo muy bueno.

CAFÉ DOS CATAVENTOS: Rua dos Andradas 736 (Centro). Es el restaurante de la Casa da Cultura Mário Quintana. El local es agradable y suelen preparar platos sencillos y ensaladas. Viene muchos turistas que van al centro cultural y tiene una terraza en la calle peatonal que hay entre ambos edificios.

GALPÃO CRIOULO: Avenida Loureiro da Silva. Parque da Harmonia (Cidade Baixa). ☎ 32 26 81 94. Abierto todos los días hasta la medianoche. Un local entre rústico y folclórico donde además de disfrutar con un buen churrasco servido en *espeto corrido* se puede asistir a diversas actuaciones folclóricas del mundo gaucho. Muy animado.

BAUMBACH: Avenida Viena 254; esquina Avenida Pará, 1.324 (São Geraldo). ☎ 33 46 43 22. Un local sencillo que sabe mantenerse gracias a un atento servicio y una carta variada, con algunas especialidades alemanas. El bufé de mediodía es interesante.

ROCK'S: Rua Cândido Silveira 246 (Auxiliadora). ☎ 33 42 91 65. Abierto hasta la una de la noche, cierra los domingos. A pesar de contar con más de 35 años sigue manteniendo el mismo estilo de sus orígenes lo que hace que siga siendo un local frecuentado y apreciado. Algunos de sus platos ya han quedado para siempre en la carta, caso del *filé ao molho de nata com aspargos*.

MARIU´S: Shopping Total, Rua Cristovão Colombo. El famoso Mariu's de Río abrió hace no mucho su churrascaria en la antigua cervecería Brahma. Carnes (*rodizio*), pues, excelentes.

CAFÉ DO PORTO: Padre Chagas 293. Un café y restaurante de cocina *brasileira* en la zona *pija* de la ciudad, en el barrio de Moinhos do Vento.

AL DENTE: Rua Mata Bacelar 210 (Auxiliadora). ☎ 33 43 18 41. Abre de 19.00 h a medianoche y cierra los domingos. Un buen italiano que ofrece una más que correcta cocina tradicional del norte.

NOVA BRÉSCIA: Rua 18 de Novembro 81 (Navegantes). ☎ 33 42 32 85. No cierra ningún día. Lo mejor de esta *churrascaria* es que incluye en su oferta una gran variedad de carnes.

CHEF'S GRILL: Rua Miguel Tostes 424 (Rio Branco). Abierto todos los días hasta la una de la noche. Pequeña churrascaria que goza de una buena aceptación gracias a unas abundantes raciones que valen para dos personas.

L'ASSIETTE: Rua Dr. Florêncio Ygartúa 106 (Moinhos de Vento). ☎ 32 22 49 78. Cierra los domingos. Evidentemente, entre los mejores de la ciudad no podía faltar un *francés*. Platos creativos y más clásicos, con pato a la naranja, por ejemplo.

VIDA NOCTURNA

Porto Alegre goza de una gran animación y cuenta con un buen número de bares, *pubs* y discotecas. Además la gente es muy marchosa. La zona de Moinhos do Vento, a tres kilómetros al este del centro –id en taxi– está muy bien en las noches de jueves a sábado, con varios clubes de música en vivo y *pubs*. Todos están situados en el llamado *Passeio de la Fama*. Tres que nos gustan son:

CAMINITO: Padre Chagas 318. ☎ 33 46 25 56. Un bar en Moinhos do Vento con frecuentes actuaciones de samba.

DADO PUB: Rua Fernando Gomes 80. Un bar con mucha marcha.

BAR DO GOETHE: Rua 24 de Outubro 112.

De nuevo en el centro de la ciudad, el **Café Majestic**, en la Casa de Cultura Mario Quintana (Rua dos Andradas 736, programa varias actuaciones de música en vivo a la semana, mientras que **Dr Jekyll**, en Travessa do Carmo 76, celebra conciertos de bandas alternativas.

COMPRAS

Las calles comerciales de Porto Alegre son:

Rua das Andradas*:* calle peatonal de la que se puede decir que toda ella es un mercado al aire libre, además de las tiendas.

Rua Voluntarios da Patria*:* entre la Praça XV y la rua Conceição. Tiendas de ropa, zapatos, etc. Todo barato.

Rua 24 de Outubro y Avenida Independència*:* por la zona de Moinhos de Vento. Tiendas ya más elegantes, como el barrio. En esta zona está el **Quinta Avenida Center** (Rua Mostadeiro, 120; esquina Miguel Tostes), un moderno centro comercial con la parte central ocupada por anticuarios.

CASA DO ARTESÃO: Avenida Júlio de Castilhos, 144 (Centro). Aquí encontraréis los objetos de artesanía más baratos de la ciudad.

MERCADO PÚBLICO: Praça 15 de Novembro. Con la posibilidad de conseguir alguna ganga.

RINCÃO GAÚCHO: tiene varias tiendas por toda la ciudad (Rua dos Andradas, Shopping Center de Praia Belas, Shopping de Iguatemi). Recuerdos y objetos de la Pampa.

SHOPPING PRAIA DE BELAS: Avenida Praia de Belas, 1181. Moderno y por ahora de moda.

LLEGAR Y PARTIR

EN AVIÓN. Desde Porto Alegre hay vuelos para Belém, Brasília, Campo Grande, Curitiba, Florianópolis, Fortaleza, Foz de Iguaçu, Goiânia, Joinville, Maceió, Manaus, Natal, Navegantes, Pelotas, Recife, Rio Grande, Río de Janeiro, Salvador, São Luís, São Paulo y Uruguaiana.

EN AUTOBÚS. Porto Alegre está comunicada por autobuses con Montevideo (doce horas), Buenos Aires (veinte), Curitiba, Foz do Iguaçu, Río de Janeiro (24 horas), etcétera.

LAGOA DOS PATOS

Lagoa dos Patos es el gran lago interior que se extiende inmediatamente al sur de Porto Alegre y llega hasta Rio Grande, con cerca de 300 kilómetros de largo y 80 en el punto más ancho, y una profundidad máxima de siete metros. Así, ocupa una extensión de 10.000 km^2.

El nombre del lago se debe a una tribu india, los *patos*, que habitaban esta región.

Los que se sientan con espíritu aventurero pueden adentrarse en coche por la franja de tierra que separa el lago del mar, en total 302 kilómetros desde São do Norte a Palmares do Sul. Si se va por la playa se corre el riesgo de quedar atrapados en la arena o ser tragados por el agua si se levanta algún temporal.

La segunda opción, por la llamada "Carretera del Infierno", como ya nos dice su nombre, no es mucho mejor. En cualquiera de los casos, llevad una reserva de gasolina, las herramientas necesarias y otros útiles que os puedan servir para sacar el coche de cualquier atolladero (arena, agua, barro, etcétera).

ARAMBARÉ

Su nombre en guaraní quiere decir "lugar maravilloso", y así es esta zona de la costa interior del lago, con unas preciosas playas de aguas tranquilas y muy buenas para la práctica de deportes: **Rapes, Rebelo** y **Arambaré**.

SÃO LOURENÇO DO SUL

A 205 kilómetros al sur de Porto Alegre y a orillas de la Lagoa dos Patos, São Lourenço do Sul es uno de los centro veleros más importantes de Suramérica. Su *Encontro Internacional de Vela*, por Carnaval, es uno de los grandes acontecimientos deportivos del continente, con la participación de veleros brasileños, argentinos y uruguayos.

Hay que resaltar la fuerte influencia de la cultura alemana en esta región, que ha logrado hacer desaparecer las tradiciones de los primeros colonos portugueses.

Para pasar el rato podéis dar una vuelta por el **Museu Histórico e de Fantasia**, Rua General Osório 1.812. Está abierto de lunes a viernes de 8.00 a 11.00 h y de 13.30 h a 16.00 h.

LAS PLAYAS

Hay tres buenos arenales en las cercanías: **Ondinas**, a dos kilómetros al norte, **Nereidas** y **Barrinha**, todas muy frecuentadas, ya que hay que adentrarse bastante para que cubra el agua. Las tres tienen zonas arboladas.

ALOJAMIENTO

CAMPING LAGOA DOS PATOS: en la orilla derecha del Arroio São Lourenço. Queda a dos kilómetros de la población.

(M) **POUSADA VERDE ÁGUA:** Avenida Getúlio Vargas 1.682. ☎ 32 51 34 32. www.verdeagua.com Complejo con quince cabañas y bungalows para dos o tres personas, con aire acondicionado, frigo y tele, y tiene piscina, pistas de *volei*, alquiler de bicicletas y embarcaciones.

(M) **HOTEL DAS FIGUEIRAS:** Avenida Getúlio Vargas 400. ☎ 32 51 47 08. www.hoteldasfigueiras.com En la Praia Nereidas, a dos kilómetros, es un hotel con 32 habitaciones con aire acondicionado y tiene restaurante y piscina.

LLEGAR Y PARTIR

EN AUTOBÚS. Tenéis frecuentes autobuses desde Porto Alegre.

PELOTAS

La ciudad de Pelotas se encuentra a 262 kilómetros al sur de Porto Alegre, en la orilla izquierda del canal de São Gonçalo, que une el Lago dos Patos con el Lagoa Mirim. Sus playas están situadas en el primero de los lagos.

LA VISITA

Podéis echar un vistazo a la **Catedral de São Francisco de Paulo**, en la Praça José Bonifacio, y contemplar las obras pictóricas de Aldo Locatelli. Data de principios del XIX.

Otros monumentos para ver son la **Catedral do Redentor**, Rua 15 de Novembro de 1909, y el **Museu Carlos Ritter**, en la Rua Marechal Deodoro y de ciencias naturales.

LAS PLAYAS

Las playas de los alrededores, en el lago, son muy agradables por la cercana presencia de vegetación y con la particularidad de que el agua es salada durante el verano:

VALVERDE: tiene 14 kilómetros de extensión y un muelle donde amarran hasta 500 embarcaciones (Valverde Praia Blube).

PRAZERES: estrecha franja de arena flanqueda por árboles que jan tomado caprichosas formas. Suele haber gente jugando al fútbol y el *volei.*

SANTO ANTÔNIO: muy urbanizada y buena para la pesca con caña. De arena fina y aguas claras.

DATOS PRÁCTICOS

PREFIJO TELEFÓNICO: 53.

ESTACIÓN DE AUTOBUSES: Avenida João Goulart 4.605. Fragata.

AEROPUERTO: en Tres Vendas, a unos 9 kilómetros de Pelotas.

ALOJAMIENTO

Fuera de la ciudad hay varios hoteles de precios medios, por lo que si vais con coche pueden resultar una buena alternativa.

DOCE RECANTO: Rua Lajeado, 609-A. Laranjal, a diez kilómetros.

MUNICIPAL: Praia do Totó. Colõnia Z-3. A 19 kilómetros.

(B) **PLAZA IPIRANGA**. Tres Vêndas, a unos 12 kilómetros ☎ 32 73 66 77. www.hotelplazaipiranga.com.br A este hotel le sucede lo mismo, ya que está alejado de la ciudad.

(M) **CURI PALACE:** Rua General Netto 1.279. ☎ 32 27 73 77. www.curipalacehotel.com.br Con casi un centenar de habitaciones y restaurante, a partir de 170 reales.

(C) **MANTA:** Rua General Netto 1.131. ☎ 32 25 24 11. Ciento doce habitaciones con aire acondicionado y tiene bar y piscina. Bastante más caro que el anterior.

RESTAURANTES

(M) **EL PAISANO:** Rua Mal. Deodoro 1.093. Cierra los lunes. Un restaurante para recomendar a los amantes de la carne, en este caso uruguaya, y preparada al estilo de dicho país.

Ⓜ **VILA DO CONDE:** Rua Andrade Neves 1.321. Cierra los lunes. Especializado en cocina portuguesa y recomendable.

LLEGAR Y PARTIR

EN AUTOBÚS. Hay autobuses diarios desde Porto Alegre y otros pueblos cercanos.

EN AVIÓN. Vuelos para Joinville, Navegantes, Porto Alegre y Río de Janeiro.

RIO GRANDE

A 322 kilómetros al sur de Porto Alegre, Rio Grande –con unos 185.000 habitantes– es el único puerto marítimo del Estado y el primer núcleo donde se instalaron los colonos portugueses para ir descubriendo esta región.

LA VISITA

La **Praça Tamandare** y la **Rua Floriano Peixoto** se pueden considerar el núcleo más antiguo de la ciudad, el punto donde se concentran los edificios coloniales.

El **Museo Oceanográfico**, en Rua Heitor Perdigao, es magnífico.

La **Biblioteca Riograndense**, en la rua Gen. Osório y ubicada en un edificio construido en 1846, alberga 220.000 volúmenes.

MUSEOS

MUSEU OCEANOGRÁFICO: Avenida Perimetral, esquina Rua Heitor Perdigão. ☎ 32 31 34 96. Cierra los lunes. Expone una colección marina compuesta por 125.000 moluscos, además de otras piezas interesantes.

DATOS PRÁCTICOS

PREFIJO TELEFÓNICO: 53

RODOVIÁRIA: Rua Vicealmirante Abreu 737. ☎ 32 32 84 44.

ALOJAMIENTO

Ⓑ **PARIS HOTEL:** Marechal Floriano 112. ☎ 32 31 38 66. www.hotelvillamoura.com.br Un hotel de principios del siglo XIX con dobles a unos 100 reales. Con muchísimo encanto.

RESTAURANTES

Ⓜ **MARCO'S:** Avenida Paes 400. ☎ 32 32 44 47. Cierra los domingos por la tarde. Especializao en pescados.

Ⓜ **LEÃO:** Avenida Presidente Vargas 518. En América, Bairro Novo. Cierra los domingos por la tarde. Especializado en *rodízio.*

Ⓜ **RIO'S:** Rua Valporto 398. ☎ 32 32 72 88. Abierto todos los días hasta la medianoche. Prepara buenos churrascos en *rodízio.*

LLEGAR Y PARTIR

EN AUTOBÚS. Tenéis autobuses a Porto Alegre, Pelotas, Chuí, etcétea.

ALREDEDORES DE RIO GRANDE

SÃO JOSÉ DO NORTE. Pueblecito pesquero muy agradable, al que se puede ir en alguna excursión en barca. Si queréis ir en balsa, dirigíos al final de la Rua Almirante Barroso. Pero si preferís las lanchas, tendréis que ir a la *hidroviária*, Largo Silveira Martins. Salen cada treinta minutos, excepto los fines de semana que lo hacen cada hora.

CASSINO

Se encuentra a 25 kilómetros al sur de Rio Grande. Su origen fue un casino inaugurado en 1898 y frecuentado por los grandes hacendados de la zona, de origen alemán, italiano e inglés especialmente, y que acudían atraídos por sus juegos de azar y para alternar en sociedad. Cuando se prohibieron los juegos durante la Segunda Guerra Mundial, el casino cayó en decadencia, hasta que no hace mucho ha sido recuperado para el turismo, es frecuentado por turistas argentinos o uruguayos a quienes gusta pescar.

No dejéis de dar una vuelta por los **Molhes da Barra**, un espigón de cuatro kilómetros y medio creado en 1907 para mantener abierto el canal y que es utilizado por los lobos marinos para descansar. Hay un servicio de vagonetas, movidas a vela, que llevan a los turistas por el espigón.

LAS PLAYAS

Hay dos playas bastante frecuentadas, una es **Do Casino,** donde veréis un barco que encalló en 1975, y otra, **Querência**, también de arena clara y muy transitada por vehículos.

La **Praia do Cassino** da nombre a toda esta zona de la costa de más de doscientos kilómetros de arena y playas, que se caracteriza por su mar abierto, el fuerte oleaje, la arena fina, algunas dunas y la presencia en sus costas en invierno de lobos marinos y ballenas.

DATOS PRÁCTICOS

OFICINA DE INFORMACIÓN: Avenida Rio Grande, 508. Abierta de diciembre a marzo.

RODOVIÁRIA: Avenida Atlântica.

ALOJAMIENTO

(B) **MARYSOL:** Avenida Atlântica 700. ☎ 32 36 59 32. Con bar y restaurante, tiene 32 habitaciones con aire acondicionado y frigobar.

(M) **ATLÂNTICO:** Avenida Rio Grande 387. ☎ 32 36 13 50. www.hoteisatlantico.com.br Tiene bar, restaurante y piscina, y 80 habitaciones con aire acondicionado y frigobar a partir de 270 reales.

RESTAURANTES

(M) **GALETO GARCIA:** Rua Jovem Ayrton Porto Alegre 351. Abierto hasta la 1.00 horas. Churrascaria con servicio de *rodízio*.

(M) **COSTA:** Avenida Atlântica 356. En el paseo marítimo. Especializado en pescados.

LLEGAR Y PARTIR

EN AUTOBÚS. Podéis venir en los autobuses que salen de la *rodoviária* de la Praça Tamandaré de Río Grande.

TORRES

A 205 kilómetros de Porto Alegre, en la parte norte del estado, es otra de las referencias del turismo veraniego en Rio Grande do Sul. El nombre se debe a tres grandes formaciones rocosas que alcanzan los treinta metros de altura y tienen forma de torres.

Las playas hay que incluirlas entre las más seductoras de todo el país, ya que cuentan con grandes extensiones de arenas y dunas y la proximidad de los lagos interiores que separan unas playas de otras.

LAS PLAYAS

A partir de este punto y en dirección sur, las playas se suceden alternándose con lagunas. Hasta llegar a Tramandaí tenemos:

GRANDE: cerca de dos kilómetros de arena comprendidos entre los "molhes" y una zona rocosa. Muy frecuentada. Enfrente está la **Ilha dos Lobos**, donde es posible ver lobos marinos en invierno.

PRAINHA: entre dos torres de piedra, no se aconseja para baños.

DA CAL: frente a la Praça Nossa Senhora dos Navegantes. Buena para bañarse y hacer surf.

GUARITA: dentro del parque da Guarita. Muy peligrosa para el baño por las fuertes corrientes.

ITAPEVA, ESTRELA DO MAR Y **PARAÍSO:** las tres algo urbanizadas, arena fina, algunas dunas y vegetación.

ARROIO DA SAL: a 39 kilómetros. En torno a esta población pesquera hay otro grupo de playas con las mismas características, es decir arena clara y fina, dunas y un lago interior.

CAPÃO DA CANOA: población veraniega muy cuidada y con unas playas muy limpias. Es frecuentada por gente con buen poder adquisitivo. Entre ellas: **Arroio Teixeira**, de 6 kilómetros de arena y dunas; **Capão Novo**, con buenas instalaciones y mucha animación; **Jardim Beira Mar**, en una zona de dunas; **Capão da Canoa**, muy grande, con zona de dunas y servicios para los turistas, y **Atlântida**, muy frecuentada por pescadores y surfistas, ya que es una de sus favoritas.

XANGRI-LÁ: entre los lagos dos Quadros y Pinguela. La favorita de los habitantes de Porto Alegre.

IMBÉ: unida a la de Tramandí por un puente. Otro de los grandes centros de veraneo de la zona. Las playas más concurridas son las de **Santa Terezinha** e **Imbé**.

DATOS PRÁCTICOS

PREFIJO TELEFÓNICO: 51.

OFICINA DE INFORMACIÓN: Rua Barão do Rio Branco.

RODOVIÁRIA: Avenida José Bonifacio 52.

ALOJAMIENTO

CAMPINGS: Mampituba, Avenida Castelo Branco, 1788; **Fazenda Carla**, Arroio da Sal, a 4,5 km; de **Itapeva**, Praia de Itapeva, a 5 km.

Ⓑ **POUSADA DA PRAINHA:** Rua Alferes Ferreira Porto 138. ☎ 36 26 24 54. www.pousadadaprainha.com.br 54 habitaciones con aire acondicionado y frigobar. Y con restaurante.

Ⓜ **SAMAMBAIA:** Avenida Rio Branco 22. ☎ 36 64 22 92. Con 33 habitaciones con baño.

Ⓒ **DUNAS PRAIA:** Praça Marechal Deodoro 48. Praia Grande. ☎ 36 64 10 11. www.dunashoteis.com.br Es caro, pero ofrece unas buenas instalaciones y servicios, además de las vistas.

RESTAURANTES

Ⓑ **ANZOL:** Rua Sete de Setembro 49. En Mampiba. Precios asequibles y cocina de pescados.

Ⓜ **GAVIOTA:** Egydio Michaelsen 106 (Casa de Peixe do Souza). En Mampituba. ☎ 36 64 27 30. Abierto hasta la medianoche. Ofrece buenos pescados y mariscos.

Ⓜ **CANTINHO DO PESCADOR:** Avenida Beira mar, al final, en los Molhes do Mampituba. ☎ 36 64 30 36. Otra dirección recomendable por sus pescados y las vistas.

LLEGAR Y PARTIR

EN AUTOBÚS. Torres está comunicada con autobuses con Porto Alegre y las principales localidades del Estado.

EL LITORAL

A lo largo de los 500 kilómetros de la franja de tierra que separa el lago del mar se van alineando los pueblos más turísticos de Rio Grande do Sul.

Con la temporada veraniega cobran la vida que han perdido durante el invierno. El punto más septentrional es **Torres** y el situado más al sur, **Chuí**, que forma frontera con Uruguay.

La mayor parte de este territorio costero está protegida por tres lagos que se suceden casi en línea recta de norte a sur, paralelos al litoral: **Lagoa dos Patos**, **Lagoa Mirim** y **Lagoa Mangueira**. Los antiguos pueblos de pescadores se sitúan en su orilla más occidental.

PARQUE NACIONAL DA LAGOA DO PEIXE

Se trata de una zona de marismas entre las poblaciones de Mostardas, Tavares y São José do Norte, con una rica fauna, especialmente aves migratorias. Además, sus costas son muy ricas en gambas.

CEMENTERIO DE BARCOS

Con este nombre se conoce una zona comprendida entre el Faro de Mostardas y el Balneario de Quintão, a causa de la cantidad de barcos que han naufragado en la costa. Los pescadores cuentan historias sobre los cargamentos recogidos en las playas y que por lo general procedían del contrabando.

TRAMANDAÍ

A 120 kilómetros de Porto Alegre, es una de las poblaciones favoritas de los veraneantes, sobre todo argentinos y uruguayos. Para atender tal demanda cuenta con una buena infraestructura turística, varios campings y numerosos hoteles y restaurantes.

A nueve kilómetros está el **Parque Histórico Marechal Osório**, en la casa donde nació y donde se conserva una réplica del barco que construyó Giuseppe Garibaldi cuando anduvo por esta zona tratando de fundar la República Juliana. También hay un parque infantil y caballos de alquiler.

La playa tiene seis kilómetros y cuenta con toda clase de instalaciones, más centros deportivos. El creciente avance de las urbanizaciones está poniendo en peligro las dunas.

CIDREIRA

A 27 kilómetros de Tramandaí, es otro lugar importante veraniego de la costa, por sus maravillosas playas cubiertas de dunas, algunas sobrepasan los cuarenta metros de altura. También hay que reseñar la presencia del **Lagoa da Cidreira**, dentro de la zona de dunas.

LA SIERRA GAUCHA Y LA TIERRA DEL VINO

Al nordeste de Porto Alegre está la zona donde se instalaron los primeros colonos italianos y alemanes que introdujeron el cultivo de la vid. Es un paisaje digno de verse, con montañas llenas de pinos y valles peinados por las hileras que forman los viñedos.

NOVO HAMBURGO

A 48 kilómetros al norte de Porto Alegre, Nova Hamburgo está considerada la "Capital nacional del calzado", y bien puede ser cierto, ya que en las calles más céntricas hay cantidad de tiendas donde se venden zapatos, maletas y otros artículos.

La ciudad, en cuanto a monumentos, no presenta gran cosa de interés, salvo la **Catedral de São Luís**, que reconoceréis por su color azul. Los frescos del interior recuerdan vagamente el estilo surrealista de Dalí.

DATOS PRÁCTICOS

PREFIJO TELEFÓNICO: 51
TERMINAL RODOVIÁRIA: Rua Teixeira de Freitas.

ALOJAMIENTO

Ⓜ **HOTEL SUAREZ:** Rua Carlos Cerino Feltes 145. ☎ 35 97 22 00. Muy céntrico y no lejos del Parque de Exposições Fenac. Tiene cincuenta habitaciones bien equipadas, con aire acondicionado. Además, tiene piscina y restaurante.

Ⓒ **HOTEL SUAREZ INTERNACIONAL:** Rua Carlos Gomes 160. ☎ 30 66 50 00. www.hotelsuarez.com.br Moderno, bien equipado y céntrico.

RESTAURANTES

Ⓑ **CHURRASCARIA SÃO LUIZ:** Rua Lima e Silva, 253. ☎ 35 94 16 09. Muy céntrico, debajo de la pensión del mismo nombre. Sólo cierra los festivos por la tarde. Siempre lleno de gente debido a su buena propuesta: unos precios nada altos y un menú con *espeto corrido*. Las bebidas se pagan aparte.

(B) **FIRENZE:** Praça 20 de Setembro. En el centro comercial, se reconoce por su fachada pintada de amarillo. El local es amplio, coqueto y agradable. Lo mejor es un *rodízio* de pizza con treinta sabores muy barato. A veces hay música en vivo.

(B) **QUIOSCO DE LA PRAÇA 1° DE MAIO:** terraza muy agradable y bufé al peso nada caro. Bien para comer o para hacer un alto en las compras y reponer fuerzas.

(B) **LA TOSCANA:** Rua Joaquim Nabuco 2.004. Cierra los domingos, cuando sólo abre para vender pollos asados para llevar. Muy cerca del Novo Shopping y la parada de autobuses, a mediodía sirven un menú muy barato que incluye tres platos. También tiene pizzas.

(M) Si tenéis coche, a lo largo de toda la carretera hacia Porto Alegre se suceden las churrascarías de precio medio.

COMPRAS

En la avenida 1º de Maio con el cruce de la rua Lima e Silva y sus alrededores hay un montón de tiendas donde venden calzado, maletas, bolsos, etc.

MERCADO DE ARTESANÍA: todos los domingos en la Praça 20 de Setembro a partir de las 10.00 h.

LLEGAR Y PARTIR

EN AUTOBÚS. Hay autobuses muy frecuentes para Porto Alegre, que tardan algo menos de una hora en hacer el recorrido.

NOVA PETRÓPOLIS

La primera población de la Sierra Gaucha. Está situada a 102 kilómetros al norte de Porto Alegre. Rodeada de pinos y casas de estilo suizo-alemán, es un enclave turístico algo caro.

DATOS PRÁCTICOS

PREFIJO TELEFÓNICO: 54

OFICINA DE INFORMACIÓN: Parque Aldeia do Imigrante.

RODOVIÁRIA: Avenida 15 de Novembro 1.577.

ALOJAMIENTO

(M) **FAZENDA VALE REAL:** situada en el parque, a 15 kilómetros. ☎ 32 87 11 25. www.hotelfazendavalereal.com.br Con chalés con instalaciones lujosas: dos piscinas (una climatizada), sauna, posibilidad de alquilar botes para pasear por el río y el lago y caballos de alquiler. Los precios rozan la categoría de caros.

(M) **BERGHAUS:** Avenida 15 de Novembro 2.275. ☎ 32 81 20 53. www.berghaus.com.br Bar, restaurante, dos piscinas (una climatizada) y 36 habitaciones con lo necesario, incluido calefacción y frigobar.

RESTAURANTES

(B) **OPA'S KAFFEEHAUS:** Rua João Leão 96. ☎ 32 81 12 73. Abre de 12.00 h a 20.00 h y cierra los lunes. Café de ambiente y estilo alemán para picar algo.

(M) **COLINA VERDE:** en V. Olinda, a unos 3 kilómetros. ☎ 32 81 13 88. Cierra los lunes. Un local rústico y carta donde agrupan especialidades alemanas, italianas y gauchas.

LLEGAR Y PARTIR

EN AUTOBÚS. Hasta aquí llegan los autobuses de Porto Alegre vía Nova Hamburgo.

CAXIAS DO SUL

A 131 kilómetros al norte de Porto Alegre, Caxias do Sul es uno de los principales núcleos vitivinícolas del país. Aquí tendréis la oportunidad de visitar alguna de sus cooperativas y bodegas, donde conoceréis el proceso de elaboración de estos vinos. Para informaciones de este tipo, preguntad en la **Oficina de Turismo** de la Praça Dante Alighieri.

LA VISITA

Caxias do Sul tiene varios lugares de interés. La **igreja de São Pelegrino**, en la Avenida Rio Branco, se decora con varios murales de Aldo Locatelli y una réplica de la Piedad de Miguel Ángel.

La **Casa de Pedra,** Rua Matteo Gianella, abierta de martes a domingo de 9.00 h a 12.00 h y de 13.00 h a 17.00 h, es una de las primeras construcciones que levantaron los inmigrantes italianos. En ella se guardan utensilios de trabajo, muebles y aperos de los primeros colonos.

DATOS PRÁCTICOS

PREFIJO TELEFÓNICO: 54.

OFICINA DE TURISMO: Praça Dante Alighieri. www.caxias.tur.br

RODOVIÁRIA: Rua Ernesto Alves 1.341.

AEROPUERTO: Avenida Salgado Filho, a dos kilómetros.

ALOJAMIENTO

CAMPING PALERMO: situado en el Parque, a 5 kilómetros por la carretera BR-116.

CAMPING RECANTO DOS PINHAIS: a treinta kilómetros por la BR-453 hacia Lageado Grande.

(M) **SAMUARA:** A unos once kilómetros, en Farroupilha. ☎ 30 28 22 22. www.samuara.com.br Elegante y con una completa variedad de actividades deportivas para practicar, tiene restaurante.

RESTAURANTES

(B) **LA VINDIMA:** Rua Borges de Medeiros 446. ☎ 32 21 16 96. Cierra los domingos y el mes de enero. Cocina familiar y *galetos* de primera junto a algunos platos de inspiración italiana.

(B) **BELARIA:** Rua Marquês do Herval, 124. ☎ 32 23 01 00. Cierra los domingos. Cocina italiana y pastas de elaboración propia.

LLEGAR Y PARTIR

EN AVIÓN. Desde aquí hay conexiones con Curitiba, Porto Alegre y São Paulo.

EN AUTOBÚS. Hay servicios diarios a Porto Alegre.

ALREDEDORES DE CAXIAS DO SUL

Las localidades vecinas de **Forroupilha**, **Garibaldi** y **Bento Gonçalves** también ofrecen la oportunidad de degustar los caldos de la zona que ya han sido introducidos en los mercados internacionales.

Canela y **Gramado** son otros dos pueblos de la sierra, comparada por algunos con la Selva Negra alemana. En ambos encontraréis una completa infraestructura de hoteles y restaurantes.

A 37 kilómetros de Canela se encuentra **São Francisco de Paula**, una pequeña ciudad situada a la entrada del **Parque Nacional de Aparados da Serra**, con 10.250 hectáreas de superficie.

SÃO MIGUEL DAS MISSÕES

Los jesuitas llegaron a esta región y crearon numerosas misiones para proteger a los indios *guaranís* de los reinos español y portugués que permitían el esclavismo. Estos núcleos se extendían por Paraguay, Argentina y esta región de Brasil.

En total, se llegaron a contar treinta misiones. Entre ellas había una separación media de unos 45 km. Su estructura era similar en todas: una plaza para las reuniones y fiestas, en torno a la cual se levantaba la iglesia y la escuela.

Cada misión estaba formada por unas 4.000 personas que cultivaban el campo, criaban ganado y llegaban a ser autosuficientes. La riqueza obtenida era repartida entre las familias según su número de miembros. Los portugueses y españoles temieron que este núcleo de poder se extendiera a territorios más amplios y terminaron por expulsar a la Compañía de Jesús. En el reparto de territorios que se llevó a cabo entre los dos reinos, la zona de Misiones correspondió a Portugal.

Los guaranís se enfrentaron a esta decisión y se produjeron sangrientas luchas de las que salieron diezmados.

De las siete misiones que se crearon en Brasil, sólo en la de **São Miguel**, a unos 500 kilómetros al oeste de Porto Alegre y cerca de Santo Ângelo, se puede apreciar a través de sus ruinas cómo se organizaba la vida en torno a este sistema social tan avanzado para aquella época. Las ruinas han sido declaradas Patrimonio Cultural de la Humanidad. En la fachada de su iglesia podréis apreciar los rasgos del estilo barroco colonial que emplearon los jesuitas para su construcción.

Hay un pequeño museo, el **Museu das Missões**, en el que se muestran tallas y esculturas realizadas por los guaranís. Todos los días se organiza un espectáculo de luz y sonido que comienza entrada la noche (en invierno a las 19.30 h y en verano a las 20.30).

ALOJAMIENTO

(b) **ALBERGUE JUVENIL POUSADA DAS MISSÕES:** ☎ (055) 33 81 12 02. www.pousadadasmissoes.com.br Junto a la Misión, pertenece a HI y tiene dormitorios comunes y habitaciones privadas. Es imprescindible reservar con antelación.

(M) **WILSON PARK HOTEL:** Rua São Miguel 664. ☎ (055) 37 42 37 37. www.wilsonparkhotel.com.br Un hotel en un edificio de estilo misionero.

LLEGAR Y PARTIR

EN AUTOBÚS. Hay que venir en uno de los cuatro autobuses que salen diariamente desde Santo Ângelo, situada a 55 kilómetros.

SANTO ÂNGELO

DATOS PRÁCTICOS

PREFIJO TELEFÓNICO: 55.

OFICINA DE INFORMACIÓN: Praça Pinheiro Machado.

RODOVIÁRIA: Rua 7 de setembro (V. Oliveira). ☎ 33 13 26 18.

ALOJAMIENTO

HOTEL MAERKLI: Avenida de Brasil 1.000. ☎ 33 13 21 27. www.versarehoteis.com.br Con restaurante y piscina. Tiene 62 habitaciones con aire acondicionado a partir de 215 reales la doble.

RESTAURANTES

RESTAURANTE DO CHICO: Rua Antônio Manoel 1.421. ☎ 33 12 12 44. Cierra los domingos por las noches. Tarifas asequibles y churrascaria en *rodízio*.

LLEGAR Y PARTIR

EN AUTOBÚS. Esta localidad está conectada por líneas de autobuses regulares con Porto Alegre (seis horas), Curitiba, Río de Janeiro y las principales ciudades serranas del Estado. Desde aquí hay cuatro autobuses diarios a São Miguel das Missões.

EN AVIÓN. A Santo Ângelo hay vuelos desde Porto Alegre y São Paulo.

LAS FRONTERAS CON URUGUAY Y ARGENTINA

CHUÍ

Chuí, en la costa y en el extremo sur del país, es el paso fronterizo más frecuentado para pasar a Uruguay. Se trata de un pueblo a 254 kilómetros al sur de Rio Grande, en el que no hay nada interesante para detenerse.

Si vais en autobús, os pararán junto a la Oficina de Inmigración, a la que deberéis acudir para que os sellen el pasaporte.

La Avenida de Brasil es la calle que atraviesa el puesto fronterizo. Desde aquí salen los autobuses uruguayos con destino a Montevideo y Punta del Este.

También podréis pasar a este país a través de la frontera de **Santana do Livramento**, que tampoco ofrece ningún interés turístico y situada en el interior del estado. Deberéis acudir a la Policía Federal para conseguir el consabido sello de salida (Rua Uruguai 1.177). Si tenéis algún problema, el Consulado de Uruguay está en la Rua Venezuela 311 (☎ 32 65 11 51).

LLEGAR Y PARTIR

EN AUTOBÚS. A Chuí llegan numerosos autobuses, tanto desde Porto Alegre y Rio Grande (3 horas y media), como procedentes de Uruguay.

URUGUAIANA

Para pasar a Argentina por esta zona de Brasil hay que ir a Uruguaiana, uno de sus centros ganaderos más importantes situado a 634 kilómetros al oeste de Porto Alegre.

Un puente de 1.400 metros que atraviesa el río Uruguay une Argentina con Brasil. La localidad argentina del otro lado del puente se llama Paso de los Libres. En el mismo paso fronterizo os pondrán los sellos de entrada y salida.

Desde Paso de los Libres hay numerosos autobuses a las ciudades más importantes de este país (ver la Guía Azul de Argentina).

ÍNDICE

ANTES DEL VIAJE

INFORMACIÓN GENERAL

INFORMACIÓN PRÁCTICA

BRASIL IMPRESCINDIBLE

ESTADO DE RÍO DE JANEIRO

ESTADO DE SÃO PAULO

ESTADO DE ESPÍRITU SANTO

ESTADO DE MINAS GERAIS

ESTADO DE BAHÍA

ESTADO DE SERGIPE

ESTADO DE ALAGOAS

ESTADO DE PERNAMBUCO

ESTADO DE PARAÍBA

ESTADO DE RIO GRANDE DO NORTE

ESTADO DE CEARÁ

ESTADO DE PIAUÍ

ESTADO DE MARANHÃO

ESTADO DE AMAZONAS

ESTADO DE PARÁ

ESTADO DE AMAPÁ

ESTADO DE RORAIMA

EL CENTRO-OESTE

ESTADO DE GOIÁS

ESTADO DE MATO GROSSO

ESTADO DE MATO GROSSO DO SUL

ESTADO DE PARANÁ

ESTADO DE SANTA CATARINA

ESTADO DE RIO GRANDE DO SUL

CARTOGRAFÍA

COPA
2002

LUGARES DE INTERÉS

RIO
RIO

NOTAS

NOTAS

NOTAS

NOTAS

NOTAS

NOTAS

NOTAS

NOTAS

NOTAS

NOTAS

NOTAS